U0469295

中国法学学术史丛书

中国法律史学学说史

马小红　张岩涛　庞朝骥　著

A History of Chinese
Legal History Theories

中国人民大学出版社
·北京·

中国法学学术史丛书编委会

主　编　朱景文　马小红　尤陈俊
编委会成员（以姓氏音序排列）
丁相顺　韩大元　李　琛　刘计划　刘俊海
马小红　邵　明　时延安　王贵松　王　轶
叶传星　尤陈俊　朱景文

总　序

"中国法学发达史"是中国人民大学2015年立项的重大课题。此项目的初衷是梳理并总结百余年来中国法学知识体系的学术脉络演变，揭示中国法学发展过程中所呈现出的普遍规律与中国特色。这是一项通过深入梳理中国法学"家底"以推进中国特色社会主义法学学科体系、学术体系、话语体系完善和发展的基础性学术工程。课题组认为，高质量地完成这一研究项目，不仅将会为我们思考中国法学未来的发展方向提供充分可靠的智识支撑，而且可以促成法学"中国主体意识"的进一步发展与完善，推动中国法学在国际学界取得应有的话语权与地位。

"中国法学学术史丛书"是"中国法学发达史"课题的成果，它的研究起点，是20世纪初在西学东渐过程中所形成的现代意义上的中国法学。1911年，沈家本在《法学会杂志》的序中写道：

> 近今十年来，始有参用西法之议。余从事斯役，访集明达诸君，分司编辑，并延东方博士，相与讲求。复创设法律学堂，造就司法人才，为他日审判之预备。规模略具，中国法学，于焉萌芽。[1]

从沈家本所言的中国法学之"萌芽"算起，中国法学迄今已经走过了百有余年的历程。这是历经坎坷的百有余年，也是中国法学逐渐摆脱"全盘西化"并形成自己特色的百有余年。

清末变法时，西方（主要是欧陆传统的）法学借助新式法政教育开始传播于华夏大地。在"欧风西雨"的涤荡下，"言必称希腊罗马"成为那一时期法学的时代特征。民国时期，不乏重建"中华法系"或者建设"中国本位新法系"的学术呼吁。例如在20世纪30年代中期，有学者主张在"新理念、新技术之下"建设"中国本位新法系"，亦即"当系依现代中国国家理念，用科学的方法，对中

---

[1] （清）沈家本：《历代刑法考》（四），邓经元、骈宇骞点校，中华书局1985年版，第2244页。

国固有及现有法律，施新的选择，产生新的生命，俾在世界法律文化领域，重占一种新的位置之意"；并指出此虽然不是易事，但也并非至难而不可祈求之事，进而呼吁中国法学研究者"并力一心以赴之"①。但是，对西方法学的高度倚赖，依然是那一时期法学知识生产的典型特征，以至于当时甚至有学者感慨称：

> 今日中国法学之总体，直为一幅次殖民地风景图：在法哲学方面，留美学成回国者，例有一套 Pound 学说之转播；出身法国者，必对 Duguit 之学说服膺拳拳；德国回来者，则于新康德派之 Stammler 法哲学五体投地……②

中华人民共和国成立迄今已七十多年，中国法学的发展经历了曲折的过程：20世纪五六十年代学习与仿效苏联法学；1978年改革开放后，尤其是90年代以来，在对西方法学兼收并蓄的同时，日益注重对中国自身法律实践的经验提炼和理论概括；21世纪以来法学研究中"中国主体意识"明确崛起。这个"崛起"表现在多个方面。

首先，"中国特色"在法学的发展过程中受到越来越多的关注，基础理论法学与各部门法学从各自领域对法学的"中国特色"进行了注释和阐发。自改革开放以来，在中国特色社会主义法律体系的形成过程中，中国法学逐渐摆脱了沈家本、梁启超时代"言必称希腊罗马"的"幼稚"，成为名副其实的"中国法学"——既是中国法律实践的指导，又是中国法律实践经验的总结和升华。古今中外的法律智慧，由此皆成为滋养中国法学的营养和基础。"中国特色"在当下已然成为中国法学的最强话语，涉及法学的方方面面③，基础理论、民主政治、市场经济、文化与社会治理、生态文明、程序、立法等方面的法学与法律研究，无不打上了"中国特色"的烙印。而"中国特色"正是近代以来我们所忽视的法学"中国主体意识"的一个重要方面。这个"中国主体意识"，极大地体现了"历史与现实相结合、理论与实际相结合、基本理论与部门法制相结合、中国特色与世界规律相结合的特点"④。

其次，法学"中国主体意识"的崛起，还表现在学者对国际学界"中国话语

---

① 刘陆民：《建立中国本位新法系的两个根本问题》，载《中华法学杂志》，新编第1卷第1号（1936年），第48页。
② 蔡枢衡：《中国法理自觉的发展》，作者自印1947年版，第122页。
③ 参见朱景文、韩大元主编：《中国特色社会主义法律体系研究报告》，中国人民大学出版社2010年版。
④ 孙国华：《深化法律体系研究，全面推进依法治国》，载冯玉军主编：《完善以宪法为核心的中国特色社会主义法律体系研究》（上册），中国人民大学出版社2018年版，"序"第2页。

权"的重视。随着中国特色社会主义法律体系的形成，中国法学界在对西方法学的态度上有了新的转变，这就是从了解、介绍西方法学并以其指导中国法律近代化转型，到当下将具有中国特色的法律理论与实践介绍到国际学界，让世界了解中国。具有"中国主体意识"的法学，是中国法学在国际法学界具有话语权的基础，法学界的同人已然感受到了这一时期的新使命。改革开放以来，随着党和国家工作中心的转移，中国法学界出现了对法的阶级性、继承性，以及人治、法治等问题的争论。一方面，这是对"文化大革命"、对"以阶级斗争为纲"等在法学界之影响的反思；另一方面，在一部分人中也确实出现了对马克思主义法学基本原理的信心动摇甚至怀疑。西方法学的引进，一方面促进了以自由主义为特征的西方法律思想的传播和对封建特权思想的批判，另一方面也带来了对中国传统法律思想的自信的严重冲击，在一部分学者的观念中，似乎只有按照西方的法学模式改造马克思主义法学，改造中国传统法律文化，才是中国法学未来发展的愿景。和国际学界的交流是改革开放以来中国学界的一大特点，但也正是这种交流唤起了一代学者对学术的自觉。当中国法学界面对世界舞台时，我们应当讲什么呢？难道还是哈特、哈耶克、哈贝马斯？国际学界希望听到中国的理论、中国的声音。[①]

党的十八大以来，习近平总书记高度重视包括法学在内的中国学术的发展。他提出"不忘本来、吸收外来、面向未来"的学术研究指导方针。中国共产党成立一百多年来，积累了丰富的法治经验，形成了中国化的马克思主义法治理论，包括毛泽东思想中的人民民主专政理论、邓小平理论中的民主法制思想、"三个代表"重要思想中的依法治国理论、科学发展观中的社会主义法治理念和习近平法治思想。它们一脉相承，是中国共产党人在革命、建设和改革时期坚持马克思主义法治理论与中国治国理政的实践相结合、与中华优秀传统法律文化相结合所取得的理论成果。中国化的马克思主义法治理论包括方方面面，就其核心内容而言，包括法治建设举什么旗、走什么路，谁领导、依靠谁的问题，经过几代人的探索，作出了坚持中国特色社会主义法治理论、坚持中国特色社会主义法治道路、坚持中国共产党对法治建设的领导和坚持以人民为中心的回答；制定了依法治国的方略，开辟了党的领导、人民当家作主、依法治国有机统一的政治发展道路，把全面依法治国纳入关系全局的"四个全面"战略布局。总结从革命根据地时期的法制建设到全面依法治国实践的历史经验，是摆在中国法学界面前的重要任务。

[①] 参见朱景文：《中国法理学的探索》，法律出版社2018年版，"序"第3页。

党的十八届四中全会通过的《中共中央关于全面推进依法治国若干重大问题的决定》强调，要"加强法学基础理论研究，形成完善的中国特色社会主义法学理论体系、学科体系、课程体系"。习近平总书记在2022年4月25日到中国人民大学考察时指出，"加快构建中国特色哲学社会科学，归根结底是建构中国自主的知识体系"①。2023年2月，中共中央办公厅、国务院办公厅印发了《关于加强新时代法学教育和法学理论研究的意见》，提出要"加强中国特色社会主义法治理论研究，提升法学研究能力和水平，加快构建中国特色法学学科体系、学术体系、话语体系"。

我们的这个课题，正是在法学"中国主体意识"崛起的背景下立项的：致敬兼采西法而又不忘坚守传统的先哲，深入进行学术史的梳理，细致分析中国法学学术脉络演变所基于发生的不同历史背景和社会背景，考察从晚清变法时期的西方法学知识引入直到当代法学中"中国主体意识"的崛起，最终形成一套名为"中国法学学术史丛书"的大型学术丛书。这一课题不仅旨在为国内学界提供一套回顾、梳理百余年来中国法学之发展历程的新成果，致敬前辈与同行在法学领域所作出的学术贡献，而且致力于将中国法学的研究成果介绍给国际学界，使国际学界的同行更多地了解中国法学。确立中国法学在国际法学界应有的话语权，是我们立项时的目标，也是我们在本项目研究开展的过程中所努力践行的宗旨之一。

唯愿本套学术丛书的出版，能为建构中国自主法学知识体系尽到一份绵薄之力。

朱景文　马小红　尤陈俊

2023年7月

---

① 《习近平在中国人民大学考察时强调 坚持党的领导传承红色基因扎根中国大地 走出一条建设中国特色世界一流大学新路》，载《人民日报》，2022年4月26日第1版。

前　言

宋儒朱熹言："旧学商量加邃密，新知培养转深沉。却愁说到无言处，不信人间有古今。"学术史的研究是学术发展到一定阶段的必然产物，更是学术继续发展所不可或缺的动力。其既是"旧学"的"商量"，也是"新知"的"培养"。

自西学东渐，"中国法律史"作为法学的一门学科以来，至今已百有余年，其间不乏学术观点归纳与学理总结之作。尤其是1978年改革开放以来，学术繁荣，成果颇丰，学术史研究的论著更是不断涌现。每过一段时间，便会有学者对某一阶段的或者整体的中国法律史研究的状况进行剖析、归纳，并预测中国法律史研究未来发展的趋势。这种剖析与归纳不断提示着学术研究所取得的新进展与存在的薄弱环节。学术史著作在为学界研究提供便利的同时，也有利于学科在丰富的研究成果积累的基础上避免重复研究，从而不断加深研究的深度、拓展研究的广度。学术史研究不仅是学科自身发展的内在需求，更是丰富和发展一个国家哲学社会科学体系的必要路径。中国法律史学科发展史折射出百余年来中国哲学社会科学尤其是法学学科的发展规律、特色和历程，反映了不同历史时期学术研究与时代主题之间相互依存的状态。新时代背景下，中国法律史学科肩负着赓续中华优秀传统法律文化和红色法律文化的历史使命。自党的十八大以来，习近平总书记就强调："博大精深的中华优秀传统文化是我们在世界文化激荡中站稳脚跟的根基。""要讲清楚中华优秀传统文化的历史渊源、发展脉络、基本走向，讲清楚中华文化的独特创造、价值理念、鲜明特色，增强文化自信和价值观自信。"[①]2022年4月25日在考察中国人民大学时，习近平总书记进一步指出："加快构建中国特色哲学社会科学，归根结底是建构中国自主的知识体系。要以中国为观照、以时代为观照，立足中国实际，解决中国问题，不断推动中华优秀传统文化创造性转化、创新性发展，不断推进知识创新、理论创新、方法创新，使中国特

---

① 习近平：《习近平谈治国理政》，外文出版社2014年版，第164页。

色哲学社会科学真正屹立于世界学术之林。"① 可见，研究和探寻中华优秀传统法律文化能够为中国特色社会主义法治建设提供知识资源和精神动力，"能够充分发掘传统法律文化的价值，从中找到发展现代法治文明的内在力量"②。与各位从事学术史研究的前辈、同人一样，本书的写作也是为了归纳以往的学术研究成果，梳理研究进路。首先是致敬前人辛勤的付出和学术贡献；其次是为当下的研究者提供较为全面的学科发展信息，以期努力为学术的发展尽绵薄之力；最后是凸显新时代背景下中国法律史学研究的意义和价值，不断推动建构以传统历史文化资源为基础的中国自主法学知识体系，使中国法学研究在传承中发展，在发展中创新，在创新中焕发出新的生机。

在本书的撰写过程中，作者有如下体会和感悟，与读者分享。

首先，虽然学科的形成、发展与枯荣是与时势息息相关的，但学术也有其自身的发展规律，这就是产生于时势，引领时势。仅以中国法律史学科形成、发展的状况便可以管窥近代学术与时势错综复杂的关系，即学术"既顺世而生又异世而立"③。中国法律史学科形成于近代西学东渐的历史背景下，伴随着时势的发展，中国法律史学科几度兴盛繁荣，又几度萧条甚至停滞。此可谓"顺世而生"。而"异世而立"是学术的主要特征。作为学术研究，即使在其他社会因素强烈的干扰下，在学界整体萧条、停滞的状态下，中国法律史学一些不期而遇的研究成果仍然保留了学术"异世而立"的特征，比如对秦简的保护整理与对其字义的解释。在特殊时势中，一些学人所保持的难能可贵的客观理性正是学术本质的反映。其实，20世纪中国学术的发展历史使不同学科中的学人都从自己的亲身经历中认识到了学术"异世而立"的秉性和重要性。哲学家冯友兰总结道："学术上的结论是要靠自己的研究得来的。一个学术工作者所写的应该就是他所想的。不是从什么地方抄来的，不是依傍什么样本摹画来的。"④ 中国法律史学科受时势干扰，或成为显学而过"热"，或成为边缘无用之学而过"冷"。这本应是学术与时势相互影响的应有之义，但关键在于学界中人所应保持的那种不受冷热干扰的学术态度与社会所应有的对学人独立思考的宽容和敬重。唯有如此，学术才能成为"目的"而尽引领时势之作用。为厘清学术与时势的关系，本书用较大的篇

---

① 《习近平在中国人民大学考察时强调 坚持党的领导传承红色基因扎根中国大地 走出一条建设中国特色世界一流大学新路》，载《人民日报》，2022年4月26日第1版。

② 曾宪义：《从传统中寻找力量——〈法律文化研究〉（年刊）卷首语》，载曾宪义主编：《法律文化研究》（第一辑·2005），中国人民大学出版社2006年版。

③ 刘梦溪主编：《中国现代学术经典》，河北教育出版社1996年版，"总序"第5页。

④ 冯友兰：《中国哲学史新编》，载冯友兰：《三松堂全集》（第8卷），河南人民出版社1991年版，"自序"第2页。

幅对近代与当代中国法律史学科的发展进行了描述与分期，以期通过史实的陈述，展现学术与时势的关系。

其次，自 1978 年改革开放以来，中国法律史学科的研究成果层出不穷。1979 年中国法律史学会对学科研究范围与方法进行了讨论，如今中国法律史研究所涉猎的领域，已经远非 1979 年学者们对学科研究范围的界定所能约束；研究方法亦从单一的阶级分析方法发展到如今多元方法并立，运用社会学、人类学、统计学等研究方法的成果皆在研究中占有一席之地。中国法律史学的发展变化，不仅证明了一代学人有一代学人的历史使命与时代特点，而且说明了"学问非一派可尽。凡属学问，其性质皆为有益无害，万不可求思想统一"[①] 的学术发展规律。国学大师钱穆曾引用宋人朱熹的诗"旧学商量加邃密，新知培养转深沉"来说明学术继承与创见之间的关系。他认为："新知即从旧学中来，此旧学新知之一贯相承，即自然科学亦不能例外。亦可谓学惟求旧，知惟求新。岂有废弃旧学，乃能开创新知之理。故学必贵有传统，而知乃始有新启发，新旧自有其一贯融通处。"[②] 中国法律史学以历史上的法律制度与思想为研究领域，自学科形成以来，以近代史学与法学的研究方法为分析工具，钱穆所言旧学新知的关系在学科的研究中尤为学者关切。可以说，方法论的研讨伴随着学科发展的每一步。新方法的运用，未必皆能有所斩获，而旧学方法的使用也未必一事无成。尽管如此，现代学科的研究方法还是越来越成为学界研究的主流。现代学科研究方法的优长在于"精深"，而传统研究方法的优长则在于"融通"，正如沈家本所指出的中西法学研究方法的不同并非截然对立而是可以互补一样，中国法律史研究中多元方法的并立也是一种互补的关系，其有利于我们对传统法进行全面系统的考察。为尽量显示研究方法的日益多样性，本书设研究方法、法律通史、断代法史、部门法史、学科基础问题等几个部分进行归纳。法律通史的研究多偏向理论法学，断代法史的研究更侧重于史学的考察，部门法史的研究注重的是法学的分析，而学科基础问题的研究则最能显示出中国法律史研究中多种方法的运用。

再次，与以往著作略有不同的是，本书的撰写对论文的引用较多，尤其是对《中国社会科学》、《法学研究》(《政法研究》)、《中国法学》中有关中国法律史的研究论文进行了全面的梳理。之所以如此，是因为开学界研究风气之先河的成果往往是先以论文的形式呈现的。

最后，需要说明的是，因为作者的能力、学识所限，本书对近代以来中国法

---

① 梁启超：《清代学术概论》，上海古籍出版社 1998 年版，第 108 页。
② 钱穆：《现代中国学术论衡》，生活·读书·新知三联书店 2001 年版，第 113 页。

律史学科状况的描述难免有所遗漏，比如对中国法律史学会的学术活动，各高等院校及科研机构法学院（所）的网站、论坛等未能涉及，对研究成果的叙述也难免有所遗漏或有理解不到位之处。好在学术的研究永远不会"毕其功于一役"，我们期待读者的批评指正，以便在今后的修订中不断完善。

本书上篇由庞朝骥负责编写，下篇由张岩涛负责编写，全书结构拟定及统稿工作由马小红完成。

作者

2024 年 10 月

目 录

上篇 近代中国法律史学（1901—1949 年）

第一章 中国法律史学产生的背景 2
一、中国古代有关"中国法律史"的研究 2
二、中国法律史学产生的社会基础 11
三、近代中国法律教育和法学研究的勃兴 17
四、近代中国法律史教学的演进 21

第二章 近代中国法律史学的演进 24
一、近代中国法律史学的萌芽阶段 25
二、近代中国法律史学的确立阶段 28
三、近代中国法律史学的初步发展阶段 39

第三章 近代中国法律史学的研究方法 48
一、历史学方法与近代中国法律史研究 49
二、法学方法与近代中国法律史研究 57
三、法社会学方法与近代中国法律史研究 70
四、比较法与近代中国法律史研究 74

第四章 近代中国法律史学的研究范围和对象 81
一、近代中国法律史学者关于研究范围和对象问题的综述 ... 81
二、近代中国法律史学研究范围和对象的统计分析 86

第五章 近代中国法律史研究的资料利用 93
一、近代中国法律史研究中的资料利用情况 93
二、近代中国法律史研究中的资料整理情况 102
三、新史料的发掘与利用 105

下篇　当代中国法律史学（1949—2022年）

第六章　当代中国法律史学的演进 …… 118
　一、当代中国法律史学的建设时期（1949—1965年）…… 118
　二、当代中国法律史学的停滞时期（1966—1976年）…… 138
　三、当代中国法律史学的恢复、发展繁荣和新拓展时期
　　（1977—2022年）…… 144

第七章　当代中国法律史学的研究方法 …… 174
　一、国学视域下的中国法律史研究方法 …… 175
　二、中西交融背景下的中国法律史研究方法 …… 184
　三、中国法律史学方法论变革的制约因素 …… 191

第八章　当代中国法律史基础问题研究 …… 196
　一、礼与法研究 …… 197
　二、律学研究 …… 205
　三、中华法系研究 …… 211
　四、法律文化研究 …… 219
　五、比较法史研究 …… 230

第九章　当代中国法律通史研究现状 …… 237
　一、中国法律制度通史研究 …… 238
　二、中国法律思想通史研究 …… 247
　三、中国民族法制通史研究 …… 253
　四、中国地方法制通史研究 …… 258

第十章　当代中国法律史断代法史研究现状 …… 262
　一、先秦法律史研究 …… 262
　二、秦汉法律史研究 …… 270
　三、魏晋南北朝法律史研究 …… 284
　四、隋唐法律史研究 …… 288
　五、宋辽夏金元法律史研究 …… 296
　六、明清法律史研究 …… 305
　七、民国法律史研究 …… 318
　八、革命根据地及中华人民共和国法律史研究 …… 322

第十一章 当代中国法律史部门法史研究现状 ······ 329
一、中国宪法史研究 ······ 329
二、中国民商法史研究 ······ 334
三、中国刑法史研究 ······ 341
四、中国诉讼法史研究 ······ 345
五、中国行政法史研究 ······ 347
六、中国经济法史研究 ······ 349
七、国际法史研究 ······ 350
八、中国环境法史及其他部门法史研究 ······ 352

第十二章 当代中国法律史教材、学术综述与论文集编写状况 ······ 354
一、1949—2022年中国法律史教材的统计分析 ······ 354
二、1949—2022年中国法律史学术综述的编写状况 ······ 381
三、1949—2022年中国法律史论文集的编写状况 ······ 390

上篇

近代中国法律史学
（1901—1949 年）

  本篇意在揭示中国法律史作为一个现代法学学科形成的历史文化背景，梳理 20 世纪前半叶中国法律史学的研究成果，并通过揭示与梳理，分析中国法律史学科的发展阶段和学科特色，对近代中国法律史学科的形成与学术研究状况进行较为系统、全面的总结。

  从总体上看，中国法律史研究在近代，即清末和民国时期是以制度史为中心的，从论著数量来看，研究中国古代法律制度的论著占到研究成果总数的 80% 以上。这一时期的法律思想史、法律文化史的研究也具有了雏形，有了初步的发展。

第一章

中国法律史学产生的背景

一、中国古代有关"中国法律史"的研究[①]

中国古代没有近代意义上的中国法律史学。近代的中国法律史学是在19世纪末至20世纪初,伴随着西方法律和近代学科分类方法、科学研究体系的传入而出现的,是中国近代法律制度变革和学科体系划分确立后的产物。尽管中国近代的法律史学是向西方学习的结果,但它又是在本国特定的历史传统中经过改造建立起来的,受到中国固有的政治、经济、文化传统方面因素的制约。恰如马克思所言:"人们自己创造自己的历史,但是他们并不是随心所欲地创造,并不是在他们自己选定的条件下创造,而是在直接碰到的、既定的、从过去承继下来的条件下创造。"[②] 作为当今世界上历史文化和国家主体唯一延绵至今的国家,中国五千年的文化传统积累的智慧和经验无疑是丰富的,而法律文化则是其重要的组成部分。中国传统法律文化在数千年的不断传承中,也在不断地总结着经验教训,这对法律及法律史的研究,也是不可或缺的。可以说中国法律史研究源远流长。这些法律文化积累沉淀,为近代学科意义上的中国法律史学的产生提供了丰富的素材,为近代中国法律史学的形成和发展奠定了基础。因此,在对我国近代的中国法律史研究状况进行归纳总结之前,也应当对我国的"前法律史"学科,也就是古代的法律史研究的基本情况作一简单分析。

[①] 中国古代有关中国法律史的研究虽然是史学、政治学研究的附庸,没有出现过专业化的研究,但是其广泛存在于中国历史上的法制实践和学术研究中,可谓车载斗量,浩无边际。然而中国古代有关中国法律史的研究并非本书之主旨所在,因此仅对其大体范围和成果进行一简要描述和评析。

[②] 马克思、恩格斯:《马克思恩格斯选集》(第1卷),人民出版社2012年版,第669页。

(一) 先秦的法律史研究

根据史籍记载，夏、商、西周时期，中国便产生了较为发达的法律体系，"夏有乱政，而作《禹刑》；商有乱政，而作《汤刑》；周有乱政，而作《九刑》。"[①] 虽然当时的原始文献未能保存下来，但是根据后世各种史料的记载，"该时期中国已经形成了较为发达的法律体系则是无疑的"[②]。商、周两朝在立法的过程中都以前朝的法律制度为基础，无疑会进行法律史方面的研究。由于史料缺乏，我们很难认识清楚当时研究的具体情形，但后世典籍的记载仍可证明这种研究的存在。《晋书·刑法志》记载："夏后氏之王天下也，则五刑之属三千。殷因于夏，有所损益。"虽然我们现在很难确切了解商朝对夏朝的法律制度是如何继承，又是如何"损益"的，但是可以确定的是，没有相应的研究，就不可能"因于夏"，亦不可能进行"损益"。

西周时期建立了较之夏、商更为完备的社会和法律制度，这一时期的法律史研究也获得了较大的发展。西周的立法很多是借鉴夏、商法律的，其典型者，如西周规定的五刑制度，就是总结夏、商刑制而成。后世学者在总结西周与夏、商法律之间的继承关系时指出："周承于殷后，刑书相因，故兼用其有理者，谓当时刑书或无正条，而殷有故事可兼用，若今法律无条求故事之比也。"[③] 这不仅明确了夏、商与西周法律之间的继承关系，同时也指出了西周在立法过程中进行了法律史研究。如果没有对夏、商法律的研究，就无从谈及"承于殷后，刑书相因"。在夏、商和西周时期，存在着大量的习惯法，当时的习惯法主要是指礼。礼包含着人们共同的价值观、风俗习惯和祖先的遗训等，夏、商、西周之礼经历了一个不断被总结和传承发展的过程。夏有夏礼，商有殷礼，西周时期周公在总结夏、商之礼的基础上，将其发展成为一整套以维护宗法等级制度为核心的行为规范和相应的典章制度，即周礼。孔子言："殷因于夏礼，所损益，可知也；周因于殷礼，所损益，可知也。其或继周者，虽百世，可知也。"[④] 孔子准确阐述了礼的历史更替，也言明了礼的继承不是一成不变，而是随着时势变迁而发展，这一变迁与发展便包含着研究的内容。实质上，礼的更替过程，就是对以往传统研究、整理和补充的过程，其中也包含着早期法律史研究的重要内容。

---

① 《左传·昭公六年》。
② 何勤华：《中国法学史》（第一卷·修订本），法律出版社2006年版，第57页。
③ 王应麟：《玉海》卷六十五"诏令"条引《康诰》"王曰，外事汝陈时，臬，司师兹，殷罚有伦"疏。转引自王健：《中国近代的法律教育》，中国政法大学出版社2001年版，第7页。
④ 《论语·为政》。

春秋战国是中国历史上社会关系急剧变革和思想文化高度繁荣的时期，同时也是法律制度迅速发展的重要阶段。这一时期的法律史研究在立法中有所体现，更为重要的是，是在诸子百家的学术争鸣中进行的。春秋战国时期进行了大量的立法活动，这对中国后世法律的发展产生了重要影响，如子产铸刑书于"鼎"，邓析制"竹刑"，尤其是战国时期魏国的李悝"集诸国刑典，造《法经》六篇"①等立法活动无不是在"撰次诸国法"的基础上，即在总结研究各诸侯国法律的基础上形成的。

春秋战国时期，王室衰微，诸侯并起，政权下移，导致"天子失官，学在四夷"②，出现了与官学相对应的私学。贵族士人或著书立说，阐明主张；或授业教学，广传学业。由于政治主张和学术主张的不同，形成了各种学派，出现了百家争鸣的局面。"百家争鸣"促成了学术的繁荣、思想的开放，春秋战国因而成为中国思想发展的黄金时代。即使现在，我们在研究天人关系、名实关系、义利关系、人性善恶、伦理道德等问题时，也要在春秋战国诸子学说中寻找渊源，而法律问题正是春秋战国时政治家、思想家十分关注的问题。汉初的史学家司马谈将先秦诸学归纳为阴阳、儒、墨、名、法、道德（道）六家③，这六个学派从不同的角度对法、法律进行了阐述，其中法家对法的阐述在中国历史上更是达到了"前不见古人，后不见来者"的程度。春秋战国时期法律思想的内容极为丰富，其涉及的主要学派除阴阳、儒、墨、名、法、道之外，还有兵家、杂家、农家、医家、小说家等；涉及的人物有管仲、子产、邓析、墨子、老子、庄子、孔子、孟子、荀子、李悝、商鞅、申不害、慎到、韩非、邹衍、吕不韦、吴起等等；涉及的问题有法的产生、法的本质、法的作用、法与道德的关系、法与礼教的关系、法与人性的关系、如何立法、如何执法、如何普及法律、法律如何取信于民，等等。先秦诸子对法律史的研究是他们对时势、政局及政治法律等研究的一部分。

儒家学派的创始人孔子非常重视对历史上法律制度的研究，曾言："夏礼，吾能言之，杞不足征也；殷礼，吾能言之，宋不足征也。文献不足故也。足，则吾能征之矣。"④ 再者，孔子据鲁史而作《春秋》，寓微言大义于历史的叙述之中，为君主提供治国良策和治乱兴衰的历史借鉴，其中就包含了对历史上的法律制度的褒贬和对法律适用的评判。作为法家思想的集大成者，韩非非常重视学习

---

① 《唐律疏议·名例》。
② 《左传·昭公十七年》。
③ 参见《史记·太史公自序》。
④ 《论语·八佾》。

研究古代法律制度与法律思想以总结治国之术。他的"以法为本，法、术、势相结合"的治国理论，就是总结了法家形成以后的思想而提出的，其中法律史的研究占有重要地位。另外，韩非在总结历史上的法律制度并将其应用于现实政治时，不仅扩展了法律史研究的范围，而且对历史上的法律适用和立法方法、司法运作等问题也进行了精湛的研究。

纵观整个先秦时期有关中国法律史的研究可知，法律史的研究是与社会、经济、文化发展息息相关的，虽然在当时并没有"学科"的分类，但有关中国法律史研究的内容已经进入思想家的视野。尽管研究的视角与方法不同，但有关法律史的研究与阐述，在这个时期是客观存在并且有了较大发展的。就研究范围而言，政治家、思想家、学者从单纯对法律制度进行研究，发展到注重对制度之外的法律思想、法制观念以及司法实践问题进行研究；就研究方法而言，经历了一个由纯粹的历史记述、简单的"损益"，到运用较为系统的政治、法律思想对前代法治进行梳理评判、褒贬的发展过程；就研究成果的存在形式而言，既包含在当时的法律制度中，又存在于诸子百家的著述之中，可惜很多资料已散佚不可考，就目前存世的册籍而言，主要有：《易经》《尚书》《礼记》《周礼》《逸周书》《左传》《国语》《论语》《孟子》《荀子》《墨子》《老子》《庄子》《商君书》《慎子》《申子》《韩非子》《吕氏春秋》等等。

（二）大一统时期的法律史研究

在法家思想的指导下，秦始皇建立了中国历史上第一个统一的君主集权的王朝，制定了完备的法律制度并将其普及到中央王朝所辖的广大地区，实现了"法令由一统"的局面。秦末丧乱，汉室龙兴。继秦而起的汉王朝经过七十余年的探索，最终形成了以儒家为本、兼采各家之长的正统法律思想。此后，正统法律思想虽然受到过玄学、佛学的冲击，但其正统地位从未有过动摇。其间即使有所争论，也都是对一些具体问题的争论，如立法的技巧、刑罚的宽严、肉刑的废复等的争论，而且争论的双方基本上都以儒家的经典为理论武器。因此，可以说，自儒家学说被定于一尊后，古代社会的法律思想基本被纳入了"一统"之中，两千余年没有大的突破。只有不断完善，没有创新突破，这也是中国法制文明自秦至清时的特点之一。[①] 在这个历史阶段中，中国的法制文明获得了空前的发展，取得了辉煌的成就，中国法律史研究也不断成熟、发展。

国家律典在中国悠久的法律历史中始终处于正统主导地位，在各种法律渊源中起着支配指导的作用。历代统治者十分重视律典的制定和法律的统一适用，各

---

① 参见马小红：《中国古代法律思想史》，法律出版社2004年版，第61页。

朝在开国之初无不潜心制定一部国家律典，以图子孙守成，成"百代之准绳"①。历史的实践也证明了国家统一律典确实有助于实现国家的统一和中央集权的强化。中国古代律典的制定辗转承袭，两千余年形成了一脉相承且十分明确的系统。法律史研究在这些王朝律典制定的过程中发挥了重要的作用，每部律典都是在充分总结历史上法制得失的基础上修订的。正如刘俊文在研究《唐律疏议》时所言："唐律的出现绝不是偶然的，而是春秋战国以来历代封建法典相承发展的结果。其中特别是作为第一部封建法典的《法经》、第一部合罪律事律于一体的综合性法典汉《九章律》、第一部儒家化的法典晋《泰始律》、第一部简练精粹的法典《北齐律》以及集南北朝诸律之大成的法典隋《开皇律》五者，对于唐律的孕育最具关键的意义。"②

中国自古有着尊崇历史的传统，从历史中领悟治乱兴衰、内圣外王之道，是中国古代最为重要的学术研究。自孔子著《春秋》，删述六经以后，史学开始从纯粹的历史记述和研究，转变为一种包含政治理论和学术思想的指导性学术。汉武帝时期，太史公司马迁"究天人之际，通古今之变，成一家之言"③。其所著《史记》被鲁迅誉为"史家之绝唱，无韵之《离骚》"，《史记》奠定了史学在中国古代的重要地位。史学寓微言大义于历史叙述之中，"上明三王之道，下辨人事之经纪，别嫌疑，明是非，定犹豫，善善恶恶，贤贤贱不肖，存亡国，继绝世，补敝起废，王道之大者也"④。因此，历史学在古代诸种学术中源流最为悠久、规模最为宏大、成果最为丰富，对中国古代的政治生活和社会生活的影响最大。在中国古代，自法家起，法律就被视为君主治理国家的"二柄"之一。在唐初制定《武德律》时，唐高祖曾下"颁定科律诏"，指出法律在治国中的重要地位："禁暴惩奸，宏风阐化，安民立政，莫此为先。"⑤因此，前代的立法、司法以及政治与法制的得失，都受到高度重视。作为传统历史学整体系统的一个重要部分，对于历史上法律制度的研究，吸引了许多定国安邦的元勋贵胄、硕学鸿儒的注意力⑥，为新朝代制定法律时，他们必定会对历史上的法律"沿波讨源"⑦，深入研究。

在中国古代的官修史书中，不乏关于法制历史的记载。东汉班固修《汉书》，

---

① 钱大群撰：《唐律疏义新注》，南京师范大学出版社2007年版，第1015页。
② 刘俊文：《唐律疏议笺解》，中华书局1996年版，"序论"第11页。
③ 《汉书·司马迁传》。
④ 《汉书·司马迁传》。
⑤ 《全唐文·卷三·高祖（三）》。
⑥ 参见曾宪义、郑定编著：《中国法律制度史研究通览》，天津教育出版社1989年版，第25页。
⑦ 《唐律疏议·名例》。

首设"刑法志",集中总结一代法制尤其是刑律的变迁沿革。此后,大多数官修正史中,皆设"刑法志"卷,成为官修史书中保存前代法制史料最为集中的部分。试举几例以明之。《汉书·刑法志》对战国刑罚的记载是:"陵夷至于战国,韩任申子,秦用商鞅,连相坐之法,造参夷之诛;增加肉刑、大辟,有凿颠、抽胁、镬亨之刑。"《汉书·刑法志》对汉文帝刑制改革评曰:"是后,外有轻刑之名,内实杀人。斩右止者又当死。斩左止者笞五百,当劓者笞三百,率多死。"《明史·刑法志》比较明律与唐律曰:"大抵明律视唐简核,而宽厚不如宋。至其恻隐之意,散见于各条,可举一以推也。如罪应加者,必赃满数乃坐。如监守自盗,赃至四十贯绞。若止三十九贯九十九文,欠一文不坐也。加极于流三千里,以次增重,终不得至死。而减至流者,自死而之生,无绞斩之别。即唐律称加就重条。"

被誉为"东方百科全书"的中国古代类书,按类辑录古书中的史实典故、名物制度、诗赋文章和丽词骈语等,形成结构完整的体系,"是研究我国古代政治经济、文化科技取之不尽的宝库"①。在我国唐宋明清时期的几部官修类书中,都有关于法律制度的专门编目,对历史上的法律制度进行认真的搜集、整理、汇编和研究。如作为宋代四大类书②之一的《册府元龟》,专门设置了记载刑罚律令的"刑法部",并将其分为总序、定律令、议谳、守法、正直、平允、平反、案鞫、深文、枉滥十门,对我国历代法律制度进行了系统的梳理,其间既有历代刑律内容的记载,又有司法实践的记载,内容翔实具体。除"刑法部"外,在卿监、环卫、铨选、贡举、奉使、内臣、牧守、令长等部,还辑录了大量的典章制度与历史事实,其中也多涉及法律的内容。

现存最大的类书《古今图书集成》则在"经济编"中设"祥刑典",记载了有关法制、刑律的翔实史料,如律令、盗贼、牢狱、听断、刑制、赦宥等等。除"祥刑典"外,其他各典也大量涉及关于我国古代法律制度的内容,如"选举典"是有关培养人才、选贤举能的资料,记载了有关学校、教育、科举、及第、武举、官吏等的法律典章;"铨衡典"是有关官员职能及选拔任用的法律资料,记载了官制、考课、迁擢、休致、封赠、封建等制度;"食货典"记载了户口、田制、赋役杂税、钱钞等制度;"礼仪典"是有关国家、祭祀、礼节仪式的资料,辑录了礼乐、朝贺、祀典、衣服等制度;"戎政典"记载了历代军事国防,如兵

---

① 冯丽:《论类书的产生、发展和衰落》,载《青海师专学报》(社会科学),2002年第4期。
② 宋代四大类书是指宋太宗、真宗时期命朝臣编制的四部大类书,即《太平广记》(五百卷)、《太平御览》(一千卷)、《文苑英华》(一千卷)、《册府元龟》(一千卷)。

制、田猎、马政、兵器等制度。

除上述官方史学外,在同样发达的非官方史学研究中,法律制度作为"治国平天下"不可或缺的环节同样受到学人的重视。"一些处江湖之远的非官方学者亦倾注了相当的热情"[①],从理学大师朱熹到"务在深文"的刀笔小吏,从以诗赋见长的白居易、柳宗元到知行合一的王阳明等,都有关于中国法律史的研究成果传世。如白居易继承了孔子"富而后教"的思想,以西周文王、西汉文景二帝、唐太宗等为正例,以夏桀、商纣、秦始皇为反例,说明犯罪的多少与人民的生活贫富有密切关系。他认为"贫困思奸而多罪也"。故要消除犯罪,不能单纯适用刑罚,要"在乎富其人,崇其教;开其廉耻之路,塞其冤滥之门。使人内乐其生,外畏其罪"[②]。富民是消除犯罪的根本方法。朱熹则认为法律起源于人之天性:"盖自天降生民,则既莫不与之以仁义礼智之性矣。然其气质之禀或不能齐,是以不能皆有以知其性之所有而全之也。一有聪明睿智能尽其性者出于其闲,则天必命之以为亿兆之君师,使之治而教之,以复其性。此伏羲、神农、黄帝、尧、舜,所以继天立极,而司徒之职、典乐之官所由设也。"[③] 这些学者关于古代法律问题的论述,可谓车载斗量,不胜枚举。

历史上的一些私人著述系统地记述了历史相沿下来的典章制度和刑罚制度,其中最为知名者当数被合称为"三通"者,即唐杜佑的《通典》、宋郑樵的《通志》和元马端临的《文献通考》。在《通典》的"自序"中,杜佑写道:"所纂通典,实采群言,征诸人事,将施有政。夫理道之先,在乎行教化;教化之本,在乎足衣食。……夫行教化在乎设职官,设职官在乎审官才,审官才在乎精选举。制礼以端其俗,立乐以和其心,此先哲王致治之大方也。故职官设然后兴礼乐焉,教化隳然后用刑罚焉。列州郡俾分领焉,置边防遏戎狄焉。"[④] 所以,《通典》在篇目设计上共分为九门,计食货、选举、职官、礼、乐、兵、刑、州郡、边防。刑门凡八卷,下设刑制(三卷)、杂议(二卷)、肉刑议(一卷)、守正(一卷)、宽恕(一卷)。马端临的《文献通考》总汇古今典章制度而细考之,将典章制度分为二十四门,在当时可谓集古今之大成。其二十四门包括:田赋、钱币、户口、职役、征榷、市籴、土贡、国用、选举、学校、职官、郊社、宗庙、王礼、乐、兵、刑、经籍、帝系、封建、象纬、物异、舆地、四裔。在"自序"部分,马端临在总结历代刑制轻重之变后提出自己的论断,并说明了"刑门"的

---

① 曾宪义、郑定编著:《中国法律制度史研究通览》,天津教育出版社1989年版,第25页。
② 《白居易集·策林四·止狱措刑》。
③ 《四书章句集注·大学章句序》。
④ 《通典·自序》。

具体内容："若夫苟慕轻刑之名，而不恤惠奸之患，杀人者不死，伤人者不刑，俾无辜罹毒虐者，抱沉冤而莫申，而舞文利赇贿者，无后患之可惩，则亦非圣人明刑弼教之本意也。作《刑考》第十七，首刑制，次徒流，次详谳，次赎刑、赦宥。凡十二卷。"①

专门研究法律理论和法律制度的传统律学，虽然附属于经学且是经学重要的组成部分，但穷理究微的律学家代有其人。律学每一发展阶段所取得的成果，都将中国古代法制文明向前推进一步。律学的发展是以先驱者留给后人的文化思想材料作为前提的，这中间的继承关系便是律学发展的真实过程。② 律学家在律学的研究中，探源溯本，针砭古今，进行了大量的有关中国法律史的研究。

商鞅"改法为律"，为律学的产生和发展提供了载体。律学一发端就建立了官方解释之制，"诸官吏及民有问法令之所谓也于主法令之吏，皆各以其故所欲问之法令明告之"③。秦朝以吏为师，云梦秦简中的《法律答问》就是官方解释法律的证明，反映律学出于官府的状况。两汉律学适应大一统的需要，以引经注律为主要方式。引经注律的大行其道为引礼入法开辟了捷径。西汉硕儒董仲舒引经决狱，以《春秋》经的微言大义断案，大大地推动了法律的儒家化。至东汉，研究儒家经典的"章句之学"也被运用于注律。诸儒章句十有余家，有的世代家传注律，传为佳话，如杜周、杜延年的《大杜律》与《小杜律》。有的博通儒家经典，直接以经注律，如叔孙宣、郭令卿、马融、郑玄。章句之学的发展运用使经学、律学相互促进，进一步推动了礼法的结合。魏晋南北朝时期是中国传统律学的重要发展阶段，出现了陈群、刘劭、钟繇、傅干、丁仪、曹羲、王朗等一批著名的律学家，律学得到空前的发展，逐渐摆脱经学的附庸地位，发展成相对独立的学科，并开始注重研究立法技术、法律运用、刑名原理、科罪量刑原则以及法律概念与术语的规范化解释，这些为后世注律者所沿用。在这一时期开始设置律博士，教授法律、保管法令，使律学立于官府，研究后继有人。对此，清代律学家沈家本评论说，律博士之设，"上自曹魏，下迄赵宋，盖越千余年。此律学之所以不绝于世也"④。以《永徽律疏》为代表的唐代官方律学，标志着中国传统律学进入成熟阶段。永徽年间，长孙无忌等人本着"网罗训诰，研核丘坟"⑤的精神，逐条逐句对《永徽律》作出诠释和疏释，律疏于永徽四年（653）

---

① 《文献通考·自序》。
② 参见怀效锋：《中国传统律学述要》，载《华东政法学院学报》，1998年第1期。
③ 《商君书·定分》。
④ （清）沈家本：《历代刑法考》（四），邓经元、骈宇骞点校，中华书局1985年版，第2059页。
⑤ 《唐律疏议·进律疏表》。

颁行，称为《永徽律疏》，"自是断狱者皆引疏分析之"①。《永徽律疏》以疏附于律文之后，这种体例是唐人在总结魏晋注释律学基础上的新发展，便于执法者领略律意。

自宋至元，律学逐渐衰微。宋初制定《宋刑统》时，对唐律做了一番研究。《宋刑统》就其律文而言，只是唐律的翻版，除"折杖法"外，很少增损，甚至连唐律的律疏也一并照录。宋代律学自然也就受到社会的冷落，日渐沦为小道末学。到了明代，情形则为之一改，明初制定《大明律》时，丞相李善长建议"今制宜遵唐旧"②，明太祖采纳之。洪武三十年（1397）颁布的《大明律》，既脱胎于唐律，又不同于唐律。它改用七篇体例，即名例、吏、户、礼、兵、刑、工，使法典体例更趋合理、简明。《大明律》比唐宋律有所发展，表明明初律学研究的独到与精深。明中叶以后，条例日益繁多庞杂，律例之间矛盾突出，从而促使律学在明代复苏，其成果层出不穷、蔚为壮观，具有影响力的释律著作不下二三十种，如雷梦麟的《读律琐言》、王肯堂的《律例笺释》等。清代在法制建设上以"详译明律，参以国制"③为立法原则，力图保持法律制度的连续性，《大清律例》在结构上与《大明律》相同。清朝立法体制所形成的律例关系，以及例因事变迁而急剧滋生所造成的抵牾和失衡，为私家注律和律学的发展提供了广阔的天地。清代律学集传统律学之大成，这一时期是中国历史上私家注律的鼎盛阶段。④

作为传统史学的一个部分，古代有关中国法律史的研究在中国法制文明发展的历史中不断进步。古代有关中国法律史的研究广泛存在于国家律法的制定、官修史书的编撰、私人著述的写作以及律学研究等活动之中，对我国古代法制文明和传统法律文化的形成、传承与进步，以及国家律法的制定、实施，司法技术的提高起到了重要的作用。同时，古代有关中国法律史的研究在几千年的传承中所积累的大量素材和资料、产生的丰富成果，也为近代中国法律史学的形成奠定了坚实的史料基础。

但是，从近代学科的角度来看，中国古代的法律史研究是一种非学科性的研究，相对现代社会而言，其存在很多缺陷和不足。比如，古代有关中国法律史的研究始终处于综合的状态，是史学、经学研究及国家立法等活动的副产品，难以

---

① 《旧唐书·刑法志》。
② 《明史·刑法志》。
③ 《大清律集解附例·御制序》。
④ 关于律学的历史进程部分，参考了怀效锋的《中国传统律学述要》一文，参见怀效锋：《中国传统律学述要》，载《华东政法学院学报》，1998年第1期。

向精深的学理方向发展。在一些具体时代或具体制度方面研究虽然充分,但就整体而言,对法律制度的研究缺乏科学的理论支撑和体系依据,没有系统性的研究,缺少对中国传统法制的整体认知。从中国法制文明的沿革发展来看,研究呈现出零散的情况,没有认识到法律发展的一般外在特征和内在规律,往往局限在对法律制度表面问题的分析上。再者,古代有关中国法律史研究的非学科性,造成其研究方法单一且未能形成专门的方法,进而导致研究工作的大部分是具体史料的堆砌和累加。

二、中国法律史学产生的社会基础

(一) 变法图强与西学东渐

1. 变法图强

清王朝的建立和发展,是中国数千年集权制度和传统文化的延续,这种社会体制中包含着一些固有的矛盾和弊端,如皇权专制、吏治腐败、经济滞后、土地兼并等。这些矛盾的不断发展、激化,使得清朝社会从19世纪中期开始走上迅速衰败的道路。与此同时,以英国为代表的西方资本主义国家却呈现出新的发展态势,并且不断寻求资本主义经济发展所必需的更大的商品市场。清政府实行的"闭关锁国"政策,阻断了中西方贸易和文化交流,使得中国的发展逐渐落伍。而后鸦片战争给中国人民带来一系列沉重灾难,也给中国社会以巨大的震撼,使得中国士大夫阶层开始"睁眼看世界",探求富国强兵之路。

为此,清政府于19世纪60年代初到90年代中期开办洋务运动,以"中学为体,西学为用"为指导方针,在建设新式军队、发展近代工业、开展近代教育事业、介绍引进西方文化等方面做了大量工作,取得了一定的成效。就教育文化事业而言,在这30余年间,洋务派在全国建立了30余所近代新式学校,如同治元年(1862)在北京成立的同文馆,用来培养科学技术、军事、外交翻译人才,同时还组织翻译了不少外国科技书籍,派遣了不同年龄和资历的留学生赴欧美留学。洋务运动发展到19世纪80年代,社会上开始出现具有资本主义倾向的早期改良主义社会思潮,改良者认为君主立宪的民主制最适合于中国,提出了开国会、设议院的要求。1894年,中日甲午战争的失败宣告了洋务运动的破产。

甲午战争后,深刻的民族危机、尖锐的民族和阶级矛盾,使一部分先进的知识分子认识到,救亡图存必须和国家的政治改革结合起来,学西方求自强,根本要学它的先进的资本主义政治制度,同时,民族资产阶级作为一种新的政治力量,具有挽救亡国危机的强烈愿望,有着改革社会制度以便发展资本主义的迫切要求。19世纪80年代后期所提出的变法主张,于甲午战争后迅速发展为一股维新思潮，在康有为等维新派的大力推动下，转化为一种政治运动。

维新派认为，要把中国从被帝国主义瓜分的危难中拯救出来，取得民族的生存和国家的独立富强，只有实行维新变法，走西方资本主义国家的道路。为此，他们从西方资产阶级那里借取了进化论和社会政治学说，作为思想武器，对恪守"祖宗成法"的顽固思想和只学西方技艺、反对西方政治制度的"中体西用"的论调，展开了激烈的批判。维新变法思想的传播，很快形成了一种政治运动，经过几年的思想酝酿、舆论宣传和组织准备，终于在1898年发生了著名的戊戌变法运动。戊戌变法虽因顽固守旧势力的干涉百日而终，但这次变法对中国社会产生了深远的影响。就思想领域而言，戊戌变法对中国知识分子进行了一次较大规模的启蒙教育，形成了中国近代史上第一次思想解放的潮流。在变法期间，维新派通过学会、报刊、学堂，在全国范围内广泛传播西方资产阶级的社会政治学说和进化论的哲学思想以及自然科学，猛烈地抨击中国集权专制主义的"旧学"，特别是封建专制主义和纲常名教，为进一步传播西方民主法治观念和西方文明文化开创了道路。[①]

2. 西学东渐

西方列强的侵略，使中华民族蒙受了空前的灾难，而中国人民表现出的觉醒与顽强又为中国的振兴播下了希望的种子。正如费正清在他的著作中曾指出的那样："清代从1901年到1911年的最后10年与其说是处于崩溃时期，倒不如说是处于新的开创时期。"[②] 正是在这样一个历史时期，在这样一种社会环境之中，中国的一大批知识分子以中华民族的宏大胸襟和传统智慧，开始学习吸纳西方文明的优秀成果。

自19世纪中叶前后开始，西方人以各种媒介带来西方的新知识。鸦片战争等一系列失败促使清政府自19世纪60年代开始，推行洋务运动，也促使西方的科学技术传入中国。当时的洋务人士主要采取"中学为体，西学为用"的态度来面对西学，主要关注的是西方的先进武器以及相关的制造技术等，而未试图对西方的学术思想加以学习，因此这一时期西方学术思想的传入主要借由西方传教士创办的媒体，以及洋务机构为军事目的顺道译介的书籍。甲午战争以后，由于中国当时面临着国破家亡的命运，许多有识之士开始更积极全面地向西方学习，出现了严复、康有为、梁启超、谭嗣同等一批思想家。他们向西方学习大量的自然

---

① 参见董守义、张立真、焦润明编著：《中国近代史教程（1840—1949）》（上），中国社会科学出版社2000年版，第259-262页。

② ［美］费正清、赖肖尔：《中国：传统与变革》，陈仲丹等译，江苏人民出版社1992年版，第403页。

科学和社会科学的知识，政治上要求改革。在这一时期大量的西方知识传入中国，影响非常广泛。许多人通过转译日本人所著的西学书籍来接受西学。通过不断地引进和吸收，西方的哲学、天文、物理、化学、医学、生物学、应用技术、地理、政治学、社会学、经济学、法学、史学、文学、艺术等大量传入中国，对中国的学术、思想、政治和社会经济都产生了重大影响。

文化上的西学东渐，为我国近代法学的诞生创造了有利的思想文化背景，漂洋过海而来的西方思想观念、政治理论和哲学思想、学术思想等成为中国近代法学诞生的土壤，中国法律史学的产生与发展亦与之息息相关，特别是新史学的出现被认为是中国法律史学产生的重要因素。对此问题，将在第二章展开详细论述，此处不赘。

（二）西方法观念的传播与变法修律①

1. 西方法观念在中国的传播

西方法治文明在中国法律史学产生之前，对中国法制建设的影响主要表现在法观念的传播方面。伴随着西方列强以武力打开中国封闭的国门，借助西学东渐的时代浪潮，西方法观念通过传教士、商人、朝廷聘请的外籍法律专家以及中国的法科留学生，以著作、报纸杂志和法学教育等多种方式在中国传播开来，大致经过如下发展阶段。

（1）鸦片战争前后。

1833年普鲁士人郭实腊创办了中国近代内地第一份中文期刊《东西洋考每月统纪传》，介绍西方的法治、三权分立、平等原则、司法独立等观念；1864年，美国传教士丁韪良翻译出版了《万国公法》一书，将自然法、权利等观念介绍到中国。受到西方传教士的影响，中国先进的知识分子开始关注、倡导、阐述西方法观念。如被称为中国"睁眼看世界"第一人的林则徐就曾组织翻译了《各国律例》一书的部分章节，涉及西方的主权观念和法治原则。中国近代启蒙思想家魏源在1842年完成的《海国图志》一书中，详细介绍了美国的政治法律观念，引述了美国《独立宣言》的天赋人权思想："上帝生民，万族同体，各畀性命，使安其分。"② 书中强调，在美国，实行的是法律面前人人平等的原则："所有条例，统领必先自遵行，如例所禁，统领亦断不敢犯之。无异于庶民，而后能为庶民所服。"③ 徐继畬在《瀛环志略》一书中，除介绍世界各国的地理版图外，对

---

① 参见何勤华：《中国法学史》（第三卷），法律出版社2006年版，第9-14页。
② （清）魏源：《海国图志》，李巨澜评注，中州古籍出版社1999年版，第381页。
③ （清）魏源：《海国图志》，李巨澜评注，中州古籍出版社1999年版，第389页。

美国的民主共和思想、法治理念和选举制度也进行了引介。①

(2) 洋务运动期间。

在洋务运动过程中，一批知识分子掀起了新一轮传播西方法观念的浪潮，其代表性人物包括冯桂芬、王韬、黄遵宪、郑观应等。1862—1884 年，王韬撰写了大量传播西方政治理念和法律思想的作品，并于 1883 年汇编刊印出版《弢园文录外编》一书。1877 年，启蒙思想家黄遵宪出使日本，在考察日本政制之后指出："余闻泰西人好论权限二字。今读西人法律诸书，见其反复推阐，亦不外所谓权限者。人无论尊卑，事无论大小，悉予之权，以使之无抑，复立之限，以使之无纵。胥全国上下同受治于法律之中，举所谓正名定分，息争弭患，一以法行之。余观欧美大小诸国，无论君主、君民共主，一言以蔽之，曰以法治国而已矣。"② 他还在《日本国志》一书中介绍了日本刑法和刑事诉讼法。郑观应先后撰写了一系列介绍西方先进法律思想和政治制度的作品，如《救时揭要》（1873 年出版）、《易言》（1880 年出版）等；1894 年又出版了著名的《盛世危言》，介绍并阐述了许多西方政治法律思想和法观念。在介绍法治理念时，他指出：实行法律的治理，"故自有议院而昏暴之君无所施其虐，跋扈之臣无所擅其权，大小官司无所卸其责……"③

(3) 戊戌变法和清末修律期间。

在戊戌变法前后，维新派人士康有为、梁启超和严复也大力传播西方的法观念。康有为力劝光绪皇帝变法，在《上清帝第二书》（1895 年）、《上清帝第六书》（1898 年）、《请定立宪开国会折》（1898 年）等奏折中，大量介绍西方的法律制度，尤其是宪法制度，阐述西方的法律思想和法律观念。如在《请定立宪开国会折》中，康有为阐述道："盖自三权鼎立之说出，以国会立法，以法官司法，以政府行政，而人主总之，立定宪法，同受治焉。"④ 梁启超作为中国近代著名的百科全书式的思想家，对近代法学的创立和发展贡献卓越。据统计，其有关法律的著述竟达数百万言之巨，仅就引介西方法律学说而言，"全面深入，无人可比"⑤。梁启超在《各国宪法异同论》《论立法权》《法理学大家孟德斯鸠之学说》《宪法之三大精神》《中国国会制度私议》《政治学大家伯伦知理之学说》等著作中，系统地介绍了西方的国体政体学说、三权分立学说、责任内阁制度、选举制度、法治主

---

① 参见何勤华：《西方法学观在近代中国的传播》，载《法学》，2004 年第 12 期。
② （清）黄遵宪：《日本国志》，上海古籍出版社 2001 年影印版，第 279 页。
③ （清）郑观应：《盛世危言》，王贻梁评注，中州古籍出版社 1998 年版，第 96 页。
④ 汤志钧编：《康有为政论集》（上册），中华书局 1981 年版，第 338 页。
⑤ 梁启超：《梁启超法学文集》，范忠信选编，中国政法大学出版社 2000 年版，"序言"第 4 页。

义学说等等。① 例如他在1899年发表的《各国宪法异同论》中，介绍三权分立的学说："行政、立法、司法三权鼎立，不相侵轶，以防政府之专恣，以保人民之自由……今日凡立宪之国，必分立三大权。"② 严复在译著《天演论》（1896年）、《原富》（1898年）、《群己权界论》（1903年）、《社会通诠》（1904年）等作品中，尤其是在1904—1909年完成面世的《孟德斯鸠法意》一书中，对西方的宪政制度、权力分立、法治和法律面前人人平等等原则和观念，都作了宣传和阐述。③ 1901年，清政府迫于国内外形势，不得不宣布实行修律变法。以修订法律大臣沈家本和伍廷芳以及成员董康等为首的改良派，以此为契机，组织翻译了众多的西方法典和法学著作，全方位地引进西方的法律制度、法学知识、法学观念和法律原则。同时一批由清政府聘请的日本法律专家，如冈田朝太郎、小河滋次郎、志田钾太郎、松冈义正等也加入了传播西方法学观的行列。

（4）辛亥革命至五四运动。

近代资产阶级革命派的代表人物，如孙中山、陈天华、邹容等人，四处奔走，多方呼吁，著书立说，并以自己的革命实践来宣传西方法观念。如1903年《苏报》刊登了邹容所著《革命军》一书，其中对西方的天赋人权观念、民主制度和共和制度进行了热情的宣传，振聋发聩。五四运动前后，一批更为先进的中国知识分子也积极投身于上述活动。1915年9月15日，陈独秀创办了《青年杂志》（第二卷起改名为《新青年》），在该杂志上，陈独秀发表了一系列影响重大的文章，如《法兰西人与近世文明》《东西民族根本思想之差异》《吾人最后之觉悟》《人生真义》《再质问〈东方杂志〉记者》等。在这些文章中，陈独秀传播了许多西方的法律制度和法学观念。与陈独秀一起，中国共产党的另一位创始人李大钊，也通过《一院制与二院制》（1913年）、《论宪法公布权当属宪法会议》（1913年）、《欧洲各国选举制考》（1913年）、《制定宪法之注意》（1916年）、《省制与宪法》（1916年）、《宪法与思想自由》（1916年）、《东西文明根本之异点》（1918年）、《法俄革命之比较观》（1918年）、《庶民的胜利》（1918年）、《我的马克思主义观》（1919年）等论著，开始了在中国宣传西方法学观（包括马克思主义法学观）的活动。④

（5）民国期间。

进入民国时期，传播西方法观念的主体有所变化，主要是一批从海外回国的

---

① 关于梁启超在法学领域的成就，参见梁启超：《梁启超法学文集》，范忠信选编，中国政法大学出版社2000年版，"序言"第4页。
② 梁启超：《梁启超法学文集》，范忠信选编，中国政法大学出版社2000年版，第2页。
③ 参见何勤华：《西方法学观在近代中国的传播》，载《法学》，2004年第12期。
④ 参见何勤华：《西方法学观在近代中国的传播》，载《法学》，2004年第12期。

留学生或者国内法学院校培养的法学家,如江庸、王宠惠、罗文干、严鹤龄、丁惟汾、张知本、章士钊、沈钧儒、程树德、白鹏飞、张君劢、张耀曾、戴修瓒、陈瑾昆、李大钊、萨孟武、郑毓秀、潘大道、史尚宽、张志让、周鲠生、范扬、王世杰、钱端升、蔡枢衡、陈霆锐、吴经熊、谢冠生、梅汝璈、胡长清、张汇文、卢峻、崔书琴、陈文彬、杨兆龙、戴炎辉、孙晓楼、杨鸿烈、丘汉平、龚祥瑞、王铁崖、李浩培、唐表明、赵理海、陈体强、韩德培、芮沐等。这些学者通过著书立说、授业教学、投身实践等多种方式、多种渠道,宣传西方法观念,对近代中国法制进程和法学学科的发展贡献颇丰。

近代传入中国的西方法观念,在实践上并不令人满意,出现了理论和实践的脱节和矛盾。尽管如此,西方法观念在近代中国的传播,对中国近代法制建设和法学的诞生与成长,仍然具有重要的启蒙意义。从清末修律到民国时期的六法全书,它们都是在西方法观念的指导下,结合中国社会的政治、经济、文化特点而制定的,同时近代法学学科亦在其影响下诞生和成长,如近代法理学、刑法学、民法学以及诉讼法学等的核心观念和基本原则都来源于此,中国法律史学的诞生亦受其重要影响。

2. 变法修律

1901年以后,清政府在内外压力之下,以"折中各国大同之良规,兼采近世最新之学说,而仍不戾于我国历世相沿之礼教民情"[①] 为指导思想,以"参酌各国法律,悉心考订,妥为拟议,务期中外通行,有裨治理"[②] 等为目标,以法律改革家沈家本等人提出的"参考古今,博辑中外""汇通中西"作为指导方针,取中法与西法结合、改良与创新结合、修律与立宪结合、立法与立人结合、人道主义与传统仁政结合的方式,仿照欧洲大陆法系的架构,进行变法修律,建立中国近代的法律体系。

从宏观上看,清末最后10年的变法活动,主要包括以下几个方面:其一,进行了以"预备立宪"为中心的宪政运动,制定出《钦定宪法大纲》《宪法重大信条十九条》等宪法文件。其二,初步改革法律旧制,如删除律内重法、取消满汉差别,颁行《大清现行刑律》等。其三,制定新律,这是清末变法修律的核心。从1902年沈家本受命主持修律以后,陆续修订或者公布了《公司律》(1904年)、《大清刑事民事诉讼法草案》(1906年)、《大理院审判编制法》(1906年)、《大清印刷物专律》(1906年)、《破产律》(1906年)、《法院编制法草案》(1907

---

① (清)朱寿朋:《光绪朝东华录》,张静庐等点校,中华书局1960年版,第5809页。
② (清)朱寿朋:《光绪朝东华录》,张静庐等点校,中华书局1960年版,第4864页。

年)、《钦定宪法大纲》(1908年)、《钦定行政纲目》(1908年)、《大清报律》(1908年)、《大清现行刑律》(1910年)、《大清监狱律草案》(1910年)、《宪法重大信条十九条》(1911年)、《大清民律草案》(1911年)、《大清民事诉讼律草案》(1911年)、《大清新刑律》(1911年)、《大清刑事诉讼律草案》(1911年)等诸多新法律。这些新法律虽然在实践中没得到真正的贯彻实施，但是在客观上仍为中国法律体系的近代化和法学学科的近代化奠定了重要的基础。其四，改革司法体制，初步建立了近代意义上的司法体制和司法制度。

清末变法修律虽然受到纲常礼教、传统制度和传统思想的束缚和阻碍，存在很大的局限性，但是在客观上产生了显著的影响，在中国法制发展史上写下了浓墨重彩的一笔。首先，清末变法修律改变了中国数千年相传的"诸法合体"的法典编纂形式，打破了中国古代法律制度的传统格局，对中国传统法律的"依伦理而轻重其刑"的特有性格也造成了很大冲击，使得中华法系的一些特征逐步消失并最终走向解体。其次，清末变法修律为中国法律的近代化奠定了初步的基础，经过变法修律，初步建立了一套近代意义上的法律制度和司法制度，为中国法律由古代法律体系向现代法治文明的转变提供了良好的条件。再次，在清末变法修律中，第一次全面系统地引进和介绍了西方的法律制度和法律学说，促进了西方近现代法律思想和法律观念的引进、普及和传播，在客观上也促进了一部分中国人形成现代法制观念。最后，清末变法修律促进了近代法律教育与法学研究的形成和发展。正是由于大规模引进西方法律制度，人们开始重视西方的法律，借鉴西方法律体系构建中国的法律教育体系并进行相关的法学研究。

三、近代中国法律教育和法学研究的勃兴

(一)近代中国法律教育的产生和发展[①]

近代中国的法律教育是在变法自强和西学东渐的背景下产生的。伴随着近代中国社会的转型，法律教育经历了从传统向现代的蜕变。洋务运动期间，中国开始近代法律教育的尝试。1867年12月，作为中国近代最早的新式教育机构的同文馆决定聘请已经在馆任英文教习的丁韪良开设国际法方面的课程，并将其作为一门专门课目正式确定下来，这是中国近代引进西方法律教育内容的最早尝试。甲午战争的失败，促使有眼光的知识分子认识到中国制度和文化本身的落后和缺陷之处，他们明确提出中国要变法图强，必须学习西方先进的政治法律制度，在

[①] 参见侯强：《论近代中国法律教育发展的政策和体系》，载《中国法学教育研究》，2007年第1期，第200页。

法律教育方面，则应进行深层次变革，将传统法律教育由浅层次的交涉公法课目上升到深层次的近代大学法科的创设。盛宣怀直言不讳上书朝廷，批评同文馆之得失，认为其教育"虽娴熟其（外国）语言文字"，但对"中外政法之故未通其大"，"小道可观，而不足以致远也"①，建议学堂的设立应"以法律、政治、商税为要"②。天津中西学堂自清政府应允设立起，即于其头等学堂中设有律例学，从而正式开始了中国近代西方式的法律教育。

20世纪初，民族资本主义的初步发展、新式教育和留学运动的蓬勃兴起、西方资产阶级政治和法律思想的广泛传播，进一步刺激我国法律教育从古代型向近代西方型快速转变。清廷在1902年颁布的《钦定学堂章程》与1904年颁布的《奏定学堂章程》中，将法学列于高等教育阶段，并在《奏定学堂章程》中颁布了中国近代法学教育史上第一份法学科目表，规定法学学门的主课包括：法律原理学、大清律例要义、中国历代刑律考、中国古今历代法制考、东西各国法制比较、各国宪法、各国民法及民事诉讼法、各国刑法及刑事诉讼法、各国商法、交涉法、泰西各国法，补助课为各国行政机关学、各国人民财用学、国家财政学。

1911年辛亥革命爆发，宣告了封建帝制的灭亡。伴随着资产阶级革命政府的建立，资产阶级法律学说开始付诸实践，近代新式法律教育也由此揭开了新篇章。1912年10月22日，教育部公布《专门学校令》，规定"专门学校以教授高等学术、养成专门人才为宗旨"，把专门学校分为十类，其中之一即为法政专门学校。同年10月24日，教育部公布了《大学令》，次年1月，又公布了《大学规程》，规定了"大学以教授高深学术、养成硕学闳才、应国家需要为宗旨"，"大学分为文科、理科、法科、商科、医科、农科、工科"。就法学教育而言，大学科名已改称"法科"，不再使用"政法科"或"法政科"名称，法科成为大学七科之一。如果说大学科名从"政治科"改称"政法科"或"法政科"，多少还是出于反映或识别该科所设具体学门全貌的考虑的话，那么，"法科"科名的出现，则不能不说是代表了当时对政治和法律关系认识的一种变化。

但教育改革是一项艰巨复杂的社会系统工程，不可能一蹴而就，只能在力所能及的范围内进行调整。新文化运动之后迎来了中国思想界空前活跃的时代，教育界出现了一股学习西方教育的热潮。教育改革效法的重心也由日本转向美国，

---

① 转引自朱有瓛主编：《中国近代学制史料》（第一辑上册），华东师范大学出版社1983年版，第593-594页。

② 盛宣怀：《愚斋存稿》，载沈云龙主编：《近代中国史料丛刊续编》（第十三辑），文海出版社1975年版，第51页。

孕育并催生了1922年的新学制。该学制在高等教育方面规定：大学设数科或一科均可，其单设一科者，称某科大学校，如医科大学校、法科大学校之类。法科大学校修业年限至少五年。大学取消了预科，规定采用选科制。另外，因学科及地方特别情形，得设专门学校，大学校及专门学校得附设专修科。这些对学制系统所作的调整，就法学教育发展而言，其主要方面在于发掘了法科教育新的诠释空间，适应了当时已经扩展了的法科教育视域和语境要求。可以说，近代中国法科教育政策在1922年新学制颁行时已基本定型。此后，国民政府的法科教育政策只是在此大框架稳定的前提下，对其具体实施作了一些因时变通或局部的调整。

（二）近代中国法学研究的勃兴[①]

近代中国法学研究的勃兴与法律教育的发展密切相关，法律教育为法学研究提供了发展的契机，反过来法学研究的蓬勃发展也为法律教育提供了养分。随着西方法观念的传播和西方法律体系的引入，法学研究也呈现出逐渐繁荣发展的态势。由于社会形态和知识结构的限制，近代早期的法学研究多为介绍性的，其目的在于使国民了解西方的政治法律制度和法律观念。关于此部分的详细内容在上文"西方法观念在中国的传播"中已作了较为详尽的介绍，此处重点就民国期间的法学研究的勃兴情况作一叙述。

1. 宪法研究

宪法关系一国政治体制的设立，关系人民权利的保障，在当时是人们最为关心的问题之一。对宪法的研究在近代法学研究中是最为重要的，"懂不懂宪法学，决定了一个人能不能成为一个近代法学家。因为这是中国传统法学与中国近代法学的根本分野所在"[②]。"几乎所有的法律家都对宪法与宪政问题给予充分的关注，民国时期法律家群体有关宪法与宪政方面的研究在法学各个学科中是最为充分、最为透彻的，研究领域涉及现代宪政思想的方方面面。"[③] 据统计，在清末至民国时期出版的各类宪法学作品中，除各种有关宪政的法律、法规草案的汇编等文献以及手册、指南等普及类著述外，仅专著、译著和教材的总数就达1 100余种，发表的宪法研究的论文更是多达2 100余篇。在为数众多的著作中，较有代表性的有王世杰与钱端升合著的《比较宪法》、王宠惠的《中华民国宪法刍

[①] 参见韩秀桃：《略论民国时期法律家群体的法律思想》，载王先林主编：《安徽大学法律评论》（2004年第1期），安徽大学出版社2004年版。

[②] 梁启超：《梁启超法学文集》，范忠信选编，中国政法大学出版社2000年版，"序言"第4页。

[③] 韩秀桃：《略论民国时期法律家群体的法律思想》，载王先林主编：《安徽大学法律评论》（2004年第1期），安徽大学出版社2004年版。

议》、程树德的《宪法历史及比较研究》、潘树藩的《中华民国宪法史》、白鹏飞的《宪法及宪政》、张知本的《宪法论》、吴宗慈的《中华民国宪法史》、郑毓秀的《中国比较宪法论》、陈茹玄的《民国宪法及政治史》、萨孟武的《宪法新论》、罗志渊的《中国宪法释论》、刘静文的《中国新宪法论》、雷宾南翻译的《英宪精义》等。

2. 刑法研究

近代以来法制变革最多、最彻底的当数刑事法律制度，因此围绕刑事法律制度的近代转型问题，法学家们进行了较为细致的研究，发表了一系列的研究成果。"其中的刑法思想发展分为两个阶段，民国前期主要是对继承前清刑律的一些批评，后期主要是如何对待西方先进刑法思想的问题。"① 据初步统计，民国期间共出版刑法学译著、专著和教材 900 余部，发表刑法学学术论文 1 700 余篇。代表性的著作有蔡枢衡的《刑法学》、郭卫的《刑法学总论》、徐朝阳的《中国刑法溯源》、郗朝俊的《刑法原理》、王觐的《中华刑律论》、胡长清的《中国刑法总论》等。

3. 民商法研究

清朝末年，众多的法学家博采众说，精阐法理，为中国民商法近代化奠定了坚实的理论基础，产生了丰硕的研究成果，共出版专著、译著、教材和资料汇编 1 200 余种，发表学术论文 2 500 余篇。民国时期的代表性民商法学著作主要有：史尚宽的《民法总则释义》《信托法论》，胡长清的《民法总则》《中国民法总论》《中国民法债篇总论》《中国民法亲属论》《中国民法继承论》，梅仲协的《民法要义》等。

4. 诉讼法研究

中国传统法律一直有着重实体、轻程序的特点，近代颁布的一些诉讼法往往很难得到确实的实施，因此，法学家们对诉讼法研究主要集中在对诉讼制度重要性的认识、如何确立适合中国自身的诉讼制度，以及如何对待世界先进的诉讼制度等问题上。这一时期出版的有关诉讼法的专著、译著和教材共有 1 000 余部，其中民事诉讼法 600 余部、刑事诉讼法 400 余部，发表学术论文 1 000 余篇，其中民事诉讼法 450 余篇、刑事诉讼法 600 余篇。②

---

① 韩秀桃：《略论民国时期法律家群体的法律思想》，载王先林主编：《安徽大学法律评论》（2004 年第 1 期），安徽大学出版社 2004 年版。
② 有关研究成果的统计数据来自何勤华：《中国法学史》（第三卷），法律出版社 2006 年版。

四、近代中国法律史教学的演进①

伴随着传统法律的转型和法律教育的勃兴，中国法律史学渐次摆脱了传统律学的研究模式，并进行了开创性的尝试，中国法律史学研究体系初步确立。同时，随着法律教育的不断发展，中国法律史教学也开始出现并不断发展，这主要表现在法律教育中开设的"中国法制史"的相关课程上。下面拟就近代"中国法制史"课程的设置情况作一简单梳理，以期反映近代中国法律史教学的基本情况。②

(一) 中国法制史课程在清末的创设

光绪二十八年（1902）通过的《钦定京师大学堂章程》规定大学分设七个学科，其中法律学归入政治科之内。法律学科为四年制，开设的有关法制史的科目有：第一，"大清律例要义"，学时安排为第一学年、第二学年均为每周四小时，第三学年、第四学年则为每周三小时。关于讲授的内容，章程规定："原书浩繁，讲授者以律为主，但须兼讲律注。"第二，"中国历代刑律考"，学时安排为第一学年、第二学年均为每周一小时。课程内容为"取汉律辑本、唐律疏议、明律及各史刑法志，撮要自行编纂"。第三，"中国古今历代法制考"，学时安排为第一学年、第二学年、第三学年均为每周三小时，第四学年为每周二小时。课程内容为"此时暂行摘讲近人所编《三通考辑要》，日本有《中国法制史》可仿其义例，自行编纂教授，较为简易"。第四，"东西各国法制比较"，在四个学年中，课时均为每周二小时，章程对课时内容没有作出规定，只是提出"为国皆有其书，宜择善本讲授"的原则性规定。第五，"泰西各国法"。第一学年、第二学年课时为每周一小时，第三学年、第四学年则为每周二小时。课程内容包括罗马法、英吉利法、法兰西法、德意志法。在政治学门科目中，"中国古今历代法制考""东西各国法制比较""各国宪法民法商法刑法"均被列为主课，其中"中国古今历代法制考"是各门科目中在四年内讲授学时最多的一门课程，在四年中每周均为四小时。甚至在"经学科大学科目"中也把"中国古今历代法制考"作为辅助科目，在三年期间内每年都必须学习，每周学时一、二、三小时不等。文学科大学

---

① 参见薛铨曾：《我国大学法学课程之演进》，载《中华法学杂志》，1944年第8期。
② 严格来讲，中国法律史教学包括中国法律史课程的设置、中国法律史教学的方法、中国法律史教材的编写等内容，由于资料的限制（就笔者目前搜集到的资料而言，鲜见当时学者对中国法律史教学进行研究的成果），笔者现在很难直接了解到当时中国法律史教学方法的情况，而教材的编写亦属于中国法律史研究的范畴，中国法律史研究成果是本书陈述的重点，因此将中国法律史教材编写的内容置于研究成果部分进行详细介绍，此处仅梳理中国法律史课程的设置问题。

中的"中国史学门""万国史学门""中国文学门"均把"中国古今历代法制考"列为主要辅助课，且在三年内都必须讲授。

光绪三十一年（1905）在《学务大臣：议复专设法律学堂并各省课吏馆添设仕学速成科折》所附的《修律大臣订定法律学堂章程》中，规定了在法律学堂中开设有关法制史的课程，其中三年制的法律科分别在第一学年的第一、第二学期开设"大清律例及唐明律""现行法制及历代法制沿革"，周学时数分别为四小时和三小时。六个月的速成科亦开设上述课程，周学时数为四小时。光绪三十二年（1906）颁布的《京师法政学堂章程》也规定了在正科政治和法律两门中分别开设法制史课程，其中三年制的政治门开设"大清律例"和"政法史"两门课，法律门则开设"大清律例""中国法制史""外国法制史"。宣统元年（1909）九月"贵胄法政学堂课程"规定在第三学年开设"中国法制史"和"外国法制史"。"听讲班法政学堂"则在第一学年开设"中外法制史"。同年十一月颁行的《续拟贵胄法政学堂章程》规定在法政各学科必须开设"本国刑律"、"中国法制史"和"外国法制史"三门课程，"听讲班所授法政各学科"所开设的课程中也包括"中国法制史"。

从中国法律史学建立和发展的角度来看，晚清法政学堂中所开设的有关法制史课程的内容主要局限于近代律典和刑法史方面，其编纂体例也都是模仿之作，其论述方法也比较单一，还没有形成该学科所依托的科学理论和研究范式，也就是说尚不具有独立的学科品格。正如蔡枢衡在20世纪40年代批判中国法学存在"质低量微"的"病态"时所说的："（量）微到每一部门不能找到一二册书，或一二册较好的书；（质）低到这国那国的条文都晓得，问起中国相当的规定竟茫然。大学法律学系中的中国法制史科目，常常不易找到一个主观上兴味浓厚，客观上胜任愉快的教授，以通行的见解，认为'总则'的学问硬比'分则'大，都可当作显著的旁证看。这样的质和量，形成了中国法学的贫困。"[①] 但是，这同时也是任何学科在创立初期的状况，尤其像中国法律史学这样的传统学科，其深厚的学科底蕴，使其在走出传统的羁绊并发展成为一门全新学科的同时，所付出的艰辛和努力会更多。也正是在此意义上，我们说近代中国法律史学的建立，其开创性和学术性是不容置疑的。

（二）中国法制史课程在民国的设置

民国元年（1912）10月24日北京政府教育部公布的《大学令》（计22条）、1913年1月12日公布的《大学规程》（共4章28条），规定了法科法律学门设置

[①] 蔡枢衡：《中国法理自觉的发展》，清华大学出版社2005年版，第87页。

的科目中第十二科为"法制史",但是对具体学时没有规定,仅规定"大学各科目授业时间及学生应选修之科目,由校长订定,呈报教育总长"①。

1938年,国民政府教育部决定对大学课程进行整理,采取的步骤为:"先行征求专家意见,继由各系大学教授会,拟一合于理想并适于施行之分年科目表,以备参考。其后综合其结果,并根据大学教育方针及国家实际需要,分院拟定草案。草案拟定,复召集各校教授及专门学者,缜密商讨,送部决定公布。"②根据这一步骤,国民政府教育部于1938年9月22日颁布了《大学法学院共同必修科目表》,1939年颁布了《大学法学院法律学系必修科目表》。自此,近代教育史上第一次大规模法律课程整理工作暂告段落。根据科目表,大学法学院法律学系必须在第三学年开设中国法制史课程,为必修课,3学分。

1942年,教育部又召集法学教育讨论会,再次对原科目表研究修订,其修订点中规定:"关于分系选修科目,如罗马法、中国旧律研究……中国法律思想史及法学专题研究等选修科目,得应实际需要,规定学生必须选习。"从中可见,虽然在1939年的科目表中没有列举中国旧律研究和中国法律思想史为必修课,但是在这期间,这两门课程已成为正式选修课。1942年12月,教育部公布了法律系必修和选修科目表,中国法制史被列为必修课程,学分增加到4~6学分,分别在第二学年的下学期和第三学年的上学期开设,每学期学分为2~3学分。中国法律思想史被列为正式选修课,学分为3~6学分,可以在第三、四学年开设,并且规定中国法律思想史"得因实际需要,改为必修科目,但须报部备案"。此外还规定,学生可以在法学专题研究课程中,就中国法制史择定专题从事研究,学分为3~6学分。综合这些规定,大学法学院法律系开设的有关中国法律史的课程总计最高学分可达18学分,而当时法律系学生的毕业总学分为142学分,可见中国法律史在当时的法学教育中占有重要地位。

在当时专设的司法组③的科目表中,中国法制史同样被列为必修课,4~6学分。1944年,教育部召开第二次法学教育讨论会调整修订科目表,有关中国法制史课程的规定没有变化。

---

① 薛铨曾:《我国大学法学课程之演进》,载《中华法学杂志》,1944年第8期。
② 薛铨曾:《我国大学法学课程之演进》,载《中华法学杂志》,1944年第8期。
③ 1942年,司法院经与教育部协商,令国立中央大学、私立朝阳学院等9所院校法律系增设司法组(原定名称为法官班),同年10月22日公布了由法学教育讨论会修订的《大学法学院法律系司法组必修选修科目表》。关于科目表的基本原则和具体内容,参见薛铨曾:《我国大学法学课程之演进》,载《中华法学杂志》,1944年第8期。

第二章

近代中国法律史学的演进

鸦片战争之后,西学东渐和近代西方法律体系的引入,对中国传统法制和以其为基础的传统律学提出了挑战,这是近代中国法律教育兴起的历史契机。在这一转型过程中,学人引入西方学术分科的方法,将传统的经史子集"四部之学"转变成为近代意义上的"七科之学",法科即为其中之一[①],由此完成了中国近代法学学科的创建。在近代法学学科化、专业化的过程中,中国法律史学作为中国法学的一个重要组成部分,凭借其深厚的人文历史底蕴,逐渐摆脱了中国传统律学的研究模式,在新学科的构建上进行了开创性的尝试:一方面吸收借鉴中国传统律学研究的精华,从传统中寻找力量;另一方面,引进西方先进的理论和研究方法,尤其是社会科学的研究方法,在异质文化中汲取养分。经过一批学者的不懈努力,中国法律史学成为"率先确立起自身独立品格的法学学科"[②]。

就一个学科的构建来讲,其研究方法、研究范围和研究目的以及学科构建的自觉性是决定学科是否形成的重要标准。作为对历史上发生的法律现象进行研究的学科,中国法律史学的研究范围一般来讲是比较稳定的,在近代中国法律史学形成的过程中,其研究范围不过是进行了理论上或者说学科意义上的确定,新方

---

① 晚清时期,一个引人注目的学术现象,就是中国传统学术门类发生了变化,出现了现代性质的学术分科,并初步建立起了现代意义上的学术门类。从"四部之学"向"七科之学"转变,是中国传统学术形态向现代学术形态转变的重要标志之一。所谓"四部之学",是指经学(经)、史学(史)、诸子学(子)、辞章学(集)等传统学术门类,这是就中国学术研究范围而言的(研究范围主要集中于经、史、子、集"四部"之内)。所谓"七科之学",是指文、理、法、农、工、商、医。其包括了数、理、化、文、史、哲、政、经、法、地、农、工等诸多现代学术门类,这也是从学术研究的范围来划定的。从"四部之学"到"七科之学"的转变,实际上就是从综合性、讲求博通的"通人之学"向近代分科治学的"专门之学"的转变。

② 韩秀桃:《中国法律史学史——一个学科史问题的透视》,载《法制与社会发展》,2003年第6期。

法的引入和运用才是其逐渐成为独立学科的重要标志。对于方法在一门学科中的重要性，拉德布鲁赫曾形象地说道："某些科学如果不得不忙于探讨自己的方法，就是有病的科学。"① 20世纪上半叶的中国法律史学是在中国传统律学研究方法的基础上，借鉴和吸收西方的法学理论和研究方法而创建发展的。综观20世纪上半叶的中国法律史研究，在研究方法上除传统的考据之外，移用西方概念体系和借鉴其他学科的研究角度、方法，是主导性的趋势，也是最核心的环节；甚至在不少情况下，前者的所谓传统式方法仍是以后者为理论指导的。② 就中国法律史学近代的发展而言，除固有的史学方法以及经过发展的新史学的方法外，主要是借用西方的法学概念体系和学科分类方法来研究中国历史上的法律制度及相关问题，此外还借鉴了诸如比较的方法、社会学的方法等。有鉴于此，本章将以研究方法的演进为主线，以研究范围、研究目的和学科构建的自觉性为参考，以代表性著述的出版为标志，将中国法律史学在近代的演进过程划分为萌芽、确立和初步发展三个阶段进行研究，以期对中国法律史学在近代产生、发展的全过程作一个历史性的描述。

一、近代中国法律史学的萌芽阶段

伴随着西方法观念的传播和传统律学的发展，晚清时期的中国法律史研究取得了很大的进步，涌现出了一批著名的学者和一批有分量的研究成果，对中国法律史学的创建起到了重要的启蒙作用，可以说，这是中国法律史学的萌芽阶段。总体来讲，中国法律史学在此阶段呈现出两个较为明显的进步。

（一）中国法律史研究的自觉性的出现

如前所述，中国传统法律史研究的一个重要特点是其一直处于作为综合性研究的一部分的状态中，即只是史学研究、律学研究或国家立法等活动的一个副产品，没有出现过有意识的针对性研究。随着传统律学的不断发展和自我总结，"从清代开始，对于历史上法律制度的研究已有走向专业化的趋势"③，开始了有意识的中国法律史研究。如薛允升在其所著的《唐明律合编》一书的"例言"中谈及编写目的时说："唐律集众律之大成，又经诸名流裁酌损益，审慎周详，而后成书，绝无偏倚踳驳之弊。……明律虽因于唐，而删改过多，意欲求胜于唐律，而不知其相去远甚也。"④ 在"序"中，薛允升更是明确指出"莫不以为唐

---

① 转引自［日］大木雅夫：《比较法》，范愉译，法律出版社2006年版，第79页。
② 参见王志强：《略论本世纪上半叶中国法制史的研究方法》，载李贵连主编：《二十世纪的中国法学》，北京大学出版社1998年版，第321页。
③ 曾宪义、郑定编著：《中国法律制度史研究通览》，天津教育出版社1989年版，第29页。
④ （清）薛允升：《唐明律合编》，怀效锋、李鸣点校，法律出版社1998年版，"例言"第1页。

律为最善",明律"事不师古,而私心自用,非良法也"①。可见,薛允升是明确地褒扬唐律而批评明律的。那么,薛允升这么做的目的何在呢?对此,薛允升直言不讳地说道:"唐律本于汉律,最为精当。明初定律,于唐律多所更改,以致自相矛盾,不如唐律远甚。我朝沿用明律,遂有仍其讹者,乃取唐律、明律合为一书,遇明律之谬误者,悉为纠正。"②可见,"薛允升比较唐律和明律,其醉翁之意不在酒;他所以竭力批评明律,目的是要批驳'详译明律,参以国制'的清律"③。"值得注意的是薛允升对明律的批评,实质是借古喻今,目的在于批判现行的大清律例。"④ 至此,薛允升从事法律史研究的有意识性确定无疑了。

(二)西方法学理论和研究方法的初步尝试

传统史学家和律学家对中国古代法制的研究多是采用历史的方法或者注释的方法,未能进行理论的分析和科学的总结,故而梁启超才有"中国古代有律学、无法学"之说。晚清时期,律学家们在对历代法律进行考证解释的同时,开始借鉴近代西方的社会科学研究方法,以法学理论和法学概念来理解中国古代的法律制度。

最早被运用到中国法律史研究中的新方法是比较的方法,《唐明律合编》是中国法学史上第一部比较法研究的专著,开运用比较方法进行中国法律史研究的先河。在《唐明律合编》的"序"中,薛允升开宗明义,对比较研究的目的、意义和方法作了说明。他写道:"兹仿班、马异同及新旧唐书合钞之义,取两律之彼此参差、轻重互异者,逐条疏证,以类相从,命之曰《唐明律合编》。俾读者展卷瞭然,其得失之处,不烦言而自解,亦读法者之所宜从事也。"⑤ 他提出"由'逐条疏证'、'以类相从',得到明其得失的比较结果,实际是一种从个别到一般,由具体到抽象的研究方法,这无疑是符合科学认识论的"⑥。沈家本继承了薛允升撰《唐明律合编》的比较研究方法。在沈家本的许多著述,即使是纯考证著述中,他均不是就史料而史料、就条目而条目,而往往是述古论今,前后排比,互相对照,从对比中得出结论。比如在其所著《赦考》12卷中,他搜集了从先秦至明的有关赦制的史料,汉、唐两代尤为详尽,从而得出"赦"非善政,以"赦"体现仁义之心多为昏庸之主沽名钓誉所为的结论。又比如在《刑法分

---

① (清)薛允升:《唐明律合编》,怀效锋、李鸣点校,法律出版社1998年版,"序"第1页。
② 闵尔昌编:《碑传集补·卷四》。
③ 艾永明:《评〈唐明律合编〉》,载《比较法研究》,1992年第4期。
④ 刘海年、马小红:《五十年来的中国法制史研究》,载韩延龙主编:《法律史论集》(第3卷),法律出版社2001年版,第9页。
⑤ (清)薛允升:《唐明律合编》,怀效锋、李鸣点校,法律出版社1998年版,"序"第1页。
⑥ 艾永明:《评〈唐明律合编〉》,载《比较法研究》,1992年第4期。

考》中，关于"笞杀"的考证，他搜集了《御览》《后汉书》《唐志》《宋史》等书中对不同朝代的"笞杀"的相关记载，得出"笞杀"之刑既"不足以言仁"，且"未足为良法"的结论。更为突出的是，到修律时期，沈家本将比较研究的视野还扩展到中外比较的层面。比如他于为董康所著《裁判访问录》一书作的序中，较全面地比较了中西诉讼制度的异同，认为"西国司法独立，无论何人均不能干涉裁判之事，虽以君主之命，总统之权，但有赦免而无改正。中国则由州县而道府，而司，而督抚，而部，层层辖制，不能自由"。更有不同者，"中法之重供，相沿已久"，而"西法重证不重供"①。

沈家本还在研究中借用西方概念解释传统法制，如认为西方法治学说中的罪刑法定、审判方式、监狱、禁锢服役、陪审、罚金、父子异居等思想、制度，中国皆古已有之。比如，他考察远古唐虞之法，指出："《舜典》所记刑制，颇称完备。《国语》：'展禽曰：尧能单均刑法以仪民。'疑舜之刑制当日亦曾承尧命者也。后来刑法，其宗旨悉出于舜。罚弗及嗣，即文王'罪人不孥'之法也。宥过无大，刑故无小，即《康诰》'非眚惟终，非终惟眚'之意也。罪疑惟轻，即《吕刑》'刑疑有赦，罚疑有赦'之制也。'与其杀不辜，宁失不经'二语，尤为用刑者之所当寻绎。推求太密，每涉于苛。会得此旨，庶归平恕。近来，泰西之法颇与此旨暗合，知圣人之言其包蕴宏矣。"②像这样采用西方法律概念解释传统法制在沈家本的著作中不胜枚举。③

晚清学者在中国法律史研究中对新方法的运用，促进了中国法律史研究的迅速发展，为中国法律史学的诞生奠定了坚实的基础，但是我们应当认识到他们所采用的这些方法仍然是存在很大的局限性的。如《唐明律合编》虽然运用了比较法的方法，但是其并非现代意义上的比较法学著作，与现代比较法学著作有巨大的差异。一方面，现代比较法学，一定意义上是法系比较的产物，至少是不同国家间的法律体系的比较研究，而《唐明律合编》则是中国不同朝代法典之间的比较。另一方面，现代比较法学，虽然也有历史上法律制度和近现代法律制度之间的纵向比较，但总体上是一种近代以后法律体系之间的横向比较。而《唐明律合编》则是唐代法律和明代法律之间的比较，主要是一种纵向比较。④"沈氏尚未

---

① 李俊：《论沈家本对传统律学的继承与发展》，载《政法论坛》，1998年第6期。
② （清）沈家本：《历代刑法考》（一），邓经元、骈宇骞点校，中华书局1985年版，第8—9页。
③ 关于沈家本对中西法律的比较和采用西方法律概念解释中国传统法制的情况，参见李贵连：《沈家本与中国法律现代化》，光明日报出版社1989年版，第202—204页。
④ 参见何勤华：《中国历史上第一部比较法著作——〈唐明律合编〉评析》，载《法学评论》，1999年第4期。

超越传统的历史观和法律观,其学术贡献仍在传统律学的框架之内。简单说,传统律学的范式包含了一种王朝更替循环的历史观、经世致用的知识观和探赜索隐的注释方法。其历史叙述模式亦源于传统史学,大抵以王朝、事项为其经纬,按目分列,汇录史料,再考之以音韵训诂之学,出按语阐明己意。"① 由于这些局限性的存在,当时的中国法律史研究虽然取得了较大的进步,但是无论从研究方法还是从研究体系来看,并没有形成中国法律史的学科体系,也正是基于此,我们才将这一时期命名为近代中国法律史学的萌芽时期。

二、近代中国法律史学的确立阶段

(一) 中国法律史学的诞生

1.《论中国成文法编制之沿革得失》与中国法律史学的诞生

经过晚清学者对中国法律史学的启蒙和发展,中国法律史学在进入20世纪后,终于随着一代学术巨匠梁启超的《论中国成文法编制之沿革得失》② 一文的发表而诞生。该文共分为十二章:第一章,绪论;第二章,战国以前之成文法;第三章,李悝之成文法;第四章,两汉之成文法;第五章,魏晋间之成文法;第六章,唐代之成文法;第七章,宋代之成文法;第八章,明清之成文法;第九章,成文法之渊源;第十章,成文法之公布;第十一章,前此成文法之缺点。③ 该文"首次整理出了中国成文法的发展脉络,揭示了律系。又首创了历代律典篇目变迁规律之研究,又总结了中国成文法发展史的四大缺点"④。

《论中国成文法编制之沿革得失》的开创性历史地位,已为研究中国法律史学的绝大部分学者所承认:《论中国成文法编制之沿革得失》是"我们迄今看到的第一部由中国学者自己撰写的比较系统的中国法制通史专著"⑤。"梁启超是站在一个有别于传统,亦有别于西方,同时两者又兼而有之的立场,采取近代法学研究方法对中国传统法律进行重新研究的。"⑥ 这一研究无疑具有开创的意义。梁启超对中国近代法学的贡献,不在沈家本之下,在法律史学方面,梁启超更是开山鼻祖。"这一切,都为后来的法史学者如程树德、丁元普、杨鸿烈、陈顾远

---

① 梁治平:《法律史的视界:方法、旨趣与范式》,载《中国文化》,2003年第19—20期合刊。
② 《论中国成文法编制之沿革得失》一文原是《中国法理学发达史论》的附录,因其篇幅过长且内容远超过法理学的范畴,梁启超将其摘出,单独成册,后收入《饮冰室合集》中华书局1936年版。
③ 《饮冰室合集》第六册目录中,有第十二章的标题"今后法典编纂之方针及其预备",但正文缺失。
④ 范忠信:《梁启超与中国近代法理学的主题和特征》,载《法学评论》,2001年第4期。
⑤ 范忠信:《梁启超与中国近代法理学的主题和特征》,载《法学评论》,2001年第4期。
⑥ 马小红:《珍惜中国传统法——中国法律史教学和研究的反思》,载《北方法学》,2007年第1期。

等承继和发扬。梁启超的影子在民国时期法史著作中随处可见。"[1] "在此学科（中国法律史学）的创立过程中，梁启超实有开创之功。"[2]

2.《中国历代法制史》[3] 与中国法律史学的诞生

1906年，山西晋新书社出版了邵修文、王用宾翻译的日本学者浅井虎夫所著的《中国历代法制史》一书，使中国法律史学开始了学科化进程。该书在纵向上以历史发展为序分为6章：第一章，汉人种之新中国成立；第二章，唐虞三代之法制；第三章，汉代之法制；第四章，唐代之法制；第五章，宋代之法制；第六章，明代之法制。最后还设有附录部分，为清朝法典之略说。在横向上，该书则按中国古代制度划分，以唐代为例，分为十三节，分别是官职制度（分中央制度和地方制度二目）、社会阶级、经济制度（分土地制度和货币制度二目）、财政、救恤行政、交通行政（分道路、驿、关、水驿、漕运五目）、教育行政、宗教行政、军制、法源、诉讼法、刑法（分刑名、刑之适用、刑之执行、刑之消灭和犯罪五目）、民法（分人法和物法二目[4]）。

从著作的体例结构来看，该书以断代为经线，主要篇章以部门法史为纬络，对中国历史上五个主要时期的法律制度进行论述，以勾画出中国上下几千年法制变迁沿革的发展线索。同时各主要篇章又按照不同法律部门分别论述，对于近代法律体系的各主要部门法均予以研究，描述出各个主要历史阶段各主要部门法的具体轮廓。这样，横观成块成面，纵观成条成线。各主要篇章由不同部门的法律规范构成一个整体，由此可窥一个时期法律制度全貌；把主要篇章中相同部门的法律规范贯串起来，亦可形成各自相对独立的部门法史。因此，这一著作具有了另外一个重要意义，即开断代法史研究和部门法史研究的先河，并且使二者很好地统一起来。

再就研究范围来看，《中国历代法制史》一书涉及了近代法学几乎所有重要的学科，如刑法、民法、诉讼法、行政法等，基本涵盖了现代法学体系。在研究范围问题上，《中国历代法制史》较以往的法律史研究更进一步。

---

[1] 范忠信：《梁启超与中国近代法理学的主题和特征》，载《法学评论》，2001年第4期。

[2] 刘海年、马小红：《五十年来的中国法制史研究》，载韩延龙主编：《法律史论集》（第3卷），法律出版社2001年版，第5页。

[3] 此书原名为《支那法制史》，梁启超在《论中国成文法编制之沿革得失》中将之列为参考书时用此名称。《中国历代法制史》的书名是译者所定，对此，译者在"例言"中予以说明："原本名《支那法制史》，兹易名《中国历代法制史》。'支那'二字虽系世界公认我国之名称，然素非我国学界所习用，易为'中国'从便也。言'历代'者，别于一代也。"

[4] 其中，人法又分为人、亲族（婚姻、离婚、养子）、相继三部分，物法又分为所有权、质权、债权三部分。

最后，从学科意识来看，《中国历代法制史》一书的译者在"叙"和"例言"中就中国法律史研究的目的、方法和资料的运用等基本问题均作了明确的说明。关于体裁，译者说："此编体裁依元人郝氏语，分时代为上三代、下三代，更加明代而略述各时代之法制。盖明取范宋，宋取范唐，唐取之上三代及汉，故略述夏、殷、周、汉、唐、宋及明之法制，而中国法制之沿革得一斑矣。清之法制则全取范于明者也。"① 关于研究中国法制史的必要性，译者说："我国原无完全法制，然自三代以来四千年间，或由国民习惯，或出君主命令，其相因相革亦成一法制统系。近年我国学人慕法治主义，亚东欧西趋而问法者日夥。窃谓欧化与国风相融合而后适用，凡谓学理如此，法制亦宜然也。故谈法治者当先就祖国法制研究其发生过去之历史。"② 关于研究中国法制史的意义，译者说："法制之过去历史最易表国民特性，故欲知某国民性质，即以其法制史为观察之点，此国别法制史研究之趣旨也。编著者于上下三代及明搜罗最详，盖欲借我中国法制史而研究我国民特性也。译者于体裁统系有关系处仍之，以不失原本真相。"③

此外，译者在"叙"中就中国传统法的作用以及与西法的关系的论述尤为精彩，于今而言亦有非凡之价值，现恭录部分如下：

> 一国之法制自与其风俗习惯沿革生发，成不可离之势，而骤代以他山之石，其贸易上、生活上必多扞格而不浃者，祸及于国计民生大矣。山路爱山有云："支那法律岂尽粗陋，使西人闻其内容莫不惊心。"然则五千年沿革损益以迄今日，其中固非无精义存焉者，学校制度，三代普行；均田遗意，晋魏犹存。诸如此类，凌欧美而上者，非一端也。抑夫一国改革时代，必有自然之阶级焉。始则不辨糟粹，囫囵吞噎；继因鲠喉而吐泻交出，一返旧习；及其终也，乃能执两用中，欧化国学，融会而成完全之制。中国今日，固已经第一阶级而至第二阶级矣，则扬历国辉，发明文献，以期收新旧交融，欧亚同锤之效果，祖国法制史之研究为必要也，而是书之译又乌容已乎！④

(二) 中国法律史学的确立

1. 研究成果概况

在《论中国成文法编制之沿革得失》和《中国历代法制史》刊行以后，学界

---

① ［日］浅井虎夫：《中国历代法制史》，邵修文、王用宾译，山西晋新书社 1906 年版，"例言"第 3 页。
② ［日］浅井虎夫：《中国历代法制史》，邵修文、王用宾译，山西晋新书社 1906 年版，"例言"第 1 页。
③ ［日］浅井虎夫：《中国历代法制史》，邵修文、王用宾译，山西晋新书社 1906 年版，"例言"第 1—2 页。
④ ［日］浅井虎夫：《中国历代法制史》，邵修文、王用宾译，山西晋新书社 1906 年版，"叙"第 3—4 页。

逐渐开始使用新的法学方法和史学方法以及史法结合的研究方法，对传统法律进行研究，随之涌现出一大批中国法律史研究的著作和学术论文。据笔者不完全统计，1906—1934年间，学界共出版中国法律史研究专著和译著70余部（见表2-1），发表学术论文90余篇（见表2-2）。

表2-1 中国法律史研究著作一览表（1906—1934年）

著作	作者	出版机构	出版年份
中国历代法制史	［日］浅井虎夫，邵修文、王用宾译	山西晋新书社	1906年
古今法制表	孙荣	—	1906年
清国行政法	［日］织田万，陈舆年等译	广智书局	1906年
唐虞刑法论	［日］田能村，杨清源译	上海昌明公司	1907年
大清律讲义	徐象先	京华印书局	1907年
古刑法质疑	章震福	—	1908年
中国监狱史	涂景瑜	天津官书局	1908年
王安石新法论	［日］高桥作卫，陈超译	广智书局	1908年
大清律例讲义（3卷）	吉同钧	法部律学馆排印	1908年
大清违警律释义	汤化龙	北京法政研究社	1908年
大清违警律论	汪有龄	（上海）商务印书馆	1909年
大清律讲义（17卷）	吉同钧	修订法律馆上海朝记书庄	1909—1910年
历代刑法考（78卷）	沈家本	—	1909—1912年
中国历代法制考	徐德源编辑，孙大鹏补辑	北京北洋大学直隶官书局文新书局	1912—1914年
中国历史听讼选要	李宗藩	中国图书公司	1913年
新刑律唐律清律对照表	朱友英	自刊	1914年
中国法典编纂沿革史（二册）	［日］浅井虎夫，陈重民译	内务部编译处	1915年
中国法制教科书	庄泽定	（上海）中华书局	1916年
中国新旧监狱比较	朱紫垣	自刊	1916年
法治通史	曹恭翊	共和印刷局	1918年
中国法制史略	康宝忠	国立北京大学出版组	1918年
汉律考（7卷）	程树德	京师刻本	1919年

续表

著作	作者	出版机构	出版年份
中国历代法制大要	壮生	上海崇文书局	1919年
历代奇案大观	王非	上海中国图书馆	1920年
中国法制史	郁嶷	朝阳大学出版社	1920年
历代名臣风流判案大观	叶道卿、万廉芳	东南书局	1920年
中华民国法统递嬗史	王景濂、唐乃霈	民视社	1922年
先秦政治思想史	梁启超	(上海)商务印书馆	1923年
中国法制史	冯承钧	自刊	1923年
本国法制史纲要	冯承钧	京师大学校出版组	1923年
五刑考略	徐珂	杭县徐氏天苏阁丛刊本	1923年
盐法论	周树年	自刊	1923年
大中华法制史	王培槐	江苏第一监狱南京中外通讯社	1923年
春秋国际公法	张心澂	永华印刷局	1924年
中国古代法理学	王振先	(上海)商务印书馆	1925年
中国御史制度的沿革	高一涵	(上海)商务印书馆	1926年
九朝律考	程树德	(上海)商务印书馆	1927年
中国古代法律略论	徐象枢	上海土山湾书局	1927年
晋律考	程树德	(上海)商务印书馆	1927年
中国法制史	郁嶷	北京朝阳大学	1927年
韩非子法意	夏忠道	上海青年协会书局	1927年
中国古代诉讼法	徐朝阳	(上海)商务印书馆	1927年
先秦法家概论	李之熙	北京朝阳大学	1928年
中国法制史	程树德	上海荣华印书局	1928年
中国妇女在法律上之地位	赵凤喈	(上海)商务印书馆	1928年
法家政治哲学	陈烈	上海华通书局	1929年
中国刑法溯源	徐朝阳	(上海)商务印书馆	1929年
韩非的法治思想	张陈卿	北平文化学社	1930年
中国内阁制度的沿革	高一涵	(上海)商务印书馆	1930年
中国亲属法溯源	徐朝阳	(上海)商务印书馆	1930年
中国法律发达史（上、下册）	杨鸿烈	(上海)商务印书馆	1930年
中国法制史	丁元普	上海法学编译社	1930年
中国法制史	程树德	上海华通书局	1931年
中国法制史	郁嶷	北平震东印书馆	1931年

续表

著作	作者	出版机构	出版年份
先秦国际法之遗迹	徐传保	中国科学公司	1931年
先秦法律思想	丘汉平	上海光华书局	1931年
中国法制史	朱方	上海法政学社	1931年
法律思想史概说	[日]小野清一郎，刘正杰译	中华学艺社	1931年
清代文字狱档（8册）	国立北平故宫博物院文献馆	故宫博物院	1931年
法律思想史概说	[日]小野清一郎，何建民译	民智书局	1932年
法律思想史	丁元普	上海法学编译社	1933年
中国诉讼法溯源	徐朝阳	（上海）商务印书馆	1933年
中国刑法溯源	徐朝阳	（上海）商务印书馆	1933年
法律现象变迁史	朱章宝	（上海）商务印书馆	1933年
中国古代法理学	王振先	（上海）商务印书馆	1933—1934年
中国国际法溯源	陈顾远	（上海）商务印书馆	1934年
中国法制史	陈顾远	（上海）商务印书馆	1934年
中国历代法家著述考	孙祖基	—	1934年
历代律例全书	丘汉平	上海民权律师团	1934年
古代法学文选	曹辛汉	上海法学书局	1934年
青岛警察沿革	骆金铭	兴华印刷局	1934年
中国大赦考	徐式圭	中华学艺社	1934年
中国禁烟法令变迁史	于恩德	（上海）中华书局	1934年

表2-2 中国法律史研究学术论文一览表（1906—1934年）

论文	作者	刊物	期数
法律学小史	[日]户水宽人，杨德邻译	法政学交通社杂志	1907年2—3期
春秋列国国际法与近世国际法异同论	起东	河南	1908年第2期
中国法系论	卢复	法政学报	1918年第1卷第1期
刑法史上宫刑与逆性治狱之研究	甄绍燊	法政学报	1918年第1卷第2期
刑法之研究——中国刑法之沿革	甄绍燊	法政学报	1918年第1卷第2期

续表

论文	作者	刊物	期数
中国往昔刑事政策之概略	刘震	法政学报	1918 年第 1 卷第 3 期
中国法律生于礼	敬庵	亚洲学术杂志	1921 年第 1 卷第 1 期
前清法制概要	董康	法学季刊	1924 年第 2 卷第 2 期
商君书与商鞅变法的探讨	赵佩玺	法学专刊	1924 年第 3 卷第 3—4 期
唐以前法律思想底发展	吴经熊	法学季刊	1925 年第 2 卷第 3 期
意识的法律与无意识的法律	谢光第	法律评论	1925 年第 90—91 期
书唐以前法律思想发展后	孙德谦	法学季刊	1925 年第 2 卷第 5 期
中国法与奴婢	镜蓉	法律评论	1925 年第 6—7 期
历述明清与近时法律之见解	谭庆璋	法律月刊	1925 年第 1 卷第 5 期
家庭制度的沿革	刘崇礼	政铎	1925 年创刊号
商君底法治主义论	丘汉平	法学季刊	1926 年第 2 卷第 7 期
法家道家之无为论	甘蛰仙	法政学报	1926 年第 5 卷第 3—4 期
王阳明审判家事之妙诀	陈汉能	法律评论	1926 年第 9 期
历代刑法书存亡考	谢冠生	东方杂志	1926 年第 23 卷第 3 期
中西法制之差异	郁嶷	法律评论	1927 年第 2 期
慎子底法律思想	丘汉平	法学季刊	1927 年第 3 卷第 3 期
中国法源论	章寿昌	法学季刊	1927 年第 3 卷第 3 期
韩非底法律思想	傅文楷	法学季刊	1927 年第 3 卷第 4 期
孔孟法治思想比较观	王中立	东北大学周刊	1927 年第 25 期
周礼司法制度考	魏运五	东北大学周刊	1927 年第 26—27 期
孝道与法律	胡长清	法律评论	1928 年第 235 期
由礼仪之法律化至法律之礼仪化	[日] 佐伯复堂,甄泰译	法学新报	1928 年第 23 期
虞舜五刑说	董康	法学季刊	1928 年第 3 卷第 7—8 期
中国法制史一瞥	达人	法学新报	1928 年第 48 期
法家与法吏	管欧	法律评论	1928 年第 6 卷第 5 期
老子政治思想与韩非法治思想之异同	范鸿渐	法学季刊	1929 年第 1 卷第 1 期
中国法系的特征及其将来	薛祀光	社会科学论丛	1929 年第 1 卷第 4 期
法治主义论	印永法	东北大学周刊	1929 年第 66—67 期
中国的法律思想	杨鸿烈	法科月刊	1929 年第 5 期

续表

论文	作者	刊物	期数
礼与法	胡长清	法律评论	1929年第6卷第27期
建树新中华法系	马存坤	法律评论	1930年第7卷第39期
唐律残篇之研究（一）	胡长清	法律评论	1930年第7卷第40期
唐律残篇之研究（二）	胡长清	法律评论	1930年第7卷第41期
未遂罪在唐律及刑法之比较观	贺圣鼐	法学季刊	1930年第4卷第4期
儒家与法律	蒋骏开	法学丛刊	1930年第1卷第4期
世界法系中之中华法系	李次山	法学丛刊	1930年第1卷第2—4期
中国古代赦宥权	时昭瀛	国立武汉大学社会科学季刊	1930年第1卷第2期
唐律并合罪说	董康	法学季刊	1930年第4卷第5期
妇女在唐律上之地位	贺圣鼐	法学季刊	1930年第4卷第6期
家庭制沿革之概略	民隐	法学季刊	1930年第4卷第1期
周秦诸子礼法两大思想概论	刘承汉	法学季刊	1931年第4卷第8期
我国旧法制底旧道德的成分	吴经熊	现代法学	1931年第1卷第1期
中华法系成立之经过及其将来	丁元普	现代法学	1931年第1卷第4—5期
科学的唐律	董康	现代法学	1931年第1卷第2—6，9—10期
礼与法之关系	［日］穗积陈重，彭年鹤译	新时代半月刊	1931年第2卷第3—4期
法律思想史概论	［日］小野清一郎，邓定人译	中华法学杂志	1931年第9，11—12期，1932年第1—2期
论吾国韵文法律书"宋刑统赋"	陈士诚	法律评论	1932年第9卷第17期
溥仪之中国法律观	平平	法律评论	1932年第16期
韩非法治思想之研究	殷贵华	法律评论	1932年第40—41期
中国旧制下之法治	梅汝璈	国立武汉大学社会科学季刊	1932年第1期
我国唐代法典及诉讼法之研究	张景浚	政治会刊	1932年第2卷第2期

续表

论文	作者	刊物	期数
今昔法律的道德观	孙晓楼	法学杂志	1932年第6卷第2期
《先秦国际法之遗迹》书评	汉平	法学杂志	1932年第5卷第6期
中国法治思想之大成与批判	陈士诚	法律评论	1932年第47—48期
先秦土地制度之史的考察	张觉人	法政季刊	1933年第1卷第1期
论秋审制度与欧美减刑委员会	董康	法轨	1933年第1期
流刑之沿革及历代采用流刑之基本观念	刘陆民	法学丛刊	1933年第2卷第2期
受中华法系支配的日本中古民刑事法	刘哲	法学丛刊	1933年第2卷第4期
惩治贪污制度之史的考察	刘陆民	法学丛刊	1933年第2卷第3—4期
周代初年之审判制度	董光孚	政治评论	1933年第58期
中国法制考略	郑弄璋	政治会刊	1933年第2卷第2期
韩非子法制思想	谢燕卿	图书馆	1933年、1934年第1卷第2、4、5期
中华旧律特点之研究	牟绍周	法学丛刊	1934年第2卷第5期
法之起源及发达	［日］中岛重，易庵译	法学丛刊	1934年第2卷第5期
中国法律之变迁	石志泉	法治周报	1934年第2卷第1期
春秋刑制考	董康	法治周报	1934年第2卷第13—14期
法律威权与儒家生死观	均戡	河南政治	1934年第3卷第12期
对于吾国古律例之探讨	刘希蓉	社会科学论丛	1934年第1卷第1期
中国上古时代刑罚史	孙传瑗	学风	1934年第4卷第1期
论中国法系	程树德	法律评论	1934年第11卷第19期
法家学说研究	严挺	复兴月刊	1934年第2卷第7—8期
关于唐令复旧之研究	刘陆民	法学丛刊	1934年第2卷第7—8期
胡惟庸党案考	吴晗	燕京学报	1934年第15期
中国古代法学思想	章士钊	法轨	1934年第1卷第2期
俗、礼、法三者的关系	瞿同祖	北平晨报	1934年第16—25期
法制史学的本质及其研究的方法	王英生	安徽大学月刊	1934年第1卷第7期
明代两大疑案	廉君	北平晨报艺周	1934年第20、22、23期

续表

论文	作者	刊物	期数
孔子的学说与法律	汤觉先	东吴法声	1934年第8期
唐宋时代家族共产制度与法律	陈鲲化	法律评论	1934年第12卷第1—2期
春秋战国法律思潮之论讨	赵谋	法律评论	1934年第12卷第2期
中国监察史略	徐式圭	学艺	1934年第13卷第7—10期
礼治与法治	廖维勋	国立中央大学日刊	1934年第1318—1321期
唐代法制史略	［日］泷川政次郎，王晞辰译	清华周刊	1934年第42卷第7期
清代庄史案之重鞫	杨鸿烈	中华法学杂志	1934年第8—9期
我国法律教育之历史谭	董康	法学杂志	1934年第7卷第3—6期
儒家与法律	阆琛	新中华	1934年第23期
记刘瑾水牢（并考释）	熊梦飞	师大月刊	1934年第14期
韩非法治思想之探讨	江镇三	法政半月刊	1934年第1，3—4期，1935年第1期

2. 学科构建自觉性的定型化

晚清时期，学者开始有意识地对中国传统法律进行研究，但并没有形成学科意识。至梁启超，其以《论中国成文法编制之沿革得失》一文初步构建了中国法律史学的基本框架，并将社会科学和法学理论引入中国法律史的研究中，对中国法律史学的产生做出了开创性的贡献。但是，不可否认的是，梁启超当时撰写这篇文章的目的并非构建中国法律史学。对于撰文的目的，他在绪论中有明确之论述："本论之意，欲就法律之形体一商榷焉。故略叙成文法编制之沿革，而以东西硕学之论，证其得失云尔。"可见，梁启超撰文的目的仅在于研究中国古代成文法编制的得失，甚至认为"法律当如何而适于社会"的问题，"非本论所及"。真正有意识对学科问题进行思考的是《中国历代法制史》一书，如前所述，译者在"叙"和"例言"中对中国法律史研究的意义、方法、范围和资料的采用等学科基本问题进行了说明，但是其也并未从学科的意义上进行自觉的分析。

随着中国法律史学研究的发展，学者们开始对学科研究的一些基本问题进行探讨，试图从理论上构建中国法律史学，表现出较强的学科意识。比如较早出版的郁嶷所著《中国法制史》的绪论中，以"中国法制史之意义""中国法制史研究之重要""中国法制史研究之困难"为题，分三章讨论了中国法律史研究的概念、意义、对象、方法等问题。郁嶷认为，"中国法制史者，以中国法制为研究之对象也"，"中国法制史者，以叙述历史事实为目的"，"惟法制史以叙述历史事实为目的，不能不采用归纳研究法耳"①。上述论述虽然非常简单，但是构建学科的自觉性确实是无疑的。及至杨鸿烈的《中国法律发达史》和陈顾远的《中国法制史》，更是把学科构建的基本问题进行了详细的描述，尤其是陈顾远在《中国法制史》的总论部分对中国法制史学的研究对象、研究范围、研究目的和方法等作了非常全面详尽的论述，总论部分约占全书的三分之一，可见其对学科自身问题研究的重视。

3. 研究方法的定型化②

随着中国法律史研究的逐渐兴起，研究方法也有了很大进步，主要表现在两个方面。

（1）主流研究方法的定型化。

在这一阶段的研究中，法史结合的研究方法被学者们普遍接受，并被有意识地用于中国法律史的研究中。如丁元普认为："研究之法有三：（一）依年代说明法制发达之次序。（二）就历代法制分列而条晰之。（三）区别各法学之变迁，以明法制之所以发达。"③ 杨鸿烈和陈顾远在研究方法和体例设置上，均是将史学的方法和法学的方法相结合，但是各有侧重，各有所长：杨鸿烈更注重历史的研究方法，侧重叙述中国传统法律的历史演变，或许可以称之为"史法结合"的方法；陈顾远的著作更注重法学的研究方法，侧重对中国传统法律的分类，亦可称之为"法史结合"的方法。④ 无论何种称谓，其实质都是综合运用了史学和法学的方法，并且较之以往的著作，二者均表现得更为成熟和恰当。至此可以说，经过清末民国中国法律史学者的不断努力，法史结合的主流研究方法业已确定。

（2）其他研究方法的定型化。

在此阶段，除主流方法外，学者们还广泛使用了很多社会科学的研究方法，

---

① 郁嶷：《中国法制史》，北平震东印书馆1931年版，第4-5页。需要予以解释的是，本书引用的系1931年北平震东印书馆出版的第四版。作者在"例言"中说，该书1920年由朝阳大学出版部首次出版，后"曾经三版行世"，1923年后被收入朝阳大学讲义。但是笔者在国家图书馆、北京大学图书馆、中国人民大学图书馆等处均未找到藏本。作者同时还明确指出，第四版只是重印，并未修订，应是保留了原貌。

② 关于中国法律史学研究方法的问题，是本书研究的重点和核心问题，本书将专设一章，探讨近代中国法律史学的研究方法，此处仅作简单分析。

③ 丁元普：《中国法制史》，上海法学编译社1930年版，第5页。

④ 参见刘海年、马小红：《五十年来的中国法制史研究》，载韩延龙主编：《法律史论集》（第3卷），法律出版社2001年版，第6-7页。

如比较的方法、个案分析的方法、统计学的方法等，基本涵盖了中国法律史学研究方法的种类。以冯承钧《中国法制史》为例，其首倡比较法制史，列述古罗马与中国家族制度、欧洲与中国封建制等，此为比较方法的运用，并且是不同国家之间的比较。他还在书中列家族、产业、古代之国、天下及天子等节，并主张"不尽信书"，从实际效果出发，认为宋优恤之制、元上诉之制为"纸上制度"①，这明显是社会学方法，即考察法律与其他社会制度的相互关系及实际运作状况。

4. 研究范围的定型化

中国法律史的研究范围问题是学科构建的一个重要方面，学者们对此亦多有论及，如丁元普言："此吾国自汉唐以迄明清，绝少成文之法典，而马氏《通考》、杜氏《通典》、郑氏《通志》为吾国考证历代制度之书，而刑制一门，要不足赅括法制也。"② 丁元普在对我国礼制和法制的沿革进行探讨，并比较西方诸国和印度后，指出"由是观之，今之法制，存乎古礼制之中"③。对研究范围最经典的论述，当数陈顾远在《中国法制史》一书中对广义中国法制史进行的论述。在《中国法制史》"序"的开篇中，陈顾远从法制的概念入手论证中国法制史的学科内涵，认为："为社会生活之轨范，经国家权力之认定，并具有强制之性质者，曰法；为社会生活之形象，经国家公众之维持，并具有规律之基础者，曰制。条其本末，系其终始，阐明其因袭变革之关系者，是为法制之史的观察，曰法制史。"④ 陈顾远进一步指出："不仅限于法律一端，举凡典章文物刑政教化，莫不为其对象。"⑤ 陈著《中国法制史》取广义的中国法制史，将研究范围作了很大的拓展，为中国法制史学科内涵的丰富和完善提供了新的研究空间。陈顾远对研究范围的界定，是这一时期中国法律史研究的一个直接结果。这个时期发表的中国法律史的论文，基本验证了陈顾远的论说。

三、近代中国法律史学的初步发展阶段

20世纪30年代中期以后，随着中国法律史学学科界定问题的完成，中国法律史学进入初步发展的阶段。在此阶段，取得了丰硕的研究成果，完成了中国法律史学分支学科——中国法律思想史学科的建立，在研究方法的多样化方面亦成绩斐然。

---

① 王志强：《略论本世纪上半叶中国法制史的研究方法》，载李贵连主编：《二十世纪的中国法学》，北京大学出版社1998年版，第330页。
② 丁元普：《中国法制史》，上海法学编译社1930年版，"绪言"第3页。
③ 丁元普：《中国法制史》，上海法学编译社1930年版，"绪言"第4页。
④ 陈顾远：《中国法制史》，商务印书馆1934年版，"序"第1页。
⑤ 陈顾远：《中国法制史》，商务印书馆1934年版，第2页。

(一) 研究成果

在近代中国法律史学的初步发展阶段，学者们进行了更为深入的研究，成果丰硕。据笔者不完全统计，其间共出版专著、译著40余部（见表2-3），发表学术论文70余篇（见表2-4）。

表2-3 中国法律史研究著作一览表（1935—1949年）

著作	作者	出版机构	出版年份
中国保甲制度	闻钧天	（上海）商务印书馆	1935年
监察制度史要	监察院监察制度编纂处	汉文正楷印书局	1935年
明代监察制度概述	于登	金陵学报抽印本	1936年
宋代之市舶司与市舶条例	［日］藤田丰八，魏重庆译	（上海）商务印书馆	1936年
中国法家概论	陈启天	（上海）中华书局	1936年
近代中国立法史	杨幼炯	（上海）商务印书馆	1936年
中国法律思想史	杨鸿烈	（上海）商务印书馆	1936年
中国婚姻史	陈顾远	（上海）商务印书馆	1936年
论中国成文法编制之沿革得失	梁启超	（上海）中华书局	1936年
中国监察史略	徐式圭	（上海）中华书局	1937年
中国税制史（3册）	吴兆莘	（上海）商务印书馆	1937年
中华民国立法史	谢振民编，张知本校阅	（南京）正中书局	1937年
中国制宪史	吴经熊等	（上海）商务印书馆	1937年
中国法律在东亚诸国之影响	杨鸿烈	（上海）商务印书馆	1937年
中国法制史	丁元普	上海会文堂新记书局	1937年
春秋国际公法	洪钧培	（昆明）中华书局	1939年
中国刑法史	黄秉心	福建永安大道印刷公司	1940年
中国法律史	靳麟	上海三通书局	1941年
秋审制度（第一辑）	董康	国立编译馆校刊	1941年
中国县制史纲	朱子爽	独立出版社	1942年
里甲制度考略	江士杰	（重庆）商务印书馆	1942年
法律思想史概论	胡适、林语堂	力行书店	1942年
中国法制及法律思想史讲话	秦尚志	世界书局	1943年

续表

著作	作者	出版机构	出版年份
从不平等条约到平等条约	丘汉平	胜利出版社福建分社	1943年
三晋法家的思想	容肇祖	史学书局	1944年
中国警察史	胡存忠	中央警官学校第二分校	1944年
隋唐制度渊源略论稿	陈寅恪	（上海）商务印书馆	1944年
两汉监察制度研究	陈世材	（重庆）商务印书馆	1944年
唐律通论	徐道邻	（重庆）中华书局	1945年
近世民主宪政之新动向	杨幼炯	（上海）商务印书馆	1946年
中国宪政之进程	罗香林	中心出版社	1946年
法家谈论	章士钊、叶友棠	—	1946年
中国宪法史考	童沂	大公书店	1946年
从法令中看解放区	谌之编	上海强学出版社	1946年
为什么要重建中国法系	居正	大东书局	1946年
中国民主宪政运动史	平心	进化书局	1946年
中国宰相制度	李俊	（上海）商务印书馆	1947年
读吕刑	袁柳	自刊	1947年
中国宪政发展史	周异斌等	大东书局	1947年
宋役法述	聂崇岐	哈佛燕京学社	1947年
两汉刑名考	徐定戡	震旦法律经济杂志社	1947年
中国法理自觉的发展	蔡枢衡	河北第一监狱	1947年
中国法律与中国社会	瞿同祖	（上海）商务印书馆	1947年
韩非法治论	曹谦	（上海）中华书局	1948年
中国地方行政制度史略	程幸超	（上海）中华书局	1948年
中国法律之儒家化	瞿同祖	北京大学出版部	1948年
商鞅立法	纪庸	上海大中国书局	1949年

表 2-4 中国法律史研究学术论文一览表（1935—1949年）

论文	作者	刊物	期数
从两宋国难说到安石新法的价值	卢印泉	法轨	1935年第1期
先秦儒道墨名法诸家之法治观	袁兴玮	章贡	1935年第3期
儒家之自然法论	刘白闵	时代公论	1935年第3卷第43期
试论我国法系之梗概	何兴翔	民钟季刊	1935年第1卷第4期
韩非的法治思想底研究	李翼钧	群言	1935年第12卷第1期

续表

论文	作者	刊物	期数
商鞅变法与两汉田赋制度	刘道元	食货	1935年第1卷第3期
中国法律思想式微之原因	陈振旸	法学杂志	1935年第8卷第2期
中华法系特有之自首制度	林廷柯	法轨	1935年第2期
阐发韩非法律思想	夏伯坤	法轨	1935年第2期
周代土地制度与井田	高耘晖	食货	1935年第1卷第7、12期
两汉货币制度	韩克信	食货	1935年第1卷第12期
关于中国法制上刑名变迁之概略	瘦鹤	法轨	1935年第2期
明代文字狱祸考略	顾颉刚	东方杂志	1935年第32卷第14号
宋建隆重详定刑统考略	任启珊	社会科学论丛	1935年第2卷第4期
中国法律在东亚诸国之影响	杨鸿烈	新民	1935年第1卷第7、8号
关于中国上古刑法嬗演史程之管窥	廖志鸣	中华法学杂志	1935年第6卷第3期
见于中国古典之权利思想	[日]织田万,廖维勋译	中华法学杂志	1935年第6卷第6—7期
中华法系立法之演进	蒋澧泉	中华法学杂志	1935年第6卷第7期
元代法律的特色	[日]有高岩,邝护华译	法律评论	1935年第12卷第39—41期
儒家思想与现代中国	吕金录	东方杂志	1935年第32卷第19号
前清司法制度	董康	法学杂志	1935年第8卷第4期
中国巡回审判考	董康	法学杂志	1935年第8卷第5期
周秦以前之法律考略	司徒黼	民钟季刊	1936年第2卷第3期
两汉的租税制度	黄君默	食货	1936年第3卷第7期
唐代管理水流的法令	陶希圣	食货	1936年第4卷第7期
唐代管理"市"的法令	陶希圣	食货	1936年第4卷第8期
"大元通制"中的"禁令"解	吕振羽	中华法学杂志	1936年第1卷第2期
清律名例——中国旧律之检讨	郭卫	中华法学杂志	1936年第1卷第4期
汉魏晋的肉刑论战	刘公任	人文	1937年第8卷第2期
后魏司法上因种族成见牺牲的大史案	杨鸿烈	中华法学杂志	1937年第8期

续表

论文	作者	刊物	期数
明宪宗赐朱永铁券考	刘官谞	史学年报	1937年第2卷第4期
清乾隆朝文字狱简表	许霁英	人文	1937年第8卷第4期
读《中国法律思想史》后	戚维新	法学杂志	1937年第10卷第2期
宋元官专卖引法的创立与完成	刘隽	中国社会经济史集刊	1939年第6卷第2期
故唐律疏义非永徽律疏	袁仲灿	中和月刊	1940年第1卷第10期
吕刑之研究	王建今	中华法学杂志	1940年第2卷第3期
吕刑考	季手文	新政治	1940年第4卷第5期
中国法治的前途	居正	东方杂志	1940年第37卷第13期
明代卫所制度兴衰考（附表）	解毓才	说文月刊	1940—1941年第2卷第9—12期
我国监狱制度起原及变迁	黄亚强	法制月刊	1941年第1卷第1、2、5期
论中古时代的谱牒与刑	杨向奎	文史杂志	1941年第11期
历代律书沿革考	俞士镇	国学丛刊	1942年第9期
廷杖考	朱畸觚	国学丛刊	1942年第11期
明盐杂考	刘厚泽	中和月刊	1943年第4卷第2期
吕刑研究	邓子骏	中华法学杂志	1944年第3卷第2期
蔡枢衡著《中国法律之批判》	刘仰之	中华法学杂志	1944年第3卷第3期
法家法律思想之研究	陈应钿	中华法学杂志	1944年第3卷第7期
中国法制史上之法与令	陈顾远	中华法学杂志	1944年第3卷第8期
读秋官后	王起孙	中华法学杂志	1944年第3卷第8期
尚书中的古代刑法	成惕轩	中华法学杂志	1944年第3卷第9期
隋唐时代的制科	曾资生	东方杂志	1944年第40卷第3期
隋唐五代的岁贡科举	曾资生	东方杂志	1944年第40卷第4期
释一条鞭法	梁方仲	中国社会经济史集刊	1944年第7卷第1期
明代十段锦法	梁方仲	中国社会经济史集刊	1944年第7卷第1期
略谈明初之诗谳	陈友琴	胜流	1946年第3卷第8期
金元的荐举制度	曾资生	东方杂志	1946年第42卷第6期
两汉之县制	张震泽	东方杂志	1946年第42卷第8期
中国司法组织之历史的概观	[法] Jear Escorra, 张承壹译	法学月刊	1947年第3—4期

续表

论文	作者	刊物	期数
汉之决事比及其源流	陈顾远	复旦学报	1947年第3期
秦汉肉刑考	张斗衡	学术丛刊	1947年第1卷第1期
唐代审判制度考	刘陆民	法学月刊	1947年第2期
唐代司法组织系统考	刘陆民	法学月刊	1947年"司法制度专号"
唐宋继承法研究	陈鹏	法律评论	1947年第3、4期
从中国古代法说到近代西欧罪刑法定主义	陈文彬	法律评论	1947年第15卷第11期
惩治贪污的法史观	李祖荫	法律评论	1947年第15卷第12期
中国法系与韩国法	李景禧	法律评论	1947年第15卷第12期
开元律考	徐道邻	新法学	1948年第1卷第3期
宋史刑法志考正	邓广铭	中央研究院历史语言研究所集刊	1948年第20本下册
吾国古代刑法考	秦志明	震旦法律经济杂志	1948年第4卷第4、5期合辑
土地制度之变迁与土地改革	杨庆传	震旦法律经济杂志	1948年第4卷第6期
明代监察制度	何鹏毓	东方杂志	1948年第44卷第2期

这个阶段的研究成果数量，较之于前一阶段，呈下滑趋势。笔者认为，这种情况最主要是由当时的社会环境造成的。1937年全面抗日战争爆发之后中国半壁河山沦落倭寇之手，在这种社会环境中，要想取得学科研究的进展，恐怕是难上加难了。

（二）中国法律思想史学科的建立

思想史，尤其是法律思想史，是中国法律史研究的重要内容。在中国法律史学的确立阶段，已有很多人对中国古代法律思想史进行了研究。如王振先在《中国古代法理学》第三章"法在我国思想史上之地位"，分甲、乙、丙节分别对道家之法律观、儒家之法律观、墨家之法律观进行了探讨，在第四章"法家对于法之观念及其诠释"，则对法家的法律思想作了全面的论述[①]；郁嶷在《中国法制史》第五章"中国法制进步迟缓之原因"，指出中国法制进步迟缓的原因在于儒

---

① 参见王振先：《中国古代法理学》，商务印书馆1925年版，第10-38页。

道学说影响、重人轻法、政治素偏消极、法学无系统研究、墨守旧制、崇道黜器六个方面[1]；程树德的《中国法制史》列"周秦诸子法治观念"一章，分别论述儒、法、道、墨的法律思想[2]；陈顾远在《中国法制史》第三章的"中国法制与儒家思想"一节中，从"王道与礼治""王道与德治""王道与人治"的角度论述了儒家的法律思想。[3] 此外，徐朝阳的《中国古代诉讼法》列"诉讼观念"一章，杨鸿烈的《中国法律发达史》每章列"法律思想"专节，称之为"法理的研究"，等等。[4]

这些成果反映了中国法律思想史研究的兴起和发展，在这些研究成果的基础上，中国法律思想史学科逐渐形成，成为中国法律史学的一个重要组成部分。1936年，商务印书馆出版了杨鸿烈所著《中国法律思想史》一书，该书分上、下两册，共五章，分别为：第一章，导言；第二章，殷周萌芽时代；第三章，儒墨道法诸家对立时代；第四章，儒家独霸时代；第五章，欧美法系侵入时代。这是我国第一部以"中国法律思想史"命名的专著，奠定了中国法律思想史早期的框架体系。

首先，该书确立了中国法律思想史学的定义。杨鸿烈认为："中国法律思想史是研究中国几千年以来各时代所有支配法律内容全体的根本原理，同时并阐明此等根本原理在时间上的'变迁'与'发达'及其在当时和后代法律制度上所产生的影响。"[5]

其次，该书确立了中国法律思想史学的研究范围。杨鸿烈认为，"中国法律思想史即是对中国法律思想静的和动的方面加以历史的考察"[6]。"除叙述先秦的法理学说的古籍外，并以中国历代法律制度的形成与进化中的思想为考察对象，其着手之处，即第一，就个人的思想加以考察，如学者的著述言论，以及法律家活动的遗迹；第二，就时代的思想加以考察，如法典制度和历史文化等可以考察时代背景和时代的意识。这即是本书的范围。"[7]

再次，该书确立了中国法律思想史学的研究方法。杨鸿烈认为，中国法律思想史应当采用下列三种方法才较为适当：一是笃信谨守的研究法，即对中国的法

---

[1] 参见郁嶷：《中国法制史》，北平震东印书馆1931年版，第10-15页。
[2] 参见程树德：《中国法制史》，上海华通书局1931年版，第3-8页。
[3] 参见陈顾远：《中国法制史》，商务印书馆1934年版，第53-63页。
[4] 参见王志强：《略论本世纪上半叶中国法制史的研究方法》，载李贵连主编：《二十世纪的中国法学》，北京大学出版社1998年版，第330页。
[5] 杨鸿烈：《中国法律思想史》，商务印书馆1936年版，第1页。
[6] 杨鸿烈：《中国法律思想史》，商务印书馆1936年版，第4页。
[7] 杨鸿烈：《中国法律思想史》，商务印书馆1936年版，第5页。

律典籍进行考核注释,以阐明其中蕴含的法律思想;二是穷原竟委的研究法,包括问题的研究法和时代的研究法;三是哲理的研究法,即从中国历代学者所有关于法律的思想中抽出其特色,并将其分为许多派别,进行分析比较。"以上三种方法,虽互有长短,然都可以彼此相助,使中国几千年来各时代所有支配法律内容全体的根本原理和其在时间上的'变迁''发达'与其在当时和后代法律制度上所产生的影响阐明出来。"①

最后,该书确定了中国法律思想史学的研究资料。杨鸿烈认为,资料包括经部,如《诗经》《尚书》《春秋》《论语》等;史部,如二十四史中的《本纪》《列传》《刑法志》等和《资治通鉴》等;子部,如《管子》《邓析子》《韩非子》等;集部,如诸葛亮的《诸葛忠武侯文集》、陈子昂的《陈伯玉文集》、韩愈的《韩昌黎集》、柳宗元的《柳河东集》等;报章杂志,如《国粹学报》《新民丛报》《东方杂志》等;古代遗物,如殷墟甲骨、两周彝器、汉晋木简等。他还通过对经史子集中伪书的例举指出,在使用史料的时候应当注意辨别真伪。

杨鸿烈的《中国法律思想史》构建了学科的研究框架和研究范式,此后,中国法律思想史研究有了更大的进展,出版发表了一大批专著和论文:专著主要有秦尚志的《中国法制及法律思想史讲话》、容肇祖的《三晋法家的思想》、章士钊、叶友棠的《法家谈论》、蔡枢衡的《中国法理自觉的发展》、曹谦的《韩非法治论》等。

(三)研究方法的新发展

这一时期,中国法律史学的研究方法有了很大的进步。如上文所言,在中国法律史学的确立阶段,相关研究方法业已基本形成。而在中国法律史学的初步发展阶段,将这些方法的运用提升到了一个新的水平,主要代表就是瞿同祖的《中国法律与中国社会》一书对社会学方法的使用。

首先,瞿同祖虽然以历史为研究对象,但其注意"重大的变化","试图寻求共同之点以解释法律之基本精神及其主要特征,并进而探讨此种精神及特征有无变化"。"本书将汉代至清代二千余年间的法律作为一个整体来分析。"② 虽然作者并不否认历代法制的因革损益,但其重点显然不在其变,而在其不变,在其基本"精神及特征"。换言之,作者真正感兴趣的,是一个植根于特定社会中的法律制度的"基本形态"。这种观察和处理历史的方法,被认为是出自其社会学的

---

① 杨鸿烈:《中国法律思想史》,商务印书馆1936年版,第25页。
② 瞿同祖:《中国法律与中国社会》,载《瞿同祖法学论著集》,中国政法大学出版社1998年版,"导论"第5页。

功能主义立场。①

其次，瞿同祖认为，研究法律固然离不开对条文的分析，"但仅仅研究条文是不够的，我们也应注意法律的实效问题"②。瞿同祖所谓的"实效"与杨鸿烈所强调的法律的"运用"并不相同。前者所注意的不只是法律中与社会的变化关系更加密切和直接的那部分规则，而是所有法律规则在社会生活中的实际意义。因此，在瞿著引用的材料里面，清代《刑案汇览》占了相当的分量；一般法制史著作中对于立法过程和法律沿革的叙述，很大程度上被对特定制度背景下日常生活的描写所取代。

最后，在瞿同祖之前，法律史学家如陈顾远也曾将儒家思想同家族、阶级列为专章，视之为中国法制的特质。不过，瞿同祖对家族、阶级和儒家思想诸因素的理解有与陈顾远不尽相同处，更重要的是，这些被强调的因素在两位作者的知识图景和著作结构中扮演着相当不同的角色。在瞿同祖的理论中，家族与阶级乃影响和决定中国传统法律特征的结构性因素，因此，对这种特定类型法律的精神特征的描述和分析，必须在相应社会结构和意识形态的架构之中进行方为恰当。③

---

① 参见林端：《由绚烂归于平淡——瞿同祖教授访问记》，载林端：《儒家伦理与法律文化：社会学论点的探索》，中国政法大学出版社2002年版，第137页。

② 瞿同祖：《中国法律与中国社会》，载《瞿同祖法学论著集》，中国政法大学出版社1998年版，"导论"第5页。

③ 参见梁治平：《法律史的视界：方法、旨趣与范式》，载《中国文化》，2003年第19—20期合刊。

第三章

近代中国法律史学的研究方法

每种学问都运用一定的方法，或遵循特定的方式来答复自己提出的问题。方法对一门学科具有重要的意义。所谓方法是指"在特定条件下，为达到某种目的而使用的手段、办法、步骤、方式等"[①]。我们可以把中国法律史学的研究方法界定为：研究和探讨中国历史上存在的法律现象时所使用的方法。

中国法律史学属性的特殊性，决定了其研究方法在具体构成上不同于一般法学方法。中国法律史学是一门涉及历史学和法学的交叉学科，在研究方法问题上，中国法律史学应当把史学的研究方法和法学的研究方法结合起来使用。

首先，作为中国法学的一个基础学科，中国法律史学的方法是受到法学方法的影响的。所谓法学方法是有关学术研究和探讨的方法。[②] "从方法指向上看，法学方法指向的是法学研究领域，解决的主要是关于法的理论性问题；从方法属性上看，法学方法属于哲学方法论的范畴，解决的主要是法的形而上的问题；从方法主体上看，法学方法的使用者主要是法学研究者、思考者和教育者，可概括为法的理论研究者；从方法构成上看，法学方法主要包括法哲学方法、一般科学方法和法律部门学科方法等。"[③] 法学方法应当成为中国法律史学研究的方法基础。

其次，中国法律史作为中国历史的一个组成部分、一门专史，中国法律史学作为历史学的一个分支学科，又决定了中国法律史学的研究方法应当也采用历史

---

① 赵玉增：《法律方法与法学方法概念辨析》，载《学习与探索》，2007年第2期。

② 这里需要注意的是，法学方法不同于法律方法。法律方法是指有关法律实践（包括法律制定和运用，特别是后者）的方法。两者虽然具有相关性，但绝对不能相互替代。参见谢晖、陈金钊：《法理学》，高等教育出版社2005年版，第9页。

③ 赵玉增：《法律方法与法学方法概念辨析》，载《学习与探索》，2007年第2期。

学的研究方法。中国的史学在诸种学术中是历史最为悠久、规模最为宏大、成果最为丰富的学科，即所谓"六经皆史"。研究方法亦复杂多样，既有传统的研究方法，诸如史料考辨、历史叙述、考据、训诂、类编等等，又有新史学方法，如历史唯物主义的史学观、梁启超的新史学观等等，这些皆应在中国法律史的研究中加以运用。

最后，随着社会的发展进步，一些新的科学研究方法，如控制论、系统论、比较研究、社会学方法、经济分析的方法等，逐渐被用于社会科学的各个研究领域。这些方法代表了社会科学发展的成就和今后发展的趋势，亦应当在中国法律史研究中加以合理运用。

近代是我国历史上社会形态变革、思想变革、制度变革的重要历史时期，在西学东渐和西法东渐的影响下，中国的法学研究由传统律学向近代法学转型，这就是中国法律史学在近代的社会历史背景。时代背景和学科初建时不可避免的幼稚性，导致中国法律史学经历了一个逐渐成熟的过程，中国法律史学的研究方法也经历了一个不断发展的历程。其间，中国法律史学的研究方法经历了一个由传统向现代的转型，这对中国法律史学的形成和发展意义重大。总体来看，近代中国法律史学在继承和发展传统史学研究方法的同时，亦引进了法学的方法，并将之与史学的方法很好地结合起来，这是近代中国法律史研究的主流方法；此外，还引进和运用了诸如社会学方法、比较的研究方法等等，我们可以称之为非主流的研究方法。

一、历史学方法与近代中国法律史研究

对中国传统法律制度的研究，需要从历史发展的角度进行。"中国为世界上历史最完备之国家，此尽人知之。论其特点，一、绵历悠久，继承因袭永无间断。二、史体详备，各种史料均得收容。包括地区之广，与其活动民族分量之多，而益形成中国史之繁富，并世各民族，莫能与比。我民族文化之惟一足以自骄者，正在其历史。"[①] "中国的史学研究绵延数千年，独创了一整套历史考查的方法（考据方法、训诂的方法、文献编纂与分类方法等）。这些方法被引进法学，成为法律史研究的主要方法，至今仍具有其适用的价值。"[②] 因此，中国法律史学作为史学的分支学科，"其基本研究方法是应该在真实史料基础上的各角度的

---

① 钱穆：《中国历史研究法》，生活·读书·新知三联书店2005年版，第135页。
② 舒国滢：《法学研究方法的历史演进》，载《法律科学》，1992年第4期。

论证","历史的研究方法是最为基础和必须的,其他方法的运用也必须以此为基础"①。

(一) 传统史学方法的运用

在近代中国法律史的研究中,由于学术传统的影响,大多数法律史学者都具有深厚的史学根底,因而在从事中国法律史研究的过程中对传统史学方法的运用是最常见的,亦是最娴熟的。从方法的发展来看,传统史学的方法在近代中国法律史研究的早期阶段,运用最为广泛,占据着统治性的地位,后随着西方社会科学理论和法学方法的引进,而逐渐与其他方法,尤其是法学方法结合使用,实现史法结合而成为主流研究方法的一个组成部分。

1. 考据法

"作为以还原历史的真实面目为基本特征的史学的分支,中国法律史应该努力回答的问题是是或者不是,至于应该或不应该则是位于次位的。"② 而要做到这一点,首先应当重视的就是对史料的鉴别。"在历史研究法中要着重讲史料,史料就是我们进行历史研究的材料;无论搞什么科学,没有材料都是不行的。"③ 因此,在中国法律史研究中,首先应该用考证的方法确定资料的真实性。

"考据法是研究历史、语言等学问的一种实证方法。它主要通过搜集资料和证据,加以鉴定与分析,运用排比、分类、归纳、演绎等逻辑推理方法,判定事件、材料的真伪与是非,推求和印证某一现象与结论。"④ 近代中国法律史研究中,为揭示中国历史法律制度的真实面貌,说明历史上有哪些法律制度、有哪些法律规定、它们经历了怎样的发展演变过程、某项法律制度的来龙去脉如何,学者们进行了大量卓有成效的考察和辨正,出版和发表了大量的考据著作和学术论文。著作方面的主要成果有:薛允升的《汉律辑存》,沈家本的《历代刑法考》,徐德源编辑、孙大鹏补辑的《中国历代法制考》,程树德的《九朝律考》,徐珂的《五刑考略》,徐式圭的《中国大赦考》,江士杰的《里甲制度考略》等。

程树德的《九朝律考》是在考据法运用上颇具代表性的一本著作。对于考据法的运用,程树德在《九朝律考》"凡例"中有明确的论述:"是书以考据为主",而考据皆是以各朝的正史为主;除正史之外,"旧律现存者,以唐律为最古,故唐以前诸律所有而唐律亦有明文者,则必援唐律以证之"⑤。而"每条之下,间

---

① 马小红:《珍惜中国传统法——中国法律史教学和研究的反思》,载《北方法学》,2007年第1期。
② 马小红:《珍惜中国传统法——中国法律史教学和研究的反思》,载《北方法学》,2007年第1期。
③ 赵光贤:《中国历史研究法》,中国青年出版社1988年版,第91页。
④ 王宏斌:《历史考据法探源》,载《史学理论研究》,2002年第3期。
⑤ 程树德:《九朝律考》,中华书局1963年版,"凡例"第1页。

有考证，则别为按语以别之。按语亦以考证为主，不涉及论断"①。程氏自己也深知要对九朝之律作一番考证绝不是一件容易的事情，正所谓"草创者难，因袭者易"。1918年，程树德在"汉律考序"中写道："唐宋以来诸家，卒无有徒事考定者。""今唐以前诸律，皆无一存，则探讨之难可知也。余尝谓有清一代经学词章，远轶前轨，独律学阙焉不讲。纪文达编纂《四库全书》政书类法令之属，仅收二部，存目仅收五部，其按语则谓刑为盛世所不能废，而亦盛世所不尚，所录略存梗概，不求备也。此论一创，律学益微。甲辰读律扶桑，即有搜辑丛残之志，荏苒十年，久稽卒业。"②

就篇目上看，《九朝律考》共分为八卷，其中《汉律考》八篇，《魏律考》一篇，《晋律考》三篇，《南朝诸律考》二篇，《后魏律考》二篇，《北齐律考》一篇，《后周律考》一篇，《隋律考》二篇。从内容上看，程树德对汉律的考订格外关注。正如他在"汉律考序"中所言，历经十年，始成一书，其考订之功，绝非一般学人所能及。《汉律考》共分为八篇：一曰律名考，详考汉代各个时期颁布的律、令、科、比。二曰刑名考，考订了汉代主要的刑罚和罪名。三曰律文考，总结了汉代律目三十一条，律文一百零八条，令文四十六条。四、五皆曰律令杂考，这是汉律考的核心，详细考证了汉代律令中关于刑名、刑制和司法诉讼方面的规定共一百三十四条。六曰沿革考，是从高祖"约法三章"、萧何制律以下三百年汉代律令的变化史。七曰春秋决狱考，论证了董仲舒"春秋决狱"思想的形成，例举了汉代春秋决狱的事例。八曰律家考，分别整理了汉代著名的律学家共七十五人的主要事迹，以及他们对汉代法制发展的影响。"程树德对各种文献进行了考证、梳理和甄别，从中采摭了内容丰富的律、章程、令、科、比、故事、诏、条等法律资料，一定程度上恢复了这九个朝代法律发展的大体面貌。"③ 这为学术界进一步深入研究这些朝代的法律制度和思想等提供了基本素材，为我们提供了考据法运用的最好范例。

论文方面的主要成果有：董康的《虞舜五刑说》，邓广铭的《宋史刑法志考正》，陈士诚的《论吾国韵文法律书"宋刑统赋"》，吴晗的《胡惟庸党案考》，杨鸿烈的《清代庄史案之重鞫》，熊梦飞的《记刘瑾水牢（并考释）》，顾颉刚的《明代文字狱祸考略》，任启珊的《宋建隆重详定刑统考略》，吕振羽的《"大元通

---

① 程树德：《九朝律考》，中华书局1963年版，"凡例"第2页。
② 程树德：《九朝律考》，中华书局1963年版，"汉律考序"第1页。
③ 何勤华：《程树德与〈九朝律考〉》，载《河南省政法管理干部学院学报》，2004年第3期。另，在《九朝律考》的"凡例"中，程树德说明了把《九朝律考》断代到隋朝的原因："唐律、宋刑统、明律、清律，今皆现存，故断至隋止。"程树德：《九朝律考》，中华书局1963年版，"凡例"第1页。

制"中的"禁令"解》,刘官谔的《明宪宗赐朱永铁券考》,季手文的《吕刑考》,朱畸瓢的《廷杖考》等。董康的《虞舜五刑说》一文对中国历史上五刑的起源及其流变进行了考证,指出:"五刑之名,始见《虞书·舜典》,所谓'五刑有服,五服三就'是也。《史记·五帝记》亦引此文。""然则后世所传盖周制也。惟虞舜五刑,既书阙无闻,汉儒相承,复无异义,亦姑以周制附会其说焉。"① 随后,董康依据先秦以及汉代的文献记载,对五刑的内容及其运用作了比较深入的考证,并阐述了社会安定、民风淳朴时刑轻、刑宽,社会动乱、法教滋繁时刑重、刑严这一中国古代犯罪与刑罚发展的客观规律。②

需要说明的是,考据法在近代中国法律史研究中的大量运用,为我们揭示了我国古代法律制度和法律运作的真实情况,是当时中国法律史研究的重要方法。上面列举的是一些以考据法为主要研究方法所取得的成果。除此之外,考据法还大量存在于其他著述之中,和中国法律史学的其他研究方法合理地结合在一起使用。这样的例子不胜枚举。

2. 文献编纂和分类等方法③

文献编纂和分类是随着历史文献和图书积累到一定的数量才产生的。"根据考古发掘证明,在奴隶社会时期就产生了简单的著录图书文献的目录。而有文献可考的最早目录著作则是西汉末年刘向、刘歆父子的《七略》,也是他们创立了中国目录学史上第一种图书分类方法——六分法。从此,中国图书的分类工作便有了迅速的发展,先后出现了六分法、四分法、七分法、十二分法等。"④

文献编纂和分类方法,是我国传统历史研究的常用方法,其核心内容是解决如何梳理编纂我国的传统文献的问题,就中国法律史而言,则是用何种方式或者何种分类方法梳理、汇编我国丰富的法律文献的问题。中国法律文献具有"零散性""礼法融合""类型多样化""综合性"的特点。"在《隋书·经籍志》以前,法律并没有作为独立的小类在图书目录上出现过,只是在'略'或'部'下的细目里隐隐约约地看到法律书目的踪影,而且分布得比较散乱,无法准确定位。《隋书·经籍志》虽然设立'刑法'这一小类,但它主要是'纪律令格式',其他的法律文献则同样零散分布法家、书、礼等小类当中。"⑤

在近代中国法律史研究过程中,学者们运用文献编纂和分类的研究方法,对

---

① 董康:《虞舜五刑说》,载《法学季刊》,1928年第3卷第7-8期。
② 参见董康:《虞舜五刑说》,载《法学季刊》,1928年第3卷第7-8期。
③ 参见黄腾华:《论沈家本的法律文献分类方法和实践》,载《新世纪图书馆》,2006年第4期。
④ 黄腾华:《论沈家本的法律文献分类方法和实践》,载《新世纪图书馆》,2006年第4期。
⑤ 黄腾华:《论沈家本的法律文献分类方法和实践》,载《新世纪图书馆》,2006年第4期。

大量的文献进行了梳理、分类、编纂工作，沈家本是其中的杰出代表。在整理和研究古代法律文献的过程中，沈家本编纂的有关法律文献的论著集中而系统地体现了他的法律文献分类思想和实践。归纳其方法和实践的建树，有以下三点。①

第一，按照文献的体式划分法律文献的类别。所谓的体式，就是法律文献的文体和格式。如法律文献可分为奏议、论著、刑案、法典等类。从《寄簃文存》的目录中，我们可以看到沈家本在分卷时首先是按照文章的文体把全书分为八卷，即《奏议》《论》《说》《考、释、学断》《笺、补、书、问答》《序》《跋》《跋、书后》，每一卷中又根据每篇文章的文体和格式特点细分为奏折、奏议、论、说、考、释、序、跋等。在这种分类思想指导下，整部书九十篇文章编目有条不紊，一目了然，非常便于读者查检。

第二，按照文献的内容划分法律文献的类别。沈家本非常认同按照文献的内容来划分书籍的类别，在编排书籍目录之时，通常按书籍的学术内容以类相从，杜绝把不同学术内容的图书合为一类的做法。以《历代刑法考》为例，沈家本根据《历代刑法考》所涉及的文献内容，把全书目录分为刑制和刑法两大类：一是"刑制考"，二是"专题考"。其中"刑制考"包括《刑制总考》四卷，《刑法分考》十七卷。"专题考"包括"法律与制度考"、"重点朝代法律考"和"刑官制度考"三部分。"法律与制度考"有《赦考》十二卷、《律令》九卷、《狱考》一卷、《刑具考》一卷、《行刑之制考》一卷、《死刑之数》一卷、《唐死罪总类》一卷、《充军考》一卷、《盐法考、私矾考、私茶考、酒禁考、同居考、丁年考》合一卷、《律目考》一卷；"刑官制度考"有《历代刑官考》二卷；"重点朝代法律考"有《汉律摭遗》二十二卷、《明律目笺》三卷、《明大诰峻令》一卷等重要朝代的法律制度专题。这样分类的结果，正如现代学者所评价的："书（《历代刑法考》——引者）中集录的资料，按目分列，缕析条分，上下几千年，既洋洋大观，而又不显得芜杂。"②

第三，按照文献的时间先后来编排法律文献。文献编纂与分类的一个重要任务就是"辨章学术、考镜源流"。欲完成这一任务，就要在进行文献编纂分类时编次有序。所谓"编次有序"，即在著录同类书籍时，应该按照其成书的先后次序排列，也就是按照时代先后来著录书籍。沈家本在对古代法律文献编纂体式、内容进行分类之后，按时代的先后顺序，将律、例、令、格、敕、事类、诰等各

---

① 参见黄腾华：《论沈家本的法律文献分类方法和实践》，载《新世纪图书馆》，2006年第4期。
② （清）沈家本：《历代刑法考》（一），邓经元、骈宇骞点校，中华书局1985年版，"点校说明"第2页。

种律令名目编列一体，使之秩序井然。比如《历代刑法考》中的《赦考》十二卷，分为"原赦""述赦""赦例""赦仪""赦占""论赦"六个部分，基本是以时间的先后顺序来排列有关"赦"的史料。沈家本把古代法制史料按时代先后排列，不仅方便读者查阅书籍，使其能即类求书、因书求学，更为重要的是阐明学术源流，辨别其因革损益与利弊得失，让读者览目而知法律制度的嬗替流变。①

(二) 新史学观的运用

开始于19世纪中叶的西方思想的大量传入，对包括法学在内的所有人文社会科学的方法论体系都产生了直接的、根本性的影响。梁启超的新史学观，即西方资产阶级史学理论，引起了历史学研究方法的新革命，这主要体现在《新史学》②、《中国历史研究法》及《中国历史研究法补编》、《历史统计法》、《古书真伪及其年代》、《研究文化史的几个重要问题》等著作中。这种史学方法上的创新，带来了中国法律史学研究方法上的创新，"使法制史逐渐摆脱以正史和律典为主要史料基础的史实罗列、名物考证和简单化的古今比较等传统研究方法论的拘囿，开始具有现代人文科学的性质"③。

1. 新史学理论

梁启超将进化论等西方科学理论用于史学的研究中，开创了新史学理论，主要内容有五点：一是批判旧史和旧政治，指出旧史有"四弊""二病""三恶果"④；二是将"公羊三世说"与建立资产阶级君主立宪的政治主张相结合，形成了资产阶级进化论历史观⑤；三是将当时西方资产阶级的一些流行的观点，如地理环境决定论、文化决定论等介绍过来，从而使史学理论呈现出多元化的趋势；四是主张在历史研究中运用近代自然科学的方法，吸收其他学科的新理论和新成果，从而使传统的史学理论和研究方法不断更新，呈现出一种开放性的史学

---

① 参见黄腾华：《论沈家本的法律文献分类方法和实践》，载《新世纪图书馆》，2006年第4期。
② 1902年，梁启超在《新民丛报》上连续发表六篇文章，合称《新史学》，署名"中国之新民"，正式亮出"新史学"的旗号。
③ 王志强：《略论本世纪上半叶中国法制史的研究方法》，载李贵连主编：《二十世纪的中国法学》，北京大学出版社1998年版，第324页。
④ 四弊为："一曰知有朝廷而不知有国家"，"二曰知有个人而不知有群体"，"三曰知有陈迹而不知有今务"，"四曰知有事实而不知有理想"。二病为："其一，能铺叙而不能别裁"，"其二，能因袭而不能创作"。梁启超言"合此六弊，其所贻读者之恶果，厥有三端：一曰难读……二曰难别择……三曰无感触"。梁启超：《新史学》，载《饮冰室合集·饮冰室文集之九》，中华书局1989年影印版，第3-6页。
⑤ "历史（撰述）者，以过去之进化导未来之进化者也"，"而史家所以尽此义务之道，即求得前此进化之公理公例，而使后人循其理、率其例以增幸福于无疆也"。梁启超：《新史学》，载《饮冰室合集·饮冰室文集之九》，中华书局1989年影印版，第11页。

特征；五是强调史学的作用在于教育国民，激励爱国心，推进社会文明。① 其中，对中国法律史研究影响最大的就是其强调历史发展的规律性和因果关系的史学研究方法。

梁启超对此论曰：

> 事实之偶发的、孤立的、断灭的，皆非史的范围。然则凡属史的范围之事实，必其于横的方面最少亦与他事实有若干之连带关系，于纵的方面最少亦为前事实一部分之果，或为后事实一部分之因。是故善治史者，不徒致力于各个之事实，而最要着眼于事实与事实之间，此则论次之功也。
>
> ……凡此之类，当以数百年或数千年间此部分之总史迹为一个体，而以各时代所发生此部分之分史迹为其细胞，将各细胞个个分离，行见其各为绝无意义之行动综合观之，则所谓国民意力者乃跃如也。②
>
> 文物专史是专史中最重要的部分，包括政教典章、社会生活、学术文化种种情况，做起来实在不容易。据我个人的见解，这不是能拿断代体来做的；要想满足读者的要求，最好是把人生的活动事项纵剖，依其性质，分类叙述……人类活动是没有休止的，从有人类到今日，所有的一切活动，都有前后因缘的关系。倘使作史的时候，把他一段一段的横截，或更依政治上的朝代分期，略说几句于实际政治史之后，那么，做出来的史，一定很糟。③

2. 新史学理论与近代中国法律史研究

梁启超的新史学理论，尤其是其强调历史发展脉络和因果关系的史学研究方法被中国法律史学者所接受，拓展了中国法律史研究的领域，开创了中国法律史研究的新局面。梁启超在新史学理论指导下进行法律史研究的主要成果，体现在《中国法理学发达史论》《论中国成文法编制之沿革得失》《论中国宜讲求法律之学》《先秦政治思想史》《管子传》等著作中。例如《论中国成文法编制之沿革得失》一文，"始终渗透着'新史学'理论的理念和要求"，"用新史学的观点、方法系统地考察了中国成文法的产生和发展过程，从'战国以前之成文法'起，到'明清之成文法'止，对历代律典篇目变迁规律和法制状况做了逐一论述，并提出了中国古代成文法的缺点和未来法典全书编纂必须注意解决的问题"④。同时，

---

① 参见王旭东：《史学理论与方法》，安徽大学出版社1998年版，第9－11页。
② 梁启超：《中国历史研究法》，上海古籍出版社1987年版，第108－109页。
③ 梁启超：《中国历史研究法补编》，商务印书馆1930年版，第176页。
④ 张宏民：《梁启超"新史学"理论的法史学解读》，载《新余高专学报》，2007年第2期。

梁启超认为，"法律愈繁备而愈公者，则愈文明；愈简陋而愈私者，则愈野番而已"，"种族日繁，而法律日简，不足资约束。事理日变，而法律一成不易。守之无可守，因相率视法律如无物"，"有治据乱世之律法，有治升平世之律法，有治太平世之律法"①。这集中反映了进化论的思想主张，要求法律进步应与社会进步同步。关于史学与法学的关系，梁启超认为二者之间存在紧密联系，二者的集合就是法史学的部分："夫地理学也，地质学也，人种学也，人类学也，言语学也，群学也，政治学也，宗教学也，法律学也，平准学也，皆与史学有直接之关系。"②

梁启超所倡导的新史学研究方法对近代中国法律史研究影响深远，其基本理论和方法被法律史学者广泛采用。可以说，在此后的中国法律史研究成果中，或多或少都有新史学的身影。

朱方的《中国法制史》受到梁启超的影响，反映了梁启超的"法律进化论"。朱方言："法制起矣，宜可一成而不变者也。然而环境有变易，则风土人情即缘之而亦变更。而昔之所谓是非曲直者，至是亦渐觉其不与人心相协，加以生活之变更，事物之繁复，凡昔日所定之法制，有一部分在实际上已不能适用。于是伸法则背乎情理，顺乎情理，又不免于屈法，左右皆难，彼此俱非。于是法制之变易起矣。"③

陈顾远在他的代表作《中国法制史》中大量引用了梁启超的观点，尤其是新史学的观点，如在论述关于中国法制史之史实问题时，引梁启超《中国历史研究法》曰："梁著《中国历史研究法》第八八页云：'以旧史作史读，则现存数万卷之史部书，皆可谓为非史。'""治中国法制史者，不以备历代之掌故为贵，而以知其纲要为能；不以依朝代之横断为法，而以寻其因果为主"；"夫既治史矣，则关于中国法制之经过，自当注意其变迁之迹，倘再能进而求其成立背景，与夫全部波浪中之起伏路线，斯更善焉"④。在《中国婚姻史》的"序"中，陈顾远指出，"此作共分六章……系本梁任公纵断为史之法，与前作《中国法制史》同其体例"⑤。这明显是新史学观在中国法律史研究中的运用。

这样的例子还有很多，比如冯承钧的《中国法制史》反对单纯堆砌史料，主

---

① 梁启超：《论中国宜讲求法律之学》，载《饮冰室合集·饮冰室文集之一》，中华书局1989年影印版，第93页。
② 梁启超：《新史学》，载《饮冰室合集·饮冰室文集之九》，中华书局1989年影印版，第10—11页。
③ 朱方：《中国法制史》，上海法政学社1931年版，"绪言"第2—3页。
④ 陈顾远：《中国法制史》，商务印书馆1934年版，第11页。
⑤ 陈顾远：《中国婚姻史》，商务印书馆1936年版，"序"第1页。

张以科学方法阐发幽隐,在"南北朝法制"一章中称:"欲详此时代之官职名称,可取史志参考之。兹以无关于学问研究,故略。"① 蒋㴅泉在《中华法系立法之演进》一文中,通过对中华法系的沿革、地位、过去立法之背景、特质、转变、立法嬗变之理论基础等问题进行分析,在结论部分明确指出:"法律之进化,既应于社会之进化,成为正比例,则维持社会生存之条件变更,要求生存之形式,亦宜随之转换……当初适于社会之法律,于社会变更后视之,即成为落伍品,则进一步之求改革,自属要务。"② 这些都明显反映了进化论的史学观。

瞿同祖将自汉至清的法律作为一个整体来分析,在不同专题下讨论比较,这在不同程度上都有新史观影响的痕迹。他在《中国封建社会》"自序"中言:"古代史料,极其零乱驳杂。只加以搜集条列,而不加以联串,最多只是一本流水式的账簿。如果想构成一幅生动的图画,则主观的见解与系统必不可少,而偏见和谬误也在所难免。"③ 他在《中国法律与中国社会》"导论"中也指出:"各朝的法律不同,法典体制和内容、司法组织、司法程序、刑罚以及各种罪名的处分都有所不同。但本书所注意的是重大的变化,而不是那些烦琐的差异,试图寻求共同之点以解释法律之基本精神及其主要特征,并进而探讨此种精神及特征有无变化。"④

二、法学方法与近代中国法律史研究

法学方法是伴随着西方法观念和西方法律体系的移植过程而在中国法律史研究中逐渐被加以利用的。在学科初创时期,由于不可避免的幼稚性和不完善,当时法学学科的研究方法并未真正形成,此时在中国法律史研究中,所运用的法学方法主要是借用西方法律学说、理论、分类和术语,建构中国法律史的研究框架,其间经历了一个由使用法学概念解读传统法制个别现象,到使用近代法学理论体系构建中国法律史研究框架的过程。

(一) 使用法学概念解读传统法制个别现象

西方法学理论随着西方法观念的传播和变法修律而逐渐在中国传统社会中生根发芽,给人以耳目一新的感觉。尤其是在甲午战争后,人们开始思考中国落后的原因,将它归结为制度上之不足,从而引起人们对西方法律体系和西方法学理

---

① 冯承钧:《冯承钧学术著作集》,邬国义编校,上海古籍出版社2013年版,第48页。
② 蒋㴅泉:《中华法系立法之演进》,载《中华法学杂志》,1935年第6卷第7期。
③ 瞿同祖:《中国封建社会》,上海人民出版社2012年版,第4页。
④ 瞿同祖:《中国法律与中国社会》,载《瞿同祖法学著集》,中国政法大学出版社1998年版,"导论"第4-5页。

论的极大热情。西方法学理论由此在中国受到广泛关注，研究学习西方法学理论蔚然成风。当面对这套全新的理论体系时，人们便产生了一个极大的困惑，即如何使用西方法学观念来理解传统法律制度。中国传统法律制度是与西方法律制度截然不同的体系，无论是在法的观念、具体法律制度方面，还是在法的实施、运行方面，都与西方法律传统迥然有异。那么在中国法律史研究中如何将中国传统法律与西方的法律制度相对应，亦即如何使用西方理论来解读、诠释中国传统法制，便成为首要的问题。在中国法律史学的萌芽阶段，人们使用西方法观念解读中国传统法，仅仅是使用个别西方法概念来理解比附中国传统法。

在世纪之交，沈家本的研究中就已开始借用西方概念理解传统法制中的个别现象，如在《历代刑官考》中认为西方法治学说、罪刑法定、审判方式、监狱、禁锢服役、陪审、罚金、父子异居等思想、制度各方面，中国皆古已有之。在考察审判制度时，沈家本指出："唐法有宣告，见《唐六典》，实即汉之读鞫也。今东西各国并行之，而中国则废而不用矣。"① 他援引《晋书·刑法志》中的"律法断罪，皆以法律令正文，若无正文，依附名例断之，其正文、名例所不及，皆勿论……如律之文，守法之官，唯当奉用律令"，分析了东西各国的审判制度，指出："今东西国之学说正与之同。"②

此后，用西方法学概念比附中国传统法制的现象比比皆是。如王世杰在介绍程树德《汉律考》用梅因《古代法》"秘密法时期"理论分析中国早期法律公布问题时说："一切国家在未有法典之前，大都经历过一个秘密法时期，换言之，即法律仅为极少数人所掌握，而绝不令一般人民识其内容；罗马以及其他民族，在未有法典以前，便皆如此；英国人梅因于其所著 Ancient Law 书中言之颇详。吾国在郑作刑书晋作刑鼎以前，也就尚未尽脱秘密法的阶级，胡适氏的中国哲学史大纲亦已说及此层事实。"③ 徐朝阳在《中国古代诉讼法》一书中认为，《周礼》对于天官和地官的职权记载，其实是包含了刑事诉讼和民事诉讼管辖的区分，认为《尚书》中"明启刑书胥占"为公开审判，《吕刑》中"五辞简孚，正于五刑"为自由心证，《周礼·秋官》中钧金之制为诉讼担保。④ 凡此种种，皆以西方法学概念比附中国传统法制。

使用西方法学概念来理解中国传统法制的个别问题，是使用西方法学理论来

---

① （清）沈家本：《历代刑法考》（三），邓经元、骈宇骞点校，中华书局1985年版，第1493页。
② （清）沈家本：《历代刑法考》（四），邓经元、骈宇骞点校，中华书局1985年版，第1812-1813页。
③ 王世杰：《学术书籍之绍介与批评·中国法典编纂沿革史》，载《国立北京大学社会科学季刊》1924年第1期。
④ 参见徐朝阳：《中国古代诉讼法》，商务印书馆1927年版，第12-14、31、115页。

研究中国古代法律的有益尝试。但是不可否认，这种方法是简单的、幼稚的，处于一个较低的层面，而且其中难免有牵强附会之意。究其原因，大致有两个：一个原因是对西方法律理论不了解和认识不清，不具备系统的法学理论作为指导。在当时的社会环境下，人们对于西方法律——这个异质文明产物的了解是相对浅薄的，我们今天看到的相关的民国法学著述也是相对不成熟的，大部分只是介绍西方法制的一般情况，并且谬误众多。另外，近代法学著述中译作数量庞大也可以佐证此观点。在这种背景下，用个别西方法学概念来比附中国传统法制也就是可以理解的了。笔者认为另一个原因很可能是出于一种故意的需要。近代中国饱受列强凌辱，有识有志之士寄希望于中国法律制度的变革来改变中国社会的积弱局面，在这种情况下用西方法学概念来附会中国传统法，认为欧洲在法律上有什么，中国就有什么，并且是"远非他国所能企其项背"，以此来为中国的法律变革寻求历史传统的支持，在某种程度上这和康有为的托古改制有着异曲同工之意。

（二）法学方法与建构中国法律史研究框架

在分析个别西方法学概念的基础上，以西方法学理论体系指导中国法律史研究，已渐成主流。梁启超的《论中国成文法编制之沿革得失》是早期的尝试。文中使用成文法、习惯法、单行法、法典等西方法学概念来总结中国传统法的渊源概念，并以现代法制为参照，检讨中国古代成文法的缺点：种类不完备，固定性太强，以及体裁、文体等存在缺陷。随着中国法律史研究的发展，特别是《中国历代法制史》一书所首创的史法结合的研究方式的出现，近代中国法律史学者开始致力于用西方的法学理论结合新史学的观念来构建中国法律史研究的框架。

1. 法学方法与中国法律通史研究框架的构建

与《中国历代法制史》同时期或者稍晚的几部著作开始尝试重新构建中国法律史的框架体系，作为普通中学政法课本的孙荣著《古今法制表》和徐德源编辑、孙大鹏补辑的《中国历代法制考》是其代表。《古今法制表》列田赋、钱币、户口、赋役、征榷、市籴、土贡、国用、选举、学校、职官、礼制、乐制、兵制、刑法、封建等目。《中国历代法制考》则以宋《文献通考》类目为基础，结合西方一些新的概念进行重新分类，试图建立新的体系，具体为：删除封建、舆地、象纬、物异等类目，将田赋、钱币归为经济类，将户口、赋役、征榷、市籴、土贡、国用归为财政类，将郊社、宗庙、王、礼乐归为礼乐类，将学校、经籍归为教育类，刑为法典类，选举、职官、兵制保持旧例不变。

此后，学者们逐渐以西方法学理论为指导，结合史学的研究方法来构建中国法律史通史的基本脉络，其具体构建虽有所不同，但其基本原理和指导方法却是一致的。他们构建的努力和他们的指导思想表现在他们的著述中。据初步统计，自 1906 年邵修文、王用宾翻译出版日本学者浅井虎夫的《中国历代法制史》到 1949 年中华人民共和国成立，共出版中国法律通史类著作 38 部。通过对这些著作结构的分析，可以看出其基本包括两个类型：一是以史为主线断代，再就每个时期按照专题展开，可以称之为史法结合；二是以专题或者部门法为主线划分，在每个部分按照历史发展顺序进行研究，可以称之为法史结合。

（1）史法结合的研究方法。

使用史法结合的研究方法构建中国法律史体系的代表性著作有如下几部。

浅井虎夫的《中国历代法制史》。其篇目结构如前所述[①]，该书以断代为经线，主要篇章以部门法史为纬络，对中国历史上五个主要时期的法律制度进行论述，以勾画出中国上下几千年法制变迁沿革的发展线索；同时各主要篇章又按照不同法律部门分别论述，对于近代法律体系的各主要部门法均予以研究，描述出各个主要历史阶段各主要部门法的具体轮廓。这是史法结合研究方法的直接体现。对此，译者在"例言"中也进行了明确阐释："日本浅井虎夫君本德国罗马各法制史体裁，搜辑祖国数千年文献制度，编纂成书，爰亟取而译之，以为研究斯学者助。"[②]

壮生的《中国历代法制大要》。该书共分为 5 章，分别是唐虞三代之法制、汉代之法制、唐代之法制、宋代之法制、明代之法制。每章又分为若干节分别研究相关制度，唐代法制内容是最多的，包括：官制（中央制度、地方制度）、贵贱之阶级、经济状况（土地制度、货币制度）、民籍行政、财政、救恤行政、交通行政（道路、驿、关、水驿、漕运）、教育行政、宗教行政、军制、法源、诉讼法、刑法（刑名、刑之适用、刑之执行、刑之消灭、犯罪）、民法（民法之关于人者、民法之关于物者）。就体例来看，除个别细微之处外，基本沿袭了《中国历代法制史》的结构方式。[③]

朱方的《中国法制史》。该书稍有变化，其以历史沿革为主线划分时，不是像其他著作以朝代变更来划分，而是根据法制发展的特点划分为五个阶段，然后在每个阶段再分别论述所包括的朝代。这五个阶段是：创造时期之法制（唐虞至夏商周）、因革时期之法制（秦至隋）、完成时期之法制（唐）、沿袭时期之法制（五季、宋、辽金、元、明、清）、变动时期之法制（民国）。需要指出的是，朱

---

① 参见本书第二章"近代中国法律史学的演进"相关部分。
② ［日］浅井虎夫：《中国历代法制史》，邵修文、王用宾译，山西晋新书社 1906 年版，"例言"。
③ 参见壮生：《中国历代法制大要》，上海崇文书局 1919 年版。

方的这本著作所涉及的法律制度主要是刑法。①

郁嶷的《中国法制史》。该书分绪论和本论两部分：绪论共有 6 章，论述了中国法律史学科的基本原理，包括法制之起源及其进化、中国法制史之意义、中国法制史研究之重要、中国法制史研究之困难、中国法制进步迟缓之原因、中西法制之差异；本论部分共 5 章，分别讨论了唐虞三代之法制、秦汉之法制、唐代之法制、宋代之法制、明代之法制，每章又分为若干节，分别讨论了经济制度、阶级制度、官职制度、兵制、法典编纂制度、刑制、学制、救恤制度、交通制度等内容。② 这本书的特色是将中国法律史学科的基本原理问题作为单独一部分进行讨论，但是其本论部分亦如其他著作一样，是将制度部分划分为经济制度、阶级制度等。这并非现代法学部门法的分类方式，虽然其包含了现代法学的基本内容。显然，这种体系的构架尚未真正使用西方法学体系。

真正实现史法结合的中国法律通史著述是杨鸿烈的《中国法律发达史》一书。对于中国法律史学的研究方法，杨鸿烈于《中国法律发达史》中指出，本书运用了日本学者鸠山和夫与阪本三郎在研究法律史时采用的两种方法：一是外包法制史，主要阐述法律全面的沿革、法律与国家之关系，以及法律渊源等；二是内容法制史，叙述各种法律的性质及进化。《中国法律发达史》还运用了日本学者浅井虎夫在《中国历代法制史》一书中提出的两种方法：一是纵横结合之研究法，纵是研究法制的运用、动态，横是研究法典、法的静态；二是体用结合之研究法，体是研究法典，如《唐律疏议》等，用是研究正式的志类，如《九通会要》等。此外，杨鸿烈还指出，本书还采用了法国学者爱斯卡拉提出的三种方法，即历史的方法、比较的方法、观察的方法。③

在这些方法的支配下，《中国法律发达史》以历史发展为序，共设 27 章，第一章为导言，第二至二十七章分别叙述了上古、周、春秋、战国至秦、西汉、新莽、东汉、魏（附蜀吴）、晋（附后赵等五胡）、后魏、北齐、后周、刘宋、南齐、梁、陈、隋、唐、五代、宋、辽、金、元、明、清、民国的法律制度的沿革。在横向上，各章的内容按照部门法分类，讲述刑法、婚姻法、民法以及司法制度等方面的内容与特征。

---

① 作者在"绪言"中明确说明"吾国之所谓法制，其范围至为广泛。凡礼乐刑政典章文物，一切属之。故不问立法、司法、行政、考试、监察，悉包括于其中"。该书仅采狭义法制史。参见朱方：《中国法制史》，上海法政学社 1931 年版，"绪言"第 17 页。

② 参见郁嶷：《中国法制史》，北平震东印书馆 1931 年版。

③ 参见杨鸿烈：《中国法律发达史》，商务印书馆 1930 年版；何勤华：《杨鸿烈其人其书》，载《法学论坛》，2003 年第 3 期。

该书的内容主要是中国古代的法律，但使用的语言、框架体系则完全是近代的，比如：在研究中国古代刑法时，使用的分类是刑法总则和刑法分则；在研究中国古代民事法律时，使用的是人、法人、法律行为、行为能力、所有权、债权等概念；在研究其他领域的法律问题时，使用的也是国际公法、法医学、法院编制法、诉讼法等。而这些在中国古代法律分类和术语中是没有的。[1] 该书的这种模式，即用近代西方的理念、方法、体系和概念术语等来研究中国的材料，就是典型的史法结合的范式，也是法学研究方法在中国法律史研究中运用成熟的表现。至此可以认为，运用史法结合的方法建构中国法律史研究框架的工作基本完成，其后不过是对这个框架修正而已。

(2) 法史结合的研究方法。

有学者对于杨鸿烈以史为"经"、以法为纬的编写体例不予认同。如虽然朱方在其《中国法制史》一书中采用了这种方式，但是他认为自己采用史法结合的原因是其采用狭义法制史的概念。对于广义法制史的编纂体例，朱方认为："今再一言其体例，凡编纂法制史者，如为广义之法制史，则应按其类而为区别之，先职官制，次刑制，次田赋制，次货币制，次考绩制，次斥涉制，次礼乐制，次教育制，次交通制，最后则为地方自治制。而于每类之中，再以时代为区别。本书既述狭义之法制，则仅为刑制之一种。虽其中包含行政法、惩戒法、刑法、民法、诉讼法等，然在古代，则不为类别，统纳入于刑法之中。强以现代法制之分类而叙述古代之法制，必致削足适履。况本书编纂之意义，在观其历代递嬗之迹象，以求其民情俗尚其沿袭而不变更者有几，其损益而不仍旧者有几，而其损益者，又为何故。故以法典编纂之时代为准，为创造时期、因革时期、完成时期、沿袭时期及变动时期五者。"[2]

使用法史结合的研究方法构建中国法律史体系的代表性著作有如下几部。

程树德所著《中国法制史》。该书共4篇：第一篇，总论，包括法律之语源、周秦诸子法治之观念、法系、中国法律之特征、律家五章。第二篇，律令，包括律与令之别、上古及三代、法经及秦律、两汉（汉律、汉令及科比两节）、魏晋（魏之律令、晋之律令两节）、南北朝（总论、宋及南齐、梁及陈、北魏、北齐、后周六节）、隋唐及五代（隋之律令、唐之律令、五代三节）、宋及辽金元（宋、辽金元两节）、明及清（明、清两节）等章。第三篇，刑制，分唐虞及三代、秦汉、魏晋、南北朝、隋唐及宋、辽金元六章。第四篇，关于中国法制之研究，分

---

[1] 参见何勤华：《杨鸿烈其人其书》，载《法学论坛》，2003年第3期。

[2] 朱方：《中国法制史》，上海法政学社1931年版，"绪言"第20-21页。

成年制度之沿革、婚姻制度及离婚、法律上之养子、唐明律之伤害罪、自首案举觉、缓刑制度之变迁、历代法官与法律上之责任、旧律与家族制度等章。① 从体例上看，该书将专题分为律令、刑制和关于中国法制之研究三部分，并非西方法学体系的运用，而是较多地保留了传统法制史研究的方法，这也许和程树德本人一直使用传统史学方法研究中国法律史有着直接的关系。

丁元普所著《中国法制史》。该书除绪言外分为9章。绪言包括法制史之意义、法制与礼制之区分、法制史研究之纲要及其次序等学科基本原理；第一章至第九章以专题分为法律之起源及其沿革、古代宪政之创始、地方自治制度、家族社会制度、经济制度之变迁、法典之编纂及刑法之变迁、教育制度、职官制度、兵制，其下或再根据内容细分其类②，或直接以历史为线进行考察。这部著作的体例不是很规范，但是就整体来看，采用的是主线以专题划分的法史结合的方法进行研究。③

上述中国法律史著作使用法史结合的方法构建学科体系，至陈顾远的《中国法制史》而大成，该书已被学者视为中国法律史学定型化的标志之一。④ 陈顾远深受梁启超新史学方法的影响，强调历史发展脉络和因果关系，认为"治中国法制史者，不以备历代之掌故为贵，而以知其纲要为能；不以依朝代横断为法，而以寻其因果为主"；"夫既治史矣，则关于中国法制之经过，自当注意其变迁之迹，倘再能进而求其成立背景，与夫全部波浪中之起伏路线，斯更善矣"⑤。在其1964年出版的《中国法制史概要》一书中，他更是明确指出上述专题划分编写体例的缺陷在于："莫能会通古今、得知原委，明事物之沿革，序法制之变迁也。""与其采时代研究法而失之紊，毋宁采问题研究法而得之专。"⑥

在这种指导原则下，1934年由商务印书馆出版的陈顾远的《中国法制史》采用以法为"经"、以史为"纬"的编写体例。全书共四编：第一编为"总论"，包括第一章"中国法制之史的问题"，第二章"中国法制之变的问题"，第三章"中国法制之质的问题"，第四章"中国法制之量的问题"。第二编为"政治制度"，包括第一章"中国法制中之组织法"，第二章"中国法制中之选试法"。第

---

① 参见程树德：《中国法制史》，上海荣华印书局1928年版。
② 如经济制度分为赋税制度、货币制度、田制。
③ 参见丁元普：《中国法制史》，上海法学编译社1930年版。
④ 刘广安评论道："他们（杨鸿烈和陈顾远——引者）在三十年代出版的法律史学著作，不仅在内容上、观点上，而且在研究方法上都能表明中国法律史学作为一门独立的学科，已经具有了初步独立的品格。"刘广安：《二十世纪中国法律史学论纲》，载《中外法学》，1997年第3期。
⑤ 陈顾远：《中国法制史》，商务印书馆1934年版，第11页。
⑥ 陈顾远：《中国法制史概要》，三民书局1964年版，第14、17页。

三编为"狱讼制度",包括第一章"诉审",第二章"刑名",第三章"科刑",第四章"肆赦"。第四编为"经济制度",包括第一章"田制税制中之经济立法",第二章"商制币制中之经济统制"。

此后,在中国法律通史体系构建中,还出现了一个新的发展趋势,即将中国法律制度史和中国法律思想史结合在一起研究,代表性著述是秦尚志的《中国法制及法律思想史讲话》。作者在第一章"总说"中明确说明了体系构建的方式:

> 本书既名《中国法制及法律思想史讲话》,顾名思义,则它所叙述的,有两方面:(一)把中国从古到今的历代法律制度,述其演进的情形和兴废的过程,以见现在支配我们生活的法制的由来。(二)把中国从古到今的历代法律思想,述其变迁和发展,以见其在当时和后代法制上所产生的影响。两者的关系异常密切,并有相互作用,因此并在一起叙述,是很得当的。①

在这种思想指导下,作者将正文部分以断代为纲分为殷商西周、春秋战国、秦汉、魏晋南北朝、隋唐、宋辽金元、明清、近代八章。② 每章分法律和思想两部分分别论述,如第六章"隋唐"包括:一是隋唐的法律。(1)隋律,(2)唐的法制概要,(3)唐的法典,(4)五代的法典。二是隋唐的法律思想。(1)礼治主义的典型,(2)定刑因身分而异,(3)家族主义,(4)对帝室的禁忌,(5)复仇的论争,(6)婚姻关系和亲子关系。③ 这种将制度与思想相结合的方式,是中国法律史研究的一大进步,扩展了中国法律通史研究的范围,有助于我们认识到法律制度和法律思想之间相互影响的关系,是中国法律史研究方法的有益尝试和发展趋势,可惜的是这种趋势由于时代的变迁而出现了长时间的停滞。

2. 法学方法与部门法史研究框架的构建

近代学者在运用法学方法构建中国法律通史研究框架的同时,亦开始运用西方的法学理论来构建部门法史研究框架。"以西欧治学之方法,搜讨吾国之文献,参稽诸制,摭拾群言,考古昔之礼制,溯法律之渊源;俾知吾先哲所艰难缔造者,影响于近世为何若,而谋有以发挥光大之。"④ 各种研究古代部门法,如刑

---

① 秦尚志:《中国法制及法律思想史讲话》,世界书局1943年版,第1页。
② 对于断代的方式,作者解释道:"本书虽大致依朝代而分章,但是要明了整个的发展,可以把中国法制及法律思想史分作下述几个时代:(1)原始时代——殷商,(2)礼刑对立时代——周初,(3)法治时代——春秋战国到秦,(4)礼法调和时代——自汉中叶到晚清为止。"这种断代方式是以礼法关系为主线划分的,似乎可以印证作者将思想与制度结合的观念,但是为什么没有采用此种方式,作者在著述中并未给出明确的说明。参见秦尚志:《中国法制及法律思想史讲话》,世界书局1943年版,第1—3页。
③ 参见秦尚志:《中国法制及法律思想史讲话》,世界书局1943年版。
④ 徐朝阳:《中国亲属法溯源》,商务印书馆1930年版,"自序"第3页。

法、亲属法、诉讼法、国际法专史的著作纷纷出现。

(1) 法学方法与中国刑法史研究框架的构建。

刑法是我国传统法制的主体,在中国传统法律中占据重要位置。近代以后,学者们开始用西方法学理论来重新解读中国传统刑法,取得了一定的进展。和中国法律通史的情况一样,法学方法的运用和中国刑法史的构建集中体现在学者们的研究成果中。据统计,近代中国刑法史的著述有40余部(篇),其中徐朝阳的《中国刑法溯源》是其代表。对于如何运用法学方法研究中国传统刑法,作者在《中国刑法溯源》中明确论曰:"本书编制,亦期有合于现行刑法之总则,故分为总论、犯罪、刑罚三编。(监狱法为刑事法之一种,与刑法关系至切,故殿于第四编。)举凡刑法之第一章法例,第二章文例,(第三章时例,)第四章刑事责任及刑之减免,第五章未遂罪,第六章共犯,第七章刑名,第八章累犯,第九章并合论罪,第十章刑之酌科,第十一章加减例,求知典籍,要可言焉。虽爬罗剔抉,探索维艰;而片鳞只爪,端倪毕见,可知我国古代之刑法,其精深博核为何如。本书所述,其一部分耳;其他因秦火之燔焚,未传于兹世,与囿于愚识之陋,未有举及者,奚可胜道。"① 可见,在著述该书时,作者就已经有意识地将法学方法加以运用了。从该书的具体篇章结构中更是可以清晰地了解这一框架。如第二编"犯罪"分为总说、族罪刑考、犯罪之要素、犯罪之状态四章,分别以西方刑法体系论述。其中第三章"犯罪之要素"包括总说、责任和不法行为三节,第二节"责任"又包括总说、责任能力(未满七岁及七十岁以上人、精神病人)、责任要件(故意、错误、过失)三款,第三节"不法行为"细分为总说、正当防卫及紧急避难行为、复仇行为、职务行为、业务行为、亲权行为、自害行为七款。可见该书是完全按照西方刑法体系来构建中国传统刑法的研究框架的,无论是结构还是概念,都是依照西方的法学体系。

(2) 法学方法与中国诉讼法史研究框架的构建。

中国古代诉讼法的西方法学理论解读的代表性学者仍是徐朝阳,他的《中国古代诉讼法》和《中国诉讼法溯源》两书对于中国诉讼法史的现代构建起到了重要的奠基作用。作者在论述中国古代有关诉讼的记载后认为,中国诉讼法古已有之:"而关于诉讼法规……至其明确之记事,昉自周代,而纂成专编者,又自战国时魏之李悝始。"② "前清《大清律例》亦列诉讼、断狱、捕亡等目,衣钵相传,均皆散见刑法中,虽有诉讼法规,而无诉讼法之名。使至重且要之诉讼法,

---

① 徐朝阳:《中国刑法溯源》,商务印书馆1929年版,第12页。
② 徐朝阳:《中国诉讼法溯源》,商务印书馆1933年版,第1页。

不克及早独标一帜，不亦可慨乎！"① 并且作者认为中国古代已经有了民事诉讼和刑事诉讼的区分："《周礼·秋官》实有民刑诉讼之区别，如《大司寇》云：'以两造禁民讼。'郑注：'讼谓以财货相告者。'又云：'以两剂禁民狱。'郑注：'狱谓相告以罪名者。'贾疏：'此一经听争罪之事，与上听讼有异……皆谓以狱事重于讼，故郑云重刑也。'就此，可知民事与刑事诉讼，在古代之司法机关，已有划然之区分，实无疑议。"②

此外，徐朝阳还认为诉讼法的一些基本原则在中国古代也是存在的，不过是存在方式不同而已。比如对于不干涉主义，徐朝阳论曰："不干涉主义，实合民事诉讼之性质。古代亦然，试举其证，《周礼·秋官·朝士》云：'凡有责者，有判书以治则听。'郑司农谓若今时辞讼有券书者为治之。故古代民事诉讼，亦首重证据，若无证据，则不受理，更无所谓干涉也。"③ 对于自由心证在我国古代的存在，徐朝阳说："试阅《书·吕刑》'无简不听'之言，则不诚信之自白，仍不得为证据，故'简孚有众，惟貌有稽'。更参以《周礼·秋官·大司寇》辞听，色听，气听，耳听，目听，所谓五听之法，则古代采自由心证主义，可无疑义。"④

上述是徐朝阳使用西方法学概念解读中国传统诉讼法的尝试，虽难免有牵强附会之嫌，但是其对法学方法的运用却是无疑的。在此基础上，就中国古代诉讼法体系的构建，徐朝阳指明了其指导方针就是依据当时颁布的《民事诉讼条例》和《刑事诉讼条例》，以西方国家为借鉴，用西方诉讼法体系来构建中国诉讼法史："考英、法诸国之法制，诉讼法与编制法，及实体法与诉讼法，皆无划然区别。若德、日则区别诉讼法与编制法。吾国法律，仿照德、日于诉讼法现行者，有《民事诉讼条例》、《刑事诉讼条例》，于民国十一年七月一日，司法部呈准颁布全国。于《法院编制法》清宣统元年十二月二十八日奉准，民国四年六月二十日司法部删修呈准重刊颁布。本书所述古代之法院编制法，略详第七章法院之组织，余章均述诉讼法，芜冗漏略，自知不免，幸海内君子进而教之！"⑤

《中国古代诉讼法》除绪论外分为12章，分别为：诉讼之观念、民事诉讼与刑事诉讼之区分、诉讼法原则、私诉之有无、公诉权之消灭、法院之组织（包括法院外部之组织、法院内部之组织两节）、司法官吏、诉讼代理及辅佐、诉讼费

---

① 徐朝阳：《中国古代诉讼法》，商务印书馆1927年版，第5页。
② 徐朝阳：《中国古代诉讼法》，商务印书馆1927年版，第16页。
③ 徐朝阳：《中国诉讼法溯源》，商务印书馆1933年版，第8页。
④ 徐朝阳：《中国诉讼法溯源》，商务印书馆1933年版，第11页。
⑤ 徐朝阳：《中国古代诉讼法》，商务印书馆1927年版，第5-6页。

用与诉讼担保、诉讼证据、诉讼时期、裁判。

《中国诉讼法溯源》一书分为21章,分别是:诉讼法之名称、诉讼法之主义、民事诉讼与刑事诉讼之区分、告诉与告发、传唤与拘提、讯问、并案受理、羁押、证据、勘验、代理辩护及辅佐、诉讼担保、诉讼行为之时间、裁判之宣告、上诉及非常上诉、公诉权之消灭、司法官之责任、司法官之回避、法院之组织、陪审制度、法官始祖皋陶考。

比较这两书的体例可见,如果说前者对现代诉讼法原理的认知还稍显不成熟,那么后者则是完全使用整套的西方诉讼法理论来研究中国古代诉讼制度了。徐朝阳为中国古代诉讼法研究所奠定的基本体系结构,至今仍影响着我们对古代诉讼制度的研究,目前中国法制史教材中关于诉讼制度的相关论述即可印证。

(3)法学方法与中国国际法史研究框架的构建。

对于中国古代是否存在国际法的问题,学者们存在很多争议。笔者认为中国古代并不存在现代意义上的国际法,原因在于中国的历史主流是大一统,历史上的中国是一个主权独立的完整国家,虽然其间出现过分裂和割据的时期,但是这种分裂和割据是一个国家内部的问题,人们之间的交往属于一个国家的范畴。因此,在中国古代并不存在国际法。但是由于行文的需要,本书将使用中国古代国际法这一用语来指代中国古代存在的诸侯国或各割据势力之间的交往规则。

在近代,中国饱受列强凌辱,很多人将之归结为中国人不懂国际法的缘故。因此,对国际法的引进、学习与研究一直为近代中国人所热衷,这从中国最早开设的法学教育课程就是国际法中可见一斑。学者们在引进和介绍西方国际法的同时,开始思考、探索中国古代有没有国际法的问题,并试图用现代西方的国际法理论来解读中国春秋时期诸侯国之间的交往规则。在这期间出版的几部有关中国古代国际法问题的著述,以西方法学理论为指导,对中国古代尤其是春秋时期的诸侯国交往的规则进行了梳理,构建了中国古代国际法研究的基本框架。

张心澂所著《春秋国际公法》是较早研究中国古代国际法的著作。[①] 该书对于法学方法的运用正如作者在"自序"中所言:"况此编以现今之国际法为纲领,援古以证今,即今以考古所举事例颇足供今之参考。"[②] 在此方法的指导下,作者试图用西方国际法理论来建构中国古代国际法的研究体系,将中国古代存在的

---

① 据笔者目前搜集到的资料,还有一日本学者新见吉治所著《春秋时代国际公法考》,湖北学报馆刻,但是其出版年份不详,笔者在国家图书馆、北京大学图书馆和中国人民大学图书馆以及高等学校图书馆馆际互借系统中均未找到藏本。武汉市方志网载,该书翻译时间大致在20世纪初,故张心澂的《春秋国际公法》只能称为"较早研究"。

② 张心澂:《春秋国际公法》,永华印刷局1924年版,"自序"第8页。

相关制度纳入西方国际法的范畴。其体系亦体现了对国际法理论的运用，该书设6章，分别为总论、国家、国家之权利义务、国家之代表机关、条约、国际争议之调和，基本涵盖了现代国际公法的基本内容。由是观之，该书可谓初步构建了中国古代国际法的体系。

陈顾远的《中国国际法溯源》一书在研究中国古代国际法的著作中，是特点较为鲜明的一本。作者在书中并未一味地使用西方法学概念来解读中国古代国际法，而是在借用西方概念体系的过程中，结合史料作出更准确的分类和界定。陈顾远首先阐明了西方国际法的形式含义："国际法者，国与国间之法也；国际关系上所适用之法也；国家相互间之关系上支配其行为之法也。"对于国际法的实质，陈顾远说："若夫国际法之实质，因国家自愿遵守国际上之义务或因共同预定一种彼此遵守之义务，而加入国际团体中，藉以达到外交上之种种目的。由是而言，国际法又不外一种外交作用法也。"继而，陈顾远指出："依外交作用法之意义，中国国际法一名未尝不可用，且可使国际法之真正性质，得以阐明。"[①]在此基础上，陈顾远阐明了中国古代国际法的基本内涵以及研究方式："吾人对于中国古代国际法，诚可作如是观，若欲笔之简策，则其事有不可强加以现代国际法上之命辞用语者。况法律既因时代而异，又因法系有别，比较研究而得其特点，则正其精神之所在。不然，古事之与今名，虽复近似，究非全同，必强为附会，则是郢书燕说也。愚于本文，除第一编外，其他标题，概依古名者以此。"[②]该书总论列主体、客体、国际活动与外交使节、国际争议、公断等目，这是以西方国际法的基本分类为基础的，次三章为当时外交、临时策略、战时法则，则以中国历史上相关史实的本身性质进行分类。从中我们可以看出作者对盲目套用西方概念体系的法学方法所进行的反思和改进。

另外两部中国古代国际法著作是徐传保的《先秦国际法之遗迹》和洪钧培的《春秋国际公法》。这两部著作从总体上看也都是试图借用西方国际法体系来构建中国古代国际法研究的框架。除整体研究进路是西方式的外，在具体的论述中，我们也很容易看到作者的这种努力。比如洪钧培以西方国际法原则来判断中国古代国际法之存无，其首先指明："欲断中国古代是否存有国际公法，必须用科学之方法证明中国古代是否具有存在国际公法之根本原则。"[③] 而这个原则是西方

[①] 陈顾远：《中国国际法溯源》，商务印书馆1934年版，第1页。
[②] 陈顾远：《中国国际法溯源》，商务印书馆1934年版，第2-3页。
[③] 洪钧培：《春秋国际公法》，中华书局1939年版，第14页。

法学者路易娄非（Louis le Fur）① 提出的："据路易娄非氏云，国际公法之存在，有二根本原则：'（一）有若干实际的正式的独立及平等国家之存在，且在此独立平等国家之间，有常规的交相往来之关系。（二）国与国之间，须存有若干之有形的法规或无形的原则，而此法规或原则且为各国所承认所遵守，不论其在和平之关系中或战争之关系中也。'（见路著《国际公法》十八页）。"② 作者在论述中国古代具备这两个条件后指出，在中国古代存在国际法。这是一个典型的利用现代西方国际法原理来求证中国古代国际法之存在的例子。如此例证，林林总总，不胜枚举。总而言之，近代的学者利用西方国际法原理诠释中国史实，在此基础上构建了中国古代国际法研究的基本体系。但是他们的侧重有所不同，恰如陈顾远在为洪钧培之书所作序言中所言：

> 愚作则系就史言史，意存求真，故除第一编总论外，其他三编之标题命辞及事类分析，一本于古，未为现代国际法体例化也。此乃个人治史之一种自律，实则不限于此耳。洪君此著，依现代国际法之体例，将其各种规律进而与春秋国际规律为比较的研究，亦系治史之一种应有方法。且可赖此一一指出我先例之合于现代国际法者何在，持今证古，颇易领会，与愚作既免重复，并相成焉。③

（4）法学方法与中国亲属法史研究框架的构建。

近代学者普遍认为我国传统法律中民法并不发达，主要原因是我国关于民事方面的问题包含在礼的范畴中。在近代部门法律史研究体系的构建过程中，学者较少涉及民商事法律，而有关经济法的研究相对较多。在此情况下，徐朝阳"考各国民法法典之编制"而"拟仿照草案编制，稽考古时法规，分总则、债权、物权、亲属、继承五编"，来构建中国民法史研究体系，但是由于"秦火燔焚，书多灰烬；粤稽古籍，考证为难"而未能实现。又由于"礼书所载，亲属较详，衡诸兹制，包罗备有"④，徐朝阳著述《中国亲属法溯源》一书，对中国古代亲属制度加以现代诠释。对于研究的方法，徐朝阳论曰："以西欧治学之方法，搜讨吾国之文献，参稽诸制，摭拾群言，考古昔之礼制，溯法律之渊源。"⑤

在此方法的指导下，作者借用西方亲属法的概念体系分六章（亲属之名称、

---

① 洪钧培介绍，路易娄非为巴黎大学法科教授，法国国际公法之权威学者，代表作为《国际公法纲要》（Précis de Drois international Public）。洪钧培在书中多次引用该学者观点。
② 洪钧培：《春秋国际公法》，中华书局1939年版，第14页。
③ 洪钧培：《春秋国际公法》，中华书局1939年版，"序"第2页。
④ 徐朝阳：《中国亲属法溯源》，商务印书馆1930年版，"自序"第1—2页。
⑤ 徐朝阳：《中国亲属法溯源》，商务印书馆1930年版，"自序"第3页。

亲属、家制、婚姻、亲子、宗法考证）来研究中国古代的亲属法制度。其下又按照西方法观念细分，如"婚姻"一章分为总说、婚姻之形式、婚姻之成立（实质上之要件、形式上之要件）、婚姻之限制、婚姻之仪注、婚姻之效力、婚姻之解除。无论是从基本概念的使用还是从整个体系来看，这个研究框架无疑是西方式的。

三、法社会学方法与近代中国法律史研究

社会学的定义是："人类行为科学的一个分支学科，旨在探索人与人之间的社会关系及人与人和群体与群体之间的相互交往和相互影响的原因和结果。社会学研究人们因相互交往而产生的风俗、结构、制度以及形成和削弱这些风俗、结构和制度的力量；研究参与群体和组织对于人们的行为和性格所产生的影响。社会学还阐述人类社会的基本性质，研究保持社会延续和引起变迁的各种过程。"①社会学重视整体性思维、历史分析、经验研究，其研究方法包括：实验法、调查研究、实地调查、非介入性研究、评估研究、社会统计等等。②

用社会学的研究方法对法律现象进行研究，形成了社会学法学派或者法社会学③，一般认为其应"具有下列的一个或两个特征：其一，以社会学观点和方法研究法，认为法是一种社会现象，强调法对社会生活的作用或效果以及各种社会因素对法的影响；其二，认为法或法学不应像19世纪那样仅强调个人权利和自由，而应强调社会利益和'法的社会化'"④。法社会学逐渐形成了自己的研究视角：其一是区分"书本上的法"和"行动中的法"。前者是指国家正式颁布的法律，后者是指在现实中一切起着法的作用的东西。"行动中的法"有两层含义：第一种是建立在经验主义基础上的"活法"，即社会生活中实际通行的规则；第二种是现实中的各种法律行为，即法在现实生活中的运作和实现。其二是重视法与社会的关系，强调法与社会的相互作用，强调法与其他社会制度之间的相互作用，主张在法与社会的关系中或在法的社会背景中研究法和法律组织。⑤因此，法社会学的方法主要包括两个层面：第一是研究进路的问题，即上述两种研究视角；第二是社会学基本方法，或者说，法社会学就是运用社会学的基本方法，如统计调查、试验、个案分析等方法，从上述两个视角来分析法律现象。

---

① 《简明不列颠百科全书》（第7册），中国大百科全书出版社1986年版，第123页。
② 参见［美］艾尔·巴比：《社会研究方法基础》（第八版），邱泽奇译，华夏出版社2002年版。
③ 严格来讲，社会学法学派和法社会学是有区分的，但是这种区分仅仅是流派的不同。对此，学界通说认为："这两个传统相互影响，有时很难做出严格的划分……都是在法学与社会学两个传统交互影响下形成的。"朱景文主编：《法理学》，中国人民大学出版社2008年版，第579页。
④ 《中国大百科全书·法学》，中国大百科全书出版社1984年版，第514页。
⑤ 参见朱景文主编：《法理学》，中国人民大学出版社2008年版，第579-582页。

(一) 法社会学方法与近代法学研究

近代早期法社会学的主要贡献是对欧洲法社会学著作的初译和法社会学观念的传播，后来开始用法社会学的观念来审视和思考中国的法律现实和法学本身，如胡朴安的《中国习惯法论》（1920 年）、陈霆锐的《习惯法与成文法》（载《法学季刊》1924 年 1 月）、蒯晋德的《司法官应到民间去》（载《法学丛刊》1924 年 4 月）、吴经熊的《法律多元论》（载《法学季刊》1925 年 10 月）和"The Three Dimensions of Law"（《法律的三维》，载《法学季刊》1927 年 1 月）等，从不同角度审视中国的法律制度和立法、司法实践，较早关注成文法与习惯法的关系问题，体现了我国法社会学的觉醒。进入 20 世纪 30 年代后，法社会学研究的重点主要是两个：一是对法律本位和法律社会化的研究，二是对本土法律制度和法律秩序的研究。这给中国法学研究提供了新的视角和研究领域，许多学者在研究中对此加以运用，如张渊若的《现代宪法之社会化》（载《法学杂志》1931 年 10 月）、陈任生的《从个人法到社会法》（载《东方杂志》1933 年）、黄得中的《刑事社会学之社会的根据与意义》。同时，学者们将田野调查方法运用于社区研究，使法社会学的实证研究开始得到贯彻。[①]

(二) 法社会学方法在近代中国法律史研究中的运用

法社会学方法的运用和不断成熟为近代中国法律史研究提供了新的研究视角和研究方式，促进了中国法律史研究的不断进步。运用社会学的方法考察法律与其他社会制度的相互关系及实际运作状况，大大拓展了中国法律史的研究领域。

运用法社会学的方法对中国古代法律现象进行研究是有意识地进行的，学者们对此作出的论述，表明了其对法社会学方法的透彻理解。廖志鸣曾对法社会学方法的运用作过精辟论述：

> 关于法律哲学的见解，也就不能从理论范畴中巩固它的空虚壁垒，而需要更进一步地从社会事实的展演过程中，寻取它理论的印证；凡一种特殊犯罪现象的产生，更必力求其历史的综合根因以及环绕这一特殊现象的社会诸条件之反应与关联，而利用统计研究、个案研究、归纳、演绎诸方法，予以科学的真实说明。于是，法律这一部门，在现代法律制度所赋予的神圣意义上，已经不是执政者自由颁定的经典，已经不是司法者自由臆解的条文，而全是一种含有深沉的社会认识与积集的历史经验，配合着特殊时代性，配合着特殊国情，经过专家的缜密思考，所创就的精严哲学的成品了。[②]

---

① 参见胡平仁：《法社会学的百年历程》，载《山东大学学报》（哲学社会科学版），2007 年第 2 期。
② 廖志鸣：《关于中国上古刑法嬗变史程之管窥》，载《中华法学杂志》，1935 年第 6 卷第 3 期。

作者采用这种方法进行分析，探讨了上古刑法嬗变的社会背景。其研究进路就是法社会学方法的运用。作者在"周代刑法评述"一章中首先列"材料"一节，分西周、东周、春秋和战国四个部分收集整理相关史料，这是法社会学的文献调查方法；其次作者将文献分门别类进行归纳，进行相应的分析。二者结合就是法社会学调查分析的基本方法。在分析具体制度时，作者还注意对刑法产生的社会背景进行分析，如论述周代赎刑的产生时，将其与宗教原因相联系，考察这一刑制产生的宗教背景："依我想，这逸文上所说的'其罚百锾''其罚倍丽'等，非处于后人托古改制的推阐，怕就是古代宗教赎罪之反映，而所谓'阅实其罪'，则便是经过赎罪形式后又须经受一定宗教审判之谓……我们把赎刑渊源于宗教来观察……便吻合于历史的阶程……因为从历史上说来，法律展进的过程，必然要有一时期受着宗教的支配。"① 同时作者还通过对当时经济背景的分析，否定了"赎刑敛财论"的观点："以原始宗教的进展来解释这个刑法的进展，更有历史的价值。而且就从《甫刑》本文上说，所谓'无简不疑，共严天威'，已就是法律宗教性的直接论证了……盖从刑法原理来说，则赎刑法效的唯一要素便在于配合着社会经济发展的程度，而规定财产刑的程度，我们试看看……足见周代初期农民所有的剩余生产物，只畜牧生产为自有活动性的财富，田产物则受井田的限制，即令稍有剩余，也不足唤起原始商业的兴起……由此而推，则当时社会的剩余生产交换已属问题，若谓剩余生产已形成了一定的交换价值，而此交换价值更已发展到一定媒介物——金属，无论半自然经济不能演出此成熟的商品经济之现象，即就社会经济本身来说，也决没有这样飞迅的前进步武。"②

冯承钧的《中国法制史》列家族、产业、古代之国、天下及天子等节，并主张"不尽信书"，从实际效果出发，认为宋优恤之制、元上诉之制为"纸上制度"③，这就是区分了"书本上的法"和"行动中的法"。王世杰以"八议"制为例，认为法律规定未必实际执行："但是我们却不可忘记另一层事实：中国各种法典，就在当时，也并不都是现行法。有时一种律文虽是已经废止的律文，虽于法典成立后亦并不叫他发生效力，然而编纂法典的时候，或因留备参考，或因不敢删削祖宗成宪，便仍将那种旧律文保留在内。譬如'八议'之制，即对于亲、故、贤、能、功、勤、宾、贵，八个阶级的犯罪，所设定之一种特殊保障。自唐以降历朝刑法典固莫不予以保存；清代历届刑律亦莫不保有此制；实则大清会典

---

① 廖志鸣：《关于中国上古刑法嬗变史程之管窥》，载《中华法学杂志》，1935年第6卷第3期。
② 廖志鸣：《关于中国上古刑法嬗变史程之管窥》，载《中华法学杂志》，1935年第6卷第3期。
③ 冯承钧：《中国法制史》，编者自刊1923年版，第28、38、43页。

早经声明八议之条，不可为训，虽仍其文，实未尝行；而雍正六年且有明谕申述此意，此类情形，并不限于清律。非现行法既亦列入现行法典以内，则仅据法典，便连当时实际有效的律文也不能确实知道。"① 杨鸿烈借鉴日本学者的意见，结合体用而阐述道："体的研究则为法典之研究"，"用的研究则正式之志类"，"故单就体的研究或单就用的研究，皆偏于一方而不完全"②。陈顾远在研究中国古代婚姻史时注意到，"婚姻为社会现象之一，而又法律现象之一"，"按我国向之所谓婚礼，无论在婚义或婚仪方面，除有类于现代民事法者外，实即当时代社会意识之结晶，此与社会现象为有关者。我国向之所谓婚律，虽于明刑弼教一大目的之下，为婚礼之辅，但婚姻之民事规定亦在其中，此与法律现象为有关者"，"是故进而序其史实，即应兼备两义，不能依意甲乙而定取舍也"③。杨向奎的《论中古时代的谱牒与刑》研究南北朝士庶制度与法律的关系。④ 陈鹏的《唐宋继承法研究》利用判牍《名公书判清明集》与律令相参证。⑤

"法律作为社会文化的一个组成部分，从文化学的角度，从整个文化发展、嬗变的轨迹研究法律的成因和演进，陈寅恪《隋唐制度渊源略论稿》可称代表作。它以'关陇本位主义'解释北周包括法律在内的整个制度的成因，并将元魏律视为汇集中原、河西、江左三大文化因子的产物，对程树德《九朝律考》中的律系理论作了修正。"⑥

(三)《中国法律与中国社会》中的法社会学方法

在近代中国法律史研究中运用社会学方法的代表作，当数瞿同祖的《中国法律与中国社会》一书。瞿同祖回忆说，为了备课，他开始阅读古代的法典和古代文献中的法律史料，通过刻苦钻研，对中国古代法律的本质有了自己的见解，这是写作该书的前提。作者自己评说该书"不同于其他中国法制史的是将法律与社会结合起来予以研究的一个创新尝试……它既是一部法律史，也是一部社会史"⑦。

在该书的写作中，作者成功地运用法社会学方法对中国传统法进行了详尽的

---

① 王世杰：《学术书籍之绍介与批评·中国法典编纂沿革史》，载《国立北京大学社会科学季刊》，1924 年第 1 期。
② 杨鸿烈：《中国法律发达史》，商务印书馆 1930 年版，第 12 页。
③ 陈顾远：《中国婚姻史》，商务印书馆 1936 年版，"序"第 1—2 页。
④ 参见杨向奎：《论中古时代的谱牒与刑》，载《文史杂志》，1941 年第 11 期。
⑤ 参见陈鹏：《唐宋继承法研究》，载《法律评论》，1947 年第 3、4 期。其他关于法社会学方法的运用，参见王志强：《略论本世纪上半叶中国法制史的研究方法》，载李贵连主编：《二十世纪的中国法学》，北京大学出版社 1998 年版。
⑥ 王志强：《略论本世纪上半叶中国法制史的研究方法》，载李贵连主编：《二十世纪的中国法学》，北京大学出版社 1998 年版。
⑦ 瞿同祖：《瞿同祖法学论著集》，中国政法大学出版社 1998 年版，"自序"第 2 页。

分析。瞿同祖对于法律与社会的关系有其精辟而独到的见解，他认为："法律是社会产物，是社会制度之一，是社会规范之一。它与风俗习惯有密切的关系，它维护现存的制度和道德、伦理等价值观念，它反映某一时期、某一社会的社会结构，法律与社会的关系极为密切。因此，我们不能像分析学派那样将法律看成一种孤立的存在，而忽略其与社会的关系。任何社会的法律都是为了维护和巩固其社会制度和社会秩序而制定的，只有充分了解产生某一种法律的社会背景，才能了解这些法律的意义和作用……中国古代法律的主要特征表现在家族主义和阶级观念上。二者是儒家意识形态的核心和中国社会的基础，也是中国法律所着重维护的制度和社会秩序。"[①] 在该书的结论中，作者极具说服力地概括道："家族和阶级是中国古代法律的基本精神和主要特征。"

作者特别重视对"行动中的法"进行分析，指出："条文的规定是一回事，法律的实施又是一回事。某一法律不一定能执行，成为具文。社会现实与法律条文之间，往往存在着一定的差距。如果只注重条文，而不注意实施情况，只能说是条文的、形式的、表面的研究，而不是活动的、功能的研究。"[②]

四、比较法与近代中国法律史研究

比较法有时也称比较法学，是指对不同国家或不同地区的法律理念、制度、原则乃至法律用语等进行比较研究，发现蕴含在其中的一些共同性要素，以实现各国、各地区之间法律的沟通、交流和融合，使其获得更好地适用的一门学问。[③] 可见，比较法既是一种法学研究的方法，也是一个法学学科。在近代中国法律史研究中主要是将比较法作为一种研究方法使用，即利用比较的方法研究中国法律史的问题，因此本书仅在研究方法的意义上而不是学科的意义上使用这一概念。

"一切法律史的研究都表明是运用比较法方法的一种作业：法律史学者在考察自己专门从事的历史上的法律制度，比如说罗马法时，都不可避免地带着自己熟识的本国现代法律秩序的种种观念，因此他必然地进行比较，至少是无意识地，通常是带着合理的设想有意识进行比较的。"[④] 从这个角度看，用比较的方法研究法制历史，在中国古已有之。孔子说"殷因于夏礼，所损益可知也"，不仅指出了夏、商两代发展的联系性，而且是从比较研究中得出结论。由于古代的礼涉及国家的典章、法制、礼仪等许多方面，所以有学者认为："从某种意义上

---

① 瞿同祖：《中国法律与中国社会》，中华书局1981年版，"导论"第1页。
② 瞿同祖：《中国法律与中国社会》，中华书局1981年版，"导论"第2页。
③ 参见何勤华：《比较法在近代中国》，载《法学研究》，2006年第6期。
④ ［德］K. 茨威格特、H. 克茨：《比较法总论》，潘汉典等译，法律出版社2003年版，第12页。

说来，孔子是比较法制史的创始人与鼓吹者。"① 杜预《春秋左氏经传集解》也同样运用比较分析的方法去阐明先秦的典章制度。唐朝著名的《永徽律疏》，是秦汉以后法制发展中最光辉的成就，显示了修律者在比较研究历史法制方面的巨大功力。至清代，薛允升著《唐明律合编》即将唐律与明律进行对比分析，说明明律同唐律的渊源和区别。但是，这些比较如前所述不过都是一国范围内的纵向比较，还不是近代意义上的比较法运用，我们可以称之为"传统比较法"。"问题是，至中国近代，在西方的比较法传入以后，由于历史的惯性，上述传统的比较法不但没有消失，反而为一批优秀法学家的作品所继承发扬。如沈家本的《历代刑法考》、程树德的《九朝律考》、董康的《刑法比较学》、杨鸿烈的《中国法律发达史》等，都是这方面的精品。它们不仅构成了中国近代比较法律史学的基础，也丰富了中国近代整个比较法研究的内容。因此，传统的法律比较与现代的比较法研究互相交叉，是我们评价中国近代比较法发展的第一个应重视的现象。"②

（一）比较法在近代中国的引进及运用

我国历史上并不缺少法律的比较，但这种比较多是纵向上的比较，都是关于历代封建王朝法律之间的纵向的比较研究。如我国古代文献中的《刑法志》，就是对以往各代刑法以及其他法律制度的概述和评论，但是这种比较法"没有通览世界、博采众家的开阔胸怀，缺少对同时期其他国家法律的研究和借鉴，局限于一国法律范围之内，只是关心本国历朝的法律兴替，因而并不能使中国的法律有质的进步，与近代意义上的比较法或比较法学也有质的区别"③。学界一般认为："这类历史的比较，在任何一个国家的法制史，无论法律实践还是法学著作中，俯拾皆是。同样这类比较也没有超过同一国家法律制度的范围。因此不能算作比较法。"④

近代意义上的比较法在中国近代学术发展中经历了三个发展阶段。⑤

第一阶段，从19世纪30年代至1901年修律变法。这一阶段做出贡献最多的是丁韪良、林乐知等西方的传教士和魏源、林则徐、徐继畲等一批最早睁眼看世界的先进中国人。他们对西方列国政治法律制度的介绍，虽然还没有达到本

---

① 张晋藩：《中外法制历史比较研究刍议》（上），载《政法论坛》，1988年第6期。
② 何勤华：《比较法在近代中国》，载《法学研究》，2006年第6期。
③ 何勤华：《比较法在近代中国》，载《法学研究》，2006年第6期。
④ 朱景文：《比较法总论》，中国人民大学出版社2004年版，第3页。
⑤ 此处对发展阶段的划分，采用的是何勤华的分类方法，参见何勤华：《比较法在近代中国》，载《法学研究》，2006年第6期。

书所论之比较法的程度,但还是起到了"横向比较""择其善者而从之"的比较法研究之效果。

第二阶段,从 1901 年清末修律至 1911 年。在这一阶段,比较法作为一种法学研究方法被引入中国。比较法"一词最早在中国出现是在 1902 年 2 月,该月出版的《译书汇编》上刊登了由户水宽人撰写的《法律学纲领》一文。此文的第五章,标题就是'比较法学'"①。

第三阶段,从 1912 年中华民国建立至 1949 年新中国成立。在此阶段,比较法得到了快速的发展,学者们加强了对比较法本身的研究,如孙晓楼于《近代比较法学之重要》一文中在总结比较法之所以重要的四个原因后指出,比较法分为三个学派,即国别比较法学派、人种比较法学派和法系比较法学派。张鼎昌的《比较法之研究》一文进一步深化了对比较法总论的研究,全文分四个部分,分别论述了比较法产生的原因、比较法研究的效用、比较法研究的方法和比较法的前景等问题。同时,学者们亦将比较法用于中国法律通史和部门法史的研究中,出版了一批比较法的著作,如王宠惠著《比较民法概要》(1916 年),李祖荫著《比较民法·债编通则》(1933 年),王世杰、钱端升合著《比较宪法》(1936 年)等;发表了一批比较法的论文,如张志让的《英德契约法之比较》、孙祖基的《英美婚姻法与中国婚姻法之比较观》、胡长清的《假释制度比较论》等。除专门的比较法著述外,其他成果中也存在大量比较法运用的情形,就法学通论类著作来看,几乎每一本都有介绍、比较、评述外国法律和法学内容的章节。②

(二)比较法在近代中国法律史研究中的运用

随着近代比较法进入中国并且不断成熟发展,中国法律史学者开始采用此方法将中国古代法律与西方法律进行比较研究,开拓了中国法律史研究的新领域。

早期的几部进行比较研究的著作,大都使用的是传统比较法,如朱友英 1914 年自刊印制的《新刑律唐律清律对照表》和朱紫垣 1916 年自刊发行的《中国新旧监狱比较》。起东的《春秋列国国际法与近世国际法异同论》从题目上看,似乎是进行了比较研究;但就其内容而言,不过是以现代国际法的概念体系来整理古代有关规定而已,并未进行真正的比较分析。作者在文中也对此进行了说明:"是故春秋列国,虽未有国际公法之名目,而已实有其状况也。今不揣鄙陋,特撷拾列国国际间交涉各节,用近世国际法学之例分门类而条析之,以供有志研

---

① 何勤华:《比较法在近代中国》,载《法学研究》,2006 年第 6 期。
② 参见何勤华:《比较法在近代中国》,载《法学研究》,2006 年第 6 期。

究本国历史学者之考镜。"①

据笔者所掌握的资料,在近代中国法律史研究成果中,第一次真正使用现代意义上的比较法进行研究的,当数郁嶷所著《中国法制史》。作者在该书绪论第六章以"中西法制之差异"为题,分六个方面对东西方法律传统进行了比较:"中法重保守,西法尚进取""中法以家族为本位,西法以个人为本位""中法原于自然之发展,西法类由外来之熏陶""中法仅为礼之辅翼,西法则礼与法分趋""中法重君主,西法重国家""中法以义务为本位,西法以权利为本位"②。冯承钧的《中国法制史》就古罗马与中国家族制度、欧洲与中国封建制等问题进行了全方位的比较研究。③ 在部门法史的建构过程中,学者们进行了大量的比较研究,虽有比附成分在内,其中却也包含了比较法的运用,如徐朝阳的《中国诉讼法溯源》《中国刑法溯源》《中国亲属法溯源》,陈顾远的《中国国际法溯源》以及其他相关著述都参考西方相应制度进行了比较分析。

在一些专题研究中,学者们也开始注意到比较方法的运用。如徐道邻所著《唐律通论》就使用了比较法:"不独以历史方法治中国法者,必读唐律,而以比较方法治中国法者,盖尤必读唐律也。"④ 该书设"唐律之与现代法""唐律之与东亚诸国法""唐律之与罗马法"三部分,就唐律对这些国家的影响或者二者之间的异同进行了比较。在"唐律之与罗马法"部分,作者首先就唐律与罗马法的制定实践、修制过程、作用、适用等基本问题进行比较。作者言:

> 习西洋法者而读唐律,必盛感其与罗马法相似者多端。一、唐律疏议成于永徽四年,即公元六百五十三年。罗马法典(Corpus juris civilis)成于五百三十到三十三年,较早者一百二十年。此两者成书时相去之未久也。二、唐律之制,奉诏于高宗,总成于长孙无忌。罗马法典之作,受命于优帝(Justinian),督修于脱黎波尼央(Tribonian),两朝学者,群预其盛。二者修制之迹相同也。三、唐律上集周秦魏晋之大成,下树宋元明清之圭臬。罗马法典上为王政共和及帝政三时代之总汇,下为注释学派、书院学派、历史学派及性法学派之先河,直至今日。则二者之承先启后同矣。四、唐律不独利用于中华,其影响所逮,至于朝鲜日本安南琉球。罗马法起源意大利半岛,旁输德法英美,渐及全球。两者各成世界上一大"法系",又相类也。

---

① 起东:《春秋列国国际法与近世国际法异同论》,载《河南》,1908年第2期。
② 郁嶷:《中国法制史》,北平震东印书馆1931年版,第14—20页。
③ 参见冯承钧:《中国法制史》,编者自刊1923年版。
④ 徐道邻:《唐律通论》,中华书局1945年版,第20页。

五、唐律疏议既成,而典式大明,刑宪之司,不复执行殊异。罗马法律既具,而诸家学说之争讼,渐有指归。其统一之用,颇相类似。六、唐律罗马法,同为一代巨典。然唐律以其集诸家之成,订律制疏,遂为历代法典之规范。罗马法典,固为一国之典章,然其精粹,乃在"学说汇纂"(Digesta),因以启后来法学之发扬。二者又有殊途同归之致也。至两法内容,更不鲜类似之处。①

就具体内容而言,作者从"崇官、幼小、孳息、罚盗、良贱、化外人、定婚婚禁、离婚、畜生、夜盗、父权、水利、宿藏物"等方面对唐律与罗马法进行了比较。在化外人方面,作者言道:"名例律。化外人同类自相犯者,各依本俗法。异类相犯者,以法律论。依罗马法,则凡非罗马市民(Civies)即为外国人(Peregrinus)不适用市民法(ius civile)而适用万民法(ius gentium)。是唐律之规定,不强迫同类化外人之适用异类人法律,其所以怀远人者,较罗马法之规模为弘远矣。"②

作者又对中华法系和罗马法系的本位问题进行了宏观比较:"吾人今日已渐习于西洋法律观念者也。故有时反自视其固有之礼教法律观为特殊。而西洋法律观念者,以权利为中心之法律观也。不观夫罗马法'优司'(ius)一字乎?盖同时具'法律'及'权利'两义。而法律者所以确定权利,保护权利;权利者乃法律所确定所保护之利益。遂为其当然之解释,而成为一般法律概念矣。夫以礼教为中心,故人与人之关系重,而社会为本位。以权利为中心,故人与物之关系重,而个人为本位。唐律者社会本位之法律也。故刑律为其重心,而行政法惩戒法次之。罗马法者个人本位之法律也。故债权法为其重心,而继承法诉讼法次之。以社会为本位,故虽道路行人,亦有追捕罪人之责。以个人为本位,则虽强盗(rapina)伤害(iniuria),亦不过造成被害者一种债权(Obligatio)而已。"③

最后,作者通过比较得出了结论:"或谓近年法律哲学思想之勃兴,为法律与道德,由脱离而渐归于结合之征。然则我国以礼教为中心之法律观,其法律与道德,终始一体,未尝脱离者,对之亦可以欣然矣!我国自百年以还,以战争败北,失地赔款,已足痛心,而列强为继续其侵略,并强谓我国法律为野蛮为落伍,而逼其舍己从人,尤为不白之冤。逮习以为常,则我国学者,亦自信其言为

---

① 徐道邻:《唐律通论》,中华书局1945年版,第20-22页。
② 徐道邻:《唐律通论》,中华书局1945年版,第24页。
③ 徐道邻:《唐律通论》,中华书局1945年版,第32-33页。

然而不疑，遂有谓礼治观念乃文明幼稚之征，或言弃礼治而专法治，乃法律进化必然云云者，不亦更可怪耶？"①

这种比较研究在近代中国法律史研究中比比皆是，如陈文彬于《从中国古代法说到近代西欧罪刑法定主义》中对中国古代刑法制度与西方罪刑法定主义进行比较②；刘白闵于《儒家之自然法论》中将儒家法律思想与西方自然法思想进行比较③；董康于《论秋审制度与欧美减刑委员会》中对秋审制度与欧美减刑委员会的关系进行深入探究，最后指出："今欧美等减刑委员会，康虽未调查其内容，推其组合之本意，无非就法与情二者之间，调剂其平，将来［中国］如有是项会议之设，宜并采旧制［清代秋审制度］精神也。"④

比较法在近代中国法律史研究中的运用逐渐成熟，学者们亦提出建立"比较法制史"学科的建议，论证了"比较法制史学"的研究范围，并进行了教材编写的尝试。黄寿鼎的《比较法制史讲义》是其扛鼎之作。在《比较法制史讲义》中，作者阐述了该学科的研究范围："比较法制史者，研究世界各国法律制度之沿革也。史家之范围，以记述为主，论断次之，若探讨历史之情状，本文化之陈事，而讨论其因果，此历史哲学与社会学者之责任，不可责难与通常之历史学者。法制史在网罗法制之材料，而叙述其变迁、因革之由来，其属于政治史、经济史之范围者，则略勿论，以避重复也。致比较各国法典之内容，而识其异同之故，则涉于比较法学之范围，非所之法制史也。"⑤

在此基础上，该书的体例结构为："绪论、上古第一、中古第二、近世第三等四编。其中绪论编分为：释法制、国家法制之起源、东西各国法制之特色、比较法制史研究之范围、比较法制史之编例等六个子目。上古第一编分为六章：阶级制、政治制、军制、田税制、教育制、司法制，各章分别论及埃及、印度、希腊、罗马、日本、中国、波斯等国家的法制沿革。中古第二编也分为六章：阶级制、政治制、军制、田税制、教育制、司法制，各章分别论及法兰西、英吉利、德意志、俄罗斯、日本、意大利、中国等国家的法制沿革。近世第三编同样分为六章：阶级制、政治制、军制、田税制、教育制、司法制，各章分别论及法兰

---

① 徐道邻：《唐律通论》，中华书局1945年版，第35-36页。
② 参见陈文彬：《从中国古代法说到近代西欧罪刑法定主义》，载《法律评论》，1947年第15卷第11期。
③ 参见刘白闵：《儒家之自然法论》，载《时代公论》，1935年第3卷第43期。
④ 董康：《论秋审制度与欧美减刑委员会》，载《法轨》，1933年第1期。
⑤ 黄寿鼎：《比较法制史讲义》，北京共和印刷局1912年铅印本。

西、英吉利、德意志、俄罗斯、日本、美国、中国等国家的法制沿革。"①

同样可见，作者"在使用新概念的时候，还难以避免西方之形与中土之神的矛盾，其模仿过程中的幼稚和粗糙也很明显。但必须承认，中国法制史这一学科的确立，正是以这种西方式的学科分类为前提而建立起来的"②。在当时的社会及学科环境下，这是不得已而必需的。

---

① 转引自夏新华：《比较法制史：中国法律史学研究的新视角》，载《法制与社会发展》，2003年第5期。
② 韩秀桃：《20世纪上半叶中国法律史学的创建与发展》，载汪汉卿、王源扩、王继忠主编：《继承与创新——中国法律史学的世纪回顾与展望》，法律出版社2001年版，转引自夏新华：《比较法制史：中国法律史学研究的新视角》，载《法制与社会发展》，2003年第5期。

第四章

近代中国法律史学的研究范围和对象

在现代社会中，随着社会的发展，社会分工愈趋细密。在社会科学领域里，类似于中国传统学术"国学"那样规模宏大、包罗万象的学科已不复存在，取而代之的是许多经过科学分类的学术系统。在各自的形成和发展过程中，各个学科逐渐确定了自己特定的研究范围和对象。近代中国法律史学是在近代社会科学学科化、专业化、合理化的基础上，在使用西方法学概念体系诠释中国传统法律文化的过程中形成和发展的。在此过程中，中国法律史学的研究范围和对象经历了一个不断发展演变的过程。研究范围和对象是决定学科性质和特点的主要因素，因此梳理、了解这一过程对于我们正确分析和研究中国法律史学的发展变化具有重要的理论价值。有鉴于此，本章将从归纳和实证分析的角度来全面解析近代中国法律史学的研究范围和对象。

一、近代中国法律史学者关于研究范围和对象问题的综述

近代学者在研究中国法律史时，一方面对学科的研究范围和对象进行了有意识的论述，另一方面将对研究范围和对象的认识贯彻到学术成果之中。要全面了解近代中国法律史学的研究范围和对象，亦必须从两方面着手：一是通过归纳的方式来总结学者对于研究范围和对象的理论界定；二是通过对学术成果的实证分析，考察实际运作中的研究范围和对象是怎样的。

（一）近代中国法律史学者对研究范围和对象的探讨

作为社会科学领域的一个学科，近代意义上的中国法律史学科自清末萌生以后，其研究范围和对象经历了一个逐步演进的过程。只有重新审视其历史的轨迹，了解其内在的关联，才能确定目前中国法律史的学科内涵，这对反思中国法

律史学科的建设与发展，不无裨益。

中国法律史学是伴随着西学东渐和西法东渐而逐渐产生和发展的。1904年，梁启超采用西方法学研究方法写成《中国法理学发达史论》和《论中国成文法编制之沿革得失》，"率先将传统法律分为理论与制度两部分，并用现代哲理进行分析，中国法制史、中国法律思想史学科设置即萌芽于此"①。在近代中国法律史研究中，大致包括两个分支学科，即中国法制史和中国法律思想史，我们要确定中国法律史学的研究范围和对象的一个直观的方式，就是研究、梳理这二者的研究范围和对象。

在中国法律史学发展的早期，学者们更多使用的是"中国法制史"这一学科名称。1906年的《京师法政学堂章程》正式确立了"中国法制史"课程，同年，浅井虎夫的《中国历代法制史》一书翻译出版，"此后，'中国法制史'作为一种含义广泛的学科名称而渐为中国学者所接受"②。此时中国法律史学的研究范围和对象主要是对中国古代法律制度的研究，或许这也是称之为"中国法制史"，即中国法律制度之史的缘故。由于"史以法制为称，含义极不确定，盖法制一语原无定释故耳"③，所以这个时期的学科研究范围和对象究竟是怎样的，众说纷纭。陈顾远在1934年出版的《中国法制史》一书中，对广义和狭义法制史的问题进行了界定，使中国法制史的研究对象基本确定。陈顾远从法制的概念入手论证中国法制史的研究范围和对象，认为："为社会生活之轨范，经国家权力之认定，并具有强制之性质，曰法；为社会生活之形象，经国家公众之维持，并具有规律之基础者，曰制。条其本末，系其终始，阐明其因袭变革之关系者，是为法制之史的观察，曰法制史。"④ "则及现代之法理政理而言，制度之条文固可曰法，制度之见诸明令，为众所守，虽未定于律，入于刑者又何尝非法？""不仅限于法律一端，举凡典章文物刑政教化，莫不为其对象。"⑤ 这就是其广义的中国法制史的观点。关于狭义的中国法制史，陈顾远认为："采狭义之说者，认为法制即刑罚，法制史即法律史，所涉范围，只以法律上制度为限，凡与讼狱律例无关之制度，皆在排除之列。"⑥

杨鸿烈关于中国法律史学的研究范围和对象的论述，在《中国法律发达史》

---

① 马小红：《中国法律思想史学科的设置和发展》，载韩延龙主编：《法律史论集》（第4卷），法律出版社2002年版，第189页。
② 曾宪义、郑定编著：《中国法律制度史研究通览》，天津教育出版社1989年版，第32页。
③ 林咏荣：《中国法制史》，永裕印刷厂1976年版，"陈序"第1页。
④ 陈顾远：《中国法制史》，商务印书馆1934年版，"序"第1页。
⑤ 陈顾远：《中国法制史》，商务印书馆1934年版，第2—3页。
⑥ 林咏荣：《中国法制史》，永裕印刷厂1976年版，第1页。

一书中有所反映。杨鸿烈指出,该书的研究范围包括三个方面:"沿革的研究",即中国古代法律的发展沿革(从李悝《法经》至《大清律例》);"系统的研究",即中国古代法律发生的原理和显示的特征;"法理的研究",主要以历代法家的学说为主线。杨鸿烈认为,该书的范围较普通的中国法律史的范围为广,其原因在于其想表达出中华民族法律的产生经过,以及中国历代法律思想家的学说影响司法的状况。可见杨鸿烈在此书中开始将法律思想史和制度史结合研究,强调二者之间的联系也是法律史研究的范畴。①

就中国法律思想史而言,其研究范围和对象也经历了一个发展的过程。在1936年出版的《中国法律思想史》一书中,杨鸿烈对中国法律思想史的研究范围和对象作出了明确界定,认为:"中国法律思想史是研究中国几千年以来各时代所有支配法律内容全体的根本原理;同时并阐明此等根本原理在时间上的'变迁'与'发达'及其在当时和后代法律制度上所产生的影响。"② 这里所说的"法律内容全体"是指整个的"中国法系"。在分析了学术界关于中国法制史的各种学说以及争论之后,杨鸿烈指出:"中国法律思想史即是对中国法律思想静的和动的方面加以历史的考察。"③ 这一定义与一般的中国法制史的含义不同,因为中国法制史是以中国历代法律制度的兴废与其演进的情形为研究的对象;这一定义也与中国法理学史的范围不一样,因为所谓"法理学"(Jurisprudence)乃指"法律的知识"和"法律的科学"。随后,杨鸿烈就中国法制史与中国法律思想史的研究范围和对象进行了区分:"中国法制史是以中国历代法律制度的兴废与其演进的情形为研究的对象……本书既命名为《中国法律思想史》,所以除叙述先秦仅少的法理学说的古籍而外,并以中国历代法律制度的形成与进化中的思想为考察的对象。其着手之处,即:(一)就个人的思想加以考察,如学者的著述言论,以及法律家活动的遗迹;(二)就时代的思想加以考察,如法典制度和历史文化等可以考察时代背景和时代的意识。这样即是本书的范围。"④ 这实际上就是对中国法律史学的研究范围和对象作出了全方位的界定,后世中国法律史学的研究范围和对象大多没有超出这个原则。

随后的学者大多采用了这个研究范围和对象,比如秦尚志在《中国法制及法律思想史讲话》中对研究范围和对象的界定就是以此为依据的:"本书既名《中国法制及法律思想史讲话》,顾名思义,则它所叙述的,有两方面:(一)把中国

---

① 参见杨鸿烈:《中国法律发达史》,商务印书馆1936年版,第8—10页。
② 杨鸿烈:《中国法律思想史》,商务印书馆1936年版,第1页。
③ 杨鸿烈:《中国法律思想史》,商务印书馆1936年版,第4页。
④ 杨鸿烈:《中国法律思想史》,商务印书馆1936年版,第5页。

从古到今的历代法律制度，述其演进的情形和兴废的过程，以见现在支配我们生活的法制的由来。（二）把中国从古到今的历代法律思想，述其变迁和发展，以见其在当时和后代法制上所产生的影响。两者的关系异常密切，并有相互作用，因此并在一起叙述，是很得当的。"①

（二）近代中国法律通史研究成果中呈现的研究范围和对象

近代中国法律史著述的成果非常丰富，从确定其研究范围和对象的角度讲，每一研究成果所涉及的问题都属于近代中国法律史研究的范围。但是近代中国法律史研究的范围和对象在成果中必定是会重合的，因此对每一著述进行剖析不仅是困难的，而且是不必要的，我们只需通过对经典著述的研究范围和对象进行分析就可以了解近代中国法律史学的研究范围和对象的基本情况。有鉴于此，笔者选择杨鸿烈的《中国法律发达史》《中国法律思想史》这两个学界公认的最具代表性的成果进行分析，兹简列其具体内容如下。

《中国法律发达史》以历史发展为序，共设 27 章，第一章为导言，第二至二十七章分别叙述了上古、周、春秋、战国至秦、西汉、新莽、东汉、魏（附蜀吴）、晋（附后赵等五胡）、后魏、北齐、后周、刘宋、南齐、梁、陈、隋、唐、五代、宋、辽、金、元、明、清、民国的法律制度的沿革。在横向上，各章的内容按照部门法分类，讲述刑法、婚姻法、民法以及司法制度等方面的内容与特征。②

杨鸿烈所著《中国法律思想史》一书分上、下两册，共 5 章。上册包括 3 章和附表：第一章，导言，涉及定义和范围，中国法律思想的"动""静"两方面的考察，研究的必要，中国法律思想史上四个时代的区分，史料的种类及其鉴别，三种研究法的得失比较。第二章，殷周萌芽时代，涉及甲骨文法律思想资料的缺乏，金文神判法的思想及其影响，尚书"德主刑辅"的思想与周易"非讼"思想的影响。第三章，儒墨道法诸家对立时代，涉及儒家孔子、孟子、荀子的法律思想，墨子的法律思想，杨朱、列御寇与老子、庄子、关尹子、鹖冠子的法律思想，诸家思想对立研究的必要，法家思想的时代背景，法家的先驱管子、子产、邓析，战国末年法家所受儒墨道三家的影响，组织法家学说成为有系统的学派的慎到、尹文、韩非，儒法两家学说的综合批评，法家思想支配先秦各国法典内容的考证。下册包括 2 章：第四章，儒家独霸时代，涉及汉

---

① 秦尚志：《中国法制及法律思想史讲话》，世界书局 1943 年版，第 1 页。
② 参见杨鸿烈：《中国法律发达史》，商务印书馆 1930 年版；何勤华：《杨鸿烈其人其书》，载《法学论坛》，2003 年第 3 期。

时独尊儒家为战国至秦以来盛极一时的"任刑的法治主义"的大反动,儒家思想支配下两千多年来法律内容全体的根本原理实无重大的改变。第一部,一般法律原理的泛论,涉及:甲、阴阳五行等天人交感及诸禁忌说;乙、德主刑辅说;丙、兵刑一体说;丁、法律本质论与司法专业化诸说。第二部,特殊法律问题的辩难,涉及:甲、刑法方面,有法律平等的问题、法律公布问题、亲属相容隐问题、讯刑存废问题、族诛连坐问题、复仇行为问题、肉刑复兴问题、以赃定罪问题、赦罪当否问题;乙、民法方面,有婚姻问题、别籍异财问题、亲子关系问题。第五章,欧美法系侵入时代,包括欧美各国在华领事裁判权确立使中国法系受一大打击,"权利""义务"等学说的输入使国人不满意旧法制,新企业发生旧法制不足应付,八国联军后刘坤一等痛陈变法救亡,英日美葡商约对改革旧法制的兴奋,沈家本诸氏研究外国法律的热心,删除凌迟、枭首、戮尸等野蛮刑名的建议,改正旧律不能保障人权的部分,促进满汉人民在法律上完全平等,新刑律的起草及其与旧律根本不同之三要点,法治派与礼教派之大论战,民国初年礼教派的得势,世界大战以后各国法律均改以社会为本位,"权利趋于社会化""契约趋于集合化",我国法律思想又发生一大变化,国民政府所颁布的刑、民法典实另辟一新纪元,三民主义的立法与我国古代法律思想不同,与欧美的法律观念尤异,民法总则、债权编、物权编即其实例,亲属编、继承编推翻几千年来旧礼教所护持的名分亲属关系、宗法观念,刑法充分表现改善主义的精神,男女完全平等,礼教观念极为淡薄,民族思想很盛。[①]

通过上述列举,综合其具体内容可知近代中国法律史学的研究范围和对象基本包括如下几个方面。

从时间上看,包括自中国法的形成至研究者所处时代的各种类型的法律制度。其年限上自唐尧虞舜的传说时代,下至作者所处时期。虽然各学者对中国法律史的具体历史阶段进行了不同的划分,但是基本涵盖了中国历史上各主要王朝。

从内容上看,包括主要立法及立法成果,如立法体制、立法活动、立法根据、立法技术,以及由此产生出来的律、令、格、式、典、敕、例、科、条例等各种形式的法律规范,还包括由此建立的各种制度等;包括中国各个历史时期的司法状况,如各种类型政权的司法机关、司法体制、诉讼制度和原则、司法活动

---

① 参见杨鸿烈:《中国法律思想史》,商务印书馆1936年版;何勤华:《杨鸿烈其人其书》,载《法学论坛》,2003年第3期。

及相关的司法设施,如监狱、配所、公堂等;包括各历史时期的宏观法制状况,如宏观立法情况、立法与司法关系、法律的执行情况、法律的社会效益等;包括各个历史时期对法律制度的建立产生过重要影响的哲学思想、法律思想、法律学说,以及与具体法律制度形成、发展、演变乃至消亡密切相关的哲学思想、政治思想、法律学说等;还包括法律制度与法律思想之间的互动关系;等等。可以说,这些内容基本奠定了中国法律史学的学科内涵。[①]

二、近代中国法律史学研究范围和对象的统计分析

在这一部分,笔者将采用统计分析的方法对近代中国法律史研究成果的范围进行分析。统计分析的方法是指收集、整理、描述和解释数据的方法。收集数据是指取得统计数据;整理数据是将数据用图表等方式表示出来;描述数据则是概括数据的分布和描述事物的样子;解释数据是指对分析的结果加以说明,说明结果为什么是这个样子,从数据中得出了哪些科学的结论等。统计分析是基于客观数据的客观分析,其优点在于可以准确地反映研究对象的真实面貌和基本特点,基于统计分析所作出的结论具有科学依据,说服力强。本书将采用此方法对近代中国法律史的研究成果进行科学的分析,以期描绘出当时成果所涉及的研究范围和对象以及热点问题的分布。

下面就笔者进行统计分析的数据来源和研究进路作一简单介绍。

数据是统计分析的基础,没有准确的数据来源,就无法得出正确的统计结果,也无法进行科学的分析。因此,数据来源的可靠性是统计分析的核心。本书所依据的统计数据来自笔者所收集的"近代中国法律史研究成果",这是笔者历时两年多精心收集整理的。

基于上述数据,笔者将从两个角度进行分析:其一是进行纵向的断代法史分析,以说明研究成果涉及的历史时期问题,并总结该时期学者所关注的重点历史阶段;其二是进行横向的部门法史(含专题法史)分析,以说明近代中国法律史研究成果所涉及的法律部门和法律专题,并发现学者在该时期关注的热点问题。

(一)近代中国法律史研究成果断代法史统计分析

笔者根据收集整理的"近代中国法律史研究成果",将有关成果分为先秦、秦汉、三国两晋南北朝、隋唐、五代宋元、明清和民国七个历史时期统计,按照著作数、论文数和合计三个项目列表,见表4-1。

---

① 参见曾宪义、郑定编著:《中国法律制度史研究通览》,天津教育出版社1989年版,第15-16页。

表4-1 近代中国法律史研究成果断代法史统计表

时期	著作数	论文数	合计
先秦	12	31	43
秦汉	3	6	9
三国两晋南北朝	1	2	3
隋唐	3	18	21
五代宋元	3	8	11
明清	10	21	31
民国	7	1	8
总计	39	87	126

为了更直观地反映近代中国法律史学的研究范围和对象的时代分布，方便我们对重点历史阶段的判断，根据表4-1绘制"近代中国法律史研究成果断代法史统计图"，见图4-1。

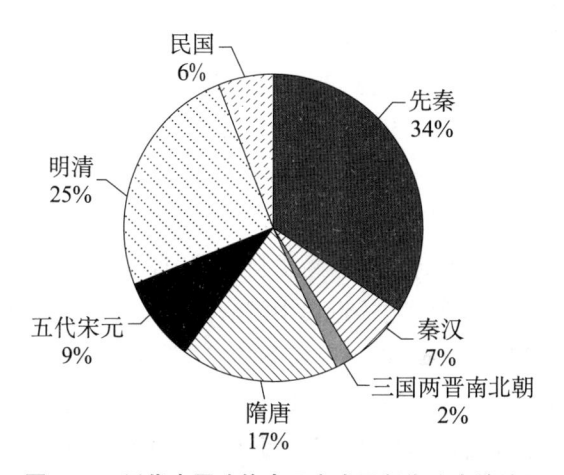

图4-1 近代中国法律史研究成果断代法史统计图

先秦法律史著作12部、论文31篇，合计43部（篇），约占总数的34%，从数量上看居于第一位。对于先秦法律，学者们关注的热点问题主要有三个：其一是先秦的法律思想，共有6部著作和15篇论文是研究先秦法律思想的，其中主要是关注法家思想，尤其是韩非的法律思想，代表性著述有《先秦政治思想史》《韩非子法意》《韩非的法治思想》《先秦法律思想》《慎子底法律思想》《周秦诸子礼法两大思想概论》《先秦儒道墨名法诸家之法治观》《老子政治思想与韩非法治思想之异同》《韩非底法律思想》《韩非法治思想之研究》《韩非法治思想之探讨》等。① 原因在于先秦时期，尤其是春秋战国是我国法律思想发展的黄金时期，是中国传统法律思想的开创阶段，要研究中国法律思想史，必须在这一时期溯源。其二是先秦的刑罚制度，主要关注的是《吕刑》，相关著述有《读吕刑》《吕刑之研究》《吕刑考》《吕刑研究》《虞舜五刑说》等。作为流传至今的最古老的刑书，《吕刑》是研究中国古代刑法无法回避的，同时也是研究三代法制的核心。其三是先秦的国际法，代表性著述有《春秋列国国际法与近世国际法异同论》《春秋国际公法》《先秦国际法之遗迹》等。

数量上居于第二位的是明清法律史，著作10部，论文21篇，约占总数的25%。主要的研究成果是编写的大清律例的讲义。这和当时法学教育发展的情况息息相关。据前文对近代法学教育和法学课程设置的介绍可知，在当时，大清律例是作为专业必修课的，因此学者们都关注相关讲义的编写，其中最具代表性的是时任修律馆首席总纂官的吉同钧编写的《大清律例讲义》。该讲义虽然是针对大清律例课程编写的，但是正如作者所言，该讲义"损益乎汉、唐、宋、明之成法，荟萃乎六经四子之精义"而作，因此作为中国法律史研究成果亦无不可。沈家本对此书评价曰："其于沿革之源流，义例之本末，同异之比较，重轻之等差，悉本其所学引申而发明之，辞无弗达，义无弗宣，洵足启法家之秘钥而为初学之津梁矣。""余心折之久矣。"②

数量上居于第三位的是隋唐法律史，著作3部，论文18篇，约占总数的17%。相关研究成果的主要特点是对新史料的运用，即对敦煌遗书的研究。敦煌遗书是近代考古四大发现之一，为近代中国法律史研究提供了新的资料，相关成果有胡长清的《唐律残篇之研究》、陶希圣的《唐代管理水流的法令》。其他的研究问题则甚为分散。出现这种情形的原因在于，唐朝作为中国历史上一个鼎盛王朝，其法制文明程度很高，《唐律疏议》更是中国传统律典的集大成者，是传统法制文明的代表，因此唐朝法制一直是中国法律史学关注的重点，在中国法律通史类著作中对唐朝法制的研究甚为充分，这就导致学者对其专门的关注较少。从另外一个角度看，这也反映了当时中国法律史研究的不发达。

此外，五代宋元法律史著作有3部，论文有8篇，约占总数的9%；秦汉法律史著作有3部，论文有6篇，约占总数的7%；三国两晋南北朝法律史成果仅有1部著作、2篇论文。由于这些断代法史的著述数量太少，这里不对其加以评析，否则会有以偏概全的嫌疑。

---

① 详细资料参见本书第二章表2-1、表2-2、表2-3、表2-4，下同。
② （清）沈家本：《历代刑法考》（四），邓经元、骈宇骞点校，中华书局1985年版，第2233页。

通过上述分析，我们可以得出如下结论：近代中国法律史断代法史研究成果涉及中国历史上的每个阶段，但成果数量分布不均衡。造成这种分布不均衡的原因主要有两点：第一，研究资料的丰富程度决定了中国法律史研究热点分布不均，如秦汉时期的研究资料较少，学术成果就不多。第二，历代法制发展和法制沿革的情况，决定了中国法律史断代法史研究热点的情况。

（二）近代中国法律史研究成果部门法史统计分析

笔者根据收集整理的"近代中国法律史研究成果"，将有关成果分为总论、刑法、民商经济法、行政法、诉讼法司法制度、国际法、中国法律思想史七个部门①，按照著作数、论文数和合计三个项目列表，见表4-2。

表 4-2　近代中国法律史研究成果部门法史统计表

部门法	著作数	论文数	合计
总论	40	29	69
刑法	14	26	40
民商经济法	6	14	20
行政法	10	1	11
诉讼法司法制度	8	17	25
国际法	5	2	7
中国法律思想史	18	26	44
总计	101	115	216

为了更直观地反映近代中国法律史研究成果在部门法史上的分布和所处地位，根据表4-2绘制"近代中国法律史研究成果部门法史统计图"，见图4-2。

从表4-2、图4-2中我们可以看出，在所有的分类中，总论部分的比重最大，约占总数的32%，共有著作40部，论文29篇。在总论中热点问题有两个：其一是关于中华法系的问题。中华法系的问题是中国法律史研究的一个基本理论问题，对中华法系的内涵及特点进行研究，有利于从宏观上把握中国传统法律制度的基本精神和基本特点。自20世纪20年代以后，对中华法系的研究一直是法律史学界乃至整个学术界的热门课题。从国民政府司法院院长居正到法律史学者程树德、杨鸿烈、陈顾远、丁元普、马存坤等，都对这一问题进行了探讨。代表

---

① 应当说明的是，在进行部门法分类时，有些研究成果难以归入近代的部门法体系，这也正是用西方法学体系解读中国传统法时不可避免的困境。有鉴于此，笔者采用的方法是：仅对那些可以明确归入法律部门的成果进行部门法归类，无法明确归入法律部门的则弃之不用。此外，对于部门法史成果的分析，不仅包括表4-1中的断代法史的成果，亦包括未列入表4-1的中国法律通史的成果，因此，表4-1、表4-2的著述数量有所差别。

性著述主要有《为什么要重建中国法系》《中国法系论》《中国法系的特征及其将来》《建树新中华法系》《世界法系中之中华法系》《中华法系成立之经过及其将来》《中华法系立法之演进》《中国法系与韩国法》等。一些中国法律通史著作中对中华法系亦多有论述，其中杨鸿烈的《中国法律在东亚诸国之影响》对中华法系的论述颇为经典，对中华法系研究、关注最多的学者是陈顾远。[①] 其二是关于礼与法关系的问题，代表性著述有《中国法律生于礼》《礼与法》《礼与法之关系》《由礼仪之法律化至法律之礼仪化》等。礼是我国传统文化的核心概念之一，很多学者对礼与法的关系进行探讨，主要观点有二：一是认为中国法律起源于礼，法律是对违礼的惩罚性措施；二是认为在中国传统文化中，礼就是法。这些观点至今仍有着深远的影响。此外，学者们还对中国法的起源问题给予了很多关注，代表性成果有《法之起源及发达》《中国法源论》等。

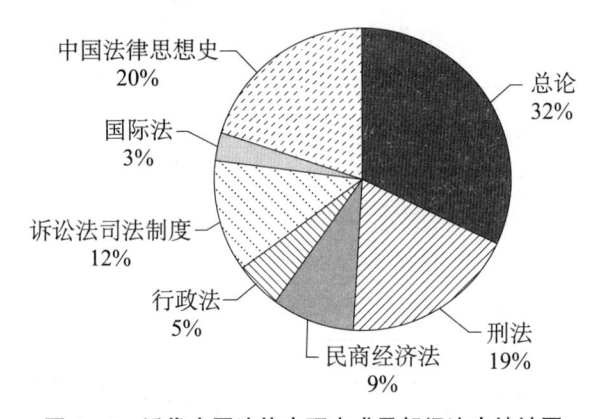

图4-2 近代中国法律史研究成果部门法史统计图

　　中国法律思想史的研究成果约占总数的20%，其中著作18部，论文26篇。在这些论文和著作中，学者们关注的主要是法家思想和法家的代表人物韩非的法治思想。作为中国法律史的一个分支学科，中国法律思想史的成果数量相对较少，马小红总结其原因时指出："一是中国传统学术以经学为主，视法律之学为'俗流'。当西方法学涌入后，中西比较，人们容易找到制度上的对应，却难以发现思想上的对应。于是只要涉及法律思想，人们言必称西方，错误地认为在中国古代，只有法律制度，没有法律思想。二是思想史研究的难度比较大，对于擅长形象思维的中国人来说，制度的研究远比思想的研究实在。"[②] 除了对法家和韩

[①] 关于陈顾远对中华法系的研究，参见范忠信、尤陈俊、翟文喆编校，《中国文化与中国法系——陈顾远法律史论集》，中国政法大学出版社2006年版。

[②] 马小红：《珍惜中国传统法——中国法律史教学和研究的反思》，载《北方法学》，2007年第1期。

非的思想进行研究，学者们还注重对儒墨道法诸学派进行比较研究。

刑法史研究成果的数量较多，共计有40部著述，约占总数的19%，其中著作14部，论文26篇。刑法史的著述占有较高比例的原因在于，在中国传统法律中，刑事法律占据主导性的地位，甚至有学者认为中国法律史研究的对象仅限于刑法，"法制即刑罚……所涉范围，只以法律上制度为限，凡与讼狱律例无关之制度，皆在排除之列"[①]。刑法史的热点问题除上述关于《吕刑》的研究外，主要是关于上古刑罚制度的研究，代表性著述有：《关于中国上古刑法嬗演史程之管窥》《吾国古代刑法考》《中国上古时代刑罚史》《虞舜五刑说》《唐虞刑法论》。旧史学观念的影响和国粹理念，使得近代的学者们把关于唐尧虞舜传说时代的记述作为信史来看待，因此这些成果往往缺乏学科，尤其是考古学的支持，在理论上也少有很强的说服力。这些成果大多是将古史的记载予以罗列，由此得出中国刑法起源很早的结论，甚至用以证明中国自古就有西方式的法治传统，这就未免有牵强附会的嫌疑了。

诉讼法司法制度史的研究成果约占总数的12%，在部门法史中占比较高，究其原因亦在于有学者采狭义法制史的理解，认为狱讼律例之外的制度不属于中国法律史的研究范畴。诉讼法司法制度史的热点问题是关于司法组织的研究，代表性论文有《前清司法制度》《中国司法组织之历史的概观》《唐代司法组织系统考》等。可见当时的研究注重的仍然是组织制度性的规定，很少涉及诉讼程序的问题，这也从一个侧面反映了我国古代对诉讼程序的忽视。

除上述部门法史外，其他部门法史的研究就稍显薄弱。究其原因在于近代中国法律史研究是建立在西方法学体系基础之上的，是用西方的概念来诠释、解读中国古代法律制度的历史。但是由于中西在法律理念、法律传统和社会文化背景等方面存在很大差异，因此盲目、机械地比拟必然会带来研究中的混乱。马小红对此有着精辟的论述，兹录于此，作为对近代部门法史分类研究的总结：

> 随着时间的推移，古代法的解体，人们对古代法原貌的认识日益模糊，加之研究者对国学的疏远，把握传统文化与古代法成为愈来愈困难的事情。20世纪30年代有学者将中国古代法分为"刑法总则"、"刑法分则"、"民法总则"、"民法分则"，而我们今天的一些教材和专著更是将古代法分为"民法"、"刑法"、"经济法"、"行政法"等等，用现代法的分类分割古代法，用古代法的某些资料附会现代法的内容或作为现代法的渊源在今日的学界已经

[①] 林咏荣：《中国法制史》，永裕印刷厂1976年版，第1页。

蔚然成风。其实当我们费力地从浩瀚的史籍中归纳出所谓的中国古代的民法、经济法、行政法时，法的古今比较已经误入了歧途。完全可以说我们教授给学生和读者的是一个被现代法的"语境"和"体系"阉割了的根本就不曾存在过的"中国古代法"。另一方面，一些研究者认为中国古代法的产生发展匪夷所思，他们用现代法的标准去要求古代法，认为古代法的规则、体系、精神与现代法格格不入，传统法的观念尽为现代法发展的阻碍。许多人甚至将现实中一些不尽如人意的地方，如法律制定的不完善、法律执行中的误差、司法中的腐败等等，归咎于中国古代法的传统不如西方优秀。其实，在我们批判古代法的一些"缺陷"时，存在着这样一些问题：一是由于古代法完全解体，而关于中国传统法整体的研究成果又十分匮乏，有机统一的古代法被机械地分割为制度、思想等条条块块，失去了"原貌"。所以我们认为古代法的"缺陷"也许是子虚乌有的，是我们不能全面地了解古代法而产生的片面之见。二是我们所感到的古代法的一些缺陷是相对今日的标准而言的。它对于生活于古代社会的人们而言或许根本就不存在。就如同我们现在无法指责古代社会没有现代工业、现代技术和网络一样。[①]

[①] 马小红：《礼与法：法的历史连接》，北京大学出版社 2004 年版，第 9 页。

第五章

近代中国法律史研究的资料利用

在近代中国法律史研究中，资料的选取和运用是进行研究的基础，决定着研究的价值和研究目的的实现。在近代中国法律史研究中学者们究竟使用何种材料作为研究的基础？在具体的研究中，学者们对这些资料是如何加以分析辨别和运用的？在近代中国法律史研究中，学者们进行了怎样的资料整理工作？新资料的整理和运用情况是怎么样的？学者们又是如何利用新资料进行中国法律史研究的？这些是我们总结归纳近代中国法律史研究成果时不可回避的问题。因此，本章将以近代中国法律史研究的相关成果为基础，对近代中国法律史研究中的资料利用问题、资料整理和编撰问题以及新资料的整理和利用问题，进行全面的描述和评析。

一、近代中国法律史研究中的资料利用情况

在近代中国法律史研究成果中，学者们一方面对资料的利用加以论述，明确阐明作者对资料的重视和使用方式，另一方面在研究中也采用切实可靠的方法去辨别、梳理和使用材料，研究中国古代法律制度，取得了众多优秀的研究成果。学者们对资料的阐述和利用资料的方法是融为一体的，集中体现在学者的著述成果之中。因此，为了更好地梳理近代中国法律史研究中的资料利用及其范围、方法，更全面地描述和更准确地评价近代中国法律史研究中的资料利用问题，笔者将采用两种不同的方法加以分析：其一是个案分析的方法，选取代表性学者关于资料的论述及其代表性成果加以分析评述；其二是统计学的方法，以笔者掌握的一百余本近代中国法律史研究著作和近两百篇研究论文为基础，对其中所采用的资料进行统计并加以分类研究。

(一) 近代中国法律史研究资料利用的个案分析

近代法律史学者在资料运用问题上总体上是非常审慎的。无论是沈家本、程树德，还是梁启超、杨鸿烈、陈顾远等，他们在进行法律史研究时，首先强调资料运用的重要性，认为只有正确地运用资料才能还原法律的原貌。当时运用的史料主要为传统的儒家典籍文献等原始资料以及一些前人的研究成果，运用史料的方法主要为考据、比较等。

沈家本开用新的学术观点和方法研究中国法制史之先河，其代表作为《历代刑法考》。在研究中国古代刑法制度时，沈家本特别重视相关史料的搜集，包括原始资料以及前人的研究成果。《历代刑法考》一书涉及历代与刑法有关的资料，如刑法制度、刑官建制、律目变迁、各朝赦免、监狱设置、刑具种类、行刑方法，以及盐法、茶法、酒禁、同居、丁年等，巨细无遗。"书中集录的资料，按目分列，缕析条分，上下几千年，既洋洋大观，而又不显得芜杂。"[1]

为了确保结论的正确性，沈家本对其所列的材料进行了精心的整理、分析、考辨，"对材料的征稽探隐发微，力求穷尽，而考辨则多引汉人说法以解释汉律"[2]。至于考辨的具体方式，沈家本往往从训诂，即解释比较生僻或易致误解的词开始，然后剖析相关联的概念，辨析同异；再广列异本，罗列针对同一问题的不同记载，同时运用逻辑推理方式，对古代典籍流传过程中出现的错讹脱衍的情形作出有说服力的更正与解释，纠正讹误，通过引经据典，追本溯源，寻求史料的真实。沈家本对先秦和汉朝文献的考订，是《历代刑法考》一书最成功的地方。

程树德的代表作为《九朝律考》，其内容为汉至隋九个朝代的法律资料汇编。程树德在"序"中对材料运用问题有所涉及，他说道："今古律之存者，皆自唐以下。窃不自量，欲尽搜罗唐以前散佚诸律，考订而并存之。"他在此明确表明要搜罗所有唐以前的律，并且考订真伪。从其著作中，我们可以看出程树德主要是从历代正史以及其他史料，如《盐铁论》《册府元龟》《通典》等中发现散佚的律的。在"凡例"中，程树德对此论述道："是书以考证为主，而考证则以正史为主。如汉律则《汉书》，晋律则《晋书》，其他依此类推。"在具体考证过程中，程树德对引用规范也作了说明："所引之书如为佚书，或今虽有其书而为今书所不载者，必注明出处。""引书有删节而无增改，不敢妄窜古书也。"他在考证时也注意运用比较的方法，《唐律》是重点比较援引的对象。"唐以前诸律所有而唐

---

[1] （清）沈家本：《历代刑法考》（一），邓经元、骈宇骞点校，中华书局1985年版，"点校说明"第2页。

[2] 张全民：《试论沈家本汉律研究的目的与方法》，载《湘潭大学学报》（哲学社会科学版），2006年第6期。

律亦有明文者,则必援唐律以证之。"程树德将散落在史料中的零散的法律资料,运用考证的方法,逐一考订,"每条之下,间有考证,则别为按语以别之。按语亦以考证为主,不涉及论断"①。程树德在著作《九朝律考》时考证特别严谨,考证和订讹补阙的范围也比较广泛,汇集资料较全,提供了广泛的研究线索,因而使得该书成为研究中国法制史的有用的参考资料。

梁启超在运用史料研究中国法制史方面,做出了极为重大的贡献。从20世纪20年代起,随着古史辨运动的兴起,梁启超积极地参与其中,发表了不少关于古籍考辨的研究成果。梁启超以近代科学的演绎、归纳等方法,以实事求是的科学态度构建起了其科学的辨伪学理论体系。他将前人的研究成果与自己的见解融会贯通,将中国传统文化和西方学理融会运用,对各部典籍的作者生平、思想内容特点、主要价值以及典籍的流传和影响,乃至读法、参考书等进行了分析。他在《中国历史研究法》中专列"史料之搜集与鉴别"一章分析这一问题。他认为必须学习西方,用科学的方法去审查史料,要将思想批评建设于实事的基础之上,务求得正确之史料以作自己思想批评之基础。其在《先秦政治思想史》一书中就伪书的辨别与运用提出了他的观点:"辨别伪书,凡以求时代之正确而已,不能因其伪而径行抛弃。例如谓《管子》为管仲作,《商君书》为商鞅作,则诚伪也。然当作战国末法家言读之,则为绝好资料。"这也体现出了梁启超运用史料的客观态度,以及对伪书所采取的公平观点。

在《论中国成文法编制之沿革得失》一文中,梁启超就研究中国法制史需要的史料的范围作了详尽的分析。关于史料的范围,他论述道:"本论最重要之参考书,为二十四史中所有之刑法志及艺文、经籍志,《通典》《续通典》《皇朝通典》《文献通考》《续文献通考》《皇朝文献通考》《唐六典》《唐律疏议》《大清律例》《唐会要》。"② 从中可以看出,梁启超在研究中国法制史时依然是以正史为主,同时参考了一些国家成例、类书。

杨鸿烈的代表作为《中国法律发达史》和《中国法律思想史》、《中国法律在东亚诸国之影响》等。史料是法律史研究的基础,杨鸿烈特别重视史料的挖掘,他整理出来的有些史料是非常珍贵的。"如在阐述唐朝和金朝的土地债权买卖时,他引用了叶昌炽著《语石》中所保存的该两朝买卖土地的契约(唐朝两件、金朝一件)。"③

---

① 程树德:《九朝律考》,中华书局1963年版,"凡例"第1-2页。
② 梁启超:《梁启超法学文集》,范忠信选编,中国政法大学出版社2000年版,第120-121页。
③ 何勤华:《杨鸿烈其人其书》,载《法学论坛》,2003年第3期。

杨鸿烈的这些著作主要依托的依然为原始典籍资料中的法律史料，如各时期正史，经、史、子、集四部以及诏令、文人著述中的法律史料。特别在《中国法律思想史》一书中，他专门就"史料的种类及其鉴别"进行了分析和论述，认为中国法律思想史的史料数量巨大，并列出了研究时所依据的史料："甲、经部，如《诗》《书》《礼》《易》《春秋》……；乙、史部，如二十四史的《本纪》《列传》《刑法志》……和《资治通鉴》《通典》……；丙、子部，如《管子》《邓析子》《墨子》……；丁、集部，如诸葛亮《诸葛忠武侯文集》、陈子昂《陈伯玉文集》、韩愈《韩昌黎集》、柳宗元《柳河东集》……；戊、报章杂志，如《国粹学报》《新民丛报》……《东方杂志》……《法律评论》……；己、古代遗物，如殷墟甲骨、两周彝器、汉晋木简等。"从中可以看出引用的史料异常丰富。尽管史料主体没有变化，但引用范围扩大了，杨鸿烈引征史料不再局限于文本之窠臼，而是把史料范围扩大到了"古代遗物"，如木简、甲骨、金文等，拓宽了法制史料的范围，对法制史学科的发展产生了深刻的影响。

杨鸿烈认为，对史料要审慎，要对其真伪进行精心考辨，如果仔细地辨别真伪，"则古书去其半"。杨鸿烈并没有完全抛弃所谓的伪史，认为："我们虽因其托古作伪而排斥了它们所依托的那个时代的正确史料之外，但不能把它们摈斥于它们作伪的自己所处的时代的史料之外，因为它们虽不能代表它们所依托的时代的生活与思想的真实状况，但却有资格可以代表它们自己的时代的生活与思想的真实状况，所以我们把既经考证出书产生的真确时代———或是或然时代———拿来做它们自己的时代的史料，是极其合理的事。"[①] 杨鸿烈这种辩证地对待所谓伪书资料的观点，无疑拓宽了法制史料的范围，对中国法律史学科的发展是大有帮助的。

陈顾远在其《中国法制史》一书中就"关于中国法制之史疑问题"作了论述，认为："信史未存，即无由知其梗概；证据不全，更莫能定其真假。""今人治中国法制史学者，往往不辨古籍之时代真伪，不问史事之根据虚实，摭取杂言，信为正史，自不免为古人所欺！"为了用真实的史料得出正确的结论，陈顾远提出了研究中国法制史分析文献的三原则："推测之辞不可为信""设法之辞不可为据""传说之辞不可为确"[②]。他要求学者们在进行中国法制史研究时，要将古籍文献记载与地下新发掘的史料结合，而不能妄信后人伪书。

瞿同祖的《中国法律与中国社会》一书在中国法制史领域引入了社会学的研

---

① 杨鸿烈：《中国法律思想史》，中国政法大学出版社2004年版，第11-15页。
② 陈顾远：《中国法制史》，商务印书馆1934年版，第3-8页。

究方法，其在研究资料的运用上则以广博性和综合性著称。常安在《对一例学术史个案的考察——兼谈〈中国法律与中国社会〉的范式突破及启示》一文中，对该书作了较为系统的分析，认为该书"以梅因《古代法》为榜样，运用社会学的研究范式，书写一部新的中国法律史；所以，其在材料选择上就自然不同于传统意义上的法律史著作，许多社会学、人类学意义上的研究材料，也被其大胆纳入法律史的研究领域，不但包括传统法律史学所运用的历代法律规范、典章制度，还包括各类经史子集，甚至是一些野史、文艺作品、家谱等文本也成为论证的参考资料……所以，此书不但注意到了几千年中国法的制度变革，也把握到了制度变革后的民情基础，从而领会中国法的精神实质"[①]。该文还以《中国法律与中国社会》的"家族"一章为例，对研究资料的具体范围和运用范式进行了分析，指出：在该章中"1）属于法律规范类的有《唐律疏议》、《宋刑统》、《元典章》、《明会典》、《明律例》、《清律例》等；2）属于司法判例类的有《刑案汇览》、《续编刑案汇览》、《驳案新编》，及散见于各种典籍的具体个案如真德秀《西山政训》等；3）属于经史文献类的有《礼记》、《史记》、《孟子》、《左传》、《汉书》、《晋书》、《隋书》等；4）属于家谱、档案类的有《毗邻西滩陈氏宗谱》、《郑氏规范》、《世范》等；5）属于野史、文艺作品的有《南郭新书》、《野记》、《典范纪闻》等"[②]。最后，作者得出结论："瞿老是从整体上把握中国法律的角度出发，运用社会学的研究范式，对包括经济史、文化史、社会史等诸多领域的文本材料进行分析总结，以探求中国古代法的精神实质；这种多向度、跨学科的撰写模式，无疑是该书与其他法律史著作的最大区别，也是其独特的学术贡献所在。"[③]

（二）近代中国法律史研究资料利用的统计分析

笔者曾到国家图书馆、首都图书馆、中国人民大学图书馆、中国政法大学图书馆，并利用"高等学校中英文图书数字化国际合作计划"提供的全文检索系统以及高等学校图书馆馆际互借系统，进行近代中国法律史研究成果的全方位收集工作，共复制近代中国法律史著作132部、论文187篇作为研究的依据。从笔者对这些成果所引用资料的统计来看，在近代中国法律史研究中，学者们使用的资料大致可分为国家成例、官修正史、类书、律学成果、古代私人著述、近代法

[①] 常安：《对一例学术史个案的考察——兼谈〈中国法律与中国社会〉的范式突破及启示》，载《法治论丛》，2003年第2期。

[②] 常安：《对一例学术史个案的考察——兼谈〈中国法律与中国社会〉的范式突破及启示》，载《法治论丛》，2003年第2期。

[③] 常安：《对一例学术史个案的考察——兼谈〈中国法律与中国社会〉的范式突破及启示》，载《法治论丛》，2003年第2期。

律、近代学者著述、其他资料等。

1. 国家成例

国家成例主要指的是历朝历代编纂的成文法律、法令及疏义、注释，是对研究时代的具体法律内容的直接反映，故在法制史学者研究中国法制史的过程中，国家成例是引用最经常、最普遍的，是最基本的史料。国家成例的具体形式有法典、法规汇编等。根据对近代学者论文、著作的统计分析，可以看出《法经》《秦律》《九章律》《曹魏律》《泰始律》《北齐律》《开皇律》《永徽律疏》《宋刑统》《大元通制》《大明律》《大清律例》等律典、法规汇编被引用得最为广泛。

在这些律典中又以唐朝长孙无忌等编撰的《唐律疏议》为代表，作为中国现存最早、最完整的封建法典和注释，其体系严密、内容详备，成为中国封建法制的最高成就，是近代法律史学者进行研究时，引用最为频繁的文献之一。

程树德在《九朝律考》中便大量引用《唐律疏议》的内容，如在分析《囚律》时就引用了《唐律疏议》的"断狱律之名，起自于魏。魏分李悝囚法而出此篇"[①] 的说法。梁启超在分析比较时，引用《唐律·断狱篇》曰："诸制敕断罪，临时处分，不为永格者，不得引为后比。"[②] 杨鸿烈在写《中国法律思想史》一书分析以赃定罪问题时，引用《唐律疏议》："赃罪正名，其数有六：谓'受财枉法''不枉法'……"[③] 除唐律之外，别的律典也是被经常引用的，程树德在《律文考》中便引用了汉《贼律》条文"大逆无道要斩"[④]。律只是中国古代最基本的法律形式，是定罪量刑的依据。除律之外，令、格、式也是中国古代主要的法律形式，另外还有大诰、例等，也是法制史学者们研究时经常引用的资料。

2. 官修正史

传统的正史是法律史学者于研究过程中必不可少的资料。据统计分析，学者们最经常运用的史料为"二十五史"，即《史记》《汉书》《后汉书》《三国志》《晋书》《宋书》《南齐书》《梁书》《陈书》《魏书》《北齐书》《周书》《隋书》《南史》《北史》《旧唐书》《新唐书》《旧五代史》《新五代史》《宋史》《辽史》《金史》《元史》《明史》《清史稿》。特别是二十五史中的"刑法志""职官表""食货志"等是经常被引用的对象。

程树德在分析"附益"时引用《汉书·匡衡传》："附下罔上，擅以地附益大

---

① 程树德：《九朝律考》，中华书局1963年版，第14页。
② 梁启超：《梁启超法学文集》，范忠信选编，中国政法大学出版社2000年版，第130页。
③ 杨鸿烈：《中国法律思想史》，中国政法大学出版社2004年版，第227页。
④ 程树德：《九朝律考》，中华书局1963年版，第61页。

臣，皆不道。"① 杨鸿烈在写《中国法律思想史》一书分析儒家独霸问题时引用《汉书·艺文志》："汉兴，改秦之败。大收篇籍。"② 廖志鸣在《关于中国上古刑法嬗演史程之管窥》一文中分析刑法的起源时引用《汉书·刑法志》："大刑用甲兵，其次用斧钺，中刑用刀锯，其次用钻凿。"③ 梁启超在分析两汉之成文法的律令时引用《史记》："前主所是著为律，后主所是著为令。"④ 这些均体现出对正史的频繁运用。正史由于是官修史书，相较其他文献更为真实、可靠，故成为法制史学者研究时频繁使用的对象。

3. 类书

类书，是按类或韵加以编排的记载古籍中史事文献的综合性工具书。它采集各种图书的资料，包括经、史、子、集各类著作，分门别类编辑成书，所收内容相当广泛，几乎无所不包。综合性的大型类书，就是古代的百科全书。

类书中较有影响的有唐代的《艺文类聚》《北堂书钞》，宋代的《太平广记》《太平御览》《册府元龟》，明代的《永乐大典》《三才图绘》，清代的《古今图书集成》《渊鉴类函》等等。清代官私所辑类书，见于《清史稿·艺文志》及其补编所录的即有146部，13 800余卷，其中官修《古今图书集成》为现存最大的一部类书。此外，中国古代自六朝至清末有类书600余部，今存200余种，今所存者大部分经由清人之手整理保存。

类书也是法制史学者研究时经常运用的资料，如程树德在分析"盗园陵物"时引用《太平御览》的记载："汉诸陵皆属太常，有人盗柏，弃市。"⑤ 杨鸿烈在写《中国法律思想史》一书分析曹志思想时引用《艺文类聚》："礼生于让，刑生于争。"⑥ 蒋澧泉在《中华法系立法之演进》一文中分析家族问题时引用《太平御览》："宫者，女子淫乱，执置宫中，不得出也，割者，丈夫淫，割其势也。"⑦

4. 律学成果

律学是指中国古代根据儒家经义对以律为主的成文法进行讲习注释的法学，又名刑名律学或注释律学。中国古代律学成果非常丰富，主要有"晋张斐的《注律表》；唐长孙无忌等人的《唐律疏议》；宋傅霖的《刑统赋》、刘筠的《刑法序略》、王键的《刑书释名》；元沈仲纬的《刑统赋疏》；明刘维廉等人的《明律集

---

① 程树德：《九朝律考》，中华书局1963年版，第133页。
② 杨鸿烈：《中国法律思想史》，中国政法大学出版社2004年版，第93页。
③ 廖志鸣：《关于中国上古刑法嬗演史程之管窥》，载《中华法学杂志》，1935年第6卷第3期。
④ 梁启超：《梁启超法学文集》，范忠信选编，中国政法大学出版社2000年版，第129页。
⑤ 程树德：《九朝律考》，中华书局1963年版，第113页。
⑥ 杨鸿烈：《中国法律思想史》，中国政法大学出版社2004年版，第128页。
⑦ 蒋澧泉：《中华法系立法之演进》，载《中华法学杂志》，1935年第6卷第7期。

解附例》,陈遇文的《大明律解》,明允的《大明律注释详刑冰鉴》,王樵、王肯堂的《大明律例笺释》,何广的《律解辨疑》,缺名辑《律例类钞》,张楷的《律条疏议》,雷梦麟的《读律琐言》,唐枢的《法缀》,缺名辑《大明律直引》,舒化等人的《大明律附疏》,林处楠等人的《新刑精选刑学大成》;清官修《大清律集解附例》,王有孚的《番审指掌》,刘衡的《读律心得》,钱之青的《大清律笺释合抄》,万维翰的《大清律例集注》《律例图说辨伪》,沈之奇的《大清律辑注》,《大清律例集要新编》《大清律例刑案汇纂集成》,湖北谳局编的《大清律例汇辑便览》,潘德畬的《大清律例按语》,崇纶等人重编的《大清律例根源》,吴坛的《大清律例通考》,杨荣绪的《读律提纲》,梁他山的《读律琯朗》,王明德的《读律佩觽》,薛允升的《读例存疑》、《唐明律合编》,谢诚钧辑《秋审实缓比较条款》,蔡嵩年的《律例便览》,沈辛田的《名法指掌》,徐文达的《大清律例图说》,费斌的《律例摘要·读律要略》,缺名撰《律例疑义问答》,等等"①。

程树德、杨鸿烈、沈家本等人在著作时均大量参考了前人的律学成就,如程树德在分析贼律时引用《注律表》:"无变斩击谓之贼。"② 类似的例子还有很多,不再一一列举。

5. 古代私人著述

私人著述即私人学术著述,如《论语》《孟子》《庄子》《老子》《管子》《邓析子》《商君书》《韩非子》等。这些古人的学术著作,为我们了解当时的法律制度提供了许多的参考资料,特别是为研究中国古代法律思想史提供了宝贵的资料,也是法制史学者大量引用的对象。

梁启超在分析成文法之公布时引用《管子》:"正月之朔……布宪于国。"③ 杨鸿烈在写《中国法律思想史》一书分析法家时引用《商君书》:"法者,所以爱民也。"④ 阎琛在分析韩非的效率说时引用《韩非子·用人篇》:"释法术而心治,尧不能正一国。"⑤

6. 近代法律

清朝末年,以沈家本、伍廷芳等人为代表,清政府在变法修律过程中,制定了《钦定宪法大纲》《大清现行刑律》《大清新刑律》《大清商律草案》《大清民律

---

① 武树臣:《中国古代的法学、律学、吏学和谳学》,载《中央政法管理干部学院学报》,1996 年第 5 期。
② 程树德:《九朝律考》,中华书局 1963 年版,第 13 页。
③ 梁启超:《梁启超法学文集》,范忠信选编,中国政法大学出版社 2000 年版,第 126 页。
④ 杨鸿烈:《中国法律思想史》,中国政法大学出版社 2004 年版,第 62 页。
⑤ 阎琛:《儒家与法律》,载《新中华》,1934 年第 23 期。

草案》等新式法律，计有 300 余种。民国在此基础上进行了修订完善或者重新制定。这些新式近代法律也是当时学者研究法制史时引用的重要资料，特别是在用于比较分析时。如蒋澧泉在《中华法系立法之演进》一文中分析分家问题时引用当时的《民法·亲属篇》："定有由家分离，附有一定条件。"① 杨鸿烈、陈顾远在其著作中也有相关的引用，而徐朝阳的《中国亲属法溯源》一书本身就是按照《大清民律草案》"亲属"部分的体例来著述的。

7. 近代学者著述

近代知名学者的著作，如沈家本的《寄簃文存》《历代刑法考》，程树德的《九朝律考》，丁元普的《中国法制史》，陈顾远的《中国法制史》，杨鸿烈的《中国法律思想史》，梁启超的《先秦政治思想史》等，也是当时学者进行法制史研究时引用的对象。

如杨鸿烈在写《中国法律思想史》一书分析"法律内容全体"时引用程树德的《九朝律考》："北朝则自魏及唐，统系相承。"② 他在分析"禁忌的理由"时引用沈家本的《寄簃文存》："自姓、氏不分，于是有氏同而姓本不同者。"③ 陈顾远在分析中国法制之质的问题时引用了丁元普的《中国法制史》一书："印度法系，回回法系，罗马法系，英吉利法系，中国法系。"④

8. 其他资料

除以上材料外，还有一些法律史学者在研究时运用的其他资料，如法家检验录，计有 40 余种。代表作是南宋宋慈所著《洗冤集录》。《洗冤集录》是世界上现存最早、最完整、最杰出的法医学著作，与《平冤录》《无冤录》并称为"法家检验三录"，在国际上颇具影响。

还有一些政书，即记载典章制度沿革变化及政治、经济、文化发展状况的专书，如《通典》《通志》《文献通考》《续通典》《皇朝通典》《续通志》《皇朝通志》《续文献通考》《皇朝文献通考》《皇朝续文献通考》等，也是中国法律史学者们进行研究时经常引用的资料。

(三) 近代中国法律史研究资料利用情况简评

通过以上叙述，我们可以看出中国法律史学者可以运用的资料的范围非常广泛，种类多种多样，数量非常庞大。范围的广泛主要体现在：从时间跨度来看，从古到今的文献均可以作为法律史研究时的参考资料；从区域范围来看，不仅中

---

① 蒋澧泉：《中华法系立法之演进》，载《中华法学杂志》，1935 年第 6 卷第 7 期。
② 杨鸿烈：《中国法律思想史》，中国政法大学出版社 2004 年版，第 1 页。
③ 杨鸿烈：《中国法律思想史》，中国政法大学出版社 2004 年版，第 254 页。
④ 陈顾远：《中国法制史》，商务印书馆 1934 年版，第 52 页。

国资料可以运用到法制史研究中，国外学者的著述、国外的文献也可以成为研究法律史的参考。种类多种多样主要体现在国家成例、官修史书、类书、律学成果、古代私人著述、近代法律、近代学者著述等均可作为利用的资料。数量庞大主要体现在各类可利用资料的数量以百千计。

近代中国法律史学者在利用资料问题上深受疑古学派的影响，对资料的运用特别慎重，强调在进行法律史研究时必须运用真实的史料，这样才能够真正还原法律的本来面目。史料错误，是无法得出正确的结论的。故研究中国法律史必须首先辨别史料的真伪。无论是梁启超还是杨鸿烈、陈顾远等人，都特别强调这一点，他们专门就史料的辨别真伪问题发表了个人的见解，为学者分辨史料的真伪提供了可供借鉴的良好经验。其次在如何对待已经认定的伪史材料的问题上，近代学者的观点也是非常客观、公正的，如杨鸿烈认为可以把伪书拿来作伪书产生时代的研究史料的观点，是非常值得我们学习和借鉴的。

近代中国法律史学者对史料运用的范围和方法的论述，为我们现代中国法律史学者进行中国法律史研究时运用史料提供了丰富的经验借鉴，我们在充分研究分析近代中国法律史学者研究的基础上，要开阔视野，更好地促进法律史学科的繁荣与发展。

二、近代中国法律史研究中的资料整理情况

对近代中国法律史研究而言，进行古文献整理是其中一个重要方面。对历史上法制史料的整理也是近代中国法律史研究成果的重要组成部分。近代法律史学者为中国法律史文献资料的整理做了大量的工作，产生了很多重要的研究成果，为后人从事中国法律史的研究奠定了坚实的基础。笔者仅就近代中国法律史研究中整理出版的古籍情况进行了统计。

在近代中国法律史研究中，文献资料整理取得了很高的成就，成果数量巨大，仅1908年上海商务印书馆出版的《钦定大清会典事例》就有1 220卷150册。整理的文献资料的时间跨度也非常大，涵盖了从唐朝人的作品到今人的著作。整理的文献资料的内容也是多方面的，既有国家成例，如《唐律疏议》，又有《册府元龟》等类书，还有学者的律学研究成果，如《汉律考》等，以及私人著述，如沈家本的《寄簃文存》等。整理的方式也是多种多样，有的是将史料文献汇编，有的是辑补佚失的史籍，有的是进行历史的考证，还有的是补充旧史籍的内容。出版的方式亦多种多样，有作者自刊，如沈家本的《枕碧楼丛书》；也有政府参与印发，如清末修订法律时整理印刷了大量的古籍文献；还有影印本，如《大元通制条格》（存22卷6册）（油印本）、宪政编查馆编定的《刑律草案笺

注》(铅印本)、沈家本的《寄簃文存》(石刻本)、张鹏一的《汉律类纂》抄本、清朝淡元的《汉诏令》(9卷2册)等。笔者对近代中国法律史研究中整理的主要文献资料列表汇总,如表5-1所示。

表5-1 近代中国法律史研究资料整理成果一览表

名称	卷册数	著者	出版社版本	出版年份
刑案汇览	60卷40册	祝庆祺、鲍书芸等	上海图书集成局	1888年
唐律疏议	30卷12册	长孙无忌等	江苏书局	1890年
故唐律疏议	30卷8册	长孙无忌等	江苏书局	1891年
补宋书刑法志食货志	—	郝懿行	广州广雅书局	1891年
大唐六典	30卷6册	李林甫等	广州广雅书局	1895年
汉律辑证	6卷1册	杜贵墀辑注	清修订法律馆	1897年
汉律考	7卷4册	张鹏一	陕甘味经刊书处	1897年
汉律辑证	6卷1册	杜贵墀辑注	湖南湘水校经堂	1899年
钦定大清会典事例	1 220卷	昆冈等	清会典馆刻本	1899年
钦定大清会典	100卷	昆冈等	清会典馆	1899年
读例存疑	54卷40册	薛允升	北京琉璃厂翰茂斋	1905年
汉律类纂	—	张鹏一编	奉天小南关格致学堂	1907年
寄簃文存	8卷	沈家本	清修订法律馆	1907年
大元圣政国朝典章	60卷24册	佚名辑	武进董氏诵芬堂	1908年
大元圣政国朝典章	60卷24册	佚名辑	清修订法律馆	1908年
大明律集解附例	30卷10册	高举纂,郑继芳等订正	清修订法律馆	1908年
钦定大清会典事例	1 220卷	昆冈等	上海商务印书馆	1908年
沈寄簃先生遗书	—	沈家本	清修订法律馆	1909年
刑律草案笺注	4册	宪政编查馆编	—	1910年
唐写本开元律疏名例卷	—	王敬从	吴县王仁俊刊	1911年
大清法规大全	50册	宪政编查馆辑	上海政学社印行	1911年
大唐六典	30卷12册	李林甫等	上海扫叶山房	1912年
律目考	1卷	沈家本	—	1912年
律令	9卷	沈家本	—	1912年
枕碧楼丛书	—	沈家本	归安沈氏刻本	1913年
八朝条约	179卷60册	汪毅、张承棨辑	中华民国外交部图书处	1915年

续表

名称	卷册数	著者	出版社版本	出版年份
重刊补注洗冤录集证	6卷	宋慈撰，王又槐辑，阮其新补注，李观澜补辑	上海广益书局	1916年
唐大诏令集	130卷	宋绶、宋敏求编纂	乌程张氏刊适园丛书本	1916年
宋刑统	30卷6册	窦仪等	民国政府国务院法制局	1918年
重详定刑统	30卷6册	窦仪等	吴兴刘氏嘉业堂	1921年
唐明律合编	30卷8册	薛允升	天津徐世昌退耕堂	1922年
故唐律疏议	30卷	长孙无忌等纂，罗振玉校录	东方学会	1924年
唐律疏议	30卷12册	长孙无忌等	上海博古斋	1924年
宋朝大诏令集	240卷10册	—	北京中华书局	1926年
大元通制条格	22卷8册	—	北平图书馆据内阁大库明初墨格写本影印	1930年
大元圣政国朝典章	60卷25册	佚名辑	北京大学国学研究所	1930年
元典章校补	10卷5册	陈垣	北京大学国学研究所	1931年
故唐律疏议	30卷	长孙无忌等	上海商务印书馆	1934年
元典章校补释例	—	陈垣	北平国立中央研究院历史语言研究所	1934年
祥刑典	108卷16册	蒋廷锡等纂校	上海中华书局	1934年
历代律例全书	—	丘汉平校编	上海民权律师团	1934年
棠阴比事	—	桂万荣	商务印书馆	1934年
律文	12卷	长孙无忌等	上海商务印书馆	1935年
明比部招议清刑部制	—	董康鉴定	上海大东书局石印本	1935年
汉律辑证	6卷1册	杜贵墀辑注	长沙中国古书刊印社	1935年
明会典	228卷40册	申时行等修	上海商务印书馆	1936年
蒙古律例	—	—	文殿阁书庄	1936年
唐律疏议	30卷12册	长孙无忌等	上海商务印书馆	1935—1936年
钦定大清会典	100卷	昆冈等续修	上海商务印书馆	1936年
圣朝颁降新例	—	佚名辑	上海商务印书馆	1937年
折狱龟鉴	—	郑克	上海商务印书馆	1937年

续表

名称	卷册数	著者	出版社版本	出版年份
唐律疏议	30卷	长孙无忌等	上海商务印书馆	1937年
钦定总管内务府现行则例	4卷	裕诚等	北平故宫博物院文献馆	1937年
唐明律合编	30卷8册	薛允升	上海商务印书馆	1937年
神龙删定散颁刑部格残卷	—	苏瓌等删定，罗振玉刊	集于《百爵斋丛刊》第一册	1937年
补宋书刑法志	1卷	郝懿行	开明书店	1937年
历代刑法志	2册	丘汉平编著	群众出版社	1938年
宪政运动参考材料	—	全民抗战社编	生活书店	1939年
龙筋凤髓判	2卷2册	张鷟	上海商务印书馆	1939年
唐律疏议	30卷4册	长孙无忌等	上海商务印书馆	1939年
宪政运动论文选集	—	邹韬奋等	生活书店	1940年
钦定理藩部则例	64卷4册	松森等	北京蒙藏委员会编译室	1942年
宪政问题参考资料	第1～4集	晋察冀边区国大代表选举委员会编	晋察冀边区国大代表选举委员会	1946年
大明律附例	30卷（附例1卷）	舒化等	南京国立中央图书馆	1948年
庆元条法事类	80卷12册	谢深甫监修	开通书社	1948年
庆元条法事类	80卷12册	谢深甫监修	上海中华书局	1948年
庆元条法事类	80卷12册	谢深甫监修	北平燕京大学图书馆	1948年

三、新史料的发掘与利用

关于新史料的作用，著名史学家陈寅恪在为陈垣所著《敦煌劫余录》作序时指出："一时代之学术，必有其新材料与新问题。取用此材料，以研求问题，则为此时代学术之新潮流。治学之士，得预于此潮流者，谓之预流（借用佛教初果之名）。其未得预者，谓之未入流。此古今学术史之通义，非彼闭门造车之徒，所能同喻者也。"[1] 陈寅恪这段话明确指出了新资料在学术研究中的重要作用，"对'治学之士'来说，发现或掌握新资料、关注新问题是'预流'与'未入流'的关键。新的学术观点，若缺少新资料的支持，就是毫无价值的空谈。退一步

---

[1] 陈寅恪：《陈寅恪文集之三·金明馆丛稿二编》，上海古籍出版社1980年版，第236页。

说，即使这个观点有一定的价值，也会被视为是'闭门造车之徒'歪打正着的产物"①。王国维在《最近二三十年中中国新发见之学问》一文中也提出："古来新学问起，大都由于新发现"，这与陈寅恪的观点可谓英雄所见略同。

自王国维提出将古籍文献资料与新出土的地下资料结合起来研究的"二重证据法"以后，中国法律史学者更加重视对新资料的研究，将这些新史料与传统文献结合，为分析研究中国法律史开辟了更为广阔的前景。关于新资料的范围，王国维指出："自汉以来，中国学问上之最大发现有三：一为孔子壁中书，二为汲冢古书，三则今之殷虚甲骨文字，敦煌塞上及西域各处之汉晋木简，敦煌千佛洞之六朝及唐人写本书卷，内阁大库之元明以来书籍、档册。"② 其中，殷墟甲骨、敦煌遗书、汉晋简牍、内阁大库档案被称为20世纪中国学术史的四大发现，对中国学术史产生了深刻的影响，对中国法律史学的研究也产生了重大的影响。本书将重点分析这四类资料在中国法律史研究中的运用情况。

（一）甲骨文法律史料的发掘与利用③

甲骨文是指在河南安阳殷墟发掘出来的商代后期（公元前14—前11世纪）王室用于占卜记事而刻（或写）在龟甲或兽骨上的文字。它是中国已发现的时代最早、体系较为完整的古代文字，是中国发现的最早的文献记录，是20世纪初中国考古的三大发现之一。据学者胡厚宣的统计，共计出土甲骨154 600多片，其中大陆收藏97 600多片，台湾省收藏30 200多片，香港收藏89片，我国共收藏127 900多片，此外，日本、加拿大、英国、美国等国家共收藏26 700多片。这些甲骨上刻有的单字约4 500个，迄今已释读出的字约有2 000个。中国国家图书馆是中国乃至世界上收藏甲骨最多的单位，共藏有35 651片。

这些甲骨文所记载的内容极为丰富，涉及商代社会生活的诸多方面，如政治、军事、文化、社会习俗、天文、历法、气象、地理、方国、世系、家族、人物、农业、畜牧、田猎、交通、宗教、祭祀、疾病、生育、灾祸等。虽然甲骨文是殷王室进行占卜的记事文字，而且存在形式呆板、字名简单、识读困难等局限，但对"文献不足征"的商代历史研究仍是极为珍贵的资料，而且与考古学、语言文字学和古代科学技术研究等有着密切的关系，特别是有关职官、征伐、刑狱等的内容，是研究商代法制的极其珍贵的第一手资料。

1. 甲骨文的发掘与整理

1899年，国子监祭酒王懿荣在北京中药店所售龙骨上发现了甲骨文，意识

---

① 马小红：《珍惜中国传统法——中国法律史教学和研究的反思》，载《北方法学》，2007年第1期。
② 王国维：《王国维全集》（第十四卷），浙江教育出版社2009年版，第239页。
③ 参见胡厚宣：《八十五年来甲骨文材料之再统计》，载《史学月刊》，1984年第5期。

到其在研究历史资料上具有珍贵的价值后开始重金收购。刘鹗在《铁云藏龟·自序》中说："庚子岁有范姓客，挟百余片走京师，福山王文敏公懿荣见之狂喜，以厚价留之。后有潍县赵君执斋得数百片，亦售归文敏。"①王懿荣因此被称为"甲骨文之父"。王懿荣殉难后，他所收藏的甲骨大部分转归好友刘鹗。刘鹗又进一步收集，所藏甲骨增至5 000多片，于1903年拓印出版《铁云藏龟》一书，将甲骨文资料第一次公开。不久，学者孙诒让根据《铁云藏龟》的资料，写出了甲骨文研究的第一部专著《契文举例》。

之后罗振玉、王国维、叶玉森、郭沫若、董作宾、唐兰、陈梦家、容庚、于省吾、胡厚宣等中国学者对甲骨进行搜集考究，美国人方法敛，英国人库寿龄、金璋，日本人林泰辅，加拿大人明义士等也加入其中，十年间搜购甲骨数万片。在这些学者中罗振玉做出了较大的贡献，他首先访知甲骨出土于河南安阳小屯村一带，并且派遣自己的亲属去安阳求购，又亲自前往安阳进行实地考察，先后共搜集到近2万片甲骨，于1913年精选出2 000多片编成《殷虚书契》（前编）出版，随后又编印了《殷虚书契菁华》（续编），为甲骨文的研究奠定了基础。由于弄清了甲骨出土的地点，从1928年秋到1937年夏，中央研究院历史语言研究所考古组在著名考古学家董作宾、李济、梁思永等人先后主持下，在小屯村一带进行了长达10年的15次考古发掘，先后发现了总计24 900多片甲骨，特别是1936年6月12日，在小屯村北宫殿区发掘出一个甲骨坑，坑中保存着带字甲骨17 096片。"1928年开始1937年结束的殷墟十五次发掘，为甲骨文研究打开了更为广阔的思路，也为甲骨文研究提供了更为丰富的背景性资料。"②

甲骨文发现以后，出现了大量整理、研究甲骨文的文章、著作，如罗振玉的《殷商贞卜文字考》《殷虚书契考释》《殷虚书契待问编》，商承祚的《殷虚文字类编》，王国维的《殷卜辞中所见先公先王考》及《续考》，王襄的《簠室殷契类纂》，叶玉森的《殷契钩沉》《说契》《研契枝谭》，朱芳圃的《甲骨学（文字编）》，孙海波的《甲骨文编》，董作宾的《甲骨文断代研究例》，金恒祥的《续甲骨文编》，严一萍的《续殷历谱》，饶宗颐的《殷代贞卜人物通考》。这些著作"推动了夏商周三代历史文化的重建"，"使古籍整理更加准确和科学"，纠正了很多史籍错误，例如："今文《尚书》和《史记》中称大戊为'中宗'，而甲骨文中有中宗为祖乙的记载。"③

---

① 曹定云：《殷墟甲骨文研究百年回顾与展望》，载《社会科学战线》，1997年第5期。
② 范毓周：《甲骨文研究百年回顾与前瞻》，载《管子学刊》，1999年第4期。
③ 李民、李雪山：《薪火相传 继往开来——百年甲骨文研究概述》，载《河南社会科学》，1999年第5期。

2. 近代中国法律史研究成果对甲骨文的利用

甲骨学对历史学、文字学、考古学等都具有极其重要的意义。就近代中国法律史研究而言，甲骨文的发掘整理有两个层面的作用。

其一，近代中国学者对甲骨文的整理分类，为中国法律史学者研究商代法律制度提供了可信的资料支持，这属于中国法律史研究中的史料整理内容。甲骨文中有关刑法和其他法律的卜辞约500条，内容大体可分为肉刑、死刑和拘系等方面的法律规定。这些文献是商代法制状况的真实记载，是研究商代法制的第一手资料。在整理过程中，有学者曾将有关法律的史料单独划分为一类，如叶玉森的《研契枝谭》一文将甲骨文分为29类，其中第四类即为"古刑"。

其二，近代中国法律史学者运用甲骨文发掘的史料，对商代法制状况进行了研究分析，如章炳麟的《文录·古官制发源于法吏说》《文录·说刑名》，罗振玉的《殷虚书契待问编》。杨鸿烈对这些资料进一步加以利用，以其为根据将商代的"刑名"分为徒刑和身体刑两类。杨鸿烈在《中国法律发达史》第一章"导言"中说："我这书以中国法律起源于殷代，可惜殷代真实史料太过于缺乏（详第二章），所以只根据现已出土的一些甲骨文和王国维先生考证殷周制度与及章太炎论'法吏''刑名'的文字参酌一般文化学原理加以解说。"[①]

3. 近代中国法律史研究中利用甲骨文资料时存在的问题

总体来看，在近代中国法律史研究中，对甲骨文资料的运用存在很多问题：其一，对甲骨文法律史料的史料价值研究不够，在近代中国法律史研究成果中，笔者尚未见到一项关于甲骨文史料价值的研究成果；其二，利用甲骨文进行中国法律史研究的学者很少，成果数量严重不足，个别利用甲骨文研究商代法制的成果，也是出自历史学者之手；其三，没有进行甲骨文法律史料的专门整理工作，个别学者在甲骨文的整理过程中对此虽有涉及，但没有形成自己的体系。

（二）敦煌遗书法律史料的发掘与利用

1. 敦煌遗书的发掘与整理[②]

所谓敦煌遗书是指清光绪二十六年（1900）道士王圆箓在敦煌莫高窟第17窟所发现的5至11世纪的多种文字的古写本及印本。不论从数量还是从文化内涵来看，敦煌文献的发现都可以说是20世纪我国最重要的文化发现之一。敦煌遗书是研究与古代中国、中亚、东亚、南亚相关的历史学、考古学、宗教学、人类学、语言学、文学史、艺术史、科技史、地理学、中国法律史学的重要研究资

---

① 杨鸿烈：《中国法律发达史》，商务印书馆1930年版，第14页。
② 参见郝春文：《敦煌文献与历史研究的回顾和展望》，载《历史研究》，1998年第1期。

料。敦煌遗书年代跨度极大，从十六国时期延续到了北宋时期。其中年代最早者为西凉建初元年（405）所写《十诵比丘戒本》，最晚者为宋咸平五年（1002）《敦煌王曹宗寿编造帙子入报恩寺记》，汉文写本的百分之七八十写于中唐至宋初。敦煌遗书总数在5万件以上，多数为手写本，也有极少量雕版印刷品和拓本；书写文字多为汉文，古藏文、回鹘文、于阗文、粟特文、梵文和突厥文等其他文字的文献亦为数不少；形态多为卷轴式，也有经折装、册页本和单片纸页等；内容极为丰富，涉及宗教典籍、官私文书、中国四部书、非汉文文书等类，涉及历史、地理、语言、文学、美术、音乐、天文、历法、数学、医学等诸多学科，以佛教典籍和寺院文书为主，汉文写本中佛典占95%。

但是这样有重大研究价值的史料大部分因外国的掠夺而没能留在中国，史学大师陈寅恪发出悲哀的感叹："敦煌者，吾国学术之伤心史也"①。5万多件敦煌遗书现在分布在全世界数个国家。英国图书馆藏13 677件，法国国立图书馆藏7 000余件，俄罗斯科学院东方学研究所圣彼得堡分所藏18 000余件。许多精品珍品都在外国图书馆，留在中国的仅是少数，其中中国国家图书馆藏16 000件。除上述四大收藏地之外，敦煌研究院、中国国家博物馆、故宫博物院、甘肃省博物馆、敦煌市博物馆、北京大学图书馆、上海博物馆、上海图书馆、天津博物馆、重庆博物馆、西北师范大学、台北图书馆、香港艺术馆，以及日本龙谷大学、日本大谷大学、日本天理大学、日本东京国立博物馆、丹麦哥本哈根皇家图书馆等都有收藏。

我国学术界自1909年在北京目睹伯希和展示的敦煌文献之时起，便开始对其进行整理和研究，陈垣编写了6册本《敦煌劫余录》，复由胡鸣盛检阅未登记的残叶，又编成1192号，共为9 871号，并于1931年由中央研究院历史语言研究所刊印。罗振玉在1909年整理刊印了《敦煌石室遗书》，1913年整理影印了《鸣沙石室佚书》，1924年整理刊印了《敦煌石室碎金》，其中所收文书有许多是研究唐史的原始资料，价值极高，如《水部式》《职官书》对于研究唐朝的职官、海运、法律具有重要的价值。1939年，罗振玉推出了《贞松堂藏西陲秘籍丛残》，影印出版了自己搜集、收藏的敦煌文献，其中亦包括一些与历史有关的文书。

1943年，陈寅恪在其名著《唐代政治史述论稿》一书中，利用敦煌文献常何墓碑探讨李世民在玄武门事变中取胜的原因，以实例向学术界展示新史料可

---

① 陈寅恪：《陈寅恪文集之三·金明馆丛稿二编》，上海古籍出版社1980年版，第236页。

"补释旧史所不能解之一端"①。经过我国学者和日、法、英等国学者的共同努力，以整理和研究敦煌文献为发端的学术研究领域逐渐扩大，并形成了一门新的学科——敦煌学。敦煌学逐渐成为一门国际显学，而利用敦煌文献研究历史问题始终是敦煌学的重要组成部分。

2. 敦煌遗书中法律史料的价值

敦煌遗书是研究中国古代历史、文化极其珍贵的原始资料，对于唐史研究尤多助益，史料价值极高，史料数量也很丰富，除大量宗教经卷外，还涉及法令、地理、公私籍账、公私契约、公文档案、诗文、典籍抄本七个门类的材料。特别是其中的法令、公私契约、公文档案对于研究唐朝的法律制度具有极其重要的价值，从中可以看到唐朝的律令、刑法、约束官吏的法纪、奖惩制度，以及户籍制度、土地制度、兵役制度、劳役制度、行政制度、馆驿烽燧、屯田马政和公文写作格式、递送程序等。

3. 近代对敦煌遗书中法律史料的整理

敦煌遗书被发现后，中国法律史研究者开始对其中的法律史料进行梳理和编撰工作。经过学者们的不断努力，敦煌遗书中的法律史料整理工作取得了重大成就。主要代表性成果有王仁俊编撰并于1911年由国粹堂出版的《敦煌石室真迹录己集》，该书从资料上为进一步探索唐朝的法律制度提供了极大方便。

刘复在法国期间，从法国人伯希和窃取的藏入法国国立图书馆的敦煌文书中抄录整理出104件，然后分类排比，分为三辑，编成《敦煌掇琐》，1925年刊刻问世。其中中辑涉及家宅田地、社会契约、诉讼、官事、婚事、教育、宗教、历书、迷信、杂事等内容。其中辑录《宅舍图》《户状》《户籍》《差科簿》各一件，反映经济关系的各类契券、凭据、案卷、牒状等20余件。蔡元培在该书"序言"中对其学术价值、史料价值作了非常高的评价。后来刘复、王重民、得达、姜亮夫、郑振铎、刁汝钧、王庆菽等陆续赴巴黎、伦敦，调查、抄录、拍照、研究敦煌文书。特别是王重民在《巴黎敦煌残卷叙录》中介绍了《唐律》和《唐律疏议》各2件，考证了各件的书写年代，指出写本与今本的异同。王重民还据写本律疏考证出传世本《唐律疏议》中之"疏议曰"，系宋元人不明律疏之义"连疏于议"所致，发数百载之覆。

1937年，许国霖对北平图书馆所藏的9 000多号敦煌文书进行整理，并由商务印书馆出版《敦煌石室写经题记与敦煌杂录》，其中的契牒包括典儿契、卖地契、贷丝契、雇人力契、雇牲畜契、借麦种牒等不同种类，为研究唐朝契约法律

---

① 郝春文：《敦煌文献与历史研究的回顾和展望》，载《历史研究》，1998年第1期。

制度提供了重要的资料。①

4. 近代中国法律史研究对敦煌遗书的利用

在上述材料的基础上,近代中国法律史学者进行了相关的研究。胡长清的《唐律残篇之研究》是典型的利用敦煌遗书中的法律史料进行研究的成果。作者在开篇指出资料源自敦煌遗书:从年代之考证、开元律疏之编撰、与永徽律疏之比较、与宋刑统之比较等方面,对唐律残卷进行了全面研究,并附录了《校勘开元律疏残篇本文》。② 董康依据内藤湖南提供的照片校录了《神龙散颁刑部格》,并与唐律作了比较研究。③ 罗振玉也对该文书作过探讨。曾了若在《隋唐之均田》一文中最早尝试利用敦煌户籍文献研究均田制。④《食货》1936 年第 4 卷第 5 期是"唐户籍簿丛辑"专刊,陶希圣在《小序》中指出户籍、丁籍是重要的经济史料,对研究均田制、百姓负担和社会组织都有重要意义。金毓黻所著《敦煌写本唐天宝官品令考释》最早对 P2504 号文书进行了校录和研究,据《旧唐书·职官志》考定该件为《天宝官品令》,指出该件可与《职官志》、开元令互相印证,并列表具体展示其可补《职官志》之漏、误处。⑤ 虽然此文对文书的定名未能成为定论,但作者的探索对唐令的研究仍有一定意义。

(三) 汉晋简牍法律史料的发掘与利用

20 世纪初至 20 世纪末,全国各地不断出土简牍文物,数量和内容都远胜于历史上任何一次发现。就 20 世纪初到中华人民共和国成立前这段时间而言,出土的简牍主要为汉简,也有部分魏晋简牍。这时期出土的简牍,多为遗址简牍,大多数是屯戍文档和驿传文簿,包括诏书、律令、法规、籍账、官府文书、书信以及各种各样的社会文书。内容非常广泛,涵盖政治、经济、军事、文化等各个层面。这些史料都是原始的文簿,能与史书相印证,但史书中并无记载,是最新的史料。这些汉简所反映的是自西汉武帝后期至东汉中期近 200 年间河西地区的社会史,同时也可由此窥见河西以东之全国、河西以西至西域的概貌。如果说《史记》《汉书》从宏观上记载了西北开发史的话,河西之简牍文献则从微观上记录了最原始的过程。二者有意和无意地留下了历史之真实。在近代中国法律史研究中,学者们对这些简牍中的有关法律的部分进行了法律史料的整理,并利用这

---

① 参见颜廷亮:《我国敦煌学研究史概说》,载《社科纵横》,1989 年第 1 期。
② 参见胡长清:《唐律残篇之研究(一)》,载《法律评论》,1930 年第 7 卷第 40 期。
③ 参见董康:《书舶庸谭》,辽宁教育出版社 1998 年版,第 19 页。
④ 参见曾了若:《隋唐之均田》,载《食货》,1936 年第 2 期。
⑤ 参见金毓黻:《敦煌写本唐天宝官品令考释》,载《说文月刊》,1943 年第 10 期。

些史料开展了相关研究。①

1. 汉晋简牍的发掘与整理

中华人民共和国成立前简牍的发掘可分为两个阶段：第一阶段为 1899—1920 年，第二阶段为 1927—1945 年。第一阶段主要是瑞典人斯文·赫定、英籍匈牙利人斯坦因、俄国人科兹洛夫、日本人橘瑞超等人在新疆尼雅、楼兰，甘肃敦煌，内蒙古居延发现了汉晋木简、残纸及佉卢文、粟特文、婆罗米文、吐蕃文、西夏文木牍。第二阶段主要是西北科学考察团中方团员黄文弼和瑞典团员贝格曼在新疆罗布淖尔、内蒙古居延地区发现了居卢訾仓汉简和居延汉简。此外，夏鼐和阎文儒在甘肃敦煌和武威喇嘛湾发现了汉代木牍，在湖南长沙出土了战国帛书。

20 世纪初尼雅、楼兰和敦煌等地出土的汉简，虽然均由外国学者率先整理和考释，但将其运用于历史研究并取得重要成就的，是我国学者罗振玉和王国维。其代表作就是他们于 1914 年合著的《流沙坠简》，以及后来王国维撰写的有关系列论文。《流沙坠简》收录了斯坦因 1900 年所发现的敦煌汉简 588 枚，改变了沙畹书中按出土地编排的原则，全书按照文书的性质分为三部分：小学术数方技书考释、屯戍丛残考释、简牍遗文考释。该书在简牍分类上为后人树立了一个范例，至今仍不失为中国近代简帛学的奠基之作。王国维结合历史文献，不仅对每枚简文详加考释，而且撰写出研究汉代制度和西北史地的系列论文，尤其注重把汉简的内容和敦煌汉代烽燧遗址的情况联系起来，力图恢复汉代烽燧组织系统的历史原貌。他对遗址性质、汉长城走向及鄣燧布局、屯戍组织、西域史地、中外交通的研究，对行文关系及文书制度、简牍缀合及编联的解析，对两汉边塞和烽燧系统、玉门关址、楼兰和海头两古城的位置、汉代边郡都尉府职官制度等汉代木简所涉问题的考释，新见迭出，创获甚多，使后来的研究者深受启发。

《居延汉简考释》一书在变通《流沙坠简》分类方法的基础上，将居延汉简分为文书、簿录、簿籍、信札、经籍、杂类等六大类，除信札和杂类外，其余四类又各细分为若干小类，使分类更加详密。该书作者把研究范围从以前局限于考释和零星的史地考证扩大到对汉代的政治、经济、军事、宗教、文化等领域全方位的研究，将汉简当成完完全全的史料，希望从这些直接的史料中考订汉史。该书作者在对居延汉简作释文的基础上，考察了历来从文献资料中不得其详的边郡的一些独特制度，诸如烽燧、官制、戍卒、屯田等，将汉代政治、经济、军事、文化等制度中的事项个别提炼出来，利用从简牍归纳出的记事内容，对其进行系

---

① 参见何双全：《中国简牍的世纪综述》，载《中国文物报》，2002 年 1 月 2 日。

统的考证，尤其在河西四郡的设置年代、汉代赋税问题以及烽火制度研究等方面成果卓著。①

2. 汉晋简牍中的法律史料

简牍中的法律史料同甲骨、铜器、碑石、文书、布帛中的法律史料一样，具有十分重要的价值，填补了中国法制史料和法律思想史料的不少空白，印证了传世文献中一些有关联的记载，订正了某些文献记载中的讹误，同时也改变了古人及后人对某些问题所作的推断与结论。敦煌汉简中法律史料的出处大致有两个：其一是斯坦因自1906年至1916年间两次探险所获的700余枚汉简，内含汉律、律说佚文、品约、部分契约文书。其二是1944年西北科学考察团领队之一夏鼐与阎文儒沿斯坦因考察路线进行再调查后所获的48枚汉简，其中1枚为亡佚汉律残简，内容涉及斗伤三律。综合来看，与法律相关的敦煌汉简有诏书类和司法类，包括制3种、诏4种、制诏3种、律5种、令7种、刑事案卷4种。在居延旧简中，则包括汉律佚文、诏书律令、各类品约、契约文书以及各式的令及令之佚文。②

3. 汉晋简牍与近代中国法律史研究

近代中国法律史研究对汉简法律史料进行释读、辨义、考订、分类集成等研究，具体方式是对汉律佚文进行考释，对部门法进行分类考释。

在斯坦因第二次探险所获敦煌汉简中，一简含有一汉律佚文。其文为"言律曰畜产相贼杀参分偿和令少仲出钱三千及死马骨肉付循请平"。最先对此释读的是法国汉学家沙畹。1914年，王国维在其研究敦煌汉简的扛鼎之作《流沙坠简》中对该简加以考释，认为其是汉《九章律》中贼律的断简。1955年，日本学者仁井田陞在《斯坦因第三次中亚探险发现的中国文书和马伯乐的研究》一文中对此亦有介绍。此后日本学者大庭脩进一步分析认为，简文为啮杀动物案件的判决书的一部分，其所引用律文为"畜产相贼杀，参与偿和"。斯坦因第三次探险时还获一枚出土于酒泉的汉律佚文简，其文曰："律曰诸使而传不名取卒甲兵禾稼簿者，皆勿敢擅予。"马伯乐的助手、留法学者张凤于1931年编著出版的《汉晋西陲木简汇编》一书中载有其简影及释文。仁井田陞在前引著述中也曾言及该汉律佚文。大庭脩在订正了张凤、马伯乐释文之误的基础上，指出该律条的内容为不得向身份证明不明者泄露有关军事机密，它既可能属于兴律，也不排斥可入厩律。

---

① 参见谢桂华、沈颂金、邬文玲：《二十世纪简帛的发现与研究》，载《历史研究》，2003年第6期。
② 参见徐世虹：《汉简与汉代法制研究》，载《内蒙古大学学报》（哲学社会科学版），1992年第2期。

较之对汉律佚文的集成考释，对部门法的分类考释从整体上看尚未进入自觉的阶段，唯有日本学者泷川政次郎在这方面作了有意义的尝试。1941年，他撰写了《从〈流沙坠简〉看汉代汉制》一文，首次按部门法的分类，介绍了《流沙坠简》中具有法律史料价值的汉简古文书。文章在出于王国维之手的《流沙坠简》分类的基础上，列出官职（丞相、中二千石）、公文（制书程式、制书下达程式）、刑狱（计赃、追捕）、军防（烽燧、修理器杖）、俸禄（斗食、日粮）、民法（畜产相杀、旁人）诸目，将《流沙坠简》中涉及以上法制内容的简文系于各目之下，并加以考释补正。尽管泷川的分类有不尽科学之嫌，但该文仍堪称是一篇融考据与研究为一体的高质量之作，它在汉代法制史的研究中所占的地位，应该说是非常重要的。[①]

（四）内阁大库档案法律史料的整理与利用

1. 内阁大库档案的整理与利用

内阁大库档案是指北京故宫档案部存放的明清历史档案。明代档案包括明代内阁、兵部、礼部等机构所形成的档案，清代档案是指清朝宫内、宫外诸处及各衙门所存放的档案。

明代档案数量不多，但内容庞杂。其年限上自太祖洪武四年（1371）下至思宗崇祯十七年（1644）。明档中最多的是题行稿、科抄、题本和奏本，这些约占明档总数的85％，其中有不少档案对研究明代法制有重大价值，如洪武时期的户口单和卖田契约是研究明代社会和经济制度的重要资料。

清代档案大致有六类：第一类是内阁承宣与内阁进呈的官方文书。前者指上官传下的文书，如制、诏、诰、敕、谕、旨等；后者指下官达上的文书，如启、奏、题本、表、笺，以及随本进呈的图、册、单、签等，试卷、试录亦附在其中。第二类是帝王言动与国家庶政的记录，如起居注、内起居注、奉旨章疏，以及六科抄录成册的史书等。第三类是官修书籍及其文件，如实录、圣训、会典、史、志及其他奉敕编撰的书籍，其稿本、档案亦附于其中。第四类是官家为修书而征集的材料，书成后有部分返回各处，余皆收藏。第五类是内阁日常行事的公文和档案稿件，如记事档、章奏以及各省来文或造送的册籍等。第六类是盛京移来的旧档，如满文老档与满文文件等。清代档案的主要内容包括十二个方面，即内政、军务、对外关系、镇压反抗、民族事务、财政、农田水利、工业交通、商

[①] 参见徐世虹：《汉简与汉代法制研究》，载《内蒙古大学学报》（哲学社会科学版），1992年第2期。

业贸易、文教、司法和天文地理。①

近代学者对内阁大库档案进行了保护和整理,其中贡献较大的是罗振玉,他利用这些档案材料编印了《大库史料目录》六编、《明季史料拾零》六种、《清史料拾零》二十六种、《史料丛编》二集、《清太祖实录稿》三种。1949年12月,东北图书馆编印了《明清内阁大库史料(第一辑)》上、下两册。

2. 内阁大库档案中法律史料的利用

内阁大库档案是研究明清两代法律制度的重要资料,近代学者对其进行研究,产生了一些文章:孟森1936年写成了《八旗制度考实》一文,1936年《文献论丛》刊登了曹宗儒的《总管内务府考略》,曹静华的《清代内官与内务府衙门之分析》对内务府机构的建制沿革进行了分析,1943年郑天挺发表《清代包衣制度与宦官》一文。但是,不可否认的是,当时的学者对这些法律史料的价值并没有明确的认识,也没有学者从中国法律史研究的角度进行相关研究。上述成果皆属于历史学研究的成果。需要指出的是,当时对内阁大库档案的整理在客观上为后来的中国法律史研究准备了丰富的研究资料,虽然这是"种豆得瓜"的结果。

---

① 参见李更旺:《敦煌石室佚书和内阁大库档案文献概述》,载《黑龙江图书馆》,1986年第4期。

下篇

当代中国法律史学
（1949—2022年）

本篇承上篇，主要梳理、总结1949年至2022年的中国法律史学的状况。这一时期的学术研究可以说是曲折发展的。曲折，是说我们曾一度违背学术发展规律，造成了"万马齐喑"的状况。发展，是说我们曾经的探索及1978年以来的改革开放促进了学术的繁荣。

改革开放以来，中国法律史学的研究成果呈井喷之象，不仅接续了清末、民国及20世纪五六十年代的研究，而且大大拓展了学科研究的领域。尽管当代研究无论是在学风上还是在深度上尚有进一步提升的空间，但大量的研究成果中不乏精品，这为今后的研究打下了良好的基础。

第六章

当代中国法律史学的演进

新中国成立以来的中国法律史学可以分为建设时期（1949—1965年），停滞时期（1966—1976年），恢复、发展繁荣和新拓展时期（1977—现在）。本章拟以1949—2022年的历史时段作为研究对象，对新中国成立至2022年的中国法律史学科发展的时代概观、研究面貌和学科建设状况进行分析，并揭橥其时代意义和历史启示。

一、当代中国法律史学的建设时期（1949—1965年）

中国法律史学作为现代社会科学体系中的一种学科形态至1949年中华人民共和国成立时已经具有百年之久的历史①，其在研究方法、研究对象、研究范围和学科基本价值取向等方面已渐趋成熟。作为民族基因的承载者、历史记忆的传承者和法律文明的守望者，中国法律史学在现代哲学社会科学体系中具有承前启后和融会贯通的作用。需要特别指出的是，在新中国成立初期"仿效苏联"的时代背景下，"苏联模式"成为我国社会主义建设理想的模板，"中国法律史"作为

---

① 中华人民共和国成立初期，受苏联法学理论的影响，在高等院校，中国法制史教研室改名为国家与法权（的）历史教研室，中国法律思想史改名为中国政治法律思想史，或归属于国家与法的理论教研室或归属于国家与法权（的）历史教研室。作为大学的课程，国家与法权（的）历史依旧是法学高等教育的必修科目，而中国政治法律思想史基本被边缘化。1979年中国法律史学会成立，学会刊物《法律史论丛》将法律制度史和法律思想史的文章编在统一的名称下，学界遂用"中国法律史"的名称统称中国法制史和中国法律思想史两个学科。参见刘广安：《中国法史学基础问题反思》，载张中秋编：《法律史学科发展国际学术研讨会文集》，中国政法大学出版社2006年版，第12页；曾宪义、郑定编著：《中国法律制度史研究通览》，天津教育出版社1989年版，第15页；曾宪义、范忠信编著：《中国法律思想史研究通览》，天津教育出版社1989年版，第10页；何勤华：《走进法律历史的深处——我国法律史研究的现状、问题与思考》，载《人民日报》，2015年2月9日。

高等院校的课程在学习苏联的时代大潮中也更名为"国家与法权（的）历史"。笔者在学科称谓上之所以用"中国法律史"而不用"国家与法权（的）历史"，是因为从学科纵向发展的视角可以将"国家与法权（的）历史"纳入中国法律史学科发展的历史之维，"国家与法权（的）历史"只是"中国法律史"在特定时期的一种学科演变形式。值得注意的是，尽管在课程命名和研究组织的名称上，中国法律史在这一时期更名为"国家与法权（的）历史"，但在研究中，中国法制史的名称依然被沿用，或"中国法制史"与"国家与法权（的）历史"两者并用。[1]

新中国成立初期的中国法律史学同其他学科一样面临着破旧立新的时代挑战，方法论意义上的转变则是人文社会科学在特定意识形态下呈现出的时代特色。"新中国成立后，创建了以马克思主义的世界观和方法论为指导思想的中国法制史科学"[2]，形成了以马克思列宁主义的历史观、国家观和法律观为指导，以阶级分析为主要研究方法的学科新格局，"造成了法制史学科发展中的革命性变革，中国法制史科学研究摆脱了唯心主义研究方法的限制，解决了马克思主义以前许多学者不能科学解释的问题"[3]。新中国成立初期的法律史学人孜孜不倦，用严谨踏实的治学态度承担起新时期法律史振兴的重任，推动了法律史学科在新时期的建构和革新，但是阶级分析方法在具体研究中的公式化和教条化运用不可避免地带来了法律史学科研究的僵化，学科自我意识在阶级批判和政治宣传的功能定位面前被削弱，"直到'文化大革命'期间，原本应是认真、科学的学术研究变成了极左思潮下的简单的非科学态度的宣传工具"[4]。

（一）一种镜像：中国法律史学科的时代概观

冯友兰在谈到如何研究中国哲学史时曾指出："研究某一时代内之哲学，而不明白那一时代哲学之时代背景，则必不能深刻理解那一时代内的哲学之真精神。"[5] 由于不同的时代际遇，历史总会留下不同的发展轨迹，也呈现出各具特

---

[1] 比如这一时期发表的论文有戴克光：《关于研究中国法制史的几个问题》，载《人民日报》，1956年12月30日；《中国法制史问题座谈会发言摘要》，载《政法研究》，1957年第1期；萧永清：《学习中国法制史初探》，载《政法研究》，1963年第3期；张晋藩：《试论"中国国家与法的历史"的对象》，载《教学与研究》，1958年第5期；蒲坚：《试论中国国家与法的历史的对象和范围问题》，载《新建设》，1958年第7期。

[2] 张晋藩：《编写〈中国法制史〉（多卷本）的初步设想》，载中国法律史学会编：《法律史论丛》（第一辑），中国社会科学出版社1981年版。

[3] 曾宪义、郑定编著：《中国法律制度史研究通览》，天津教育出版社1989年版，第17-18页。

[4] 曾宪义、郑定编著：《中国法律制度史研究通览》，天津教育出版社1989年版，第17页。

[5] 冯友兰：《怎样研究中国哲学史》，载李中华编：《中国近代思想家文库（冯友兰卷）》，中国人民大学出版社2015年版，第131页。

色的历史镜像，对历史镜像的描绘恰恰是研究一个时代文化现象的必要前提。要研究中国法律史学科发展的"真精神"，必须对中国法律史学在新中国成立之初的历史镜像进行白描，主要包括学科发展的时代背景和指导思想，以及学科的历史轨迹和基本架构。

1. 新中国成立初期中国法律史学科发展的时代背景和指导思想

1949年1月，毛泽东发表了《关于时局的声明》，提出要废除伪宪法和伪法统，1949年2月，中共中央发布了《中共中央关于废除国民党的六法全书与确定解放区的司法原则的指示》（以下简称《指示》），作出了全面废除国民党六法全书的决议，同时确立了解放区的司法指导思想和原则。华北人民政府于同年4月公布了《华北人民政府为废除国民党的六法全书及一切反动法律的训令》（法行字第8号，以下简称《训令》），以响应中共中央的指示。新中国成立后至"文化大革命"前夕，包括中国法律史研究在内的法学研究在"废除伪法统、司法改革运动、宪法的全民讨论和学习、法学界的反右斗争、人民公社化运动"[1] 以及"效仿苏联"等一系列历史事件的时代背景下展开，而宏大叙事的历史背景折射的是共和国法学研究的政治生态和历史逻辑。其中《指示》《训令》等文件奠定了新中国中国法律史研究的思想基础，营造了中国法律史研究的时代新氛围，提出了中国法律史研究的新问题。

中共中央《指示》指出："法律是统治阶级公开以武装强制执行的所谓国家意识形态。法律和国家一样，只是保证一定统治阶级利益的工具。国民党的六法全书和一般资产阶级法律一样，以掩盖阶级本质的形式出现，但是实际上既然没有超阶级的国家，当然也不能有超阶级的法律。"[2] 马克思主义认为，法律是占统治地位的统治阶级意志的体现，是一种体现国家意志的行为规范和秩序体系。《指示》明确指出了法律的阶级性，法律是统治阶级进行统治的工具，国家与法是紧密联系的，两者在性质上具有同一性。国家政权的更替在本质上体现为统治阶级阶级本质的变化，外在方面主要表现为意识形态的差别，而法律则是社会经济基础的意识形态化表达。因此从法与国家的阶级一致性角度出发，新中国成立后，不管是司法实践还是法学教育，都应该从无产阶级的观点和立场出发，体现法的阶级意志性。中国法律史学也应该以马克思主义关于阶级和阶级斗争的学说为指导，来研究历史上代表不同阶级利益的政权与法之间的关系。《指示》又指

---

[1] 周新民：《十年来新中国法学发展的回顾》，载《政法研究》，1959年第5期。
[2] 中国人民大学国家与法权历史教研室编：《中国国家与法权历史参考资料（现代史部分）》（第一辑），中国人民大学1954年版，第1页。

出:"同时,司法机关应该经常以蔑视和批判六法全书及国民党其他一切反动的法律、法令的精神,以蔑视和批判欧美日本资本主义国家一切反人民法律、法令的精神,以学习和掌握马列主义、毛泽东思想的国家观、法律观及新民主主义的政策、纲领、法律、命令、条例、决议的办法,来教育和改造司法干部。"[1] 新中国成立初期的法学教育主要依托司法机关和政府机构进行,一方面对旧司法人员进行改造,另一方面培养新政权急需的司法人才。《指示》明确了新中国法律教育的指导思想和原则,即在批判资产阶级法律制度和思想的基础上,以马列主义、毛泽东思想的国家观、法律观及新民主主义纲领等为基本的指导思想,以阶级分析为主要研究方法来研究国家与法权理论以及法的运动规律。这种指导思想和原则也为新中国法学研究在国家政策层面提供了一种方向性引导,推动了包括中国法律史学在内的新中国法学教育在指导思想和方法论上的转变。

《训令》指出:"人民要的法律,则是为了保护人民大众的统治与镇压封建地主买办官僚资产阶级的反抗,阶级利益既相反,因而在法律上的本质就不会相同","应该肯定,人民法律的内容,比任何旧时代统治者的法律,要文明与丰富,只需加以整理,即可臻于完善"[2]。《训令》指出,"人民的法律"是体现无产阶级利益的上层建筑的重要组成部分,新中国与旧社会的法律的相异之处在于阶级本质的不同,因此,法的阶级性和继承性关系问题成为中国法律史学界重点关注的一个问题。按照马克思对人类社会的阶段划分理论,社会主义社会是人类由资本主义社会向共产主义社会过渡的阶段,这一时期的法律等上层建筑进入了文明阶段。马克思阐明了法律发展的历史规律问题,法律的发展是一个从低级走向高级、从野蛮走向文明的历程。这也是新中国中国法律史学所面临的重大任务,即以国家与法的发展历史为基本脉络,对各个历史时期法的阶级本质和规律进行揭示,将对历史上不同时期法律先进与否的评价标准同法律本身所代表的阶级先进性以及对历史发展所起的推动作用相关联。《训令》最后指出:"用全副精神来学习马列主义、毛泽东思想的国家观、法律观,学习新民主主义的政策、纲领、法律、命令、条例、决议,来搜集与研究人民自己的统治经验,制作出新的较完备的法律案。"[3]《训令》与《指示》相辅相成,最终目的是为新中国司法实

---

[1] 中国人民大学国家与法权历史教研室编:《中国国家与法权历史参考资料(现代史部分)》(第一辑),中国人民大学 1954 年版,第 2 页。

[2] 中国人民大学国家与法权历史教研室编:《中国国家与法权历史参考资料(现代史部分)》(第一辑),中国人民大学 1954 年版,第 3-4 页。

[3] 中国人民大学国家与法权历史教研室编:《中国国家与法权历史参考资料(现代史部分)》(第一辑),中国人民大学 1954 年版,第 4 页。

践、法律教育和法学研究提供一种新的指导思想,引导新中国社会建构和发展的方向与道路。1949年9月通过的《中国人民政治协商会议共同纲领》(以下简称《共同纲领》)最终规定"废除国民党反动政府一切压迫人民的法律、法令和司法制度,制定保护人民的法律、法令,建立人民司法制度",从而在宪法层面为新中国政法建设的指导思想提供了依据。

1949年6月,中共中央法律委员会和华北人民政府司法部召集了法律问题座谈会,会议首先对"中华人民民主国家的立法需要、立法观点、立法方法以及立法方式等问题"进行了介绍,与会者认为在新时期法制建设过程中"新法理学的研究、新宪法与行政法的研究、法学史法制史的研究,也都有其必要"。在谈到如何更好地进行立法时,会议指出:"必须认真了解中国人民的生活和需要,必须详细研究中国革命的政策和经验,必须认真地和系统地去学习马克思列宁主义和毛泽东思想。同时大家认为我们的立法工作必须一方面以苏联和各人民民主国家的法学理论和法律作为主要参考材料和借鉴对象;另方面以中国过去各种旧法律与欧美资本主义国家各种法律作为附属参考材料和批判对象,因而大家提议应立即进行各种法学、法律图书资料的搜集、编译和整理工作。"[①] 会议同意组织包括法制史学科在内的十个研究组来推动新中国立法工作的科学化、大众化。学术界也有学者呼吁:"在解放战争全面胜利的前夕,在新民主主义建设即将展开的今日,为了推进革命的胜利,并巩固革命的胜利,中国文教工作者,应该毫不犹豫地在此一号召下,'发动一个全国性的运动'来研究学习马列主义——毛泽东思想,用以'整理,批判,改造旧学问',俾在新中国建设工程上,发生一种奠基的作用。"[②]

综上,新中国政法建设的指导思想和原则通过《指示》、《训令》以及《共同纲领》等形式确定了下来,这也为中国法律史研究提供了一定的方法论基础和价值导向,即以马克思列宁主义和毛泽东思想为指导思想,以历史唯物主义原理为基本研究方法,以法的产生、发展和消亡的历史过程为基本脉络,厘清国家与法的发展历史,揭示不同历史阶段法的阶级本质、特点及其发展规律,为马克思主义关于国家与法权的经典理论提供有力的论证依据,从而实现从肃清旧法统向建构新法权的历史转向,巩固和加强人民民主专政,保障社会主义新法制的初步建构和科学发展。

---

① 《中共中央法律委员会、华北人民政府司法部召集会议 座谈新立法问题 一致认为:毛泽东思想指导应成为新中国的立法原则 组织十个组研究宪法民刑等法规、用新的观点方法进行立法工作》,载《人民日报》,1949年6月18日。为避免脚注重复标注,本段未标注出处的引文均来自此文献。

② 更生:《思想改造与"批判利用旧学"》,载《新建设》,1950年第1卷第4期。

2. 新中国成立初期中国法律史学科的历史轨迹和基本架构

新中国成立初期形成了以马克思主义为指导的中国法律史学，开始了自学科创立以来从未有过的方法论意义上的转向。几乎所有的社会，"在民族危机和重大事变时期之后都有过重大教育改组的尝试"①。1952年国家进行了一次大规模的院系调整，对高等教育资源进行重新调整和整合，在政法教育领域形成了"五院四系"的基本格局。② 中国法律史学科在新中国成立以后受苏联法学教育模式影响更名为"国家与法权（的）历史"，当时包括中国法律史在内的法学教学研究工作面临着一系列难题，主要表现为："教学干部量少质弱，教学质量不高，教材图书资料缺乏，教学任务负担很重"③。

1950年，中国人民大学法律系国家与法权历史教研室在全国率先开始了法制史专业研究生的招生培养工作，本科生招生培养工作同时进行。④ 教研室共有四名教员，分别为郝正宇、刘国任、傅兴岭和林榕年，主任为刘琦，"在主任刘琦和苏联专家的指导与帮助下，以首创的精神来研究与讲授国家与法权通史、苏联国家与法权史、中国国家与法权历史等新学科"⑤。当时国家与法权历史学科的教学思路主要是按照1951年教育部制定的《法学院法律系课程草案的课程表修正稿》进行，即"讲授课程有法令者根据法令，无法令者根据政策……如无具体材料可资根据参考，则以马列主义、毛泽东思想为指导原则，并以苏联法学教材及著述为讲授的主要参考资料"。"国家与法权历史"被列入本科生的法律基础理论课程之中，体现了新中国成立初期国家与法权历史学科在高等法学教育体系中的学科地位以及国家对该学科的重视程度。当时全国没有统一的教材，旧中国

---

① ［美］卡扎米亚斯、马西亚拉斯：《教育的传统与变革》，福建师范大学教育系等译，文化教育出版社1981年版，第231－232页。

② "五院四系"的基本格局，即由五所政法院校（北京政法学院、华东政法学院、西南政法学院、西北政法学院、中南政法学院）和四所大学法律系（中国人民大学法律系、北京大学法律系、吉林大学法律系、武汉大学法律系）所组成的一种以培养新中国法律人才为重点的教育架构体系，在新中国法学教育史上具有极为重要的地位。

③ 陈守一：《改进高等法律教育工作，提高教学质量——读董必武同志在中共第八次全国代表大会发言后》，载《政法研究》，1956年第6期。

④ 1950年3月29日，中国人民大学公布各部、系、办负责人，任命朱世英为法律系主任。为了培养法学专业的教师，法律系同时以教研室为单位招收研究生，研究生也参与授课。1950年8月底，法律系开始工作，9月初开始上课。此时，法律系设有六个教研室：国家与法权原理、国家法、民法、刑法、国际法、国家与法权历史。初创时期的法律系教研室人员主要由三个部分构成：教员、研究生及工作人员。参见中国人民大学法学院院史编写组编：《中国人民大学法学院院史（1950—2010）》，中国人民大学出版社2010年版，第13－14页。

⑤ 中国人民大学法学院院史编写组编：《中国人民大学法学院院史（1950—2010）》，中国人民大学出版社2010年版，第14页。

的法律教材和图书资料不能使用,"北京大学法律系的个别学生在学习中国国家和法律的历史时反映:'老师指定的参考书,有些是借不到的,有些借到了,又不易看懂'"[1]。可供参考的学习资料主要包括苏联译著以及中国人民大学法律系、西南政法学院、华东政法学院和北京政法学院相继组织编写的《中国国家与法权历史参考资料》等,资料相对松散,理论性不强,且与中国历史的发展关联度较小,本土特征不明显。

1958年国家建设进入"大跃进"时期,国家与法权历史学科与同时代的其他学科一样注定无法脱离时代的脉动,也开始了学科建设和发展的"大跃进",以中国人民大学法律系国家与法权历史教研室为例:"在20世纪60年代初的规划中,对本教研室的发展也提出了很高的要求,例如,在资料建设方面,要求在1962年5月前结合讲义编写完成相关的参考资料汇编,字数要求在500万字左右,其中涉及的领域包括了通史课中的近现代部分、古代部分,中史课的奴隶制部分、封建制部分、太平天国部分、辛亥革命部分、北洋军阀部分、第二次国内革命战争部分、国民党部分以及抗日战争和解放战争部分。为提高教研室教师的业务水平,还要求各位教师发扬边学边干的精神,在教学工作中不断提高自己,对于英语学习和古代汉语学习也没有放松,教研室的各位教师每周都要抽出一定时间随研究生一起听课,共同提高。要求他们达到能够独立阅读英文书刊和看懂古代文献的程度。"[2]虽然学科建设受到当时"浮夸风"的影响,但是这一时期学科建设也卓有成效,国家与法权历史教研室以张希坡、曾宪义、林榕年等人为代表编写了一系列讲义和资料,满足了教学任务的基本需要。20世纪60年代,国家与法权历史教研室还承接了法律系的一部分科研项目,主要包括《中国国家与法权史教科书》和《国家与法权通史教科书》,其中《中国国家与法权史教科书》以《中国国家与法权历史讲义(初稿)》的形式分三册于1963年、1965年由中国人民大学出版社出版,成为新中国第一本中国法律史方面的专门教材,在中国法律史教育历程中有着举足轻重的历史地位。此外,北京大学法律系、北京政法学院等教学科研机构也组织专人编写了一系列汇编资料和参考资料。[3]

---

[1] 陈守一:《改进高等法律教育工作,提高教学质量——读董必武同志在中共第八次全国代表大会发言后》,载《政法研究》,1956年第6期。

[2] 中国人民大学法学院院史编写组编:《中国人民大学法学院院史(1950—2010)》,中国人民大学出版社2010年版,第69页。

[3] 这些资料主要包括:北京政法学院历史教研室:《中国国家与法的历史参考资料(古代史部分)》(共两册),1962年版;北京大学法律系国家与法的历史教研室编:《中国国家与法的历史参考书》,法律出版社1959年版;国务院法制局法制史研究室编:《中国法制史参考书目简介》,法律出版社1957年版;陈顾远:《中国法制史》,商务印书馆1959年版;等等。

截止到"文化大革命"前夕，中国法律史学的学科架构基本确定。在人才培养方面，基本建立了本科生教育和研究生教育双向并举的人才培养体系。在学科地位方面，"国家与法权历史"被列为新中国法学教育体系的基础学科，成为法科学生的必修科目。在学科完备性方面，师资配备上基本形成了"中苏合作"的格局，学科特色上实现了从新中国成立之初以苏联国家与法权历史为研究重点到对中国自身国家与法权历史的研究的转向，教材建设上各政法院系紧随时代步伐，在旧法统废止与新法权研究尚未成熟的历史空窗期勠力同心，筚路蓝缕，编写整理了一系列以马克思列宁主义、毛泽东思想为指导的讲义、教材、资料汇编等。在科研机构建设方面，经过20世纪50年代的院系调整，传统的"五院四系"格局基本形成。学科研究的对象和方法基本定型，研究对象主要包括：（1）中国国家与法的产生和它们在各个历史阶段里面的发展变化的过程；（2）在特定历史阶段里面的中国国家制度和法律制度以及它们所具有的特点；（3）中国国家与法在不同时期所发生的作用；（4）人民民主政权及其法制的产生、发展和它在各个革命历史阶段中所发挥的巨大创造性的作用。① 在研究方法方面，引入历史唯物主义的研究方法对历史上的国家与法进行阶级分析和阶级批判，论证马克思主义经典理论的正确性。

（二）一种方法：阶级分析方法引入法律史

1949年通过的《共同纲领》规定："提倡用科学的历史观点，研究和解释历史、经济、政治、文化及国际事务"。"用科学的历史观点"在当时主要指的就是用历史唯物主义的原理和方法指导社会建设，阶级分析方法是马克思主义经典理论中的一种重要的方法，揭示了阶级的产生原因、表现形式及其发展、消亡的规律，成为新中国成立初期中国法律史研究的方法论基础。

"今天研究中国法制史比前人最有利的一个条件，就是我们有了历史唯物主义这个科学方法。"② 马克思主义认为："每一历史时代的经济生产以及必然由此产生的社会结构，是该时代政治的和精神的历史的基础；因此（从原始土地公有制解体以来）全部历史都是阶级斗争的历史，即社会发展各个阶段上被剥削阶级和剥削阶级之间、被统治阶级和统治阶级之间斗争的历史"③。而中国几千年历史的交替发展恰恰是马克思主义阶级斗争理论的有力实证，新中国成立初期中国法律史研究就是对不同社会形态下的法的阶级性进行分析，并揭示其背后的阶级

---

① 参见戴克光：《关于研究中国法制史的几个问题》，载《人民日报》，1956年12月30日。
② 戴克光：《关于研究中国法制史的几个问题》，载《人民日报》，1956年12月30日。
③ 马克思、恩格斯：《马克思恩格斯选集》（第1卷），人民出版社2012年版，第380页。

关系和阶级矛盾,从而反映社会发展的客观规律。按照马克思主义的理论,阶级分析方法的运用必须做到"分析社会各阶级的经济地位和政治态度;分析阶级对比关系和特点;分析不同历史条件下阶级关系的变化;用阶级观点分析一切社会现象"①。这也是新中国成立初期中国法律史学运用阶级分析方法进行研究的基本原则。

首先,关于法的阶级性问题。

根据历史唯物主义的观点,生产力决定生产关系,而由生产关系所构成的经济基础决定了该社会的政治、法律、文化、意识形态等上层建筑,生产力或者经济基础的变化会引起生产关系和上层建筑的变化,生产力和生产关系、经济基础和上层建筑之间的矛盾运动推动着人类社会由低级向高级发展,社会的矛盾运动在阶级社会中直接以阶级矛盾和阶级斗争的形式表现出来。新中国成立以后,将历史唯物主义方法运用到法律史领域的直接表现是研究法在不同社会形态下的阶级表现形式。

法律作为上层建筑的具体表现形式直接决定于不同历史时期生产力的发展状况或者经济基础的性质,"我国古代法律的历史同国家的历史一样,也从没有中断过"②。一般认为夏朝是中国历史上氏族制度解体、奴隶制国家形成的时期,经济的发展促进了氏族内部财产的变化,自然共同体——氏族——出现了阶级分化,氏族成员的平等性发展成为奴隶社会奴隶主与奴隶之间的对立关系,奴隶主贵族为了巩固自身的统治,建立了政权,制定了奴隶制法律——禹刑,形成了中国历史上第一个国家——夏朝,这充分证明了马克思关于国家起源学说的正确性。马克思指出:"社会的物质生产力发展到一定阶段,便同它们一直在其中运动的现存生产关系或财产关系(这只是生产关系的法律用语)发生矛盾。于是这些关系便由生产力的发展形式变成生产力的桎梏。那时社会革命的时代就到来了。"③ 奴隶社会末期,随着生产力的发展,奴隶主和奴隶的矛盾呈现出一种新的表现形式,新的生产关系和上层建筑必然取代旧的生产关系和上层建筑。春秋战国时期,封建法律制度逐渐取代了奴隶制法律制度,封建统治者和被统治者之间的矛盾成为社会的主要矛盾。"封建国家的立法路线基本上是以前朝的法律为楷模,而转相援用"④。战国时期李悝所著《法经》,成为秦汉法典的蓝本。唐朝是历代封建王朝发展最繁荣的时期,也是中国古代传统法律制度发展的鼎盛时

---

① 高建德主编:《马克思主义哲学方法论》,中国政法大学出版社1992年版,第193-198页。
② 张晋藩:《中国古代国家与法权历史发展中的几个问题》,载《政法研究》,1963年第2期。
③ 列宁:《列宁选集》(第2卷),人民出版社2012年版,第424页。
④ 张晋藩:《中国古代国家与法权历史发展中的几个问题》,载《政法研究》,1963年第2期。

期。在这一时期统治者总结历代立法和司法经验,制定了中国古代法典的集大成者——唐律。唐律对于缓解统治阶级与被统治阶级之间的矛盾具有重要的意义,也为后世王朝通过法律来调整阶级矛盾提供了重要的借鉴。宋元明清法典体例基本以唐律为蓝本,统治者根据阶级矛盾出现的新形式对法典进行适当的调整。封建法典作为封建社会的上层建筑的组成部分,始终是统治者进行统治的工具。清末以降,中国的法律制度伴随着西法东渐之风开启了改良的进程,社会的基本矛盾开始出现变化,相应地,法律制度也随着中国近代以来的社会状况和统治阶级意志的变化而不断地发展变化。综上,新中国成立初期的中国法律史研究基本上按照以上思路[1]"对法律制度进行阶级的历史分析"[2],把握中国历史上法律发展的阶级特征和历史规律,根据法律对社会生产力和经济基础所起的作用来确定法律优劣的标准。当然,"运用经济基础和上层建筑的学说来研究中国法制史,确是一个最正确的途径,但是经济基础与上层建筑中间的关系,则极为复杂"[3],然而在这一时期,尤其是在反右派斗争时期,马克思主义阶级分析的方法被绝对化,不可避免地会限制学术研究的多元,导致中国法律史研究出现萧条的局面。要全面地了解中国历史上不同历史时期经济基础与法律之间的关系,就要全面地了解不同社会形态下政治、经济、文化等对统治阶级意志的影响,这既体现了历史唯物主义在中国法律史研究中的科学态度,更是阶级分析方法运用的前提和基础。

其次,关于法的继承性问题。

马克思主义认为,"法的现象作为一种特殊的上层建筑现象,与其他上层建筑现象一样,具有历史的继承性"[4]。法植根于一定的社会经济基础,而且这种经济基础可以为下一种类型的社会所利用,相应地,这种经济基础之上的法也可以为后来的历史所继承。关于继承,马克思在《路德维希·费尔巴哈和德国古典哲学的终结》中给出了两种形式:一种是赋予旧法新的阶级内容,另一种是在旧法的基础上制定新的法律。新中国成立之初关于法是否具有继承性的问题,即如

---

[1] 例如,新中国成立以后我国第一部国家与法权历史教科书《中国国家与法权历史讲义(初稿)》(共三册)(中国人民大学国家与法权历史教研室编,中国人民大学出版社1963、1965年版)就是按照这种体例编写的。按照"中国奴隶制国家与法权""中国封建制国家与法权""中国半殖民地半封建时期的国家与法权""新民主主义革命时期的人民民主政权和人民民主法制"的历史分期,该书分为四编。
[2] 韩延龙、刘海年:《关于法制史的研究对象和方法问题》,载中国法律史学会编:《法律史论丛》(第一辑),中国社会科学出版社1981年版。
[3] 戴克光:《关于研究中国法制史的几个问题》,载《人民日报》,1956年12月30日。
[4] 公丕祥主编:《马克思主义法律思想通史》(第一卷),南京师范大学出版社2014年版,第634页。

何处理新政权与旧法之间的关系问题，法律史学界有过一次讨论①，主要形成了两种观点：第一，法的阶级性抹杀其继承性。法律作为阶级统治的工具，是社会上层建筑的一个重要组成部分，具有鲜明的阶级性。"无产阶级是人类历史上被剥削阶级第一次掌握政权的阶级。它同剥削阶级是根本对立的，有着完全不同的社会基础和上层建筑，必须彻底破坏剥削制度。因之，作为保护资本主义剥削制度镇压广大劳动人民的资产阶级的法律，不能为无产阶级所继承也是自然的。无产阶级建立的法律体系是崭新的同资产阶级法律根本对立的法律体系。"② 新旧政权具有鲜明的阶级差异，因此新旧法律之间不具有继承性，张景华、高炀、潘念之等人持这一观点。第二，法的阶级性与继承性并存。这种观点认为法的阶级性与继承性并不矛盾，"阶级性只是决定了继承的方式、方法，是同质的或非同质的，完全抹杀了法的继承性，既不能科学地解释法律发展过程的复杂性，亦不能对于法的阶级本质得到全面的理解"③。对于旧法应该批判地继承，李祖荫、张晋藩、杨玉清、张映南等人持这一观点。关于法的继承性问题，学界一直讨论到1958年反右派斗争时期。在反右派斗争中第一种观点得到认可，而第二种观点被完全批判，"法的继承性"被否定，"阶级性"成为新中国成立之初新法的本质特征，这就决定了中国法律史研究必须以法的阶级性为中心，以阶级分析的方法展开研究。但是大部分学者仍认为，"不继承旧法不等于不整理不研究旧法⋯⋯即使是最反动、最腐朽的东西，如果作为资料来说，对我们还是有用的"④。学术界仍然需要对旧法进行整理、研究，目的是更好地批判、揭露旧法反动的阶级本质。"我们要认真地研究旧法，并且把它看作是一部分有价值的资料来加以研究，以便掌握其内容，揭露其本质，更彻底、更深入地批判它。"⑤ 因此，中国法律史学界在当时的社会环境下面临着两项时代性任务——整理祖国的旧法遗产和批判、揭露旧法的阶级本质。

整理、研究法学遗产成了中国法律史学界在新中国成立之初的一项重大历史

---

① 在20世纪50年代末，关于法的阶级性和继承性的问题，全国各地展开了一次大规模讨论。中国政治法律学会、上海法学会等组织过三次集体讨论，许多法学家参与讨论并提出了自己的见解。此外，北京大学法律系、复旦大学法律系以及北京政法学院等科研机构也组织学生进行了讨论，形成了一种良好的学术氛围。参见张晋藩：《关于法的阶级性和继承性的意见》，载《政法研究》，1957年第3期；方今：《也谈法的阶级性和继承性》，载《法学》，1957年第2期；梅耐寒：《关于"法的阶级性和继承性"的讨论——介绍上海法学会第二次学术座谈会》，载《法学》，1957年第2期；郭宇昭：《略论法的继承性》，载《法学》，1957年第3期；《中国法制史问题座谈会发言摘要》，载《政法研究》，1957年第1期。
② 张景华：《关于法律继承性中的几个问题》，载《法学》，1957年第5期。
③ 张晋藩：《关于法的阶级性和继承性的意见》，载《政法研究》，1957年第3期。
④ 张景华：《关于法律继承性中的几个问题》，载《法学》，1957年第5期。
⑤ 万山：《驳"继承祖国法的遗产论"》，载《法学》，1957年第3期。

任务，带有强烈的目的性和意识形态色彩，全面服务于新政权的政治建设和制度完善。李祖荫认为："从前那些法制史著作，除了少数几部确费了大量精力以外，几乎都是千篇一律地'罗列资料'，有些还'钻牛角尖'的做些似是而非的考证，很少或者没有加以分析和批判。"① 而现在对于祖国法学遗产的继承是建立在马克思列宁主义之上的，且有了辩证唯物主义和历史唯物主义等科学的方法论指导，法学遗产的整理工作才会更加科学、系统和高效，才能真正调动一切积极因素完成这一项浩大的工程。法律史学者对于如何整理法学遗产提出了自己的看法：集中人力，明确分工，展开法制古典文献的注译工作，有计划、有步骤地对古代典籍进行汇编，并通过编写教材、整理资料推动法律史教学工作的开展。在这一时期中国法律史学界展开了一系列法制古籍的汇编点校工作，取得了一定的成果，例如《清史稿刑法志注解》②《折狱龟鉴选译》③《洗冤集录》④《辛亥革命资料》⑤《中外旧约章汇编》⑥《宋大诏令集》⑦ 等。⑧ 国务院法制局法制史研究室于1957年编写出版了《中国法制史参考书目简介》一书，时任国务院政治法律委员会主任董必武⑨题词：

> 这本书目简介的编写，只是整理我国法制史资料的开端。希望有志这门学问的人赓续前进扩展法制史的研究工作。⑩

北京大学法律系国家与法的历史教研室于1959年编写了《中国国家与法的

---

① 《中国法制史问题座谈会发言摘要》，载《政法研究》，1957年第1期。
② 参见国务院法制局法制史研究室注：《清史稿刑法志注解》，法律出版社1957年版。
③ 参见王兰升注译，刘汝霖校：《折狱龟鉴选译》，群众出版社1962年版。
④ 参见（宋）宋慈：《洗冤集录》，贾敬涛点校，法律出版社1958年版。
⑤ 参见中国科学院近代史研究所史料编译组编辑：《辛亥革命资料》，中华书局1961年版。
⑥ 参见王铁崖编：《中外旧约章汇编》，生活·读书·新知三联书店1957年版。
⑦ 参见司义祖编：《宋大诏令集》，中华书局1962年版。
⑧ 此外，上海社会科学院政治法律研究所中国国家与法的历史研究室古代史组，自1959年起分别就中国历代刑法志和唐律进行整理和注释的工作。他们把各代正史中的刑法志原文分作若干篇（已分的保持原状），每篇之前写一内容提要，然后分段进行注释。注释以专业性的词、语为重点，对古代汉语的难解词句也适当地加以注释。释文力求简明通俗，一般不旁征博引，也不作考证。为了比较全面地介绍各代法制概况，他们还根据历史文献，编写各代刑法志的《前言》一篇。参见《上海政法研究所整理中国法制史资料》，载《人民日报》，1962年2月3日。
⑨ 董必武（1886—1975），中国共产党创始人之一。湖北黄安（今红安）人。青年时代参加孙中山领导的同盟会，参加辛亥革命。后接受马克思主义，1921年出席中国共产党第一次全国代表大会。中华人民共和国成立后，担任过中央财经委员会主任，中央人民政府政务院副总理、政务院政法委员会主任，最高人民法院院长，中华人民共和国副主席、代主席，中央政治局常务委员等职务。董必武是中国共产党高级领导人中为数不多的对法学有深湛研究的人，并长期负责党和国家的政法工作。他对人民代表大会制度、社会主义法制都有着深入的论述。参见《中国大百科全书·法学》，中国大百科全书出版社1984年版。
⑩ 国务院法制局法制史研究室编：《中国法制史参考书目简介》，法律出版社1957年版。

历史参考书》,一方面是为了方便法律史教学的需要,另一方面是对我国古代历史上的法制典籍进行梳理,以便更好地进行研究和批判。因此,对旧法进行批判便成了中国法律史学界伴随着法学遗产整理工作的一项宏大的评价工程。列宁认为,摧毁旧法制是阶级斗争的最高形式。① 1949年中共中央发布的《指示》也旗帜鲜明地要求与旧法彻底割裂,对待旧法的态度决定了新中国法制建设的立场、方向和道路,中国法律史学的研究也是以法的阶级性为中心对旧法的阶级本质进行揭露和批判。1954年中国人民大学国家与法权历史教研室编写了一套《中国国家与法权历史参考资料(现代史部分)》,共三辑,其中第一辑收录了国民党政府时期的法律法规,其目的正如该书扉页"编者的话"所指出的:

> 我们为了教学的需要,将有关国民党反动国家制度的一些重要反动法令收集于本辑中。以便用马列主义的立场观点方法来对这些反动法令进行分析与批判,以达到揭露国民党反动统治实质的目的。②

1956—1958年中国人民大学国家与法权(的)历史教研室编写的《中国国家和法权(的)历史参考资料》③ "编者说明"中,也表达了对旧法的揭露和批判:

> 中国国家和法的历史目前尚无教科书,为了满足教学需要特将有关法律法令汇集成册,以供教员和学生参考。
> ············
> 在本时期内,国民党政府曾颁布了很多反动法律,每一种法律都作过多次修改,要把它们全部刊印出来是没有必要的。因此,这里仅搜集一些较重

---

① 列宁在《论拥护召回主义和造神说的派别》一文中指出:"当谈到法律许可的斗争的低级形式时,便用'反动派的机械力量'、'不能进行相当广泛的工作'、'蜕化的危险'等等说法来吓唬我们。可是当谈到摧毁旧的法律的阶级斗争的最高形式时,'反动派的机械力量'便无影无踪了,在军队中根本'不能'进行'相当广泛的'工作的说法也听不见了,指导员小组和指导员学校据说也根本不会有什么'蜕化的危险'了!"列宁:《列宁全集》(第19卷),人民出版社2017年版,第77页。

② 中国人民大学国家与法权历史教研室编:《中国国家与法权历史参考资料(现代史部分)》(第一辑),中国人民大学1954年版,"编者的话"。

③ 中国人民大学国家与法权(的)历史教研室编写的《中国国家和法权(的)历史参考资料》于1956—1958年由中国人民大学出版,分别为中国人民大学国家与法的历史教研室编辑:《中国国家和法的历史参考资料(第二次国内革命战争时期国民党反动政府)》,中国人民大学1956年版;中国人民大学国家与法权历史教研室编辑:《中国国家和法权历史参考资料(抗日战争时期国民党反动政府)》,中国人民大学1957年版;中国人民大学国家与法的历史教研室编辑:《中国国家和法的历史参考资料(第三次国内革命战争时期的国民党反动政府)》,中国人民大学1956年版;中国人民大学国家和法权历史教研室编辑:《中国国家和法权历史参考资料(第三次国内革命战争时期解放区的政策、法令选集)》,中国人民大学1958年版。

要的具有代表性的法律。

为了帮助读者更深刻地认识国民党反动法律的本质，特于开首刊登了"中共中央关于废除国民党的六法全书与确定解放区的司法原则的指示"等三篇文章，并代作序言。

——中国国家和法的历史参考资料（第二次国内革命战争时期国民党反动政府）

....

本辑所收集的是抗日战争时期国民党政府的若干主要法律文件……为了帮助读者了解国民党政权的反动性和揭露反动派在抗日战争时期所玩弄的"宪政"的实质，特于开首刊印了1940年"延安各界宪政促进会宣言"及"解放"杂志社论等五篇文章。

——中国国家和法权历史参考资料（抗日战争时期国民党反动政府）

....

本辑所搜集的是第三次国内革命战争时期有关国民党反动政府国家制度和法的若干主要文件……

为了帮助读者进一步认识国民党政府国家制度和法的反动本质，特将当时中国共产党和人民解放军有关这方面的宣言、声明和"解放日报"、"新华社"的社论，编插在每个部分里。

——中国国家和法的历史参考资料（第三次国内革命战争时期的国民党反动政府）

华东政法学院马克思列宁主义关于国家与法的历史教研组也于1956年编写了《中国国家与法的历史参考资料》（共三册），其编写目的同样是便于教学，同时对国民党政府反动的阶级本质进行揭露，总结人民民主政权的发展规律，为更好地建构和完善新政权上层建筑体系营造舆论氛围，奠定理论基础。20世纪50年代中国法律史学界对旧法的整理和批判已经成为一股潮流，尤其是在反右派斗争之后，政治几乎成为影响学术的主导因素。"在中国法律史研究过程中，人们过于注重研究成果的实用价值和政治影响，忽视了其学术价值"[①]，导致中国法律史这门在新中国成立之初就已经政治化的学科在20世纪50年代末的政治运动中逐渐成为政治宣传的一个部分。1959年1月，商务印书馆再版了初版于1934年的陈顾远所著的《中国法制史》一书，该书的"重印说明"中反映了特定时代

[①] 马小红：《中国法律思想史学科的设置和发展》，载韩延龙主编：《法律史论集》（第4卷），法律出版社2002年版。

背景下学术与政治之间的一种微妙关系：

> 本书在1934年初版印行。内容分总论、政治制度、狱讼制度、经济制度等四编，综合地叙述了从先秦到清代中国法制的发展和演变的史实，收集的史料相当丰富，在同类新著出版以前，还可供研究我国政法史的读者作为参考。但这是一部旧书，立场观点都有问题，对于阶级划分的看法更多错误。现在利用原纸型重印，当作资料性的书用，只供内部参考。①

（三）一种启示：在历史的功过中前行

中国法律史学在新中国成立初期经历了一个"破旧立新"的探索过程，在这一时期中国法律史研究改变了近代以来杨鸿烈、梁启超、陈顾远等人开创的法律史研究进路，运用马克思列宁主义的立场、观点和方法进行研究。但是特殊时代背景下学术与政治之间的关系，使这一时期中国法律史学的发展背离了学术规律和研究传统，"学术自身失去了独立存在的空间和发展前景"②，"中国法律史被简单化为阶级压迫史、阶级斗争史"③。综上所述，我们基本上可以勾勒出新中国成立初期（1949—1965年）中国法律史研究的时代图景。

第一，学术氛围热烈，科研景象繁荣。新中国成立初期中国法律史研究一度出现"百家争鸣"的学术景象，学术共同体内部针对法律史研究中的不同问题展开激烈的讨论，例如关于法的阶级性和继承性问题、如何对待旧法的问题、整理祖国法学遗产的问题、学科命名问题、国家与法的起源问题等等，专家学者纷纷表达自己的意见和建议。这种学术批评和观点商榷之风构成了20世纪五六十年代中国法律史研究的基本景观。

第二，研究方法单一，阶级分析方法被绝对化。在新中国成立之初，中国法律史学界积极响应中央《指示》的号召，以马克思列宁主义、毛泽东思想为指导思想，阶级分析方法成为中国法律史研究领域的主导方法。这种方法揭示了国家与法的关系和法作为上层建筑在不同历史时期的矛盾运动规律，对于新生政权的巩固和意识形态的建构起到了积极作用。但是，单一的阶级分析方法忽视了中国几千年以来传统法律文化的深刻价值，也忽视了法律史研究的文化解释功能，致使中国法律史研究囿于不同历史阶段剥削阶级和被剥削阶级的矛盾斗

---

① 陈顾远：《中国法制史》，商务印书馆1959年版。
② 马小红：《中国法律思想史学科的设置和发展》，载韩延龙主编：《法律史论集》（第4卷），法律出版社2002年版。
③ 倪正茂：《中国古代法律功能再审思》，载倪正茂主编：《批判与重建：中国法律史研究反拨》，法律出版社2002年版。

争，显然成了一部"阶级压迫史"①。另外，研究方法的单一使得中国法律史研究朝着重复研究和教条化的方向发展，既不能提炼出中国传统法律中的历史价值，又不能指导当时的法学研究和司法实践，最终导致自身传统的断裂和学术的萧条。正如李侃在回顾新中国历史学发展时指出的："在分析和认识阶级社会历史的问题上，阶级斗争的观点和阶级分析的方法是最有力的理论武器。但是，如果把它绝对化、片面化，甚至把它当作僵化的公式和死板的教条，正确也会转化为谬误"②。

第三，研究者学术勇气有余，而理性不足。新中国成立以后，中国法律史研究者信心满满地要在新的时代把中国法律史研究推向高潮。李祖荫在1956年11月召开的中国政治法律学会关于中国法制史的座谈会上谈道："向科学进军的伟大时代已经到来了！各门科学都是蓬蓬勃勃地前进，而法制史一科，还是'冷门'。我们一定要在中国共产党领导下，组织力量，实事求是地根据马克思列宁主义的观点，在几年或十几年内写出一部或几部有价值的中国法制史简编或者专史如宪法史、刑法史、民法史等等，这是我们法律工作者应有的责任，不容许诿之别人或后人的科学上一件大事。"③ 全国各地政法院系和科研机构对新中国中国法律史研究的对象、方法和命名等问题展开了激烈的讨论，中国法律史学人对于推进和平时期的中国法律史发展，勇气和信心十足，难能可贵。对于一个学术领域的健康发展来说，研究者的勇气固然重要，但是勇气需要理性的引导才能使学术研究健康地发展。新中国成立初期中国法律史研究从一开始效仿苏联到后来对阶级分析方法的教条僵化使用，使中国法律史研究陷入了一种窘境，学科的自我意识也在这种科研风向下渐失。

第四，学术创新缺失，研究出现僵化。首先，新中国成立初期中国法律史研究在一定程度上抛弃了本学科固有的学术传承，在法的阶级性和继承性之争中最终否定了法的继承性，旧法被视为阶级批判的对象；而且当时的法律史研究一味效仿苏联，从科研人员到教材，基本都是苏联式的，甚至有的研究资料是直接从苏联的文本翻译过来的，只是标注了"中华人民共和国"等字样。不过在中苏关系出现变化之后，中国法律史学者及时指出了"苏化"带来的僵化问题，并进行了研究转向，从苏联国家与法的历史研究转向中国国家与法的历史研究。其次，这一时期的中国法律史研究在一定程度上成了一种仅仅为马列主义经典理论进行

---

① 倪正茂、杨一凡、徐忠明、陈晓枫：《批判与重建：中国法律史研究反拨》，载《社会科学报》，2002年2月21日。

② 李侃：《双百方针的兴废与历史学的荣枯》，载《人民日报》，1986年6月2日。

③ 《中国法制史问题座谈会发言摘要》，载《政法研究》，1957年第1期。

论证的学问，也就是说中国法律史的研究过程其实就是为马列主义经典理论寻找实证的过程，正如吴恩裕在研究国家与法的起源时说的，"有几位青年同志给本书初稿提意见的时候，他们都希望能够找到有关国家起源的'阶级矛盾不可调和'的具体事实"①。

回顾中国法律史学在新中国成立初期（1949—1965 年）的发展历程，我们可以得出以下几点启示。

第一，应突破方法论上的自我禁锢，力求多元发展。新中国成立初期中国法律史研究主要使用阶级分析方法，不重视史料的运用，最终导致学术研究的"空心化"，因此，方法论的改进是中国法律史学科发展的必由之路。陈顾远曾指出："方法论即研究论之谓，对于中国法制之史实史料如何使之而化为史也。中国法制史，史学也，亦法学也，对于过去之史实资料，必须兼备史学法学之知识，采用科学方法处理之，乃可成为中国法制之史的观察。"② 中国法律史学是一个兼具法学和历史学双重特性的研究领域，其自身性质即决定了本领域的研究应该兼采法学和史学的多种研究方法，即陈氏所言"科学方法"，否则研究方法的单一必将导致学术萧条。具体来说，"惟如兼有史学、法学两种知识而本于科学方法为之，或免于散珠在盘之无其体系，瑕瑜并见之无其组织，对于中国法制史之治学理想，虽不中不远矣"③。史料是研究中国法律史必不可少的原材料，且对法律史料的整理和搜集是中国法律史研究的基本前提，因此，"述学"④ 能力是中国法律史学者的基本功。胡适在论述史料在哲学史研究中的运用时作了比较精准的表达：

> 第一步须搜集史料。第二步须审定史料的真假。第三步须把一切不可信的史料全行除去不用。第四步须把可靠的史料仔细整理一番……做到这个地位，方才做到"述学"两个字。然后还须把各家的学说，笼统研究一番，依时代的先后，看他们传授的渊源，交互的影响，变迁的次序：这便叫做"明变"。然后研究各家学派兴废沿革变迁的原故：这便叫做"求因"。然后用完全中立的眼光，历史的观念，一一寻求各家学说的效果影响，再用这种种影

---

① 吴恩裕：《中国国家起源的问题》，上海人民出版社 1956 年版，第 57 页。
② 陈顾远：《中国法制史概要》，三民书局 1977 年版，第 9 页。
③ 陈顾远：《中国法制史概要》，三民书局 1977 年版，第 9 页。
④ "述学"是胡适在论述中国哲学史研究时谈及的正确使用、整理史料的一种方法。如胡适所言，哲学史须下一番功夫方可实现明变、求因、评判的三个目的，这个根本功夫就是"述学"。述学是用正确的手段、科学的方法、精密的心思，从所有的史料里面，求出各位哲学家的一生行事、思想渊源沿革和学说的真面目。参见胡适：《中国哲学史大纲导言》，载耿云志编：《中国近代思想家文库（胡适卷）》，中国人民大学出版社 2015 年版。

响效果来批判各家学说的价值：这便叫做"评判"①。

中国法律史在学科体系划分上又是法学的一个分支，这决定了其研究视角、方法和目的应该带有法学学科的特点，研究的目的最终服务于中国的法律实践和法学研究。中国法律史研究既要秉承史学研究中"有一分资料说一分话"的方法，又要将法学的基因植入中国法律史研究的方法之中，尤其是中国法律史研究与部门法的融合，如宪法史、民法史、刑法史等研究领域的出现，既是中国法律史研究的方法革新，也是中国法律史研究的范式转变。"研究方法的多元和创新，可以带来研究领域的拓展和研究问题的深化。"② 在几十年的发展中，中国法律史学研究方法受到社会学、统计学、经济学等学科研究方法的影响，出现了一些新的研究方法，如统计分析、经济分析、"二重证据"法、田野调查、司法档案研究等方法，进一步开拓和扩展了中国法律史学的研究范围。

第二，应明确学术和政治的界限，营造宽松的学术环境。"20世纪的后半叶，是政治或政权与学术几乎不分的时代，法律史学科的兴衰随着政局的变化而变化。"③ 新中国成立之初中国法律史研究采用苏联的"政法模式"，宣称"国家与法律是为实现一定阶级的政策而服务的。法律如离开政治就什么也不是了，政治是法律和法纪的基础，法律的任务，就是要在法律上表现出政治思想、政治目的和政治任务"④。于是包括中国法律史学在内的法学研究与政治的互动便开始了。首先，按照学术发展的规律，学术和政治并非水火不容，两者有一种天然的亲和力，张载曾提到中国读书人的历史使命应该是"为天地立心，为生民立命，为往圣继绝学，为万世开太平"。顾炎武也曾经说过："君子之为学，以明道也，以救世也。"⑤ 其次，学术和政治应该保持适度的张力，明确彼此之间的界限，这样，学术能够保持自身的纯洁和独立，政治也能够彰显自由和民主之风。学术和政治存在对待真理的不同立场："站在学术的立场，总是以探求普遍而妥当的绝对真理为目标，并且个人对自己所认定的真理总是要负绝对的责任……但站在

---

① 胡适：《中国哲学史大纲导言》，载耿云志编：《中国近代思想家文库（胡适卷）》，中国人民大学出版社2015年版。

② 何勤华：《走进法律历史的深处——我国法律史研究的现状、问题与思考》，载《人民日报》，2015年2月9日。

③ 马小红：《关于法律史学科发展的一点想法》，载张中秋编：《法律史学科发展国际学术研讨会文集》，中国政法大学出版社2006年版。

④ ［苏］苏达里可夫：《对资产阶级法学反动本质的批判——1951年3月7日在中国新法学研究会上的讲演》（上），陈汉章校，载《中央政法公报》，1951年第26期。

⑤ （清）顾炎武：《顾亭林诗文集》，中华书局1959年版，第98页。

政治的立场来说,任何学术上的真理,只能作为是一个可以变动的相对真理。"①因此,学术一旦与政治合流,学术对于真理的追求由于政治力量的干扰便会大打折扣,一个自我禁锢的领域是无法实现学术研究的自由和突破的。最后,学术是一种致力于真理的人类事业,而不是为政治辩护的工具,政治环境的包容必将带来学术的多元,否则,学术就会失掉其本身的价值和意义,正如徐复观所提出的:

> (如果)自己所未达到的人生境界,便要武断地加以踏平;每个人都觉得自己是知识世界的全体,自己就是人格世界的全体。像这种精神中的各个极权王国,若不设法把它敞开,则人类的文化、个人的生命都将感受到窒息,而失掉谈文化、讲思想的真正意义。②

政治之于学术也是如此:学术自身的志向和政治本身的逻辑存在先验上的差别,其最终的目的也是有所不同的。新中国成立初期,如同其他社会科学一样,中国法律史研究自觉归附于政治,学术研究在方法论上出现了危机,尤其是经过反右派斗争之后,"百家争鸣"的学术氛围在政治影响下"化归于一",这也是中国法律史研究应该反思和引以为戒的地方。

第三,应尊重学术传承,保持思想独立。首先,理论的创新和突破需要以已有的理论为起点,如果刻意切断学术传承,那么学术研究自然会成为无源之水、无本之木。"自西学传入,便有'新学''旧学'之分。创新甚至被学界视为'学术'的生命。但是,在倡导创新的同时,我们似乎忘记了'传承'才是学术发展的基础和基本规律,没有传承的'创新',是没有生命力的,这也是近代以来,法史领域中许多问题被重复研究却难有进展的原因。"③ 在新中国成立初期,中国法律史研究显然出现了与传统的断裂,既包括与中国几千年以来的文化传统的断裂,也包括与近代以来形成的中国法律史的治学传统的断裂。进入21世纪以后,当人们发现传统的缺失无法支撑现代中国哲学社会科学的发展之时,回归传统的学术潮流也在逐渐兴起。其次,保持学术理性是实现学术创新的前提和关键,思想的独立是学术理性的核心所在,即学术是一种立足于实践并对特定哲学问题进行回应的独立思考。"不迷信权威,不拘泥成说,敢于在继承前人成果的基础上和老一代学者的提携奖掖下,提出具有新意的见解,敢于突破学术领域的

---

① 徐复观:《学术与政治之间》,华东师范大学出版社2009年版,第61页。
② 徐复观:《学术与政治之间》,华东师范大学出版社2009年版,"自序"。
③ 马小红:《中国法史及法史学研究反思——兼论学术研究的规律》,载《中国法学》,2015年第2期。

禁区，起到了一定的振聋发聩、开路先锋的作用。"① 冯友兰在论述中国哲学的研究方法时说明了如何做到"思想独立"：

> 路是要自己走的，道理是要自己认识的。学术上的结论是要靠自己的研究得来的。一个学术工作者所写的应该就是他所想的。不是从什么地方抄来的，也不是依傍什么样本摹画来的。②

最后，学术共同体也是保持学术理性、强化学科自我意识的一种主体性建构和组织设置。许纪霖指出："中国知识分子在本性上就不具备尼采、克尔凯戈尔那样的孤独气质，最终还是要寻求一个群落，一个可以依赖的归宿。"③ 在新中国成立初期，中国法律史研究形成了一种共同体氛围④，不同代际的法律史学人具有不同的时代敏感性，承担着各自的历史使命，针对学科发展进行热烈讨论，提出了一些富有时代性的见解。改革开放以后，学术共同体的建构开始成熟并推动着中国法律史学科不断进行反思，尤其是最近十几年来受其他人文社会科学的影响，中国法律史学的研究成果数量繁多，"新的研究机构和专业出版物不断涌现，学术团体运转日渐成熟"⑤。但是由于学术共同体内部的研究相对分散，难以形成对某种问题的共同讨论和持续研究，共同体内部的交流出现缺位，形成了一种学术繁荣背后的荒凉之景，折射出中国法律史研究过程中的问题，即研究成果数量虽多，但是有代表性的学术成果却不多。学术共同体在制度建构层面发展的同时，却又失去了学科内部和学科之间的对话机制。同时，"学术研究是一项非常艰苦的劳作，法律史的研究更加辛苦和清冷"⑥，研究者个人需要对历史保持十分的敬意，同时也需要耐心和包容心，只有这样才能推进中国法律史学的深入和持续发展，这也是时下中国法律史研究为突破困境所应该反省的重要一点。

---

① 葛承雍、任大援：《当代青年史学工作者史学研究之我见》，载《求是》，1992年第10期。
② 冯友兰：《中国哲学史新编》，载冯友兰：《三松堂全集》（第8卷），河南人民出版社1991年版，"自序"第2页。
③ 许纪霖：《中国知识分子十论》，复旦大学出版社2003年版，第202页。
④ 笔者认为，中国法律史研究的学术共同体在制度层面的真正建立其实是以1979年中国法律史学会的成立为标志，学会成立的会议总结了新中国成立以来学科发展的经验和教训，以新的时代视角对中国法律史的研究对象、方法以及法的继承性等基本问题进行了讨论，并提出了新时期中国法律史研究的时代蓝图。与会同志在民主协商的基础上，推选产生了中国法律史学会会长、副会长、理事、秘书长和副秘书长。中国法律史学会作为一种制度性建构为中国法律史研究提供了学术交流的平台，符合学术研究的规律，保障了学术共同体健康有序的发展。相关信息参见《我国法律史学界的空前盛会——中国法律史学会成立纪实》，载《法律史论丛》（第一辑），中国社会科学出版社1981年版。
⑤ 侯欣一：《学科定位、史料和议题——中国大陆法律史研究现状之反思》，载《江苏社会科学》，2016年第2期。
⑥ 何勤华：《走进法律历史的深处——我国法律史研究的现状、问题与思考》，载《人民日报》，2015年2月9日。

二、当代中国法律史学的停滞时期（1966—1976 年）

中国法律史学的发展在近现代中国有着相对清晰的发展脉络，但是在学术传承上存在不同程度的断层和归附，经历了从"另起炉灶"到"回归传统"的过程。近代以后，沈家本、杨鸿烈、陈顾远等人开创了中国法律史研究先河。新中国成立以后，阶级分析方法主导了中国法律史研究中的表达与实践。1966—1976年间，中国法律史研究面临着被禁止、被批判和被改造的命运，但这一时期考古文献的出土和整理在一定程度上维持了中国法律史研究的学术基因，提供了中国法律史研究的史料基础，为改革开放后的中国法律史研究之春的到来融冰蓄热。

本部分以现有史料和官方文件为基础，试图尽可能客观地描述这一时期中国法律史研究的社会环境和发展概况，从而清晰地揭示中国法律史学科在这一时期的困境及在这种困境下学者的坚守与取得的宝贵研究成果。

（一）历史之殇：时代齿轮的咬合与错位

1. 时代背景："文化大革命"爆发

"一九六六年五月中央政治局扩大会议和同年八月八届十一中全会的召开，是'文化大革命'全面发动的标志。"[①]"文化大革命"经历了三个发展阶段：第一阶段是从 1966 年 5 月"文化大革命"发动到 1969 年 4 月党的第九次全国代表大会召开，第二阶段是从 1969 年 4 月党的九大到 1973 年 8 月党的第十次全国代表大会召开，第三阶段是从 1973 年 8 月党的十大到 1976 年 10 月"文化大革命"结束。

1966 年 5 月中央政治局扩大会议通过的《中国共产党中央委员会通知》（简称《五一六通知》）将学术问题和政治问题混为一谈，"把与'左'倾理论不同的观点和意见，统统视为资产阶级思潮，从而否定了发展社会科学、自然科学所必需的自由的学术讨论，轻率地抛弃了'百家争鸣'方针"[②]。这决定了"文化大革命"期间学术完全服务于政治的状态。中国法律史学作为兼具政法色彩和历史意味的人文社会科学，这一时期必然也处于这样一种状态。

2. "文化大革命"时期中国法律史研究的时代困境

"文化大革命"全面开始之后，中国法学研究和教育的发展呈现出百花凋零的萧条景象，高校法律系停止招生，法学教学和学术科研工作被打乱。中国法律史在高等教育学科建制上被取消，大部分教学科研人员被迫参加劳动学习，中国法律史研究的部分图书资料亡佚，教学科研工作陷入停滞状态。

[①]《中国共产党中央委员会关于建国以来党的若干历史问题的决议》，人民出版社 1981 年版，第 25 页。
[②] 席宣、金春明：《"文化大革命"简史》，中共党史出版社 1996 年版，第 92 页。

在这一时期,中国法律史学同人在困境中依旧满怀着信念,保持着学术信仰和初心。特别是随着新的法律文献的出土,在出土法律文献资料的整理方面,他们都尽职尽责,利用一切机会进行学术研究,客观上为学术的复归创造着条件。

(二)历史之惑:"评法批儒"运动与史料整理

1. "评法批儒"运动:"政法法学"与"影射史学"

1971年九一三事件发生后,按照毛泽东的布置,在全国范围内开始了"批林整风"运动。1974年1月18日,中共中央发出《关于转发〈林彪与孔孟之道〉(材料之一)的通知》。自此"批林整风"运动演变成"批林批孔"运动。

"批林批孔"运动在各个领域,从各个角度迅速展开。随后,在江青等人的操纵下,"批林批孔"进一步发展为"评法批儒"活动。对历史上儒法之争的不同看法本是学术问题,此时却被歪曲用作斗争和宣传的工具。"中国法律史学成为阶级斗争的工具,成为无产阶级专政的工具,所谓研究成果,也大都贴以'标签',如'儒法斗争''影射史学'"①。同时,人们对"中国法律史"这门学科的价值和意义产生了很深的误解。

法学高等教育课程的政治化势必会带来学术研究领域的极端化和形式化,也会造成中国法律史研究领域历史虚无主义和法律虚无主义的泛滥。对理论联系实践的曲解,既违反了高等教育的基本规律,也是对学术自身价值的无视和讽刺。这个时期中国法律史学同其他法学学科一样难以摆脱在学科建制上被取消的命运,转而呈现出了另外一种学术样态——"政法法学"和"影射史学"的融合。

"政法法学"使法律完全依附于政治,法律在高度政治化中也变得标语化和口号化。"影射史学"是"评法批儒"运动中进行"批判"和"影射"的主要手法和宣传方式。中国法律史学的研究成果在这一特殊时期也无不打上了时代的烙印。

虽然这一时期中国法律史在学科设置上被取消,但是我们透过当时"影射史学"的历史巨幕可以隐约发现其暗淡的身影。② 中国法律史学作为兼具法学和史

---

① 汪汉卿、王源扩、王继忠主编:《继承与创新——中国法律史学的世纪回顾与展望》,法律出版社2001年版,第207页。

② 在这一时期也不乏"中国法律史"的身影,如1973年8月甘肃师范大学训练部翻印的由北京大学法律系国家与法的历史教研室编写的《先秦儒家、法家主要代表人物政治思想观点辑要》一书主要分为5章:第一章,孔子——顽固地维护奴隶制的思想家;第二章,孟子——战国中期顽固维护奴隶制的儒家著名代表;第三章,商鞅——前期法家的重要代表;第四章,荀子——先秦新兴地主阶级的进步思想家;第五章,韩非——先秦法家的杰出代表。此外,吉林大学法律系法史组同天津市高级人民法院理论组、天津动力机厂工人理论组于1976年4月编写的《中国政治与法律思想简史》一书的目的是"在法律的阵地上,必须以无产阶级专政理论为指导,批判修正主义法律思想,批判资产阶级和一切反动没落阶级的法律观,批判林彪攻击无产阶级专政的反动谬论及其罪行"。这些基于政治目的的"学术成果",带有鲜明的"影射史学"色彩,政治指向和阶级斗争贯穿始终,历史虚无主义意味浓重,这些所谓的中国法律史领域的"学术成果"非常直观地展示了当时学术为政治服务的学术生态。

学双重特征的一门学科,其法学的学科特性被政治批判功能所代替,史学的学科特性也在"影射史学"的阴影下完全消失。

2. 疾风骤雨中的曲折前行:史料整理的新发展

"史料是历史研究的基础,系统的、充分的、经过检验的史料是历史研究的坚实基础。详细地占有史料,在马克思列宁主义指导下,从这些史料中得出正确的结论,这便是研究历史的唯一科学的方法。"① 中国法律史学植根于史学研究,又着眼于法学研究的价值进路,在研究方法、材料运用等方面与史学研究有着极其相似之处。在史料运用方面,中国法律史学"以史料为中心,坚信史料是'科学的'法律史知识生成的'不二法门'的观点,在中国法律史学界长期处于一个主导地位"②。"文化大革命"时期出土文献的整理在客观上为中国法律史研究的复兴提供了史料基础和学术动力,在一定程度上也保存了中国法律史学的研究传统和学术基因。尤其是这一时期云梦秦简的发现和出土,是我国首次发现秦简,为秦律的研究提供了充足的史料,开创了秦律研究的学术新纪元,推动着中国法律史学的研究在历史的疾风骤雨中曲折前行。

1975—1976 年在湖北省云梦县城关西郊睡虎地山嘴上及大坟头嘴上清理出 23 座秦汉墓,在秦墓中发现了大量的陪葬品,包括竹简、毛笔、漆盒等物品。在国家文物局等相关部门、高校及有关组织的协同帮助下,有关人员高效快速地完成了睡虎地秦汉墓的发掘和整理工作,据媒体报道,"参加发掘工作的有:孝感地区亦工亦农考古训练班学员,孝感地区、云梦县文化部门和湖北省博物馆。亦工亦农考古训练班是在去年夏季前后,北京大学、吉林大学等考古专业的工农兵学员和革命教师,应国家文物事业管理局的邀请,到江陵发掘工地开门办学,在当地党委领导下与文物部门合作,顶着右倾翻案风创办的。孝感地区参加训练班的学员在这次发掘工作中起了积极的作用,也是开门办学、开门办馆的实际成果"③。云梦秦简的发现和出土是一次很好的理论联系实际的机会,这次偶然的发现是一件振奋人心的大事,这也与当时重视考古的国家政策相一致,因此云梦秦简的出土必然会得到各领域、各层次、各研究单位的协助和支持。其中最为重要的发现就是在标号为 M11 的秦墓中发现了大量的竹简,约 1 230 枚(包含 80 枚残片),载字 4 万有余。"这是自古以来第一次发现秦简"④。秦简的内容主要有:"除一份记录墓主生平和国家大事的年表以外,基本上都是文件和书的抄本,

---

① 陈高华、陈智超等:《中国古代史史料学》(第三版),中华书局 2016 年版,"前言"第 1 页。
② 刘顺峰:《史料、技术与范式:迈向科学的中国法律史研究》,载《江苏社会科学》,2016 年第 2 期。
③ 《湖北省云梦县发掘十二座战国末年至秦的墓葬 出土一批秦代的法律、文书竹简 这是继银雀山竹简、马王堆帛书之后,我国文物考古工作的又一重大发现》,载《人民日报》,1976 年 3 月 28 日。
④ 中华书局编辑部编:《云梦秦简研究》,中华书局 1981 年版,"前言"第 3 页。

其中有久已失传的秦律（非全本），对某些律文的问答体注释，与治狱有关的文书，以及两种《日书》等等"①。秦简作为研究战国晚期至秦政治经济文化状况的珍贵史料，体系完备，具有极强的学术性，它们在秦汉史研究中的学术地位和价值已为学界所公认。云梦秦简出土以后，国家文物局立即组织相关人员对出土简牍进行整理，当时睡虎地秦墓竹简整理小组的成员主要来自考古、历史、古文字、法律史等领域，主要成员有：李学勤（著名历史学家、古文字学家）、裘锡圭（古文字学家）、张政烺（中国古代史研究专家）、于豪亮（主要从事战国秦汉考古、古文献、古文字研究）、高恒（主要研究中国古代法制史和法律思想史）、刘海年（主要研究中国法律史）、舒之梅（来自湖北省博物馆）、唐赞功（中国古代史专家）、李均明（长期从事古代简牍的整理与研究工作）等。②经过艰辛的研读和整理，睡虎地秦墓竹简整理小组做出了三个方面的贡献："首先，考定了这批简牍为秦简；第二，完成了分类、命名、编纂等复杂的整理工作；第三，完成了考释和全部释文。"③他们自文献出土到整理公布仅仅用了半年的时间，其速度之快"在简牍出土史上也是一个创举"④。在睡虎地秦墓竹简整理小组中，来自中国科学院二部的高恒和刘海年都是中国法律史研究领域的专家，两人在那个特殊的时代共同见证和参与了云梦秦简的整理工作。这也是中国法律史学界对法学研究和历史研究所做的巨大贡献。

云梦秦简的发现在当时有着深刻的时代意义："有揭露'四人帮'歪曲、伪造秦的历史的作用，从而可以直接澄清'四人帮'制造的某些混乱，把被他们颠倒了的东西颠倒过来，用符合历史真实的结论去代替'四人帮'的伪史学。"⑤"学科研究取得进展（而不只是取得局部成果）必须具备两条件：一是资料上的突破，如新资料的发现、原有资料的深入发掘与系统整理。二是新的研究方法的使用，理论的更新，导致学科研究领域的拓展。"⑥云梦秦简等出土资料的发现

---

① 中华书局编辑部编：《云梦秦简研究》，中华书局1981年版，"前言"。秦简具体包括《编年纪》《语书》《秦律十八种》《效律》《秦律杂抄》《法律答问》《封诊式》《为吏之道》《日书》（甲、乙两种）等十部分。其中《语书》《效律》《封诊式》《日书》（乙种）四题见于秦简，其他诸题为整理者根据内容所拟。参见陈高华、陈智超等：《中国古代史史料学》（第三版），中华书局2016年版。
② 参见中华书局编辑部编：《云梦秦简研究》，中华书局1981年版，"前言"。
③ 俞荣根、龙大轩、吕志兴编著：《中国传统法学述论——基于国学视角》，北京大学出版社2005年版，第333页。
④ 俞荣根、龙大轩、吕志兴编著：《中国传统法学述论——基于国学视角》，北京大学出版社2005年版，第333页。
⑤ 高敏：《云梦秦简初探》（增订本），河南人民出版社1981年版，第8页。
⑥ 刘海年、马小红：《五十年来的中国法制史研究》，载韩延龙主编：《法律史论集》（第3卷），法律出版社2001年版。

和整理，是中国法律史学实现学术突破的一个难得的机遇，先秦和秦汉法制史研究是中国法律史研究的一个重点领域，不管是在法律思想还是在法律制度方面，这一时期是中国法律文明的发微和奠基阶段，对于后世法律思想和法律制度的形成和发展具有深远的影响。云梦秦简的发现弥补了秦汉史料之不足，借秦简发现与整理之机，与正史资料相互印证，也弥补了由于资料匮乏中国法律史学对这一时期研究的不足。云梦秦简的发现与整理使当时及此后的中国法律史研究有了突破性的进展，20世纪70年代末到80年代初，出现了一系列相关成果[①]，教材结构也较"文化大革命"前有了非常大的改进。可以说，云梦秦简的研究使中国法律史的研究回归了学术，也为改革开放后中国法律史研究树立了榜样，并为秦汉时期的法律制度和法律思想研究的繁荣奠定了基础。

"文化大革命"时期至改革开放前，除云梦秦简的出土和整理以外，还有其他大量的简牍出土和深入发掘，从而推动了中国法律史的深入研究，其中影响比较大的考古发现主要包括临沂银雀山汉墓、阜阳汉简、居延汉简等。山东临沂银雀山汉墓于1972年被发现，出土了一大批先秦古佚书，为先秦政治经济制度的研究提供了大量的珍贵史料。1977年安徽阜阳双古堆一号汉墓中发现了大批汉代竹简，整理出包括《诗经》《周易》《辞赋》等在内的十多种古书。居延汉简的研究在这一时期也得到了进一步的发展。居延汉简首次出土于1930年，其中发现了大量的汉代关塞屯戍档案资料。1972—1976年，中国考古队又在居延地区全面、深入发掘，出土19 637枚汉简，其中有纪年的汉简就达1 222枚，乃历年出土最多者，为研究汉代的文书档案制度、政治法律制度提供了大量的稀有史料。"文化大革命"时期包括云梦秦简在内的大量秦汉简牍的出土和整理给中国法律史学界提供了学术研究的契机。借着出土文献整理的东风，中国法律史学蛰伏已久的学术研究

---

① 这一时期与云梦秦简相关的法学研究论文主要有：吴树平：《〈秦律〉是新兴地主阶级反复辟的锐利武器》，载《文物》，1976年第6期；高恒：《秦律中"隶臣妾"问题的探讨》，载《文物》，1977年第7期；刘海年：《秦汉"士伍"的身份与阶级地位》，载《文物》，1978年第2期；刘海年、张晋藩：《从云梦秦简看秦律的阶级本质》，载《学术研究》，1979年第1期；黄贤俊：《从云梦秦简看秦代刑律及其阶级本质》，载《现代法学》，1979年第2期；林剑鸣：《从云梦秦简看秦代的法律制度》，载《西北大学学报》（哲学社会科学版），1979年第3期；高恒：《秦律中的徭、戍问题——读云梦秦简札记》，载《考古》，1980年第6期；高恒：《"啬夫"辨正——读云梦秦简札记》，载《法学研究》，1980年第3期；黄贤俊：《对云梦秦简中诉讼制度的探索》，载《法学研究》，1981年第5期；刘海年：《云梦秦简的发现与秦律研究》，载《法学研究》，1982年第1期；汉生：《〈秦简〉中为什么以"一百一十"为进位数？》，载《政治与法律丛刊》，1983年第3期；陆伦章：《我国刑事检验制度历史悠久——从出土秦简〈贼死〉篇谈起》，载《法学》，1982年第10期。相关研究著作有：睡虎地秦墓竹简整理小组编：《睡虎地秦墓竹简》，文物出版社1978年版；高敏：《云梦秦简初探》（增订本），河南人民出版社1981年版；中华书局编辑部编：《云梦秦简研究》，中华书局1981年版；等等。

开始复苏。

(三) 历史之鉴：中国法律史学的生命力

一个时代有一个时代的学术研究问题，一代学人有一代学人的使命。"文化大革命"时期中国法律史学科在高等教育的学科建制层面被取消，但是中国法律史学者依旧在这个时代通过不同的方式创造着自己的价值。历史的真实需要一代一代的人去回望，只有不断地对过往进行总结才能抵抗遗忘的力量。"文化大革命"十年对于中国法律史学的发展有诸多值得总结的地方。

第一，要处理好学术的工具功能主义与价值功能主义的关系。根据马克斯·韦伯（Max Weber）的观点，人类思想的发展是一个不断趋于理性的过程，韦伯将这种理性分为价值理性和工具理性两种。价值理性指的是："通过有意识地对一个特定的举止的——伦理学的、美学的、宗教的或作任何其他解释的——无条件的固有价值的纯粹信仰，不管是否取得成就。"工具理性指的是："通过对外界事物的情况和其他人的举止的期待，并利用这种期待作为'条件'或者作为'手段'，以期实现自己合乎理性所争取和考虑的作为成果的目的。"① 根据韦伯对理性概念的区分，我们可以通过"价值功能主义"和"工具功能主义"两个概念对学术与政治之间不同的关系进行定性区分。中国的学术研究历来都是以儒家倡导的"修身、齐家、治国、平天下"为基本价值导向的，"仕而优则学，学而优则仕"是儒家文化圈辐射下学术研究的逻辑起点和意义归宿，这是一种"价值功能主义"和"工具功能主义"双重导向的学术研究进路，决定了中国知识分子兼具弘道和治国的双重历史任务。治学的过程本质上是一个"学术—政治"二元互动的过程，也就是学术价值功能主义和工具功能主义互动的过程。按照马克思历史唯物主义的观点，学术和政治同为上层建筑的范畴，与经济基础有着密不可分的联系，学术思想、政治、艺术、宗教等上层建筑的各个部分同样也有着直接或者间接的联系，同时也具有相对的独立性。有学者在论述哲学和政治的联系时也间接地指出了学术和政治的关系："一方面，哲学只有通过政治才有可能把自己变成现实，成为现实后的哲学演变为排他的意识形态时，则会对哲学产生种种限制，甚至消解哲学问题。另一方面，政治则需要哲学的智慧、理性和德性，以及哲学对现实的理论支撑。"② 但是这并不意味着可以在学术和政治之间画上等号，学术是一种致力于追求自然真理和社会规律的人类事业，学术的发展需要自由的精神和独立的品格，对于现实的存在，怀有一种先天的质疑。政治则是一个政权

---

① ［德］马克斯·韦伯：《经济与社会》（上卷），林荣远译，商务印书馆1997年版，第56页。
② 陈霞：《试论哲学与政治的关系》，载《江苏社会科学》，2010年第5期。

的建构和维持所必不可少的意识形态、学说观点、政治实践等，具有很强的指向性和目的性，是一个政权赖以存在的合理性基础。"在这种对立中（'政治正确'和个人学术追求），由于政治压力，从事中国哲学研究的学者们只能丢弃自己熟悉的方法，用他们并不擅长的另外一种理论去研究哲学，对中国哲学的判教性处理离它的本来的面目已经越来越远，既反映不了历史上的哲学状况，也难有真正的哲学创见。"① 也就是说，学术的常态是建立在其自身追求真理和弘道扬善的价值功能主义之上的，避免价值功能主义被工具功能主义所置换。一旦学术被政治完全压倒，政治批判代替了学术争鸣，学术的真理性就会大打折扣，甚至变成一种现实政治的修辞运用。

第二，科学理论的指导是学术研究的基本前提。新中国成立后，在马克思主义的指导下，中国法律史学的面貌焕然一新。然而随着客观现实的发展变化，也出现了机械、教条甚至错误理解和运用马克思主义的问题，阶级分析方法成了中国法律史研究最主要的甚至唯一方法，尤其在"文化大革命"时期，这一问题达到了极致。这一时期，关于如何对待马克思主义的科学性，出现了两种截然不同的态度：

> 当时存在着两种对立的学风，两种对立的倾向。一种是正确的学风，坚持创造性地运用唯物史观原理，将之应用到研究中国历史实际中，推进史学工作的发展，开展健康的批评和讨论。一种是教条式地对待马克思主义理论，只会套用现成公式，不愿作严肃、艰苦的搜集、分析史料工作。"十七年"历史研究的成绩，即是在坚持唯物史观指导的正确方向下所取得的，也是在与背离唯物史观原理的教条化倾向作斗争中取得的。曲折和失误，则是背离了唯物史观的结果。②

中国法律史学的发展繁荣离不开马克思主义的指导，只有坚持准确理解马克思主义，科学运用马克思主义的立场、观点、方法，才能让中国法律史的学术研究沿着正确的道路健康发展。

三、当代中国法律史学的恢复、发展繁荣和新拓展时期（1977—2022年）

"文化大革命"结束之后，政治环境的改善、思想解放的推动、学术大讨论的展开，以及哲学社会科学研究领域的逐步解禁，使得中国法律史学科的发展逐

---

① 陈霞：《试论哲学与政治的关系》，载《江苏社会科学》，2010年第5期。
② 陈其泰：《学术史与当代史学的思考》，北京师范大学出版社2011年版，"卷首识语"第4页。

渐突破了方法论和既往理论框架的限制,在"质"和"量"两个方面出现了巨大的进步。质的方面主要表现在,中国法律史学科由于突破了传统的以阶级分析方法为唯一方法的束缚,呈现出体系完善、学术自治、多元面向和学科融合的整体态势。量的方面主要表现在,中国法律史研究成果出现了指数增长的趋势,总体呈现出"多元一体"的格局。"多元"指的是学术成果大致呈现出古代案例评述、文本汇编、教材、专著、论文以及会议报告等"多元"结构,研究领域也呈现出基础问题研究与新问题研究、通史研究与断代史研究以及史料整理研究的"多元"格局。"一体"指的是这一时期所有的研究成果都是基于中国法律史学的学科特质以及以此特质为中心形成的学术和身份认同体系,这种学科特质体现为,作为法学和史学研究交叉的中国法律史学,在研究旨趣、研究路径和价值取向等方面都是以法学研究为基本立场和中心的,服务于中国在新时期社会经济发展、政治环境维持和法律制度完善的实际。纵观改革开放以来的四十多年,中国法律史学经历了恢复、发展繁荣和新拓展三个时期。(1)恢复时期是指从"文化大革命"结束至1979年中国法律史学会成立。在这一时期中国法律史学在学科建制、队伍建设以及科研教育等方面实现了基本完善,为学科的发展奠定了基础。[①] (2)发展繁荣时期,是指从20世纪80年代至20世纪末。在这一时期法律史学界出现了大量有学术价值和历史意义的学术成果,是中国法律史学发展的"黄金时代"。(3)21世纪以来,中国法律史学的研究方法和研究范式受现代社会科学影响,逐渐转向。这一时期是中国法律史学的新拓展时期。[②] 本部分通过对改革开放以来中国法律史学恢复、发展繁荣和新拓展过程的历史性描述,展现中国法律史学反思与回归的过程。

[①] 曾宪义曾指出:"七十年代末,中国一批法律史学者在党的十一届三中全会精神指引下,率先开展学术研究,不断开拓,为排除'左'倾干扰,恢复发扬学术研究的科学性进行了大量的工作,不仅为推动、繁荣中国的法学研究做出了突出贡献,而且为法律史学科的进一步发展奠定了重要的理论、思想和学术基础。"曾宪义:《法律史学科的研究现状与发展趋势的调查报告》,载《法学家》,1995年第6期。

[②] 夏锦文指出,21世纪随着政治、经济和文化的全球化,法律全球化成为势不可挡的一股世界潮流,法律全球化的发展对中国法律史学研究造成了巨大的冲击,也对中国法律史学的发展和转型提出了极富时代性的挑战,中国法律史学的发展要实现时代转型的目标,就必须"以开放、合作的思维方式看待问题,及时转变研究思路,关注现代化、全球化和后现代化思潮对法律史学研究的影响,赋予法律史学新的时代意义和现实价值。为了实现这一任务,在继承传统中革故鼎新,深化学科内涵、拓展研究领域、更新研究方法应当成为新时期中国法律史学发展的主旋律"。吕丽等人也指出,在世纪之交的时代背景下,法律史学科的发展受社会思潮的影响,开始对自身发展进行反思性研究,"法律史学科的自我意识被唤醒","学者们更热衷于法律史研究方法与范式的探索,试图发现本学科超越困境和发展创新的进路"。参见夏锦文:《中国法律史学研究的范式转换与思路创新》,载《法学研究》,2009年第2期;夏锦文:《21世纪中国法律史学研究的基本思路》,载《学习与探索》,2001年第1期;吕丽、张姗姗、刘晓林、冯学伟:《中国法律史学发展30年理论创新回顾》,载《法制与社会发展》,2009年第1期。

(一) 中国法律史学的恢复（1977—1979年）

新中国成立以后，中国法律史学受苏联国家法学的影响，在学科名称上多以"中国国家与法权历史"命名，阶级分析方法几乎成为法律史研究的唯一方法，意识形态批判替代了客观的历史分析和理性的法学研究，将中国两千多年的法律史简化成了一部"阶级斗争史"①。因此，有学者指出："当我们对历史的观察采用一种既定观点的时候，这种观点既有可能令我们透过复杂纷纭的现象抓住事物的'本质'，也有可能对我们的眼光起到一种'遮蔽'作用。"② 至"文化大革命"时期，受政治运动影响，中国法律史在学科建制上被取消，除了考古工作的间接推进，中国法律史研究工作几乎完全中断。"文化大革命"结束之后，中国法律史学会成立，伴随着中国法律史学在法学界率先成立了自己的学术团体，法律史研究的基本问题又被重新讨论，中国法律史研究逐渐恢复并渐成规模。

1977年10月12日，国务院批转教育部《关于一九七七年高等学校招生工作的意见》和《关于高等学校招收研究生的意见》，此后，教育部等相关机构又相继颁布了一系列文件，推动高等教育逐渐恢复。截至1983年底，全国有政法院系35个（10个院校，25个系），占全国高校总数的4.36%，政法院系教师占全国教师总量的0.7%，政法类毕业生3 113人，政法类本、专科在校生18 286人，占全国高校在校生总数的1.5%。③ 1981年7月，司法部召开政法学院教育工作座谈会，指出："恢复法学教育并不是简单地恢复到'文革'前十七年的法学教育，而是要在全面准确地理解马克思主义法制观的基础上，重建新中国法学教育。"④ "恢复"和"重建"成为改革开放之初中国法学教育和研究复兴的两条重要的道路。

---

① 杜飞进、孔小红：《转折与追求——新时期法学论析》（上中下），载《中国法学》，1989年第1、2、3期；刘海年、马小红：《五十年来的中国法制史研究》，载韩延龙主编：《法律史论集》（第3卷），法律出版社2001年版；马小红：《中国法律思想史学科的设置和发展》，载韩延龙主编：《法律史论集》（第4卷），法律出版社2002年版；韩秀桃：《中国法律史学史——一个学科史问题的透视》，载《法制与社会发展》，2003年第6期；邓建鹏：《回归法学教育的立场——中国法制史教学的困境与思考》，载王瀚主编：《法学教育研究》（第5卷），法律出版社2011年版；方潇：《当下中国法律史研究方法刍议》，载《江苏社会科学》，2016年第2期；马小红、张岩涛：《中国法律史研究的时代图景（1949—1966）——马列主义方法论在法律史研究中的表达与实践》，载《政法论丛》，2018年第2期。

② 刘笃才：《关于中国法制史研究的几个问题》，载汪汉卿、王源扩、王继忠主编：《继承与创新——中国法律史学的世纪回顾与展望》，法律出版社2001年版。

③ 参见《中国法律年鉴》编辑部：《中国法律年鉴（1989）》，法律出版社1990年版，第1105页。

④ 汤能松等：《探索的轨迹——中国法学教育发展史略》，法律出版社1995年版，第412页。

第六章　当代中国法律史学的演进

伴随着中国法学教育的复苏，中国法律史学作为一门有着深厚历史传统和丰富理论来源的学科，立足于改革开放后中国经济社会发展的实践，在其他部门法学尚未健全的情况下，承担起了为从"以阶级斗争为纲"到"以经济建设为中心"的转变进行合法性论证的任务，引领了改革开放初期法学界关于基本理论问题的探讨，助推中国法学研究一次次突破理论禁区。按照费孝通的观点，学科建制主要包括五个方面："一是学会，这是群众性组织，不仅包括专业人员，还要包括支持这门学科的人员；二是专业研究机构，它应在这门学科中起带头、协调、交流的作用；三是各大学的学系，这是培养这门学科人才的场所，为了实现教学与研究的相结合，不仅在大学要建立专业和学系，而且要设立与之相联系的研究机构；四是图书资料中心，为教学研究工作服务，收集、储藏、流通学科的研究成果、有关的书籍、报刊及其他资料；五是学科的专门出版机构，包括专业刊物、丛书、教材和通俗读物。"① 中国法律史学在改革开放之初的恢复离不开这几个方面的发展，尤其是中国法律史学会的成立对于学科建制的恢复和完善起到了至关重要的组织和协调作用。

1979 年 9 月 12—18 日，由中国社会科学院法学研究所、吉林大学等九个单位联合筹办的全国法制史、法律思想史学术讨论会在吉林长春召开，此次会议是"建国以来我国法律史学界首次规模较大的学术讨论会"②。会议收到法律史研究领域的学术论文、专著共 50 余篇（部），国内各大政法院系以及多家新闻媒体参加了此次盛会。1979 年的长春会议预示着中国法律史学科的萌动和复苏，为未来中国法律史研究的展开规划了蓝图，"表明法史学界在整个法学界里标领了新时期的风气之先，拉开了会后 10 年法史界新发展的启动阀"③。此次会议共解决了四个问题。

首先，此次会议明确了中国法律史的学科称谓以及学科划分的问题。"中国法制史"和"中国法律思想史"的学科名称得到了与会者的普遍认可，这标志着中国法律史学开始逐渐摆脱国家法学的桎梏，不再是国家法权导向的历史叙述和斗争工具，而是成为一个以实事求是为基本原则、以科学的理论和客观的资料为基础的，着眼于中国历史法文明研究的学科。此次会议确定了法律史学科包括中国法制史、中国法律思想史、外国法制史和西方法律思想史四个分支学科，为中国法律史研究确立了一个知识坐标和学科标准体系，为学术沟通

---

① 费孝通：《略谈中国的社会学》，载《社会学研究》，1994 年第 1 期。
② 《我国法律史学界的空前盛会——中国法律史学会成立纪实》，载中国法律史学会编：《法律史论丛》（第一辑），中国社会科学出版社 1981 年版。
③ 文正邦主编：《走向 21 世纪的中国法学》，重庆出版社 1993 年版，第 111 页。

和交流提供了一个科学合理的知识分类标准，有利于强化学术共同体的身份认同。

其次，此次会议对法律史领域的基本理论问题进行了重新审视和讨论。虽然这些基本问题在新中国成立初期曾经有过大范围的讨论，但是此次讨论在思想解放的时代背景下被赋予了新的意义和内涵。与会代表对中国法律史的研究对象和研究方法各抒己见，展开了激烈的讨论，确立了中国法律史研究实事求是的原则，对此前中国法律史研究中僵化单一的研究方法和进路提出了质疑和挑战，这对于法律史学科的结构认知和逻辑展开具有颠覆性的意义。

再次，此次会议规划了未来法律史研究的蓝图。张晋藩提出了编写《中国法制史》（多卷本）的建议报告，主张为推动此项工作的展开，必须进行必要的准备，以解决与建立学科体系有关的一系列问题为先，以坚实的专题研究为基础，"大力发掘、整理、编纂中国法制史的史料，使文献资料、地下文物、社会调查、历史档案、私家笔记等结合起来"①，并且主张参照《资治通鉴》的编写经验，充分发挥各高校政法院系的力量。同时，李光灿提出了编写《中国法律思想史》（多卷本）的建议，并提出了编写方案。

最后，在此次会议上，与会代表讨论并通过了《中国法律史学会章程》，章程对学会的性质、宗旨、业务范围以及会员权利义务等作了明确的规定，这标志着新中国第一个法学学术组织——中国法律史学会的成立。学会的宗旨是：以马克思列宁主义、毛泽东思想为指导，坚持四项基本原则，贯彻"百花齐放，百家争鸣""古为今用，洋为中用"的方针，组织学术交流，开展自由讨论，扶植和培养新生力量，促进中外法律制度和法律思想史研究工作的繁荣发展，为加强社会主义民主法制，建设具有中国特色的马克思主义法学服务。② 关于中国法律史学会的成立，刘海年回忆：

> 在当时思想解放的改开大潮下，关于学会的成立并无规章制度，也并不归民政部管理，主要是由中国社会科学院法学研究所同意批准的，之后我们大家就投入到了筹备工作之中来，筹备工作主要是在北京各学校与科研机构进行联络，当时北京的很多高校并没有复课，例如当时薛梅卿老师还是住在学生宿舍，行李当时还放在双人床上。成立的过程充满艰辛，但是大家骑着自行车不停地到处奔走，因为老师们都住在不同的地方，当时去找例如张晋

---

① 张晋藩：《但开风气不为先——我的学术自述》，中国民主法制出版社2015年版，第31页。
② 参见《中国法律年鉴》编辑部：《中国法律年鉴（1987）》，法律出版社1987年版，第795页。

藩、张希坡、张国华、饶鑫贤、蒲坚、邱远猷等人，大家的情绪非常高。当时之所以首先成立中国法律史学会，主要是由于当时刚刚思想解放，除了法律史之外的其他法学学科依旧存在诸多禁区，可以扩大和深入学习的空间不大，而往往在思想解放时期，首先繁荣起来的领域一个是法律理论，一个就是法律历史，其他专业领域一直到1979年下半年才开始慢慢公布了法典，所以说改革开放之后法律史专业是非常热门的。①

可见，中国法律史学会的成立顺应了思想解放的时代大潮，也是中国法律史学自改革开放以来第一次富有实践色彩和建构意义的尝试和探索，有一定的自发性和自治性，它为学术共同体内部沟通、交流提供了一个对话机制和组织平台。学会规定每年组织一次年会，并承担了学会刊物《法律史通讯》的编印和《法律史论丛》的编写出版工作。中国法律史学会的成立标志着法律史学科由幼稚、僵化朝着包容、丰满和成熟的转变。②

在专门性研究机构方面，中国社会科学院法学研究所在中国法律史学科的恢复过程中起到了重要的引领和协调作用。法学研究所成立于1958年，时属中国科学院哲学社会科学部，1978年改属中国社会科学院。中国社会科学院当时在哲学社会科学研究领域是党和国家的智库，具有特殊的地位。而法学研究所在法学研究的恢复过程中更是起到了特殊的作用。谢伏瞻在法学研究所60周年所庆的学术研讨会上提道："改革开放之初，法学所众多学者积极地加入了宣传马克思主义法律观和社会主义法治理论的行列，还最早组织人治与法治的大讨论，为确立法治的核心价值地位做出了贡献。"③当时，法学研究所设置法史研究组（后改为法制史研究室），组长是韩延龙，副组长是刘海年。中国社会科学院法学

---

① 本段文字节选自《尊重学术传承，温情凝视历史——刘海年先生访谈录》，2018年6月，书面和录音，未公开发表。

② 1983年中国法律史学会第一届年会在西安举行，会议以"法律史研究与建立具有中国特色的法学"为中心议题，与会者基于学术繁荣考虑分别从法律史研究的指导思想和原则、法律史的民族特征和特点、辩证唯物主义和历史唯物主义在法律史研究中的运用以及外国法制史和比较法律史等角度展开了充分的讨论。1986年8月中国法律史学会第二届年会在安徽合肥召开，会议以"法律史学在完善社会主义法学和法治方面的作用"为中心议题，此次会议决定在中国法律史学会下分别成立中国法制史研究会和中国法律思想史研究会。截至2022年，中国法律史学会主要包括中国法制史专业委员会、中国法律思想史专业委员会、西方法律思想史专业委员会、法律文献古籍整理专业委员会、儒学与法律文化分会、民族法律文化分会、东方法律文化分会、老庄与法律文化分会等8个分支机构。学会致力于为推进法律史服务于中国市场经济发展和政治制度完善的实践提供理论支持和史鉴论证。

③ 谢伏瞻：《不忘法治初心 牢记学术使命 打造中国特色法学体系——在法学所60周年所庆学术研讨会上的重要讲话》，载"中国法学网"，http://www.iolaw.org.cn/showNews.aspx?id=67965，访问时间：2018年11月11日。

研究所法制史研究室率先开展了本领域的对外学术交流。① 同时，各大高校政法院系纷纷将中外法制史、中西法律思想史以必修或选修的形式列入课程设置之中，法律史教育逐步走向了系统化、正规化和精细化。中国法律史学依托高校资源，在师资配置、人才培养以及教材编写等方面同步完善②，实现了中国法律史向兼具制度设施和智力资源、历史传承和现实关怀的现代学科的转变。

在图书资料方面，中国法律史学的研究主要依托历史资料和文献典籍，新中国成立以来，文物考古工作收获颇丰。尤其是自1978年以来，各科研机构与高等院校的法律史文献及研究成果的收集、整理不断丰富，为中国法律史学的恢复和发展提供了坚实的资料基础。此外，法学报刊和专门出版机构的出现也丰富和繁荣了法律史研究事业，加速了法律史研究过程中的学术交流和成果转化，为法律史与其他学科之间的交流互动提供了平台和渠道。

（二）中国法律史学的发展繁荣（1980—1999年）

1. 中国法律史研究的反思——指导思想的演变

一个时代有一个时代的主题和任务，也有与之相对应的世界观、价值观和方法论。"在研究中确立正确的指导思想，核心就是要确立正确的世界观、价值观和方法论。"③ 指导思想的"正确"，就中国法律史研究而言指的是中国法律史研究的指导思想既要符合学科发展的客观规律，又能够体现出特定时代背景下学科建设与社会发展之间的和谐关系，同时能够对哲学社会科学的多元建构、自由发展和多维拓展起到正确的价值导向作用，并能够引导人们系统、正确地认识世界和改造世界。纵观20世纪八九十年代中国法律史研究指导思想的动态变化，我们可以发现中国法律史学发展的基本脉络，即中国法律史学科在改革开放之初得

---

① 1981年6月1—15日，中国社会科学院法学考察团应日中文化交流协会的邀请，对日本法制史研究状况进行了考察，对日本的中国法制史研究状况、研究特点、学术交流情况等进行了实地考察。同年6月28日—7月7日，东京大学滋贺秀三、寺田浩明，明治大学岛田正郎、冈野诚等人应中国社会科学院邀请，对我国进行了访问。滋贺秀三、岛田正郎、冈野诚分别作了《日本研究中国法制史的历史和现状》、《日本对东北亚法制史的研究》以及《日本对唐律的研究》的报告，加深了两国法制史学者之间的关系。参见中国社会科学院赴日法学考察团：《日本的法制史研究概况》，载《法学研究》，1981年第6期；韩延龙、刘海年：《日本中国法制史学者代表团访问我国》，载《法学研究》，1981年第6期。

② "为解决法史学师资不足，1981年在西南政法学院，后又在西北政法学院和华东政法学院举办了中外法史学科的师资培训班。到1983年为止，全国各大法律院系基本上都正式把中国法制史、中国法律思想史、外国法制史、外国法律思想史列为必修课和选修课。在教材方面，1979年长春中国法律史学会会议上即开始酝酿，从1981年开始，一批具有相当水平、新模式的法史学教材相继问世。这些教材集中体现了中国法史学家们的创造性、开拓性的精神和智慧。"文正邦主编：《走向21世纪的中国法学》，重庆出版社1993年版，第113页。

③ 吴怀连：《论中国社会学研究的指导思想》，载《探索》，2018年第2期。

风气之先,率先进行改革,至 20 世纪末逐渐发展成为一门"显学",名噪一时。①

随着党的十一届三中全会的召开,中国哲学社会科学迎来了思想解放的春天。"真理标准大讨论"确立了中国法律史研究中实事求是的原则,思想的解放必然会带来学术研究中价值观和方法论的多元、开放和包容。20 世纪八九十年代是中国法律史研究在指导思想上开始转型的时期,主要表现为弱化阶级分析和批判的功能,逐渐脱离苏联法学的影响,强化学术研究的现实指导意义,加强对史料的利用,以及注重研究方法的客观性和去意识形态化,总体上实现了中国法律史研究从批判功能导向向史鉴功能导向的转变。以 20 世纪八九十年代出版的中国法制史教材为例,我们可以一窥其历史变化。

在 1981 年由山西人民出版社出版的《中国法制史简编》(以下简称《简编》)②的"前言"中,编者说明了该书编写的指导思想:

> 马克思列宁主义、毛泽东思想,是研究中国法制史的指导思想,只有用历史唯物主义的观点和阶级分析的方法,给几千年的法制史以批判的总结,才能正确地认识中国历史上国家与法律活动中的现象与本质的关系,正确地解决历史与现实的关系,正确地贯彻"古为今用"的方针。四千年的剥削阶级的国家和法律,有它的特点,其中有大量的糟粕,也有一些对我们社会主义法制建设有用的东西。……我们之所以需要研究和学习中国法制史,就是因为今天的中国是历史的中国的一个发展,我们是马克思主义的历史主义者,我们不应当隔断历史,不应当拒绝吸收对我们加强社会主义法制建设有用的历史遗产。③

《简编》一书将马列主义和毛泽东思想作为中国法律史研究的指导思想,中国法律史研究由单纯的"批判"转向了"批判吸收"。价值观的转向预示着学科体系的禁锢逐渐松动,学科自我意识开始萌生,"反思和发展"成为这一时期中国法律史研究的主旋律。1981 年张晋藩、张希坡、曾宪义编著的《中国法制史》(四卷本)教材在开篇对本学科的研究对象、方法和任务进行了概述:

> 中国法制史是一门以马克思主义为指导思想、研究我国进入阶级社会后

---

① 参见张中秋:《中国法治进程中的法律史学(1978—2008)》,载《河南省政法管理干部学院学报》,2009 年第 2 期;徐祥民:《架起联接过去、现在与未来的桥梁——谈中国法律史学 50 年的经历》,载《山东大学学报》(哲学社会科学版),1999 年第 3 期。

② 1979 年北京大学法律系中国法制史组为了满足教学科研的需要,由肖永清、张国华、饶鑫贤、范明辛、蒲坚、赵昆坡等人集体执笔,编写了一部中国法制史讲义,作为教材使用。后该讲义于 1981 年由山西人民出版社正式出版发行,即《中国法制史简编》(上、下册),肖永清主编。

③ 肖永清主编:《中国法制史简编》(上册),山西人民出版社 1981 年版。

各种类型的法律制度的实质、内容、特点和它的发展规律性的科学……研究中国法制史须要坚持辩证唯物主义与历史唯物主义的科学方法，努力做到：(1) 从具体的历史事实出发，详细占有资料，阐明各种资料之间的内在联系，解释法制发展中一般规律和特殊规律。(2) 阶级分析和历史分析的统一……法律制度的变化是整个社会变化的产物，也是一定的"历史运动"的产物，简单地加以肯定或否定都不是科学的态度，只有对法律制度的发生发展进行阶级的和历史的分析，才能给予正确的评价。(3) 科学地对待法律遗产，反对片面化……运用马克思主义的立场、观点、方法去研究中国法制史，揭示它的发展规律，是对马克思主义法律学说的科学性和真理性的有力证明，同时也为世界法制史提供了一个良好的标本……中国法制史学科的重要任务就是要总结历史的经验，为建设社会主义法制服务。[1]

受1979年长春会议的影响，学者开始对新中国成立后三十年的中国法律史的研究状况进行反思，阶级分析方法虽然依旧在法律史研究中出现，但是往往以与历史分析方法相结合的面貌出现。此外，阶级分析方法在法律史研究的过程中呈现出不断弱化的趋势。对待法律遗产的态度开始由"片面化"向"科学化"的方向转变，这与改革开放初期关于法的阶级性和继承性问题的讨论具有密切的关系。法律史研究的现实借鉴意义成为历史法学研究的主要价值之一。1982年，乔伟的《中国法律制度史》问世，该书的"导论"阐述了中国法律制度史的学科地位、研究对象、研究目的和研究方法，对既往研究进行了总结，具有一定的反思意义。该书反思了中国法律史研究的"去苏联化"问题，指出：

> 五十年代初期，我们采用《苏联国家与法权通史》作为教本，内容以俄国的历史为主，根本不涉及中国的法律制度。而且就其研究对象来看，是把国家的政治制度和法律制度放到一起进行讲授，并以前者为主。后来虽然感到教学内容脱离中国实际，课程体系又十分庞杂，但却没有决心割爱，仍然仿照其研究对象和课程体系来进行改革。于是，三十年来，由《苏联国家与法权通史》，一变而为《中国国家与法权的历史》，再变而为《中国国家与法律制度史》；变来变去，仍未脱离其窠臼……这就是建国三十年来使得这个学科之所以不能获得充分发展的一个重要原因。现在我们已经具备充分理由与条件来彻底改变这种不合理的现象了，决不应当再把政治制度作为法制史

---

[1] 张晋藩、张希坡、曾宪义编著：《中国法制史》（第一卷），中国人民大学出版社1981年版，第7-11页。

的研究对象，而应当使它成为一个独立的学科。①

其实自 20 世纪 50 年代中国人民大学法律系在编写讲义时就已经具有这种"去苏联化"倾向了，但是由于受到政治和意识形态因素的影响，并没有从根本上解决中国法律史研究的苏化倾向。1982 年，为了适应法学教育发展的需要，法学教材编辑部在有关单位和法学界的关注和支持下，组织部分专家、学者和教师，编写了一本高等学校法学试用教材《中国法制史》。该教材的编写以马列主义和毛泽东思想为指导，并参照了中国人民大学、北京大学和其他法律院校的相关科研成果。②《中国法制史》一书的"绪论"指出：

> 《中国法制史》以马克思列宁主义、毛泽东思想作为指导思想，这是这门学科成为真正科学的根本保证，也是与旧中国法制史研究的主要区别点……以马列主义、毛泽东思想为指导，是指掌握马列主义的基本原理和立场、观点、方法去占有史料、分析史料，综合已有的研究成果，进行新的理论探索。只有如此，才能建立起正确的历史观和科学的方法论，保证中国法制史的教学研究工作沿着正确的方向发展。③

对历史观和方法论的反思已经成为当时中国法律史研究领域普遍关注的一个问题。有反思才会有改进，才能使一个学科跳出历史的局限，这也是一个学科开始进行自主性建构和走向繁荣的重要表现。1990 年薛梅卿、叶峰所著《中国法制史稿》极大地淡化了阶级斗争方法，该书"前言"指出：

> 《中国法制史稿》就是阐述中国历史上法律的起源、不同类型、不同时期法律制度发展演变的过程、特点、作用及其规律的浓缩本。它力图运用历史唯物主义的观点、方法阐明和分析法制历史，以史料为依据，着重于纪实。希冀通过法制史这一重要方面，揭示我们国家以往所经历的社会面貌和所走过的漫长道路……要了解法制发展的真实面目，就必须认真地寻根，正确地反思它的历程，而对于它的内容则需要取其精华、去其糟粕、努力革新。历史会赐给我们以民族的智慧、有益的启迪，这对于我们建立中国特色社会主义法制，促进社会主义法学的发展，都具有理论和实践的意义。④

---

① 乔伟：《中国法律制度史》（上册），吉林人民出版社 1982 年版，第 1、16 页。
② 该教材是集体编写的，初稿执笔人是张晋藩、张警、游绍尹、乔伟、沈国峰、杨永华、方克勤、王绍棠、张希坡，经过统稿会议集体讨论、修改后，由主编张晋藩，副主编乔伟、游绍尹最后修改定稿，杨永华还参加了该教材的资料核对工作。
③ 法学教材编辑部《中国法制史》编写组：《中国法制史》，群众出版社 1982 年版，第 6-7 页。
④ 薛梅卿、叶峰：《中国法制史稿》，高等教育出版社 1990 年版，"前言"第 2 页。

至 20 世纪 90 年代，学界对于法律史研究的世界观和方法论有了更加深刻的反省，对于中国法律史学科的性质、范畴和内容有了更加科学和系统的认知。1992 年张铭新在《中国法制史纲》一书"导言"中指出：

> 马克思的辩证唯物主义和历史唯物主义是我们研究中国法制史的指南。离开这一强大的理论武器，就无法科学地解释纷繁复杂的历史现象，无法就法律制度的发展演变得出正确的规律性的认识，当然也就不能达到研究和学习的目的……必须坚持阶级分析和历史分析的统一，对历史上的法律制度给予科学的实事求是的评价。但须知，运用阶级分析的方法，并不意味着对剥削阶级的法制不加区别地通通加以否定，而只是要求我们从阶级关系的变动，阶级力量的对比，阶级斗争形势等基本的历史事实着眼去研究，给予历史上的法律制度以深刻的而不是肤浅的，全面的而不是片面的，实事求是而不是主观武断的评价……必须占有充足的史料，分析它们的内在联系，寻求正确的结论……必须尊重历史的本来面目，恰如其分地描述各种法律制度的实际内容，客观地解释它们各自的发展历程。①

20 世纪 90 年代的法律史研究在淡化和反思阶级分析方法的同时，也将实事求是的原则引入学术研究之中。90 年代末，由郑秦主编的高等法学教育通用教材《中国法制史教程》进一步反思了当时中国法律史教材存在的普遍问题：

> 毋庸讳言的是，由于种种原因，有些教材在体例、内容等方面也存在着一些不能忽视的缺失，如削足适履式的分期，我们并不否认中国社会的历史有不同阶段，但法律发展史有其自身的特点，大可不必按某一种分期理论来任意裁量法制史料；再如内容庞杂，史料不准确，忽视学术研究应有的严谨与科学，引文出处更是经不起仔细推敲与考证，望文生义，以讹传讹；缺乏应有的理论分析与评价，忽略对新发现史料及新的理论研究成果的采纳，达不到进行中国法制史教学与研究的目的。②

通过对 20 世纪八九十年代中国法律史研究指导思想的动态梳理，我们可以看出中国法律史学是在不断地自我检视和反思中慢慢走向成熟的。这种反思既包含对过往历史的总结，也包含对学科当下发展的审视和对未来发展的展望。

---

① 张铭新：《中国法制史纲》，武汉大学出版社 1992 年版，第 6-9 页。
② 郑秦主编：《中国法制史教程》，法律出版社 1998 年版，"前言"第 3 页。

第一，中国法律史研究始终以马克思主义为指导思想。新中国成立后，马克思主义在中国哲学社会科学中的运用促成了中国法律史研究的整体转型。改革开放以后，马克思主义始终是中国法律史研究的指导思想，并且不断地发展，指明了新时期发展的方向，即"既要反对马克思主义法学的教条主义，也要反对资产阶级法学的教条主义，才能建设有中国特色的社会主义法学"[1]。历史唯物主义的研究方法在20世纪后半叶的中国法律史研究中的地位举足轻重，为学科的发展和成熟注入了新的持续的力量。马克思主义作为指导人类认识和改造世界的科学理论，应该成为中国法律史研究过程中的方法指引和理论导航，使本学科形成一种外向型格局和学科特质，始终保持对其他领域理论和知识的包容、接纳和转化能力，进而不断地延展和深化。

第二，阶级分析方法不断被弱化。阶级分析方法来源于马克思的阶级斗争理论，新中国成立后，这种方法一度被作为中国法律史研究的主导方法，"激烈的阶级斗争理论替代了对复杂的法律现象的深入分析，甚至用'扣帽子'的方式对问题做出武断的结论，完全否定了法律现象存在的社会意义和文化意义。法律被看作只是实现阶级压迫的工具，是不可调和的阶级矛盾的反映"[2]。改革开放之后，"学者们逐渐摆脱了将阶级分析和阶级斗争视为法制史研究唯一方法和观点的束缚，从而逐渐改变了将法律单纯视为阶级镇压的工具。法律的职能与作用因而得到更加充分、更加客观的阐述"[3]。从改革开放以来中国法律史教材编写的指导思想的动态演变中可以发现，阶级分析方法虽然在中国法律史研究中依旧占有一席之地，但是多以"与历史分析方法相统一"的面目出现，被研究者有意或者无意地予以弱化或者纠正。学者们以理性反思的态度审视中国法律史学科的过往与当下，并且对阶级分析方法运用过程中出现的教条化、标签化和非理性化现象进行了省思。

第三，中国法律史研究的"去苏联化"。新中国成立初期，借鉴苏联的国家法学教育模式，中国法律史研究带有浓厚的苏联色彩，过于强调法律的阶级性、国家意志性和强制性，实际在很大程度上掩盖了法律的社会属性和文化属性，将中国法律史研究的价值和意义限缩在了政治斗争的范畴。改革开放之后，"一方面，中国法学对苏联法学的许多错误和弊端，特别是对维辛斯基的法学观中的错误方面作了批判，另一方面，包括西方资本主义法学思想在内的各国法学思潮广

---

[1] 张友渔、刘瀚：《中国法学四十年》，载《法学研究》，1989年第2期。
[2] 孔小红：《中国法学四十年略论》，载《法学研究》，1989年第2期。
[3] 刘海年、马小红：《五十年来的中国法制史研究》，载韩延龙主编：《法律史论集》（第3卷），法律出版社2001年版，第40－41页。

泛地进入到中国"①。中国法律史研究通过对学科体系（包括学科名称、结构、内容等）的重新整合，冲破了苏联国家法学的藩篱，从文化解释、历史语境和现实关怀等不同的角度对中国历史上的法律现象进行分析和研究，增强了中国法律史研究的学术化和中国化。改革开放以后，中国法律史学科"去苏联化"的过程实际上是学术本身从一种"集体无意识"状态向"学术自觉"状态趋近和回归的过程，这也是学科韧性造就、学科方法多元、学科内涵丰富的应有之义。

2. 中国法律史研究的活跃——学术讨论

改革开放以后，"思想解放使法学工作者勇于打破禁区，全方位地开展法学研究；思想解放也使法学工作者能够以科学的态度面对现实和理论研究中存在的问题，理性地思考解决问题的办法。思想解放更为广大法学工作者营造了一个从事法学研究的宽松环境，而这正是中国法学能够顺利发展的养分所在"②。中国法律史学得风气之先，不仅率先成立了自己的学会，着手于学科建制的完善，而且积极参与全国范围学术大讨论，增进了学术交流和对话，曾一度引领了改革开放之初法学界关于"法治与人治"问题的大讨论，活跃了中国沉寂已久的法学研究。

第一，法治与人治的讨论。

法治与人治是社会治理的两种主要模式：前者主要是基于法律规则的稳定性和确定性以及所蕴含的公平正义等价值理念而建构的一套现代国家治理模式，后者指的是基于某个人或者某类人的经验、才能、知识或者主观意愿而形成的一整套国家治理模式。这两种治理模式在一定意义上都具有某种程度的合理性，都曾为国内外历代法学家所推崇。新中国成立后，我国相继颁布了一系列法律法规，提倡法制社会的建构，也就是说在新中国成立初期，法治模式是我国首选的国家治理模式，提倡法律面前人人平等。但是随着反右派斗争扩大化以及"文化大革命"的开始，中国的法制事业遭受到了毁灭性打击。改革开放之后，随着社会发展的重心从"以阶级斗争为纲"到"以经济建设为中心"的转变，法制健全成为保障社会主义民主和市场经济发展的重要条件，同时全社会对于"文化大革命"的反思使"法治与人治"成为改革开放初期法学界不得回避的一个问题。《法学研究》1979年第5期开设了"关于法治和人治的讨论专栏"，刊发了一系列讨论

---

① 王奇才、高戚昕峤：《中国法学的苏联渊源——以中国法学的学科性质和知识来源为主要考察对象》，载《法制与社会发展》，2012年第5期。

② 朱景文主编：《中国法律发展报告——数据库和指标体系》，中国人民大学出版社2007年版，第523页。

有关法治和人治问题的文章。① 张晋藩、曾宪义率先在《法学研究》上发表了《人治与法治的历史剖析》，文章基于对"文化大革命"的反思而展开，首先对中国历史上"儒法斗争"的真相进行了学理和历史分析，其次回顾了近代以来的"人治"和"法治"观，最后通过对新中国成立三十年以来发展历程的回顾，反思了"文化大革命"期间中国法制建设的教训，指出，"为了健全社会主义的民主制度与法治，必须不断清除封建专制主义的影响，特别是要反对那种在人民的国家里所不能容许的特权"，"要防止和消灭一切形式的特权，除了必须铲除滋长特权的土壤和社会条件外，还必须有一大批忠实于人民的利益、忠实于法律制度、忠实于事实真相的司法干部，并保证他们能够独立地行使人民授予的职权，执法公断"②。李步云、王礼明指出，"在历史上，人治与法治，作为一种治国方法，一种法律和政治制度方面的理论，虽然在不同的社会制度下，在不同的统治阶级那里，是有发展和演变的，其具体内容和阶级实质是有很大不同的"③，作者从历史的角度分析了中国古代儒法两家关于"人治"和"法治"的观点以及西方资产阶级社会里"法治"的意涵，最后主张实行法治，真正实现民主制度化和法律化。张国华在《略论春秋战国时期的"法治"与"人治"》一文中，通过分析历史上儒法两家的"法治""人治""德治""礼治"等概念的不同内涵以及各自的理论优点和缺陷，指出不主张采用"法治"和"人治"之类的概念，以避免概念的模糊带来"不必要的思想混乱"，但是"不取'法治'，并不等于不重视加强社会主义法制"，因为这是"社会主义制度和无产阶级专政的本质决定的，都是党坚定不移的国策，也是全国人民的人心所向，绝不会由于未用'法治'一词而有所忽视"④。范明辛持有同样的观点，在《我们应该抛弃法治和人治的提法》一文中，认为对于"法治""人治"的概念，应当做具体的历史分析，将儒法两家的对立归结为"法治"和"人治"的对立是有失理性的，"我们应该抛弃旧的'人治'、'法治'、'依法治国'的提法，而用我们国家已惯用的人民民主或社会

---

① "关于法治和人治的讨论专栏"的"编者按语"指出："'法治'和'人治'是我国法学界长期争论的问题之一。为了坚持贯彻'百花齐放，百家争鸣'、'古为今用，洋为中用'的方针，正确总结历史经验，促进安定团结，推动我国社会主义现代化建设，特设置专栏，欢迎政法业务部门和教学研究单位的同志踊跃参加讨论。"本期刊登了谷春德、吕世伦、刘新的《论人治和法治》和张晋藩、曾宪义的《人治与法治的历史剖析》两篇文章，接下来的几期相继发表了李步云、王礼明、张国华、范明辛等人的文章，法学其他领域如刑法、行政法等领域的研究者也展开了关于法治和人治的大讨论。多数人赞成法治，少数人赞成法治和人治相结合，也有少数人反对使用"人治"和"法治"之说。
② 张晋藩、曾宪义：《人治与法治的历史剖析》，载《法学研究》，1979年第5期。
③ 李步云、王礼明：《人治和法治能互相结合吗？》，载《法学研究》，1980年第2期。
④ 张国华：《略论春秋战国时期的"法治"与"人治"》，载《法学研究》，1980年第2期。

主义民主和社会主义法制的提法"①。1980年6月11日，北京市法学会和中国法律史学会联合举行学术讨论，讨论法治和人治的问题。与会者一致表示："今后要对'人治''法治'的科学概念加强研究，首先把这场争论统一在研究问题的科学方法之上。"②

此后又有学者发表了一系列文章谈法治和人治之间的关系，如吴文翰认为，人治和法治问题是法学研究中的重大理论问题，并对古今关于法治与人治的论证进行了梳理，结合新中国成立后的实践提出，实行法治"权与法的关系要划清……加强法律调整，限制非法的权力"，做到"以法治国，依法办事"③。韩延龙、康英杰认为，我们不能不加分析地就断言人治和法治的优劣，"在人治和法治的讨论中，十分重要的问题是要搞清不同经济形态社会中的人治和法治的时代内容和阶级含义，从而确定无产阶级对它们的态度"；人治和法治是并存的，"一方遭到破坏，他方必受损害，这已为历史经验所证明"④。俞荣根对"儒家人治法家法治对立论"进行了学术史的梳理，指出"对立论"在先秦儒法研究中的片面性，认为关于"人治""法治"的讨论应该立足于中国本土实践及中国法律思想史的基本范畴、立场和逻辑，兼采"人治"和"法治"之长，努力建设"中国式的社会主义法制"⑤。

第二，法的阶级性和继承性的讨论。

关于法的阶级性和继承性早在20世纪50年代就集中进行过大讨论，法律史学者积极参与了讨论。虽然讨论是在"百花齐放，百家争鸣"的方针指导下进行的，但是这一时期的学术活动实际上被限定在特定的理论框架内和政治前提下，法的阶级性否定了法的继承性。党的十一届三中全会后，有关法的属性的问题开始被重新讨论，其中法的阶级性和继承性是一个重要的问题。1979年，法律史学者林榕年撰文指出："我们应当根据马列主义的原则，结合我国的具体实践，敢于批判地继承中外几千年历史发展中许多有价值的法学和法律遗产，创造出具有中国特色的社会主义法律体系，为巩固无产阶级专政和实现四个现代化服务。"⑥李昌道则认为旧法不能批判地继承，只能借鉴，"旧法指的是旧的法律，

---

① 范明辛：《我们应该抛弃法治和人治的提法》，载《法学研究》，1980年第4期。
② 本刊记者：《北京市法学会和中国法律史学会讨论人治与法治问题》，载《法学杂志》，1980年第2期。
③ 吴文翰：《论人治与法治》，载《社会科学》，1980年第4期。
④ 韩延龙、康英杰：《试论人治和法治的统一——兼论法学研究方法论的问题》，载《安徽大学学报》，1980年第3期。
⑤ 俞荣根：《"儒家人治法家法治对立论"质疑——兼论先秦法律思想研究中的一个方法问题》，载《现代法学》，1984年第4期。
⑥ 林榕年：《略谈法律的继承性》，载《法学研究》，1979年第1期。

它对社会主义不是什么'积极因素'、'合理内核',更没有可'取其精华'之处",旧法之所以不能批判地继承主要是由旧法的性质和实践所决定的,"对旧法的借鉴,包括对旧法的法律形式、规范内容、法律原则、体例结构、概念术语等都可借鉴"①。《法学研究》1980 年第 1 期开设了"关于法的阶级性讨论专栏",目的是在新的情况下,通过对法的阶级性的讨论,使我国社会主义法"既符合马克思主义的法学理论,又符合我国的实际情况"②。孔庆明对"法律是统治阶级压迫的工具"这一观点提出质疑,指出历史发展和现实实践证明,法律不仅具有充当阶级压迫工具的功用,而且具有更为普遍的社会功能和文化功能。法律有其自身的规律性,"就是法律必须保持它的'公道'性和法律所具有的特殊继承关系"。所谓的公道性,指的是法律代表的是"公意"而非"私意";所谓的继承性,指的是"我们必须接手前人所积累的工作经验和思想资料,在剔除了它的阶级偏见以后,为我所用"③。其后,法学界对于法的阶级性和继承性的问题继续展开讨论。实际上,关于法的阶级性和继承性的讨论是对新时期法学发展方向的一次探索,这一探索是以"试图冲破以往的教条和禁区的束缚的姿态开始的"。法律的阶级性涉及对法律的两个维度的反思,其一是法律属性的范畴,其二是历史向度上社会主义法和封建主义法的关系与地理向度上社会主义法和资本主义法的关系;法律的继承性涉及新时期法律发展的连续性和稳定性问题,以及如何对待法律遗产的问题,法律的继承性是中华法文明重构和发展的必要前提。"这场争论以承认法律有继承性结束,便实现了历史与今天的联接,使历史上的法律制度和法律思想得以在当代社会更充分地发挥其价值;给今天的法律找到了它借以植根的文化沃土,把社会主义法律文化放回到人类文化发展的整体中,放回到不同时代的文化'依次交替'的全过程中。"④ 但是,关于法的阶级性和继承性的讨论"仍然表现出了历史造就的教条和禁区的束缚,法学的现实使命与其自身存在的历史方式产生了矛盾"⑤。这场讨论脱离了法学发展所应该考虑的现实困境,而是以经典理论立论和辩驳,这使得讨论在一定程度上失去了新时期思想解放潮流下的实践理性。

---

① 李昌道:《对旧法不能批判地继承,只能借鉴》,载《法学研究》,1979 年第 3 期。
② "关于法的阶级性讨论专栏",载《法学研究》,1980 年第 1 期。
③ 孔庆明:《法律怎样表现统治阶级的意志》,载《法学研究》,1980 年第 3 期。
④ 徐祥民:《架起联接过去、现在与未来的桥梁——谈中国法律史学 50 年的经历》,载《山东大学学报》(哲学社会科学版),1999 年第 3 期。
⑤ 杜飞进、孔小红:《转折与追求——新时期法学评析》(上),载《中国法学》,1989 年第 1 期。

此外，这一时期中国法律史学科也参与了当时"法律与政策"、"关于毛泽东法学思想理论问题"以及"法制改革问题"的讨论，这些讨论在推动学科间交流和对话的同时，也为法律史学的发展开拓了新的空间，提供了新的视角和理论进路。法律史学在研究方法上虽然依旧受制于历史造就的束缚，但是对自身的检视和反思已经全面展开，理论禁区的突破①以及法律史研究的现实意义的倡导不断催生着中国法律史研究朝着一个新的方向发展。自改革开放初至20世纪末，中国法律史学在学术研究中不断地开拓着新的领域，教材、著作、论文的数量呈现指数增长，学术讨论和国际交流日益活跃，中国法律史学的功能逐渐从"批判导向"转向了"史鉴导向"。中国特色社会主义法制的建构和初步发展首先需要历史的合理性和必然性论证，中国法律史学自然承担起了这一艰巨的历史任务，这也是中国法律史学在20世纪后半叶蓬勃发展的现实原因。

3. 20世纪后半叶中国法律史研究的特点

纵观改革开放以来中国法律史学的发展历程，大体上可以从以下五个方面来总结20世纪80年代至90年代中国法律史研究的特点。

第一，史料分析方法重新受到重视。

改革开放以后，中国法律史学科首先对本学科的研究对象和方法进行了反思，在方法论上开始意识到阶级分析方法的僵化使用给中国法律史学研究带来的危害。随着实事求是原则的确立，这一时期中国法律史学最具特色的研究方法是史料分析方法。在1979年长春会议上就有学者提出："法制史，作为历史科学的一门专史，其基本任务是以大量实证材料，揭示历史上不同类型法律制度的本来面目，阐明法律制度发展的具体规律，这就决定了我们对它的研究不能从概念和定义出发，只能从事实出发。"② 这一时期的研究多以"文化大革命"期间及以前出土的史料为主要依托，对中国法律史研究中的一些基本问题进行考证。以云梦秦简为例，法律史学界以云梦秦简为史料依据产生了大量的论文、著作等。例如，刘海年在《法学研究》上发表了《云梦秦简的发现与秦律研究》。作为云梦秦简的整理者之一，在

---

① 如中国社会科学院法学研究所刘海年研究员在改革开放之后相继发表了《不同文化背景的人权观念》（载《中国法学》，1994年第3期）、《中国法律关于人身权利的保障》（载《中国社会科学》，1996年第4期）、《适当生活水准权与社会经济发展》（载《法学研究》，1998年第2期）、《言论自由与社会发展》（载《郑州大学学报》（哲学社会科学版），1999年第5期）等几篇人权主题的文章。人权在当时的学术环境下是一个极其敏感的学术领域，很少有人敢于承受巨大的风险突破这一理论禁区。法律史学人对理论禁区的突破，也彰显了改革开放后法律史学人敢作敢为的使命感和责任感。

② 肖永清、张警、韩延龙、刘海年：《关于法制史研究对象和方法的讨论发言摘要》，载《法学研究》，1979年第5期。

该文中，刘海年对云梦秦简的内容和体系进行了全面介绍，总结了秦朝的法律形式和刑罚种类，最后指出："研究秦律，对于认识中国封建社会早期的法律制度，乃至认识中国整个封建社会的法律制度都是有益的。"[①] "据初步统计，1977年以来，运用秦简对战国至秦法律制度进行研究的文章已达百余篇。通过研究，基本搞清了秦的刑罚制度、法律形式、诉讼程序和法吏体系。对秦律的内容也有大致的了解。学界还对隶臣妾的身份、'三环'、'啬夫'的含义、'赀罚'制度、徒刑刑期等问题作了深入的探讨。"[②] 此外，中国法律史研究还依托云梦秦简之外的其他考古资料，如青川木牍[③]、张家山汉简[④]、银雀山汉简[⑤]、包山楚简[⑥]、居延汉

---

① 刘海年：《云梦秦简的发现与秦律研究》，载《法学研究》，1982年第1期。

② 刘海年、马小红：《五十年来的中国法制史研究》，载韩延龙主编：《法律史论集》（第3卷），法律出版社2001年版，第29页。关于"啬夫"官职的相关研究，参见高敏：《论〈秦律〉中的"啬夫"一官》，载《社会科学战线》，1979年第1期；钱剑夫：《秦汉啬夫考》，载《学术月刊》，1980年第11期；高恒：《"啬夫"辨正——读云梦秦简札记》，载《法学研究》，1980年第3期；等等。关于"隶臣妾"制度，参见高恒：《秦律中"隶臣妾"问题的探讨》，载《文物》，1977年第7期；刘海年：《关于中国岁刑的起源——兼谈秦刑徒的刑期和隶臣妾的身份》（上、下），载《法学研究》，1985年第5、6期；钱大群：《谈"隶臣妾"与秦代的刑罚制度》，载《法学研究》，1983年第5期；李力：《亦谈"隶臣妾"与秦代的刑罚制度》，载《法学研究》，1984年第3期；钱大群：《再谈隶臣妾与秦代的刑罚制度——兼复〈亦谈"隶臣妾"与秦代的刑罚制度〉》，载《法学研究》，1985年第6期；等等。

③ 如杨宽：《释青川秦牍的田亩制度》，载《文物》，1982年第7期；林剑鸣：《青川秦墓木牍内容探讨》，载《考古与文物》，1982年第6期；黄盛璋：《青川新出秦田律木牍及其相关问题》，载《文物》，1982年第9期；胡平生：《青川秦墓木牍"为田律"所反映的田亩制度》，载《文史》（第19辑），中华书局1983年版；黄盛璋：《青川秦牍〈田律〉争议问题总议》，载《农业考古》，1987年第2期；罗开玉：《青川秦牍〈为田律〉再研究》，载《四川文物》，1992年第3期；等等。

④ 如高潮、刘斌：《简牍法律史料探源》，载《政法论坛》，1988年第5期；徐世虹：《汉简与汉代法制研究》，载《内蒙古大学学报》（哲学社会科学版），1992年第2期；张建国：《试析汉初"约法三章"的法律效力——兼谈"二年律令"与萧何的关系》，载《法学研究》，1996年第1期；张建国：《叔孙通定〈傍章〉质疑——兼析张家山汉简所载律篇名》，载《北京大学学报》（哲学社会科学版），1997年第6期；高恒：《汉简牍中所见令文辑考》，载《简帛研究》（第3辑），广西教育出版社1998年版；等等。

⑤ 如吴九龙：《银雀山汉简齐国法律考析》，载《史学集刊》，1984年第4期；杨作龙：《银雀山竹书〈田法〉刍议》，载《洛阳师专学报》，1987年第1期；王恩田：《临沂竹书〈田法〉与爰田制》，载《中国史研究》，1989年第2期；张金光：《从银雀山竹书〈田法〉等篇中看国家授田制》，载《管子学刊》，1990年第4期；沈长云：《从银雀山竹书〈守法〉、〈守令〉等十三篇论及战国时期的爰田制》，载《中国社会经济史研究》，1991年第2期；李力：《从银雀山汉简〈守法守令〉等十三篇看齐国法制》，载韩延龙主编：《法律史论集》（第2卷），法律出版社1999年版；等等。

⑥ 如贾济东：《从出土竹简看楚国司法职官的建置及演变》，载《江汉论坛》，1996年第9期；顾久幸：《楚国法律的起源及法律形式》，载《江汉论坛》，1996年第10期；刘信芳：《包山楚简司法术语考释》，载《简帛研究》（第2辑），法律出版社1996年版；等等。

简①、武威汉简②、郭店楚简③等进行了研究。

　　第二，基础问题得到广泛研究。

　　基础问题研究是一个学科得以建构和发展的根基，也是奠定学科基调的基础性因素，中国法律史领域的基础问题在这一时期被广泛地研究。

　　首先是关于中华法系的研究。"中华法系，在一定程度上，涵盖了整个古代中国法律的制度、思想和文化。"④ 陈朝璧《中华法系特点初探》一文将中华法系置于世界法律体系中进行考察，认为中华法系包含三种内容和实质不同的法制内容，分别是"历三千年之久的封建法制，近代史上昙花一现的半封建法制，后来居上的社会主义法制"。作者指出，中华法系是活的法系，包含着深刻的文明因素和深厚的历史积淀，我们应该找到古今的联系，坚持古为今用，从中挖掘出有利于法制建设和发展的因素。⑤ 张晋藩继之发表了《中华法系特点探源》一文，分析了中华法系的特征和历史根源，将其总体特征概括为五个方面，分别是："法自君出"、"受儒家伦理道德观念的强烈影响"、"家族法在整个法律体系中占有重要地位"、"'民刑不分'与'诸法合体'"及"律外有'法'"。这些特征的形成有其深刻的历史根源，既与独特的地理环境密不可分，又与中国古代的生产方式和宗法制度有着紧密的历史勾连。⑥ 马小红、刘婷婷主编的《法律文化研

---

　　① 如初仕宾：《居延简册〈甘露二年丞相御史律令〉考述》，载《考古》，1980年第2期；李均明：《居延汉简债务文书述略》，载《文物》，1986年第11期；张建国：《居延新汉简"粟君债寇恩"民事诉讼个案研究》，载《中外法学》，1996年第5期；徐世虹：《居延汉简中的"毋状"与"状辞"》，载中国文物研究所编：《出土文献研究》（第4辑），中华书局1998年版；等等。

　　② 如程杰：《甘肃武威新发现的汉简表明：我国西汉就有尊老养老法》，载《文汇报》，1983年4月21日；李均明、刘军：《武威旱滩坡出土汉简考述——兼论"挈令"》，载《文物》，1993年第10期；等等。

　　③ "自1998年5月《郭店楚墓竹简》（文物出版社1998年5月第1版）一书出版以来，国内外中国古代思想文化界掀起一股持续的郭店楚简热，短短几年，取得了令人瞩目的研究成果，据不完全统计，截至2002年止，已出版专著二十多部、论文集七部，发表学术论文四百余篇。各种学术性、全国性的综合性学术研讨会、专题研讨会，以及讲读班、报告会此起彼落，其热度持续不减。"俞荣根、龙大轩、吕志兴编著：《中国传统法学述论——基于国学视角》，北京大学出版社2005年版，第346页。

　　④ 俞荣根、龙大轩、吕志兴编著：《中国传统法学述论——基于国学视角》，北京大学出版社2005年版，第1页。

　　⑤ 参见陈朝璧：《中华法系特点初探》，载《法学研究》，1980年第1期。

　　⑥ 参见张晋藩：《中华法系特点探源》，载《法学研究》，1980年第4期。

究》中华法系专题选编了17个近百年来中华法系研究的经典论著①，涉及近代以来不同历史时期法律史学界对中华法系研究的不同贡献，其中既包括"中华法系复兴"的研究，也包括改革开放以来有关中华法系研究的反思与回归。编者指出，20世纪90年代以来，中华法系研究"开始深入细化"，"观点的多元是这一时期典型的特征，但这一时期更为显著的特点似乎是对以往研究'通说'或'定论'的反思"②。这进一步印证了20世纪末中国法律史学发展的反思性、批判性和建构性趋向。

其次是关于礼法关系的研究。关于礼法的研究，在中国由来已久，20世纪八九十年代礼法研究的成果更是层出不穷，既有对既往礼法研究的继承，又有对既往研究成果的反思和质疑，这一时期也不乏突破性研究成果问世。有学者对"礼不下庶人，刑不上大夫"的说法重新予以解读，并对既往的研究观点进行了质疑，提出奴隶社会中的刑仅仅是一种刑罚，并不是一种法律规范，而礼才是奴隶社会中人们普遍适用和遵守的规则。礼既具有法律规范的结构，又具有道德规范的特征，成文法规范的产生和进化是以礼为母体基础的。③这既是对以往法律史研究中"礼不是法"的观点的一种纠正，也是礼法研究逐步突破阶级分析主导的研究方法并逐步向学术回归的过程。有学者指出，秦汉以后法律儒家化的过程实际上是在分裂和统一的社会运动中，伴随着价值失落和重构的一种"法律的自觉"；这种"法律的自觉"将"礼"这种具有较强道德性的规范纳入国家意志的范畴之中，从而使道德呈现出了一种法律化的发展趋势。④也有学者跳出传统研

---

① 该书主要选编了近代以来中国法律史领域对中华法系研究的代表性论著，其中既包括20世纪上半叶梁启超、杨鸿烈、陈顾远等人对中华法系研究的奠基之作，也包括20世纪80年代以来法律史学者对中华法系研究的反思和突破，皆为"同时研究成果中的上乘之作，或其观点有着突破性的贡献"。该书选编的17个论著分别为：梁启超《中国法理学发达史论》（1904年）、杨鸿烈《中国法律发达史》（1930年）、陈顾远《中国固有法系与中国文化》（1952年）、陈朝璧《中华法系特点初探》（1980年）、张晋藩《再论中华法系的若干问题》（1984年）、张国华《中国法律思想史新编》（1991年）、郝铁川《中华法系研究》（1997年）、张中秋《回顾与思考：中华法系研究散论》（1999年）、范忠信《中华法系的亲伦精神》（1999年）、王立民《也论中华法系》（2001年）、杨一凡《中华法系研究中的一个重大误区》（2002年）、俞荣根与龙大轩《中华法系学述论》（2006年）、朱景文《古代中国的朝贡制度和古罗马的海外行省制度》（2007年）、赖骏楠《民族主义视野下的近代"中华法系"学说（1900—1949）》（2008年）、刘广安《中华法系生命力的重新认识》（2011年）、武树臣《论中华法系的社会成因和发展轨迹》（2012年）、马小红《律、律义与中华法系关系之研究》（2013年）。参见马小红、刘婷婷主编：《法律文化研究》（第七辑·中华法系专题），社会科学文献出版社2014年版。

② 马小红：《主编导读：中华法系研究评析》，载马小红、刘婷婷主编：《法律文化研究》（第七辑·中华法系专题），社会科学文献出版社2014年版，第16页。

③ 参见栗劲、王占通：《略论奴隶社会的礼与法》，载《中国社会科学》，1985年第5期。

④ 参见梁治平：《礼与法：道德的法律化》，载《江海学刊》，1989年第3期。

究的窠臼，试图寻找一种科学全面的观点来论证中国古代礼法之间的关系，指出"礼治"的本质就是古代社会的"法治"，这种"礼治"主要是通过以"礼"为中心而建构的一整套关于权利义务关系的行为规范体系实现的。随着社会的发展，"礼"和"刑"表现出了一种特殊而复杂的互动关系，相互影响。① 马小红的《礼与法》② 一书对中国传统法的建构进行了独到的分析，指出中国传统法是礼法的共同体，礼法关系的演变构成了中国传统法发展的基本脉络。这对于当时西方话语主导下的中国传统法研究无疑具有一定的警醒意义，"该成果对于传统法律体系的构成、所包含的'礼'的宗旨、其形成的原因和过程以及其演变规律和对近现代的影响等问题，提出了许多具有创新性的见解"③。

最后是法律文化研究。受20世纪80年代"文化热"的深刻影响，法律文化研究在法律史研究领域异军突起。80年代"文化热"兴起的原因主要包括"学术的发展、'文革'的反思、改革的深入、西方现代化理论的传入、新儒家思想的评介、'四小龙'的发展经验的吸取，等等"④。这一时期的法律文化研究侧重于中国传统法律文化体系的建构、特点分析和现代影响，同时中西法律文化的比较也成为法律史研究的一大亮点。有学者从符号学的层面理解文化的含义，指出"法律文化"本质上是一种法律的文化解释，法律的文化解释不仅仅是一种研究问题的立场和方法，更承担着意义传达的功能。这就强调既要注重法律和其他社会现象之间的关联性，又要对自己所处的位置不断进行反省，不断修正自己的观点。⑤ 有学者通过对中国法律产生和发展的规律进行深入的分析和总结，指出了中国法律文化形成的路径依赖。⑥ 有学者根据历史上不同阶段法律实践的不同性质，将中国法律文化的发展分为三个历史阶段——"礼治·审判法"时代（西周、春秋时期）、"法治·成文法"时代（战国、秦）、"礼法合治·混合法"时代（从汉至清），细数中国法律文化的精华和糟粕，指出了中国法律文化在中国法制建设中的当代使命。⑦ 也有学者以中西比较的视野，从不同的角度对中西法律文化进行了比较和分析，诠释了中西法律文化差异的社会背景、历史根源和人文传

---

① 参见马作武：《传统法律文化中的礼与法》，载《现代法学》，1997年第4期。
② 参见马小红：《礼与法》，经济管理出版社1997年版。
③ 马小红：《礼与法》，经济管理出版社1997年版，"学术委员会评审意见"。
④ 朱育和等主编：《当代中国意识形态情态录》，清华大学出版社1997年版，第596页。
⑤ 参见梁治平：《法律的文化解释》，生活·读书·新知三联书店1994年版。
⑥ 参见游绍尹：《试论中国法的产生规律——兼论中国古代法律文化的若干特点》，载《中南政法学院学报》，1987年第1期。
⑦ 参见武树臣：《中国传统法律文化总评判》，载《学习与探索》，1988年第4期。

统。① 此外，这一时期中国法律史研究的基础问题还包括少数民族法制研究、沈（家本）学研究、刑名研究、太平天国法制研究等。

第三，通史研究和断代史研究成果丰富。

通史研究成果可谓灿若繁星，不胜枚举。最具有代表性的研究成果主要包括张晋藩主编的《中国法制通史》（十卷本）（法律出版社1999年版）和20世纪90年代就已经着手编写的《中国法律思想通史》（十一卷本），该成果于2001年由山西人民出版社出版。《中国法制通史》（十卷本）具有极高的学术价值和历史地位，"一经面世，即在法史学界乃至整个法学界引起了轰动效应，产生了至为深远的影响。论者普遍认为：《通史》体现了对中国古代法律体系的新认识，是建国以来中国大陆学者研究中国法制史学成果的集大成者，在某种意义上可以说达到至目前为止中国法制史学发展的最高成就"②。此外，通史研究成果还包括法律史学者的论文、专著、教材等（后文详述）。在断代史研究方面，受前述出土文献资料的影响，20世纪八九十年代中国法律史断代研究以秦汉、隋唐和明清时期为主，其他历史时期的研究同样也是成果颇丰。本书以赵九燕、杨一凡编的《百年中国法律史学论文著作目录》（上、下册）③为参考，对1978—1999年中国法律史领域的断代史研究成果（论文）进行分类统计，如图6-1所示。

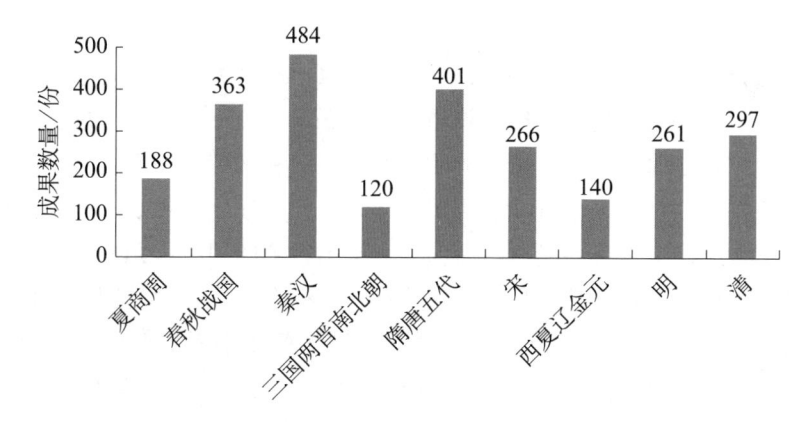

图6-1 中国法律史领域断代史研究成果（论文）分类统计（1978—1999年）

---

① 参见张中秋：《中西法律文化比较研究》，南京大学出版社1991年版。
② 李超、陈敬刚：《皇皇巨著 字字珠玑——〈中国法制通史〉（十卷本）简评》，载《政法论坛》，2003年第1期。
③ 参见赵九燕、杨一凡编：《百年中国法律史学论文著作目录》（上、下册），社会科学文献出版社2014年版。

第四，开辟革命根据地法制研究。

革命根据地法制研究是新中国成立以后中国法律史研究开辟的新领域，这一时期的法律制度和法律思想是中国共产党在反帝反封建革命实践中经验和教训的总结，对于新时期社会主义法制建设和政党建设具有借鉴意义。改革开放之后，革命根据地法制研究主要集中在革命根据地的选举制度、婚姻制度、调解制度、刑事法规、人权保障、劳改制度、监察制度、劳动法规以及马锡五审判方式等领域。有学者指出，抗日战争时期，人民群众具有深刻的主人公意识，坚持党的领导，边区政府在政治和工作上有着优良的作风和制度，制定了一系列保证民主制度的法律法规，依据抗日民族统一战线总政策和陕甘宁边区施政纲领，展开了轰轰烈烈的民主选举运动，形成了具有边区特色的民主选举制度，被称为"中国民主政治史上的伟大创举，是中国选举史上光辉灿烂的篇章"[①]。有学者在研究抗日根据地时期的调解制度时指出，抗日根据地的调解制度在调解的组织形式以及内容和程序方面较以前有了较大的充实和改善。这一时期的调解制度主要有四个特点：首先是调解制度的法律化和制度化，其次是调解组织的多样化，再次是调解工作以实践经验为基础，最后是调解程序的一体化。在此基础上，革命根据地调解制度形成了群众调解、政府调解和法院调解三种形式，对于加强人民团结、巩固抗日民族统一战线、保障群众的合法权益以及普及法律知识具有深刻的历史意义。[②] 关于革命根据地时期的婚姻制度，有学者指出，男女婚姻自由、禁止包办婚姻是红色区域婚姻立法的基本原则。革命根据地婚姻立法尤其注重对妇女儿童权利的尊重和保护，这是人权保障原则在根据地立法中的深刻体现。红色区域的婚姻立法"在当时起了除旧布新的巨大作用，对后来的新民主主义婚姻立法乃至社会主义婚姻立法都有着不容低估的影响"[③]。马锡五审判方式是革命根据地时期坚持中国共产党领导并具有深厚的群众基础特色的司法审判制度，体现了中国共产党在革命根据地时期处理社会纠纷和稳定社会秩序方面的智慧和成就。关于马锡五审判方式，20世纪八九十年代，中国法律史学界也开始着手研究和总结，借鉴马锡五审判中的积极合理因素来推进社会主义审判方式的完善和发展。[④]

---

① 方克勤、杨永华、李文彬：《抗日战争时期陕甘宁边区的选举制度》，载《人文杂志》，1979年第1期，后载曾宪义主编：《百年回眸：法律史研究在中国》（第二卷）（上），中国人民大学出版社2009年版。
② 参见韩延龙：《试论抗日根据地的调解制度》，载《法学研究》，1980年第5期。
③ 韩延龙：《红色区域婚姻立法简论》，载《法学研究》，1984年第1期。
④ 参见张希坡：《革命根据地的基层政权和群众性自治组织》，载《法学研究》，1983年第6期；张希坡：《马锡五审判方式》，法律出版社1983年版；张希坡：《马锡五出生年月考证》，载《法学杂志》，1999年第1期；等等。

第五,新中国法制史研究起步。

陈守一在 20 世纪 80 年代曾经指出:"在法制建设上,我们有比较长期的革命根据地经验,又有中华人民共和国成立后三十年来正反两个方面的经验,我们必须珍惜这个经验。可是迄今为止,我们还没有对革命根据地的有关资料进行系统的研究和整理,也没有对建国后的经验进行比较系统的分析和概括。"[1] 蒲坚、俞建平曾呼吁:"政法界、法学界的朋友们特别是法律史专家学者们,在研究解放前中国法制史的同时,也把研究的'广角镜'伸向新中国法制史,以总结新的经验,开拓新的领域,丰富法制史研究的内容,推进社会主义法制建设。"[2] 在法律史学界同人的努力和呼吁下,新中国法制史研究有了一定进展。

(三) 21 世纪中国法律史学的新拓展 (2000—2022 年)

1. 21 世纪中国法律史学科面临的挑战

在世纪之交,中国法律史学研究面临着一系列困境,造成这些困境的原因是多方面的。

第一,传统意义上的中国法律史学科的价值定位与 21 世纪市场经济主导下的社会主流价值观之间存在冲突。传统意义上的中国法律史学科以法制史料为考证和分析的原始资料,以此形成一种理论化的历史认知和经验材料,以指导国家的政制建构和权力运行。中国法律史学科价值的实现与知识分子和国家权力阶层的关系密不可分,因此中国法律史学科的价值定位是建立在"国家"这个宏观维度上的。而市场经济的发展是以中观层面的"市民社会健全"和微观层面的"个体权利保障"为社会基础的,社会主义市场经济对中国法律供给市场进行了结构性整合,经济发展呼吁着实践性较强的部门法学的发展,而作为法学基础理论学科的中国法律史学因无法回应市场经济发展的现实需求而遭受冷落。

第二,中国法律史学术共同体内部存在着知识产出和知识传播的困局。中国法律史研究范式的固化、方法论的单调导致理论创新和知识代谢速度缓慢。中国法律史学研究成果的质量参差不齐,甚至有不少是在复述前人已经完成的工作,知识产出缺乏创新。

第三,学科定位存在一定的尴尬与困惑。学科属性决定了中国法律史研究的方法和价值导向,"长久以来法学家族一直存在着拒绝承认与法律史学科具有亲属关系的现象,且近年来这种现象有愈演愈烈之势"[3]。关于中国法律史学科的

---

[1] 陈守一:《新中国法学三十年一回顾》,载《法学研究》,1980 年第 1 期。
[2] 蒲坚、俞建平:《把研究的广角镜伸向新中国法制史》,载《法学研究》,1988 年第 4 期。
[3] 侯欣一:《学科定位、史料和议题——中国大陆法律史研究现状之反思》,载《江苏社会科学》,2016 年第 2 期。

性质究竟是偏史学还是偏法学的争论依旧存在,这就给中国法律史学的发展带来了一定的迷茫和困惑。

第四,中国法律史学还面临着一部分来自外部的压力和危机。21世纪初期,"国家的两项举措引起了法史界的震动,一是在统一司法考试的预案中没有法律史的考核内容,一是在同等学力人员申请法律专业硕士学位的有关考试中取消法律史。这两项举措将对法律史的生存造成相当大的冲击"①。

面对一系列新挑战,中国法律史学在21世纪该何去何从成为法史学界的头等大事。② 也正是这一系列的新问题,推动着中国法律史研究朝着一个新的方向拓展。

2. 中国法律史学科的转型和拓展——中国法律史研究的多种面向

21世纪的中国法律史研究在困境中不断地寻求新的发展之路,受现代科技发展、西方社会科学理论以及跨学科研究的影响,中国法律史学朝着新的方向、新的领域发展,"与改革开放之初相比,法律史学的研究范围有了实质性的拓展,新的史料陆续被发掘,研究方法和理论不断被更新,学术规范的价值得到普遍认可;对好作品的判断能力有了显著的提高"③,在研究方法和研究领域方面有了新的开拓。

---

① 高珣、林华昌等:《中国法律史学会暨儒学与法律文化研究会2001年学术年会综述》,载《光明日报》,2001年12月25日。

② 关于中国法律史学科在世纪之交如何发展的问题,中国法律史学界有过集体反思。例如1998年中国法律史学界的主要学术活动以对中国法律传统的整体回顾和把握以及对20世纪中国法律与法学的反省和回顾为主要内容,1998年中国法律史学会第六届会员代表大会暨中国历史上的法制改革学术研讨会在山东济南召开,会议以中国历史上的法制改革为题,就先秦商鞅变法、北魏法制变革与封建化、魏晋立法改革、隋朝法制建设及其历史启迪和晚清法制变革等题进行了讨论。1999年中国法律史研究的主要学术会议和学术活动围绕"总结过去,展望未来"的主题展开,1999年中国法律史学会年会在重庆召开,会议对近20年来中国法律史学会的发展进行总结,对未来进行展望,与会者对中国法律史学科的研究方法、面临的问题进行了充分的交流和讨论。2000年中国法律史学会年会在安徽合肥召开,大家充分总结和讨论了一个世纪尤其是近20年来法律史前辈所做的艰辛努力和取得的重大成就,着重就中国法律史学目前在学科体系、研究方向等方面存在的不足和缺憾,以及即将到来的21世纪如何抓住机遇、迎接挑战等重要问题进行了充分的讨论,提出了许多极有价值的设想和建议。2001年中国法律史学会年会在福建厦门召开,会议议题集中于对未来中国法律史研究的探讨和展望。2002年中国法律史学会年会于上海召开,会议主题为"中国法律史的体系、结构与特点",与会者对21世纪中国法律史学科的视野、研究方法、体系、特征以及中国法律史学发展面临的危机进行了反思,并对21世纪中国法律史学的发展提出了各自的建议。参见曾宪义、丁相顺、黄长杰:《1998年中国法律史学研究的回顾与展望》,载《法学家》,1999年第1-2期;曾宪义、赵晓耕:《1999年中国法律史学研究的回顾与展望》,载《法学家》,2000年第1期;曾宪义、郑定、马建兴:《2000年中国法律史学研究的回顾与展望》,载《法学家》,2001年第1期;曾宪义、赵晓耕:《2001年中国法律史学研究的回顾与展望》,载《法学家》,2002年第1期;倪正茂主编:《法史思辨:2002年中国法史年会论文集》,法律出版社2004年版。

③ 侯欣一:《学科定位、史料和议题——中国大陆法律史研究现状之反思》,载《江苏社会科学》,2016年第2期。

第一，在研究方法上，20世纪后半叶中国法律史学主要运用史料分析、阶级分析、经典理论的文本分析等传统的研究方法。史料分析等传统方法的使用有助于增强研究的说服力，避免主观主义，体现学术的严谨、认真。阶级分析和经典理论的文本分析，尤其是马列经典的文本分析方法符合特殊时代新政权的巩固和意识形态的确立的需要，但其缺点是限制了中国法律史研究的范围，导致学科研究的封闭和固化，不利于学科的健康发展。21世纪中国法律史学在方法论上的突破主要表现为史料研究的多样化、学科交叉研究、部门法史研究和比较研究方法等。（1）史料研究的多样化。史学的本质在于求真，而充足的史料是法律历史研究的基础，也是法律历史研究的必要前提。进入21世纪以后，随着考古工作的进展和文物保护工作的加强，种类繁多的文物古迹、历史档案、简牍文书等进入中国法律史研究的视野，多种史料在中国法律史研究中的使用能够对历史事实进行多重印证，有助于开拓中国法律史研究的新领域，甚至能够推翻传统的史学定论，实现中国法律史研究的客观性和开放性。（2）学科交叉研究。田余庆曾经指出："近代学术的发展，各学科彼此渗透是必然的事，而且不限于方法论和技术手段。人文科学、社会科学中任何一个学科出现的、在当时看来是重大的成果，毫无例外地都会反映到史学中来。甚至自然科学的重大进展，也会直接或间接地在史学中得到反映。"[①] 中国法律史领域中学科交叉研究的先例并非出现在21世纪，但在21世纪臻于完善，瞿同祖的《中国法律与中国社会》[②] 是中国法律史借鉴社会学研究方法的开山之作，开创了中国法律史研究的新范式。进入21世纪之后，中国法律史的研究逐渐借鉴其他学科的研究方法，如社会学、人类学、经济学、考古学、心理学、文学等领域的研究方法，推陈出新，极大地开阔了学科研究的视野，拓宽了中国法律史发展和进步的空间。（3）部门法史研究。每一门学科都有自己的历史，一个学科要想形成完善的知识体系和成熟的学科门类，必须研究自己学科的历史沿革。21世纪以来，部门法史研究在学科成熟和定型的过程中得到极大的发展，尤其是在全球化背景下，我国作为一个后发型现代化国家，在对国外的法律制度和法律理念进行借鉴的同时应该立足于自己的传统，保持一种理性的思考。"改革开放以来，在学界前辈的持续努力下，法史学研究不断深入。以整体传统法律研究而论，中国古代传统'诸法合体，民刑

[①] 田余庆：《消除"代沟"，共同前进》，载田余庆：《秦汉魏晋史探微》（重订本），中华书局2011年版，第414页。

[②] 《中国法律与中国社会》首版由商务印书馆于1947年出版。此书第一版是根据瞿同祖在云南大学和西南联合大学讲授中国法制史和社会学的讲稿整理的，作者出国以后对书稿加以补充、修改，于1961年出版了英文版。

不分'的观点逐渐被修正,法典上'诸法合体',法律体系'民刑有分'渐成共识。"① 对部门法史的研究也是基于对自身传统的反思和认可,有助于实现市场经济大潮下法史研究与社会现实的互动,拓展中国法律史研究的范围,创新中国法律史研究的方法。部门法史的研究主要包括刑法史、民法史、行政法史、宪法史等领域的研究。(4)比较研究方法。法律史领域的比较研究方法兴起于 20 世纪 80 年代,起初主要集中于中西法律文化的比较研究,比较研究方法主要包括横向比较和纵向比较。横向比较指的是同一时间维度上不同空间的比较,纵向比较指的是同一空间维度上不同时间的比较,因此就形成了古今、中西的法律比较研究。比较研究方法能够形成一种更加宏大的历史空间和国际视野,实现法律的古今、中西连接。21 世纪以来比较法史研究将触角深入到法律制度和法律思想的中观、微观层面,出现了人物思想比较研究、部门法史比较研究、法文明比较研究、具体法律制度比较研究等。(5)21 世纪中国法律史研究在方法上还有一个重要变化在于,对阶级分析方法的反思和摒弃。21 世纪之初的十几年间,中国法律史研究逐渐摆脱了政治意识形态的过度约束,开始表现出对带有强烈意识形态色彩和批判意味的阶级分析方法的规避和反思。② 聂鑫在 21 世纪法学系列教材《中国法制史讲义》的"导论"中批判了中国法律史研究中的两种错误倾向:一是"'以古非今',用现在西方的法治文明来批判古代中国的情况",二是"'比较法'的滥用与'崇洋媚外'的心态",学习中国法律史的正确态度"是'理解—转化',而非简单的'批判—继承'。对历史应予'了解之同情',怀抱温情与敬意。这种方法正如胡适所说,是'研究问题、输入学理、整理国故、再造

---

① 李玉基、刘晓林主编:《部门法史研究中的问题与方法——第三届青年法史论坛文集》,法律出版社 2015 年版,"序言"第 1 页。
② 以 21 世纪以来出版的中国法律史方面的教材为研究对象,通过对其"导论"、"序言"或"前言"的考察,笔者发现 21 世纪以来,在中国法律史学习和研究方法中,在坚守马克思主义科学理论的同时,淡化甚至是摒弃了以阶级斗争理论为基础的阶级分析方法,强调实事求是和解放思想,运用科学和多元的研究方法,客观总结中国法律发展的历史规律。参见张晋藩主编:《中国法制史》,高等教育出版社 2003 年版;林明主编:《中国法制史》,上海人民出版社 2003 年版;王立民主编:《中国法制史》,上海人民出版社 2003 年版;赵晓耕编著:《中国法制史》,中国人民大学出版社 2004 年版;张洪林、李世宇主编:《中国法制史》,中国民主法制出版社 2004 年版;杨一凡主编:《新编中国法制史》,社会科学文献出版社 2005 年版;马作武主编:《中国法制史》,中国人民大学出版社 2007 年版;曾宪义主编:《中国法制史》,北京大学出版社 2009 年版;蒲坚主编:《中国法制史》,中央广播电视大学出版社 2010 年版;李贵连、李启成:《中国法律思想史》,北京大学出版社 2010 年版;陈晓枫:《中国法制史新编》,武汉大学出版社 2011 年版;宋玲主编:《中国法制史》,中国政法大学出版社 2014 年版;邓建鹏:《中国法制史》,北京大学出版社 2015 年版;马小红、姜晓敏:《中国法律思想史》,中国人民大学出版社 2015 年版;姜晓敏:《中国法律思想史》,高等教育出版社 2015 年版。

文明"①。

第二，在研究主题上，对基础理论有了更深入的研究。（1）中华法系的研究中更加注重如何将中华法系中的合理因素转化为现代社会法制建设中可供借鉴的经验，以及在法律全球化的过程中如何实现中华法系和世界其他国家（地区）法律制度之间的融合与互动。（2）礼法研究有了进一步发展，学界对中国传统的礼法体系有了更全面、更清晰的认识，对中国古代的礼所持有的态度由批判和排斥转向了接纳和吸收，并注重在社会治理中的现代转化。例如，有学者将"软法"的定义引入中国古代"礼法合治、以礼为主"的法律体系中，从礼的角度对"软法"进行定义，即"软法"是"自下而上形成的具有广泛社会基础的规范，软法的核心是社会对法的共识，并由共识而营造出尊法的社会环境。在社会共识的基础上，人们对软法规范的遵守有价值观的支持，有长期潜移默化的习俗熏陶，有国家与社会的提倡认可等等，与依靠国家强制力实施的硬法相比，人们对软法的接受和遵守是发自内心的"，并指出现代法治社会的发展和完善离不开软法和硬法对社会的双重规制，"在日益复杂的经济活动与社会生活中，缺乏变通性的硬法须与软法相依而立，才能克服硬法的先天缺陷，使'法治'真正成为维护正义和人类福祉的目的"②。（3）法律文化研究越来越侧重于从中国古代法律制度、思想及现象（如戏剧、文学作品、诗词）等微观层面入手去展现中国传统法律文化的一个侧面或者整体景观，这种研究立足于中国传统法律文化的多样性和多层次性，最终目的是实现传统法律文化的现代转型。③（4）少数民族法制史研究在21世纪进入了一个蓬勃发展的时期，这一时期少数民族法制史研究的主要特点是少数民族法文化研究渐成体系，少数民族习惯法成为研究的热点，其研究多借鉴社会学的研究方法，如田野调查、实证分析、比较分析、实地考察等。④ 2017

---

① 聂鑫：《中国法制史讲义》，北京大学出版社2014年版，第4页。
② 马小红：《"软法"定义：从传统的"礼法合治"中寻求法的共识》，载《政法论坛》，2017年第1期。
③ 相关研究参见徐忠明：《从话本〈错斩崔宁〉看中国古代司法》，载《法学评论》，2000年第2期；霍存福：《中国传统法文化的文化性状与文化追寻——情理法的发生、发展及其命运》，载《法制与社会发展》，2001年第3期；李家军：《规则的冷漠：法律里的悲剧——从〈巴黎圣母院〉和〈窦娥冤〉说起》，载《北京大学研究生学志》，2002年第1期；马小红：《酷吏、清官与法制》，载《学习时报》，2002年3月25日；武树臣：《〈周礼〉与古代法律文化》，载韩延龙主编：《法律史论集》（第5卷），法律出版社2004年版；方潇：《古代中国"天学"视野下的天命与法律价值革命》，载《法制与社会发展》，2005年第6期；霍存福：《汉语歇后语的法律文化概观——以〈杂纂七种〉为中心的分析》，载《法制与社会发展》，2009年第6期；李泽厚：《由巫到礼，释礼归仁》，生活·读书·新知三联书店2015年版。
④ 参见中国社会科学院法学研究所法制史研究室编：《中国法律史学的新发展》，中国社会科学出版社2008年版，第52页。

年 5 月张晋藩总主编的《中国少数民族法史通览》（十卷本）的出版"体现了中国民族法制史学的最高水平，凝结了诸多学科学人几十年的心力与心血，是一项前无古人的巨大的民族法律文化工程"①，是中国少数民族法制史研究的集大成者。(5) 此外，宋（慈）学研究、沈（家本）学研究以及孙中山、毛泽东、董必武、邓小平等人的法律思想研究也取得了一定的进展。

第三，在历史分期上，研究重点仍然集中于中国古代史，与此同时，近现代以来的中国法律史成了法律史领域亟待开发的一块处女地，俨然也成了研究的热点。"20 世纪 90 年代末前的一段很长的时间内，中国近现代法律史研究主要集中在革命根据地法制、民初法制、警察制度等领域，其他方面成果较少，许多重要的领域和重大课题无人问津。"② 但是，21 世纪以来，随着思想进一步解放，理论禁区进一步被突破，民国法制史、中华人民共和国法制史研究出现了许多有分量的成果，扩展了中国法律史研究的广度和深度。

改革开放以来，中国法律史研究在反思中发展，在继承中创新，其过程既是一个"祛魅"的过程，也是一个重构的过程，更是一个回归"自我"的过程。③ 中国法律史学从学科建制的完善到研究方法的推陈出新和学科间交流融合的过程，一定程度上折射出改革开放以来法学学科在中国现实的政治文化环境下的生存境遇，包容的制度环境、开放的文化氛围、丰富的理论补给、充实的队伍建设和科学的人才培养，是 21 世纪包括中国法律史学在内的中国法学发展的必备要素，缺一不可。

习近平总书记在党的十九大报告中指出："中国特色社会主义文化，源自于中华民族五千多年文明历史所孕育的中华优秀传统文化，熔铸于党领导人民在革命、建设、改革中创造的革命文化和社会主义先进文化，植根于中国特色社会主义伟大实践。"④ 中国传统法律文化是中国传统文化中制度化、规则化的文化单

---

① 张晋藩总主编：《中国少数民族法史通览》（十卷本），陕西人民出版社 2017 年版。参见中国政法大学科研处网站，http://kyc.cupl.edu.cn/info/1114/3050.htm，访问时间：2018 年 11 月 17 日。
② 中国社会科学院法学研究所法制史研究室编：《中国法律史学的新发展》，中国社会科学出版社 2008 年版，第 18 页。
③ 俞荣根以中国法律思想史教材的变化为依据，指出改革开放以来，中国法律史的发展可以分为创建、探索和发展三个时期，中国法律史在这一发展过程中体现出了四种共同的特征，即明确了学科的研究对象，逐渐摆脱机械地以"五种社会形态"来设置篇章体例，摆脱以西方法学概念诠释中国古代法的模式，揭示中国法律思想史的发展规律。这一发展过程概括来说，就是一个摆脱外来依赖、增强学科独立性、不断追寻"自我"的过程。参见俞荣根：《寻求"自我"——中国法律思想史的传承与趋向》，载《现代法学》，2005 年第 2 期。
④ 习近平：《习近平谈治国理政》（第三卷），外文出版社 2020 年版，第 32 页。

元，也是中国法律史研究中必不可少的部分，上承中国数千年以来法律制度和思想发展演变的基本脉络，下接中国特色社会主义的法治实践，因此，应将中国法律史学科的价值重新定位于国家治理的宏观层面。鉴于此，中国法律史研究应该立足于当下，加强同其他学科领域的交流对话，积极回应社会现实，形成兼具理论指导和实践指向的学科。

第七章

当代中国法律史学的研究方法

"任何学科的建设都会有两个最基础的方面,一个是学科方法论的建设,一个是学科发展史的研究。前者涉及学科发展的灵魂和核心,后者是学科发展的主干和躯体。"[1] 新中国成立以来,中国法律史研究的方法论在发展中几经转变,1949—1966年在人文社会科学研究领域确立以马列主义阶级分析的方法为主导,给中国法律史研究提供了一种新的思路和视角。但是,阶级分析的方法在研究中的运用日益僵化,至1966—1976年间终于走向了极端,中国法律史的研究随之被窒息而停滞。1978年改革开放以来,随着思想解放及学术环境的改善,学术禁区被一一突破,中国法律史研究的方法论也出现了重构的转机,在恢复传统研究方法的同时,新的研究方法以及其他学科的研究方法在中国法律史研究中的使用日益增多,逐渐出现了学科研究方法多元并存的繁荣局面。

中国法律史学的研究方法从不同的角度可以进行不同的分类,本章将当代中国法律史学的研究方法分为两类:第一类是国学视域下的中国法律史研究方法,即从中国法律史的"前学科时代"[2] 产生并延续至今的研究方法,其中包括以史料整理研究为基础的考据方法。为了叙述的方便及节省笔墨,史料整理研究的成果放于此处一并论述。第二类是中西交融背景下的中国法律史研究方法,即

---

[1] 朱政惠:《美国中国学发展史:以历史学为中心》,中西书局2014年版,第20页。

[2] 根据曾宪义的观点,中国法律史的"前学科时代"指的是自孔子删六经著《春秋》至清末沈家本,中国古代历史学由纯粹的历史记载转向包含政治、法律制度、学说思想等的官方指导性学术,中国法律史研究作为中国传统历史学的附属,在几千年的发展过程中不断积累,为近代中国法律史学科的形成奠定了学科基础和资料来源。中国法律史的"前学科时代"的研究特点主要包括两个方面:第一,非学科性研究。这一时期的中国法律史研究作为传统历史学研究的附庸,缺乏独立的学科体系和理论。第二,由于缺乏科学性和系统性,大部分研究工作多为史料堆砌,缺乏理论分析和理论创新。因此,这一时期考据学、史料学、校勘等方法是中国法律史研究的主要方法。参见曾宪义、郑定编著:《中国法律制度史研究通览》,天津教育出版社1989年版,第25-30页。

1949 年以来，特别是 1978 年改革开放以来，受西方社会科学和其他学科研究方法的影响，发展并衍生出的、被运用于中国法律史研究中的多种研究方法，其中主要包括阶级分析方法、交叉学科研究方法、比较研究方法、田野调查方法等。纵观 1949 年至今的 70 多年间，中国法律史研究的方法经历了从单一到多元、从传统到现代、从本土化向国际化发展的过程。

一、国学视域下的中国法律史研究方法

所谓"国学"，是对中国传统学术的一种统称。"中国学术，照传统的说法，包括义理之学、考据之学、词章之学、经世之学。义理之学是哲学，考据之学是史学，词章之学是文学，经世之学是政治学、经济学。"[1] 中国法律史学是一门兼具史学和法学双重特征的学科，其发展的过程自然包含了考据之学和经世之学的价值指向和方法特征。自《汉书·刑法志》以后，中国古代典籍中不乏对法律条文和法律制度的考据、解释，以及对法学家、法学思想和法律事件的介绍、记载等，从方法论的角度来看，这些记载、考据、叙述、解释等都属于中国法律史学的传统研究方法。本部分之所以将其定义为"国学视域下的中国法律史研究方法"，主要原因在于这种方法产生于中国传统治学过程之中，肇始于经学研究并承接中国法律史的"前学科时代"的国学传统，进而衍生出一系列对中国传统法律文化[2]进行考证、分析、诠释的研究方法，主要包括考据学方法和史料学方法。

（一）考据学方法

考据学是历史学研究的重要方法之一，其主旨在于还原历史客观事实。尽可能客观地陈述历史的原貌是历史学研究的基础，所以考据学的方法在史学的研究中始终处于不可或缺的基础性地位。中国法律史学亦是如此，因为没有对历史事实的客观陈述，就难以对历史上的法律进行客观的探求与评价。

1949 年新中国成立至 1966 年，尽管在人文社会科学领域的研究中突出马列主义理论的权威，"以论代史"的研究方法盛行，但由于考据学方法在学科研究中处于基础性地位，中国法律史研究中还是出现了一些以考据学为研究方法的研究成果，比如史学界对甲骨文、金文及其他考古资料中涉及的刑罚的考证。[3] 中

---

[1] 张岱年：《中国国学传统》，北京大学出版社 2016 年版，第 364 页。
[2] 此处的法律文化采广义的"法律文化"之义，包含着特定文化语境下的法律的物质形态、组织形态和制度形态。其中物质形态主要指的是法律表现和执行的载体，如监狱、法庭等；组织形态指的是法律得以制定、执行和遵守的方式，如立法、司法、守法等；制度形态主要包括法律的具体规则、原则和内容等。参见高鸿钧：《法律文化的语义、语境及其中国问题》，载《中国法学》，2007 年第 4 期。
[3] 参见张政烺：《秦汉刑徒的考古资料》，载《北京大学学报》，1958 年第 3 期；赵佩馨：《甲骨文中所见的商代五刑》，载《考古》，1961 年第 2 期。

国法律史学界有叶孝信1963年发表于《复旦法学》的《唐〈律疏〉系据〈永徽律〉考》。① 这是一篇在当时难得的以学术为主导的考据学论文。这篇论文摆脱了当时"以论代史"的一般写作模式，实事求是地以《新唐书》《旧唐书》《唐大诏令集》与敦煌文书等有关资料为基础，对唐《律疏》制定于唐高宗永徽年间进行了细致的论证。此外，一些理论方面的研究成果也涉及一些史实的考据，比如刘海年的《唐律的阶级实质》，发表于《历史教学》1966年第3期。这也是一篇在当时形势下难得的中国法律史学界"史论结合"的研究成果。文中涉及对《唐律》条款内容的解释。作者从土地制度、中央集权、等级特权、家族制度四个方面归纳了《唐律》的主要内容。

"文化大革命"十年间，中国法律史研究基本停滞，但随着考古文物新资料的发现，一些考据文章常常一花独秀，考据的研究成果多集中于历史及古文字学界对考古文物新资料的考释，如胡厚宣撰写的《殷代的刵刑》②，1976年《文物》第6、7、8期发表的湖北省云梦县睡虎地秦墓竹简的释文等。由于秦简所记的主要内容涉及秦法律，引起了中国法律史学界的极大关注，故从1976年起至改革开放前中国法律史研究最为重要、最为集中的成果是对云梦秦简的研究。比如1977年高恒发表的研究"隶臣妾"的论文《秦律中"隶臣妾"问题的探讨》③，作者对秦汉"隶臣妾"的身份、刑期、法律地位、所从事的劳役及生活待遇进行了全面的考察，纠正了以往学界"隶臣妾制度始于汉"的定论，指出汉隶臣妾制度是秦隶臣妾制度的继承。始于这一时期的对秦简法律问题的考据，一直持续到现在。

改革开放后，随着实事求是、解放思想的深入，考据学的研究方法回归基础，成为中国法律史学研究的重要方法之一。以考据方法研究中国法律史的成果大量涌现，如刘海年的《秦汉诉讼中的"爰书"》、陈鹏生的《略论诸葛亮的法治观》、肖永清的《论两汉刑法的基本原则》、蒲坚的《试论〈唐律疏议〉的制作年代问题》、张警的《〈七国考〉〈法经〉引文真伪析疑》、孔庆明的《"铸刑鼎"辨正》、李力的《秦刑徒刑期辨正》、马小红的《"格"的演变及其意义》、俞鹿年的《中国职官的起源与国家的形成》、钱大群的《〈唐六典〉性质论》、李贵连的《〈法国民法典〉的三个中文译本》、汪汉卿的《许衡的法律思想》、张建国的《论文帝改革后两汉刑制并无斩趾刑》、武树臣的《寻找最初的"法"》、高积顺的

---

① 参见曾宪义主编：《百年回眸：法律史研究在中国》（第二卷）（上），中国人民大学出版社2009年版，第21—26页。
② 参见胡厚宣：《殷代的刵刑》，载《考古》，1973年第2期。
③ 参见高恒：《秦律中"隶臣妾"问题的探讨》，载《文物》，1977年第7期。

《"狱"的法文化考察》、杨鹤皋的《程颢、程颐法律思想研究》、闫晓君的《两汉"故事"论考》、张大元的《〈明史·刑法志〉勘误示例》、戴建国的《唐"天宝律令式"说献疑》、张全民的《髡、耐、完刑关系考辨》、吴建璠的《商鞅改法为律考》、曾代伟的《〈大元通制〉渊源考辨》、李玉生的《魏晋律令分野的几个问题》、胡留元的《卜辞金文法制资料论考》、刘斌的《敦煌所出买卖、借贷契约考评》、张生的《〈大清民律草案〉摭遗》、吕丽的《古代冠服礼仪的法律规制》、杨育棠的《〈盟水斋存牍〉点校札记》、张伯元的《古代判例考略》、李力的《清代民法语境中关于"业"的表达及其意义》、马作武的《孔子杀少正卯考论》、张培田的《先秦时期债流转的史实补析》、徐世虹的《汉律中有关行为能力及责任年龄用语考述》、徐立志的《〈大清民律草案〉现存文本考析》[①] 以及杨一凡与刘笃才的《历代例考》[②]、杨一凡与朱腾主编的《历代令考》[③] 等等。

　　杨一凡总主编的《中国法制史考证》[④] 是集考据研究成果大成之作。该书邀请了"海内外法学、历史学、考古学、社会学、民族学等学界在法史考证方面有重要学术突破的专家、教授",收录了近百年以来国内外学者在法史研究中运用考证方法而产生的成果。该书分为甲、乙、丙三编:甲编7卷为断代史的考证,乙编4卷为通史考证,丙编4卷为日本学者对中国古代法律断代史的考证。该书的主要内容"或是对史籍记载错误和前人不确之论的厘正,或是对历史疑义和争论问题的考辨,或是对稀见法律史料的考释"[⑤]。例如,对先秦法制史的考证主要集中于史料(包括金文资料和文献资料,尤其是关于《吕刑》真伪的问题)、刑罚监狱、礼法关系以及成文法等方面[⑥],对战国秦法制史的考证主要集中在出土资料、《法经》以及刑罚、啬夫、什伍、隶臣妾与徒刑刑期等方面[⑦],对两汉魏晋南北朝法制史的考证主要集中在汉简、汉律、魏晋南北朝法律形式、中央司

[①] 根据曾宪义主编《百年回眸:法律史研究在中国》(第二卷)(上、下)整理,成果按发表时间的先后排序,参见曾宪义主编:《百年回眸:法律史研究在中国》(第二卷)(上、下),中国人民大学出版社2009年版。
[②] 参见杨一凡、刘笃才:《历代例考》,社会科学文献出版社2009年版。
[③] 参见杨一凡、朱腾主编:《历代令考》,社会科学文献出版社2017年版。
[④] 参见杨一凡总主编:《中国法制史考证》(全15册),中国社会科学出版社2003年版。
[⑤] 杨一凡总主编,马小红主编:《中国法制史考证》(甲编第一卷),中国社会科学出版社2003年版,"总序"。
[⑥] 参见杨一凡总主编,马小红主编:《中国法制史考证》(甲编第一卷),中国社会科学出版社2003年版,第439-470页。
[⑦] 参见杨一凡总主编,马小红主编:《中国法制史考证》(甲编第二卷),中国社会科学出版社2003年版,第470-523页。

法机构等方面[1]，对隋唐法制史的考证主要集中在隋《开皇律》、唐律令格式渊源、条文等方面[2]，对宋辽金元法制史的考证主要集中在历代立法、法制资料、律学资料、狱政、诏狱等方面[3]，对明代法制史的考证主要集中在资料、律、诰、诉讼制度等方面[4]，对清代法制史的考证主要集中在律、例、律例关系、民族法规、司法制度、刑罚、边疆条约等方面。[5]

近些年来，中国法律史学界对稀有法律文献、法律典籍、法律制度、思想观念以及颇有争议的学术问题，如礼法结构、"德主刑辅"论、"诸法合体，民刑不分"论、"中国古代无法学"论、革命根据地法律制度的时间跨度等，进行了严谨、扎实的考证研究，有大量的著作、论文等问世，证明了考据学作为中国法律史研究的基础性方法的回归。考据学在研究中的广泛运用保证了中国法律史研究过程中知识产出的科学性、严谨性、规范性和有效性，极大地提升了史料的价值和意义。

（二）史料学方法

有学者指出："史料的真伪、时间、地点、阶级性等等固然需要考订，即史料学必须依赖于考据；但是史料学还要研究史料的具体用途和实际价值，还要就史料的多样性，它们相互关系去综合研究整个史料，这一些任务就不是考据学能完成的了。"[6] 考据学的方法是以史料为研究基础和对象的，而史料学则是运用史料学的方法来分析和处理史料的一种问学[7]，两者既有方法论上的重合，又存在本质上的差别。史料学包含多种研究方法，主要包括搜集史料的方法、整理史料的方法以及对史料的价值、真伪进行鉴别的方法等等，其是史学，也包括中国法律史学研究中必不可少的方法。"中国法律史学区别于别的学科的最显著特点是它虽然作为法学的一科，但却始终披着历史的外衣。"[8] 由于传统意义上的

---

[1] 参见杨一凡总主编，高旭晨主编：《中国法制史考证》（甲编第三卷），中国社会科学出版社 2003 年版。

[2] 参见杨一凡总主编，杨一凡、尤韶华主编：《中国法制史考证》（甲编第四卷），中国社会科学出版社 2003 年版。

[3] 参见杨一凡总主编，尤韶华主编：《中国法制史考证》（甲编第五卷），中国社会科学出版社 2003 年版。

[4] 参见杨一凡总主编，杨一凡主编：《中国法制史考证》（甲编第六卷），中国社会科学出版社 2003 年版。

[5] 参见杨一凡总主编，苏亦工主编：《中国法制史考证》（甲编第七卷），中国社会科学出版社 2003 年版。

[6] 荣孟源：《史学、史料和考据》，载《新史学通讯》，1956 年第 6 期。

[7] 参见李良玉：《史料学的内容与研究史料的方法》，载《安徽大学学报》，2001 年第 1 期。

[8] 陈煜：《论作为法律科学的中国法律史》，载张中秋编：《法律史学科发展国际学术研讨会文集》，中国政法大学出版社 2006 年版，第 36 页。

第七章 当代中国法律史学的研究方法

中国法律史学源于历史研究，同时中国法律史研究的对象又是历史上的法律现象，必然离不开对史料的依赖，因此，史料学方法是中国法律史研究中的一种重要的方法。

改革开放前，中国法律史研究注重以史料证明马列主义理论的正确性，或以马列主义理论，主要是阶级分析的方法解释中国历史上的法律，"以论代史"之风盛行，史料学研究成果匮乏。但是通过不多的研究成果，我们依然可以看到当时的一些学者对学术的坚守。如1957年出版的国务院法制局法制史研究室编写的《中国法制史参考书目简介》，该书分"法家著作类""法制史料类""法律法令类""则例章程类""会要会典类""检验证据类""审理判决类""监狱囚政类""政牍公牍类""其他著述类"十类，介绍了932部共10 607册历史遗留的法律资料。又如1962年再版的民国时期商务印书馆出版的丘汉平编著的《历代刑法志》（上、下册）[1]，对二十四史中的"刑法志"进行了汇编、点校与注译。改革开放后，此书在多个出版社一版再版，被认为是研究中国法律史的必读书。值得一提的还有，1949年以后一系列考古及档案资料的发掘与发现，直接促进了中国法律史资料的整理，如1959年出版的《居延汉简甲编》[2]、1964年出版的《武威汉简》[3]、1975年出版的《银雀山汉墓竹简》（一）[4]、1976年出版的《侯马盟书》[5]、1978年出版的《睡虎地秦墓竹简》[6] 等。这些考古发现的资料中大量关涉法律的内容，成为中国法律史研究中的珍贵资料。在档案的保管整理方面，1953年发现的巴县档案得到较好的保管。这些档案包括清代四川巴县官府、中华民国巴县公署及民国前期四川东川道的档案文献，时间跨度为从清乾隆十七年（1752）至民国三十年（1941），其中有大量的司法文书。档案资料的完好保存为今后的研究奠定了良好的基础。虽然在当时这些资料的整理成果不可避免地带有"政治挂帅"及"以论代史"的时代烙印，但其毕竟为中国法律史的研究充实了大量且真实的第一手资料。

改革开放以后，随着对学科的反思和重建，史料学方法在中国法律史研究中日益受到重视，成果也越来越丰富。这些成果大致体现在古籍整理、档案整理、专题资料整理几个方面。

---

[1] 参见丘汉平编著：《历代刑法志》（上、下册），群众出版社1962年版。
[2] 参见中国科学院考古研究所编：《居延汉简甲编》，科学出版社1959年版。
[3] 参见中国科学院考古研究所、甘肃省博物馆编：《武威汉简》，文物出版社1964年版。
[4] 参见银雀山汉墓竹简整理小组编：《银雀山汉墓竹简》（一），文物出版社1975年版。
[5] 参见山西省文物工作委员会编：《侯马盟书》，文物出版社1976年版。
[6] 参见睡虎地秦墓竹简整理小组编：《睡虎地秦墓竹简》，文物出版社1978年版。

关于古籍整理。自 20 世纪 80 年代起，出版了大量的法典、立法资料、简牍、案例等，如刘俊文点校的《唐律疏议》①、吴翊如点校的《宋刑统》②、郭成伟主编点校的《大清律例根原》③ 等。在法典资料的整理方面，尤为值得一提的是田涛策划、法律出版社 1999 年出版的"中华传世法典"《唐律疏议》《宋刑统》《大元通制条格》《天盛改旧新定律令》《大明律》《大清律例》，将唐以后的历代主要法典集中整理出版，为中国法律史的研究工作提供了极大的便利。高潮、马建石主编的《中国历代刑法志注译》④ 将历代"刑法志"汇为一册并注释、翻译为白话文，为读者通观历代刑法通史提供了方便。方龄贵校注的《通制条格校注》⑤、马泓波点校的《宋会要辑稿·刑法》（上、下册）⑥ 为中国法律史的研究拓展了史料。历代案例判词判牍也被整理并大量出版，如《名公书判清明集》（上、下册）⑦《折狱龟鉴译注》⑧《吏学指南》⑨《明清公牍秘本五种》⑩《盟水斋存牍》⑪ 等等。古籍整理的发展有两个趋势值得注意：一是成系列、大规模的史料整理，其中最引人注目的是中国社会科学院法学研究所刘海年、杨一凡总主编的《中国珍稀法律典籍集成》。⑫ 这是一部大规模的史料集成，共 14 册，按照"史料价值高，版本稀见，典籍具有代表性，亟待抢救和研究、教学急需"的原则，分甲、乙、丙三编收录了 39 种历史上珍稀的法律资料；此后，又出版了 10 册《中国珍稀法律典籍续编》。⑬ 蒲坚编著的《中国古代法制丛钞》（全四卷）⑭ 是作者以一己之力从数百种古籍资料中钩沉爬梳将数十年在教学过程中积累的资

---

① 参见（唐）长孙无忌等撰：《唐律疏议》，刘俊文点校，中华书局 1983 年版。运用史料学的方法研究《唐律疏议》一直没有中断，自 20 世纪 80 年代起，关于《唐律疏议》的整理、点校、注释、翻译等一直都有成果问世，比如钱大群注释并翻译为白话文、南京师范大学出版社 2007 年出版的《唐律疏义新注》，岳纯之点校、上海古籍出版社 2013 年出版的《唐律疏议》等。
② 参见（宋）窦仪等撰：《宋刑统》，吴翊如点校，中华书局 1984 年版。
③ 参见（清）吴坤修等编撰：《大清律例根原》，郭成伟主编点校，上海辞书出版社 2012 年版。
④ 参见高潮、马建石主编：《中国历代刑法志注译》，吉林人民出版社 1994 年版。
⑤ 参见方龄贵校注：《通制条格校注》，中华书局 2001 年版。
⑥ 参见马泓波点校：《宋会要辑稿·刑法》（上、下册），河南大学出版社 2011 年版。
⑦ 参见中国社会科学院历史研究所宋辽金元史研究室点校：《名公书判清明集》（上、下册），中华书局 1987 年版。
⑧ 参见（宋）郑克编撰、刘俊文译注点校：《折狱龟鉴译注》，上海古籍出版社 1988 年版。
⑨ 参见（元）徐元瑞等：《吏学指南（外三种）》，杨讷点校，浙江古籍出版社 1988 年版。
⑩ 参见郭成伟、田涛点校整理：《明清公牍秘本五种》，中国政法大学出版社 1999 年版。
⑪ 参见（明）颜俊彦：《盟水斋存牍》，中国政法大学法律古籍整理研究所整理标点，中国政法大学出版社 2002 年版。
⑫ 参见刘海年、杨一凡总主编：《中国珍稀法律典籍集成》，科学出版社 1994 年版。
⑬ 参见杨一凡、田涛主编：《中国珍稀法律典籍续编》，黑龙江人民出版社 2002 年版。
⑭ 参见蒲坚编著：《中国古代法制丛钞》（全四卷），光明日报出版社 2001 年版。

料汇为一处而成,该书以历史发展脉络为经、部门法为纬,加以按语、说明对资料进行解读。这部书的出版为中国法律史的教学提供了极大的方便。同样凭一己之力在二十五史中钩沉爬梳,汇成民族法律史资料整理的还有方慧编著的《中国历代民族法律典籍——"二十五史"有关少数民族法律史料辑要》。① 这部史料辑要的出版可以说是填补了民族法律史研究的空白,为民族法律史研究提供了极大的方便。二是史料的解读日益深入精细。比如周东平主编的《〈晋书·刑法志〉译注》②,这是作者多年在科研、教学中主持史料"轮读会"③ 成果的结集。全书有952个注释,通篇译为白话文。作者不仅对原文进行了解释,而且对不同的解释也尽可能罗列齐全,并以"按"的形式阐明作者自己的观点,可见用力之深。该成果的意义还不止于此,更为重要的是在结集出版成果的同时,也向学界介绍了一种学术研讨的方式方法,即盛行于日本学界的坚持不懈的"轮读会"。冯学伟主编的《中国法制史丛刊》是一部大型的法制史料汇编丛书,共420册。该套丛书秉承着"以史为鉴,可以知兴替"的理念,以时间先后为序整理收录了185种稀有法制史料,展现了不同时代的法律思想、法制建设等状况。《中国法制史丛刊》试图从中国古代法制建设中总结中华法制文明的经验,为新时期法制建设提供现实借鉴和指导意义,具有极高的史料价值。④

关于档案整理。据学者统计,仅中国第一历史档案馆藏清内阁档案就有2 714 851件,其中包括"完好的题本约1 480 000件,已基本按吏、户、礼、兵、刑、工六科分类整理编目"。第一历史档案馆还汇编发行了明清档案缩微品,涉及法律史方面的有1985年摄制的80盘缩微卷《内阁京察册》与1989年摄制的212盘《内阁秋审题本》。⑤ 自20世纪80年代起,虽然许多档案尚未完成整理出版,但利用档案进行中国法律史的研究日益成为热点。尤陈俊在《司法档案研究不能以偏概全》⑥ 一文中,总结了利用档案进行中国法律史研究的历程:早在

---

① 参见方慧编著:《中国历代民族法律典籍——"二十五史"有关少数民族法律史料辑要》,民族出版社2004年版。
② 参见周东平主编:《〈晋书·刑法志〉译注》,人民出版社2017年版。
③ 作者在该书的"前言"中说:轮读会是在固定的时间集中相关人员精读同样的教材与资料,以让其他参与者能够理解的形式讲解、发表。这种研究方法在日本学界盛行。作者曾参加日本关西大学奥村郁三教授主持的《令集解》轮读会。此轮读会"发轫于1979年,最初的地点是在该校东西学术研究所,后因奥村郁三教授退休,移至关西学院大学,由林纪昭教授主持,迄今依旧坚持着每月一次、用时半天的轮读活动。轮读对象是吉川弘文馆刊行的新订增补国史大系本《令集解》[970多页],每次半天约能精读2页,每年以约20页的进度推进,迄今已坚持了30多年"。
④ 参见冯学伟主编:《中国法制史丛刊》(全420册),北京燕山出版社2021年版。
⑤ 参见秦国经:《中华明清珍档指南》,人民出版社1994年版。
⑥ 参见尤陈俊:《司法档案研究不能以偏概全》,载《中国社会科学报》,2015年1月19日。

1939年，法律史学家杨鸿烈就撰写了《"档案"与研究中国近代历史的关系》。[①] 杨鸿烈指出，明清两朝刑部、御史台、大理寺档案在研究社会史、法制史、犯罪史中具有重要价值。但中国法律史学界开始利用档案进行研究则是四十多年后的事情了。1982年曹培的硕士论文利用了清代宝坻县的一些司法档案，后以《清代州县民事诉讼初探》为题发表于《中国法学》1984年第2期。1988年出版的郑秦所著《清代司法审判制度研究》[②] 一书，也运用了清代的一些地方档案，但这种弥足珍贵的研究方法在当时未能形成风气。1998年中国社会科学出版社以《民事审判与民间调解：清代的表达与实践》为名出版了著名的美籍华裔学者黄宗智的英文专著 *Civil Justice in China*：*Representation and Practice in the Qing*。作者在"中文版序"中说明："本书使用的主要资料是清代巴县、宝坻县和淡水（分府）——新竹县的诉讼档案。回想我十五年前，曾经呼吁学界多注意乡村社会经济史，使用地方政府档案和实地调查资料。今日想在此提议多研究法律文化史，使用各县诉讼档案。法律史不同于社会经济史，它必然涉及到表达的一面，促使我们兼顾实践与表达两方面。同时，诉讼案件档案，尤其是县级民事案件，使用的学者极少，乃是一个等待发掘的宝库。希望历史学界和法制史学界的同仁，都会去多多利用。"[③] 黄宗智在该书中利用628件清代巴县、宝坻县、淡水县、新竹县及128件顺义县（今北京市顺义区）的民事诉讼档案，研究得出的结论不仅具有极强的说服力，而且也是学界此前所不曾想到的，即："法律制度中实践与表达之间最终表现出来的相互背离。这一事实提醒我们两个领域的相对自律，而只有两者兼顾才能把握历史真实。这一点正是本书所关注的中心。"[④] 该书的出版直接推动了法律史学界及历史学界利用档案的研究。2009年，法律出版社出版了黄宗智与尤陈俊主编的《从诉讼档案出发：中国的法律、社会与文化》。[⑤] 学界从大量的档案中看到了真实而鲜活的历史，利用档案研究的论著激增。同时，档案的整理出版也随之活跃。其中代表作有卷帙浩繁的《龙泉司法档

---

① 参见杨鸿烈：《"档案"与研究中国近代历史的关系》，载《社会科学月报》，1939年第1卷第3期、第5期。
② 参见郑秦：《清代司法审判制度研究》，湖南教育出版社1988年版。
③ 黄宗智：《民事审判与民间调解：清代的表达与实践》，中国社会科学出版社1998年版，"中文版序"第2页。
④ 黄宗智：《民事审判与民间调解：清代的表达与实践》，中国社会科学出版社1998年版，"英文版前言"第1页。
⑤ 参见黄宗智、尤陈俊主编：《从诉讼档案出发：中国的法律、社会与文化》，法律出版社2009年版。

案选编》① 与《清代南部县衙档案目录》。②

关于专题资料整理。专题研究是促进学科研究的重要方法，而传统研究方法对史料的重视则是促进专题资料整理的动力。20世纪80年代以来，随着学科研究的深入，专题资料整理的成果不断出版，比如将元代法律资料从各种文献中辑为一处的《元代法律资料辑存》③、汇集外国法学家评论中国法及法律近代化论述的《西法东渐——外国人与中国法的近代变革》④、将近代宪政资料汇为一书以客观展现近代中国宪政历程的《近代中国宪政历程：史料荟萃》⑤、将清末法制变革资料精选后汇为一书的《清末法制变革史料》（上、下卷）⑥、将清末刑事立法资料钩沉编辑汇集而成的《〈大清新刑律〉立法资料汇编》⑦ 和《〈大清新刑律〉立法资料补编汇要》⑧ 等。值得注意的是有些专题资料在学者坚持不懈的努力下，持续出版，为研究提供了越来越完善的资料，比如关于沈家本的研究，1985年出版了《历代刑法考》⑨、1996年出版了《沈家本未刻书集纂》（上、下册）⑩、2006年出版了《沈家本未刻书集纂补编》（上、下册）⑪，2010年出版了《沈家本全集》（八卷本）。⑫ 有关沈家本的资料持续大规模地出版，促进了对沈家本与近代法律变革的研究，以致有学者认为学界已然形成了"沈学"⑬。

---

① 龙泉档案于2007年在浙江省龙泉市档案馆被发现，规模巨大，年代完整，从晚清至民国共计卷宗17 333卷，88万余页。经过整理，包伟民主编的《龙泉司法档案选编》（第一辑·晚清时期）作为国家出版基金项目，于2012年由中华书局出版。第一辑共2册，包括28个案卷，涉及98个卷宗，628件文书。包伟民主编的《龙泉司法档案选编》（第二辑·一九一二——一九二七）于2014年由中华书局出版。第二辑共44册，逐年遴选民事、刑事诉讼案件180个，涉及近600个卷宗，约11 000件文书。包伟民主编的《龙泉司法档案选编》（第三辑·一九二八——一九三七）于2018年由中华书局出版。第三辑共30册，逐年遴选民事、刑事诉讼案件82个，涉及257个卷宗，8 600余件文书。

② 参见西华师范大学、南充市档案局（馆）编：《清代南部县衙档案目录》，中华书局2009年版。南部县衙档案上起顺治朝，下至宣统年间，个别延至民国初年，总计18 186卷，84 010件。

③ 参见《元代法律资料辑存》，黄时鉴辑点，浙江古籍出版社1988年版。

④ 参见王健编：《西法东渐——外国人与中国法的近代变革》，中国政法大学出版社2001年版。

⑤ 参见夏新华、胡旭晟整理：《近代中国宪政历程：史料荟萃》，中国政法大学出版社2004年版。

⑥ 参见怀效锋主编：《清末法制变革史料》（上、下卷），李俊、王志华、王卫东点校，中国政法大学出版社2010年版。

⑦ 参见高汉成主编：《〈大清新刑律〉立法资料汇编》，社会科学文献出版社2013年版。

⑧ 参见高汉成主编：《〈大清新刑律〉立法资料补编汇要》，中国社会科学出版社2016年版。

⑨ 参见（清）沈家本：《历代刑法考》，邓经元、骈宇骞点校，中华书局1985年版。

⑩ 参见（清）沈家本：《沈家本未刻书集纂》（上、下册），刘海年等整理，中国社会科学出版社1996年版。

⑪ 参见（清）沈家本：《沈家本未刻书集纂补编》（上、下册），韩延龙等整理，中国社会科学出版社2006年版。

⑫ 参见徐世虹主编：《沈家本全集》（八卷本），中国政法大学出版社2010年版。

⑬ 俞荣根、龙大轩、吕志兴编著：《中国传统法学述论——基于国学视角》，北京大学出版社2005年版，第298-313页。

二、中西交融背景下的中国法律史研究方法

中国法律史学是近代以后受西方学科分类体系的影响而形成的，是中国法学体系中的一个学科分支。[①] 20 世纪上半叶，梁启超、杨鸿烈、陈顾远、瞿同祖等法律史学人开启了学科方法论建构和完善的历程，梁启超提出了问题、时代和学派的研究方法[②]，陈顾远将中国法律史研究的方法论归结为对待中国法制之史实史料的态度以及使之转化为史论的科学方法[③]，瞿同祖受西方社会学研究的启发和影响，将人类学和社会学的方法运用到中国法律史研究中，开拓了法律社会史研究的新领域。[④] 1949 年以来，尤其是改革开放四十多年来，中国法律史学研究方法呈现出新的多元的表现形式，比如阶级分析方法、社会学研究方法、交叉学科研究方法、比较研究方法等。

（一）阶级分析方法

20 世纪初马克思主义传入中国，其阶级分析方法对中国学界产生了深远影响。郭沫若、范文澜、翦伯赞等在运用阶级分析方法研究中国历史方面卓有建树，是一流的马克思主义的史学家，他们的研究成果对当时学界的研究起到了积极的推动作用。

新中国成立后，阶级分析方法作为主导理论被大力提倡，甚至成为学界唯一的研究方法。有学者认为，根据马克思主义的观点，法律作为上层建筑的组成部分被视为统治阶级实行统治的工具，法律的工具化必然会使得法律与政治产生一

[①] 关于中国法律史学在近代以后的发展历程，参见王志强：《中国法律史学研究取向的回顾与前瞻》，载《中西法律传统》（第 2 卷），中国政法大学出版社 2002 年版；黄震：《中国法律史学的学科结构与学科制度》，载郭道晖主编：《岳麓法学评论》（第 6 卷），湖南大学出版社 2005 年版；刘广安：《中国法史学基础问题反思》，载张中秋编：《法律史学科发展国际学术研讨会文集》，中国政法大学出版社 2006 年版；张雷：《法治救国论与中国近代法律史学嬗变》，载《湖南社会科学》，2013 年第 2 期。

[②] 参见梁启超：《先秦政治思想史》，中华书局 2015 年版，第 17－20 页。

[③] 陈顾远指出，在中国法制史研究过程中，研究者需兼备史学、法学的知识，并采取科学的研究方法来对待史实和处理史料，他提出了研究过程中所应该遵循的四个原则，即史所疑者不应信以为史，朝代兴亡不应断以为史，或种标准不应据以为史，依个人主观不应擅以为史。参见陈顾远：《中国法制史概要》，商务印书馆 2011 年版，第 16－23 页。

[④] 瞿同祖在回忆《中国法律与中国社会》一书的写作时提到，当时在燕京大学社会学系读了梅因的《古代法》、《早期法律与习俗》以及维诺格拉多夫的《历史法学大纲》等社会学、历史学方面的书籍，后在云南大学阅读了马林诺夫斯基的《蛮族社会之犯罪与风俗》、罗布森的《文化及法律之成长》以及哈兰特的《原始法律》等人类学方面的书籍。他说："读了这些书后深为叹服，受到了很多的启发。这样既有法学家的影响，又有人类学家的影响，又因为要备课研究中国古代法，就利用写讲稿和研究的心得以及对中国古代法律特征的理解写出了《中国法律与中国社会》。"参见王健：《瞿同祖与法律社会史研究——瞿同祖先生访谈录》，载《中外法学》，1998 年第 4 期。

种不平等关系,这种关系在理论层面主导了法学研究的走向。中国法律史学通过对中国历史上不同时期的法律制度和法律思想进行分析,从而实现了对历史的某种判断和对"意义"的追问。[1] 正是这种特质使得中国法律史学在特殊时期更容易成为对历史进行价值判断(如"厚古薄今"或"薄古厚今")的学术工具,而对不同历史时期社会属性的阶级分析恰恰构成了新中国成立初期中国法律史研究的主要内容。纵观1949—1966年以及"文化大革命"十年中国法律史的研究成果(包含论文和著作)[2],可以看出阶级分析方法几乎成为中国法律史研究的唯一方法,对旧法的批判和对马列经典的合理性的解释成为中国法律史学的研究目标和目的。以阶级分析方法为主导或唯一方法的研究,无法体现学术须在百家争鸣的基础上发展繁荣的规律,所以,1949—1966年中国法律史的研究成果相对较少,而"文化大革命"十年中除资料整理外其他研究成果乏善可陈。虽然阶级分析方法的引入对于中国法律史学方法论的完善以及学科面向的转变具有非常深远的历史意义,但是将阶级分析方法视为唯一"科学"的方法给中国法律史研究带来的桎梏也是有目共睹的。

　　1978年改革开放以后,本着"实践是检验真理的唯一标准"的原则,"笼罩在马克思主义理论上的教条主义与公式主义的束缚被破除"[3]。政治上的纠"左"为学术界的思想解放带来了契机。研究者不再拘泥于一种方法,不再将阶级分析方法视为唯一的研究方法。可以说,思想解放为中国法律史的研究方法开启了多种路径。正如有的学者所归纳的那样:"新时期(改革开放)以降,我国法律史学的进步是随着对马克思主义理论运用问题的反思而推进的。随着马克思主义教条化与公式化弊端的剔除,随着学界理论认识的深入,一些颇具价值的新学理与方法被广泛运用,跨学科研究成为法律史学寻求突破的新门径。"[4] 阶级分析方法依然存在,但不再唯一。正如学者们所希望的那样:"法律史学界要努力营造学术自由的氛围,提倡、鼓励、保护用不同的理论和方法从事教学与研究。只要

---

[1] 参见王志强:《中国法律史学研究取向的回顾与前瞻》,载《中西法律传统》(第2卷),中国政法大学出版社2002年版;陈煜:《"回到规范"与"追问意义"——中国法律史研究对象与立场之我见》,载《中西法律传统》(第10卷),中国政法大学出版社2014年版。

[2] 关于这一时期中国法律史学研究成果(论文和著作)的梳理,可参考曾宪义主编:《百年回眸:法律史研究在中国》(第四卷),中国人民大学出版社2009年版;赵九燕、杨一凡编:《百年中国法律史学论文著作目录》(上、下册),社会科学文献出版社2014年版;刘广安、高浣月、李建渝等著:《中国法制史学的发展》,中国政法大学出版社2007年版;曾宪义、郑定编著:《中国法律制度史研究通览》,天津教育出版社1989年版;曾宪义、范忠信编著:《中国法律思想史研究通览》,天津教育出版社1989年版。

[3] 张雷:《20世纪中国法律史学研究》,人民出版社2015年版,第60页。

[4] 张雷:《20世纪中国法律史学研究》,人民出版社2015年版,第62页。

不搞霸权，不强迫他人必须用同样的方法得出同样的结论，什么方法和理论都可以用，且多多益善。方法多，理论多，观点多，非但不殃害学术，且繁荣学术，也是学术繁荣的标志。"①

（二）社会学研究方法

中国法律史研究是对中国法律文明从古代到现代演变的描述，是对中国法律制度或者法律文化的阐释。这种描述与阐释都离不开对社会因素（如政治、经济、人口、宗教等）的考察，因为社会模式影响甚至决定了法律的形式、内容与特点。社会学研究方法在中国法律史研究中的运用始于20世纪上半叶，经过近百年的发展，现在已经成为中国法律史研究中一种相对成熟的方法。从目前中国法律史的研究成果来看，社会学研究方法对中国法律史研究发展的推动作用是不言而喻的。正如有学者指出的那样："探讨法史学时，若能随时借助法社会学的相关概念和方法，对于传统中国旧律的常与变，以及旧律如何由传统迈向现代，分析其不变的原因以及变的动因及其发展。其中，尤注重近代法制蜕变事实的独特性和个别性。"②

近二十几年来社会学研究方法在中国法律史研究中的运用，趋向于从宏观到微观、从叙述到诠释的转变。有学者通过对"天理"、"国法"和"人情"的论述，从法律制度的静态分析和典型案例的实践层面诠释了古代中国人的法观念，使人们对中国传统法律的特征形成更加全面和系统的认知③；有学者通过对少数民族习惯法的深入调查，阐明了民族法律文化的多元与变迁以及习惯法与国家法之间的关系④；有学者通过对改革开放后"藉尸抗争"的研究，引发我们对于法

---

① 高积顺、张东华：《阶级论对中国法律史学的影响——一种法律史学研究方法的检讨》，载汪汉卿、王源扩、王继忠主编：《继承与创新——中国法律史学的世纪回顾与展望》，法律出版社2001年版，第277页。

② 黄源盛：《中国法史导论》，广西师范大学出版社2014年版，第31-32页。

③ 相关研究参见范忠信、郑定、詹学农：《情理法与中国人》（修订版），北京大学出版社2011年版；霍存福：《中国传统法文化的文化性状与文化追寻——情理法的发生、发展及其命运》，载《法制与社会发展》，2001年第3期；陈亚平：《情·理·法：礼治秩序》，载《读书》，2002年第1期。

④ 相关研究参见田成有：《法律社会学的学理与运用》，中国检察出版社2002年版；江秀波：《清水江畔二百年前的一部"婚姻法"：记锦屏县婚俗禁勒碑》，载《贵州档案史料》，2003年第2期；萧光辉：《法律史研究视野中的习惯法问题》，载《中西法律传统》（第3卷），中国政法大学出版社2003年版；田成有：《乡土社会中的民间法》，法律出版社2005年版；王圣诵：《中国乡村自治问题研究》，人民出版社2009年版；高其才：《民事典编纂与民事习惯研究》，中国政法大学出版社2017年版；高其才主编：《变迁中的当代中国习惯法》，中国政法大学出版社2017年版；高其才：《乡土法学探索》，法律出版社2015年版；高其才：《习惯法的当代传承与弘扬——来自广西金秀的田野考察报告》，中国人民大学出版社2015年版。

治框架内如何加强国家权力的另外一种思考①;有学者通过对明清日用类书的整理与研究,展现明清之际法律知识在中国的流传与社会变迁之间的关系②;也有学者通过对村规民约的历史研究,展现地方治理中蕴含的中国传统法智慧和法文化。③

此外,将社会学研究中的量化研究方法引入法学和历史研究,对于法律史方法论体系的完善既是机遇也是挑战。这种方法通过对历史数据的整理和分析实现了史料和史论的契合。有学者对唐律立法技术中的量化方法进行了归纳,总结了量化技术对唐代立法和司法技术的影响④;有学者通过对我国台湾地区各校法律史课程开课的状况和趋势、硕博士论文、期刊论文等变量进行统计分析,提出对法史学教学的反思和思考⑤;有学者基于清代刑科题本,通过回归分析对"土地债务命案率"和"婚姻奸情命案率"变化趋势与省际差异进行研究来论证导致暴力产生的社会和经济因素⑥;有学者基于"清乾隆朝刑科题本"、《刑案汇览续编》和《樊山政书》等资料对清代男女私通案件进行数据统计和统计说明,对清代男女私通案件的原因和后果进行分析。⑦但是,量化研究方法在法律史研究领域的应用仍然存在很大的局限性,原因大致有三:一是量化研究方法在法律史研究领域的应用要求研究者不仅具有法学和史学背景,更要娴熟掌握统计学方法,

---

① 参见尤陈俊:《尸体危险的法外生成——以当代中国的藉尸抗争事例为中心的分析》,载《华东政法大学学报》,2013年第1期。

② 相关研究参见尤陈俊:《法律知识的文字传播:明清日用类书与社会日常生活》,上海人民出版社2013年版;尤陈俊:《明清日常生活中的讼学传播——以讼师秘本与日用类书为中心的考察》,载《法学》,2007年第3期。

③ 相关研究参见高其才:《通过村规民约的乡村治理——从地方法规规章角度的观察》,载《政法论丛》,2016年第2期;周铁涛:《村规民约的历史嬗变与现代转型》,载《求实》,2017年第5期;池建华:《村规民约与村落公共秩序的维护——以1949年前的锦屏文书为例》,载《西南边疆民族研究》,2017年第2期;孙明春:《礼法交融下的乡约变迁及其启示》,载《新华月报》,2017年第12期;高其才:《通过村规民约改变不良习惯探析——以贵州省锦屏县平秋镇石引村为对象》,载《法学杂志》,2018年第9期;牟军、徐超:《民族村寨村规民约"异化"及与国家法调适——基于元阳梯田核心区村规民约的分析》,载《思想战线》,2018年第4期;陈寒非:《乡村治理法治化的村规民约之路:历史、问题与方案》,载《原生态民族文化学刊》,2018年第1期。

④ 参见钱大群:《唐律立法量化技术运用初探》,载《南京大学学报》(哲学·人文·社会科学),1996年第4期。

⑤ 参见黄源盛、张永鈜:《近十年来台湾法史学教育的实证分析(1993—2002)》,载《法制史研究》(台湾),2002年第3期。

⑥ 相关研究参见陈志武、彭凯翔、朱礼军:《清代中国的量化评估——从命案发生率看社会变迁史》,载陈志武、龙登高、马德斌主编:《量化历史研究》(第1辑),浙江大学出版社2014年版;夏静:《从命案率看清代社会经济变迁对暴力冲突的影响》,载陈志武、龙登高、马德斌主编:《量化历史研究》(第3、4合辑),科学出版社2018年版。

⑦ 参见郭松义:《清代403宗民刑案例中的私通行为考察》,载《历史研究》,2000年第3期。

而在我国当下的法学教育模式下，很难有这种复合型人才；二是学科的"可量化性"难度较大，由于法律史学科自身具有特殊性，很难确定量化研究所需要的各种参数以及选取参数的标准；三是由于中国法律史学传统的研究方法是以史料为切入点，层层推理最后得出观点或者结论，而量化研究往往多以某种社会科学化的理论背景为前提，并且这种方法最终通过一种因果关系的建立实现对某种理论或者假说的证成或者证伪，抑或是对某种结论的归纳，这就需要法律史学者勇于突破陈规，转变思路，不断增强自身的综合能力。

（三）交叉学科研究方法

交叉学科研究方法顺应了法律史研究过程中"科际整合"的主流趋势。① 英国历史学家阿诺德·汤因比在论述社会科学整体性的特点时指出："事实上，社会科学领域的研究具有整体性。将这种具有整体性的知识割裂为若干所谓'学科'的做法至多只能成为一种为方便起见的权宜之计；而其可能产生的不良后果——也就是说，如果我们将这种划分视为对现实状况的反映的话——则是对真相的扭曲。由于人们对这种划分信以为真，它引发了社会学家和历史学家之间的学术论战。两个彼此敌视'学科'的领军人物都宣传只有自己麾下的'学科'才是合法的，与它对立的那个学科应该被取消。这种学界争吵是愚蠢的、误入歧途的，对我们追求真实的知识和理解有百害而无一益的。"②

中国法律史学的纵深发展以及人文社会科学的中西交融，推动了中国法律史学在研究问题的角度和立场等方面的转变，这也呼吁着中国法律史研究必须基于社会科学发展的现有成就在方法论等方面进行拓展和完善。以往的中国法律史研究与史学、哲学研究的交叉自不待言，近些年来，文学、心理学、人类学等研究方法进入中国法律史研究的视野，极大地丰富和充实了中国法律史研究的成果，拓展了中国法律史的研究领域。有的学者以文学作品（如戏剧、诗歌、笑话、言语、日记、传记、寓言、谚语等）为研究对象，对中国传统法律

---

① 我国台湾地区学者杨日然主张以科际整合方法建立综合法学，"此之'综合法学'非仅指法学领域内各法律学科综合而言，其更意指法学与其他社会科学，乃至自然科学之综合研究"。针对未来基础法学方法论的发展，杨氏指出："如何事先妥当设计一套规范，刻不容缓，而此有必要走出法律界域，与社会学、心理学、经济学、医学、环境学等学科相接触、融合，以科际整合方法架构出完整之'综合法学'。"杨日然：《法理学论文集》，月旦出版社股份有限公司（台北）1997年版，第682-683页。

② ［英］阿诺德·汤因比：《变革与习俗：我们时代面临的挑战》，吕厚量译，上海人民出版社2016年版，第72页。

文化和司法实践进行考察，向人们展现中国法律史的另外一种面貌①；有的学者将人类学的研究方法运用到法律史研究领域，通过对乡村社会秩序的历史变迁和文化的调适过程的研究，从人类学的视角提出应对乡村变迁过程中的文化因素和传统因素进行探索②；有的学者将心理学的研究方法同中国古代司法实践和法律文化相结合进行研究③；还有的学者将数学的理性化运用于中国传统法律文化的研究中。④此外，其他学科的研究方法也逐渐被应用到中国法律史研究领域中来。

中国法律史学的跨学科研究方法是基于学科拓展的需求而产生的，无疑是丰富学科命题和提升学科包容性的一种选择。但是，"任何方法都有其局限性，那种希冀寻找一种包容一切问题的方法已经成为一些学者的新的历史宿命论"⑤。交叉学科研究方法的运用在不断催生新问题的同时往往会淡化对基础问题和理论的研究，也会产生学术研究中的"猎奇"心态，导致一个问题在形成完整的理论体系和框架之前被另外一个新的问题所取代，问题研究难以深化和集中，学科研究会朝着一种"多元但肤浅"的方向发展。

---

① 相关研究参见徐忠明：《建筑与仪式：明清司法理念的另一种表达》，载徐世虹主编：《中国古代法律文献研究》（第11辑），社会科学文献出版社2017年版；徐忠明：《明清时期法律知识的生产、传播与接受——以法律书籍的"序跋"为中心》，载《华南师范大学学报》（社会科学版），2015年第1期；杜金、徐忠明：《索象于图：明代听审插图的文化解读》，载《中山大学学报》（社会科学版），2012年第5期；徐忠明：《清代中国的爱民情感与司法理念——以袁守定〈图民录〉为中心的考察》，载《现代哲学》，2012年第1期；徐忠明：《清代中国法律知识的传播与影响——以汪辉祖〈佐治药言〉和〈学治臆说〉为例》，载《法制与社会发展》，2011年第6期；徐忠明：《从〈诗经·甘棠〉事志考释到送法下乡》，载《政法论坛》，2011年第3期；徐忠明、杜金：《明清刑讯的文学想象：一个新文化史的考察》，载《华南师范大学学报》（社会科学版），2010年第5期；徐忠明：《清代中国司法裁判的形式化与实质化——以〈病榻梦痕录〉所载案件为中心的考察》，载《政法论坛》，2007年第2期；徐忠明：《雅俗之间：清代竹枝词中的法律文化解读》，载《法律科学》，2007年第1期；徐忠明：《传统中国乡民的法律意识与诉讼心态——以谚语为范围的文化史考察》，载《中国法学》，2006年第6期；徐忠明：《探春断事：法律决策的情境与性情》，载《当代法学》，2020年第5期；徐忠明：《门路与请托：清代官场实践的另一种逻辑——以李煦〈虚白斋尺牍〉为素材》，载《华南师范大学学报》（社会科学版），2021年第1期。

② 相关研究参见赵旭东、张洁：《乡土社会秩序的巨变——文化转型背景下乡村社会生活秩序的再调适》，载《中国农业大学学报》（社会科学版），2017年第2期；赵旭东：《循环的断裂与断裂的循环——基于一种乡土社会文化转型的考察》，载《北方民族大学学报》（哲学社会科学版），2016年第3期；赵旭东：《差序正义与乡土社会的纠纷解决机制》，载《中国研究》，2013年第1期。

③ 相关研究参见童列春：《中国民众的传统法制心理分析》，载《理论月刊》，2002年第12期；冯霞：《中国人"厌讼"心理的历史分析》，载《山西大学学报》，2002年第3期；张媛：《再论"厌讼"心理的根基》，载《当代法学》，2001年第10期；栗克元：《中国古代办案常用心理对策初探》，载《史学月刊》，1998年第5期。

④ 相关研究参见何柏生：《理性的数学化与法律的理性化》，载《中外法学》，2005年第4期；何柏生：《公理法：构筑法学理论体系的重要方法》，载《现代法学》，2008年第3期。

⑤ 韩秀桃：《中国法律史学史——一个学科史问题的透视》，载《法制与社会发展》，2003年第6期。

（四）比较研究方法

比较研究方法源自人类对于文化和社会生活多样性的认知和反思，多种"并存的叙述体系"①之间发生了联系进而产生了比较和借鉴。中国法律史的比较研究从时间和空间两个维度大致可以分为两种研究进路，即时间向度上的古今比较和空间向度上的中外对比。

清末修律大臣沈家本通过中西法律对比指出："大抵中说多出于经验，西学多本于学理。不明学理，则经验者无以会其通；不习经验，则学理亦无从证其是。经验与学理，正两相需也。"②比较法学研究是中国法律的近代化的应有之义，也是法律移植的必要前提。新中国成立以后，受苏联法学影响，中国法律史研究中呈现出了一种"有移植而无比较"的学术特点，改革开放前，比较法学研究无论是理论还是成果都比较薄弱。造成这种现象的原因正如张晋藩所指出的那样："其一，社会主义的法制是最高类型的法制，与一切资本主义法没有可比性，故比较法没有存在的基础；其二，就学术研究方法而言，分析和综合的方法是高级的方法，而比较方法不能揭示事物的本质，因此属于较低级的方法，没有必要运用这一方法研究问题。"③改革开放以后，比较研究方法的使用开始逐渐兴盛。早在20世纪80年代初，陈盛清就提出："中外法制史料记载着丰富的统治经验和管理经验，值得我们分析介绍，我们不能闭目塞听，要借鉴中外历史上的有益经验。"④张晋藩倡议开展比较法制史研究，通过中外法律制度和思想的比较研究，更好地把握中华法系的特殊性与共性。⑤由于受到20世纪80年代中国学术界"文化热"的影响，中国法律史的比较研究成果呈现井喷式增长。张中秋以中西法律文化为比较对象，探讨了中西法律文化的八大差异，这八大差异分别关于法的形成、法的本位、法的文化属性、法与宗教伦理、法的体系、法的学术、法的精神以及法律文化的价值取向，他还分析了中西法律文化差异的可能性原因。《中西法律文化比较研究》这部著作在学界产生了很大的影响，一直被学界视为

---

① 阿诺德·汤因比认为，由于人类社会是由不同的种族、聚落、宗教、国家以及生活方式组成的，相应地也会存在多种并存的叙述体系，正是由于这些多元叙述体系存在，社会科学的研究才具有了可比较性。参见［英］阿诺德·汤因比：《变革与习俗：我们时代面临的挑战》，吕厚量译，上海人民出版社2016年版，第71页。
② （清）沈家本：《历代刑法考》（四），邓经元、骈宇骞点校，中华书局1985年版，第2217页。
③ 张晋藩：《但开风气不为先——我的学术自述》，中国民主法制出版社2015年版，第263页。
④ 陈盛清：《论法制史的比较研究》，载外国法制史研究会编：《外国法制史汇刊》（第一集），武汉大学出版社1984年版。
⑤ 参见张晋藩：《开展比较法制史的研究》，载《光明日报》，1987年10月27日；张晋藩：《中外法制历史比较研究刍议》（上、下），载《政法论坛》，1988年第6期、1989年第1期。

比较法研究的代表作。① 此外，范忠信的《中西法文化的暗合与差异》② 也是使用比较研究方法的代表作。③ 中国法律史的比较研究比较注重"将静态研究和动态研究、个别考察方法与比较分析方法、正面研究和比较研究结合起来"④。中国法律史的比较研究成果主要包括如下几个方面的内容：一是中西人物法律思想的研究，二是中西法律制度的研究，三是中西法律文化的研究，四是中西法律事件的研究。

比较研究方法在中国法律史研究中的使用也存在一些问题，如有学者曾指出："以往的比较法研究存在严重的缺陷，其主要表现于以西方法的模式为准则脱离中国历史文化背景，苛责中国传统法的简陋。"⑤ 也就是说，这种比较研究方法在以往的研究中存在着一种特殊的价值倾向，在两种文化形态的比较研究中存在着偏见，最终得出的结论也就偏离了比较研究的初衷，会形成一种"文化自卑"的心态。在古今法律制度的对比中，由于时间跨度较大以及史料自身的局限性，研究者往往会形成一种历史的偏见，脱离了当时的社会环境和理论的具体语境，将现代人不能理解的某些古代传统视为一种糟粕文化进行批判，这对于整体认识和把握中国传统法律体系是非常不利的，甚至"我们就会在比较中失去自我，找不到发展的方向"⑥。

三、中国法律史学方法论变革的制约因素

"当一个学科热衷于方法论和发展趋势的探讨时，肯定是有了较强的危机认识和感受。"⑦ 通过对中国法律史学的研究方法的回顾，我们可以发现，在中国法律史学从"显学"到"危机"，再到"新拓展"的过程中，关于学科方法论的探讨确实呈现出一种不断加强的趋势。关于方法论的研究，既体现了本学科积极寻求发展路径的紧迫性，也体现了研究者对以往研究的总结和反思。

（一）研究者的学术素养和研究能力

中国法律史学方法论与本领域研究者的学术素养和研究能力是紧密相关的，

---

① 参见张中秋：《中西法律文化比较研究》，南京大学出版社1999年版。
② 参见范忠信：《中西法文化的暗合与差异》，中国政法大学出版社2001年版。
③ 参见夏新华：《比较法制史：中国法律史学研究的新视角》，载《法制与社会发展》，2003年第5期。
④ 夏新华：《比较法制史：中国法律史学研究的新视角》，载《法制与社会发展》，2003年第5期。
⑤ 马小红：《珍惜中国传统法——中国法律史教学和研究的反思》，载《北方法学》，2007年第1期。
⑥ 马小红：《珍惜中国传统法——中国法律史教学和研究的反思》，载《北方法学》，2007年第1期。
⑦ 马小红：《关于法律史学科发展的一点想法》，载张中秋编：《法律史学科发展国际学术研讨会文集》，中国政法大学出版社2006年版。

研究者的学术素养和研究能力决定了方法的选择、借鉴、应用和创新过程的科学性和系统性。当下，中国法律史学者的学术素养和研究能力主要包括研究者的学术态度、对史料的洞察力和驾驭能力，以及对信息的检索能力和分析能力。

首先，中国法律史学作为一门法学和史学的交叉学科，具有史学的严谨性和法学的科学性，这就要求中国法律史学者在具备扎实的基础知识的同时，还需要培养严谨求实的学术态度，对待学术要做到无征不信，敢于质疑和批评，真正做到"不唯上、不唯书、只唯实"。方法的选择要做到因地制宜、因时制宜，根据问题的特点和性质选取适当的理论，"不管各种法律问题的特殊性，不明了自己运用方法能力的长短，一味地趋时趋新，模仿他人是不会造就出有个性的有特色的法律史学者来的。当然，一味地因循守旧，抱残守缺，没有一点方法论上探索的勇气和冒险精神，要想在中国法律史研究方面有大的突破，也是不可能的"①。其次，中国法律史研究者要培养对史料敏锐的洞察力，中国法律史学者对史料的敏感性以及对史料的驾驭能力决定了中国法律史研究能否建立在"真实的历史"② 之上。张晋藩曾指出："我始终认为不以丰富的史料为依据的法史研究是空的，但徒有史料缺乏正确的理论加以分析、运用，也难以发挥史料的价值。"③ 对史料的分析运用能力也就是对史料的驾驭能力是反映一个中国法律史学者学术功底的最关键因素，这也就要求中国法律史研究者在面对纷繁多样的现代社会科学的研究方法时，能够真正沉淀下来，避免学术的浮躁和自我的迷失。最后，信息技术的发展对中国法律史学的影响也是空前的。由于法律史研究往往面对着海量的史料，传统的文献检索方法会占用研究者大量的宝贵时间，法律史数据库④ 的建设，大大提高了文献检索的效率。此外，社会学的计量研究方法的引入在增

---

① 李贵连主编：《二十世纪的中国法学》，北京大学出版社1998年版，第85页。

② 刘顺峰针对法律史研究中史料运用与历史真相之间的关系，指出："'史料'与'历史真相'之间的'断裂'是无法避免的。从一个哲学意义上来说，史料永远都不能等于历史真相，或者说究竟'历史真相'是什么，连历史本身也无法探究，其有着一张普洛透斯似的脸（a Protean face）。从事严肃、科学的法律史研究，按照学术要求，学者们必须要以客观的'历史真相'为基础，撕去真相外面的伪装，否则就失去了研究的意义。"如何填补史料运用和历史真相之间的鸿沟，也就是如何通过史料来展现"历史的真实"，可以从格拉克曼的"社会情景分析法"出发，以"史料"产生之初的社会环境为具体语境，最大可能地展现"真实的历史"。参见刘顺峰：《史料、技术与范式：迈向科学的中国法律史研究》，载《江苏社会科学》，2016年第2期。

③ 张晋藩：《中国法制史学发展历程的反思和期望》，载张中秋编：《法律史学科发展国际学术研讨会文集》，中国政法大学出版社2006年版，第6页。

④ 近几年，法律史研究过程中最常用到的数据库主要包括："爱如生"数据库系统、中国方志库、中国数字方志库、中国报纸资全文数据库、中国地方历史文献数据库、Gale Scholar、大成老旧刊全文数据库、中国基本古籍库、书同文古籍数据库、中华经典古籍库、鼎秀古籍全文检索平台、ProQuest Historical Newspapers: Chinese Newspapers Collection（1832—1953）等。

强法律史学科活力的同时,也对研究者的数据分析能力和技巧提出了更高的要求,甚至有学者开始对人工智能时代法律史学科的发展进行积极的思考。①

(二)学科的研究环境

在中国法律史学的学科发展史研究过程中可以发现,研究环境是影响一个学科方法论健全与否的关键性因素,也是影响一个学科走向的外在因素。研究环境对中国法律史学的方法论的影响主要表现在两个方面:一是研究环境的改变会导致研究方法的相应转变,正如傅斯年所说:"一时代有一时代的变迁,一时代有一时代的进步,在转换的时候,常有新观念、新方法的产生。"② 二是研究环境的开放性和包容性会对方法论的形塑产生不同的影响。蔡枢衡在评价近代法学发展的"幼稚"时指出:"中国成文法律发达很早。但在海禁大开以前,中国没有近代式的法学。海禁大开后,变法完成前,只有外国法学著作的翻译、介绍和移植。外国法学的摘拾和祖述,都是变法完成后至于今日的现象。……祖述和摘拾成为一个国家的法学著作、教师讲话和法学论文的普遍现象,这正是殖民地的风景。"③

近代以后中国法学发展与当时的社会现实状况有着密切的关系,中国法律史学的研究方法同样受时代所限,在不同的时期偏重于不同的研究方法。例如新中国成立后,受政治环境影响,阶级分析方法成了中国法律史研究的主导方法;改革开放以后,随着社会包容性的日益增强,西方的各种理论和方法被引入中国法律史研究中,比较研究方法、社会学研究方法等逐渐繁荣起来,甚至比较研究逐渐形成了一个独立的学科领域。近些年来,全球化进程中多元的文化和思想进一步在世界各地传播,中国法律史研究者又开始基于全球化的视野对中国法律史学的研究方法进行反思和改进。对中国法律史研究成果的"质"和"量"进行分析,可以明显看出改革开放前后中国法律史研究的两种发展状况。改革开放前,方法论曾一度陷入教条化的僵局之中,中国法律史研究产出的成果有限且普遍带有一定的偏执性和片面性。改革开放后,宽松的社会环境使得中国法律史研究如鱼得水,产出成果的"质"和"量"均有持续的突破。新中国成立以来,中国法律史学的方法论与社会环境之间的关系足以说明研究环境对于一个学科发展的重

---

① 参见刘顺峰:《面对人工智能时代的法律史研究》,载《济南大学学报》(社会科学版),2019年第4期。
② 傅斯年:《考古学的新方法》,载欧阳哲生编:《中国近代思想家文库(傅斯年卷)》,中国人民大学出版社2015年版,第158页。
③ 蔡枢衡:《中国法理自觉的发展》,清华大学出版社2005年版,第59-60页。蔡枢衡指出,近代中国海禁开放之后,外国法学著作通过翻译、摘拾和祖述的方式传入中国。"翻译是非自我的,但有非自我的认识;祖述是自我的,但不是觉醒的自我,结局只是无我;摘拾算不得体系。"

要意义，也就是说，要想实现中国法律史学方法论体系的科学建构，减少外在环境对研究的过多"干涉"，学术所具有的独立性质是必不可少的。"开放的思想是人类理性挑战愚昧的锐器，自由的学术是世界迈向理想社会的阶梯。"① 社会环境对学术的影响不容小觑。只有包容开放的社会环境才会接纳多元的思想，才能促进方法论的创新，这也是学术独立和思想自由的应有之义，但学术独立绝不是学术与社会脱节。针对学术独立，萧公权曾提出学术独立应极力避免的两个误区：首先是学术独立并非意味着学术与社会的分离，而是要尽量减少社会环境的负面影响；其次，学术独立不是要违抗教令，不遵法纪，放弃国民的职责，而是要在求学的过程中划分政治和学术的界限。② 萧公权言："明了了学术的性质以后，我们就可以明了学术所必须独立的道理。求学者既然必须取得特殊的物质及心理条件，方能有成，我们就不应当以任何原因而削减侵害这些条件。为了使教育发生它固有的功用，我们必须把学术自身看成一个目的，而不把它看成一个工具。国家社会应当对此有所认识，治学求学者的本人应当对此有所认识。所谓学术独立，其基本意义不过就是：尊重学术，认识学术本身的价值，不准滥用它以为达到其他目的罢了。"③

（三）研究的问题性质

中国法律史学的方法论体系是基于学科研究过程中所依据材料对象的性质和种类而建构起来的。不同的材料对应着不同的方法选择，这种方法论意义上的映射关系并非绝对的，而是以问题研究为导向的。例如，面对浩瀚的古代案例，有学者欲研究某一段历史时期的诉讼文化和实践的总体风貌，便会从案件汇编史料中选取大量的有代表性的案件，用统计的方法对案件进行分类并展开分析；有学者欲研究某一案件的古今启示，遂采用史料分析或者历史叙述的方法进行理论分析。问题和方法在治学过程中的重要性是不言而喻的，方法的使用以问题的提出

---

① 蔡枢衡：《中国法律之批判》，山西人民出版社 2014 年版，"前言"。
② 参见萧公权：《学术独立的真谛》，载张允起编：《中国近代思想家文库（萧公权卷）》，中国人民大学出版社 2015 年版，第 374-375 页。萧公权认为：首先，"学术独立不是要学术与社会生活的隔离，而是要学术能够摆脱社会恶劣风气的影响"，"在求学期中，一个人必须在相当距离间离开社会，然后他的学识才能有所成就。否则尚在学校当中，早参加了社会的活动，熏染了社会的风习，表面上看来，似乎是明通世事，少年老成，而按其实际，却是心有外骛，学未敏求，世故上的早熟，却成了学术上的低能"。其次，"学术独立不是要违抗教令，不遵法纪，放弃国民的职责，而只是要求在求学的过程中划分学术和政治的界线"。教者和求学者有权利参与政治生活，"倘若一个学人把学校用为政治活动的地盘，把学生用为政治势力的工具，把学术用为政治企图的幌子，他这样地就把学术当做了政治的附庸而毁灭了学术的尊严独立"。
③ 萧公权：《学术独立的真谛》，载张允起编：《中国近代思想家文库（萧公权卷）》，中国人民大学出版社 2015 年版，第 374 页。

为前提。但是,"法学者缺乏基本的问题意识,已经成为法学研究中的突出问题之一,也是导致中国法学者难以做出独立学术贡献的原因"①。在中国法律史研究中,问题意识的缺乏导致的最直接后果就是方法论的单调和理论的肤浅,例如在 20 世纪五六十年代的中国法律史研究中,阶级分析方法并不是基于问题意识产生的,而是基于方法本身产生的,也就是说这一时期的中国法律史研究预设了一个方法论前提,那就是来源于马列主义阶级斗争理论的阶级分析法,用这种方法通过对"国家与法权历史"的分析来论证此种方法本身的正确性与合理性,这本身是不符合学术规律的。韩大元就研究问题意识与宪法方法论指出:"以问题为导向的方法论,使理论层面的方法论具有浓厚的实践色彩。"② 中国法律史研究同样也急需以问题为导向的方法论,"不要问孔子怎么说的,柏拉图怎么说的,康德怎么说的,我们必须要先从事实入手,凡游历调查统计等事实都属于此项"③。从问题入手,而不是罔顾问题而一味地专注于方法论的纠缠,因为方法论的纠缠既无益于法律史现有处境的改善④,也不利于产生当下转型语境下以社会需求为导向的法律史研究成果。

方法始于问题,终于结论,这是从功能主义立场对方法论进行的概括。中国法律史学方法论的发展是学科体系改善的一个重要路径,但并不是突破学科困境的唯一方法。对于方法的使用,学者更应该保持十分的理性,否则就会陷入另外一种研究困境,正如中国社会史学家陶希圣⑤所说的,"我们不能预定结论,只可说:由某种方法,某种观点,可以达到某种结果而已"⑥。

---

① 陈瑞华:《论法学研究方法》,法律出版社 2017 年版,第 335 页。
② 韩大元:《中国宪法学方法论的学术倾向与问题意识》,载《中国法学》,2008 年第 1 期。
③ 胡适:《读书与治学》,生活·读书·新知三联书店 1999 年版,第 106 页。
④ 参见马小红:《中国法史及法史学研究反思——兼论学术研究的规律》,载《中国法学》,2015 年第 2 期。
⑤ 陶希圣在法学和史学领域都做出了非常大的学术贡献,他曾自言:"家学所传者为史学,大学所受者为法学。史学与法学两道潮流,只是中国社会史学而已。"参见陶希圣:《食货复刊辞》,载《食货》,1971 年第 1 卷第 1 期。
⑥ 陶希圣:《研究中国社会史的方法和观点》,载陈峰编:《中国近代思想家文库(陶希圣卷)》,中国人民大学出版社 2014 年版,第 447 页。

第八章

当代中国法律史基础问题研究

中国法律史研究内容广泛，涉及中国古代法律的方方面面。自新中国成立以来，中国法律史研究的基础问题不断增加，尤其是改革开放以来，随着新的研究方法的引入和指导思想的革新，中国法律史研究的基础问题逐渐深化，研究的范围不断拓宽，针对某些问题虽已有通说定论，但仍不乏争鸣，甚至出现了与通说相抗衡的新观点、新理论。有不少学者对中国法律史研究的基础问题进行分类整合，以廓清中国法律史研究的内容和边界，并对该学科的发展形成一种整体性认知。例如俞荣根等人将对中国传统法学的论述划分成中华法系学、礼法学、刑名学、律学、唐律学、刑幕学、宋（慈）学、沈（家本）学、简牍学等体例结构，努力寻求传统法的"自我"，为现今中国法律史学的研究提供价值基础和借鉴[1]；再如中国社会科学院法学研究所法制史研究室编的《中国法律史学的新发展》一书概括了1996—2006年十年间中国法律史研究的状况，并总结了中国法律史研究的热点问题，主要包括民族法史研究、中华法文化研究、中国古代民法问题研究等三个部分。其中，民族法史研究主要包括少数民族法制形成演变研究、少数民族成文法和习惯法研究、少数民族法文化与国家法之间的关系研究等；中华法文化研究主要包括中华法文化形成与演变研究，中华法文化基本特质研究，礼与法、礼治与法治、伦理道德与法律相互关系研究，传统司法、诉讼、刑法诸方面法文化研究等；中国古代民法问题研究主要包括古代财产制度研究，古代契约制度研究，婚姻、亲属、继承以及古代知识产权研究等内容。[2] 其他学者也从不同

---

[1] 参见俞荣根、龙大轩、吕志兴编著：《中国传统法学述论——基于国学视角》，北京大学出版社2005年版。

[2] 参见中国社会科学院法学研究所法制史研究室编：《中国法律史学的新发展》，中国社会科学出版社2008年版。

的角度对中国法律史研究的基础问题进行了概述。

本章综合现有研究成果并结合本书体例,将当代中国法律史研究的基础问题分为礼与法研究、律学研究、中华法系研究、法律文化研究和比较法史研究五个部分。

一、礼与法研究

中国古代社会是一个礼法合治的社会。中国古代法律的基本特点是以礼统法、以礼摄法、礼法相融,礼是一整套包含了礼制(仪)和礼义等相关内容的规范体系,是中国古代立法、司法和执法所遵守的基本原则。礼法互补,礼是法制定的灵魂,法是礼推行的保障,正如司马迁在《史记·太史公自序》中所指出的:"夫礼禁未然之前,法施已然之后;法之所为用者易见,而礼之所为禁者难知。"中国传统法律思想中的礼萌芽于三代,定型于春秋,正式成为一种学术概念和治世思想,为儒家学派所论证和弘扬。自秦至清,礼与法在学术上、思想上和政治上逐渐实现了统一和融合。直至近代,随着西法东渐的历史潮流,礼与法之间的关系逐渐出现松动,晚清修律过程中的礼法之争使得礼法出现一定程度的分离。关于礼与法关系的学术研究与理论争鸣由来已久,民国时期代表人物主要包括梁启超、陈顾远、瞿同祖、冯友兰等人。

新中国成立以后至"文化大革命"期间,对礼与法问题的研究囿于"阶级斗争"的分析框架,将儒家主张的"礼"视为带有"奴隶社会"和"封建社会"性质的腐朽落后的意识形态,加之对法的继承性的否定,学术界对礼多持否定性态度,但是也不乏对礼法思想进行客观评述的作品。如嵇文甫的《孔子思想的进步性及其限度》一文从"仁"与"礼"相结合的角度,论证了孔子思想的人文主义色彩,并对其思想的局限性进行了阐释。[1] 高亨的《孔子思想三论》一文指出,孔子的礼虽然是为统治阶级服务的,但是并非剥削人民的工具,其在地租制度方面的规定是为了减轻人民的负担,是具有一定的历史进步性的,并对认为孔子的礼具有保守和复古倾向的观点进行了反驳,主张全面客观评价孔子的礼。[2] 此外,赵光贤的《论孔子不代表地主阶级》[3]、金景芳的《论孔子思想》[4]、杨向奎的《孔子的思想及其学派》[5]、车载的《论孔子的"克己""复礼""爱人"》[6]、童

---

[1] 参见嵇文甫:《孔子思想的进步性及其限度》,载《史学月刊》,1956年第6期。
[2] 参见高亨:《孔子思想三论》,载《哲学研究》,1962年第1期。
[3] 参见赵光贤:《论孔子不代表地主阶级》,载《新建设》,1956年第8期。
[4] 参见金景芳:《论孔子思想》,载《东北人民大学人文科学学报》,1957年第4期。
[5] 参见杨向奎:《孔子的思想及其学派》,载《文史哲》,1957年第5期。
[6] 参见车载:《论孔子的"克己""复礼""爱人"》,载《学术月刊》,1961年第12期。

书业的《论孔子政治思想的进步面》①、郑涵的《试论孔子对晋铸刑鼎的批评及其政治意义》②、钟肇鹏的《从周代的奴隶法谈到孔子思想的阶级性》③ 等文章，对孔子思想中的"礼"与"法"之间的关系进行了论述。"文化大革命"期间，儒家的礼法思想被看作奴隶主阶级剥削人民的工具，对于以孔子为代表的儒家思想更是大加鞭挞，这一时期的作品多偏离了学术应有的立场，有关礼与法问题的研究停滞。

改革开放以后，有关礼与法问题的研究随着中国法律史学科的复苏开始兴起，中国法律史学会也于20世纪80年代组织了"孔子法律思想讨论会"④，对孔子法律思想的内容和实质进行了探讨。学术界对于孔子的法律思想恢复了一种基于学术的客观认知，随后相继产出了一系列具有影响力的"礼与法"研究的论著。

蔡尚思的《孔子思想体系》是一本中国思想史的著作。该书全面介绍了孔子的政治、经济、哲学、文艺、史学、教育等各个方面的思想，并对孔子思想的历史演变进行了回顾。孔子将"为国以礼"作为治国方案，以此实现"天下有道"。礼在周代具有根本法的地位，基本特点是贵贱有序，在孔子的政治思想和伦理思想中占据主导地位，也是孔子政治思想的主要来源。该书将孔子的"正名"与"复礼"联系起来，指出"为政"始于"正名"，而"正名"也是"复礼"的必然要求。⑤

杨景凡、俞荣根的《孔子的法律思想》是20世纪80年代礼法学研究的具有代表性的作品之一，该书共分为九个部分，在"引言"部分承认了孔子思想的价值，指出了研究孔子思想的历史意义："我们研究孔子，是尊重他对中华民族的历史文化和古老文明做出的杰出贡献，是承认他给我们民族的社会思想、文化结构、心理素质、伦理观念、道德评价、法律意识留下自己的轨迹。而这些轨迹，不论其积极方面，还是消极方面，又都和历史发展有关，从某种意义上说，孔子

---

① 参见童书业：《论孔子政治思想的进步面》，载《文史哲》，1961年第2期。
② 参见郑涵：《试论孔子对晋铸刑鼎的批评及其政治意义》，载《开封师院学报》，1962年第3期。
③ 参见钟肇鹏：《从周代的奴隶法谈到孔子思想的阶级性》，载《文史哲》，1962年第4期。
④ 1984年9月8日，中国法律史学会在济南召开孔子法律思想讨论会，全国政法院校（系）、研究机构80余位专家、学者出席了会议，大会收到论文60余篇。与会者就孔子的思想体系、孔子法律思想有无体系、孔子法律思想的内容与实质、有关的历史分期和事件、研究法律思想史应取的世界观及方法论等一系列问题展开了深入的讨论，进行了广泛的交流。会议期间还召开了《中国法制通史》（多卷本）编委扩大会议并组织参观了曲阜孔庙。参见无替：《孔子法律思想讨论会在济召开》，载《法学杂志》，1984年第5期。
⑤ 参见蔡尚思：《孔子思想体系》，上海人民出版社1982年版。

思想与中华民族的历史文明交织在一起。"该书对"孔子法律思想研究"进行了学术回顾，总结了自秦汉至改革开放初期孔子法律思想研究的概况，并对有关孔子法律思想研究的大讨论进行了总结，对于"礼治"和"法治"的关系，作者提出了以下几种看法：第一，春秋时代，礼法不分，礼刑一物，失礼入刑，刑寓于礼。孔子的"以礼治国"，包含了"依法治国"或治国要用刑在内。第二，商韩的"法治"，基本上局限于刑的范围，实质上是刑治，而且是重刑轻罪，严刑峻法。第三，孔子的礼治和商韩的"法治"都是人治，他们的分歧并非"人治和法治的斗争"。第四，礼治和"法治"的区别，除了礼禁未然、法禁已然，礼主要表现为不成文的习惯法形式，法则有确定的规范明文。第五，我们完全应当把礼放到中华法系历史发展的序列中加以研究，完全应当把先秦儒家放到法律思想家的行列中加以研究，从而探索中国法制史和法律思想史发展的规律，寻出中华法系的固有特点。该书最后论述了孔子法律思想的仁学基础以及孔子的法理学思想，立法、司法和守法思想，对孔子的思想体系进行了客观评述。①

乔伟、杨鹤皋主编的《孔子法律思想研究（论文集）》② 是对1984年孔子法律思想讨论会部分论文的汇编，包含了李光灿、张国华、乔伟、张晋藩、杨景凡、俞荣根等法律史学者的20篇文章，体现了改革开放以来孔子思想研究的盛况，也折射出当时"礼与法"研究的进度和理论深度。其中栗劲的《孔子和礼——孔子法律思想初探》一文指出，研究孔子的法律思想必须从礼入手，礼具有规范性、普遍性、等级性、教化性、习俗性以及对违礼制裁的擅断性特征。礼既有法的属性，也具有道德的属性，但是并不意味着在礼的规范中可以区分出哪些是法律规范，哪些是道德规范，礼把法和道德融合在了一起。孔子在《春秋》一书中发挥的礼的原则多属于礼的核心问题，即有关政治、经济根本制度方面的行为规范，在维护君主尊严和地位问题上，已经确定了具体的刑罚标准，冲破了礼治的界线，具有了法的属性。此外，孔子把"礼"和"仁"结合在一起，强调"仁"的作用和意义。孔子的"人治"基于礼治的要求，与礼治有着不可分割的内在联系。孔子批判地继承了奴隶制时期的礼治和德治思想，合乎逻辑地继承了人治思想，并适应新的条件和需要而加以发展。③

赵国斌的《试论孔子的"礼"与"礼入于刑"》一文通过梳理孔子的"礼"与"礼入于刑"的历史演变，指出孔子的"礼治"与后世"失礼则入刑"的法律

---

① 参见杨景凡、俞荣根：《孔子的法律思想》，群众出版社1984年版。
② 参见乔伟、杨鹤皋主编：《孔子法律思想研究（论文集）》，山东人民出版社1986年版。
③ 参见栗劲：《孔子和礼——孔子法律思想初探》，载乔伟、杨鹤皋主编：《孔子法律思想研究（论文集）》，山东人民出版社1986年版。

存在着根本的差异，前者是一种道德准则，后者已经实现了法律化，至于汉代以后的儒家虽然打着孔子的旗号，但实质上是重新塑造了孔子思想的新儒学。该文从一个侧面勾画出孔子"礼治"的思想轮廓。①

罗冬阳的《明太祖礼法之治研究》共分为 5 章，分别为明太祖的礼法观、君师兼任、强控制社会、刑贪戮勋、制度损益。该书结合礼法之治对明太祖的法治进行了全方位的研究。明太祖对礼法的重视和运用赋予了其自身统治合理性和正统性，获得了儒士的认同和支持，树立了自己的意识形态权威，使自己既成为天下之君，又成了天下之师。明太祖以一个"防"字概括了礼法的本质和作用，利用儒学中的礼法文化资源，使他的律外用刑取得了合理性。明太祖在推行礼的方面，更加注重社会教化的作用，遵循理学"治本于心"的教导，于郡县遍立官学，制定并大力推行申明亭、祭城隍、祭厉、乡饮酒礼等有关教化的礼制，在五刑外又增加了律所不载的社会隔离刑，并役鬼神为法吏，惩治法外遗奸，这些均获得了较好的效果。政治制度的改革也是明太祖礼法之治的重要内容，其特点在于废除了丞相制度，高度强化了皇权，为明朝政治的巩固和政局的稳定奠定了基础。该书对于研究明朝的法律制度和政治制度具有极为重要的学术价值。②

俞荣根的《儒家法思想通论》是中国法律史领域的一部扛鼎之作。该书从中国古代思想体系的宏观层面出发，系统梳理了孔子、孟子、荀子的法律思想，揭示了儒家法律思想的特质、历史变迁，并且联系中华法系的当代使命，回溯了儒家法的历史源泉，从而一气呵成，材料梳理至晚清。该书是一部中国本土法律文化的必读经典。全书共分为 9 章：前三章为总论，对儒家法思想的研究历史进行了回顾和总结，对相关研究方法、史料考析、学术观点提出了商榷和辨正，试图从较为宏观的角度审视儒家法思想的特质及其在各个方面的表现，并指出礼法关系是研究儒家法律思想的一个基点，将儒家礼论所涉及的问题从法律角度分成三点：第一，将礼区分为本与末两个层次，坚持礼之本。礼之本，即礼的精神实质、礼的全体大用。第二，坚持失礼入刑的礼治原则。第三，赋予礼新的含义，将古老的礼进行创造性的改造，突出表现为孔子的以仁释礼。第四、五、六章分别阐述、析论了先秦儒家思想家孔子、孟子、荀子的法律思想。第七、八、九章主要讨论儒家思想在秦汉以后的演变和影响及其在今天的地位。匡亚明将该书称

---

① 参见赵国斌：《试论孔子的"礼"与"礼入于刑"》，载乔伟、杨鹤皋主编：《孔子法律思想研究（论文集）》，山东人民出版社 1986 年版。

② 参见罗冬阳：《明太祖礼法之治研究》，高等教育出版社 1998 年版。

为"第一部全面系统研究论述儒家法思想的著作"①。

马小红的《礼与法》一书于 1997 年由经济管理出版社出版。该书分为五篇，分别为"渊源篇"、"礼治篇"、"礼法篇"、"变革篇"和"法制篇"，考察并论述了中国古代法律的源头，对"礼治"在中国兴盛、衰败和复兴的三个历史阶段进行了梳理，论述了中国古代的礼法观，总结了中国近代法律改革屡遭挫折的社会原因和思想根源，并对现代法治建设的路径和方法加以全面的探索和分析，将传统社会的礼与法以及传统法律观与现实立法联系起来加以考察，突破了以往法史学和法学基础理论的基本框架。谈到中国传统法律的变革时，该书作者指出，应该更新传统法的观念，一方面需要检讨传统法的不足，另一方面需要探讨传统法的合理因素，对传统因势利导，使现实法律的建设具有中国特色。该书具有较深的理论深度和较高的学术价值，对现实法治建设具有重要的借鉴意义。②

张仁善的《礼·法·社会——清代法律转型与社会变迁》一书分为上、下两编，共 9 章。作者以法律社会史的视野较为系统地探讨了礼法在清代中期、前期和末期与社会生活、社会结构、社会心态等之间的关系，以及不同时期礼法的社会功能，梳理出了清代礼法由合一到分离的线索，分析了礼法的演变对传统中国社会向近代社会转变的影响；通过对中国传统礼法的反思，就外来法律文明的本土化途径、中华法系的塑造、中国法制现代化的走向等问题提出了自己的看法。作者认为，礼法分离是中国法制近代化的开端，也是中国政治近代化的里程碑。清末礼法分离，是清朝中期以后社会生活、社会结构、社会心态等演变的结果，中国社会变化的内因起了决定性作用，外来因素只起了辅助性作用。③

武树臣的《儒家法律传统》分为绪论以及上、下两篇。绪论主要介绍了儒家法律传统及其实践的影响，考察了儒家法律传统的思想渊源和理论构成及其变迁，对儒家法律传统和儒家经典对古代法律实践的影响进行了综述。上篇"儒家的法律思想"对儒家代表人物，如孔子、孟子、荀子、董仲舒、朱熹、王守仁的法律思想进行了考察和论述，下篇"儒家经典与古代法律文化"考察了古代经典如《易经》《诗经》《尚书》《左传》《周礼》中的法律文化。该书对于全面理解中国传统法律文化和法律实践以及中国传统法律的特色具有重要的意义和价值。④

---

① 俞荣根：《儒家法思想通论》，广西人民出版社 1992 年版；俞荣根：《儒家法思想通论》（修订本），广西人民出版社 1998 年版；俞荣根：《儒家法思想通论》（修订本），商务印书馆 2018 年版。
② 参见马小红：《礼与法》，经济管理出版社 1997 年版。
③ 参见张仁善：《礼·法·社会——清代法律转型与社会变迁》，天津古籍出版社 2001 年版；张仁善：《礼·法·社会——清代法律转型与社会变迁》，商务印书馆 2013 年版。
④ 参见武树臣：《儒家法律传统》，法律出版社 2003 年版。

马小红的《礼与法：法的历史连接》一书是 21 世纪初礼法研究领域的代表性著作之一，对于礼法研究具有开创性和拓展性的意义。该书分为上、下两编，共 12 章。上编为"建构中国传统法"，主要包括"古代法"与"传统法"、中国传统法的基本概念、中国传统法的发展阶段三章，运用现代法学理论重新建构中国传统法，将礼纳入法的范畴。下编为"解析中国传统法"，包括中国传统社会与传统法的特征、"神法"与"人法"在中国与西方的不同发展、周公——"礼治"思想的奠基者、孔子论法与中国传统法观念、中国传统法中的人情观、中国传统法中的道德观、中国传统法中的人治观、中国传统法中的自然观、中国传统法中的平等观等九章，分析了中国传统法形成的社会环境，并解析了中国传统法中的具体观念，如中国传统法中的神权观、道德观、人情观、人治观、自然观、平等观等。作者阐述的主要问题包括：第一，辨正"古代法"与"传统法"的概念，构建传统法的体系。第二，强调传统法是礼与法的"共同体"，剖析礼在传统法体系中的作用和地位。第三，以礼与法的消长为标志划分传统法的演变阶段。第四，法的发展模式并不是按"人"的意志产生的，一种法模式的产生与其社会环境息息相关。第五，以历史文化为背景解读西方传统的宗教与中国传统的礼教之形成。第六，如果说罗马法的主流传统是"民法传统"的话，在中国传统法体系中占主导地位的则应该是"礼"。第七，自近代以来，学界将"以刑为主，诸法合体""压抑诉讼"等视为中国传统法的缺陷，其实，这些特征为世界不同国家和民族传统法中的共同特征。第八，不同民族、国家和地域的法所具有的不同的发展道路自有其历史的合理性，通过"比较"而产生的结论只能是"不同"，如果产生了所谓的缺陷那一定不是历史的真实。该书的修订版增加了附录中的专题一"律与礼的关系"和专题二"'礼治'的改造"，对"古代法"与"传统法"的定义进行了完善，对礼的性质进行了更加深入的阐述，对传统法进行了更加全面和细致的解读。[①]

俞荣根、秦涛的《礼法之维：中华法系的法统流变》从正名、故事、讨论、释疑四个部分论证了礼法的概念、流变，律令体系与礼法体系之间的关系以及礼法传统与中华法系的遗传密码，最后结合中国的礼法传统对现代法治建设进行了

[①] 参见马小红：《礼与法：法的历史连接》，北京大学出版社 2004 年版；马小红：《礼与法：法的历史连接》（修订本），北京大学出版社 2017 年版。该书英文版 *From Rites to Law：A Historical Source of Chinese Law and Its Inheritance* 由 W. S. Hein 出版社于 2018 年在美国正式出版。并且，该书电子版也已经全文收录进 HeinOnline 法学数据库中的"法治中国"文库（China Law & Society），向全球 150 多个国家和地区近 3 500 所高校和研究机构以及千万级的个人用户进行传播。该书的出版，旨在让世界法学界同人进一步了解中国古代法律的特征。

探讨，指出新的中华法系的创建理应尊重两个传统：一个是一百多年来引进、移植西法的传统，其中包括新中国成立近七十年来在马克思主义指导下探索社会主义民主法制建设和依法治国建设的传统；另一个是中华民族五千多年历久不衰的古老中华法系的传统，也就是礼法传统。前者是新传统，后者是老传统。该书从更加全面和立体的维度对礼法进行了重新定义，对古代法律进行了高屋建瓴的考察，对于新中华法系的创建和中国特色社会主义法治国家的建设具有重要的参考价值。①

宋大琦的《先王之法：礼法学的道统传承》一书首先以道统、礼法和礼法学的道统为中心，分别以"先王"、孔孟的道统、荀子的礼法学、《礼记》、《大学》等观照了先秦礼法道统的建立和完善。其次以汉代经学的兴起与传承及其礼法学基础理论的建构与实际应用，深入探索了汉儒礼法学的形而上学特色，并将触角延伸到魏晋与唐代，以《唐律疏议》为例深入解读了礼法道统的具体内涵；以理学的兴起及其范畴体系、礼法学在理学体系中的地位，深刻诠释了宋儒礼法学的精致形而上化及自我解体倾向；以明代心学的崛起与传承及其良知学的内部争议和心学与理学的本质争议，推动了形而上学的解体与礼法学的重建，并指出了礼法学道统可能的开新方向。②

李德嘉的《德主刑辅说之检讨》一书对"德主刑辅"这一中国传统法律研究中的"不刊之论"进行了学术梳理和质疑，并提出"德本刑用"的观点，以更好地概括儒家"德刑关系"的思想内涵。该书主要包括绪论、"德主刑辅"说的由来、"德主刑辅"说的概念检讨、"德主刑辅"说的德刑关系检讨、儒家"德本刑用"思想在社会治理中的意义、儒家"德本刑用"思想的法理学分析、结语七个部分。该书主要从五个方面对"德主刑辅"说进行检讨：第一，对"德主刑辅"说的学术史进行回顾和梳理。第二，对"德"与"刑"的概念进行辨正。第三，对儒家思想中"德"与"刑"的关系进行辨正。第四，分析儒家"德本刑用"思想在社会治理方面的意义，从社会治理模式的角度来分析儒家"德刑关系"思想。第五，以法理学的观点分析儒家的"德本刑用"思想，探寻儒家"德治"式社会治理的现代意义。最后，作者考察了儒家在现代社会治理中的可能贡献，指出儒家在中国社会转型过程中所能做出的最大贡献在于，为当下的法治建设提供道德的维度，从而形成一种德法共治的治理体系。其一，儒家之"德治"打破了所谓心性儒学与政治儒学的隔阂，"德"指的是统治者应当具备的德性。其二，

---

① 参见俞荣根、秦涛：《礼法之维：中华法系的法统流变》，孔学堂书局有限公司2017年版。
② 参见宋大琦：《先王之法：礼法学的道统传承》，孔学堂书局有限公司2017年版。

儒家谈心性的根本目的在于通过化民成俗提高百姓之德，从而形成一自治社会。其三，儒家之"德"并非仅就统治者与百姓的德性而言，同时也包括制度德性，要求制度的设计应该顺应人性而不是扭曲人性。李德嘉博士的研究具有较大的挑战性，其创新性也是不言而喻的。"德本刑用"主张的提出不仅是对传统法律史学研究中"德主刑辅"观点的厘正，也为现代社会治理提供了一种新的思路。[①]

此外，栗劲、王占通的《略论奴隶社会的礼与法》[②]，华友根的《西汉的礼法结合及其在中国法律史上的地位》[③]，曾宪义、马小红的《中国传统法的结构与基本概念辨正——兼论古代礼与法的关系》[④]，梁治平的《礼与法：道德的法律化》[⑤]，马作武的《传统法律文化中的礼与法》[⑥]，张晋藩的《论礼》[⑦]，崔兰琴的《中国古代的义绝制度》[⑧]，倪正茂、俞荣根、郑秦、曹培的《中华法苑四千年》[⑨]，汪国栋的《荀况天人系统哲学探索》[⑩]，苏志宏的《秦汉礼乐教化论》[⑪]，郭志坤的《荀学论稿》[⑫]，徐进的《中国古代正统法律思想研究》（第一卷）[⑬]，俞荣根的《道统与法统》[⑭]，丁凌华的《中国丧服制度史》[⑮]，邹昌林的《中国礼文化》[⑯]，杨志刚的《中国礼仪制度研究》[⑰]，范忠信的《中国法律传统的基本精神》[⑱]，龙大轩的《道与中国法律传统》[⑲]，梁治平的《寻求自然秩序中的和谐：中国传统法律文化研究》[⑳]，彭岁枫的《礼义、礼法与君子——荀子"群居和一"

[①] 参见李德嘉：《德主刑辅说之检讨》，中国政法大学出版社2017年版。
[②] 参见栗劲、王占通：《略论奴隶社会的礼与法》，载《中国社会科学》，1985年第5期。
[③] 参见华友根：《西汉的礼法结合及其在中国法律史上的地位》，载《复旦学报》（社会科学版），1995年第6期。
[④] 参见曾宪义、马小红：《中国传统法的结构与基本概念辨正——兼论古代礼与法的关系》，载《中国社会科学》，2003年第5期。
[⑤] 参见梁治平：《礼与法：道德的法律化》，载《江海学刊》，1989年第3期。
[⑥] 参见马作武：《传统法律文化中的礼与法》，载《现代法学》，1997年第4期。
[⑦] 参见张晋藩：《论礼》，载《社会科学战线》，1998年第3期。
[⑧] 参见崔兰琴：《中国古代的义绝制度》，载《法学研究》，2008年第5期。
[⑨] 参见倪正茂、俞荣根、郑秦、曹培：《中华法苑四千年》，群众出版社1987年版。
[⑩] 参见汪国栋：《荀况天人系统哲学探索》，广西人民出版社1987年版。
[⑪] 参见苏志宏：《秦汉礼乐教化论》，四川人民出版社1991年版。
[⑫] 参见郭志坤：《荀学论稿》，生活·读书·新知三联书店上海分店1991年版。
[⑬] 参见徐进：《中国古代正统法律思想研究》（第一卷），山东大学出版社1994年版。
[⑭] 参见俞荣根：《道统与法统》，法律出版社1999年版。
[⑮] 参见丁凌华：《中国丧服制度史》，上海人民出版社2000年版。
[⑯] 参见邹昌林：《中国礼文化》，社会科学文献出版社2000年版。
[⑰] 参见杨志刚：《中国礼仪制度研究》，华东师范大学出版社2001年版。
[⑱] 参见范忠信：《中国法律传统的基本精神》，山东人民出版社2001年版。
[⑲] 参见龙大轩：《道与中国法律传统》，山东人民出版社2004年版。
[⑳] 参见梁治平：《寻求自然秩序中的和谐：中国传统法律文化研究》，商务印书馆2013年版。

理想社会的构建》①，张师伟的《礼、法、俗的规范融通与伦理善性：中国古代制度文明的基本特点论略》②，马小红的《清末民初礼与宪法关系的反思——兼论中国古代社会的共识》③ 等论文、专著，对礼与法的关系进行了专门论述，礼法问题研究逐渐由注重纯理论研究向自身价值的现代转化方向发展。

二、律学研究

"律学是研究中国古代法典的篇章结构、体例，各种法律形式及其相互关系，法律的原则和制度，特别是对法律的概念、名词、术语和法律条文含义进行注解与解释的一门科学。"④ 律学在中国经历了一个漫长的发展过程，萌芽于先秦，形成于两汉，魏晋时期得以繁荣。晚清至民国的律学家主要包括薛允升、沈家本、丘汉平等人。新中国成立以后，中国传统意义上的律学已经不复存在，但是作为一种学术传统，现代法律史学中的一些作品继承了传统律学训诂、考证等一系列研究方法，同时也借鉴了现代社会科学研究的其他方法，将律学研究推上了一个新的层次，有学者称之为"新律学"⑤。

改革开放以来，律学研究领域出现了许多具有代表性的著作，主要包括杨廷福的《唐律初探》《唐律研究》⑥，乔伟的《唐律研究》⑦，钱大群的《唐律疏义新注》《唐律与唐代法制考辨》《唐律研究》《唐律与唐代法律体系研究》《唐律论析》⑧，刘俊文的《敦煌吐鲁番唐代法制文书考释》《唐律疏议笺解》（上、

---

① 参见彭岁枫：《礼义、礼法与君子——荀子"群居和一"理想社会的构建》，湖南大学出版社2017年版。

② 参见张师伟：《礼、法、俗的规范融通与伦理善性：中国古代制度文明的基本特点论略》，载《社会科学研究》，2019年第2期。

③ 参见马小红：《清末民初礼与宪法关系的反思——兼论中国古代社会的共识》，载《现代法学》，2021年第4期。

④ 俞荣根、龙大轩、吕志兴编著：《中国传统法学述论——基于国学视角》，北京大学出版社2005年版。

⑤ 俞荣根等人认为，严格来说，20世纪初中国法制史新兴以后，传统律学业已衰微，此后的法制史研究成果，不当被视为传统律学的直接延续。但作为一种历史沉淀十分丰厚的学术传统，中国法制史研究在覆盖传统律学的同时，又继承弘扬了传统律学注重考析、实证等研究思路和方法，且其对象范围也相涵摄。从这个意义上说，律学并未消失，只是改变了存在的方式。如果要与传统律学有所区别，以免混同，或可称之为新律学或者仿律学、后律学。参见俞荣根、龙大轩、吕志兴编著：《中国传统法学述论——基于国学视角》，北京大学出版社2005年版，第158页。

⑥ 参见杨廷福：《唐律初探》，天津人民出版社1982年版；杨廷福：《唐律研究》，上海古籍出版社2012年版。

⑦ 参见乔伟：《唐律研究》，山东人民出版社1985年版。

⑧ 参见钱大群：《唐律疏义新注》，南京师范大学出版社2007年版；钱大群：《唐律与唐代法制考辨》，社会科学文献出版社2013年版；钱大群：《唐律研究》，法律出版社2000年版；钱大群：《唐律与唐代法律体系研究》，南京大学出版社1996年版；钱大群、钱元凯：《唐律论析》，南京大学出版社1989年版。

下)①，王立民的《唐律新探》②，倪正茂的《隋律研究》《隋代法制考》③，杨一凡的《中国古代法律形式研究》《明大诰研究》《历代例考》《明初重典考》《中国律学文献》（共5辑）等④，曾代伟的《金律研究》《金元法制丛考》⑤，苏亦工的《明清律典与条例》⑥，薛梅卿的《宋刑统研究》⑦，郭东旭的《宋代法制研究》⑧，张友渔、高潮主编的《中华律令集成》（清卷）⑨，曹旅宁的《秦律新探》《张家山汉律研究》《秦汉魏晋法制探微》⑩，陈新宇的《帝制中国的法源与适用：以比附问题为中心的展开》⑪，黄春燕的《论中国传统法律中比附的合理性》⑫ 等。论文方面还包括戴建国的《天一阁藏明抄本〈官品令〉考》⑬，吕丽的《故事与汉魏晋的法律——兼谈对于〈唐六典〉注和〈晋书·刑法志〉中相关内容的理解》⑭，吕丽、王侃的《汉魏晋"比"辨析》⑮，张建国的《魏晋律令法典比较研究》⑯，吕志兴的《宋格初探》⑰《宋代配刑制度探析》⑱，王侃的《宋例辨析》⑲，王侃、

---

① 参见刘俊文：《敦煌吐鲁番唐代法制文书考释》，中华书局1989年版；刘俊文：《唐律疏议笺解》（上、下），中华书局1996年版。

② 参见王立民：《唐律新探》，上海社会科学院出版社1993年版。

③ 参见倪正茂：《隋律研究》，法律出版社1987年版；倪正茂：《隋代法制考》，社会科学文献出版社2009年版。

④ 参见杨一凡：《中国古代法律形式研究》，社会科学文献出版社2011年版；杨一凡：《明大诰研究》，社会科学文献出版社2009年版；杨一凡、杨笃才：《历代例考》，社会科学文献出版社2009年版；杨一凡：《明初重典考》，湖南人民出版社1984年版；杨一凡编：《中国律学文献》（共5辑），黑龙江人民出版社2004年版。

⑤ 参见曾代伟：《金律研究》，五南图书出版公司1995年版；曾代伟：《金元法制丛考》，社会科学文献出版社2009年版。

⑥ 参见苏亦工：《明清律典与条例》，中国政法大学出版社2000年版。

⑦ 参见薛梅卿：《宋刑统研究》，法律出版社1997年版。

⑧ 参见郭东旭：《宋代法制研究》，河北大学出版社1997年版。

⑨ 参见张友渔、高潮主编：《中华律令集成》（清卷），吉林人民出版社1991年版。

⑩ 参见曹旅宁：《秦律新探》，中国社会科学出版社2002年版；曹旅宁：《张家山汉律研究》，中华书局2005年版；曹旅宁：《秦汉魏晋法制探微》，人民出版社2013年版。

⑪ 参见陈新宇：《帝制中国的法源与适用：以比附问题为中心的展开》，上海人民出版社2015年版。

⑫ 参见黄春燕：《论中国传统法律中比附的合理性》，中国政法大学出版社2018年版。

⑬ 参见戴建国：《天一阁藏明抄本〈官品令〉考》，载《历史研究》，1999年第3期。

⑭ 参见吕丽：《故事与汉魏晋的法律——兼谈对于〈唐六典〉注和〈晋书·刑法志〉中相关内容的理解》，载《当代法学》，2004年第3期。

⑮ 参见吕丽、王侃：《汉魏晋"比"辨析》，载《法学研究》，2000年第4期。

⑯ 参见张建国：《魏晋律令法典比较研究》，载《中外法学》，1995年第1期。

⑰ 参见吕志兴：《宋格初探》，载《现代法学》，2004年第4期。

⑱ 参见吕志兴：《宋代配刑制度探析》，载《西南师范大学学报》（人文社会科学版），2004年第1期。

⑲ 参见王侃：《宋例辨析》，载《法学研究》，1996年第2期。

吕丽的《明清例辨析》[1]，张伯元的《〈大明律集解附例〉"集解"考》[2]，郭成伟、沈国峰的《神宗变法与北宋编敕的发展》[3]，方潇的《秦代刑事责任能力身高衡量标准之质疑——兼论秦律中身高规定的法律意义》[4]，郑定、闵冬芳的《论清代对明朝条例的继承与发展》[5]等。此外还有针对律学发展本身进行研究的论文，如怀效锋的《中国传统律学述要》[6]，师棠的《律学衰因及其传统评价》[7]，何敏的《传统注释律学发展成因探析》[8]，何勤华的《以古代中国与日本为中心的中华法系之律家考》[9]《秦汉律学考》[10]《唐代律学的创新及其文化价值》[11]，胡旭晟、罗昶的《试论中国律学传统》[12]，俞荣根的《唐律学的起源、演进与趋势》[13]，闫晓君的《走近"陕派律学"》[14]，沈岚的《中国古代律学浅论》[15]，张中秋的《论传统中国的律学——兼论传统中国法学的难生》[16]，郭东旭、申慧青的《渤海封氏——中国律学世家的绝响》[17]，陈锐的《从"类"字的应用看中国古代法律及律学的发展》[18]《中国传统律学新论》[19]等。

在专著方面，杨廷福的《唐律初探》对唐律制定的年代和唐律的内容、特点以及影响进行了细致的考证、梳理和分析，是唐律研究的基础文献。《唐律研究》一书是杨廷福对唐律研究的汇编，他以比较法的视角分析了唐律对亚洲法律体系

---

[1] 参见王侃、吕丽：《明清例辨析》，载《法学研究》，1998年第2期。
[2] 参见张伯元：《〈大明律集解附例〉"集解"考》，载《华东政法学院学报》，2000年第6期。
[3] 参见郭成伟、沈国峰：《神宗变法与北宋编敕的发展》，载中国法律史学会主编：《法律史论丛》（第三辑），法律出版社1983年版。
[4] 参见方潇：《秦代刑事责任能力身高衡量标准之质疑——兼论秦律中身高规定的法律意义》，载《江苏社会科学》，1999年第4期。
[5] 参见郑定、闵冬芳：《论清代对明朝条例的继承与发展》，载《法学家》，2000年第6期。
[6] 参见怀效锋：《中国传统律学述要》，载《华东政法学院学报》，1998年第1期。
[7] 参见师棠：《律学衰因及其传统评价》，载《法学》，1990年第5期。
[8] 参见何敏：《传统注释律学发展成因探析》，载《比较法研究》，1994年第3、4期。
[9] 参见何勤华：《以古代中国与日本为中心的中华法系之律家考》，载《中国法学》，2017年第5期。
[10] 参见何勤华：《秦汉律学考》，载《法学研究》，1999年第5期。
[11] 参见何勤华：《唐代律学的创新及其文化价值》，载《政治与法律》，2000年第3期。
[12] 参见胡旭晟、罗昶：《试论中国律学传统》，载《浙江社会科学》，2000年第4期。
[13] 参见俞荣根：《唐律学的起源、演进与趋势》，载《中西法律传统》（第4卷），中国政法大学出版社2004年版。
[14] 参见闫晓君：《走近"陕派律学"》，载《法律科学》，2005年第2期。
[15] 参见沈岚：《中国古代律学浅论》，载《兰州学刊》，2005年第1期。
[16] 参见张中秋：《论传统中国的律学——兼论传统中国法学的难生》，载《河南省政法管理干部学院学报》，2007年第1期。
[17] 参见郭东旭、申慧青：《渤海封氏——中国律学世家的绝响》，载《河北学刊》，2009年第5期。
[18] 参见陈锐：《从"类"字的应用看中国古代法律及律学的发展》，载《环球法律评论》，2015年第4期。
[19] 参见陈锐：《中国传统律学新论》，载《政法论坛》，2018年第6期。

形成的影响以及对形塑后世法律体系的历史意义。乔伟的《唐律研究》分为"总论"和"分论"两部分，系统研究了唐律的产生、结构、基本原则以及各项罪名，是 20 世纪 80 年代唐律研究的重要成果之一。钱大群多年致力于唐律研究，其唐律研究系列既包括对唐律的注译，也包括对唐律与刑法、唐律与唐代吏治以及唐律与唐代法律体系的研究，以唐律为中心，内容包含与唐律相关的方方面面，全方位考察了唐律的历史意义和现代价值，尤其是将唐律置于现代刑法体系的框架内，用现代刑法理论和概念去分析唐律的内容和特征，为唐律研究提供了一种新的视角和思路。王立民的《唐律新探》一书，"新"主要体现在三个方面：首先，对唐律的条文进行了深入的研究，填补了唐律研究中的一些空白。其次，研究了有关唐律的与传统观点不同的问题。最后，研究了唐律探研中需要进一步补充的问题，提出了自己的观点，并进行了论证。倪正茂在隋律研究方面颇有见地，其《隋律研究》一书对隋律的制定、内容、历史渊源进行了详细的考证，并分析了隋代法律的阶级本质、地位、影响以及隋律中的法律思想，是一部制度史和思想史合一的律学研究文献。杨一凡侧重于对律学文献的考释和整理，其整理的《中国律学文献》共 5 辑 14 册，收录了数十部具有较高史料价值和研究价值的中国古代律学文献，其中不乏孤本、抄本。第一辑收录的律学文献主要包括《刑统赋解》《粗解刑统赋》《别本刑统赋解》《刑统赋疏》《律条疏议》《大明律讲解》《法家裒集》《法缀》《新纂四六合律判语》等，第二辑收录的律学文献主要包括《唐写本开元律疏名例卷》《刑书释名》《刑法叙略》《律音义》《唐律释文》《大明律释义》《定律令之制》《王仪部先生笺释》等，第三辑收录的律学文献主要包括《大明律直引》《刑狱》《重修问刑条例题稿》《合例判庆云集》《律例图说正编》《刑名一得》《律服考古录》《祥刑经解》《一得偶谈初集》《续刑法叙略》《琴堂必读》《读律心得》《折狱卮言》《蜀僚问答》等，第四辑收录的律学文献主要包括《汉律辑证》《汉律考》《刑法奏议》《论刑法》《读律琐言》《刑曹》《问拟》《大清刑律择要浅说》《读律要略》《圣谕十六条附律易解》《律法须知》《大清律例略记》，第五辑收录的律学文献主要包括《汉律类纂》《详刑篇》《法家体要》《淑问汇编》《慎刑说》《刑部奏疏》《大明律疏附例》《折狱要编》《读律佩觿》《大清律笺释合钞》《律例总类》《大清律辑注》《律表》《刺字汇纂》《大清律例歌诀》《删除律例》等。这些文献的影印出版，在许多方面填补了我国法律文献的馆藏空白，对研究唐以后的古代法学理论和法律史有很高的史料价值。曾代伟的《金律研究》和《金元法制丛考》对金代法制和元代法制进行了详细的考证，分析了金朝的禁榷制度、货币制度、诉讼制度等，极大地推进了金律研究。苏亦工的《明清律典与条例》一书分为绪篇（概念和体系）、上篇（律典）、中篇

(律例)、下篇(律例实用举隅)和余篇(律典传统的崩解)五个部分,共14章。作者坚持法律多元主义的前提,将中华固有法源分为官方法和民间法两类,前者以制定法为主体,后者以非制定法或习惯法为主体,该书探讨的核心是明清时代最具有代表性的两种官方法源——律典和条例。作者围绕律典和条例的构造、功能及适用原则等问题,对明清律典在国家法律体系中的地位和作用加以系统性的探讨:首先从概念和体系入手,对涉及我国传统法律价值观的若干概念作了阐释,并勾勒出明清法源体系的宏观框架;其次对律例的修订、体例、版本、律例关系及适用状况作了详尽的描述和分析;最后透过近代西法东渐所造成的思想震动和制度变迁,探讨了传统律典的崩解过程及其影响。黄春燕的《论中国传统法律中比附的合理性》一书共分为5章,首先,按照朝代的先后顺序对比附制度的历史源流进行历史考证和分析;其次,考察了比附制度的思想渊源;再次,分析了比附的功能及其作用;复次,指出比附的思维实质是古代类推思维在司法领域的运用,"类"的思维作为比附司法实践的哲学基础,保证了比附的司法技术的合理性与正当性;最后,探讨了比附与缘法裁断之间的张力。全书紧紧围绕"比附的生命力"这一主线展开论述,探讨比附制度的历史合理性以及特定历史条件下的适应性,以揭示比附在古代法制历程中具有的功能和价值。这不仅有助于探寻传统法制运行的真相,而且能够对当代我国刑事司法实践中的一些问题提供启示和借鉴。

在论文方面,戴建国的《天一阁藏明抄本〈官品令〉考》一文对宁波天一阁所藏明抄本《官品令》进行了考证,认为此书正是久已湮没的宋代法律典籍《天圣令》。作者详细考证了这部残存令典的体例、篇目以及它所保存的《唐开元二十五年令》原文,指出这个残本的发现不仅对了解北宋的典章制度和人口等问题具有重要参考价值,而且对唐史研究,尤其是唐令的研究和复原工作具有极为重要的意义。王侃、吕丽的《明清例辨析》对明清例的渊源、性质、表现形式、例律关系及其在法制中的作用进行了探讨,作者指出明清例并非源于宋例,而是源于唐时的敕和五代至宋的指挥,而且明清例是单行法规,是制定法,并非司法判例。明清例的形式主要分为条例、则例、事例、条规、章程、细则、程式等。在明清,不仅不能"随心所欲地"引例,就是法所允许的"举重明轻""比附",如在例内未曾提及,都"不敢悬揣为举重明轻",也"不敢以新例而比附",只能死抠例文,明知"轻重悬殊",仍"不得不遵照例文"定罪。作者指出,例是应形势发展需要"因时酌定"以补律所未备,即例以辅律,而非代律、破律,例的出现也是强化和完善法制的需要。吕志兴的《宋格初探》考察了宋格的编订、性质等的变化及其原因、影响。宋格的编订主要经历了两个时期:第一个时期是宋初至神宗熙宁时期,这一阶段主要沿用唐朝、五代的格,同时编订了少量的单行格;第二个时期为神宗元丰时期至宋末，这一阶段格与敕、令、式统一编订。神宗元丰年间，宋朝政府进行了一系列改革，其立法模式也发生了重大变化，格的类别、体例、起草机构等发生了巨大的变化，多无"留司格""散颁格"之分，多向全国颁行。宋格多为行政法律规范，不含刑法内容，是令的实施细则。宋格发生变化的原因在于编敕性质的变化。宋格的变化对宋朝法制产生了巨大的影响，主要表现在使宋式变成了纯粹的公文程式，宋代的立法模式发生了变化。张伯元的《〈大明律集解附例〉"集解"考》考证并明确了与"集解"有关的几个问题：第一，《大明律集解附例》"纂注"（集解）出于陈遇文的《大明律解》。第二，明代以"集解"命名的本子有四种，用《大明律例》中所引"集解"与《大明律集解附例》"集解"相对照，证明"集解"的来源不一。第三，通过考察《大明律集解附例》"集解"中的引证材料，作者概括出"集解"所具有的四大特点。此外，在关于律学本身发展研究的论文中，张中秋的《论传统中国的律学——兼论传统中国法学的难生》对律学在中国的生成和兴衰进行了分析。关于律学的兴衰，作者认为律学滥觞于秦，兴起于汉，繁荣于魏晋，隋唐集大成，至宋元趋向衰落，明清复兴，迄清末而终结。关于律学的生成，作者认为律学在传统中国的形成有其必然性，而法学则难以生成，原因复杂多样，其中最关键的是，实体上缺少从人的"类"本质中抽象出来的超世俗的体现普遍正义与个体权利精神的法，形式或者说方法上缺乏逻辑学在法律知识构造中的运用。律学具有概念明晰、解释准确、简洁实用的优点，一直是国家立法和司法的重要资源，同时也是传统中国和东亚法文化的特色。但它囿于经验和技术，因此与西方的法学具有差异和差距。律学在清末为法学所取代，但律学传统影响至今，对当代中国法学的发展意犹未尽。陈锐的《中国传统律学新论》指出，中国古代律学家不仅关心法律适用问题，而且关心立法问题，他们在法律实践中总结出了一些独特的法律解释方法与立法方法，因此，中国传统律学不仅是一种释律的学问，而且是一种制律、用律的学问。对于中国传统律学的发展轨迹，作者总结为一种波浪式上升的曲线，并分析了律学和经学之间的关系：中国律学和经学经历了一个由分到合，再由合到分的否定之否定的过程。最后，作者总结了中国传统律学的现代价值，主要包括可供现代法治借鉴的律学精神和思维模式，在实践中总结出的一整套自成系统的法律解释方法和立法方法。此外，古代律学家发明的一些宣传法律的手段和方法也值得在现代普法宣传中运用，如讲读律令制度、法律歌诀和图谱等等。何勤华的《以古代中国与日本为中心的中华法系之律家考》一文对中国古代律学家的兴起、发展、主要学说和特征进行了考证分析，最后总结了律学家在中华法系传承中的作用和价值：第一，阐述律令等法律体系中的法理与精神，拓宽律学的理论基础；第二，充任政府的法律顾问，为政府的法制建设出谋划策；第三，从事律学教育，培养为国家服务的法律人才；第四，严格执法，确立一种追求法律平等适用、公平正义的传统。此外，律学家对完美人格、法的公平和司法正义的追求，以及为此前赴后继的传统，也使中华法系中一些要素的传承得以实现。李明的《试论清代律学与经学的关系》一文以清人对律、经关系的相关论述为切入点，重估了清代律学的学术地位，并重点分析了在清代律学地位的升降过程中，律学研究者是如何处理好经、律之间关系的，指出一方面积极援经入律，司法实践中"引经治事"，另一方面用治经学的方法来研治难读的律学，提升了律学作品的质量。①

三、中华法系研究

中国法律史学界一般认为，"法系"划分的提法最早出自日本法学家穗积陈重的《法律五大族之说》一文。② 穗积陈重将世界上的法律制度分为五大家族（法系），分别为印度法系、支那法系（中华法系）、回回法系（伊斯兰法系）、英国法系和罗马法系（大陆法系），这五大家族内部相互竞争，优胜劣汰，其中中华法系的解体是最典型的例证。③ 中华法系研究自近代以来为法律史学界所关注，产生了一大批中华法系研究的学术成果，其中不乏影响至今的学术精品，对中华法系的解读和剖析为中华法律传统的传承和古今连接提供了知识积累，也为后世研究奠定了学术根基。

但是中华法系研究中也存在一定的问题。张晋藩在对民国时期中华法系研究中出现的问题进行评价时曾指出："中华法系研究之所以成为热点是与当时的政治形势密切联系着的。民族情感凝聚的文章，备受欢迎，也鼓舞了研究者加入到这个领域中来。但是也带来了负面效应，就是将中华法系的研究当做政治思想的载体，其中有的宣扬三民主义，抵制甚至贬损其他的思想。更有甚者，还在文章中，将共产主义思想摆在了爱国主义的对立面，大有只要不信奉三民主义者，均是卖国贼的意味。这样的政治气氛实非研究之福。"④ 马小红在对中华法系研究

---

① 参见李明：《试论清代律学与经学的关系》，载《清史研究》，2020年第5期。
② 穗积陈重的《法律五大族之说》一文最早发表于1884年日本《法学协会杂志》第一卷第五号（日本明治十七年三月），该文收录于《穗积陈重论文集》第一册，岩波书店1933年版。参见马小红、刘婷婷主编：《法律文化研究》（第七辑·中华法系专题），社会科学文献出版社2014年版；何勤华：《关于大陆法系研究的几个问题》，载《法律科学》，2013年第4期；张晋藩主编：《中华法系的回顾与前瞻》，中国政法大学出版社2007年版。
③ 参见何勤华：《穗积陈重和他的著作》，载［日］穗积陈重：《法律进化论》，黄尊三、萨孟武、陶汇曾、易家钺译，中国政法大学出版社1998年版。
④ 张晋藩主编：《中华法系的回顾与前瞻》，中国政法大学出版社2007年版，第43-44页。

中出现的问题进行总结时指出:"由于法系的研究,在中日学界一开始便带有强烈的价值评判色彩,所以在这一问题的探讨中,人们便很难对学术与现实(或政治)做一明确的区分。而这种基于价值判断的'比较'研究,难免陷入误区,造成对中华法系非客观的描述。"① 要想克服中华法系研究中出现的诸问题,关键在于对自身法律传统有一个充分的认知和反思,对主导自身法律基因的思想传统有一个清晰的脉络梳理,对中华法系中的各要素进行客观的评价和历史定位,既不能妄自菲薄,也不能妄自尊大,在尊重历史和反思历史的基础上真正复兴中华法系。新中国成立以来,尤其是改革开放以来,有关中华法系研究的学术成果颇丰,不胜枚举,现将具有一定研究特色的学术成果列于下文,以展现中华法系研究的总体概观。

陈朝璧的《中华法系特点初探》② 一文发表于《法学研究》1980 年第 1 期,该文弥补了新中国成立后三十余年间关于中华法系问题研究的学术空白,肯定了中国古代法律体系的合理性及其历史影响,指出:"(中华民族)在四千年的历史长河中创造了无比丰富多彩的古代文化;我们伟大祖国以一个大国巍然屹立于世界文明古国之林;其法律制度和法律思想各自保持着独特的内在联系和不断发展的连贯性,因而形成了一个自成体系而富有民族特色的中华法系。"作者将世界公认的法系分为两种:一种为"活的法系",包括中华法系、印度法系、阿拉伯法系、罗马法系和英吉利法系;另一种为"死的五大法系",包括埃及法系、巴比伦法系、犹太法系、波斯法系和希腊法系。作者将中华法系的内涵界定为三个部分,即"历三千年之久的封建法制,近代史上昙花一现的半封建法制,后来居上的社会主义法制"。最后,作者倡导法制史和法律思想史工作者应该摒弃法律虚无主义的态度,用历史唯物主义观点把其中民主性精华批判性地继承下来,做到古为今用。该文"掀起了 80 年代以后中国学界对中华法系研究的新高潮"③。

张晋藩于 1984 年发表的《再论中华法系的若干问题》一文属于关于中华法系问题的基础研究。这一时期为中国法律史学的复兴时期,中华法系的研究也开始逐渐成为热点问题。此文极大地推动了该时期中华法系问题的研究。此文考察了中华法系的概念、断限、特点和意义。对于中华法系的概念,此文指出,法系一词有其特定内涵,既不能把法系理解为法律体系,也不能把法系和法律制度等

---

① 马小红:《主编导读:中华法系研究评析》,载马小红、刘婷婷主编:《法律文化研究》(第七辑·中华法系专题),社会科学文献出版社 2014 年版。
② 参见陈朝璧:《中华法系特点初探》,载《法学研究》,1980 年第 1 期。
③ 马小红:《主编导读:中华法系研究评析》,载马小红、刘婷婷主编:《法律文化研究》(第七辑·中华法系专题),社会科学文献出版社 2014 年版。

而视之,要结合中华法系的特点对法系进行正名。对于中华法系的断限问题,此文认为中华法系成于唐,终于清末,自20世纪以降,中华法系解体,中华法系即丧失了独立存在的基础。作者将中华法系的特点总结为六个方面:第一,以儒家学说为基本的指导思想和理论基础,但也融合了道、释的某种教义;第二,"出礼入刑",礼刑结合;第三,家族本位的伦理法占有重要地位;第四,立法与司法始终集权于中央,司法与行政合一;第五,民刑不分,诸法合体与民刑有分,诸法并用;第六,融合了以汉民族为主体的各民族的法律意识和法律原则。这些特点的形成,与中国古代的社会和国情是密不可分的。最后,此文指出,运用马克思主义来研究中华法系,从本质上概括其特点,从理论上加以阐述,不仅会丰富我们对中国法制史、法学基础理论的认识,而且对于建设中国特色的社会主义法律体系具有借鉴意义。①

郝铁川的《中华法系研究》一书是新中国成立后第一本系统研究中华法系的专著。该书分为上、下两编,共9章,其中上编为"中华法系的特点",下编为"中华法系的解体及影响"。该书通过《樊山判牍》对清末身份和契约的关系变化进行考察,从更深的层次对中华法系和大陆法系的相近因素进行对比,分析了中华法系解体的历史进程,用民族法律思维方式来解释民族法律文化的不同,进而解释中华法系的传统思维方式对中国当代立法技术的影响。最后,该书从传统文化的角度,通过对现行宪法、民法、刑法、诉讼法中具有中国特色的若干内容进行分析,探讨历史文化传统与当代中国立法特色的形成。该书为中华法系研究提供了一种新的思路,在方法和理论上起到了一定的突破性作用。② 陈鹏生在该书"代序"中对郝铁川的研究作出了比较中肯的评价,既指出了作者进行该项研究的学术勇气,也指出了该项研究的理论价值和学术地位。现将原文摘录于下:

> 在泱泱华夏五千年的文明史中,中华法系堪称是灿烂的瑰宝。它影响所及,不仅是中国封建社会两千年而且在"东亚"古代各国封建法律制度中,具有母法的地位,即使是现在和将来,中华法系所形成的传统及影响,也是不容易消失的。因此,对中华法系的研究,历来为世界所瞩目,成为一个历久不衰并且带有国际性的课题。铁川同志的这部专著,贵在自出手眼。他以可贵的理论勇气,大胆跳出"权威"的意见窠臼,力破陈说,自成一见,比如,对于中华法系的本质特点,学术界虽然在具体论述和佐证时,各有侧重,但总体上都没有离开儒家思想统治下的礼法结合这一基本观点。铁川同

---

① 参见张晋藩:《再论中华法系的若干问题》,载《中国政法大学学报》,1984年第2期。
② 参见郝铁川:《中华法系研究》,复旦大学出版社1997年版。

志则依靠其坚实的史学理论基础，站在思想史的高度，深入到封建法律的法条和制度背后的价值观念，从另一个视角进行全面的观察和审视，从而概括出法典的法家化、法官的儒家化、大众法律意识的鬼神化为中华法系的三个主要特点。不仅如此，铁川同志在论证法家创立的《法经》、《秦律》是后世封建法典的基础之后，把多少年来众口一词地认为封建法典的指导思想是儒家学说改为法家学说，进而对汉唐法律的儒家化提出质疑。

显然，铁川同志在这里为中华法系的深入研究提供了一种新的思路。这在学界对中华法系这一古老课题的研究渐趋沉寂的今天，弥足可贵。也许有人会说这是标新立异，但我认为关键是看怎样"标"怎样"立"。学问最难是创意。从科学的含义来看，理论研究的真谛就在于求真求新，真理是一条无穷尽的长河，任何时候都不应该拒绝为真理长河注入新的点滴水珠。我想，铁川同志在这本书中所标的新，所立的异，倘若能对中华法系研究在方法上和理论上的突破产生一股激发促进的作用，那也就算是历史对这位年轻学者多年来自甘寂寞，刻苦砥砺的回报了。①

张建国所著《中国法系的形成与发达》一书研究了中华法系的形成过程和发达阶段，主要是指秦汉至三国时期。上篇为"中华法系形成与发达的转折点（汉代）"，下篇为"中华法系承前启后的重要阶段（三国）"。该书在前人研究的基础上，吸收最新的学术研究成果，对社会和法律两个方面进行分析，揭示了汉代法律文化的特点。在写作方法上，作者既注重吸收现有研究成果，又去伪存真，注重提出个人见解，对汉代法律儒家化进程进行了详细的考察，对中华法系发达期的模式及其一般和特殊规律进行了总结。此外，该书否认了长期以来关于三国沿用汉律而少有改变的说法，指出"科"的出现带来三国法制的大改观，曹魏律令的制定代表律令发展的一个新阶段；纠正了程树德在魏律五刑制度研究上的错误，推定出魏五刑的刑名等。该书对于中华法系的形成和发达提出了很多独到的见解，具有较高的学术价值。②

杨一凡的《中华法系研究中的一个重大误区——"诸法合体、民刑不分"说质疑》一文发表于《中国社会科学》2002年第6期。该文厘正了以往中华法系研究中出现的"诸法合体、民刑不分"的误区，以实事求是的科学态度，重新全面审视和科学地阐释了中华法系。该文首先对中国法律史研究中"诸法合体、民刑不分"的学术观点进行了梳理和回顾，总结出法律史学界围绕"诸法合体、民

---

① 陈鹏生：《学问最难是创意——代序》，载郝铁川：《中华法系研究》，复旦大学出版社1997年版。
② 参见张建国：《中国法系的形成与发达》，北京大学出版社1997年版。

刑不分"所产生的两种观点：一种观点认为"诸法合体、民刑不分"是中华法系的特征，另一种观点认为"诸法合体、民刑不分"只是律典的特征，而不是中华法系的特征。该文主张应该科学地界定中华法系的特征，而不是将法系的部分特征说成是整个法系的特点。通过对中国古代的各种法律形式、大量有代表性法律的内容和体例结构进行比较研究，该文认为从先秦到明清，历朝都存在多种法律形式，每一种法律形式都有其特定的功能。民刑有分，刑事法律与各类非刑事法律有别，这些立法原则古今一以贯之。律典是刑法典，其内容属于刑事法律的范畴，绝非刑事、行政、军事、民事等法律规范的诸法合编。律典与其他形式的法律是分工协调、诸法并用、相辅相成的关系。无论是从各种形式的法律的内容还是从体例结构看，所谓"诸法合体、民刑不分"说都不能成立。最后，该文主张应该重新认识中华法系，全面认识中华法系的特征和基本精神，正确评估律典以外其他形式法律的作用；认为这是关系到法史研究走向的重大命题，只有这样，才能使中国法律史学真正成为科学。①

俞荣根、龙大轩的《中华法系学述论》一文对法系、中华法系和中华法系学三个概念进行了辨析，指出中华法系学是对中国传统法律制度的基本精神和基本特点进行研究的一门学科。其研究对象主要包括以下几个方面：第一，中华法系的形成及其成因和影响；第二，中华法系的内涵；第三，中华法系的特征；第四，中华法系是否消亡；第五，中华法系是否能够复兴；第六，中华法系与现实法制建设、法文化建设的关系。该文认为，从时间上进行考察可知，中华法系学发轫于20世纪初期，兴盛于20年代至40年代，曲折于50年代至70年代，复兴于80年代以来，该文还对中华法系学发展的不同阶段进行了介绍。最后，作者总结了中华法系学的发展趋向：一是纵向研究，即将中华法系中固有的传统因素进行现代转化以服务于现代法治建设；二是横向研究，即通过比较的视角，将中华法系中的合理因素同世界其他法系的合理因素有机结合起来，服务于当今和未来的法律文化建设。②

武树臣的《论中华法系的社会成因和发展轨迹》一文对中华法系的成因和历史轨迹进行了分析和考察，深入探讨了中华法系的历史遗产对当今法制的影响和价值。关于中华法系的成因，作者总结了三点：第一，农耕社会与游牧社会的外部冲突和文化浸润；第二，农耕经济、宗法家族、中央集权"三合一"的社会结

---

① 参见杨一凡：《中华法系研究中的一个重大误区——"诸法合体、民刑不分"说质疑》，载《中国社会科学》，2002年第6期。
② 参见俞荣根、龙大轩：《中华法系学述论》，载《法治论丛》，2005年第4期。

构；第三，宗法伦理主义道德观念。作者从法律思想和法律制度相结合的角度论述了中华法系形成的历史轨迹：第一，自西周至清末宗法伦理主义之礼一以贯之；第二，孔孟与古代法律传统的理论诠释；第三，判例法的衰落与成文法的确立；第四，汉代以降司法官吏群体的专业化和"儒法化"；第五，《唐律疏议》与古老礼制的全面成文法化；第六，汉至唐的判例制度和"混合法"的完善。该文认为，当今法律文化建设应当汲取中华法系的积极成果，将儒家的"仁"转化为现代意义上的"以人为本"，增强法制的人文关怀，将混合法特征融入当今案例指导制度建设过程之中；重新塑造混合法这一伟大工程，不仅对于提升国家法治权威，而且对于激活古老中华法系的生命力，具有重大的理论及实践价值。[1]

马小红的《律、律义与中华法系关系之研究》一文通过定义"律"与"中华法系"的概念，论述律从重"制"到重"义"的发展演变以及律在中华法系中逐渐取得的重要地位，说明中华法系与儒家法律价值观的关系，以及中华法系的内涵和特征。作者指出，"律"形成于法家之学的中国古代"刑典"，形成于春秋战国变法之际，一直沿用至清，属于古代法的范畴；而"中华法系"是近代比较法研究中提出的概念，它主要包括中国古代法律，同时包括受其影响的东亚、南亚古代法律。就时代而言，中华法系主要指汉代法律儒家化以后的中国古代法律，截至清末变法修律之前。中华法系的价值观以汉代形成的"纲常名教"的儒家思想为核心，以法律内容的儒家化为追求，与社会普遍认可的伦理道德相辅相成。"律义"将"律"和中华法系紧紧联系在了一起。作者指出，从汉之后兴起的以儒释律的过程，发展到唐代成功地完成了以儒家律义置换法家思想的过程，律的儒家化是中华法系儒家化的重要组成部分。律自汉朝之后经历了一个"经"化的过程：律制日益简约，律义日益深邃。作者最后总结了律与中华法系的关系问题，并论述了律在中华法系中的地位，指出"经"化的法律，在中华法系中仍然具有重要的地位，因为对刑的副作用始终抱有戒心，才是中华法系，也是儒家思想的特点。[2]

黄宗智的《中国古今的民、刑事正义体系——全球视野下的中华法系》一文从"正义体系"的整体来重新思考中国古今的非正式正义体系和正式正义体系，特别强调民事正义体系和刑事正义体系的相互依赖、交搭和互动；然后，将其与"世界正义工程"的"法治指数"所采用的框架相对比，借此论证古今中华法系

---

[1] 参见武树臣：《论中华法系的社会成因和发展轨迹》，载《华东政法大学学报》，2012年第1期。
[2] 参见马小红：《律、律义与中华法系关系之研究》，载《台湾大学国际儒学与中华法系研究讨论会论文集》，2013年3月。

与现代西方法律的异同，以及中国的调解体系与西方的非诉讼纠纷解决机制的差异。作者指出，中国正义体系的实践，不仅如今与舶来的表达不同，在古代也多与中国自身的表达不同，要更好地掌握中国的实际，我们既需要考虑表达和实践之间的相符之处，也要注意两者之间的背离之处，抛开中西古今的二元对立，打通中西，从必须直面中西并存的中国实践出发，挖掘和建立不同于西方的理论概念，再返回到实践/经验中去检验，从而探寻符合中国现实的理论建构和出路。[①]

王立民的《复兴中华法系的再思考》一文对复兴中华法系的相关问题进行了重新思考并提出了相应的政策性建议，为复兴中华法系做了必要的思想、理论准备。这些问题主要包括：复兴中华法系的现代意义、复兴的中华法系的性质、复兴的中华法系之母国（中国）所需具备的基本条件、复兴的中华法系之成员国形成的途径、复兴中华法系的努力方向等等。最后作者指出，复兴中华法系既是一项中国工程，也是一项世界工程。复兴中华法系不仅要复兴法系中的母国，还要复兴法系中的成员国，两者都须兼顾，不可偏废。这就不能局限于中国，而要跨国，连及世界。这一工程是否建成，要由世界作出评判，要母国、成员国和第三国学人都认可，否则还不能成为一个名副其实的法系。[②]

赵明的《中华法系的百年历史叙事》一文指出，中华法系百年研究历程大致可以分为三个主要历史时期：20世纪20年代之前的发轫期、20世纪20年代至40年代的兴盛期、20世纪80年代以来的复盛期。相应地，便有三种基本的话语模式，即进化论的、民族论的和法治论的话语模式。在进化论语境中，中华法系因其古老而落后，丧失了型构现实生活秩序的生命力，需要整体性的批判和否定。在民族论语境中，中华法系因其系统性、连续性和民族性而独具特色，因此需要重建中华法系。在法治论语境中，中华法系以其"治乱之道"和"良法善治"的血缘伦理身份内涵表明，在前现代社会中法律不可能获得型构社会生活秩序的权威地位。法治现代化是中华法系百年研究历程中的终极追求。[③]

以上所列均为改革开放四十余年来中华法系问题研究在不同时期具有代表性的成果，除此之外，还有大量的论文、专著也能够很好地代表不同时代中华法系研究的理论深度和水平，如王召棠和陈鹏生的《社会主义中国法系初探》[④]、乔伟的《中华法系的基本特征》[⑤]、张国华编著的《中国法律思想史新编》[⑥]、马小

[①] 参见黄宗智：《中国古今的民、刑事正义体系——全球视野下的中华法系》，载《法学家》，2016年第1期。
[②] 参见王立民：《复兴中华法系的再思考》，载《法制与社会发展》，2018年第3期。
[③] 参见赵明：《中华法系的百年历史叙事》，载《法学研究》，2022年第1期。
[④] 参见王召棠、陈鹏生：《社会主义中国法系初探》，载《法学》，1982年第2期。
[⑤] 参见乔伟：《中华法系的基本特征》，载《文史哲》，1986年第2期。
[⑥] 参见张国华编著：《中国法律思想史新编》，北京大学出版社1991年版。

红的《中华法系特征的再探讨》[①]、张中秋的《回顾与思考：中华法系研究散论》[②]、范忠信的《中华法系的亲伦精神——以西方法系的市民精神为参照系来认识》[③]、王立民的《也论中华法系》[④]、郭成伟主编的《中华法系精神》[⑤]、刘广安的《中华法系的再认识》[⑥]、朱景文的《古代中国的朝贡制度和古罗马的海外行省制度——中华法系和罗马法系形成的制度基础》[⑦]、赖骏楠的《民族主义视野下的近代"中华法系"学说（1900—1949）》[⑧]、艾永明的《中华法系并非"以刑为主"》[⑨]、顾元的《法律史的开拓、发展与中华法系的复兴——张晋藩先生学术访谈录》[⑩]、张晋藩的《中华法系研究论集》[⑪]、刘广安的《中华法系生命力的重新认识》[⑫]、胡兴东的《判例法传统与中华法系》[⑬]、李力的《从另一角度审视中华法系：法家法律文化的传承及其评判》[⑭]、黄震的《中华法系与世界主要法律体系——从法系到法律样式的学术史考察》[⑮]、俞荣根的《礼法传统与中华法系》[⑯]、何勤华和王静的《中华法系盛衰考》[⑰]、张生的《中华法系的现代意义：以律典统编体系的演进为中心》[⑱]、刘晓林的《中华法系新诠》[⑲]等。中华法系研究任重而道远，对于中华法系问题研究的现状和未来，马小红曾这样总结："如

[①] 参见马小红：《中华法系特征的再探讨》，载《中外法学》，1994年第2期。
[②] 参见张中秋：《回顾与思考：中华法系研究散论》，载《南京大学法律评论》，1999年第1期。
[③] 参见范忠信：《中华法系的亲伦精神——以西方法系的市民精神为参照系来认识》，载《南京大学法律评论》，1999年第1期。
[④] 参见王立民：《也论中华法系》，载《华东政法学院学报》，2001年第5期。
[⑤] 参见郭成伟主编：《中华法系精神》，中国政法大学出版社2001年版。
[⑥] 参见刘广安：《中华法系的再认识》，法律出版社2002年版。
[⑦] 参见朱景文：《古代中国的朝贡制度和古罗马的海外行省制度——中华法系和罗马法系形成的制度基础》，载《法学杂志》，2007年第3期。
[⑧] 参见赖骏楠：《民族主义视野下的近代"中华法系"学说（1900—1949）》，载马小红、刘婷婷主编：《法律文化研究》（第七辑·中华法系专题），社会科学文献出版社2014年版。
[⑨] 参见艾永明：《中华法系并非"以刑为主"》，载《中国法学》，2004年第1期。
[⑩] 参见顾元：《法律史的开拓、发展与中华法系的复兴——张晋藩先生学术访谈录》，载《史学月刊》，2006年第9期。
[⑪] 参见张晋藩：《中华法系研究论集》，中国政法大学出版社2010年版。
[⑫] 参见刘广安：《中华法系生命力的重新认识》，载《政法论坛》，2011年第2期。
[⑬] 参见胡兴东：《判例法传统与中华法系》，载《法学杂志》，2012年第5期。
[⑭] 参见李力：《从另一角度审视中华法系：法家法律文化的传承及其评判》，载《法学杂志》，2012年第6期。
[⑮] 参见黄震：《中华法系与世界主要法律体系——从法系到法律样式的学术史考察》，载《法学杂志》，2012年第9期。
[⑯] 参见俞荣根：《礼法传统与中华法系》，中国民主法制出版社2016年版。
[⑰] 参见何勤华、王静：《中华法系盛衰考》，载《江海学刊》，2018年第5期。
[⑱] 参见张生：《中华法系的现代意义：以律典统编体系的演进为中心》，载《东方法学》，2022年第1期。
[⑲] 参见刘晓林：《中华法系新诠》，载《法制与社会发展》，2022年第5期。

法史学研究一样，中华法系的研究一直处在史学与法学的'边缘'，而受到忽视——法学认为其无理论并缺少实用价值，而史学则认为其无学问并缺少史学应有的严谨。除了抱怨法史的生不逢时，也许我们更应该反躬自问，我们是否为中国法学的发展提供了摆脱幼稚的传统资源，为中国史学的发展拓展了一个能为史学界认可的新视角？"① 这是值得每一个法史学人去思考的问题。

四、法律文化研究

法律文化研究是中国法律史研究中一个不可或缺的领域。近年来，法律文化研究领域成果颇丰，出现了一批优秀的学者和研究作品，研究内容涉猎广泛，从法律文化理论研究到中国传统法律文化研究，从少数民族法律文化研究再到研究的方法论转向，既内含着法律文化研究的基础理论，也蕴含着法律文化研究的内在逻辑。研究方法和视角的创新、学科间的多元融合以及法律文化研究中经典问题的新研究，会成为未来处于成熟期的法律文化研究的重要面向。法律史学界关于法律文化的讨论是伴随着20世纪八九十年代有关文化讨论的热潮而展开的②，这与当时的时代背景和学术背景有着深刻的渊源关系。因此，法律文化研究具有相对的独立性，具有超脱于时代发展的特征，这是学术发展的进化规律，也是一个学科或者一个命题出现繁荣或者突破的标志。

从目前的资料来看，法律文化作为一个完整的概念和研究课题最早是通过《论美国的法律文化》③ 一文出现在我国的中文出版物之中。此后梁治平在《读书》杂志发表了一系列关于中西法律文化对比的文章，梁治平着眼于立场和方法进行法律的文化解释，反对单纯的功能主义立场，承认法律对于意义传达的作用。在我国首先将法律文化作为一个新的法学概念和法学理论问题进行专题阐述的是中国人民大学法律系的孙国华，孙国华于1985年4月为中央电视大学所

---

① 马小红：《主编导读：中华法系研究评析》，载马小红、刘婷婷主编：《法律文化研究》（第七辑·中华法系专题），社会科学文献出版社2014年版。

② 任何一个新的概念和研究论题都有其特定的社会历史文化背景和原因，"法律文化"作为一个新的法学概念和研究论题在我国的产生和出现，也有着极其复杂和深厚的社会、历史、文化背景。关于这些背景和原因，我国学者进行了一些分析和探讨。如赵震江和武树臣以"法律文化"新课题产生的一般途径为题，将这种原因归纳为三个方面：首先是外国法律文化学研究的渗透；其次是理论法学研究的深化；最后是学术界关于中国传统法律文化和法学界关于法学研究方法的讨论，对法律文化学科的出现起着某种催化作用。参见赵震江、武树臣：《关于"法律文化"研究的几个问题》，载《中外法学》，1989年第1期。此外，刘作翔的《法律文化论》（陕西人民出版社1992年版，第3—9页）、张文显的《法学基本范畴研究》（中国政法大学出版社1993年版，第211—214页），也对此问题进行了系统的归纳和研究。

③ 参见[美]李·S.温伯格、朱迪思·W.温伯格：《论美国的法律文化》，潘汉典译，载《法学译丛》，1985年第1期。

写的讲义《法学基础理论》中首次对法律文化进行了阐释,直到20世纪90年代初,"法文化正在成为法学家的一块新垦区"①。纵观改革开放四十余年来法律文化研究成果,可以看出法律文化研究主要是围绕以下几个方面进行的。

第一,基本理论研究。

法律文化理论研究是对法律文化的概念、内涵、特征、价值、研究方法等进行阐释、表达和尝试性建构的一种研究,是法律文化研究起步阶段的主要任务。②刘作翔认为,"'法律文化'是一种集历史与现实,静态与动态,主观与客观,过去与现在在内的人类法律活动的一种文化状态。'法律文化'这一概念既着眼于历史,更着眼于现实,既是以往人类法律活动的智慧凝结物,也是现实法律实践的一种文化状态和完善程度"③。刘作翔认为法律文化主要具有实践性、实用性、历史连续性、互容性以及政治性等特征,这是20世纪90年代中国法律文化理论研究的主流观点。有人认为,20世纪80年代末90年代初,法律文化作为一个新的研究课题,"正是近十年来我国法制建设和法学研究走向成熟的标志"④。武树臣在《法律文化研究的现状与趋向》一文中指出:法律文化作为一种新的研究方法和领域,是对以往法学传统研究方法的一种反思,也是对我国法制建设状况的一种反思,它以学术研究的形式表现了我国国民对于政治民主化、法律现代化的一种觉悟、愿望和要求。在对当时法律文化研究状况进行总结的基础上,中国法律文化研究应当继续加强法律文化基础理论研究,做好由虚而实的转化工作,吸收有关领域的最新研究成果,扩大法律文化研究的根基。⑤段秋关在《简议法律文化》一文中认为,法律文化既包括有关法律的器物设施、典章制度、思想学说,又包括与法律有关的传统观念、风俗习惯、心理信仰以及处理法律关系的社会生活。法律文化同一般的文化一样,具有整体性、历史性、民族性和实践性的特点,法律文化同时包含了思想和价值两个部分。要弄清中国传统法律文化与现代化的关系,必须重视其核心问题,即剖析传统法律观念在当代的表现,探讨传统的法律观与马克思主义之间的关系。⑥张培田的《中国法文化散论》一书包含了作者有关法律文化研究的13篇文章,既包括对中国传统文化价值进行探讨的内容,也包括对中西法律文化进行比较的内容。该书对传统法律文

---

① 张文显:《法文化:法学的一块新垦区》,载《当代法学》,1991年第3期。
② 参见赵震江、武树臣:《关于"法律文化"研究的几个问题》,载《中外法学》,1989年第1期。
③ 刘作翔:《论法律文化》,载《法学研究》,1988年第1期。
④ 赵震江、武树臣:《关于"法律文化"研究的几个问题》,载《中外法学》,1989年第1期。
⑤ 参见武树臣:《法律文化研究的现状与趋向》,载《法律学习与研究》,1989年第3期。
⑥ 参见段秋关:《简议法律文化》,载《政治与法律》,1990年第1期。

化采取了批判继承的态度,指出对于传统文化精华不仅要继承其体现进步的一般精神,而且可以择用其贯彻进步精神的具体制度和原则。① 何勤华的《法律文化史论》一书是有关法律文化史研究的论文集,收录了 40 篇论文。导论部分阐述了该书的主题和中心思想,即关于法律文化史的定义、内容、研究对象、特点、学术意义,以及作为一种研究方法,其在法律史研究中的运用及其价值。第一部分为"外国法制史与法律文化史基础研究",第二部分为"日本法与日本法律文化",第三部分为"比较法与比较法律文化",第四部分为"法学流派、思潮与新学科"。该书从各个方面对世界历史上一些著名的法典、法律制度、法律原则、法学术语以及法学家、法学流派的演变和规律作了探索。② 21 世纪以来,随着法律文化基本理论研究趋于成熟,法律文化的研究视角逐渐从宏观转向中观和微观,研究方法逐渐从概念分析和比较研究转向历史分析、社会学研究、量化分析以及综合研究,研究对象从单一走向多元,研究领域从单一学科走向交叉学科。如陈鹏生、王立民、丁凌华主编的《走向二十一世纪的中国法文化》一书收录了 50 余篇文章,共分为五个部分,分别是法律文化研究、制度史研究、思想史研究、司法问题研究、法学教育与法史学科建设。其中法律文化研究部分包含 18 篇论文,这些论文从不同的角度运用比较方法、法社会学方法等对中国法律文化的概念、内容、特征等进行分析和考证,为中国法律史研究更好地适应新世纪的挑战开疆拓土。③ 公丕祥的《东方法律文化的历史逻辑》一书从东西方两个视角考察了东方法律文明的历史逻辑。该书首先考察了近代欧洲思想家的东方法律文化形象,重点考察了法国启蒙思想家、英国古典经济学家、德国古典哲学家的东方法律图景,研究方法上实现了从"世界历史"向真正的世界历史的转向;进而考察了传统东方法律文化的社会机理和固有逻辑,结合西方法律文化对东方的冲击,作者提出了中国法制现代化的历史基础、外来影响和模式选择。该书是 21 世纪初法律文化理论研究的代表性著作之一,具有较高的学术价值。④ 俞荣根的《文化与法文化》一书分为文化散论、法文化漫说、儒学与法文化、法治与法文化、法文化随笔、法文化探索等六个方面。该书的内容既包括法律文化基础理论研究,也包括传统法律文化研究以及民族法律文化研究;其研究方法包含了比较研究方法、社会学研究方法、人类学研究方法等,摆脱了过去研究方法单一的缺

---

① 参见张培田:《中国法文化散论》,中国政法大学出版社 1993 年版。
② 参见何勤华:《法律文化史论》,法律出版社 1998 年版。
③ 参见陈鹏生、王立民、丁凌华主编:《走向二十一世纪的中国法文化》,上海社会科学院出版社 2002 年版。
④ 参见公丕祥:《东方法律文化的历史逻辑》,法律出版社 2002 年版。

陷，为中国法律文化研究提供了新的思路和方法。①

第二，中国传统法律文化研究。

对中国传统法律文化的研究首先应该归功于法律史学界的同人。早在20世纪50年代法律史学界就号召对祖国文化遗产进行搜集整理，即使是在"文化大革命"期间国家的考古工作依然进行着，20世纪七八十年代法律史学开始繁荣发展起来，对中国传统法律文化的研究逐渐成为学术界的一个热点。20世纪80年代是中国传统法律文化的基础研究阶段，这一时期的研究是对中国传统法律文化自身的内向度关注。武树臣在《中国传统法律文化总评判》一文中指出："从西周直至清末，经历了数千年的法律实践活动，中国形成了独特的法律文化体系，即中国传统法律文化。"② 他将中国传统法律文化的发展分为三个时期，即"礼治·审判法"时代、"法治·成文法"时代和"礼法合治·混合法"时代，认为对待中国传统法律文化要"取其精华，去其糟粕"，发掘其现代价值。武树臣在1989年的研究成果中进一步指出，中国的法律文化包括法律思想、法律规范、法律设施和法律艺术四个部分，"法律文化是人类法律实践活动及其成果的总和"，并提出实现中国法律文化现代化的途径是"法律基本精神的民主化和法律实践样式的科学化"③。武树臣等于1994年出版的《中国传统法律文化》一书是国家"七五"社会科学重点研究项目，该书以法律实践活动的总体精神和宏观样式为标准，对中国传统法律文化进行时代划分，借以探讨中国传统法律文化发展的阶段性。在论述过程中，该书一方面突出两大线索，即某一时代法律实践活动的总体精神和宏观样式；另一方面为概括当时法律实践活动的全貌，涉及对法律设施、法律艺术和立法、司法活动的介绍。该书对中国传统法律文化进行了系统而全面的阐述，为我国法律文化建设提供了宏观的总体性的方针和策略。④ 范忠信、郑定、詹学农的《情理法与中国人——中国传统法律文化探微》一书结合中国古代法律制度的儒家化特征，对融"天理、国法、人情"的中国古代法律进行了比较深入的分析、研究和阐述。该书注重将深层的理论、思想同外在的规范和制度有机结合起来，比较深入地分析了古代中国人在法的性质、法的功能与作用、法律与道德的关系、罪与非罪的标准、刑罚轻重的适用以及民事、诉讼等方面的观念和制度。全书分为"法理"、"刑事"和"民事"三篇，重点论述了法与天理、道德、人情，孝道与犯罪，贤人与法律，服制与刑法以及仁政与司法之间

---

① 参见俞荣根：《文化与法文化》，法律出版社2003年版。
② 武树臣：《中国传统法律文化总评判》，载《学习与探索》，1988年第4期。
③ 武树臣：《让历史预言未来——论中国法律文化的总体精神与宏观样式》，载《法学研究》，1989年第2期。
④ 参见武树臣等：《中国传统法律文化》，北京大学出版社1994年版。

的关系，对无讼、贱讼、息讼、辨讼、决讼进行了分析和评价，比较完整地展现了中国传统法律的结构特征和生命形态，体现了中国法律文化的多元性。① 郝铁川的《文化传统与当代中国立法特色的形成》一文指出，审视当代中国立法不难发现，宪法所规定的民族区域自治制度和精神文明建设、民法所规定的农村承包经营户和个体工商户、刑法所规定的管制与死缓、民诉法所规定的人民调解制度，都是中国在世界立法史上的独创，而这些独创实际上是中国文化传统在当代的一个创造性转化。由此可见，创立有中国特色的法律制度，不仅是洋为中用、与国际接轨，同时还是古为今用、继承优秀历史文化传统。② 眭鸿明的《中国传统法律文化总体精神评析》一文从三个方面探讨了中国传统法律文化的总体精神：其一，国家本位主义，阻却了社会主体对法的精神的认识，国家专制的"法治"与国家大义的"德治"在这一点上殊途同归；其二，传统法律文化中，社会主体的法律意识以消极的对抗为主导，法律制度与法律意识始终处于分离状态；其三，否定中国传统法律文化总体精神的同时，以积极态度继承传统法律文化中的合理因素，并使之在现实条件下实现创造性转换。该文对中国传统法律文化总体精神的探讨为法制现代化建设提供了一种新的选择——"德融于法"，这也能够使人更加深刻地认识中国传统法律文化的全貌，服务于法制现代化建设。③

此外，艾永明的《中国法律文化传统对社会主义法制建设的观念阻力》④，乔伟的《传统文化与法制建设》⑤，武树臣的《法原：中国法观念的萌动、萎缩与觉醒》《中国传统法律文化构成及其对实践的影响》⑥，俞荣根的《对中国古代法文化研究的反思》⑦，乔丛启、杨一凡的《五四运动与中国法律文化》⑧，张国华的《中国传统法律文化评估》⑨，段秋关的《中国传统法律文化的形成与演变》⑩，张晋藩、林中的《中国古代法律文化论纲》⑪，马小红、薄小莹的《中国

---

① 参见范忠信、郑定、詹学农：《情理法与中国人——中国传统法律文化探微》，中国人民大学出版社1992年版。
② 参见郝铁川：《文化传统与当代中国立法特色的形成》，载《中国法学》，1994年第5期。
③ 参见眭鸿明：《中国传统法律文化总体精神评析》，载《法制与社会发展》，1999年第5期。
④ 参见艾永明：《中国法律文化传统对社会主义法制建设的观念阻力》，载《法学与实践》，1986年第1期。
⑤ 参见乔伟：《传统文化与法制建设》，载《政法论坛》，1987年第6期。
⑥ 参见武树臣：《法原：中国法观念的萌动、萎缩与觉醒》，载《比较法研究》，1988年第4期；武树臣：《中国传统法律文化构成及其对实践的影响》，载《法学研究》，1991年第2期。
⑦ 参见俞荣根：《对中国古代法文化研究的反思》，载《社会学研究》，1989年第2期。
⑧ 参见乔丛启、杨一凡：《五四运动与中国法律文化》，载《法学研究》，1989年第3期。
⑨ 参见张国华：《中国传统法律文化评估》，载《中外法学》，1990年第1期。
⑩ 参见段秋关：《中国传统法律文化的形成与演变》，载《法律科学》，1991年第4期。
⑪ 参见张晋藩、林中：《中国古代法律文化论纲》，载《政法论坛》，1991年第5期。

封建社会法律文化论析——从"王子犯法与庶民同罪"说起》[1]，张中秋的《现代化进程中的法律文化变迁——一个比较的观点》[2]，何勤华的《泛讼与厌讼的历史考察》[3]，钱鸿猷的《专制主义和中国传统法律文化》[4]，高绍先的《〈唐律疏议〉与中国古代法律文化》[5]，夏锦文的《中国法律文化的传统及其转型》[6]，徐忠明的《辨异与解释：中国传统法律文化的类型研究及其局限》[7] 等文章引领了20世纪后半叶中国传统法律文化研究的方向。

　　如果说20世纪90年代的法律文化研究注重的是从宏观层面对中国传统法律文化自身进行探讨，那么进入21世纪以来，一方面中国传统法律文化研究在数量和质量上有了质的突破，另一方面中国传统法律文化研究出现了转向，由传统的关注自身的内向型研究转向以交叉研究为特色、综合运用多种研究方法、注重传统法律文化价值的现代转化和全球传播的外向型研究，并实现了理论层面的重大突破。

　　2005年以曾宪义为首席专家的《中国传统法律文化研究》（十卷本）课题被教育部正式确立为"哲学社会科学研究重大课题攻关项目"，同时也被新闻出版总署确定为"'十一五'国家重点图书出版规划"。2005年12月，来自全国高校和科研单位的五十多位法律史专家、学者汇集北京，组成该项目的课题组，并召开了"中国传统法律文化研究"国家重大课题攻关项目实施研讨会。在项目实施期间，先后组织召开了"和谐社会的法律史考察""中国传统法律文化的现代价值""中国传统法律文化的基本精神""礼与法——中国传统法律文化总论"等十余次专题学术研讨会。该丛书于2009年底完稿，于2011年正式出版。该丛书包括10卷，其中第一卷为《礼与法：中国传统法律文化总论》，第二卷为《罪与罚：中国传统刑事法律形态》，第三卷为《身份与契约：中国传统民事法律形态》，第四卷为《官与民：中国传统行政法制文化研究》，第五卷为《狱与讼：中国传统诉讼文化研究》，第六卷为《律学与法学：中国法律教育与法律学术的传统及其近代发展》，第七卷为《冲突与转型：近现代中国的法律变革》，第八卷为

---

[1] 参见马小红、薄小莹：《中国封建社会法律文化论析——从"王子犯法与庶民同罪"说起》，载《天津社会科学》，1992年第1期。
[2] 参见张中秋：《现代化进程中的法律文化变迁——一个比较的观点》，载《南京社会科学》，1993年第1期。
[3] 参见何勤华：《泛讼与厌讼的历史考察》，载《法律科学》，1993年第3期。
[4] 参见钱鸿猷：《专制主义和中国传统法律文化》，载《当代法学》，1994年第1期。
[5] 参见高绍先：《〈唐律疏议〉与中国古代法律文化》，载《现代法学》，1997年第2期。
[6] 参见夏锦文：《中国法律文化的传统及其转型》，载《南京社会科学》，1997年第9期。
[7] 参见徐忠明：《辨异与解释：中国传统法律文化的类型研究及其局限》，载《南京大学法律评论》，1998年秋季号。

《输出与反应：中国传统法律文化的域外影响》，第九卷为《借鉴与移植：外国法律文化对中国的影响》，第十卷为《传承与创新：中国传统法律文化的现代价值》。该丛书搜集和整理了大量第一手资料，全面、系统地梳理了中国传统法律文化，对于世界各国人民了解、研究中国传统法律文化和推动中国法律史学的发展，具有重大而深远的意义。① 程维荣的《道家与中国法文化》一书通过对道家的主要人物、著作及其思想产生、发展、演变和衰微过程进行研究，阐明了道家及其法律学说在中国传统法律和古代法制中的地位与影响。作者在书中指出，自西汉中期起，道家法律学说中的黄老一派与儒家法律学说一起，共同构成了古代官方法律思想的主要框架，道家法律学说中的民间一派也对历代法律意识具有重要的影响，在建设社会主义法制的今天，广大法律史学者应该给道家，特别是黄老学派一个比较客观、公正的评价，因为它在今天的学术研究和司法实践中具有某种价值，我们应该发扬光大民族的优秀法律文化。② 马作武主编的《中国传统法律文化研究》一书包括绪论、上编、中编、下编四部分。其中绪论部分总结概括了中国传统法律文化的内涵和基本精神，所谓"中国传统法律文化"指的是：由中华民族特殊的历史性与民族性所决定、数千年一脉相传的法律实践活动及其成果的统称。成果包含行为样式、制度、学说和内在精神四个层面。中国传统法律文化的基本精神包括专制主义精神、家族主义精神、礼治主义精神、刑治主义精神、自然主义精神。上编主要介绍中国传统的刑法文化，借助描述性法史学研究的考据成果，运用解释性法史学的研究方法，系统地对中国古代的刑法制度和观念进行历史的和逻辑的解释。中编为中国传统民法文化研究，作者紧密结合中国古代的制度背景，对传统民法的宏观特征进行了较为深入的研究，为全面地理解和认识传统民法起到了重要的作用。下编为中国传统诉讼文化研究，以审判活动中当事人的诉讼地位为考量中心，围绕审判活动而展开，对中国古代法律文化漠视个人权益这一价值取向进行"实地考察"，以期使读者对中国古代法律文化及当事人的诉讼权益状况多一份感性认知。③ 武树臣的《法家法律文化通论》一书分为开篇、上篇、中篇和下篇四部分，共 27 章。该书"以先秦法家的法治思想为核心，探讨了法家的师承关系、法治思想的历史文化渊源、法治思潮的产生和演变、战国秦朝的法治建设、秦律的主要内容和形式、成文法的形成和特点、儒家法家法律文化的对立和融合、中国古代法律的儒家化和法家化、法家法律文化对后世的影响、法家法律文化的历史遗产和地位、法家法律传统与当今法制建

---

① 参见曾宪义总主编：《中国传统法律文化研究》（十卷本），中国人民大学出版社 2011 年版。
② 参见程维荣：《道家与中国法文化》，上海交通大学出版社 2000 年版。
③ 参见马作武主编：《中国传统法律文化研究》，广东人民出版社 2004 年版。

设"①。该书最后对法家法律文化与当今法制建设,德治、法治与中华法系等问题进行了初步探讨。

此外,在论文方面,如霍存福的《中国传统法文化的文化性状与文化追寻——情理法的发生、发展及其命运》②、史彤彪的《欧洲思想家对中国法律文化的认识》③、郭成伟和方潇的《中国传统"公之于法"特质探究》④、邓建鹏的《健讼与息讼——中国传统诉讼文化的矛盾解析》⑤、高鸿钧的《法律文化与法律移植:中西古今之间》⑥、武建敏的《从古文字看中国法律文化的思想意向》⑦、何勤华的《传统法律文化的现代价值》⑧、于语和和雷园园的《论中国传统法律文化在依法治国中的价值》⑨、何勤华和周小凡的《弘扬中华法律文化,共铸世界法律文明》⑩、袁瑜琤的《中国传统法律文化十二讲》⑪ 等;在专著方面,如吴大华的《民族法律文化散论》⑫、喻中的《法律文化视野中的权力》⑬、何勤华的《法律文化史谭》⑭、徐忠明的《众声喧哗:明清法律文化的复调叙事》⑮、崔永东的《中国传统法律文化与和谐社会研究》⑯、吕丽等的《中国传统法律制度与文化专论》⑰、梁治平的《礼教与法律:法律移植时代的文化冲突》⑱、徐忠明的《明镜高悬:中国法律文化的多维观照》⑲、焦晋林的《法治视野下的博物馆研究》⑳、苏亦工

---

① 武树臣:《法家法律文化通论》,商务印书馆 2017 年版,"前言"第 1 页。
② 参见霍存福:《中国传统法文化的文化性状与文化追寻——情理法的发生、发展及其命运》,载《法制与社会发展》,2001 年第 3 期。
③ 参见史彤彪:《欧洲思想家对中国法律文化的认识》,载《中国人民大学学报》,2002 年第 4 期。
④ 参见郭成伟、方潇:《中国传统"公之于法"特质探究》,载《中国法学》,2003 年第 1 期。
⑤ 参见邓建鹏:《健讼与息讼——中国传统诉讼文化的矛盾解析》,载《清华法学》,2004 年第 1 期。
⑥ 参见高鸿钧:《法律文化与法律移植:中西古今之间》,载《比较法研究》,2008 年第 5 期。
⑦ 参见武建敏:《从古文字看中国法律文化的思想意向》,载《河北法学》,2010 年第 10 期。
⑧ 参见何勤华:《传统法律文化的现代价值》,载《华东政法大学学报》,2022 年第 4 期。
⑨ 参见于语和、雷园园:《论中国传统法律文化在依法治国中的价值》,载《北京理工大学学报》(社会科学版),2021 年第 4 期。
⑩ 参见何勤华、周小凡:《弘扬中华法律文化,共铸世界法律文明》,载《政治与法律》,2021 年第 5 期。
⑪ 参见袁瑜琤:《中国传统法律文化十二讲》,载《政法论坛》,2020 年第 6 期。
⑫ 参见吴大华:《民族法律文化散论》,民族出版社 2004 年版。
⑬ 参见喻中:《法律文化视野中的权力》,山东人民出版社 2004 年版。
⑭ 参见何勤华:《法律文化史谭》,商务印书馆 2004 年版。
⑮ 参见徐忠明:《众声喧哗:明清法律文化的复调叙事》,清华大学出版社 2007 年版。
⑯ 参见崔永东:《中国传统法律文化与和谐社会研究》,人民出版社 2011 年版。
⑰ 参见吕丽、潘宇、张姗姗:《中国传统法律制度与文化专论》,华中科技大学出版社 2013 年版。
⑱ 参见梁治平:《礼教与法律:法律移植时代的文化冲突》,上海书店出版社 2013 年版。
⑲ 参见徐忠明:《明镜高悬:中国法律文化的多维观照》,广西师范大学出版社 2014 年版。
⑳ 参见焦晋林:《法治视野下的博物馆研究》,北京联合出版公司 2016 年版。

的《天下归仁：儒家文化与法》①、何勤华和陈灵海的《法律、社会与思想：对传统法律文化背景的考察》②、张中秋的《原理及其意义：探索中国法律文化之道》③、刘星的《古律寻义：中国法律文化漫笔》④ 等，都是21世纪前期中国传统法律文化研究新的风向标。曾宪义在《法律文化研究》（年刊）卷首语《从传统中寻找力量》一文中指出："在现代法治的形成过程中，从理念到制度，我们并不缺乏可利用的本土资源，我们理应对中国源远流长的传统法律文化充满信心。我们进行研究的目的，也是希望能够充分发掘传统法律文化的价值，从中找到发展现代法治文明的内在力量。"曾宪义指出，中国传统法律文化与现代文明有着很多的契合点，我们完全可以将中国传统法律文化作为文化宝藏，从中汲取现代法治文明建构所需的精神元素。⑤

第三，少数民族法律文化研究。

对于少数民族法律文化的研究也是从20世纪八九十年代才开始的，徐晓光、黄名述在20世纪90年代初曾著文指出："少数民族法律文化是中华法系文化的重要组成部分。但由于历史上的和认识上的原因，人们长期以来较多地重视历代中央王朝的法制和汉族地区法律文化的研究，没有把历史上周边各少数民族法律文化遗产的挖掘、整理以及研究工作提到相应的地位。随着中国法制史研究的深入和对中华法系文化认识的加深，少数民族法律文化的研究自然被提出来了。"⑥中国是一个多民族的国家，历史上少数民族文化和中原文化曾发生过多次交融，塑造了中华法系兼容并包和多元共生的文化特质，目前中华法系复兴是实现中华民族伟大复兴的应有之义，对于少数民族文化的研究，有利于增进民族之间的沟通和交流，形成中华文化圈的主体认同，对于解决当下现实问题具有重要的意义。此后有大量研究少数民族法律文化的科研成果出现，少数民族法律文化研究分为两个时期——20世纪90年代的起步阶段和21世纪以来的深入阶段。20世纪90年代的研究成果主要集中在少数民族习惯法研究和少数民族法律文化阐释

---

① 参见苏亦工：《天下归仁：儒家文化与法》，人民出版社2015年版。
② 参见何勤华、陈灵海：《法律、社会与思想：对传统法律文化背景的考察》，法律出版社2009年版。
③ 参见张中秋：《原理及其意义：探索中国法律文化之道》，中国政法大学出版社2015年版。
④ 参见刘星：《古律寻义：中国法律文化漫笔》，中国法制出版社2015年版。
⑤ 参见曾宪义：《从传统中寻找力量——〈法律文化研究〉（年刊）卷首语》，载曾宪义主编：《法律文化研究》（第一辑·2005），中国人民大学出版社2006年版。
⑥ 徐晓光、黄名述：《我国少数民族法制的发展及其与中原法律文化的融合》，载《现代法学》，1991年第6期。

等方面。少数民族习惯法研究的主要代表成果有范宏贵的《少数民族习惯法》[①]、田成友的《民族法研究的理论意义和实践价值》[②]、高其才的《论中国少数民族习惯法文化》[③] 以及徐中启等主编的《少数民族习惯法研究》[④] 等。少数民族法律文化阐释方面的科研成果主要包括李洪欣的《古代壮族法律文化初探》[⑤]、张晓辉的《民族法律文化初探》[⑥]、张锡盛的《云南民族法律文化学术研究的回顾与展望》[⑦]、刘婷婷和段建华的《浅议藏族先民时期的法律文化》[⑧]、耿明的《论傣族历史上的地缘法律文化》[⑨] 以及王东平的《清代回疆法律文化刍论》[⑩] 等。进入21世纪以后，少数民族法律文化的研究开始出现繁荣的景象，这一时期的研究主要涉及多民族的（如藏族、回族、蒙古族、满族、彝族等）法律文化研究，更多地运用比较分析、田野调查等新的方法，试图挖掘少数民族法律文化中的现代借鉴价值。其中张晋藩总主编的《中国少数民族法史通览》（十卷本）全面梳理了历史上及现代中国少数民族的分布及少数民族法对中华法制文明的贡献，可以使读者对各少数民族的法制历史有一个全面的了解（详见本书第九章）。[⑪] 高其才采用田野调查的方法对西南地区少数民族习惯法进行了深入研究。[⑫] 此外还有吴大华的《民族法律文化散论》[⑬]、徐晓光的《辽西夏金元北方少数民族政权法制对中国法律文化的贡献》[⑭]、王东平的《明清时代汉文译著与回族穆斯林宗教法律文化的传布》[⑮]、彭宇文的《关于藏族古代法律及法律文化的若干思考——借鉴梅因〈古代法〉进行的研究》[⑯]、隆英强的《社会主义法治建

[①] 参见范宏贵：《少数民族习惯法》，吉林教育出版社1990年版。
[②] 参见田成友：《民族法研究的理论意义和实践价值》，载《贵州民族研究》，1995年第3期。
[③] 参见高其才：《论中国少数民族习惯法文化》，载《中国法学》，1996年第1期。
[④] 参见徐中启等主编：《少数民族习惯法研究》，云南大学出版社1998年版。
[⑤] 参见李洪欣：《古代壮族法律文化初探》，载《广西大学学报》（哲学社会科学版），1992年第4期。
[⑥] 参见张晓辉：《民族法律文化初探》，载《现代法学》，1993年第4期。
[⑦] 参见张锡盛：《云南民族法律文化学术研究的回顾与展望》，载《思想战线》，1994年第4期。
[⑧] 参见刘婷婷、段建华：《浅议藏族先民时期的法律文化》，载《思想战线》，1995年第5期。
[⑨] 参见耿明：《论傣族历史上的地缘法律文化》，载《云南法学》，1997年第2期。
[⑩] 参见王东平：《清代回疆法律文化刍论》，载《民族研究》，1999年第3期。
[⑪] 参见张晋藩总主编：《中国少数民族法史通览》（十卷本），陕西人民出版社2017年版。
[⑫] 参见高其才：《通过村规民约的乡村治理——以贵州省锦屏县启蒙镇边沙村环境卫生管理为对象》，载《广西民族研究》，2018年第4期。
[⑬] 参见吴大华：《民族法律文化散论》，民族出版社2004年版。
[⑭] 参见徐晓光：《辽西夏金元北方少数民族政权法制对中国法律文化的贡献》，载《西南民族学院学报》（哲学社会科学版），2002年第7期。
[⑮] 参见王东平：《明清时代汉文译著与回族穆斯林宗教法律文化的传布》，载《世界宗教研究》，2002年第2期。
[⑯] 参见彭宇文：《关于藏族古代法律及法律文化的若干思考——借鉴梅因〈古代法〉进行的研究》，载《法学评论》，2004年第2期。

设与藏族法律文化的关系研究》①、张晓辉和方慧主编的《彝族法律文化研究》②、杨士宏的《蒙藏传统法律文化比较研究》③ 等论著。

第四，跨领域法律文化研究。

武树臣早在20世纪八九十年代就曾经提出，法律文化的研究要注意与邻近学科和其他学科的协调发展，注意吸收有关领域的最新研究成果，扩大法律文化研究的根基。④ 20世纪90年代法律文化的交叉研究主要集中在部门法学领域，例如刑法法律文化研究、民商事法律的法律文化研究、行政法法律文化研究等。世纪之交及进入21世纪以来，法律文化研究的交叉领域逐步扩大，出现了宗教与法律文化研究、数学与法律文化研究、政治与法律文化研究、天文与法律文化研究以及文学与法律文化研究等。科研成果包括何柏生的《佛教与中国传统法律文化》《数学对法律文化的影响》⑤、马长山的《法律中数学理性的发现与回归》⑥、张立新的《文学与法律之间：对〈圣经〉中法律与法律文化建构的认识与解读》⑦、方潇的《天学与法律——天学视域下中国古代法律"则天"之本源路径及其意义探究》⑧、何柏生的《法律文化的数学解释》⑨，周东平、李勤通的《论佛教对中国传统法律文化之影响》⑩，蓝涛的《明代公案小说与法律文化》⑪等。法律文化的交叉学科研究开辟了许多研究领域，打破了传统法律文化研究的理论体系，有力地推动了法律文化研究的科学化、多元化进程，使许多法律问题的研究建立在更加可靠的基础之上。

从学科发展的规律来看，2010年之后法律文化研究进入了科研成熟期。研究队伍基本成形，法律文化理论研究逐步减弱，法律文化研究的传统问题基本被涵盖，法律文化研究的新领域创新难度加大，而对于旧问题的新研究逐渐增多，学术期刊对于法律文化研究成果的质量要求提升。研究方法和视角的创新、学科

---

① 参见隆英强：《社会主义法治建设与藏族法律文化的关系研究》，中国社会科学出版社2011年版。
② 参见张晓辉、方慧主编：《彝族法律文化研究》，民族出版社2005年版。
③ 参见杨士宏：《蒙藏传统法律文化比较研究》，中国社会科学出版社2014年版。
④ 参见武树臣：《法律文化研究的现状与趋同》，载《法律与学习研究》，1989年第3期。
⑤ 参见何柏生：《佛教与中国传统法律文化》，载《法商研究》，1999年第4期；何柏生：《数学对法律文化的影响》，载《法律科学》，2000年第6期。
⑥ 参见马长山：《法律中数学理性的发现与回归》，载《民主与法制时报》，2017年10月19日。
⑦ 参见张立新：《文学与法律之间：对〈圣经〉中法律与法律文化建构的认识与解读》，载《外国语言文学》，2016年第2期。
⑧ 参见方潇：《天学与法律——天学视域下中国古代法律"则天"之本源路径及其意义探究》，北京大学出版社2014年版。
⑨ 参见何柏生：《法律文化的数学解释》，商务印书馆2015年版。
⑩ 参见周东平、李勤通：《论佛教对中国传统法律文化之影响》，中国社会科学出版社2021年版。
⑪ 参见蓝涛：《明代公案小说与法律文化》，上海书店2019年版。

间的多元融合以及对法律文化研究经典问题的新研究，或许会成为未来几年处于成熟期的法律文化研究的重要面向。一方面，中国传统法律文化研究势头强劲，是法律文化研究的学术焦点。21世纪的中国正处于实现中华民族伟大复兴的关键时刻，这是中华民族文明发展的一个飞跃期，更需要传统文化的启蒙和滋养。雅斯贝斯在《历史的起源与目标》中提出："人类一直靠轴心时代所产生、思考和创造的一切而生存，每一次新的飞跃都回顾这一时期，并被它重新燃起火焰。自那以后，情况就是这样。轴心期潜力的苏醒和对轴心期潜力的回忆，或曰复兴，总是提供了精神力量，对这一开端的复归是中国、印度和西方不断发生的事情。"[①] 对于轴心时代的回望就是对于未来最负责任的展望，这也是中国传统法律文化研究越来越热的一个原因，中国传统法律文化研究亦会继续成为未来法律文化研究的重要方向。另一方面，随着研究方法多元化发展，跨领域研究将会为法律文化研究注入新的生命力。未来法律文化研究的一个重大转向主要表现为研究方法和视角的不断突破，大数据时代的研究将会更加注重用数据说话，定量研究方法在人文社科领域的适用将会大幅度增加。历史研究、比较研究、模型建构以及多种研究方法的综合运用，已经成为现在和将来法律文化研究的基本格局。方法的革新也推动了法律文化的跨领域研究，单纯的法律文化研究已经无法更直观地展现文化与社会的互动，法律文化的研究不仅涉及法律，而且与历史、政治、经济、宗教以及其他领域的问题有着千丝万缕的联系。社会是一个统一体，法律文化只是社会系统中的一个部分，只有综合运用多种方法、融合多种学科，才能更好地探明一种理论或者理论背后的价值，只有在传统法律文化研究中、在中西法律文化比较中、在跨学科研究的过程中，才能发现传统与现代的共识，更好地实现传统与现代的有机融合，将中华文化推向世界。正如曾宪义在21世纪初所言："世界文明兴衰史雄辩地证明，一个民族、一种文明文化唯有在保持其文化的主体性的同时，以开放的胸襟吸收其他文明的优秀成果，不断吐故纳新，方能保持其旺盛的生命力，保持其永续发展的势头，并创造出更辉煌的文明成果。"[②]

五、比较法史研究

比较法史研究既包括中西法律思想、制度和文化的比较研究，也包括古今法

---

① ［德］卡尔·雅斯贝斯：《历史的起源与目标》，魏楚雄、俞新天译，华夏出版社1989年版，第14页。

② 曾宪义：《从传统中寻找力量——〈法律文化研究〉（年刊）卷首语》，载曾宪义主编：《法律文化研究》（第一辑·2005），中国人民大学出版社2006年版。

律的比较研究,"比较研究的方法将使我们对材料进行分析、研究、鉴别、取舍而达到事半功倍的效果"①。比较方法在法史研究中的运用开拓了中国法律史研究的新领域,也为中国法律史研究价值的现代转化提供了一个新路径。早在清末民初,比较法制史作为一门课程就已经出现在法学教育体系之中了。② 民国时期比较法史研究取得了较大的进展,产出了一批高质量的比较法史研究成果(具体参见本书第三章的相关内容)。新中国成立以后,受意识形态影响,西方资本主义的法律理念和法律制度被认为是低级的法制形式,而"社会主义的法制是最高类型的法制,与一切资本主义法没有可比性,故比较法没有存在的基础"③。这一时期的法学研究和法制建设注重借鉴苏联等社会主义国家的经验,"可以说新中国法制是在完全引进苏联法律和法学理论的基础上建立起来的"④,比较法史研究呈现出某种畸形的单一化和"照搬式"发展模式,比较法史研究总体上处于停滞状态。

改革开放后,法律史学界开始呼吁比较法史研究学术回归,张晋藩在1987年10月27日《光明日报》撰文提出:"随着法制史科学的发展,开展中外比较法制史的研究不仅必要,而且也具备条件。在大学法律院校开设比较法制史课程,也应提到日程上来。"⑤ 曾宪义也认为:"在今后一个时期内,比较法制史的研究也应在中国法制史研究领域中占有一席之地。"⑥ 张晋藩于1988年、1989年撰文《中外法制历史比较研究刍议》,专门探讨比较法史研究的内容和必要性。对于如何进行比较法史研究,张晋藩指出:"要以中国法制史为主,有选择地同世界其他国家的法制史进行宏观上、总体上的比较,并给予综合评论,但也不排除特定制度上的微观比较。中外法制史的比较研究不仅要说明中外法制历史发展的异同,而且还要揭示造成这种异同的社会历史根源,包括经济、政治、思想、文化、地理环境、民族习俗与心理状态等各种因素,因而是一个十分艰巨的课题。"张晋藩还通过与世界主要法系的比较,指出中国"封建法制"具有三大特点:第一,礼与法相互渗透与结合;第二,专制主义的强烈影响;第三,充满孤立性、排外性与保守性。⑦

---

① 夏新华:《比较法制史:中国法律史学研究的新视角》,载《法制与社会发展》,2003年第5期。
② 参见汤能松等:《探索的轨迹——中国法学教育发展史略》,法律出版社1995年版。
③ 张晋藩:《但开风气不为先——我的学术自述》,中国民主法制出版社2015年版,第263页。
④ 孙光妍、于逸生:《苏联法影响中国法制发展进程之回顾》,载《法学研究》,2003年第1期。
⑤ 张晋藩:《开展比较法制史的研究》,载《光明日报》,1987年10月27日。
⑥ 曾宪义、郑定编著:《中国法律制度史研究通览》,天津教育出版社1989年版,第19页。
⑦ 参见张晋藩:《中外法制历史比较研究刍议》(上、下),载《政法论坛》,1988年第6期、1989年第1期。

梁治平 1985 年发表于《读书》的《比较法与比较文化》一文讨论了法与文化、比较法与比较文化的关系问题。作者指出法与文化之间具有密不可分的关系，两者是"部分与部分""部分与整体"的关系。比较法文化是比较法产生的重要条件，两者的发展是由共同的因素促成的。最后，作者指出："比较法的发展已经成为当代法学繁盛的标志，但在我国还是一个有待进一步开发的领域。在我们面向世界，面向未来的身后，是中华民族两千余年的文化传统。这就要求我们尽快培养中国式的比较法学家，建设中国式的比较法学，其原则是：用法律去阐明文化，用文化去阐明法律"①。梁治平在另外一篇文章《比较法律文化的名与实》中指出："法律文化的比较基础在历史（文化类型）和现实（传统以及传统影响下形成的新的法律文化）两方面都是具备的，而在一种历史使命感的支配之下，比较法律文化应该是同时兼及文化类型与历史进程两个方面。"②

20 世纪 90 年代初，陈鹏生、何勤华的《中日法律文化近代化之若干比较》一文探讨了中日法律文化近代化之间的联系，对中日法律文化近代化的差异及其原因进行了分析。该文指出，中日两国的法律现代化在诸多社会条件和影响因素相似的前提下，日本取得了成功，而中国却归于失败，陷入了半殖民地半封建社会，其原因在于近代中日两国在经济、政治、国际环境、历史传统和文化观念上"形同实异"。近代化的"形同实异"对两国法律现代化产生了深远的影响：第一，中日法律文化近代化的不同结局导致两国现代法律命运的不同；第二，由于法律文化近代化的成功，日本的现代总体法律文化水准大大提高；第三，由于中日法律文化近代化的结局不同，法律对两国社会生活、经济发展、政治体制变更，以及科技、教育、文化、卫生等方面的作用也显示出差异。③ 该文对中日法律文化的比较研究具有一定的开创性意义，为中日法律文化比较研究提供了一个新的视角和思路。张中秋的《中西法律文化比较研究》一书首次系统地对中西法律文化的差异进行整合分析。中西法律文化在各自的社会和历史环境中形成，中国法律文化在冲突中获得了转向现代的压力和动力。作者在第一版"序言"中称此项研究为"拓荒"之事。该书共分为 9 章，作者以中西比较的视角分别从法的形成（部族征战与氏族斗争）、法的本位（集团本位与个人本位）、法的文化属性（公法文化与私法文化）、法与宗教伦理（伦理化与宗教性）、法的体系（封闭性与开放性）、法的学术（律学与法学）、法的精神（人治与法治）、法律文化的价

---

① 梁治平：《比较法与比较文化》，载《读书》，1985 年第 9 期。
② 梁治平：《比较法律文化的名与实》，载《法律学习与研究》，1986 年第 8 期。
③ 参见陈鹏生、何勤华：《中日法律文化近代化之若干比较》，载《中国法学》，1992 年第 2 期。

值取向（无讼与正义）等八个方面分析了中西法律文化的八大差异。该书运用了历史证明与法理分析、文化比较与经济社会探讨相结合的方法，从横向差异入手，对每种差异展开历史的纵向的研究。全书论证有力，纵横交错，内容几乎涵盖了中西法律文化差异的各个方面，对于人们深刻理解中国传统法律文化的特色和生成机理具有重要的意义。① 董茂云的《比较法律文化：法典法与判例法》一书从比较法、法律史和法理学的角度探寻法典法和判例法的历史轨迹，对法典法与判例法从理论到实践进行了多层次的系统比较，结合欧共体法律形式与中国法律形式的回顾与对比，阐发了对法律形式合理性的思考，并对中国法典化道路的必要性和可行性进行了论证。② 范忠信的《中西法文化的暗合与差异》一书共分为14章：首先通过对《圣经》原罪说、印度哲学中的"原罪"观和中国哲学中的"原罪"观的比较，指出"原罪说"体现了古人企图把原本是多元的世界融合为一体的努力；其次，对中国"法自然"和西方"自然法"的观念进行比较，指出中西法理的歧异及其根本原因，通过中西法观念的比较，总结出中国传统法律的基本特征，主要涉及对中国法的起源、中国法的家族本位、中国法的刑事化、中国法的封闭体系以及中国传统律学的基本特征的再思考；再次，通过对中西法律中亲亲相隐、亲属相犯、性犯罪等刑法制度的比较研究，对中西刑法的暗合以及各项制度对现代法治建设的意义进行思考，对中西法不同的伦理精神进行分析；复次，透过道德刑法化考察西方刑法与中国旧法的暗合及其意义，引发刑法与精神文明关系之思考；最后概括了大陆法系对中国法律的影响过程，对中西法伦理的优长和偏误进行阐释，分析中西伦理法结合的可能性和方式途径，即通过"以教辅法"和"以法为教"，建成一种温馨而理性的法治模式。③ 李秀清的《中国移植苏联民法模式考》一文考察了新中国第一次民法典草案对1922年《苏俄民法典》的继受过程，考证了新中国一些重要的民法原则都是移植于苏联民事立法和民法理论，如民法主要调整财产关系、规定公民为民事主体、强调国家财产的不可流转性、注重保障国家财产所有权、计划合同占据重要地位、强调债的实际履行原则以及民法中的继承等，苏俄民法对中国民法的影响一直持续至今。最后，作者呼吁"制定出一部比较系统、完备且符合中国国情的民法典，应当是中国新一代民法学者义不容辞的历史使命"④。王云霞的《东方法律改革比较研究》

---

① 参见张中秋：《中西法律文化比较研究》，南京大学出版社1991年版。该书分别于1999年、2006年、2009年由南京大学出版社、中国政法大学出版社、法律出版社出版第二、三、四版，从第三版起增加第九章"人与文化和法：从人的文化原理比较中西法律文化"。
② 参见董茂云：《比较法律文化：法典法与判例法》，中国人民公安大学出版社2000年版。
③ 参见范忠信：《中西法文化的暗合与差异》，中国政法大学出版社2001年版。
④ 李秀清：《中国移植苏联民法模式考》，载《中国社会科学》，2002年第5期。

一书从宏观上论述了儒家社会、印度社会和穆斯林世界的法律改革,结合对三大法律文化圈的传统特色和法律改革的动因、方法、进程及其特征的描述,论述了中国当代法律改革的问题,考察了社会主义法制建设的历程,分析了当代中国法律改革的成就、不足与前景。[①] 曾宪义、马小红的《试论古代法与传统法的关系——兼析中西法传统在近现代演变中的差异》一文,基于中西方传统法在现代法律形成中的作用,指出西方法律传统在现代法律的形成中起到了关键作用,清末变法虽然中断了中国的法律传统,但使中国传统法依然以不同于主流的途径而顽强存在。该文最后指出,传统法是古代法和现代法的桥梁,是流动的并且不断变化的,传统法中的积极因素是健全和完善中国现代法治的关键因素。[②] 王志强的《中英先例制度的历史比较》一文,以清代成案汇编和英格兰法庭记录以及法律报告等基本史料为依据,考察了18世纪中叶至19世纪中叶中英审判中先例的概况、推理技术及其历史背景,并对此进行比较研究,最后得出以下三个结论:第一,中英先例制度研究有助于我们重新认识和运用现代的"先例"概念;第二,本土概念诉求的方法和角度值得进一步思考;第三,深刻理解传统的背景是推进中国式案例指导制度发展的必要条件。[③]

此外,段祺华和刘小兵的《荀子和西塞罗法律思想比较研究》[④]、夏勇的《孔子与柏拉图——中西法文化分野之源》[⑤]、徐晓光的《中日古代复仇问题比较》[⑥]、侯欣一的《唐律与明律立法技术比较研究》[⑦]、范忠信的《中西法律传统中的"亲亲相隐"》[⑧]、钱福臣的《中西宪法概念比较研究》[⑨]、徐祥民的《亚里士多德的法治与先秦法家的法治》[⑩]、王扬的《唐律和罗马法中有关婚姻制度之比较研究》[⑪]、郭成伟和马志刚的《近代中西文化启蒙及法制建设之比较》[⑫]、陈景良的《讼师与律师:中西司法传统的差异及其意义——立足中英两国12—13世

[①] 参见王云霞:《东方法律改革比较研究》,中国人民大学出版社2002年版。
[②] 参见曾宪义、马小红:《试论古代法与传统法的关系——兼析中西法传统在近现代演变中的差异》,载《中国法学》,2005年第4期。
[③] 参见王志强:《中英先例制度的历史比较》,载《法学研究》,2008年第3期。
[④] 参见段祺华、刘小兵:《荀子和西塞罗法律思想比较研究》,载《法学》,1985年第3期。
[⑤] 参见夏勇:《孔子与柏拉图——中西法文化分野之源》,载《比较法研究》,1989年第1期。
[⑥] 参见徐晓光:《中日古代复仇问题比较》,载《比较法研究》,1994年第2期。
[⑦] 参见侯欣一:《唐律与明律立法技术比较研究》,载《法律科学》,1996年第2期。
[⑧] 参见范忠信:《中西法律传统中的"亲亲相隐"》,载《中国社会科学》,1997年第3期。
[⑨] 参见钱福臣:《中西宪法概念比较研究》,载《法学研究》,1998年第3期。
[⑩] 参见徐祥民:《亚里士多德的法治与先秦法家的法治》,载韩延龙主编:《法律史论集》(第2卷),法律出版社1999年版。
[⑪] 参见王扬:《唐律和罗马法中有关婚姻制度之比较研究》,载韩延龙主编:《法律史论集》(第3卷),法律出版社2001年版。
[⑫] 参见郭成伟、马志刚:《近代中西文化启蒙及法制建设之比较》,载《比较法研究》,2001年第2期。

纪的考察》①、王宏治的《从中西立法过程比较〈唐律〉与〈民法大全〉》②、张世明的《时间与空间：清代中国与西方在税法上的文化选择》③、史彤彪的《中西方思想家立法观念的比较思考》④、唐永春的《苏联法学对中国法学消极影响的深层原因——从马克思东方社会理论出发所作的分析》⑤、孙光妍和于逸生的《苏联法影响中国法制发展进程之回顾》⑥、夏新华的《比较法制史：中国法律史学研究的新视角》⑦、任强的《为法律赢得神圣——中西法律观念的信仰基础反思》⑧、邓子滨的《中西法律的初始差异与后续流变——读〈史记·五帝本纪〉和〈圣经·创世记〉札记》⑨、侣化强的《国体的起源、构造和选择：中西暗合与差异》⑩、李栋的《19世纪前中西法律形象的相互认知及其分析》⑪、何勤华和袁也的《中华法系之法律教育考——以古代中国的律学教育与日本的明法科为中心》⑫、冯玉军的《中西法律文化传统的形成与比较》⑬ 等论文，以及何勤华等编著的《中西法律文化通论》⑭、崔永东的《中西法律文化比较》⑮、刘星的《一种历史实践：近现代中西法概念理论比较研究》⑯、於兴中的《法治东西》⑰、戴羽的《比较法视野下的〈天盛律令〉研究》⑱ 等专著，均通过中西古今的历史比较，为中国现代法治建设提供路径支持和历史借鉴，为中国法学研究创造新的视

---

① 参见陈景良：《讼师与律师：中西司法传统的差异及其意义——立足中英两国12—13世纪的考察》，载《中国法学》，2001年第3期。
② 参见王宏治：《从中西立法过程比较〈唐律〉与〈民法大全〉》，载《比较法研究》，2002年第1期。
③ 参见张世明：《时间与空间：清代中国与西方在税法上的文化选择》，载《清史研究》，2002年第3期。
④ 参见史彤彪：《中西方思想家立法观念的比较思考》，载《法学家》，2002年第6期。
⑤ 参见唐永春：《苏联法学对中国法学消极影响的深层原因——从马克思东方社会理论出发所作的分析》，载《法学研究》，2002年第2期。
⑥ 参见孙光妍、于逸生：《苏联法影响中国法制发展进程之回顾》，载《法学研究》，2003年第1期。
⑦ 参见夏新华：《比较法制史：中国法律史学研究的新视角》，载《法制与社会发展》，2003年第5期。
⑧ 参见任强：《为法律赢得神圣——中西法律观念的信仰基础反思》，载《法制与社会发展》，2004年第5期。
⑨ 参见邓子滨：《中西法律的初始差异与后续流变——读〈史记·五帝本纪〉和〈圣经·创世记〉札记》，载《读书》，2015年第12期。
⑩ 参见侣化强：《国体的起源、构造和选择：中西暗合与差异》，载《法学研究》，2016年第5期。
⑪ 参见李栋：《19世纪前中西法律形象的相互认知及其分析》，载《学术研究》，2017年第8期。
⑫ 参见何勤华、袁也：《中华法系之法律教育考——以古代中国的律学教育与日本的明法科为中心》，载《法律科学》，2018年第1期。
⑬ 参见冯玉军：《中西法律文化传统的形成与比较》，载《政法论丛》，2019年第6期。
⑭ 参见何勤华等编著：《中西法律文化通论》，复旦大学出版社1994年版。
⑮ 参见崔永东：《中西法律文化比较》，北京大学出版社2004年版。
⑯ 参见刘星：《一种历史实践：近现代中西法概念理论比较研究》，法律出版社2007年版。
⑰ 参见於兴中：《法治东西》，法律出版社2015年版。
⑱ 参见戴羽：《比较法视野下的〈天盛律令〉研究》，上海交通大学出版社2017年版。

角、开拓新的领域。

　　未来比较法史研究会继续发展，研究视角由宏观转向微观、由制度比较转向规范比较。比较法史研究从20世纪90年代宏观制度的比较到21世纪中西古今法律规范的比较，是一个日益深入的过程。随着经济发展水平的日益提高，中国已成为世界第二大经济体，中国的发展需要融入世界，世界的发展更离不开中国。当前"一带一路"建设是中国与域外文化交流沟通的过程，也是借鉴的过程，这一过程离不开中国与域外法律文化的学习和借鉴。人类的文化就是在彼此的借鉴中走向融合的，当下不管是中国传统法律研究还是域外法律研究，都离不开比较的研究方法。"博古通今，中西融合"，既是当前中国文化建设的内在逻辑，也是推动中国法律史研究多元开放的强大动力。

第九章

当代中国法律通史研究现状

新中国成立至改革开放前,中国法律史学初步完成了学科的基本建构[1],通史类研究有了一定的进展,但是成果多为教材、讲义和苏联译著,个人论著极少,除孙晓楼的《中国古典法学的一些现实意义》[2]、张晋藩的《中国古代国家与法权历史发展中的几个问题》[3] 等中国法律史论文之外,还包括侯外庐等的《中国思想通史》[4]、任继愈主编的《中国哲学史》[5] 中有关中国古代政治法律思想的论述,以及杨绍宣的《中国法律变迁史略与新法学观》[6]、杜国庠的《中国古代由礼到法的思想变迁》[7]、李德永的《韩非的社会政治思想》[8]、侯外庐的《论中国封建制的形成及其法典化》[9]、甫翁的《判牍史话》[10]、聂崇岐的《中国历代官制简述》[11] 等。这些通史类研究成果奠定了中国法律史学的学科基础,初步

---

[1] 参见曾宪义、郑定编著:《中国法律制度史研究通览》,天津教育出版社1989年版,第42页。
[2] 参见孙晓楼:《中国古典法学的一些现实意义》,载《法学》,1957年第1期。
[3] 参见张晋藩:《中国古代国家与法权历史发展中的几个问题》,载《政法研究》,1963年第2期。
[4] 参见侯外庐、赵纪彬、杜国庠:《中国思想通史》(第一卷),人民出版社1957年版。这部中国思想通史综合了哲学思想、逻辑思想和社会思想三部分,共五卷。第一、二、三、五卷是在新中国成立前写的中国思想通史和中国近代思想学说史的一部分的基础上增订修改而成的;第四卷是1959年编写完成的。第一卷为古代卷(殷至战国),第二、三卷属于中世纪的前期(汉至南北朝),第四卷属于中世纪的后期(隋唐至明末),第五卷属于封建社会解体过程中的一段,即自17世纪至清中叶19世纪40年代。
[5] 参见任继愈主编:《中国哲学史》,人民出版社1964年版。
[6] 参见杨绍宣:《中国法律变迁史略与新法学观》,载《新建设》,1950年第2卷第6期。
[7] 参见杜国庠:《中国古代由礼到法的思想变迁》,载杜国庠:《先秦诸子的若干研究》,生活·读书·新知三联书店1955年版。
[8] 参见李德永:《韩非的社会政治思想》,载《新建设》,1956年第12期。
[9] 参见侯外庐:《论中国封建制的形成及其法典化》,载《历史研究》,1956年第8期。
[10] 参见甫翁:《判牍史话》,载《光明日报》,1962年3月20日。
[11] 参见聂崇岐:《中国历代官制简述》,载《光明日报》,1962年4月25日。

提出了学科研究的重大论题,为中国法律史学的发展提供了基本框架和研究路径。但是这一阶段的研究成果中欠缺中国法律史领域专门的通史类论著,同时,此时的法律制度史似乎"更像是国家通史或国家政治制度史"[1],政治思想和法律思想不分,甚至将法律思想看作政治思想的一部分,因而法律通史类研究成果的学术性和专门性大打折扣。改革开放以后,法律通史类研究成果呈井喷式出现,拓展和深化了学科研究的广度和深度,丰富了学科研究的内涵,形成了中国法律通史研究的不同风格。

本章以改革开放以来中国法律史研究领域的重大课题为线索,穿插对中国法律通史研究相关论著的介绍,以期展现改革开放以来中国法律制度通史、中国法律思想通史、中国民族法制通史、中国地方法制通史研究的总体概观。

一、中国法律制度通史研究

中国法律制度通史研究在相当长的一段时期内保持了一种相对内敛和保守的研究风格,研究范围狭窄,研究思路呈现出严重的国家主义倾向,聚焦于国家层面的立法和司法以及国家机关架构的宏观叙事[2],对于具体法律制度,例如警察制度、监狱制度、监察制度、检察制度、律师制度、法医制度等的研究有所忽视,同时对于与国家法并行的民间治理规则和机制的研究相对匮乏。20世纪80年代以来,学界对于中国法律制度通史的研究开始呈现体系化、规模化、多元化、精细化的特征,研究成果不乏大规模、多卷本的"巨制",也不乏对某一具体法律制度的起源、发展、沿革进行考证、阐释的论著。

20世纪八九十年代,中国法律制度通史研究的著作主要包括张晋藩的《中国法律史论》[3]、乔伟的《中国法律制度史》(上册)[4]、游绍尹和吴传太的《中国政治法律制度简史》[5]、范明辛和雷晟生编著的《中国近代法制史》[6]、徐进的《古代刑罚与刑具》[7]、张晋藩总主编的《中国法制通史》(十卷本)[8]等,论文主要包

---

[1] 曾宪义、郑定编著:《中国法律制度史研究通览》,天津教育出版社1989年版,第42页。
[2] 参见中国社会科学院法学研究所法制史研究室编:《中国法律史学的新发展》,中国社会科学出版社2008年版,第10页。
[3] 参见张晋藩:《中国法律史论》,法律出版社1982年版。
[4] 参见乔伟:《中国法律制度史》(上册),吉林人民出版社1982年版。
[5] 参见游绍尹、吴传太:《中国政治法律制度简史》,湖北人民出版社1982年版。
[6] 参见范明辛、雷晟生编著:《中国近代法制史》,陕西人民出版社1988年版。
[7] 参见徐进:《古代刑罚与刑具》,山东教育出版社1989年版。
[8] 参见张晋藩总主编:《中国法制通史》(十卷本),法律出版社1999年版。

括乔伟的《论我国封建法律制度的三次重大改革及其历史教训》①、张晋藩和刘海年的《中国封建法律与专制主义统治》②、王强华的《从我国历史上的三次变法谈法在改革中的作用》③、韩延龙的《中国革命法制史的若干基本问题》④、艾永明和钱长源的《中国封建社会理冤制度述论》⑤、马小红的《试论中国封建社会的法律形式》⑥、张晋藩的《论中国古代的职官编制法》⑦、马小红的《中国封建社会两类法律形式的消长及影响》⑧、武树臣的《中国古代法律样式的理论诠释》⑨等。一方面，从这一时期的中国法律制度通史研究中依然能够看到阶级论的某些观点，马克思的历史唯物主义原理仍然是分析中国古代法律制度的理论框架，与此同时，这一时期中国法律制度通史研究中"以论代史"的现象明显减少，史料得到了应有的重视，对政治制度和法律制度进行了必要的区分，提升了法律制度史研究的学科特性和专业性；另一方面，大规模、多卷本中国法律制度通史研究成果的出现标志着体系化和学科化的中国法律史学渐趋成熟，也体现了法律史研究者试图通过对中国法律史体系的宏观建构形成自身的话语体系和历史观，其中蕴含了一代法律史学人的时代责任和历史使命。

在这一时期的中国法律制度通史研究成果中，乔伟的《中国法律制度史》（上册）是一部具有代表性的专著，作者在"导论"中指出："我之所以主张把法律制度和政治制度分开，把中国法律制度史的研究对象只限于法律制度，是因为中国历史上的法律制度虽然和政治制度有着密切的联系，但它们仍然具有自身的发展规律。而且从中国法律制度史这门科学的今后发展来看，也不应再把政治制度纳入法制史的研究范围之内。把二者混杂在一起，既不利于我们对法律制度史的深入研究，又妨碍我们对政治制度史的深入探讨。"⑩该书共有5章，从夏商周奴隶制法律制度开始，至魏晋南北朝时期，对不同历史时期的立法制度、司法制度、犯罪和刑罚进行了详细的介绍。张晋藩总主编的《中国法制通史》（十卷本）是中国法律制度通史研究中的扛鼎之作。在1979年9月长春召开的中国法

---

① 参见乔伟：《论我国封建法律制度的三次重大改革及其历史教训》，载《法学研究》，1988年第1期。
② 参见张晋藩、刘海年：《中国封建法律与专制主义统治》，载《北方论丛》，1980年第4期。
③ 参见王强华：《从我国历史上的三次变法谈法在改革中的作用》，载《法学研究》，1982年第5期。
④ 参见韩延龙：《中国革命法制史的若干基本问题》，载《法学研究》，1986年第5期。
⑤ 参见艾永明、钱长源：《中国封建社会理冤制度述论》，载《法学研究》，1991年第4期。
⑥ 参见马小红：《试论中国封建社会的法律形式》，载《中国法学》，1991年第2期。
⑦ 参见张晋藩：《论中国古代的职官编制法》，载《中国法学》，1993年第2期。
⑧ 参见马小红：《中国封建社会两类法律形式的消长及影响》，载《法学研究》，1993年第5期。
⑨ 参见武树臣：《中国古代法律样式的理论诠释》，载《中国社会科学》，1997年第1期。
⑩ 乔伟：《中国法律制度史》（上册），吉林人民出版社1982年版，第2页。

律史学会会议上,张晋藩出于当时中国法律史研究落后的状况和复兴中国法律史研究的考虑,提出编写《中国法制通史》(多卷本)的计划和设想,并将此课题定位为"历史责任"和"时代需要"[①]。张晋藩指出:"编写中国法制通史(多卷本)是一项艰巨的科学研究工作,它的完成不仅会赢得国内法学界、史学界的重视,也将为世界法史学者所瞩目。因此它应该代表我国对中国法制史研究的水平,反映出国内外的最新的研究成果。"[②] 1985年《中国法制通史》(多卷本)编写任务被列为哲学社会科学"七五"期间国家重点研究课题,后又被纳入"八五"规划,得到国家社科基金的资助。该书从提出编写建议到出版历时19年,参撰者约70人,被称为"建树学科里程碑的浩大工程"[③]。该书共分为十卷,第一卷为夏商周卷,主编为蒲坚,本卷以历史发展线索为"经",以部门法内容为"纬",对中国法律的起源问题以及夏、商、西周、春秋时期的法律制度进行了详细的梳理和考证;第二卷为战国、秦汉卷,主编为徐世虹,战国、秦汉时期是中国古代法制形成和发展的奠基时期,这一时期的法律制度具有重要的研究价值,本卷对战国、秦汉时期的文化背景与变法概况、刑事和民事法律制度、经济和行政法规、立法指导原则以及司法制度等进行了详细的介绍;第三卷为魏晋南北朝卷,主编为乔伟,这一历史时期由于战争频仍、政权林立,所留史料匮乏,中国法制史领域对这一时期的研究基本处于"空白状态",编写组从基础工作做起,"钻到古书中去'大海捞针',搜集资料,然后再考证、梳理、分析、编纂,费时五年,修改数次,终于形成现在这样一部著作"[④];第四卷为隋唐卷,主编为陈鹏生,隋唐作为中国古代法律的鼎盛时期,从法律内容、篇章到立法技术、指导原则,都足以为后世所效仿,本卷对隋唐五代的立法概况,民事、经济、行政法规以及司法制度进行了详细介绍;第五卷为宋代卷,主编为张晋藩、郭成伟,本卷对宋朝和辽金的立法思想,立法活动,刑事、民事、行政、经济法律和司法制度进行了分析和概括总结;第六卷为元代卷,主编为韩玉林,在本卷编纂之时尚无一部系统的元朝法制史专著面世,本卷秉承"实事求是、客观公正"的原则对元朝的法制状况,行政、刑事、经济、民事法律规范和司法制度进行了有益的探索和挖掘[⑤];第七卷为明代卷,主编为张晋藩、怀效锋,编者基于明朝统治者特

[①] 张晋藩总主编,蒲坚主编:《中国法制通史》(第一卷),法律出版社1999年版,"总序"第2页。
[②] 张晋藩总主编,蒲坚主编:《中国法制通史》(第一卷),法律出版社1999年版,"总序"第3页。
[③] 曾宪义、郑定编著:《中国法律制度史研究通览》,天津教育出版社1989年版,第57页。
[④] 张晋藩总主编,乔伟主编:《中国法制通史》(第三卷),法律出版社1999年版,"绪言"第2页。
[⑤] 参见张晋藩总主编,韩玉林主编:《中国法制通史》(第六卷),法律出版社1999年版,"绪言"第2页。

定的指导思想和社会政策，对明朝的立法、司法实践以及民事、刑事、行政法律制度进行了充分的论证；第八卷为清代卷，主编为张晋藩，由于清朝为中国封建法制的完备阶段，且留下了大量的法制档案资料，本卷用 27 章的内容论述了清入关前和入关后的法律制度，并对顺治、康熙、雍正、乾隆、嘉庆、道光朝的民事、刑事、经济、行政、民族立法和司法制度进行了详细的介绍；第九卷为清末、中华民国卷，主编为朱勇，本卷立足于中国近代内忧外患的社会背景，结合中国法制近代化的历程，对清末、民国时期的法律体系和法律制度进行了详细的论述；第十卷为新民主主义政权卷，主编为张希坡，本卷以革命根据地人民民主政权和法制的演变为线索，将革命根据地法制发展分为萌芽、初创、形成和发展四个阶段，对于创建中国特色社会主义法治具有重要的参考价值。

进入 21 世纪以来，中国法律制度通史研究的专著在量上有了显著的增长，在质的方面也有了显著的改善：一方面，法律文明史研究成果的出现是法制史研究纵深化的表现，对法律制度背后的文明因素的挖掘彰显了法制史研究的现代价值，而且这种价值越来越受到学界重视。另一方面，学界对司法制度通史的研究是中国法制史研究精细化和多元化的重要表现，对中国法制史进行学术"解构"，可以更加全面地展现中国法制史真实的面貌。在这一时期中国法律制度通史研究成果中著作主要包括张中秋编的《中国法律形象的一面——外国人眼中的中国法》[1]、叶孝信和郭建主编的《中国法律史研究》[2]、杨一凡总主编的《中国法制史考证》（全 15 册）[3]、顾元的《衡平司法与中国传统法律秩序——兼与英国衡平法相比较》[4]、张晋藩的《中华法制文明的演进》[5] 和《中华法制文明史》（两卷本）[6]、杨一凡的《重新认识中国法律史》[7]、高恒的《中国古代法制论考》[8]、钱大群的《中国法律史论考》[9]、陈宏彝的《中华法治史话》[10]、苏亦工的《西瞻

---

[1] 参见张中秋编：《中国法律形象的一面——外国人眼中的中国法》，法律出版社 2002 年版。
[2] 参见叶孝信、郭建主编：《中国法律史研究》，学林出版社 2003 年版。
[3] 参见杨一凡总主编：《中国法制史考证》（全 15 册），中国社会科学出版社 2003 年版。
[4] 参见顾元：《衡平司法与中国传统法律秩序——兼与英国衡平法相比较》，中国政法大学出版社 2006 年版。
[5] 参见张晋藩：《中华法制文明的演进》，法律出版社 2010 年版。
[6] 参见张晋藩：《中华法制文明史》（两卷本），法律出版社 2013 年版。
[7] 参见杨一凡：《重新认识中国法律史》，社会科学文献出版社 2013 年版。
[8] 参见高恒：《中国古代法制论考》，中国社会科学出版社 2013 年版。
[9] 参见钱大群：《中国法律史论考》，南京师范大学出版社 2001 年版。
[10] 参见陈宏彝：《中华法治史话》，群众出版社 2013 年版。

东顾：固有法律及其嬗变》[1]、梁治平的《法意与人情》[2]、陈景良的《跬步探微：中国法史考论》[3]、张春海的《中国古代立法模式演进史：两汉至宋》[4]、王沛主编的《中国法律史入门笔记》[5] 等，论文主要包括武树臣的《铸造灰色之法——再谈在我国发展判例制度的重要性》[6]、杨师群的《中国古代法律样式的历史考察——与武树臣先生商榷》[7]、王人博的《宪政的中国语境》[8]、张全民的《中国古代直诉中的自残现象探析》[9]、巩富文的《中国古代法官责任制度的基本内容与现实借鉴》[10]、范忠信的《中国"封建"法制史研究论纲》[11]、周国均和巩富文的《我国古代死刑复核制度的特点及其借鉴》[12]、张晋藩的《综论百年法学与法治中国》[13]、刘笃才的《中国古代民间规约引论》[14]、任强的《中国封建法再认识》[15]、王志强的《制定法在中国古代司法判决中的适用》[16] 和《中国法律史叙事中的"判例"》[17]、柴荣的《中国古代先问亲邻制度考析》[18]、刘笃才的《中国古代判例考论》[19]、朱勇的《从海关到家庭：近代中国法律制度变革的价值效应》[20]、蒋铁初的《中国古代审判中的狱贵初情》[21]、张晋藩的《中国古代乐在综合治国中的作用》[22]、文扬的《认识中国古代法理的三个维度》[23] 等。

---

[1] 参见苏亦工：《西瞻东顾：固有法律及其嬗变》，法律出版社 2015 年版。

[2] 参见梁治平：《法意与人情》，广西师范大学出版社 2021 年版。

[3] 参见陈景良：《跬步探微：中国法史考论》，法律出版社 2022 年版。

[4] 参见张春海：《中国古代立法模式演进史：两汉至宋》，南京大学出版社 2020 年版。

[5] 参见王沛主编：《中国法律史入门笔记》，法律出版社 2020 年版。

[6] 参见武树臣：《铸造灰色之法——再谈在我国发展判例制度的重要性》，载《法学研究》，2000 年第 1 期。

[7] 参见杨师群：《中国古代法律样式的历史考察——与武树臣先生商榷》，载《中国社会科学》，2001 年第 1 期。

[8] 参见王人博：《宪政的中国语境》，载《法学研究》，2001 年第 2 期。

[9] 参见张全民：《中国古代直诉中的自残现象探析》，载《法学研究》，2002 年第 1 期。

[10] 参见巩富文：《中国古代法官责任制度的基本内容与现实借鉴》，载《中国法学》，2002 年第 4 期。

[11] 参见范忠信：《中国"封建"法制史研究论纲》，载《中国法学》，2003 年第 6 期。

[12] 参见周国均、巩富文：《我国古代死刑复核制度的特点及其借鉴》，载《中国法学》，2005 年第 1 期。

[13] 参见张晋藩：《综论百年法学与法治中国》，载《中国法学》，2005 年第 5 期。

[14] 参见刘笃才：《中国古代民间规约引论》，载《法学研究》，2006 年第 1 期。

[15] 参见任强：《中国封建法再认识》，载《法学研究》，2006 年第 2 期。

[16] 参见王志强：《制定法在中国古代司法判决中的适用》，载《法学研究》，2006 年第 5 期。

[17] 参见王志强：《中国法律史叙事中的"判例"》，载《中国社会科学》，2010 年第 5 期。

[18] 参见柴荣：《中国古代先问亲邻制度考析》，载《法学研究》，2007 年第 4 期。

[19] 参见刘笃才：《中国古代判例考论》，载《中国社会科学》，2007 年第 4 期。

[20] 参见朱勇：《从海关到家庭：近代中国法律制度变革的价值效应》，载《中国法学》，2011 年第 4 期。

[21] 参见蒋铁初：《中国古代审判中的狱贵初情》，载《法学研究》，2013 年第 5 期。

[22] 参见张晋藩：《中国古代乐在综合治国中的作用》，载《中国高校社会科学》，2022 年第 6 期。

[23] 参见文扬：《认识中国古代法理的三个维度》，载《环球法律评论》，2022 年第 3 期。

第九章 当代中国法律通史研究现状

其中，杨一凡总主编的《中国法制史考证》（全15册）的编写工作自20世纪80年代就被列为中国社会科学院法学研究所法律史研究室科研工作的三大基础工程之一，该书的编写工作基于当时中国法律制度通史研究中的种种缺陷和问题而展开，这些研究缺陷和问题正如杨一凡在该书的"总序"中所指出的："一是把丰富内涵的中国法律史简单化，只注意了法的阶级性，而忽视了法的社会性和科学性，这就把具有多功能的法律的发展史无形中演化成阶级斗争工具史；二是忽视了历史上实际存在的多种法律形式，在许多方面用刑事律典编纂史替代了立法史；三是法律思想与法律制度、立法与司法割裂研究，未能较全面地反映中国法律发展史的概貌；四是法史研究未能充分地结合具体的历史条件和社会、经济、文化状况和法制变革的实践进行，以静态的法律史替代了动态的法律史。"[1] 该书分为甲、乙、丙、丁四卷共15册，四卷分别为《历代法制考》、《法史考证重要论文选编》、《日本学者考证中国法制史重要成果选译》和《法史考证系列专著》。该书的出版极大地丰富了中国法律制度通史和中国法律史学科史的研究。杨一凡的另外一本著作《重新认识中国法律史》也是基于法制史研究现况，对传统的成说进行厘正和考辨，对法制史研究的成果进行重新审视，进而"推动中国法律史学的创新"[2]。张晋藩的《中华法制文明史》（两卷本）对中国古今法制文明资源进行了深入的发掘，详述了历朝历代法制背后的文明因素，展现了中华法制文明的特征[3]和演变规律。最后，结合中国特色社会主义法律体系形成的经验，作者指出："中国特色社会主义的法治要在'特色'二字上下功夫……正确对待中国的传统法律文化，重视本国悠久法律文化资源的开发与应用，吸取其理性的、民主性的因素，科学地融入到当前的法制建设中去。"[4] 在论文成果中，值得一提的是范忠信的《中国"封建"法制史研究论纲》，该文抛开了西方语境下的"封建主义"，从中国自身的发展逻辑和历史传统出发，阐释了中国自汉至太平天国沿袭数千年的"封建"法制的内容和特点，指出中国的"封建"是以"亲亲"和"报功"为基本原则的政治经济利益体系，对中国"封建"法制的研究一方面可以使我们进一步了解中国传统政治的结构和特征，另一方面可以使我们认清中国"封建"法制

---

[1] 杨一凡总主编，马小红主编：《中国法制史考证》（甲编第一卷），中国社会科学出版社2003年版，"总序"第2页。

[2] 杨一凡：《重新认识中国法律史》，社会科学文献出版社2013年版，"为了推动中国法律史学的创新——代前言"。

[3] 张晋藩将中华法制文明的特征概括为五点：第一，引礼入法，礼法结合；第二，以人为本，明德慎罚；第三，恭行天理，执法原情；第四，家族本位，伦理法制；第五，无讼是求，调处息争。参见张晋藩：《中华法制文明史》（古代卷），法律出版社2013年版，第1-6页。

[4] 张晋藩：《中华法制文明史》（近、当代卷），法律出版社2013年版，第586页。

对现代的影响①,这为重新认识中国传统法制提供了一个新的视角。

司法制度是中国法律制度通史研究的一大特色,也是中国法律制度通史研究中必不可缺的一部分。自20世纪80年代以来,学术界对司法制度的研究有了很大的进展,既包括对司法制度自身沿革史的研究,也包括对各项具体司法制度的研究,如监狱制度、警察制度、监察制度、检察制度、律师制度、法医制度等。司法制度通史研究成果主要包括陈光中和沈国峰的《中国古代司法制度》②、熊先觉的《中国司法制度》③和《中国司法制度简史》④、张晋藩主编的《中国司法制度史》⑤、张兆凯主编的《中国古代司法制度史》⑥、公丕祥主编的《近代中国的司法发展》⑦、陈光中的《中国古代司法制度》⑧、陈景良和范忠信等编写的《中国司法文明的历史演进》⑨、崔永东等的《中国传统司法文化研究》⑩、程维荣的《中国审判制度史》⑪等。其中,熊先觉的《中国司法制度》介绍了中国司法制度的历史发展过程,将动态的司法实践和静态的法律规定相结合,采用系统论的理论方法对人民司法制度作了重点研究。陈光中的《中国古代司法制度》一书结合中国古代司法制度的特点和社会背景,对中国古代包括司法机构、监察制度、审判制度、监狱制度等在内的十项司法制度进行了分章论述,最后指出:"四千年的中国古代司法制度,是一部司法文明发展史,彰显明德慎刑,公正断狱,强化治吏监察,重视教化调解,凝结着古代统治者运用司法手段治国理政的智慧和经验;中国古代司法制度史又是一部服务于君主专制统治的历史,纠问制诉讼,刑讯逼供,供重于证,浸透着血腥气味。"⑫

关于监狱制度的研究成果主要包括李文彬的《中国古代监狱简史》⑬、王志亮的《中国监狱史》⑭、王利荣的《中国监狱史》⑮、薛梅卿的《我国监狱及狱制

---

① 参见范忠信:《中国"封建"法制史研究论纲》,载《中国法学》,2003年第6期。
② 参见陈光中、沈国峰:《中国古代司法制度》,群众出版社1984年版。
③ 参见熊先觉:《中国司法制度》,中国政法大学出版社1986年版。
④ 参见熊先觉:《中国司法制度简史》,山西人民出版社1986年版。
⑤ 参见张晋藩主编:《中国司法制度史》,人民法院出版社2004年版。
⑥ 参见张兆凯主编:《中国古代司法制度史》,岳麓书社2005年版。
⑦ 参见公丕祥主编:《近代中国的司法发展》,法律出版社2014年版。
⑧ 参见陈光中:《中国古代司法制度》,北京大学出版社2017年版。
⑨ 参见陈景良、范忠信等编:《中国司法文明的历史演进》,法律出版社2017年版。
⑩ 参见崔永东等:《中国传统司法文化研究》,人民出版社2017年版。
⑪ 参见程维荣:《中国审判制度史》,上海教育出版社2001年版。
⑫ 陈光中:《中国古代司法制度》,北京大学出版社2017年版,第25页。
⑬ 参见李文彬:《中国古代监狱简史》,西北政法学院科研处1984年印制。后该书于2011年由法律出版社出版,书名更改为《中国古代监狱史》。
⑭ 参见王志亮:《中国监狱史》,中国政法大学出版社2017年版。
⑮ 参见王利荣:《中国监狱史》,四川大学出版社1996年版。

探源》① 以及张桂华和高和贤的《天津监狱史续编》② 等论著。其中李文彬的《中国古代监狱简史》分章介绍了从夏朝至清末中国监狱的沿革、管理制度、桎梏制度和基本特征，是新中国成立后法律史研究领域第一部系统介绍中国古代监狱制度的专著，具有开创性意义。

关于警察制度的研究成果包括中国社会科学院法学研究所法制史研究室编著的《中国警察制度简论》③、林维业等编著的《中国警察史》④、韩延龙主编的《中国近代警察制度》⑤、韩延龙和苏亦工等的《中国近代警察史》⑥、董纯朴编著的《中国警察史》⑦、易继苍和史奕的《近代浙江警察史研究（1903—1949）》⑧等。其中中国社会科学院法学研究所法制史研究室编写的《中国警察制度简论》以专题形式对中国历代的警察制度作了详细的介绍，是警察法制史研究领域的填补空白之作。⑨

关于监察制度的研究成果包括林代昭主编的《中国监察制度》⑩、吴才仁和王毓玳主编的《中国监察制度史纲》⑪、彭勃和龚飞的《中国监察制度史》⑫、皮纯协等编著的《中外监察制度简史》⑬、邱永明的《中国监察制度史》⑭、张晋藩主编的《中国古代监察法制史》⑮、刘社建的《古代监察史》⑯、曾哲的《中国监察制度史稿》⑰ 等。其中张晋藩主编的《中国古代监察法制史》对中国古代零星的监察史料进行了整理，兼顾静态的法律条文和动态的法律实施两个方面，对中国古代监察制度进行了梳理，并增加了监察思想的内容，极大提升了该研究的史鉴价值和现实意义。

---

① 参见薛梅卿：《我国监狱及狱制探源》，载《法学研究》，1995 年第 4 期。
② 参见张桂华、高和贤：《天津监狱史续编》，天津社会科学院出版社 2018 年版。
③ 参见中国社会科学院法学研究所法制史研究室编著：《中国警察制度简论》，群众出版社 1985 年版。
④ 参见林维业等编著：《中国警察史》，辽宁人民出版社 1993 年版。
⑤ 参见韩延龙主编：《中国近代警察制度》，中国人民公安大学出版社 1993 年版。
⑥ 参见韩延龙、苏亦工等：《中国近代警察史》，社会科学文献出版社 2000 年版。
⑦ 参见董纯朴编著：《中国警察史》，吉林人民出版社 2005 年版。
⑧ 参见易继苍、史奕：《近代浙江警察史研究（1903—1949）》，浙江大学出版社 2019 年版。
⑨ 参见中国社会科学院法学研究所法制史研究室编著：《中国警察制度简论》，群众出版社 1985 年版，"内容提要"。
⑩ 参见林代昭主编：《中国监察制度》，中华书局 1988 年版。
⑪ 参见吴才仁、王毓玳主编：《中国监察制度史纲》，同济大学出版社 1989 年版。
⑫ 参见彭勃、龚飞：《中国监察制度史》，中国政法大学出版社 1989 年版。
⑬ 参见皮纯协等编著：《中外监察制度简史》，中州古籍出版社 1991 年版。
⑭ 参见邱永明：《中国监察制度史》，华东师范大学出版社 1992 年版。
⑮ 参见张晋藩主编：《中国古代监察法制史》，江苏人民出版社 2007 年版。
⑯ 参见刘社建：《古代监察史》，东方出版中心 2018 年版。
⑰ 参见曾哲：《中国监察制度史稿》，光明日报出版社 2019 年版。

关于检察制度的研究成果包括林海主编的《中央苏区检察史》[①]、刘建国主编的《鄂豫皖革命根据地的人民检察制度》[②]、王桂五主编的《中华人民共和国检察制度研究》[③]、谢如程的《清末检察制度及其实践》[④]、张培田和张华的《近现代中国审判检察制度的演变》[⑤]、刘清生的《中国近代检察权制度研究》[⑥]等专著，以及徐爽、韩健的《中国检察制度历史变迁之回顾》[⑦]等论文。其中王桂五主编的《中华人民共和国检察制度研究》通过对检察制度历史渊源、法律渊源、职能、程序等的研究，提出了许多新的理论见解，推动了检察制度理论研究的进程。

在律师制度研究方面，专著类的成果主要包括周太银和刘家谷的《中国律师制度史》[⑧]、徐家力的《中华民国律师制度史》[⑨]、沈国明和何勤华主编的《上海律师公会报告书》[⑩]，论文类的成果主要包括陈景良的《讼师与律师：中西司法传统的差异及其意义——立足中英两国12—13世纪的考察》[⑪]、郭义贵的《讼师与律师：基于12至13世纪的中英两国之间的一种比较》[⑫]、李栋的《讼师在明清时期的评价及解析》[⑬]、尤陈俊的《清代讼师贪利形象的多重建构》[⑭]等。其中周太银和刘家谷合著的《中国律师制度史》被认为是"第一部以研究中国律师的起源、沿革、发展、壮大的过程为主要内容，融史实、政论、文学为一体的史学专著"[⑮]，有着较强的学术价值和实践价值。

关于法医制度的研究成果，专著主要包括贾静涛的《中国古代法医学史》[⑯]和闫晓君的《出土文献与古代司法检验史研究》[⑰]，论文主要包括贾静涛的《中

---

① 参见林海主编：《中央苏区检察史》，中国检察出版社2001年版。
② 参见刘建国主编：《鄂豫皖革命根据地的人民检察制度》，中国检察出版社2011年版。
③ 参见王桂五主编：《中华人民共和国检察制度研究》，中国检察出版社2008年版。
④ 参见谢如程：《清末检察制度及其实践》，上海人民出版社2008年版。
⑤ 参见张培田、张华：《近现代中国审判检察制度的演变》，中国政法大学出版社2004年版。
⑥ 参见刘清生：《中国近代检察权制度研究》，湘潭大学出版社2010年版。
⑦ 参见徐爽、韩健：《中国检察制度历史变迁之回顾》，载《法学杂志》，2008年第3期。
⑧ 参见周太银、刘家谷：《中国律师制度史》，湖北科学技术出版社1988年版。
⑨ 参见徐家力：《中华民国律师制度史》，中国政法大学出版社1998年版。
⑩ 参见沈国明、何勤华主编：《上海律师公会报告书》，上海人民出版社2019年版。
⑪ 参见陈景良：《讼师与律师：中西司法传统的差异及其意义——立足中英两国12—13世纪的考察》，载《中国法学》，2001年第3期；
⑫ 参见郭义贵：《讼师与律师：基于12至13世纪的中英两国之间的一种比较》，载《中国法学》，2010年第3期。
⑬ 参见李栋：《讼师在明清时期的评价及解析》，载《中国法学》，2013年第2期。
⑭ 参见尤陈俊：《清代讼师贪利形象的多重建构》，载《法学研究》，2015年第5期。
⑮ 《欢迎订购我国第一部〈中国律师制度史〉》，载《中南政法学院学报》，1989年第2期。
⑯ 参见贾静涛：《中国古代法医学史》，群众出版社1984年版。
⑰ 参见闫晓君：《出土文献与古代司法检验史研究》，文物出版社2005年版。

国古代的检验制度》《中国法医学简史》《古代法律与法医学》①，以及茆巍的《清代司法检验制度中的洗冤与检骨》② 等。法医制度史研究是法制史研究领域的"冷门"，尚处于起步阶段，目前只有少数学者进行研究，且研究者基本都有法学和医学的交叉学科背景。对于法律史学者来说，法医制度史研究无疑是困难重重的。

二、中国法律思想通史研究

中国法律思想通史的编写受到学科体系日渐科学化和系统化的影响，从形式和内容两个方面呈现出较大的变化。形式上，中国法律思想通史的编写体系更加完善、规模更加宏大，呈现出以历史发展或者主流思想的发展阶段为线索、以"思潮—学派—人物"为横截面的思想史叙述结构。在内容方面，首先是中国法律思想史研究的"去国家化"和"去政治化"，保持中国法律思想史学科研究的独立性；其次，建设中国法律思想史史料学，将"正统史料"和"非正统史料"相结合，将研究视角从"精英思想史"向"一般思想史"转移，充实和丰富中国法律思想史的研究③；最后，更注重对法律思想演进脉络和规律的概括，人物思想研究丰富多彩。

范忠信曾在《杨鹤皋先生及其对中国法律思想史学科的贡献——写在杨著〈中国法律思想通史〉多卷本即将出版之际》一文中指出："改革开放后直至1995年间的中国法律思想史教学研究，大致上有几个主要学科点起重要作用。第一是北京大学的张国华、饶鑫贤老师主持的法律思想史学科点。该点自1981年就取得了法律思想史专业硕士学位授予权，1986年又取得了博士学位授予权。第二个是吉林大学栗劲、孔庆明、刘富起、赵国彬等老师主持的法律思想史学科点。该点招生很早，自1984年起就获得了硕士学位授予权。第三个是中国政法大

---

① 参见贾静涛：《中国古代的检验制度》，载《法学研究》，1980年第6期；贾静涛：《中国法医学简史》，载《中国法医学杂志》，1988年第3期；贾静涛：《古代法律与法医学》，载《中国法医学杂志》，1994年第1期。

② 参见茆巍：《清代司法检验制度中的洗冤与检骨》，载《中国社会科学》，2013年第7期。

③ 杨鹤皋指出，21世纪中国法律思想史要注重建设中国法律思想史史料学，既要注重对经史子集四类"正统史料"的使用，还要注重使用那些"非正统史料"，如对野史、小说、戏曲、传奇、神话等进行搜集、整理和研究。这样不仅能够反映特定时代官方的主导法律思想，也能够体现出社会的主流法律思想和大众法律心理。葛兆光在讨论中国思想史的写法时提出了"精英思想史"和"一般思想史"两个概念。"精英思想史"指的是按照思想发展的脉络，由思想家主导并由精英和经典进行描述的思想史。而"一般思想史"指的是关于"一般知识、思想与信仰"的思想史，"是一种'日用而不知'的普遍知识和思想。……它一方面背靠人们一些不言而喻的依据和假设，建立起一套简明、有效的理解，一方面在日常生活世界中对一切现象进行解释，支持人们操作，并作为人们生活的规则和理由"。传统思想史的写作是一种官方主导下的"有组织的历史记载"和"有偏向的价值确认"，这往往会使思想史研究"失真"，因此"一般思想史"的研究倾向于将那些"无意识"的历史资料囊括进思想史的范畴，让思想史研究更加真实。参见杨鹤皋：《中国法律思想史》，群众出版社2000年版，第414－416页；葛兆光：《中国思想史》（导论），复旦大学出版社2013年版，第8－20页。

学杨鹤皋、高潮、林中等先生主持的法律思想史学科点,该点自1983年开始招生,1984年获得硕士学位授予权。第四个是西南政法大学杨景凡教授主持的法律思想史学科点,1979年开始招生,1986年获得硕士学位授予权。"①

早在1983年8月,在西安召开的中国法律史学会的年会上,李光灿提出编写《中国法律思想通史》(多卷本)的建议,得到了与会者的一致赞同。后该课题被列为国家社科基金"七五"重点科研项目,总主编为李光灿、张国华,历时数年,几经周折②,最终完成了一部共11卷的中国法律思想通史巨著。该书各卷分别为:第一卷《夏、商、西周》,主编为张国华;第二卷《春秋、战国、秦代》,主编为刘新;第三卷《西汉、东汉》,主编为杨鹤皋;第四卷《三国、两晋、南北朝》,主编为乔伟、王绍棠;第五卷《隋》,主编为叶孝信;第六卷《北宋、南宋》,主编为吴建璠、孔庆明;第七卷《辽夏金元》,主编为陈盛清;第八卷《明代》,主编为饶鑫贤;第九卷《清代》,主编为栗劲;第十卷《近代》,主编为陈鹏生;第十一卷《现代》,主编为杨永华。该书以历史发展阶段为主线,从传说时代的国家与法律思想到现代马克思主义法律思想的传播,横跨几千年,其中涉及不同历史时期法律思想产生的社会背景、思想所依托的经典史料、不同学派和人物的思想以及相关问题的不同争论,直观地展现了中国法律思想的发展演变历程,具有较强的学术性。《中国法律思想通史》(十一卷本)的出版具有深远的历史意义。曾宪义指出:"这个课题的确定和完成,是中国法律思想史学科的一项宏大工程,它将是对中国法律思想史教学研究队伍和学术水平的历史性的总结和检阅,也将是奠定迈向新里程的基础。"③

20世纪八九十年代的中国法律思想通史研究成果还主要包括俞荣根的《儒家法思想通论》④,潘念之主编,华友根、倪正茂著的《中国近代法律思想史》

---

① 范忠信:《杨鹤皋先生及其对中国法律思想史学科的贡献——写在杨著〈中国法律思想通史〉多卷本即将出版之际》,载《中西法律传统》(第4卷),中国政法大学出版社2004年版。

② 作为总主编之一的张国华在《中国法律思想通史》(十一卷本)"前言"中提到该书编写过程的不易和辛酸,最大的困难就是经费难以筹措,组织一支成员来自全国各地的编写队伍存在很多困难。再就是中国法律思想史所涉人物众多,史料浩繁,且有很多尚未开发的处女地,工程浩大。但经过半年多的反复协商,集思广益,联合攻关,最终组成了一个适当的写作班子,成立了编委会,拟定了大纲和计划,遴选了各卷的正副主编。但是课题刚刚开始不久,本课题的倡导者和总主编之一李光灿就积劳成疾,卧床不起。张国华写道:"弥留之际,他紧握我的双手,嘱意排除万难,争取如期完成未竟之业!"该书的编写工作最终在大家的齐心协力下完稿,五百多万言的中国法律思想通史蕴含着中华上下数千年光辉灿烂的思想文明,也凝结着老一辈法律史学人坚忍不拔的学术斗志和信念。编写过程的周折与不易更加彰显了该书的意义和价值。参见李光灿、张国华总主编:《中国法律思想通史》(一),山西人民出版社2001年版,"前言"第1页。

③ 曾宪义、范忠信编著:《中国法律思想史研究通览》,天津教育出版社1989年版,第54页。

④ 参见俞荣根:《儒家法思想通论》,广西人民出版社1992年版;俞荣根:《儒家法思想通论》(修订本),商务印书馆2018年版。

(上、下)[1]，徐进的《中国古代正统法律思想研究》（第一卷）[2]，杨鹤皋的《中国法律思想史》[3]，俞荣根的《道统与法统》[4]，饶鑫贤的《中国法律史论稿》[5]等。其中，杨鹤皋的《中国法律思想史》是20世纪90年代中国法律思想通史研究成果中具有代表性的一本著作。该书分为上、中、下三篇，总结回顾了中国法律思想史学科的创建和发展过程，对本学科的研究对象、方法和意义进行了阐述，探讨了中国法律思想史的阶段划分，系统论述了中国法律思想史的基本内容，提出了许多有价值的观点，最后对21世纪中国法律思想史研究进行了展望，为21世纪中国法律思想史研究的发展指出了新的方向。俞荣根的《儒家法思想通论》是"学术界第一部系统论述儒家法思想的力作"[6]，该书的写作背景是在"文化大革命"刚刚结束的一段历史时期内，学术界依然存在一定的乱象，"批林批孔"运动对儒家思想造成的曲解依然存在，尤其是在对孔子本人的评价等方面仍存在极大的误解，学界承担着为儒家"正名"的责任。这不仅需要扎实的学术功底，更需要一定的学术勇气。俞荣根从法的价值层次、原则层次和具体主张层次，对儒家法思想进行了系统的发掘和究论。该书首先通过对儒家思想研究的回顾和总结，对儒家思想研究的方法、史料以及学术观点等进行了探讨，并对孔子、孟子和荀子三人的思想进行了"特写"；其次归纳总结了儒家法思想在秦汉以后的历史嬗变及其规律；最后对儒家法思想的命运和前景、中华法系的伟大复兴以及现代法治社会的建设进行了专章探讨，指出深入开展儒家思想研究对于回归自身传统、实现民族统一、建设法治社会具有深远的历史意义，这也是该书的价值所在。这一时期论文方面的成果主要包括杨鹤皋的《略论中国法律思想的发展》[7]、朱勇和成亚平的《冲突与统一——中国古代社会中的亲情义务与法律义务》[8]、范忠信的《"亲亲尊尊"与亲属相犯：中外刑法的暗合》[9]和《中西法律

---

[1] 参见潘念之主编，华友根、倪正茂著：《中国近代法律思想史》（上、下），上海社会科学院出版社1992年版。

[2] 参见徐进：《中国古代正统法律思想研究》（第一卷），山东大学出版社1994年版。

[3] 参见杨鹤皋：《中国法律思想史》，群众出版社2000年版。（该书CIP数据为杨鹤皋：《中国法律思想史》，北京：群众出版社，1999.8（中国现代科学全书·法学），因此该书虽为2000年出版，但是仍然可以视为20世纪90年代末的中国法律思想通史研究作品。）

[4] 参见俞荣根：《道统与法统》，法律出版社1999年版。

[5] 参见饶鑫贤：《中国法律史论稿》，法律出版社1999年版。

[6] 陈德述：《一部开拓性的学术佳作——评〈儒家法思想通论〉》，载《孔子研究》，1995年第4期。

[7] 参见杨鹤皋：《略论中国法律思想的发展》，载《中国法学》，1988年第3期。

[8] 参见朱勇、成亚平：《冲突与统一——中国古代社会中的亲情义务与法律义务》，载《中国社会科学》，1996年第1期。

[9] 参见范忠信：《"亲亲尊尊"与亲属相犯：中外刑法的暗合》，载《法学研究》，1997年第3期。

传统中的"亲亲相隐"》①、饶鑫贤的《中国法律思想史分期问题商兑》②和《20世纪之中国法律思想史学研究及其发展蠡测》③等。杨鹤皋的《略论中国法律思想的发展》和饶鑫贤的《中国法律思想史分期问题商兑》等文章,对中国法律思想通史研究中涉及的历史分期等基础问题提出了不同的见解,并进行了深入的分析。④总体来说,这一时期中国法律思想通史的研究具有一定的基础性,为本学科的发展奠定了坚实的基础,同时也具有一定的突破性。

21世纪以来随着各大高校科研队伍的逐步壮大,中国法律思想史学科在各大法学院发展壮大,涌现出大量的论著,呈现出较强的发展态势。同时,这一时期的中国法律思想史学得益于新材料的发现以及新的研究方法的引入,研究领域进一步拓宽。这一时期中国法律思想通史的专著类研究成果主要包括何勤华的《中国法学史》(三卷本)⑤、龙大轩的《道与中国法律传统》⑥、马小红和庞朝骥等的《守望和谐的法文明:图说中国法律史》⑦、杨鹤皋的《中国法律思想通史》(上、下)⑧、公丕祥和龚廷泰主编的《马克思主义法律思想通史》(四卷本)⑨、马小红的《中国法思想史新编》⑩、于语和的《中国法律思想史专题述要》⑪ 等。其中,杨鹤皋的《中国法律思想通史》(上、下)是以过去几部中国法律思想断代史著作为基础编写而成的,全书分为上、下两册,共六篇。总论部分对中国法律思想史的学科体系、研究对象、方法和意义进行了探讨,总结了中国法律思想的四个特点,即儒家法律思想主导、皇权至上、缺乏民主法律思想以及具有变革

---

① 参见范忠信:《中西法律传统中的"亲亲相隐"》,载《中国社会科学》,1997年第3期。
② 参见饶鑫贤:《中国法律思想史分期问题商兑》,载《法学研究》,1999年第3期。
③ 参见饶鑫贤:《20世纪之中国法律思想史学研究及其发展蠡测》,载韩延龙主编:《法律史论集》(第1卷),法律出版社1998年版。
④ 杨鹤皋提出中国法律思想史分为五个时期,分别是:夏商西周时期带有神权和宗法色彩的礼治思想;春秋战国时期儒法两家的"礼治"和"法治";秦汉至唐,中国封建正统法律思想的鼎盛时期,这一时期的法律思想以儒家经典为指导,以礼入律;宋元明清时期封建正统法律思想占主导,理学兴盛,明末出现启蒙思潮;鸦片战争之后出现了许多具有进步意义的思潮,中国法律思想进入了一个新的发展阶段。饶鑫贤将中国法律思想史作了六个阶段的划分,分别是:萌生时期(传说时代)、形成时期(夏商西周时期)、争鸣时期(春秋战国时期)、定型时期(秦至晚清鸦片战争爆发)、转轨时期(清末至中华人民共和国成立)、发展时期(中华人民共和国成立至今)。
⑤ 参见何勤华:《中国法学史》(三卷本),法律出版社2006年版。
⑥ 参见龙大轩:《道与中国法律传统》,山东人民出版社2004年版。
⑦ 参见马小红、庞朝骥:《守望和谐的法文明:图说中国法律史》,北京大学出版社2009年版。
⑧ 参见杨鹤皋:《中国法律思想通史》(上、下),湘潭大学出版社2011年版。
⑨ 参见公丕祥、龚廷泰主编:《马克思主义法律思想通史》(四卷本),南京师范大学出版社2014年版。
⑩ 参见马小红:《中国法思想史新编》,南京大学出版社2015年版。
⑪ 参见于语和:《中国法律思想史专题述要》,清华大学出版社2020年版。

创新思想等。该书分章节介绍了先秦、秦汉、魏晋隋唐、宋元明清、近代的法律思想,最后对中国传统法律思想的相关问题进行了梳理和反思。该书侧重于从社会思潮入手,再到具体的学派、人物,注重思想与时代之间的互动,将中国传统法律思想的演变以动态的形式展现,使思想史研究不再以罗列单个人物思想的方式表现出来。马小红的《中国法思想史新编》一书从法思想史的研究方法入手,指出对法思想史的研究应该基于"法学"的视角对不同时期的法学思想作出现代诠释。作者采用"主义"一词"归纳中国古代思想家、学派有关法的主张并为之'定性'"[1]。基于此,作者将该书分为"神权法时代与天之信念"、"先秦儒家以人性善为基础的法律理想主义"、"法家以人性'好利恶害'为基础的法律工具主义"、"以道家和黄老学派为中心的法律自然主义"、"以儒家为本的主流思想与'法律现实主义'"、"主流法律思想的地位与非主流法律思想的发展"以及"主流法思想主导地位的终结"等七章,以主流法律思想的演变为线索对中国法思想展开论述。作者将中国法学术思想研究的应有之义归纳总结为:"以现代学术的方法总结归纳历史上出现的思想家、学派的法思想与主张,并以问题为导向研究这些思想的形成原因、历史影响以及在现实中的作用。更为重要的是,应该秉持近代社会学术独立的通则,养成'一面申自己所学,一面仍尊人所学'的良好学术风尚。"[2] 该书是一本以"学术研究"为旨趣[3]的中国法律思想通史专著,纯化学术理论研究立场,相较于同类成果,具有极强的学术性和思想性。论文类的研究成果主要表现为由通史研究向专题研究的转变,断代史研究成果和专题研究成果的数量远超通史研究成果的数量,这是中国法律思想史研究多元化和体系化的必然结果。这一时期通史研究的论文主要包括俞荣根的《儒家的法哲学》[4]和《寻求"自我"——中国法律思想史的传承与趋向》[5]、王人博的《水:中国法思想

---

[1] 马小红:《中国法思想史新编》,南京大学出版社2015年版,第5页。
[2] 马小红:《中国法思想史新编》,南京大学出版社2015年版,第12页。
[3] 吴志攀在谈到学术研究时指出:"所谓纯学术的研究是十分必要的……原因是法学学科本身的特点,导致了研究成果多偏重于应用化和对策化。就是本应该属于法学理论问题的研究,作出来一看,面目也改变了:从方法到资料,从分析到结论,都已经多少被'非理论'化了。"马小红也在该书中指出:"学术思想史的研究,不同于一般学术研究,因为其负有解决'学术问题'与树立'学术导向'的双重意义。"该书秉持了"学术思想史研究"的应有之义,以"学术"为导向对中国法思想史进行梳理和分析,是一本难得的中国法学术思想通史著作。参见张建国:《帝制时代的中国法》(壹),法律出版社1999年版,吴志攀"总序"第3页;马小红:《中国法思想史新编》,南京大学出版社2015年版,第12页。
[4] 参见俞荣根:《儒家的法哲学》,载《清华法学》,2002年第1期。
[5] 参见俞荣根:《寻求"自我"——中国法律思想史的传承与趋向》,载《现代法学》,2005年第2期。

的本喻》①、龙大轩的《孝道：中国传统法律的核心价值》②、周东平和李勤通的《论佛教对中国传统法律思想的影响》③ 等。在此特别要指出的是，曾宪义主编的《中国传统法律文化研究》（十卷本）与武树臣等的《中国传统法律文化》等，都是从法律文化的角度以制度史和思想史的双重视角，对中国法律发展的历史进程进行通史性研究，在研究视角、体例和结构方面都具有一定的开创性价值，本书将对此作专题详述。

历史人物思想研究，从大历史的角度来看，是断代史；但是从人的思想脉络与时代之间的关系来看，不同的时代背景、不同的人生境遇、不同的人生阶段，都会形成不同的法律思想，甚至同一思想在不同代之间的传承和演变也会成为活生生的"法律思想通史"，不同程度地影响和指导着社会实践。某一历史人物终其一生的法律思想，归根结底是一部法律发展史。杨鹤皋曾在《中国法律思想史》一书中列举了上百位亟待研究的中国法律思想史领域的历史人物，时至今日，这些人物的法律思想已全部被学界所研究。④ 自 20 世纪 80 年代起，历史人物思想研究在法律史领域就兴起了。1983 年西南政法学院编写了一套教学参考丛书"中国法律思想史人物评述系列"，其中就包括杨景凡和俞荣根的《论孔子》、李光灿和杨恩翰的《论韩非》与《论秦始皇》以及刘笃才的《论包拯》等。20 世纪 80 年代中期群众出版社出版了"中国法律思想史丛书"，其中包括杨鹤皋的《董仲舒的法律思想》、《贾谊的法律思想》和《商鞅的法律思想》⑤，段秋

---

① 参见王人博：《水：中国法思想的本喻》，载《法学研究》，2010 年第 3 期。
② 参见龙大轩：《孝道：中国传统法律的核心价值》，载《法学研究》，2015 年第 3 期。
③ 参见周东平、李勤通：《论佛教对中国传统法律思想的影响》，载《清华法学》，2022 年第 1 期。
④ 这些历史人物主要包括：先秦时期的盘庚、周公、子产、邓析、晏婴、孟子、子思、荀子、老子、庄子、李悝、吴起、慎到、申不害、吕不韦、李斯，秦汉时期的秦始皇、汉高祖、萧何、陆贾、贾谊、晁错、汉文帝、汉武帝、司马迁、张汤、路温舒、桑弘羊、扬雄、汉光武帝、郑玄、桓谭、桓宽、王充、王符、荀悦、崔寔、仲长统，三国两晋南北朝时期的曹操、诸葛亮、何晏、王弼、阮籍、嵇康、郭象、向秀、杜预、张斐、傅玄、郭淮、刘颂、葛洪、鲍敬言、刘勰、魏孝文帝，隋唐时期的隋文帝、王通、唐太宗、魏徵、长孙无忌、武则天、韩愈、陆贽、吕温、柳宗元、刘禹锡、白居易、陈子昂、无能子，两宋时期的宋太祖、范仲淹、欧阳修、李觏、包拯、文彦博、司马光、苏轼、王安石、秦观、周敦颐、程颢、程颐、朱熹、陈亮、叶适，辽金元时期的辽圣宗、金世宗、耶律楚材、邓牧，明清时期的明太祖、刘基、海瑞、丘濬、张居正、李贽、王守仁、史可法、黄宗羲、王夫之、顾炎武、唐甄、戴震、康熙、乾隆，近代和现代的龚自珍、包世臣、林则徐、魏源、洪秀全、洪仁玕、曾国藩、李鸿章、张之洞、郑观应、马建忠、冯桂芬、郭嵩焘、王韬、陈炽、陈虬、康有为、梁启超、谭嗣同、严复、薛允升、沈家本、劳乃宣、杨度、张謇、黄兴、邹容、陈天华、宋教仁、章太炎、梁漱溟、胡适、袁世凯、蒋介石、胡汉民、孙科、居正、董必武、沈钧儒、谢觉哉、马锡五、王世杰、杨鸿烈、陈顾远、毛泽东、邓小平等人。参见杨鹤皋：《中国法律思想史》，群众出版社 2000 年版，第 422－423 页。
⑤ 参见杨鹤皋：《董仲舒的法律思想》，群众出版社 1985 年版；杨鹤皋：《贾谊的法律思想》，群众出版社 1985 年版；杨鹤皋：《商鞅的法律思想》，群众出版社 1987 年版。

关的《〈淮南子〉与刘安的法律思想》[1]等。历史人物思想研究的专著包括乔伟和杨鹤皋主编的《孔子法律思想研究（论文集）》[2]、李光灿的《评〈寄簃文存〉》[3]、李贵连的《沈家本与中国法律现代化》[4]、张国华和李贵连编著的《沈家本年谱》（初编）[5]、乔丛启的《孙中山法律思想体系研究》[6]、张希坡的《马锡五与马锡五审判方式》[7]、陈新宇的《寻找法律史上的失踪者》[8]等等。其中陈新宇的《寻找法律史上的失踪者》一书记载了章宗祥、董康、汪荣宝、瞿同祖、何炳棣、燕树棠、徐道邻、邵循恪、端木正和潘汉典十位中国近现代法律人物的生平、实践及其不为人知的一面。该书多以一手文献进行考据论证，具有很高的学术价值。论文类的研究成果主要包括栗劲的《孟轲法律思想探源》[9]、饶鑫贤的《必须"以法绳天下"——论改革家张居正的法律思想》[10]、乔丛启的《居觉生的著述与法治思想》[11]和《从幼稚到成熟——孙中山法律思想发展的三个阶段》[12]、杜钢建的《论严复的"三民"人权法思想》[13]、萧伯符的《商鞅法治理论及其现代借鉴》[14]、宇培峰的《蔡枢衡的法律思想述评》[15]、黄正建的《选用与剪裁：从〈通典·刑法典〉看杜佑的法律思想》[16]等等，不能缕举。

三、中国民族法制通史研究

我国是一个历史悠久的多民族国家，长期以来各民族之间的交流和融合造就了中华法系的一统和多元，形成了一套多元共生的规则秩序体系。这一套规则秩

---

[1] 参见段秋关：《〈淮南子〉与刘安的法律思想》，群众出版社1986年版。
[2] 参见乔伟、杨鹤皋主编：《孔子法律思想研究（论文集）》，山东人民出版社1986年版。
[3] 参见李光灿：《评〈寄簃文存〉》，群众出版社1985年版。
[4] 参见李贵连：《沈家本与中国法律现代化》，光明日报出版社1989年版。
[5] 参见张国华、李贵连编著：《沈家本年谱》（初编），北京大学出版社1989年版。
[6] 参见乔丛启：《孙中山法律思想体系研究》，法律出版社1992年版。
[7] 参见张希坡：《马锡五与马锡五审判方式》，法律出版社2013年版。
[8] 参见陈新宇：《寻找法律史上的失踪者》，广西师范大学出版社2015年版。
[9] 参见栗劲：《孟轲法律思想探源》，载《吉林大学社会科学学报》，1991年第5期。
[10] 参见饶鑫贤：《必须"以法绳天下"——论改革家张居正的法律思想》，载《中国法学》，1988年第6期。
[11] 参见乔丛启：《居觉生的著述与法治思想》，载《中国法学》，1989年第4期。
[12] 参见乔丛启：《从幼稚到成熟——孙中山法律思想发展的三个阶段》，载《中国法学》，1991年第5期。
[13] 参见杜钢建：《论严复的"三民"人权法思想》，载《中国法学》，1991年第5期。
[14] 参见萧伯符：《商鞅法治理论及其现代借鉴》，载《中国法学》，2002年第2期。
[15] 参见宇培峰：《蔡枢衡的法律思想述评》，载《政法论坛》，2018年第3期。
[16] 参见黄正建：《选用与剪裁：从〈通典·刑法典〉看杜佑的法律思想》，载《中华文史论丛》，2022年第3期。

序体系既包括中央政权主导下的国家法规范,也包括各民族在长期的生活实践中积淀而成的民族法文化。少数民族习惯法受政权更迭或者中央指令影响较小,因而具有稳定性、原生性等特点,也是研究中国传统法律文化的"活化石",因此研究民族法制史的学术价值和现实意义自不待言。少数民族法制史研究既是法史研究中的基础问题,也是近些年来的热点问题。少数民族法制史研究作为法史研究中的基础问题是基于少数民族法律在中华法系中的地位而言的,且自 20 世纪 80 年代起少数民族法制史研究就被法史学者所关注,研究成果以少数民族习惯法通论性研究为主。随着法史研究领域的拓展、新史料的发现以及新的研究方法的引入,民族法制史研究"不仅进一步打破了以往法史研究以国家法为中心的传统模式,丰富了法史研究的内容,而且带来了法学研究方法和法学理念上的更新"[1]。

中国民族法制通史研究成果中最具代表性的是张晋藩总主编的十卷本《中国少数民族法史通览》。[2] 在谈到《中国少数民族法史通览》编写的初衷时张晋藩指出:"在我的倡导与主持下,法史界的一些同道发宏愿纂修一部信而有征的少数民族法制史,希望借此传承与弘扬各民族法文化的优秀传统,展示少数民族的法律智慧,保护尚存于少数民族地区的珍稀法制史料……充实中国法制史学的内容,提高中国法制史学的世界地位。"[3] 该丛书卷帙浩繁,以民族为纲划分为十卷,每卷以历史发展阶段为线索,对蒙古族、藏族、回族、维吾尔族、满族、壮族等几个人口较多的少数民族,以及西南地区、西北地区、东北地区的其他各少数民族的法律制度、法律意识、法律习惯、法制状况及各少数民族法文化产生、发展、形成的过程进行了体系化梳理。该丛书各卷分别为:第一卷《蒙古族》,成崇德主编,那仁朝格图、鲁哈达著;第二卷《藏族》,南杰·隆英强著;第三卷《回族、维吾尔族》,马克林、张世海、李崇林著;第四卷《满族、达斡尔族、鄂温克族、鄂伦春族、赫哲族》,苏钦主编,杨明著;第五卷《壮族》,卢明威、汤伶俐著;第六卷《傣族、佤族、德昂族、布朗族、景颇族、阿昌族、拉祜族、基诺族、哈尼族》,胡兴东主编;第七卷《白族、纳西族、独龙族、傈僳族、怒族、普米族》,方慧主编;第八卷《苗族、瑶族》,徐晓光、高其才主编;第九卷《仫佬族、毛南族、羌族、彝族》,李鸣、陈金全、潘志成主编;第十卷《侗族、海南黎族、土家族》,徐晓光、叶英萍、张世珊主编。该丛书是首次系统整理、挖掘中国少数民族法制史料,全面、系统、完整研究中国少数民族法律文化的学

---

[1] 中国社会科学院法学研究所法制史研究室编:《中国法律史学的新发展》,中国社会科学出版社 2008 年版,第 49-50 页。
[2] 参见张晋藩总主编:《中国少数民族法史通览》(十卷本),陕西人民出版社 2017 年版。
[3] 张晋藩总主编:《中国少数民族法史通览》(十卷本),陕西人民出版社 2017 年版,"总序"第 1 页。

术著作，也是填补中国法制史研究领域空白的巨著。

在民族法制史研究领域，有学者从丰富和完善历史悠久的中华法制文明入手，对民族地区的民族法律文化和地方法制史进行了梳理和研究，如方慧的《中华法系的新探索——少数民族法制史研究》① 一书，对民族法制史研究的状况进行了回顾，同时从地方法制史研究、民族法制史研究、民族法制理论研究、相关问题考证等方面对少数民族法制史的问题进行了深入细致的考察，丰富和完善了中华法系的内涵。邵方的《儒家民族观影响下的中国古代民族法制》② 一文指出，历代王朝的民族政策主要遵循两个原则，一是"用夏变夷"，二是"因俗而治"。具体表现在：第一，统一设置专管少数民族的机构。第二，册封少数民族酋领。第三，征兵与朝贡。第四，和亲及通婚。第五，互市。第六，移民实边。历代中央王朝依据儒家民族法思想的基本要义制定了不同的民族政策，实现并维持了儒家倡导的"王者无外""华夷一体"的大一统局面。吴大华的《民族法律文化散论》③ 一书通过民族法律文化研究、民族法学与民族法制建设研究以及民族刑法研究三个部分，对民族法律制度、思想和器物文化进行了阐释，构建了一种以"少数民族文化"为纽带的民族法体系。

有的学者试图对民族法制史研究进行学科化、体系化的建构，以克服民族法制史研究中存在的"研究不集中、主题散乱、不深入"等弱点。苏钦的《中国民族法制研究》④ 一书对中国古代律典中有关的"民族条款"，中国各个历史时期实行"因俗而治"的民族法制的原则、内容和特点，以及有关的民族法规的性质和历史作用等进行了专题研究。徐晓光的《中国少数民族法制史》⑤ 一书以中国历史发展的不同时期为线索，介绍了少数民族法制在中国历史上的特色、内容和发展脉络，建构出一部系统、全面的并且有别于民族政治史、民族关系史、民族行政制度史的少数民族法制史。李鸣的《中国民族法制史论》⑥ 一书采用历史叙述、比较分析、田野调查和注释分析等方法，依据历史上少数民族和中央政权的关系对少数民族立法的发展阶段进行了梳理，并将其大致分成六个时期：先秦的采卫时期、秦汉的郡县时期、魏晋南北朝的分裂时期、唐宋的羁縻时期、元明清的土司时期、清中后期的保甲时期。该书对不同历史时期少数民族的民事法规、

---

① 参见方慧：《中华法系的新探索——少数民族法制史研究》，中国社会科学出版社 2016 年版。
② 参见邵方：《儒家民族观影响下的中国古代民族法制》，载《中国法学》，2018 年第 3 期。
③ 参见吴大华：《民族法律文化散论》，民族出版社 2004 年版。
④ 参见苏钦：《中国民族法制研究》，中国文史出版社 2004 年版。
⑤ 参见徐晓光：《中国少数民族法制史》，贵州民族出版社 2002 年版。
⑥ 参见李鸣：《中国民族法制史论》，中央民族大学出版社 2008 年版。

刑事法规、经济法规、行政法规以及立法、司法制度等进行了详述，对于推进民族法学研究、繁荣中华文化具有重要的意义。

习惯法是中国少数民族法制史研究的重要内容。习惯法具有不同的表现形式，主要表现为民族习惯、宗族习惯、业缘习惯、宗教习惯等等。习惯法对于民族地区的稳定起着重要的作用，因此法史学界不乏关于少数民族习惯法的研究成果。如高其才的《中国少数民族习惯法研究》[1] 一书秉承法律多元主义理念，探讨了少数民族习惯法在中华法系中的重要地位，在分析少数民族习惯法的内容、性质、特征和功能的基础上，指出了少数民族习惯法的现实表现和研究意义，是少数民族习惯法研究中一本比较系统、全面且具有代表性的专著。此外，少数民族习惯法研究成果还包括范宏贵的《少数民族习惯法》[2]、杨怀英和赵勇山等的《滇西南边疆少数民族婚姻家庭制度与法的研究》[3]、吴大华等的《中国少数民族习惯法通论》[4]、柴荣的《论古代蒙古习惯法对元朝法律的影响》[5] 和《西部大开发过程中蒙古族传统习惯法的扬弃》[6] 等。

还有学者专门对不同民族的法制发展史进行了梳理和分析，这也是少数民族法制史研究的一个趋势，是民族法史研究细化和深化的主要表现。大量的论著成果主要集中于对藏族、蒙古族、回族、瑶族、苗族、羌族等少数民族法制发展史的研究。如俞荣根主编的《羌族习惯法》[7] 分为上、下两篇，分别为"羌族习惯法"和"羌族习惯法调查"。上篇对羌族的历史、经济、文化、民事、婚姻、家庭财产、乡规民约、宗教、土司制度等方面的习惯法内容，以及羌族习惯法与国家制定法之间的关系进行了探讨，下篇编辑了作者在实地调研和田野调查中的资料。该书填补了羌族习惯法研究领域的空白，具有重要的参考价值和学术价值。少数民族法制史研究的成果还包括王明东的《彝族传统社会法律制度研究》[8]、徐晓光的《藏族法制史研究》[9] 和《苗族法制史》[10]、冉春桃和蓝寿荣的《土家族习惯法研究》[11]、杨

---

[1] 参见高其才：《中国少数民族习惯法研究》，清华大学出版社2003年版。
[2] 参见范宏贵：《少数民族习惯法》，吉林教育出版社1990年版。
[3] 参见杨怀英、赵勇山等：《滇西南边疆少数民族婚姻家庭制度与法的研究》，法律出版社1988年版。
[4] 参见吴大华、潘志成、王飞：《中国少数民族习惯法通论》，知识产权出版社2014年版。
[5] 参见柴荣：《论古代蒙古习惯法对元朝法律的影响》，载《内蒙古大学学报》（哲学社科版），2000年第6期。
[6] 参见柴荣：《西部大开发过程中蒙古族传统习惯法的扬弃》，载《前沿》，2002年第2期。
[7] 参见俞荣根主编：《羌族习惯法》，重庆出版社2000年版。
[8] 参见王明东：《彝族传统社会法律制度研究》，云南民族出版社2001年版。
[9] 参见徐晓光：《藏族法制史研究》，法律出版社2001年版。
[10] 参见徐晓光：《苗族法制史》，远方出版社2009年版。
[11] 参见冉春桃、蓝寿荣：《土家族习惯法研究》，民族出版社2003年版。

经德的《回族伊斯兰习惯法研究》①、邵泽春的《贵州少数民族习惯法研究》②、李鸣的《羌族法制的历程》③、龙大轩的《乡土秩序与民间法律：羌族习惯法探析》④、叶英萍的《黎族习惯法：从自治秩序到统一法律秩序》⑤ 等。

  少数民族的民间规约与法律典籍以及文献的整理工作是民族法制史研究必不可少的一部分，也是民族法制史研究的基础，更是一项"功在当代，利在千秋"的学术工程。法史学界在少数民族法律资料的整理方面成果斐然。如杨一凡、田涛主编的《中国珍稀法律典籍续编·少数民族法典法规与习惯法》（上、下）⑥对中国历史上少数民族部落及政权的法律典章以及习惯法进行了整理和点校，对于民族法制史研究具有重要的参考价值。方慧编著的《中国历代民族法律典籍——"二十五史"有关少数民族法律史料辑要》⑦ 依照不同历史时期中央王朝对少数民族不同的治理方式和各少数民族不同的政治、经济、文化状况，将"二十五史"中有关少数民族的法律史料辑要成册，其中既包括中央王朝对少数民族的治理政策，也包括各少数民族政权及群体的法制状况。该书史料齐全，脉络清晰，是少数民族法制史研究重要的资料来源之一。张冠梓编的《中国少数民族传统法律文献汇编》⑧ 分为五册，其中第一册为法典法规，第二册为地方法规、乡规民约，第三册为习惯法，第四、五册为司法文书。该书收录了大量的少数民族法律文化资料，既包括少数民族政权的法典法规、中央王朝委任地方制定的地方法规、乡规民约和少数民族群体在长期生活和实践中形成的习惯法，也包括不同种类的司法文书，极大地丰富了少数民族法制研究的史料形式和内容。杨一凡、刘笃才编的《中国古代民间规约》（全四册）⑨ 区分了乡约和乡规的不同，指出碑刻资料是少数民族法制的主要存在形式，并整理了大量相关的乡规资料。该书第四册收录了张冠梓整理的"少数民族乡规选辑"，使得该书在资料和体系方面更加完备系统。周润年、喜饶尼玛等译著的《藏族古代法典译释考》⑩ 精选整理了元明清时期的19部藏文法典，对每部法典都以解题、译文、注释进行译注和考

---

  ① 参见杨经德：《回族伊斯兰习惯法研究》，宁夏人民出版社2006年版。
  ② 参见邵泽春：《贵州少数民族习惯法研究》，知识产权出版社2007年版。
  ③ 参见李鸣：《羌族法制的历程》，中国政法大学出版社2008年版。
  ④ 参见龙大轩：《乡土秩序与民间法律：羌族习惯法探析》，中国政法大学出版社2010年版。
  ⑤ 参见叶英萍：《黎族习惯法：从自治秩序到统一法律秩序》，社会科学文献出版社2012年版。
  ⑥ 参见杨一凡、田涛主编，张冠梓点校：《中国珍稀法律典籍续编·少数民族法典法规与习惯法》（上、下），黑龙江人民出版社2002年版。
  ⑦ 参见方慧编著：《中国历代民族法律典籍——"二十五史"有关少数民族法律史料辑要》，民族出版社2004年版。
  ⑧ 参见张冠梓编：《中国少数民族传统法律文献汇编》（全五册），中国社会科学出版社2014年版。
  ⑨ 参见杨一凡、刘笃才编：《中国古代民间规约》（全四册），社会科学文献出版社2017年版。
  ⑩ 参见周润年、喜饶尼玛等译著：《藏族古代法典译释考》，青海人民出版社2017年版。

证,对其渊源、内容、价值、意义、影响等进行学术分析,展示了藏族古代法典在社会治理和民众生活中的重要意义和价值,是反映旧西藏社会面貌的权威史料。

四、中国地方法制通史研究

中国法制史研究既包括中央政权主导下的国家法制发展史研究,也包括中央政权控制下的地方政权参与的地方法制发展史研究,其中后者是对中国法制史研究的深化和拓展,有利于丰富中国法制史研究的内涵,形成法制史研究"由中央到地方,由国家到民间"的立体感知,也可以为地方法制建设提供历史借鉴。地方法制史研究逐渐受到法史界的重视,总体来看,研究成果逐渐增加,但未形成体系化,研究方法单一,质量参差不齐,研究资料尚待进一步发掘。

目前,法史界关于中国地方法制通史的研究主要集中在对上海、天津、云南、东北等地的法制通史的研究上。关于上海法制史的研究主要集中体现在王立民的相关研究成果中,如《上海法制史》[1]、《上海租界法制史话》[2]和《上海法制与城市发展》[3]等。其中《上海法制史》叙述的是从辛亥革命前的旧上海到新中国成立后的新上海的立法、司法、法律法规、治安、审判、监狱、律师、法律教育等的发展变迁情况,展现了上海法制发展的百年历程,为上海法制建设和发展提供了历史解释的维度和经验借鉴。天津法制通史的研究成果主要是薛梅卿、从金鹏主编的《天津监狱史》[4],该书由薄一波题名。该书纵向上对自明朝到新中国成立的天津监狱的设立、发展以及新阶段的状况进行了论述,横向上囊括了狱政方针原则、组织机构、职员配备、分工职责、监房建筑、监区设施、法规制度、狱政管理、劳动教育等方面的内容。该书"不仅填补了中国近现代地方法制史研究的空白,而且对于总结解放以来半个世纪狱政工作经验,继续坚持'惩罚与改造相结合,以改造人为宗旨'的办狱方针,也将发挥出巨大的作用。"[5] 方慧主编的《云南法制史》[6]分为上、中、下三篇,其中上、中两篇对自秦汉古滇国开始至新中国成立的两千多年间云南法制的发展演变进行了论证和分析,下篇对历史上云南各民族别具特色的习惯法、杜文秀、李文学少数民族政权的法律制度,以及民主革命时期云南革命根据地的法律制度等作了介绍和研究,

---

[1] 参见王立民:《上海法制史》,上海人民出版社1998年版。
[2] 参见王立民:《上海租界法制史话》,上海教育出版社2001年版。
[3] 参见王立民、练育强、姚远主编:《上海法制与城市发展》,上海人民出版社2012年版。
[4] 参见薛梅卿、从金鹏主编:《天津监狱史》,天津人民出版社1999年版。
[5] 薛梅卿、从金鹏主编:《天津监狱史》,天津人民出版社1999年版,"序二"。
[6] 参见方慧主编:《云南法制史》,中国社会科学出版社2005年版。

是研究云南法律历史沿革的代表性作品。奇格的《古代蒙古法制史》① 对古代蒙古的"约孙"，成吉思汗《大扎撒》，元、北元、清朝的法律形式、法律制度以及不同时期的法律思想进行了论述，廓清了古代蒙古法制发展的历史脉络，在蒙古法制通史研究中具有开创性的作用。中国政法大学法律古籍整理研究所编的《清代民国司法档案与北京地区法制》② 以现存的清代和民国的司法档案为基础，注重传世文献和档案资料的结合，对近代北京地区司法制度的渊源及流变进行了专题研究，揭示其司法资源的运用、原理以及国家与社会、中央与地方的关系，是研究北京地区法制史不可多得的文献。③ 何志辉的《澳门法制史新编》④ 以全球史的视角将澳门法制的发展分为五个历史阶段：明末至鸦片战争前夕华洋共处状态下的澳门法律多元格局，鸦片战争以后至 1976 年殖民管治时期的澳门法律形态，以五大法典为核心的葡萄牙成文法体系在近代澳门社会的延伸适用，1976—1999 年澳门回归之际通往"高度自治"的政制演变，以五大法典本地化为代表的现代澳门法律体系的建构和发展。该书以澳门法制为中心，分析了不同时期法律与当地社会发展之间的关系，并对澳门法制同内地政治、经济等之间的关系进行了考察。该书是澳门法制史研究的代表性文献之一。吴大华主编的《贵州法制史》（古、近代卷）一书，运用大量地方史料考察了贵州地区四个历史阶段的法制发展史，分别是明以前中央王朝对贵州地域的法律控制、明代贵州的法律制度、清代贵州法律制度和民国时期贵州法律制度，是研究贵州地方史和法制史的重要文献之一。⑤

除了地方法制通史研究成果，地方法制断代史研究成果也颇多，如邹剑锋的《宁波近代法制变迁研究》⑥ 对近代宁波的土地法律制度、行政管理法律制度、金融法律制度、司法制度的变迁进行了考察，并指出变迁背后的基础和动力，对于研究近代中国法制的变革具有重要的意义。东北地区法制史研究的成果主要包括孙光妍的《新民主主义宪政立法的有益尝试——1946 年〈哈尔滨市施政纲领〉考察》⑦、孙光妍和郭海霞的《哈尔滨解放区法制建设中的苏联法影

---

① 参见奇格：《古代蒙古法制史》，辽宁民族出版社 1999 年版。
② 参见中国政法大学法律古籍整理研究所编：《清代民国司法档案与北京地区法制》，中国政法大学出版社 2014 年版。
③ 参见中国政法大学法律古籍整理研究所编：《清代民国司法档案与北京地区法制》，中国政法大学出版社 2014 年版，"序"。
④ 参见何志辉：《澳门法制史新编》，社会科学文献出版社 2019 年版。
⑤ 参见吴大华主编：《贵州法制史》（古、近代卷），贵州人民出版社 2015 年版。
⑥ 参见邹剑锋：《宁波近代法制变迁研究》，复旦大学出版社 2010 年版。
⑦ 参见孙光妍：《新民主主义宪政立法的有益尝试——1946 年〈哈尔滨市施政纲领〉考察》，载《法学研究》，2006 年第 5 期。

响》①、孙光妍和孔令秋的《哈尔滨解放区对外侨案件的审理》②等，这些文章对哈尔滨解放区的法律制度、宪法文件以及司法制度进行了研究。侯欣一对民国时期西安地方法院、陕甘宁边区司法制度以及天津法律文化等的研究成果突出③，其中《创制、运行及变异：民国时期西安地方法院研究》一书以档案材料为基础，对陕西西安法院的创立发展、司法组织以及后期司法机构的变革进行了研究，展现了近代司法发展的历程，揭示了历史与现实之间的内在联系。里赞等的《在传统与现代之间：中华法律文化转型的地方视角》一书以近代四川的地方实践为视角，借助大量地方档案等材料，对近代四川的土地、慈善、坟产、婚姻、庙产、司法技艺、法律方法等多个方面进行了实践研究，展现了中华文化在近代转型过程中遭遇的一系列问题，在研究视角、史料和方法上具有一定的学术创新。④

中国地方法制史研究"任重而道远"，未来地方法制史研究一方面应该注重资料的整理与点校工作，力求编纂大规模的地方法制通史资料，推进地方法制史研究的体系化；另一方面应该注重总结概括不同区域法律发展的独特性和文化共性，增强中国法制史研究的区际特色。此外，地方法制史研究更离不开方法的多元和创新，坚持理论分析和实证研究相结合，比较的方法可以凸显地方法制的特殊性，彰显地方法制史的独特价值。⑤

综上，中国法律通史（包括制度史和思想史）研究呈现出由体系化到精细化，由宏观到微观，由注重法律体系、法律制度、主流思想的宏观叙事和历史建构到注重具体的法律制度、司法制度以及各阶层人物思想的微观解构和深入剖析的发展过程，通过对中国法律史"解构"和"重构"的过程，整体还原中国法制历史的真实面貌。民族法制通史研究领域百花齐放，成果颇丰，体现了中国丰富的法制资源和多元的民族文化，为现代国家治理提供了历史借鉴和民族基础。然而，虽然中国法律通史研究成果数量庞大，但是质量良莠不齐，其中还有对原有成果的照搬之作。此外"以朝代为经，以法制内容为纬"的框架几乎存在于所有

---

① 参见孙光妍、郭海霞：《哈尔滨解放区法制建设中的苏联法影响》，载《法学研究》，2009年第2期。
② 参见孙光妍、孔令秋：《哈尔滨解放区对外侨案件的审理》，载《法学研究》，2012年第2期。
③ 参见侯欣一：《创制、运行及变异：民国时期西安地方法院研究》，商务印书馆2017年版；侯欣一：《民国时期西安地方法院掠影》，载《中国法律评论》，2018年第4期；侯欣一：《陕甘宁边区高等法院判决书之启示》，载《法律适用（司法案例）》，2017年第16期；侯欣一：《民国晚期西安地区律师制度研究》，载《中外法学》，2004年第4期；侯欣一：《天津地方审判机关沿革》，载《今晚报》，2016年7月11日。
④ 参见里赞等：《在传统与现代之间：中华法律文化转型的地方视角》，四川大学出版社2021年版。
⑤ 参见王立民：《中国地方法制史研究的前世与今生》，载《中外法学》，2013年第5期。

通史类研究成果中，难免使现有研究呈现出千篇一律的特点，以专题研究为纲的通史类成果虽然已经出现，但是数量不多。民族法制史研究虽然取得了较大的突破和进展，但在法学研究甚至是法制史研究中依然存在一定的"边缘感"，因此民族法制史学在整合自身优势的同时，更应该注重同规范法学、人类学、社会学、经济学等相关领域、相关学科的交流和对话，消弭学科之间的陌生感。地方法制通史研究相对滞后，成果有限，但是地方法制史研究为中国法律史研究的拓展提供了新的研究领域和研究课题，进一步推动了学科研究的精细化和体系化。

第十章

当代中国法律史断代法史研究现状

断代法史成果是中国法律史研究成果的主要部分。断代法律史研究成果的出现与某一历史时期有关法律制度或法律思想的问题争议、重大的考古发现以及某一历史时期法律资源的特色和丰富程度等有着紧密的联系。据粗略统计，截至21世纪初期断代法律史研究专著有1 000余部（包括再版图书），论文有10 000余篇。[①] 就数量而言，断代法律史研究成果远超法律通史研究成果，而且改革开放以来断代法律史研究出现了两个爆发期，第一个时期是20世纪八九十年代的学科中兴时期，第二个时期为21世纪以来的学科拓展和转型期；就质量而言，当代断代法律史研究中出现了大量的补白之作，丰富了中国法律史研究。本章拟以1949—2022年的断代法律史专著为主要研究对象，对中国历史上不同时期的法律史研究的基础问题、争议问题以及热点问题等进行梳理，以期更加直观地展现断代法律史自新中国成立以来的发展轨迹和学术脉络。

一、先秦法律史研究

先秦时期是中华法制文明的奠基时期，这一时期的法律带有鲜明的神权法和宗法伦理色彩，有了原始的立法、司法形态，产生了丰富的政治法律思想。先秦时期包括传说时代、夏商周三代、春秋战国时期，其中春秋战国时期亦被称为人类文明的"轴心时代"[②]。新中国成立以来随着新的研究方法、研究视角和新史

[①] 数据统计根据赵九燕、杨一凡编：《百年中国法律史学论文著作目录》（上、下册），社会科学文献出版社2014年版；曾宪义主编：《百年回眸：法律史研究在中国》（第四卷），中国人民大学出版社2009年版；张晋藩主编：《中国法制史研究综述》，中国人民公安大学出版社1990年版；曾宪义、郑定编著：《中国法律制度史研究通览》，天津教育出版社1989年版；曾宪义、范忠信编著：《中国法律思想史研究通览》，天津教育出版社1989年版；以及1979年以来法律出版社、中国法律年鉴社出版的《中国法律年鉴》等。

[②] ［德］卡尔·雅斯贝斯：《历史的起源与目标》，魏楚雄、俞新天译，华夏出版社1989年版，第7页。

料的出现,先秦法律史研究逐步深入和细化,先秦法律史研究成果涵摄了法的起源、立法司法制度、刑罚、礼制、法律思想等多个领域,既存在通论性研究,也存在具体的理论争鸣和史实考辨。先秦法律史研究成果大体可以分为通论性研究、国家与法的起源研究、法律制度研究以及诸子法律思想研究等四个方面。

(一)先秦法律史通论性研究

先秦法律史通论性研究成果主要包括胡留元、冯卓慧的《西周法制史》[1]、《长安文物与古代法制》[2] 和《夏商西周法制史》[3],杨鹤皋的《先秦法律思想史》[4],陈鹏生、杨鹤皋的《春秋战国法律思想与传统文化》[5],宁全红的《春秋法制史研究》[6],南玉泉的《从封建到帝国的礼法嬗变》[7] 等。其中胡留元、冯卓慧的《西周法制史》突破以往法制史研究中只注重研究朝代初期法律制度的旧模式,"立足金文,印证古籍,大胆使用信史"[8],侧重于对王朝中后期法律制度,尤其是民事法律制度的研究。该书"前言"指出:"不少朝代的中、后期,反而还会出现一些前所未有的新的法律制度。西周的法律正是沿着这一轨迹不断向前推进的。例如西周前期制定的法律,大都是刑事法规,而从中期开始,随商品经济的发展,反映商品交易的以契约法为主要内容的民事法规,却逐步繁荣起来。如果不去研究西周中后期的法律制度,西周法制的这一重大变化就要被人们所忽略,西周法制史的研究工作也难以深入下去。"[9] 因此,该书结合西周时期"明德慎罚"的立法思想,对西周的立法活动、刑事法规、民事法规、婚姻制度、经济法规以及行政法规等进行了系统论述,并通过比较的方法,对东西方奴隶制法律法规进行对比,凸显东方奴隶制法律和司法制度的特色。该书是第一部系统介绍西周法律制度的法律史专著,对于深化西周法制史研究具有重要的学术价值。胡留元、冯卓慧在其《长安文物与古代法制》一书中利用自己的金文功底对陕西出土的周、秦、汉的青铜器铭刻的金文法进行研究,揭示了中国古代发达的法律体系。该书在一定程度上弥补了古代典籍记载的阙如,同时对于印证、校勘古籍记载的正误具有很高的价值,对先秦法制研究具有"探微发隐"之意。以上两书的出版"在中外法制史界引起了极大的反响与注意,因为是补白之作,故同行多

---

[1] 参见胡留元、冯卓慧:《西周法制史》,陕西人民出版社1988年版。
[2] 参见胡留元、冯卓慧:《长安文物与古代法制》,法律出版社1989年版。
[3] 参见胡留元、冯卓慧:《夏商西周法制史》,商务印书馆2006年版。
[4] 参见杨鹤皋:《先秦法律思想史》,中国政法大学出版社1990年版。
[5] 参见陈鹏生、杨鹤皋:《春秋战国法律思想与传统文化》,慧丰行有限公司2001年版。
[6] 参见宁全红:《春秋法制史研究》,四川大学出版社2009年版。
[7] 参见南玉泉:《从封建到帝国的礼法嬗变》,中国政法大学出版社2020年版。
[8] 胡留元、冯卓慧:《西周法制史》,陕西人民出版社1988年版,"前言"。
[9] 胡留元、冯卓慧:《西周法制史》,陕西人民出版社1988年版,"前言"。

为关注"①。胡留元、冯卓慧两位学者的另外一部研究先秦法制史的著作《夏商西周法制史》立足于甲骨文、金文史料，结合信史，对夏商西周的法律制度进行了考证和研究，并对某些既有的"成说"进行了质疑和纠错，如以往教材、专著认为兵器是民法上的可流通物，但是该书作者通过考证后指出"为防止人民反抗，兵器严禁流通"②，也对一些先秦法制史研究中的争议性问题提出了自己的见解，如商代王位继承特点曾是史学界的一个争议性问题，该书结合史学界的不同观点以及吴浩坤的研究成果③提出了"子继为主，弟继为辅"的观点。该书更是填补了以往先秦法制史研究中的某些学术空白，例如夏商两朝的职官管理法研究以及西周时期的民事法律制度研究等在先秦法制史研究中具有开创性意义，"无疑代表着国内学术界在这一研究领域的新高度"④。陈鹏生、杨鹤皋的《春秋战国法律思想与传统文化》以春秋战国时期的社会文化为背景，从宏观上把握法律实践的全过程，将法律制度和法律思想有机地结合起来进行研究，对儒、墨、道、法、阴阳以及杂家的法律思想追根溯源，揭示各个学术流派的起源、本质和作用。该书还将春秋战国时期的法制改革运动单编予以介绍，以体现这一历史时期在中国法律思想史上承前启后的作用。该书坚持"殊途百虑"的学术史观，不遗"一偏之见"，不抑"相反之论"，对于弘扬中华优秀传统文化、凝聚民族意识以及增进两岸的民族认同具有重要的意义。⑤宁全红的《春秋法制史研究》一书以《左传》为中心，对春秋时期礼、政、刑问题，"议事以制"问题，铸刑书问题，狱讼问题等进行了研究，提出了一些具有创新性的观点。

（二）中国法律史领域关于国家与法的起源问题的讨论

关于国家与法的起源问题，国内法史学界存在四种观点：第一种观点是殷商时代说。20世纪50年代吴恩裕⑥的《中国国家起源的问题》⑦一书结合古籍文

---

① 胡留元、冯卓慧：《夏商西周法制史》，商务印书馆2006年版，"序言"。
② 胡留元、冯卓慧：《夏商西周法制史》，商务印书馆2006年版，第426页。
③ 参见吴浩坤：《商朝王位继承制度论略》，载《学术月刊》，1989年第12期。
④ 许光县、叶晓川、张勇：《一部探寻民族法制之源的力作——评〈夏商西周法制史〉》，载《理论界》，2008年第9期。
⑤ 参见陈鹏生、杨鹤皋：《春秋战国法律思想与传统文化》，慧丰行有限公司2001年版，"序二"。
⑥ 吴恩裕（1909—1979），著名的政治学家、法学家和《红楼梦》研究专家。辽宁西丰人，满族。生于1909年12月10日。1933年毕业于清华大学哲学系。毕业后在北平从事编辑工作，后在英国伦敦大学获政治经济学博士学位，回国后历任重庆中央大学教授，北京大学政治系教授，北京政法学院教授，中国社会科学院研究员及北京大学法律系、国际政治系教授。代表作有《中国国家起源的问题》（上海人民出版社1956年版）、《有关曹雪芹十种》（中华书局1963年版）、《曹雪芹佚著浅探》（天津人民出版社1979年版）、《西方政治思想史论集》（天津人民出版社1981年版）、《马克思的政治思想》（商务印书馆2008年版）、《曹雪芹〈废艺斋集稿〉丛考》（当代中国出版社2010年版）等。
⑦ 参见吴恩裕：《中国国家起源的问题》，上海人民出版社1956年版。

献以及出土文物资料,运用历史唯物主义的观点和方法,论证了夏朝是中国新石器时代的黑陶文化时期,中国国家起源于殷商时期。而高天人指出:"这个问题太大、太复杂,今天又是分科研究,各有专业,假使有潜力,有时间,自然例外,否则的话,不必越俎代庖。而且,尽管可以存疑,先行断自商代,等到打开一条道路,再卷土重来,从新布置,并不算落后。"① 吴恩裕对此回应指出,关于"国家与法的起源问题"是政法工作者必须面对的一个问题,并指出"今后我们政法科学工作者,必须一反从前的狭隘观点,对于有关科学,如哲学、历史,特别是政治经济学等,都加以钻研。这样我们才能扩大研究领域,加强辅助知识,运用马克思列宁主义的观点方法结合我国的先进法制做些切实的科学研究工作,从而才能够建立马克思列宁主义的法学体系"② 史学界也有学者持此种观点,认为中国的奴隶社会起源于殷、周时期,而非夏朝③,但是"殷商时代说"已经被现有考古发现所否定。第二种观点为夏代说,这是目前法律史学界所持的一种主流观点。张晋藩曾指出:"中国国家的萌芽是从公元前二十二世纪的夏代开始的。夏代是我国氏族制度崩溃与奴隶制国家逐渐形成的时代。由原始的氏族制过渡到奴隶制国家的诞生,是我国社会发展中的一个巨大进步,它标志着文明的新发端,而促成这个转变的绝不是什么外在的原因,而是氏族内部经济发展的必然结果。"他还指出:"中国古代的法律是和夏朝国家同时产生的。"④ 张耕认为,中国法的起源虽然可以追溯到尧舜时期,但是"那时还没有作为统治阶级工具的法,只是产生了和发展着一些带有法的某些胚芽性质的氏族习惯","到了夏代,由于阶级斗争更加激烈,阶级矛盾不可调和,氏族组织和氏族习惯便发生了质的飞跃,转化为夏朝的奴隶制国家和奴隶制习惯法"⑤ 胡留元、冯卓慧通过对大量的历史文献和地下遗存进行研究,得出夏朝是中国第一个奴隶制国家的结论。⑥ 目前国内几乎全部中国法律史教科书都采用"夏代说"这一观点。第三种观点为尧舜时代说。这种观点认为中国古代的法律产生于原始社会末期,即夏之前的尧舜时代,早在20世纪三四十年代陈顾远等人曾提出此观点并进行过考证。⑦

---

① 高天人:《"百家争鸣"的一个薄弱环节》,载《政法研究》,1957年第1期。
② 吴恩裕:《政法科学工作者应否研究中国国家起源的问题——和高天人同志商榷》,载《政法研究》,1957年第4期。
③ 参见金景芳:《中国奴隶社会史》,上海人民出版社1983年版。
④ 张晋藩:《中国古代国家与法权历史发展中的几个问题》,载《政法研究》,1963年第2期。
⑤ 张耕:《试论中国法的起源及其特点》,载《中国政法大学学报》,1983年第2期。
⑥ 参见胡留元、冯卓慧:《夏商西周法制史》,商务印书馆2006年版,第3页。
⑦ 参见陈顾远:《中国法制史》,商务印书馆1958年版;陈顾远:《中国法制史概要》,商务印书馆2011年版。

李明德在《中国法律起源的新探索》一文中根据对河南龙山文化时期的墓葬遗址的考察，并结合《尚书》《左传》《史记》等信史资料，指出早在夏代之前就已经产生了国家政权的萌芽，这一时期法律以及司法制度已经产生。因此，可以将中国法的起源追溯到河南龙山文化时期和与之相当的尧舜禹时期。① 薛其晖的《〈尚书·尧典〉法律思想辨析——试论中国法律的起源》一文通过对《尚书·尧典》等史料的研究，分析了唐虞时代法律的内容、原则和刑罚种类，指出中国法律起源于原始社会末期的唐虞时代，而不是奴隶制社会初期的夏朝。② 李衡梅的《中国古代刑法渊源》一文也指出："中国古代刑法始于尧舜部落联盟时代，而不是夏代。它源于氏族成员之间的纷争和部落之间的战争，私有财产的出现是其赖以产生与存在的基础。"③ 第四种观点为黄帝时代说，持这种观点的人认为中国古代法律起源于黄帝时代。蔡枢衡认为："自从原始共产主义所有制在神农氏末期开始崩溃以来，旧中国的生产资料所有制，经历了邦人私有制（五帝时代）、邦君私有制（三王时代）、家长私有制（春秋、战国至清末）和法制上的个人私有制（清末以后）等四次变革。反映于上层建筑刑罚史上也经历了五帝时代以死刑为中心的刑罚体系、三王时代以肉刑为中心的刑罚体系、隋唐至清以徒流体罚为中心的刑罚体系和清末以后以自由刑为中心的刑罚体系等四个刑罚体系，确凿地表明了历史唯物主义关于所有制决定上层建筑的真理。"④ 该种观点尚无信史可证。

（三）先秦法律制度史研究

先秦法律制度史研究主要涉及先秦法律内容、司法制度、法律典籍考证等方面。有关先秦法律内容的研究成果主要涉及犯罪与刑罚的内容。如柳正权的《先秦盗罪考》⑤ 考察了盗罪在先秦的演变历程，指出先秦盗罪最早被包括在奸罪中，泛指危害行为，并有侵犯财产的含义。直至战国晚期，盗才确指侵犯财产的行为，并逐渐依据行为手段被分为强取和窃盗。徐祥民的《春秋时期的刑罚概念》⑥ 和《略论春秋刑罚的特点》⑦ 对春秋时期刑罚的三种概念，即狭义的刑罚概念（五刑）、广义的刑罚概念（兵刑合一）、中义的刑罚概念（"治民"之刑）

---

① 参见李明德：《中国法律起源的新探索》，载《法学研究》，1993年第5期。
② 参见薛其晖：《〈尚书·尧典〉法律思想辨析——试论中国法律的起源》，载《学术月刊》，1984年第8期。
③ 李衡梅：《中国古代刑法渊源》，载《江汉论坛》，1984年第9期。
④ 蔡枢衡：《中国刑法史》，中国法制出版社2005年版，"序"。
⑤ 参见柳正权：《先秦盗罪考》，载《法学评论》，2002年第4期。
⑥ 参见徐祥民：《春秋时期的刑罚概念》，载《现代法学》，2000年第2期。
⑦ 参见徐祥民：《略论春秋刑罚的特点》，载《法学研究》，2000年第3期。

进行了分析,并分析了春秋刑罚的非法定性、非必行性、非规范性和半国家性的四个特点。吴荣曾的《试论先秦刑罚规范中所保留的氏族制残余》一文认为,我国从原始社会进入阶级社会,有了国家以后,诸如血族复仇、发誓、神判、象刑等旧习惯依然有所保留,不过其性质、作用都和原来不同,已转化为法律的一个组成部分。① 刘海年的《㝬匜铭文及其所反映的西周刑制》② 对㝬匜铭文进行了考释,指出西周时期刑法实施的本质是为了维护奴隶主的等级特权统治,盟誓制度在春秋时期法律体系中具有特殊地位,并对㝬匜铭文所涉及的刑罚种类、刑法原则和诉讼制度进行了考释。李力的《出土文物与先秦法制》③ 一书以出土的甲骨文、金文、简牍和盟书资料为基础,对先秦的法律观、刑罚、法律文书、律令等进行了总结。李力的《东周盟书与春秋战国法制的变化》④ 一文首次对东周盟书进行了法律分析,在法律史研究领域具有开先河的作用。先秦司法制度研究的成果主要涉及监狱、诉讼、审判等内容。从希斌的《〈易经〉中记载的周代诉讼》⑤ 一文认为《易经》六十四卦卦辞是研究周代诉讼制度的重要史料基础,《讼》卦反映了周代诉讼的主要依据和民事诉讼的效力。周代的诉讼评定争讼者的是非曲直以证据的信实与否为主要标准,权威性和强制性是周代民事诉讼的特点。王育成的《"入束矢"解》一文对"入束矢"进行了严格的考证,指出"入束矢"的原意应该是:诉讼当事人要向法庭交纳一束箭,作为具有双重意义的诉讼保证物,既是诉讼正当的信物,也可作为罚物使用。这是我国古代社会很具特点的民事诉讼方式。⑥ 茅彭年的《西周确立了我国古代的刑事诉讼制度》一文结合对《吕刑》的分析,指出周代已经建立了比较完备的刑事诉讼制度。⑦ 钱大群的《西周"三事"考》对与西周国家机构和职能有关的"三事"及"三事大夫"问题作了考证,指出西周的"三事"是指事天、事地和治人,作"三事"的人应该具有"认人、准夫、牧"三种职官。⑧ 薛梅卿的《我国监狱及狱制探源》⑨ 一文通过对甲骨文、金文资料的分析,对先秦时期的监狱发展历史进行了梳理,指

---

① 参见吴荣曾:《试论先秦刑罚规范中所保留的氏族制残余》,载《中国社会科学》,1984 年第 3 期。
② 参见刘海年:《㝬匜铭文及其所反映的西周刑制》,载《法学研究》,1984 年第 1 期。
③ 参见李力:《出土文物与先秦法制》,大象出版社 1997 年版。
④ 参见李力:《东周盟书与春秋战国法制的变化》,载《法学研究》,1995 年第 4 期。
⑤ 参见从希斌:《〈易经〉中记载的周代诉讼》,载《天津师范大学学报》,1985 年第 1 期。
⑥ 参见王育成:《"入束矢"解》,载《法学研究》,1984 年第 6 期。
⑦ 参见茅彭年:《西周确立了我国古代的刑事诉讼制度》,载《法学杂志》,1986 年第 1 期。
⑧ 参见钱大群:《西周"三事"考》,载《法学研究》,1982 年第 4 期。
⑨ 参见薛梅卿:《我国监狱及狱制探源》,载《法学研究》,1995 年第 4 期。

出我国最早的监狱产生于夏朝,商周时有了较大的进步,周代形成了完备的监狱体系。宁全红的《春秋时期的狱讼初探》[①]和《春秋时期狱讼的确定性问题初探》[②]对春秋时期的狱讼程序和特点进行了初步探究。此外,贾继东的《楚秦诉讼管辖和强制措施之比较研究》[③]、南玉泉的《楚国司法制度探微》[④]、庆明的《"铸刑鼎"辨正》[⑤]等,都对先秦时期的司法制度等相关问题进行了分析。先秦法律制度史研究中的一部分成果涉及对古代法律典籍的考证,例如对《尚书》《法经》《诗经》等典籍的研究。徐静村的《〈吕刑〉初探》[⑥]、蔡燕荞的《〈吕刑〉新议》[⑦]、李弋飞的《〈吕刑〉试议》[⑧]、马小红的《〈吕刑〉考释》[⑨]、梁凤荣的《〈吕刑〉在中国法律史上的地位与影响》[⑩]等文章,对《尚书·吕刑》中体现的西周法制的基本精神、内容、历史地位等进行了细致的考辨和分析。张警的《〈七国考〉〈法经〉引文真伪析疑》[⑪]、蒲坚的《〈法经〉辨伪》[⑫]等文章,通过对明末董说在《七国考》中引用的桓谭关于《法经》的论述的相关材料进行分析,对《法经》的真伪及其能否作为战国史料使用提出了自己的观点。张传汉的《〈法经〉非法典辨》[⑬]得出了《法经》并非法典而是私家著作的结论。王元明的《从〈诗经·召南·行露〉一诗看周代的诉讼》[⑭]通过古代女子被欺凌、被诬告的案例,展现西周真实的司法状况。

(四)先秦法律思想史研究

先秦法律思想史研究主要涉及神权法思想、礼治思想以及春秋战国时期的诸子思想。武树臣的《寻找独角兽:古文字与中国古代法文化》一书通过对"廌""刑""律""礼""德""法""夷""仁"等八个典型的古文字的本义进行考究,

---

[①] 参见宁全红:《春秋时期的狱讼初探》,载《重庆师范大学学报》(哲社版),2006年第6期。
[②] 参见宁全红:《春秋时期狱讼的确定性问题初探》,载《法律文化研究》(第五辑),中国人民大学出版社2009年版。
[③] 参见贾继东:《楚秦诉讼管辖和强制措施之比较研究》,载《法商研究》,1997年第3期。
[④] 参见南玉泉:《楚国司法制度探微》,载《政法论坛》,2000年第4期。
[⑤] 参见庆明:《"铸刑鼎"辨正》,载《法学研究》,1985年第3期。
[⑥] 参见徐静村:《〈吕刑〉初探》,载《西南政法学院学报》,1980年第4期。
[⑦] 参见蔡燕荞:《〈吕刑〉新议》,载《法学研究》,1988年第2期。
[⑧] 参见李弋飞:《〈吕刑〉试议》,载《中国法学》,1989年第2期。
[⑨] 参见马小红:《〈吕刑〉考释》,载韩延龙主编:《法律史论集》(第1卷),法律出版社1998年版。
[⑩] 参见梁凤荣:《〈吕刑〉在中国法律史上的地位与影响》,载《法学研究》,2009年第1期。
[⑪] 参见张警:《〈七国考〉〈法经〉引文真伪析疑》,载《法学研究》,1983年第6期。
[⑫] 参见蒲坚:《〈法经〉辨伪》,载《法学研究》,1984年第4期。
[⑬] 参见张传汉:《〈法经〉非法典辨》,载《法学研究》,1987年第3期。
[⑭] 参见王元明:《从〈诗经·召南·行露〉一诗看周代的诉讼》,载《法学研究》,1984年第3期。

试图展现传说时代和殷周时期的法文化图景,并对先秦时期德治、礼治、人治、法治等思想进行了论述和梳理。① 赵明的《先秦儒家政治哲学引论》一书对先秦儒学的基本性格和思想主题进行了深入的探讨和分析,沿着近代康有为开启的政治哲学路径,试图重构先秦儒家政治哲学的意义逻辑,发掘出理智对待自由主义的精神性资源和动力。② 任海涛的《先秦诸子政治法思想萌芽研究》以先秦诸子的传世文献为研究基础,第一次系统地研究了先秦诸子思想中的"政治法"思想萌芽,试图探索从文化精神层面发掘古典文化的现代价值的新思路。③ 韩星的《先秦儒法源流述论》从政治文化角度研究儒法思想的渊源、流变过程,又特别辨析儒法两家思想范畴的产生和发展,是思想史和社会史研究相结合的一项成果,为分析儒法两家学说中的基本问题提供了一个全新的视角。④ 朱腾、王沛、水间大辅的《国家形态·思想·制度——先秦秦汉法律史的若干问题研究》指出,"所谓法律史当然既包括法思想的产生与发达,也包括法制度的创设与调整,二者缺一不可"。该书以周秦之际国家形态的变迁为背景,从法律思想史和制度史两个向度集中对先秦时期相关问题进行了分析和讨论,以使读者了解先秦时期历史文化的整体状况。⑤ 马作武的《先秦法律思想史》从巫史文化入手,对中国早期的文化形态巫史文化和礼乐文化进行了分析,介绍了先秦学术由"王官之学"到诸子之学的流变过程,通过对中国早期学术思想的发展脉络进行梳理,指出中国学术的三大特性,即垄断性、巫术性和政治性。该书旨在研究探讨先秦时期不同人物、不同学派的法律思想的内容、特征、性质,辨析这些思想的来源、发展流变及其相互关系,揭示它们对后世发展的意义以及对中华法系形成的贡献和影响,进而作出客观的历史评价。⑥ 不少学者对先秦诸子学说进行了系统的研究,代表性成果如王沛的《刑书与道术:大变局下的早期中国法》⑦、朱腾的《早期中国礼的演变:以春秋三传为中心》⑧、俞荣根的《儒家法思想通论》⑨、武树臣和李力的

---

① 参见武树臣:《寻找独角兽:古文字与中国古代法文化》,山东大学出版社2015年版。
② 参见赵明:《先秦儒家政治哲学引论》,北京大学出版社2004年版。
③ 参见任海涛:《先秦诸子政治法思想萌芽研究》,法律出版社2012年版。
④ 参见韩星:《先秦儒法源流述论》,中国社会科学出版社2004年版。
⑤ 参见朱腾、王沛、水间大辅:《国家形态·思想·制度——先秦秦汉法律史的若干问题研究》,厦门大学出版社2014年版。
⑥ 参见马作武:《先秦法律思想史》,中华书局2015年版。
⑦ 参见王沛:《刑书与道术:大变局下的早期中国法》,法律出版社2018年版。
⑧ 参见朱腾:《早期中国礼的演变:以春秋三传为中心》,商务印书馆2018年版。
⑨ 参见俞荣根:《儒家法思想通论》,广西人民出版社1992年版。

《法家思想与法家精神》①、张少瑜的《兵家法思想通论》②、王宏的《墨家法律思想研究》③,此外还包括徐进的《商鞅法制理论的缺失》④、马小红的《〈吕刑〉法律思想初探》⑤、胡旭晟的《先秦名家学派法律观阐释——以理论逻辑的分析为主体》⑥等文章。宁全红、郭凯、孙海宁、王亚龙的《出土先秦法律史料集释》⑦对出土甲骨刻辞、出土青铜器铭文以及包山楚简中相关法律材料进行了集释,该书对于法律史研究具有史料和参考价值。张伟仁辑、陈金全注的《先秦政法理论》教材,系统梳理了先秦诸子的经典著作和思想,对诸子思想之间的关系进行了析释,既具有一手资料的权威性,也具有理论研究的学术性。⑧

在此需要说明的是,1974—1975年受政治运动的影响,中国历史学界、政法学界曾开展过一场对以孔子为代表的儒家学派的批判运动,这一场"运动式批判"紧紧围绕春秋时代"儒法斗争"的矛盾和焦点而展开,其间产生了不少曲解儒法两家思想学说的"影射史学"作品,给中国古代法律思想研究带来了极大的破坏,使得学术研究出现异化。改革开放以后,随着"人治"和"法治"问题的讨论,学术界通过反思、讨论和研究给了儒法两家法律思想中立客观的历史评价,中国法律思想史研究获得了新的发展动力。由于前文对此已有专章论述,故本章不再赘述。

二、秦汉法律史研究

秦汉时期是中国古代正统法律思想的形成时期,这一时期奠定了中国古代法律的思想基础,形塑了中国古代法律的制度架构,对后世法律的发展和演变起到了决定性作用。秦汉法律史研究主要依托于考古出土的简帛资料,通过对出土文献资料(见表10-1)的整理和研究,相关的法律问题逐渐被学界所关注、讨论并形成一定的共识。伴随着既往研究中部分"成说"的纠正和新的学术研究领域的开创,秦汉法律史研究取得了极大的突破和进展。

---

① 参见武树臣、李力:《法家思想与法家精神》,中国广播电视出版社1998年版。(该书于2007年由中国广播电视出版社再版。)
② 参见张少瑜:《兵家法思想通论》,人民出版社2006年版。
③ 参见王宏:《墨家法律思想研究》,河北大学出版社2013年版。
④ 参见徐进:《商鞅法制理论的缺失》,载《法学研究》,1997年第6期。
⑤ 参见马小红:《〈吕刑〉法律思想初探》,载《法学研究》,1990年第1期。
⑥ 参见胡旭晟:《先秦名家学派法律观阐释——以理论逻辑的分析为主体》,载《法学研究》,1996年第6期。
⑦ 参见宁全红、郭凯、孙海宁、王亚龙:《出土先秦法律史料集释》,四川大学出版社2016年版。
⑧ 参见张伟仁辑、陈金全注:《先秦政法理论》,人民出版社2006年版。

表 10-1　1975 年至 21 世纪初出土秦汉简情况

序号	名称	来源	数量	年代	内容	公布情况
1	睡虎地秦墓竹简	1975 年出土于湖北云梦睡虎地 11 号秦墓	约 660 枚	秦	律文、法律解释、司法文书、官箴	已公布
2	江苏连云港花果山竹木简牍	1978 年出土于江苏连云港花果山云台汉墓	13 枚	西汉	涉及刑事案件	已公布
3	青海大通上孙家寨汉简	1978 年出土于青海大通上孙家寨 115 号汉墓	240 枚	西汉	军法、军令	已公布
4	王杖诏书令木简	1981 年出土于甘肃省武威市新华乡缠山村汉墓	26 枚	西汉	诏令	已公布
5	张家山汉墓竹简（247 号墓）	1983 年出土于湖北江陵张家山 247 号汉墓	754 枚	汉初	律令、司法文书	已公布
6	仪征胥浦 101 号汉墓先令券书	1984 年出土于江苏扬州仪征胥浦 101 号汉墓	16 枚	西汉	遗嘱	已公布
7	湖南张家界古人堤遗址简牍	1987 年出土于湖南张家界古人堤遗址	14、29 号木牍	东汉	贼律文、律目	已公布
8	张家山汉墓竹简（336 号墓）	1988 年出土于湖北江陵张家山 336 号墓	约 550 枚	西汉文帝	律令	尚未公布
9	武威旱滩坡东汉墓汉简	1989 年出土于甘肃武威柏树乡旱滩坡汉墓	16 枚	东汉	律令	已公布
10	云梦龙岗秦简	1989 年出土于湖北云梦龙岗 M6 号墓	150 余枚	统一秦	律文	已公布
11	尹湾汉简	1993 年出土于江苏连云港东海县尹湾 M6 汉墓	1～5 号木牍	西汉	行政文书档案	已公布
12	江陵王家台秦简	1993 年出土于湖北江陵王家台 15 号秦墓	161 枚	秦	效律、官箴	少量公布
13	湘西里耶秦简	2002 年出土于湖南龙山里耶 1 号井	3.6 万枚（少量楚简）	秦	含有政令、公文、司法文书等	少量公布
14	长沙走马楼汉简	2003 年出土于湖南长沙走马楼井窖遗址	2 100 枚	西汉武帝	含有司法文书	尚未公布

续表

序号	名称	来源	数量	年代	内容	公布情况
15	长沙东牌楼东汉简牍	2004年出土于湖南长沙东牌楼7号古井	5～6号封检、78号木牍	东汉	争田案件、案件记录	已公布
16	松柏M1出土西汉木牍	2004年出土于湖北荆州纪南松柏1号汉墓	63片	西汉武帝	令、簿册	部分公布
17	云梦睡虎地汉简	2006年出土于湖北云梦睡虎地M77墓	850枚律简，128枚牍	西汉文景	律文及见于牍的司法文书	少量公布
18	岳麓书院藏秦简	2007年自香港购入	1 100余枚	秦	律令、司法文书、官箴	少量公布

资料来源：徐世虹、支强：《秦汉法律研究百年（三）——1970年代中期至今：研究的繁荣期》，载中国政法大学法律古籍整理研究所编：《中国古代法律文献研究》（第六辑），社会科学文献出版社2012年版。

（一）云梦秦简视野下的秦朝法律史研究

在云梦秦简出土以前，关于秦律的历史记载极为有限，除《史记》等有限的史料记载以外，对于秦朝法律制度的研究多依汉制或者战国相关史料进行推断，以至于法律史学界对秦律的研究存在认知模糊地带以及一些争议性较大的论题，秦律研究始终无法得到突破。1975年湖北省云梦县睡虎地发现了11座秦墓，并出土了一批秦竹简和木牍，后经整理，云梦秦简成为推动秦史研究，尤其是秦朝法律史研究的珍贵史料。自20世纪70年代末至今，法律史学界围绕云梦秦简的相关记载，展开了有关秦朝法制问题的一系列考辨和析疑。

围绕云梦秦简而产出的法律史研究成果层出不穷，各具特色。高敏在《云梦秦简初探》一书中指出，云梦秦简的发现可以帮助我们对秦代若干重大的历史问题获得某些新的认识。云梦秦简包括《南郡守腾文书》《大事记》《为吏之道》《日书》以及木牍等，其中内容最为丰富和重要的是《秦律》，它不仅填补了自李悝《法经》与商鞅《秦律》散佚以来的空缺，而且是研究法制史的重要史料。《秦律》规定了秦朝的官制、土地制度、徭役制度、赐爵制度、租税制度以及仓库管理、财经出纳等制度，《秦律》的发现使之前具有争议性且无明确史料佐证的秦朝的刑名、刑罚、刑徒、刑期以及隶臣妾的地位、来源、特征等问题，有了充分的史料根据。云梦秦简具有重大的史料价值，其作用与意义比居延、敦煌等地出土的汉简对汉朝历史研究的作用和意义有过之而无不及。[①] 该书主要内容包

[①] 参见高敏：《云梦秦简初探》，河南人民出版社1979年版。

第十章 当代中国法律史断代法史研究现状

括云梦秦简中《大事记》的性质和特点，商鞅《秦律》与云梦秦简中《秦律》的关系，云梦秦简中的土地制度、徭役制度、刑罚种类、赐爵制度等相关问题。该书是云梦秦简出土之后出版的第一本专著，虽然受到"历史惯性"的影响，依然带有较强的阶级色彩[①]，但是其学术价值和理论意义是不言而喻的。中华书局编辑部于1981年编辑出版的《云梦秦简研究》[②]一书认为，云梦秦简发掘对于研究秦汉法制具有重要意义。该书汇编了参与云梦秦简整理的李学勤、裘锡圭、张政烺、于豪亮、高恒、刘海年、舒之梅、唐赞功、李均明等人的研究成果，同时也汇编了马雍、吴荣曾、吴树平、熊铁基、王瑞明、高敏等人的专题论文，其中收录了高恒和刘海年的三篇论文。高恒的《秦简中的私人奴婢问题》一文对秦简中的"臣妾""人臣妾""人奴妾"进行了分析，指出：秦朝时期仍有一定数量的私人奴婢。秦朝的奴婢不具有法律上"人"的地位，而仅仅是一种商品，奴婢可以代主人服劳役、赎罪或者抵债。云梦秦简进一步证实，奴婢产生的原因主要有三种：第一种是奴隶社会的历史遗留；第二种是因功受赏；第三种是封建社会中新产生的奴隶。[③]收录的高恒的另一篇论文《秦简中与职官有关的几个问题》对秦朝中央和地方的职官种类、职能、所属机构等进行了考证，并论述了职官的任免、官吏的印章、上计制度、俸禄制度、有秩之吏以及都官等，对于秦朝官制研究具有重要的参考价值和借鉴意义。[④]刘海年的《秦律刑罚考析》结合云梦秦简

[①] 《云梦秦简初探》一书的"前言"特别强调了云梦秦简研究的政治意义：第一，用它可以揭露"四人帮"所散布的秦代农民负担的徭役并不是很重的谬论纯系伪造。第二，用它可以证明"四人帮"关于秦时多以犯罪官吏戍边的叫嚣纯系虚构。第三，用它可以证明秦时社会的主要矛盾是农民阶级与地主阶级之间的矛盾，而且这一矛盾的激化早在秦始皇之前就已经开始了。第四，用它还可以说明封建制度取代奴隶制度的社会革命同社会主义取代资本主义的社会革命是根本不能同日而语的。第五，用它可以揭露"四人帮"所叫嚷的"法家爱人民""也代表农民利益"等等，只不过是弥天大谎。曾宪义在分析"文化大革命"结束后一段历史时期内中国法律史的研究状况时指出："1977、1978年，中国法律思想史教学和研究开始局部恢复，但因为只有一些萌动，极左思潮仍严重地笼罩着学术界"，"人们的思想方式、思想武器、思想逻辑还显现出'文革'时代的影响"。笔者在对新中国成立以来的法律史文献资料进行整理时也发现，在"文化大革命"结束后相当长的一段时期内，中国法律史研究成果依然带有阶级斗争和阶级批判的色彩，鲜见纯粹的理论研究论著。这并非研究者自身的问题，而是一个特定时代的客观条件使然，人们的思维方式、认知方式和行为方式总会带有时代的痕迹，笔者暂且称之为"历史惯性"。但是，他们能够从一个时代中走出来并作出一系列在本领域具有开拓性的学术研究成果，这本身就已经是常人所难为之事了，他们的学术勇气和学术坚守更为我们后辈所敬仰！参见高敏：《云梦秦简初探》，河南人民出版社1979年版，"前言"；曾宪义、范忠信编著：《中国法律思想史研究通览》，天津教育出版社1989年版，第44页。
[②] 参见中华书局编辑部编：《云梦秦简研究》，中华书局1981年版。
[③] 参见高恒：《秦简中的私人奴婢问题》，载中华书局编辑部编：《云梦秦简研究》，中华书局1981年版。
[④] 参见高恒：《秦简中与职官有关的几个问题》，载中华书局编辑部编：《云梦秦简研究》，中华书局1981年版。

中秦律律文和《法律答问》的相关记载，认为秦的刑罚大体可以分为11类：一，死刑；二，肉刑；三，徒刑；四，笞刑；五，髡、耐刑；六，迁刑；七，赀；八，赎刑；九，废；十，谇；十一，收。不同的刑罚等级不同、轻重不同，既可以单独使用，也可以合并使用，不同刑罚的排列组合使得秦朝的司法实践和法律制裁特别严酷。① 栗劲的《秦律通论》一书以云梦秦简为主要的史料来源，对秦律的制定和发展、秦律中的一般理论进行了阐述，并系统考察了秦律中所包含的犯罪理论、刑罚原则、刑罚体系、刑事诉讼的基本原则和程序，以及行政、经济、民事法律规范等问题。该书对学术界关于秦律的相关问题，包括日本法律史学界对秦律的不同看法表达了作者个人的观点和态度，对秦朝的罪刑法定主义原则、隶臣妾的性质、徒刑刑期、髡耐完等刑罚，以及商鞅、韩非的历史地位，法治人治之争等理论原则问题进行了详述。该书是法律史领域依托云梦秦简对秦律和秦朝法制进行系统论述的最早的专著。从学科体系性和完整性的角度来看，该书完善了中国法律史研究的体系框架，丰富了秦汉法律史研究的内容，对于研究中国古代法制的沿革以及法律思想的演变具有重要的学术价值。② 曹旅宁的《秦律新探》一书结合前人的云梦秦简研究成果，采用二重证据法，即利用简牍材料，特别是新出土的龙岗秦简、张家山汉简等材料，证之以文献材料，对秦律的起源、秦律中的家族及阶级法、秦律中的经济资源法、秦律刑罚、秦律与汉律的关系等问题进行了较为深入的考察。这对正确认识秦律本身及其在中国古代法律史上、秦律与汉律关系上的开创性的地位无疑是有重要意义的。③ 刘海年的《战国秦代法制管窥》④ 一书介绍了战国秦代的法制情况，内容包括战国齐国法制史料的发现、云梦秦简的发现与秦律研究、云梦秦简中有关农业经济的法规、秦律刑罚考析、秦律刑罚的适用原则、秦的诉讼制度、秦始皇的法律思想等，为秦朝法制研究提供了有益的借鉴，丰富了中国法律史研究。

此外，围绕云梦秦简中秦律的律文，法律史学界就秦朝法制的相关问题展开过争论。例如关于"隶臣妾"的身份问题的争论，高恒在《秦律中"隶臣妾"问题的探讨》一文中通过对"隶臣妾"的服刑期限、来源以及法律地位的分析，指出"隶臣妾"实际上是一种官奴婢的统称。⑤ 高敏在《从出土〈秦律〉看秦的奴隶制残余》一文中提出了同样的观点，并指出秦朝的"隶臣妾"属于一种奴隶社

---

① 参见刘海年：《秦律刑罚考析》，载中华书局编辑部编：《云梦秦简研究》，中华书局1981年版。
② 参见栗劲：《秦律通论》，山东人民出版社1985年版。
③ 参见曹旅宁：《秦律新探》，中国社会科学出版社2002年版。
④ 参见刘海年：《战国秦代法制管窥》，法律出版社2006年版。
⑤ 参见高恒：《秦律中"隶臣妾"问题的探讨》，载《文物》，1977年第7期。

第十章 当代中国法律史断代法史研究现状

会的残余因素,但与奴隶社会的奴隶有着本质区别。① 高敏又在《关于〈秦律〉中的"隶臣妾"问题质疑——读〈云梦秦简〉札记兼与高恒同志商榷》一文中对高恒的观点进行了一一回应。② 林剑鸣在《中国史研究》上发表了《"隶臣妾"辨》一文,反对高恒、高敏等人的"隶臣妾"为"官奴隶"之说,坚持"隶臣妾"为秦朝"刑徒"之说。③ 后高敏、林剑鸣、刘汉东发表了一系列文章对该问题进行讨论。④ 钱大群在《谈"隶臣妾"与秦代的刑罚制度》一文中坚持秦"隶臣妾"为"终身罪隶身份"的"刑徒"说⑤,李力发表《亦谈"隶臣妾"与秦代的刑罚制度》一文,认为"《秦律》中的'隶臣妾'有二义:一是刑徒名称,一是官奴隶名称。因本人犯罪而成为'隶臣妾'者是刑徒;由于其他原因而成为'隶臣妾'者则是官奴隶(有时二者不易分清)"⑥。钱大群又发文《再谈隶臣妾与秦代的刑罚制度——兼复〈亦谈"隶臣妾"与秦代的刑罚制度〉》进行了回应。⑦ 此外,栗劲、王占通、刘海年等人也发表了一系列文章对"隶臣妾"的性质进行讨论。⑧ 李力于 2007 年出版了《"隶臣妾"身份再研究》,该书从法制史角度重新对"隶臣妾"问题进行了研究,采用法学、历史学、简牍学、古文字学、历史语言学等的研究方法,结合传世文献资料和出土文献资料,对"隶臣妾"一词自战国到秦汉的词义演变进行了考察和梳理,理清了法史学界对该问题研究的学术脉络,考证细致入微,研究结论具有创新性和说服力,将对这一问题的研究向前推进了一步,也为进一步研究打下了坚实的基础。⑨

再如围绕秦律中"啬夫"一词展开的讨论。郑实在《啬夫考——读云梦秦简

---

① 参见高敏:《从出土〈秦律〉看秦的奴隶制残余》,载高敏:《云梦秦简初探》,河南人民出版社 1979 年版。
② 参见高敏:《关于〈秦律〉中的"隶臣妾"问题质疑——读〈云梦秦简〉札记兼与高恒同志商榷》,载高敏:《云梦秦简初探》,河南人民出版社 1979 年版。
③ 参见林剑鸣:《"隶臣妾"辨》,载《中国史研究》,1980 年第 2 期。
④ 参见林剑鸣:《"隶臣妾"并非奴隶》,载《历史论丛》(第 3 辑),齐鲁书社 1983 年版;高敏、刘汉东:《秦简"隶臣妾"确为奴隶说——兼与林剑鸣先生商榷》,载《学术月刊》,1984 年第 9 期;林剑鸣:《三辨"隶臣妾"——兼谈历史研究中的方法论问题》,载《学术月刊》,1985 年第 9 期;刘汉东:《再说秦简"隶臣妾"确为奴隶》,载《中州学刊》,1987 年第 2 期。
⑤ 参见钱大群:《谈"隶臣妾"与秦代的刑罚制度》,载《法学研究》,1983 年第 5 期。
⑥ 李力:《亦谈"隶臣妾"与秦代的刑罚制度》,载《法学研究》,1984 年第 3 期。
⑦ 参见钱大群:《再谈隶臣妾与秦代的刑罚制度——兼复〈亦谈"隶臣妾"与秦代的刑罚制度〉》,载《法学研究》,1985 年第 6 期。
⑧ 参见王占通、栗劲:《"隶臣妾"是带有奴隶残余属性的刑徒》,载《吉林大学社会科学学报》,1984 年第 2 期;刘海年:《关于中国岁刑的起源——兼谈秦刑徒的刑期和隶臣妾的身份》(上、下),载《法学研究》,1985 年第 5、6 期;王占通、栗劲:《"隶臣妾分为官奴隶与刑徒两部分"说值得商榷》,载《法学研究》,1987 年第 5 期。
⑨ 参见李力:《"隶臣妾"身份再研究》,中国法制出版社 2007 年版。

札记》中指出,"啬夫"是一种地方基层官吏,"啬夫"还一度成为县长吏的别称。根据不同的职责,"啬夫"可以分为田啬夫、库啬夫、司空啬夫、仓啬夫、苑啬夫等等,因此"啬夫"也可以被看作某一方面或事务的主管。① 高敏在《论〈秦律〉中的"啬夫"一官》一文中指出,秦朝在县、乡、亭都设置有"啬夫"一官,"啬夫"下面分为不同职能的"啬夫",且"啬夫"一词也可作为所有"啬夫"的泛称。② 同时,高敏也发文对郑实认为"有秩就是啬夫"的观点进行了质疑,指出"有秩"和"啬夫"是两种不同的官职,"有秩"始于商鞅变法时期,是低级官吏中有秩禄者的泛称;秦末汉初,"有秩"与"啬夫"并举,两者职务相似,职级却存在较大的差别。③ 高恒认为:"'啬夫'一词不是专门某一官职的名称,而是对某一些主管官吏的泛称。可以称作'啬夫'的官吏:一、地方行政长官(县令、长和乡啬夫);二、县都官所属的某些机关的主管官吏。这些主管官吏,又统称为'官啬夫'。"④

对于秦律中的其他问题,有学者也专门撰文进行探讨。刘海年在对云梦秦简和居延汉简等史料中的"爰书"进行考证后指出:"'爰书'是战国的秦国和秦汉时司法机关通行的一种文书形式,其内容是关于诉讼案件的诉辞、口供、证辞、现场勘查、法医检验的记录以及其他有关诉讼的情况报告。"⑤ 此外,云梦秦简视野下的秦朝法律史研究成果还包括刘海年和张晋藩的《从云梦秦简看秦律的阶级本质》⑥、游绍尹的《秦律的阶级本质和基本内容》⑦、黄贤俊的《对云梦秦简中诉讼制度的探索》⑧、曹旅宁的《释秦律"拔其须眉"及"斩人发结"兼论秦汉的髡刑》等。⑨

(二)汉代法律史研究

1. 汉代法律思想史研究

汉代法律思想史研究向来是中国法律史学者热衷的领域之一。西汉统治者接受了董仲舒"罢黜百家,独尊儒术"的学说,儒家思想成为汉朝法律思想和制度

---

① 参见郑实:《啬夫考——读云梦秦简札记》,载《文物》,1978年第2期。
② 参见高敏:《论〈秦律〉中的"啬夫"一官》,载《社会科学战线》,1979年第1期。
③ 参见高敏:《"有秩"非"啬夫"辨——读云梦秦简札记兼与郑实同志商榷》,载《文物》,1979年第3期。
④ 高恒:《"啬夫"辨正——读云梦秦简札记》,载《法学研究》,1980年第3期。
⑤ 刘海年:《秦汉诉讼中的"爰书"》,载《法学研究》,1980年第1期。
⑥ 参见刘海年、张晋藩:《从云梦秦简看秦律的阶级本质》,载《学术研究》,1979年第1期。
⑦ 参见游绍尹:《秦律的阶级本质和基本内容》,载《湖北财经学院学报》,1979年第1期。
⑧ 参见黄贤俊:《对云梦秦简中诉讼制度的探索》,载《法学研究》,1981年第5期。
⑨ 参见曹旅宁:《释秦律"拔其须眉"及"斩人发结"兼论秦汉的髡刑》,载《中国史研究》,2001年第1期。

的核心要素,并决定了后世法律制度、法律思想和法律实践的历史流变,由此中国古代正统法律思想正式形成。

  乔伟的《秦汉律研究》一书以专章对董仲舒的法律思想进行了介绍和评价,该书指出"德主刑辅"是董仲舒法律思想的核心,"德主刑辅"思想的三个理论支柱为天人感应说、人性论以及犯罪根源说;应该对董仲舒"德主刑辅"的观点进行客观的评价:一方面要认识到"君权神授"和"代天行罚"的唯心主义和神秘主义理论是对被统治者的一种精神奴役,另一方面也要看到其积极的方面,董仲舒用"天人感应"来论证他的"德主刑辅",是对至高无上的君权的一种限制。[①] 孙家洲主编的《秦汉法律文化研究》[②] 对秦汉的法律文化进行了全方位的解读。该书前两章"皇帝旨意与国家法律""大赦制度研究"探讨了皇权与国家法律之间的关系,后两章"社会舆论与官方应对机制""刑罚制度个案研究"分析了国家对社会的控制,以及重要刑罚制度等问题。曾加的《张家山汉简法律思想研究》是首部系统研究张家山汉简法律思想的专著。该书采用将法律制度和法律思想结合的方法、从法律制度分析归纳出其法律思想的方法,通过对张家山汉简中一些法律制度的分析、考证来探究相关法律思想,使得学术研究更为直观和立体。该书通过对张家山汉简所体现的诉讼法律思想的研究,弥补了以前没有对汉律中的诉讼法律思想进行系统和全面论述的缺憾。该书对汉代君权、土地制度和家族制度进行了系统的分析,对《奏谳书》和《二年律令》的律、令名称和刑罚名称以及相关法律制度、法律思想进行了全面解读,为研究汉代法律提供了重要的参考,可谓是一部补白之作。[③] 王沛的《黄老"法"理论源流考》一书主要采用文献互证、统计以及谱系学方法进行研究,以《黄帝书》《鹖冠子》《管子》等基本文献为基础,从恒定的"法"和机动的"法"两个维度探讨了黄老"法"的基本概念,前者的主要内容是"无为",后者的主要内容是"刑德",并对黄老"法"理论的演变轨迹与时代思潮进行了梳理和分析,指出了黄老"法"理论与后世正统法律思想的联系,清晰地勾勒出了黄老"法"理论的源流线索。[④] 朱腾的《渗入皇帝政治的经典之学——汉代儒家法思想的形态与实践》一书以社会法学的视野考察了汉代的政治与法制,将汉代的天道、道德、礼制和法制等置于当时广阔的社会背景之下,得出了一种新的认识,即在国法之外,强调天道、道德与礼制的规范功能,并认为此类规范是对汉代皇权统治的具体场景产生实质性影

[①] 参见乔伟:《秦汉律研究》,吉林大学法律系法律史教研室1981年印制,第245—258页。
[②] 参见孙家洲主编:《秦汉法律文化研究》,中国人民大学出版社2007年版。
[③] 参见曾加:《张家山汉简法律思想研究》,商务印书馆2008年版。
[④] 参见王沛:《黄老"法"理论源流考》,上海人民出版社2009年版。

响的"活法",这使"法"的概念摆脱实证主义的束缚而进入了更为广阔的规范空间。该书为研究汉代儒家法思想和汉代法制提供了新的视角和方法,也为学术界重新认识和评估中国古代法提供了有益的启示。① 姜晓敏的《西汉对犯罪的预防与惩治》一书阐述了中国古代预防与惩治犯罪的理论对策及理论价值,重点揭示了西汉时期治理犯罪指导思想的根本转变,介绍了当时政治性犯罪、官吏职务犯罪、财产犯罪、人身犯罪的概况,全面剖析了西汉预防与惩治犯罪的网络系统的建构及各项措施的推行,说明预防为主、标本兼治,整体布局、综合为治的指导思想在西汉时期发挥了积极的作用,对缓解社会矛盾的激化,减少大规模、普遍性犯罪的发生起了有利的推动作用,体现了统治经验的成熟。该书最后对西汉治理犯罪的基本方略进行了客观的评价,指出该方略虽然不可避免地带有一定的历史局限性,但是仍然是我国丰富的历史文化宝库中一笔珍贵的法律文化遗产。②

在论文方面,姜晓敏的《班固"法自然"观初探》一文认为,"法自然"观是班固法律观的核心,贯穿于《汉书·刑法志》的始终。班固"法自然"观除表现在德、刑的起源问题上之外,还表现在"兵刑合一""德主刑辅""象刑"等多方面的内容上。班固"法自然"观有着深厚的理论基础和思想基础,前者表现为"小农经济社会中"天人合一的思想,后者表现为儒墨道法等各学派对"自然"的普适性认同。班固"法自然"观具有深刻的理论价值,表现了中国传统文化的特色,具有制约君权的理论功能,对社会与法学的和谐发展具有重要的借鉴价值。③ 崔永东的《〈王杖十简〉与〈王杖诏书令册〉法律思想研究——兼及"不道"罪考辨》一文通过对甘肃武威出土的《王杖十简》和《王杖诏书令册》律文的翻译与考释,考察了儒家的刑法思想对汉代刑事立法的影响:一方面是宽刑主义,对象是七十岁以上接受王杖的老人;另一方面是重刑主义,对象是殴打王杖主的人。该文还通过对大庭脩有关"不道"罪的观点的批判,指出汉代的"不道"罪确实包含"不孝"罪在内,也就是说汉代对"不道"罪的规定中不但包括反国家、反社会的行为,而且包括反家族伦理的行为。④ 崔永东的《张家山汉简中的法律思想》一文以张家山汉简中《奏谳书》和《二年律令》的相关条文为基础,分析了西汉时期在儒家思想影响下家庭道德法律化的方式和表现,以及由此

---

① 参见朱腾:《渗入皇帝政治的经典之学——汉代儒家法思想的形态与实践》,中国政法大学出版社2013年版。
② 参见姜晓敏:《西汉对犯罪的预防与惩治》,北京师范大学出版社2016年版。
③ 参见姜晓敏:《班固"法自然"观初探》,载《政法论坛》,2000年第4期。
④ 参见崔永东:《〈王杖十简〉与〈王杖诏书令册〉法律思想研究——兼及"不道"罪考辨》,载《法学研究》,1999年第2期。

开启的"法律儒家化"的进程。在治吏方面,《二年律令》也反映了法家提倡的重刑主义观念和"明主治吏不治民"的思想,汉律上述规定背后所蕴含的指导思想是严于治吏,这样的指导思想对我们今天的行政法制建设是可资借鉴的。[①] 崔永东的另外一篇文章《汉简〈二年律令〉研究二题——兼及汉律中的和谐价值观》,从家族主义观念和"宽严相济"的刑法原则两个方面论述了《二年律令》所体现的和谐价值观。一方面在家族主义观念方面,维护家族的尊卑秩序就是要优先保护家族内尊长的权利,也就是强调保护父权与夫权,这在当时的封建宗法时代对于维护家庭的伦理秩序具有历史合理性。另一方面《二年律令》是一部"宽严相济"的法律,在当时的历史条件下贯彻了"当严则严,当宽则宽"的精神,从和谐主义的角度看,"宽严相济"的法律原则有利于社会和谐。[②] 于语和的《论汉代的经学与法律》指出,作为两汉封建意识形态核心内容的经学,对汉代法律思想、法律制度和法律实践产生了极其深刻的影响。今文经学的神学化,导致"大德小刑"论盛行,并成为我国古代正统法律思想的重要组成部分。今文经学的阴阳五行化,使先秦时的"德刑时令说"得以发展,并对汉代及后代的司法活动产生了影响。经学的独尊造成儒家经典的法典化,它不仅成为立法的理论基础,而且变成直接用来决案断狱的法条。经学维护等级制度,促使礼与法进一步结合,形成"出礼入刑"的局面。东汉古文经学的勃兴,使注经成为时尚,由注经发展到注律,便在汉代产生了律学。[③] 侯欣一的《孝与汉代法制》一文在借鉴前人研究成果的基础上,依据《汉书》《后汉书》等基本史料,以法律社会学的方法对汉代孝与法律的融合过程、特点,汉代法制中的孝及其实施状况和后果作了一番综合考察。作者之所以以汉代为例,主要出于两点考虑:一是汉代重孝,"汉以孝治天下"是历来史家的定评;二是就孝的历史演变来看,汉代处于一个较为特殊的时期,一方面表现为汉代时人们所理解的孝还基本上属于"父慈子孝"的"孝",同封建社会末期的子对父绝对服从的愚孝不同,较为接近孝的本义,另一方面汉代又是孝从道德主张向法律义务过渡的重要时期。因而以孝与汉代法制为题来探讨中国古代法律的特点便更为典型。[④] 汉代法律思想史研究方面的成果还包括胡旭晟的《试论西汉法制与其官方哲学之关系》[⑤]、马克林的

---

① 参见崔永东:《张家山汉简中的法律思想》,载《法学研究》,2003 年第 5 期。
② 参见崔永东:《汉简〈二年律令〉研究二题——兼及汉律中的和谐价值观》,载《法律文化研究》(第 4 辑),中国人民大学出版社 2008 年版。
③ 参见于语和:《论汉代的经学与法律》,载《南开学报》,1997 年第 4 期。
④ 参见侯欣一:《孝与汉代法制》,载《法学研究》,1998 年第 4 期。
⑤ 参见胡旭晟:《试论西汉法制与其官方哲学之关系》,载《文史博览》,2008 年第 Z1 期。

《汉代法制转型中的宗教因素》①、华友根的《东汉经史大家蔡邕礼乐思想述略》②等。这些成果对汉代法律思想进行了比较细致的研究和梳理，并结合现代社会治理现状对汉代法律思想中积极有益的因素进行发掘，使其现代价值凸显。

2. 汉代法律制度史研究

汉代法律制度史研究主要集中在汉代法律形式、立法制度、诉讼审判制度、法律儒家化问题、刑制改革等方面。随着汉代简帛的出土，汉代法律制度史研究逐渐深化，通论性研究成果较多，为人们理解中国古代正统法律的滥觞提供了新的视角和维度。

乔伟的《秦汉律研究》立足于《汉书》《后汉书》等古籍对两汉时期的立法活动、汉律所规定的犯罪种类、刑罚改革、民事法律规范、诉讼司法程序等进行了阐述和分析，重点对两汉时期的社会经济情况进行了介绍，并指出了不同时期统治阶层采取的治国思想和策略的不同，从阶级矛盾的角度对"春秋决狱"进行了历史评价，对两汉时期侵犯君权、官私财物、人身安全以及军事、审判等方面的具体罪名加以介绍，并指出了文景时期的刑法改革具有的重大历史意义，进而分析了两汉时期的刑罚种类和原则。该书是最早系统介绍秦汉法律制度的专著，由于当时大部分的汉朝简牍资料尚未出土，受史料所限，汉律研究只能依据两汉时期相关史料的片段记载进行推测，但是其在中国法律史学史上的学术地位和价值是不容抹杀的。③

孔庆明的《秦汉法律史》将法律思想史和法律制度史相结合：在法律思想史部分对刘邦、陆贾、刘恒、贾谊、董仲舒的法律思想以及黄老思想进行了介绍，在法律制度史部分涉及两汉时期的法律形式、法律制度、犯罪与刑罚等内容，并包括西汉时期国际关系法规、东汉时期王莽改制中的法律问题以及两汉法制关系等内容。"国际关系法规"一章主要依据《史记》《汉书》等对西汉与日本、印度、南洋群岛、罗马帝国等外贸交往的相关记载进行分析。"东汉时期王莽改制中的法律问题"一章指出了王莽改制之初面临的社会矛盾与严峻的社会形势，分析了王莽改制失败的根本原因。东汉时期全盘继承和发展了西汉法制，法律制度真正进入了礼法合体的过程，进一步把《春秋》经义纳入法律体系之中，体现封建伦理道德的礼制成为法律的根本内容，法律更加"应经合义"④。该书在史料的运用方面以《史记》、《汉书》、《后汉书》以及居延汉简为主，对秦汉法律制度

---

① 参见马克林：《汉代法制转型中的宗教因素》，载《西北师大学报》（社会科学版），2004年第2期。
② 参见华友根：《东汉经史大家蔡邕礼乐思想述略》，载《政治与法律》，2007年第6期。
③ 参见乔伟：《秦汉律研究》，吉林大学法律系法律史教研室1981年印制。
④ 孔庆明：《秦汉法律史》，陕西人民出版社1992年版。

的论述较之前的研究成果更为系统、全面,侧重思想和制度的结合,对于中国法律史研究具有较高的参考价值。

高恒的《秦汉法制论考》一书是作者十多年研究秦汉法制史的论文汇编,表述了作者对秦汉法制史研究中某些问题的看法。作者意识到了以往法律史研究中存在的弊病和问题,并指出:很长一个时期以来,法制史学界仅注意探讨古代法律制度与经济、政治的关系,解释法制的阶级实质等问题,而对于法制以及法学,作为一种主要的社会意识形态与其他社会意识形态的关系,则研究得很少。法学与社会诸意识形态之间的关系是相辅相成的,不注意这种复杂的联系,就不可能揭示出中国古代法学的特点与发展变化规律。因此,该书在研究中国法律制度史、法律思想史时,注意考察当时的哲学思潮、政治主张,甚至时代的学风对于法制、法学的影响。该书对汉律篇名、西汉的法制改革、"引经决狱"以及同一时代的相关法律思想进行了考证与分析,提出了许多独到的见解。①

张景贤的《汉代法制研究》一书以《史记》、《汉书》、《后汉书》以及相关子书和其他儒家经典为史料基础,对汉代的法制状况和法制思想进行研究,最后对关于汉代若干法制问题的讨论加以总结,深入探讨了两汉时期法律家与政治家关于礼与法、德与刑关系的论争,关于赎刑问题的论争,关于赦罪问题的论争,关于犯罪原因问题的论争的状况,并结合当时的社会经济状况指出了论争产生的原因。② 该书出版于1997年,较之前的同类研究成果更为深入,体系上更加系统,对于汉代法制的相关问题几乎全部论及;但是该书通篇未见20世纪80年代以后新出土的汉简资料,这对于该书来说无疑是一大憾事。

张建国的《帝制时代的中国法》借鉴日本学者滋贺秀三对中国历史分期之称,以"帝制时代"为书名对秦汉魏晋的法律制度进行了专题论述。该书汇集了作者多年来探究帝制时代中国法的阶段性成果以及对于其他方面的某些观察和思考。例如关于"斩右趾"的刑罚是否在东汉恢复的问题,作者通过考证指出东汉并未恢复此刑,"斩右趾"刑的二次恢复是在唐代,是作为死刑的替代刑而出现的。再如通过对汉简《奏谳书》简文的分析,作者提出了自己的见解(如作者认为《奏谳书》可以看作《奏书》和《谳书》两类文书),并对汉代的审判程序进行了总结。③

曹旅宁的《张家山汉律研究》以札记的形式汇编了作者对张家山汉简研究的

---

① 参见高恒:《秦汉法制论考》,厦门大学出版社1994年版。
② 参见张景贤:《汉代法制研究》,黑龙江教育出版社1997年版。
③ 参见张建国:《帝制时代的中国法》,法律出版社1999年版。

成果，每篇文章都是对汉简中不同问题的考证和分析，如对张家山247号汉墓汉律的制作时代的考证，对群盗、《贼律》、《盗律》、《具律》、《户律》、《捕律》、《亡律》、《行书律》、《史律》、《传食律》等进行的考证，通过排比材料、钩沉索隐，提出个人的见解，在前人研究的基础上有较多创新，具有较高的学术水平和参考价值。①

龙大轩的《汉代律家与律章句考》通过对汉代史料进行悉心爬梳，对汉代不同时期的律学家进行了辑佚和考证，对不同类别的律章句进行了考证，包括具律类律章句、刑名类律章句、罪名类律章句、事律类律章句、官职类律章句、军法类律章句、狱讼类律章句、监狱类律章句以及礼制类律章句等，并对汉代法制史料进行了钩沉、立新、补漏和纠错，是汉代律学研究中具有较高学术水平的考证类专著。②

闫晓君的《秦汉法律研究》从张家山汉简《二年律令》入手，对前人已有的学术成果进行了系统梳理，将传世文献与出土文献相结合，将文献考释和理论分析相结合，将法律思想和法律制度相结合，对秦汉时期的法律问题进行逐一清理和理论分析。该书内容不仅包括秦律对汉律的影响、秦汉时期的计量性法规、地方性立法、诉讼审判制度、司法管辖、法医检验制度，还包括汉初刑罚体系、秦汉律与唐律的关系以及对《盗律》《亡律》《贼律》《告律》《钱律》《收律》等的考证，言简意赅，论理清晰。作者于对周秦"治道"的研究中指出了三种社会治理的模式："西周以'礼治'为特征，重视道德教化的周政模式，被称为'王道'；秦以'法治'为特征，以'赏刑'为主要内容的秦政模式，被称为'霸道'；第三种是在汉代形成的受周秦'治道'影响，并取两家之长，去两家之短的'霸王道杂之'的'治道'方式。"汉代的"治道"模式是周秦法律文化相互影响的结果。③此外，该书增加了之前研究成果中欠缺的"法医检验"内容，对秦汉时期的检验制度、尸体检验、对疾病的诊验、中毒检验、物证检验、畜牲检验、伤情检验以及对死亡的认识和急救方法进行了论述。④

张忠炜的《秦汉律令法系研究初编》一书从法学和史学的双重视角对秦汉律令的起源与发展、表现形式和法律载体等进行了细致的研究，作者最后总结出秦汉至魏晋律令法系变化的规律，即："从律的编纂来看，秦汉仍是单行律或单行令的年代，国家统一颁行的律令编纂物出现是在魏晋，符合近代法学意义上的法

---

① 参见曹旅宁：《张家山汉律研究》，中华书局2005年版。
② 参见龙大轩：《汉代律家与律章句考》，社会科学文献出版社2009年版。
③ 参见闫晓君：《秦汉法律研究》，法律出版社2012年版，第48页。
④ 参见闫晓君：《秦汉法律研究》，法律出版社2012年版。

典编纂亦始于魏晋。此其一。从律、令内涵看，秦汉时期的律与令有区分，这种区分并不是很严格；魏晋时期，律的内涵缩小而成为刑律的代称，制度性的规定以令的面貌出现，分途发展成为律令体系发展的大趋势。此其二。从东汉末到魏晋时期，科这种法律载体亦发生质变，在兼有'事条'含义的同时，发展为独立的国家法律编纂物，似可视为'法典'编纂的先声。此其三。从礼、律关系来看，秦汉时期礼与律合一尚处于进展中，律令一定程度上充当礼、发挥礼的作用，与晋泰始律'峻礼教之防，准五服以制罪'不同。此其四。"[1] 张忠炜于2021 年出版的《秦汉律令法系研究续编》一书集中了作者近几年来的读书、科研心得，是一本学术论文集，该书分为上篇"出土法律文献的性质"、下篇"汉律体系、律学新研"和附篇三部分。该书包括作者对出土文献中相关问题的考辨，对汉律体系、新见汉律律名疏证等相关问题的思考，也体现了近些年来学术界秦汉律令研究的进展和未来发展的趋势。[2]

在论文方面，徐世虹的《秦汉简牍中的不孝罪诉讼》一文围绕秦简与张家山汉简中反复出现的"三环"一词进行考释，指出中国古代法律中的不孝罪诉讼因法律对家长权的特殊倾斜而呈现出有别于一般刑事诉讼的形态，但是也正是由于父母在控告子女不孝方面具有法律赋予的绝对权利，法律也设置了三种限制：一是子已被判决为城旦舂、鬼薪白粲以上罪，二是子已为人奴婢，三是对年七十以上者实行"三环之"[3]。何勤华的《秦汉时期的判例法研究及其特点》指出，秦汉时期中国的判例法研究活动经历了三个阶段，分别是秦代的廷行事、汉代的引经决狱以及汉代的决事比，这种判例法研究主要包含四个方面的内容：将相关的判例予以汇编，使其成为司法人员手中比较方便的工具；用儒家的经义指导办案，将具体的判例纳入儒家的思想体系之中；通过对判例内容的分析，总结出法制建设的经验和教训；通过对判例的研究，得出司法实践中的经验和技术以指导办案。[4] 刘笃才的《汉科考略》对汉代的"科"这种法律形式的法律地位以及特点进行了分析，指出科与比并非同一种法律形式，科是从律令中衍生出来的定罪正刑之法，在汉魏法律演变中起着特殊的作用。[5] 张建国的《论西汉初期的赎》一文指出，赎是一种特殊的财产刑。汉初法律中的赎，是一种混合型的适用，既可以与刑名后所附实刑的名称相关，也可与其无关，因此既可以体现为代替刑，

---

[1] 张忠炜：《秦汉律令法系研究初编》，社会科学文献出版社 2012 年版，第 218-219 页。
[2] 参见张忠炜：《秦汉律令法系研究续编》，中西书局 2021 年版。
[3] 徐世虹：《秦汉简牍中的不孝罪诉讼》，载《华东政法学院学报》，2006 年第 3 期。
[4] 参见何勤华：《秦汉时期的判例法研究及其特点》，载《法商研究》，1998 年第 5 期。
[5] 参见刘笃才：《汉科考略》，载《法学研究》，2003 年第 4 期。

也可以体现为独立刑。正是疑罪从赎的存在构成了汉初赎刑存在的基础。① 萧伯符的《〈春秋〉决狱初探——兼与两本统编教材中某些观点商榷》指出,《春秋》决狱在当时的历史条件下被提出并应用于司法实践,无论从法律思想、法律制度的发展史,还是从人类社会的发展史的角度来讲,都具有一定的进步意义。② 朱腾的《"律令法"说之再思:以秦汉律令为视点》一文反思了中日学者研究唐以前法律形式变迁的"律令法"理论框架,指出秦汉律令同隋唐律令在功能倾向性上存在明显差异,秦汉时代令的制定或整理方式以及最后的典籍化趋势都是在政治实践中自然而然地产生的。该文对于研究古代中国法源史本相具有重要的参考价值。③

三、魏晋南北朝法律史研究

魏晋南北朝时期的法律在形式（制度层面）和精神（思想层面）上充分实现了法律的儒家化,为隋唐中国古代法律制度的成熟和正统法律思想的形成奠定了基础,在中国法律史上具有承前启后的作用。陈寅恪在《隋唐制度渊源略论稿》中指出:"司马氏以东汉末年之儒学大族创建晋室,统制中国,其所制定之刑律尤为儒家化,既为南朝历代所因袭,北魏改律,复采用之,辗转嬗蜕,经由（北）齐隋,以至于唐,实为华夏刑律不祧之正统。"④ 由于魏晋南北朝时期国家分裂,政权林立,战争频仍,所遗法律史料较少或者不全,这给魏晋南北朝法律史研究带来了一定的困难,研究成果相对较少。2002 年甘肃省文物考古研究所在玉门花海乡毕家滩对属于五凉十六国的墓群进行考古发掘时,发现了包括衣务疏、丝绸等在内的大批重要文物,而且在一葬墓棺板上发现了长达数万字的《晋律注》,这一发现填补了我国晋代法律史研究的空白,极大地推进了魏晋南北朝法律史的研究。

乔伟主编的《中国法制通史》（第三卷）为魏晋南北朝卷⑤,属于张晋藩总主编的《中国法制通史》（十卷本）中的一卷,从断代史的角度看,该书又属于一部独立的专著。该书对魏晋南北朝时期曹魏、蜀汉、东吴、西晋、东晋、十六国、刘宋、南齐、南梁、南陈、北魏、北齐、北周等政权的社会经济状况、立法状况以及民事、经济、行政法规等进行了详述,经过对海量史料的考证、梳理、

---

① 参见张建国:《论西汉初期的赎》,载《政法论坛》,2002 年第 5 期。
② 参见萧伯符:《〈春秋〉决狱初探——兼与两本统编教材中某些观点商榷》,载《湖北财经学院学报》,1984 年第 4 期。
③ 参见朱腾:《"律令法"说之再思:以秦汉律令为视点》,载《法律科学》,2022 年第 3 期。
④ 陈寅恪:《隋唐制度渊源略论稿·唐代政治史述论稿》,商务印书馆 2015 年版,第 111-112 页。
⑤ 参见张晋藩总主编,乔伟主编:《中国法制通史》（第三卷）,法律出版社 1999 年版。

分析、编纂，全面展示了这一历史动荡时期法律制度和法律思想的基本样态以及历史影响，在魏晋南北朝法律史研究领域具有补白性质，既具有史料价值和学术价值，又是中国法制史研究中的基础性文献。

杨一凡总主编、高旭晨主编的《中国法制史考证》（甲编第三卷）①选编的是两汉魏晋南北朝时期的法制史考证类文章，魏晋南北朝的法制史考证文章主要包括张建国的《关于汉魏晋刑罚的二三考证》、程维荣的《北魏中央监察机构——御史台研究》、祝总斌的《晋律考论》、邓奕琦的《北朝法制考述》、邓文宽的《北魏末年修改地、赋、户令内容的复原与研究》、曾代伟的《北魏律渊源辨》、陈仲安的《麟趾格制定经过考》等。祝总斌的《晋律考论》分别就晋律的"宽简"、"周备"和"儒家化"进行考证和分析，指出晋律的"宽简"和"周备"符合法典发展的规律，皆出于稳定政治、巩固政权和维护统治阶级利益的考虑，并从七个方面论述了晋律中体现的儒家思想内容，指出其主要作用在于"峻礼教之防，准五服以制罪"。该文是晋律研究的经典之作。邓奕琦的《北朝法制考述》与曾代伟的《北魏律渊源辨》为北朝、北魏法制研究奠定了坚实的基础。

李书吉的《北朝礼制法系研究》一书除绪论和附论之外，共分为5章，分别是北魏孝文帝托周改制、北朝周典化礼制体系、北朝礼学系统、南北朝时期的法律北系和对中华法系的基本认识。该书研究的重心在于北朝的法律制度，"北朝周典化礼制"是作者提出的一个新的概念，作者通过考证，指出十六国政权向往和模拟殷周制度，孝文帝礼制改革的指导思想是缘古托周。②

薛菁的《魏晋南北朝刑法体制研究》一书通过专题研究的方式深入探讨了魏晋南北朝时期的刑律体系、刑法原则、刑罚制度，对魏晋南北朝时期刑法体制的若干重要问题，如魏晋律学发展、肉刑复废之争、刑律体系演进、魏晋时期的士族门阀制度、御史监察制度等进行了细密的考证，认为魏晋南北朝的刑法在中国刑法发展史上不仅具有过渡性，而且极富创新性。作者指出，事实证明：中国历史上许多历千年沿用的封建刑法制度都形成于这一时期，如《刑名》篇位于律首、刑律十二篇的体例、儒家化的刑法原则、封建制五刑体系等等，都首创于此时期。作者最后得出"魏晋南北朝是中国刑法发展史上关键的时期，刑制体系大体定于这一时期"的结论。③

邓奕琦的《北朝法制研究》一书在前人研究的基础上，对北朝法制提出了自

---

① 参见杨一凡总主编，高旭晨主编：《中国法制史考证》（甲编第三卷），中国社会科学出版社2003年版。
② 参见李书吉：《北朝礼制法系研究》，人民出版社2002年版。
③ 参见薛菁：《魏晋南北朝刑法体制研究》，福建人民出版社2006年版。

己的观点和见解。作者认为，国情的因袭进化和历史文化传统是法制发展的基础，虽然后律袭采前律部分内容是法律发展的常规，但对于具体的情况还需要做具体的分析。研究北朝法制，除了着眼于律文内容、篇目体制、条文形式等外在"仪表"，还需要了解少数民族统治者如何适应现实需要，制定、修改、总结完善法制的具体过程。作者通过对五胡十六国法制概况以及鲜卑族习惯法特征的介绍使北朝法制的大背景更为清晰，并进一步探讨了北周律和北齐律之间的关系，比较客观地评价了北周律的地位。[①] 该书对于北朝法制的研究无论在深度方面，还是在广度方面都超越了前人，是一部颇具学术价值和社会价值的填补空白之作。

韩树峰的《汉魏法律与社会——以简牍、文书为中心的考察》一书以魏晋南北朝时期为主，以走马楼吴简、张家山汉简《二年律令》等史料为基础，对法律儒家化的动因、源流、发展以及表现形式进行了考证。魏晋南北朝法制上承秦汉，下启隋唐，是法律儒家化的关键时期。作者从家庭史、社会史、法律史的视角对这一历史潮流进行考证和反思，较为系统地探讨了这一学说存在的问题以及中国古代法律变化的原因。作者运用比较法学的方法指出，法律儒家化是中外法律存在的共性，"儒家化"并非中国古代法律的专利，法律儒家化的本质是对尊卑伦常秩序的维护，古罗马时期的法律同样存在这种特征。作者指出魏晋时期法律儒家化伴随着法律体例玄学化，这与当时名理学、玄学的发展及修律者个人深厚的名理学、玄学素养密不可分。[②]

在论文方面，杨廷福的《〈晋律〉略论》[③] 一文指出了《晋律》在法律史研究中的地位，并结合相关文献将《晋律》的形式和内容归纳为四个方面：首先，法典体例上以简驭繁。中国古代法典篇章的变化呈现出由简约至烦冗再至简明复至繁杂的S形曲线，自《法经》至《秦律》再至《九章律》、《朝律》复至《晋律》，《晋律》只有620条，与汉律相比条文大为删减，故旧史评价其"蠲其苛秽，存其清约"。其次，区分律、令的性质。晋朝法律明确以律正罪名、以令存事制，因此稳定性的法律条文为律，临时性条例为令，这也为后世所效法。再次，中国传统刑法理论成型。《晋律》中的立法原则、法律概念、法律原则、犯罪与刑罚、量刑标准、犯罪状态等具有较高的科学性，为唐律所采。最后，《晋律》强调礼律并重，制定为伦常立法的刑律，首创以服制定罪，"峻礼教之防，

---

① 参见邓奕琦：《北朝法制研究》，中华书局2005年版。
② 参见韩树峰：《汉魏法律与社会——以简牍、文书为中心的考察》，社会科学文献出版社2011年版。
③ 参见杨廷福：《〈晋律〉略论》，载《江海学刊》，1984年第2期。

准五服以制罪",从此历代刑事法典均依服制而定罪。陈鹏生、程维荣的《魏晋南北朝法律历史地位》① 一文通过考察魏晋南北朝时期具体的社会历史条件,指出魏晋南北朝法律在中国法律史上具有至关重要的地位,它借鉴和吸收了两汉法制的成果,进一步推进了礼与法的融合;进而分析了魏晋南北朝法律的基本特征:由繁趋简,维护封建特权,体现封建伦理道德观念,富于创造性,等等。该文指出,魏晋南北朝时期,律学家群体崛起,注律释法盛行,推进了法律的简约化趋势,提高了立法司法技术,对于唐代律学的发展和中华法系的形成具有重要的历史意义。马小红的《"清议入律"小议》② 一文对"清议"进行了考证,指出:南朝法律颇重清议又独树一帜,引人注目,远非北朝法律能比;东汉时期的"乡举里选"制度包含了清议的因素,清议实质上是一种社会舆论,魏晋时期,清议与政权合二为一,成为士族阶层入仕的捷径,后清议逐渐与法律相结合,具有了律的性质;随着士族群体的日益强大,南朝通过"清议入律"剥夺了士族的"清议权",以维护政权的稳定。"清议入律"主要分为两步:第一步是皇帝以诏令的形式左右清议,使清议服从于皇权。第二步是将清议在法典中明确规定,使清议服从于政权。"清议入律"既遏制了与皇权相抗衡的士族力量的发展,又彰显了南朝政权的正统地位,实为两全之策。徐进的《〈魏律〉篇目考》③ 一文对《魏律》十八篇的具体篇目进行了考证。作者指出,《晋书·刑法志》对《魏律》解释得很清楚,十八篇就是新增十三篇加故五篇,《晋书·刑法志》中所说的"新"指的是新篇名,而非内容全新或完全来自《九章律》之外。作者对"新十三篇"和"故五篇"进行细密考证,最后指出,《魏律》十八篇的篇目为:《刑名律》《盗律》《贼律》《劫略律》《诈伪律》《请赇律》《毁亡律》《兴擅律》《户律》《留律》《警事律》《偿赃律》《免坐律》《杂律》《捕律》《告劾律》《系讯律》《断狱律》。吕丽的《汉魏晋"故事"辨析》④ 对"故事"在汉魏晋三代的表现形式、内容和运用场合进行深入阐释,作者认为所谓"故事"即本朝或先王旧事,而旧事并非都是"故事",只有旧事被"援引"时才是"故事"。"故事"的运用场合包括回答皇帝咨询或上奏、议事或者争执、以故事警诫人、批评弊政等,以及在讨论《新礼》时用"故事"修改不合时宜的规定。"故事"与制诏、律令、品式章程之间存在一定的辩证关系,作者指出制诏、律令、品式章程是在行法律,具有法律强制性和现实约束力,而"故事"除晋《故事》三十卷和交趾人的《马将

---

① 参见陈鹏生、程维荣:《魏晋南北朝法律历史地位》,载《法学杂志》,1986年第4期。
② 参见马小红:《"清议入律"小议》,载《自修大学(政法专业)》,1988年第12期。
③ 参见徐进:《〈魏律〉篇目考》,载《山东大学学报》(哲学社会科学版),1990年第2期。
④ 参见吕丽:《汉魏晋"故事"辨析》,载《法学研究》,2002年第6期。

军故事》之外，一般不具有法律属性，而只是作为历史依据被比照援引。该文还对"故事"与例、比的异同进行了分析。2002 年甘肃玉门花海乡出土了《晋律注》，推进了法律史学界对《晋律》的了解和研究。如曹旅宁、张俊民的论文《玉门花海所出〈晋律注〉初步研究》[①] 对玉门花海新出土的《晋律注》进行考证，作者根据此注的字体书法、抄写格式，随葬衣物疏的年代以及其他文书材料的佐证，认为《晋律注》抄写年代极有可能是西晋末年，根据行文风格推测该注可能为杜预所作，通过与《晋书·刑法志》的字数文例对比，推测《晋律》为二十篇。文章通过对《晋律注》中《诸侯律》的考证，指出西晋的《诸侯律》与汉魏以后的诸侯法禁是一脉相承的，与"八王之乱"并不存在直接关联。最后作者考证了《晋律注》与河西律学之间的关系，指出河西律学不只是汉律系统之律学，晋律对河西律学也有着极其广泛的影响。此外，魏晋南北朝法律史研究的相关成果还包括张建国的《再析晋修泰始律时对两项重要法制的省减》[②]、徐斌的《南北朝监察概论》[③]、邓弈琦的《两晋南朝"孝先于忠"伦理观及其对司法的影响》[④]、刘精诚的《魏孝文帝的法制思想和法制改革》[⑤]、楼劲的《"法律儒家化"与魏晋以来的"制定法运动"》[⑥]、李德嘉的《传统历史叙事中的法理观念——以〈晋书·刑法志〉为中心》[⑦]、周东平和薛夷风的《北朝胡汉融合视域下中古"五刑"刑罚体系形成史新论——兼评冨谷至〈汉唐法制史研究〉》[⑧]、于语和和穆亨的《礼法之士对晋律内容和体例的影响》[⑨] 等。

四、隋唐法律史研究

陈寅恪在《隋唐制度渊源略论稿》中指出："夫隋唐两朝为吾国中古极盛之

[①] 参见曹旅宁、张俊民：《玉门花海所出〈晋律注〉初步研究》，载《法学研究》，2010 年第 4 期。
[②] 参见张建国：《再析晋修泰始律时对两项重要法制的省减》，载《北京大学学报》（哲学社会科学版），1990 年第 6 期。
[③] 参见徐斌：《南北朝监察概论》，载《浙江学刊》，1996 年第 1 期。
[④] 参见邓弈琦：《两晋南朝"孝先于忠"伦理观及其对司法的影响》，载《法律学习与研究》，1992 年第 5 期。
[⑤] 参见刘精诚：《魏孝文帝的法制思想和法制改革》，载《中国史研究》，1993 年第 2 期。
[⑥] 参见楼劲：《"法律儒家化"与魏晋以来的"制定法运动"》，载《南京师大学报》（社会科学版），2014 年第 6 期。
[⑦] 参见李德嘉：《传统历史叙事中的法理观念——以〈晋书·刑法志〉为中心》，载《政法论坛》，2021 年第 6 期。
[⑧] 参见周东平、薛夷风：《北朝胡汉融合视域下中古"五刑"刑罚体系形成史新论——兼评冨谷至〈汉唐法制史研究〉》，载《学术月刊》，2021 年第 3 期。
[⑨] 参见于语和、穆亨：《礼法之士对晋律内容和体例的影响》，载《湖南社会科学》，2022 年第 6 期。

世，其文物制度流传广播，北逾大漠，南暨交趾，东至日本，西极中亚。"① 隋唐是中国古代法制的鼎盛时期，在这一时期，政治、经济、文化以及对外交流的高度发达直接推进了立法司法体系的完善，以唐律为主要标志的中华法系对东亚各国法律文化的形成产生了巨大的辐射作用。关于隋唐法律史的研究，向来为法律史学界所青睐，出现了大量的相关论著，研究相对成熟，在数量上法律制度史研究成果多于法律思想史研究成果，内容多集中于唐律研究，民事、行政、经济法律制度研究，监察制度研究，司法制度研究以及敦煌法律文书研究等多个方面。

（一）隋朝法律史研究

倪正茂的《隋律研究》② 共分为6章，分别为隋的建立和隋律的制定、隋律的内容、隋律的历史渊源、隋律的阶级本质、隋《开皇律》的地位和影响、隋代的法律思想。该书通过对隋文帝改革的论述，指出了隋法制改革所具有的重要的历史地位，并对隋律的主要形式和隋律制定的概况以及参与隋律修订的人员进行了概述。该书以程树德《隋律考》和杨鸿烈《中国法律发达史》中的相关资料以及《隋书》为史料基础，从犯罪种类、刑罚制度和诉讼制度三个方面对隋律内容进行了介绍。隋朝的犯罪种类主要包括侵犯皇权、破坏政权、思想言论犯罪，官吏执行职务犯罪，军事犯罪，逃避徭役、赋税犯罪，侵犯财产、人权犯罪，违反家庭、婚姻、社会秩序的犯罪等。隋朝的刑罚制度体现了轻刑恤罚的特点，较前代刑罚有了一定的改进。隋律规定了一系列的刑法原则，包括刑事责任年龄、讯问即承减轻处罚、官当、八议、律无正条案件等方面的原则性规定，体现了隋律详尽周密的特点。隋朝的司法机构分为中央和地方两级：中央层面，都官省管理司法行政，御史台主掌监察，大理寺执掌案件审判；地方层面分为"大总管""州""郡""县""乡"等。在诉讼程序上，隋律对诉讼的提起、案件的审判和执行等程序进行了详细的规定。对于隋律的历史渊源，该书指出，隋律承袭了北朝法律的传统，兼采北齐、北周以及隋之前封建法制长期发展的极为丰富的经验，成就了中国法制史上里程碑式的勋业。该书根据马克思主义的阶级分析方法和阶级斗争理论对隋律的阶级本质进行了分析，指出隋律是维护封建剥削的工具、镇压农民的武器，同时也起着调整统治阶级内部矛盾的作用。《开皇律》作为研究隋律极为重要的一部法典，在中国法律发展史上具有极为重要的地位，是唐律制定的蓝本，对中外后世法制影响极大。最后，该书对隋朝法律思想以及王通的政

---

① 陈寅恪：《隋唐制度渊源略论稿·唐代政治史述论稿》，商务印书馆2015年版，第3页。
② 参见倪正茂：《隋律研究》，法律出版社1987年版。

治法律思想进行了归纳和总结，指出隋初君臣法律思想的特点主要为：积极革新法制、佛道儒合一的"德主刑辅"思想、依法办事、不徇私情。

倪正茂的《隋代法制考》[①] 一书以详尽、扎实的考证为主要特点，对隋律进行了深入的分析和探究。该书分为隋律制定考、隋律渊源考、行政法制考、刑事法制考（犯罪种类）、刑事法制考（刑罚种类）、民事法制考、诉讼法制考、司法实践考、周边各民族法制考等九个部分。该书在《隋律研究》的基础上进行了新的补充，突破了既往研究仅仅集中于"刑律"的局限，将对隋代法制的研究扩展到行政、民事法律以及司法实践领域，例如增加了对隋朝中央行政法制、地方行政法制、隋代官制等问题的考证。该书以《隋书》为基础，对隋时周边的高丽、百济、新罗、流求、倭国、林邑、赤土、真腊、吐谷浑、党项、高昌、康国、波斯、附国、突厥、契丹、南北室韦的习惯法一一进行了考述。该书对研究隋代法制、隋代政治、隋代兴亡得失具有重要的意义。

在论文方面，韩国磐的《略论隋朝的法律》[②] 对《开皇律》的历史渊源进行了深入的分析，从篇目、内容等方面与《北魏律》《北齐律》进行比较，指出隋《开皇律》篇章依北齐而不采北周，是北朝法律的集大成者。隋朝法律形式包括律、令、格、式四种，以律为主，刑罚的执行较前朝有所减轻。该文对隋律进行了客观的评价，指出唐律来源于隋律，隋朝《开皇律》对后代王朝法制建设有深远的影响。沈国峰的《略论隋王朝的封建法制和它的兴亡史》[③] 结合隋初的经济社会条件指出，隋初以《开皇律》为中心的封建法制的特点是刑罚宽缓、律文清简、诉讼司法制度完善以及加强了经济立法和司法活动。该文通过列举隋炀帝的两次重要的立法活动对隋朝法制的破坏，分析了隋朝灭亡的历史客观性。张先昌的《〈开皇律〉的修订及其在中国法制史上的地位》[④] 对隋文帝修订《开皇律》的指导思想以及《开皇律》对前朝法典的发展进行了考证，总结了《开皇律》对前朝法典发展的五个方面：第一，完善十二篇法典体例。第二，进行刑制改革。第三，确定刑律打击的重点。第四，扩大封建贵族官僚的法定特权。第五，规范刑讯和诉讼制度。周东平的《隋〈开皇律〉十恶渊源新探》[⑤] 从实质和形式两个方面探究《开皇律》中"十恶之条"的来源，指出"十恶"的来源是《北齐律》中的"重罪十条"，而形式来源（称谓）为佛教用语中的"十恶"之称，进而指

---

① 参见倪正茂：《隋代法制考》，社会科学文献出版社 2009 年版。
② 参见韩国磐：《略论隋朝的法律》，载《历史教学》，1956 年第 12 期。
③ 参见沈国峰：《略论隋王朝的封建法制和它的兴亡史》，载《北京政法学院学报》，1979 年第 1 期。
④ 参见张先昌：《〈开皇律〉的修订及其在中国法制史上的地位》，载《法学研究》，2002 年第 4 期。
⑤ 参见周东平：《隋〈开皇律〉十恶渊源新探》，载《法学研究》，2005 年第 4 期。

出佛教对隋初中央立法以及边疆民族法律政策有巨大影响。此外,相关成果还包括王天木和杨永华的《略论隋〈开皇律〉的地位和教训》[1]、赵云旗的《论隋代均田令的形成——隋代均田令研究之一》[2]、倪正茂的《隋律源流若干问题考辨》[3] 和《"集封建法典之大成,播深远影响于中外"——隋唐立法概况》[4] 等。

(二) 唐朝法律史研究

唐律因袭隋律,是中华法系形成的最主要标志,在中国法律史上具有重要的地位。徐道邻对唐律评价极高:"唐律在全部中国法制史中,据最高之地位。实以其上集秦汉魏晋之大成,下立宋元明清之轨范。故历朝法典,无与伦比。"[5]他又指出:"盖研究中国法者,苟非专攻某一代以为长者,如不能尽取历代法典而详读之,唯有读唐律,可以知历代制法之常之正,而他律可略。不知唐律,但习明律满律,则仅见其变其偏而已,不知渊源本末,未识其刑罚之中,尚无论焉。"[6] 由此可见唐律的地位以及在中国法律史研究中的学术价值。自新中国成立至今,唐朝法律史研究蔚为壮观,成果颇多,主要集中于唐律研究,此外,还包括唐朝的行政、民事、经济法律规定,司法制度以及敦煌法律文书等方面的研究。

杨廷福的《唐律初探》[7] 一书指出:"欣兹全国上下,同心同德,努力于实现四个现代化,迫切要求加强社会主义法制建设的时候,对于《唐律》以马克思主义的立场、观点、方法,史论结合地进行实事求是的研究,是必要的。"[8] 该书汇编了作者对唐律研究的部分成果,各部分之间互有联系又自成体系,是新中国成立后较早的一部唐律研究的专著。作者从文献著录、敦煌写本《律疏》残卷、《唐律疏议》刊本与长孙无忌《进律疏表》的比较、开元法典、地名职官避讳、后人注释以及律条问题等七个方面对《唐律疏议》的制作年代进行了考证,考订其为《永徽律疏》;对唐律的历史渊源进行了考证,指出唐律不论在形式和内容方面,还是在精神实质上,基本上继承了汉、魏、晋、南北朝、隋的律文。

---

[1] 参见王天木、杨永华:《略论隋〈开皇律〉的地位和教训》,载韩延龙主编:《法律史论丛》(第二辑),中国社会科学出版社 1982 年版。
[2] 参见赵云旗:《论隋代均田令的形成——隋代均田令研究之一》,载《晋阳学刊》,1989 年第 5 期。
[3] 参见倪正茂:《隋律源流若干问题考辨》,载《法学》,2010 年第 10 期。
[4] 参见倪正茂:《"集封建法典之大成,播深远影响于中外"——隋唐立法概况》,载《法学杂志》,1984 年第 4 期。
[5] 徐道邻:《唐律在中国法制史上及东亚诸国之价值》,载《图书月刊》,1941 年第 2 期。
[6] 徐道邻:《唐律在中国法制史上及东亚诸国之价值》,载《图书月刊》,1941 年第 2 期。
[7] 参见杨廷福:《唐律初探》,天津人民出版社 1982 年版。(该书于 2012 年增加了"《唐律》的特色"一章,以《唐律研究》为名,由上海古籍出版社出版。)
[8] 杨廷福:《唐律初探》,天津人民出版社 1982 年版,"引言"。

此外，作者还对唐律的内容、特点、刑事民事法规、诉讼程序进行了考释，通过对唐律与《刑统》《大元通制》《元典章》《明律集解附例》《大清律例》的分析、比较，指出唐律对后世法典制定的影响，以及对亚洲诸国产生的重大影响。该书最后立足于中国丰富的法制资源，总结了当代法制建设可资借鉴的内容。

乔伟的《唐律研究》[①] 分为"总论"和"分论"两部分。"总论"部分对唐律产生的历史条件、指导思想、制定经过以及有关犯罪与刑罚的各项基本原则进行了一般性的研究，其中涉及唐朝的政治经济状况、五刑、十恶、八议等内容；对刑事责任年龄、犯罪状态、公罪与私罪、共同犯罪、再犯与累犯、减刑制度以及涉外犯罪等内容进行了考证。"分论"部分介绍了唐律中规定的不同罪名，根据现代刑法分类体系，打乱唐律原有的篇章体例，按照犯罪行为侵犯的客体分为8章，分别是反对和侵犯皇权罪、危害人身安全罪、侵犯官私财产罪、危害公共安全罪、妨害管理秩序罪、职务犯罪、军事犯罪、审判中的犯罪等。此外，"分论"还对唐律中的民事法律规范以及诉讼程序进行了系统分析。该书对唐律进行了系统而又细致的考证、分析，直观展现了唐朝社会的政治面貌与法制发展水平。

杨鹤皋的《魏晋隋唐法律思想研究》[②] 一书是思想史研究的专著。该书对唐朝不同时期的法律思想进行了介绍和总结：唐初统治阶级总结隋亡的教训，提出了"安人宁国"的治理方针，朝野上下形成了一种以隋亡为戒、民主议政的风气，后来出现了贞观之治和开元盛世的局面。唐朝统治阶级形成了以"宽简"为核心的法律观，礼刑结合，法是"国之权衡"，立法务必公平和宽简，同时要保持法律的稳定性。"安史之乱"后，中央和地方成对峙之势，佛教兴盛，儒释道合流削弱了传统儒学的至尊地位，思想领域出现了以韩愈、李翱为代表的儒学复兴派。韩愈主张改造并复兴传统儒学，反对佛道虚无遁世的主张，主张恢复和发扬儒家道统，以弘扬儒学为己任，以"性三品"说来反对佛道的"清净""无为""无知""无欲"的人性说，提出圣人制刑与天刑说。李翱的思想与韩愈的接近，更为直接地将"性"与"情"划分为对立的二元，用以区别"圣人"和"凡人"，主张通过圣人的制礼作乐来实现人性的回归，即"复性"。在"永贞革新"运动中，柳宗元和刘禹锡的法律思想具有一定的社会进步性，反映了当时社会的主流思潮。中唐时期，政治腐败，法制松弛，阶级矛盾尖锐，唐王朝陷入了深刻的政治危机之中，这一时期以陆贽、白居易等人匡世救弊和崇礼重法的法律思想为主

---

① 参见乔伟：《唐律研究》，山东人民出版社 1985 年版。
② 参见杨鹤皋：《魏晋隋唐法律思想研究》，北京大学出版社 1995 年版。

要代表。晚唐时期，以社会批判为内容的道家思想复苏，最具代表性的是《无能子》体现的法律思想，即无尊无卑的平等观、对封建纲常伦理的批判和无为论，在当时具有重要的社会进步意义。

  钱大群的"唐律系列研究著作"五部集中了作者有关唐律研究的主要学术观点，对唐律进行了系统而又细致的注译、分析和探究。这五部著作分别是《唐律译注》《唐律论析》《唐律与中国现行刑法比较论》《唐律与唐代吏治》《唐律与唐代法律体系研究》。① 第一部是对唐律原文的翻译注解。第二部是思想史和制度史相结合的著作。在思想史部分，该书介绍了唐朝的政治经济情况，并论述了初唐"先存百姓"的政治思想和"安人宁国"的治理方针，立法和司法上宽简慎刑、守法画一的思想，德主刑辅的思想，明晰了唐律立法的思想来源和现实基础；在制度史部分，该书分析了唐律的制定与篇章结构、刑法原则和制度、对封建政权和社会秩序的维护、司法审判制度以及唐律给中国及亚洲其他各国法制带来的重大影响。该书体系严谨，内容丰富，较前人之作有较大发展。第三部将唐律置于现行刑法体系之下，对刑法的本质和任务、刑法的基本原则、犯罪构成、刑罚体系和种类等进行了比较剖析，试图架设一座沟通唐律与现代刑法的桥梁。第四部主要论述了唐律与唐代吏治的关系，涉及唐代吏治立法的历史沿革、唐代吏治思想以及吏治制度等内容，最后结合唐代吏治的特点分析了唐代吏治与大唐盛世之间的关系。该书总结唐代吏治的特点为：一是鼓励谏诤，活跃政治气氛；二是德礼为本，刑罚为用；三是综合治理。并指出开明吏治是大唐盛世出现的主要原因，以唐律为主要杠杆的国家吏治在皇帝、官吏和民众之间建立了有效的原则和制度，使得唐朝的吏治建设对后世具有重要的借鉴意义。第五部主要包括作者研究唐律的一系列论文，体现了作者主要的学术观点和研究方法，对唐律自身特点和规律进行了总结和梳理。该书既包括对唐律与吏治关系的论述、对《唐六典》的研究，又包括律疏研究和唐律研究方法的内容。该书指出，比较研究是唐律研究的一个好方法，古今刑法的比较研究是将法制史与现实相结合的重要途径，在比较的过程中可以吸取古代立法的经验和教训。钱大群的《唐律研究》② 和《唐律与唐代法制考辨》③ 也是作者对唐律研究的力作，前者运用考证的方式对唐律

---

  ① 参见钱大群：《唐律译注》，江苏古籍出版社 1988 年版；钱大群、钱元凯：《唐律论析》，南京大学出版社 1989 年版；钱大群、夏锦文：《唐律与中国现行刑法比较论》，江苏人民出版社 1991 年版；钱大群、郭成伟：《唐律与唐代吏治》，中国政法大学出版社 1994 年版；钱大群：《唐律与唐代法律体系研究》，南京大学出版社 1996 年版。
  ② 参见钱大群：《唐律研究》，法律出版社 2000 年版。
  ③ 参见钱大群：《唐律与唐代法制考辨》，社会科学文献出版社 2013 年版。

相关问题进行探讨，发掘唐律中的现代价值；后者系统汇总了作者在唐律研究中的学术观点，体现了作者在唐律研究中的发展和突破。

王立民的《唐律新探》① 一书主要包括唐律体现的法律思想，唐律的结构、内容、体例、基本问题以及唐律与《法国民法典》的比较研究等内容，各部分之间按照从思想到制度再到世界整体的逻辑进路进行架构，构成一个完整的唐律研究体系。该书的一个特色就是专题性，针对具体的制度和问题进行专题式的深入研究，例如对于唐律中的加役流制度、上请制度、反坐制度、立法审核制度、换刑制度、化外人相犯等一系列法律制度的研讨。

郑显文的《唐代律令制研究》② 和《律令时代中国的法律与社会》③ 对律令时代中国的法律体系和社会状况进行了深入的研究。前者立足于前人对唐代律令研究的成果，以出土文献和传世经典为基础，对唐律中的"孝"、"保辜"以及律与格之间的关系问题进行考证，通过中日律令制比较，指出了唐代《祠令》与日本《神祇令》的区别和联系；系统研究了唐代律令制下的经济状况以及民事法律和涉外法律体系，并且对律令制下的唐代佛教的相关问题进行了探讨，如唐代有关佛教僧尼的法律规定、律令制对佛教经济的制约、佛教寺院土地买卖的法律规定以及《道僧格》及其复原研究，为全面了解唐律以及唐朝社会提供了有利的条件。后者将中国古代以律为核心，以格、科、式、例为补充的法律体系作为研究对象，结合新出土考古资料和周边国家文献资料，对中国律令时代的法律状况及其对当时社会的影响进行勾勒，这对于深入发掘中国优秀传统法律文化具有重要的意义。郑显文的《出土文献与唐代法律史研究》④ 结合敦煌吐鲁番文书、北宋《天圣令》残卷等新出土文献史料，对唐代法典体例和法制状况进行研究，并对中国古代书证制度的发展、社约文书与民众法律意识的关系以及出土文献中的古代军法进行了详述，最后从比较法的角度对中华法系与周边国家的法制进行了比较，指出由于唐朝时期东西两大法系之间的交流和借鉴，中华法系与罗马法存在"暗合"之处，如婚姻、财产、继承等法律规定。此外，中国律令法对古代日本的诉讼审判制度以及高丽等国的法律体系有着深远的影响。

李玉生的《唐令与中华法系研究》⑤ 从考察唐代的法律体系入手，采用实证分析、历史与逻辑相统一的研究方法，通过对唐令的历史渊源、制定与修改情

---

① 参见王立民：《唐律新探》，北京大学出版社 2007 年版。
② 参见郑显文：《唐代律令制研究》，北京大学出版社 2004 年版。
③ 参见郑显文：《律令时代中国的法律与社会》，知识产权出版社 2007 年版。
④ 参见郑显文：《出土文献与唐代法律史研究》，中国社会科学出版社 2012 年版。
⑤ 参见李玉生：《唐令与中华法系研究》，南京师范大学出版社 2005 年版。

况、篇目结构、主要内容、性质以及唐令与唐代礼的关系等有关唐令的基本问题的研究，比较全面地阐释了令在唐代法律体系中的地位。陈永胜的《敦煌吐鲁番法制文书研究》①对敦煌吐鲁番文献中的正籍典章、契约文书、民事法律制度、商业法律制度、婚姻家庭制度以及诉讼制度进行了研究，这有助于深化和拓展唐朝法律史研究，匡正对中华法系的认识。唐朝法律史研究的专著还包括刘俊文的《敦煌吐鲁番唐代法制文书考释》②、《唐代法制研究》③，宋家钰的《唐朝户籍法与均田制研究》④，汪潜编注的《唐代司法制度——〈唐六典〉选注》⑤，胡宝华的《唐代监察制度研究》⑥，刘晓林的《唐律"七杀"研究》⑦、《唐律立法语言、立法技术及法典体例研究》⑧、《秦汉律与唐律杀人罪立法比较研究》⑨，张中秋的《阅读唐律：由法制而文化》⑩，王斐弘的《敦煌契约文书研究》⑪，张春海的《唐律、高丽律比较研究》⑫等。

在论文方面，刘俊文的《论唐后期法制的变化》⑬一文指出，安史之乱以后唐朝的社会、经济和政治状况急转直下，社会关系发生了深刻的变化。唐朝后期的法制既是唐朝前期法制的延续，又有不同于唐朝前期法制的特点。唐朝后期，敕成为法律的主要形式，法律思想由"宽简""慎刑"变成了"峻典刑"。藩镇专权、宦官擅权以及军司、使司的分离，导致司法失控，法制遭受极大的破坏。蒲坚的《释唐律"出入得古今之平"》⑭一文指出，"出入得古今之平"是对唐律所规定的刑罚制度和刑罚适用的评价，即刑制平缓，轻重适中，体现了唐统治者"寓教于刑"和以"仁义"治天下的愿望，也是其立法指导思想。马小红的《"格"的演变及其意义》⑮对唐格的渊源进行了考证，并对格在唐朝的发展演变进行了考察，指出武德格作为对律的补充是一种较为简易、灵活的法律形式。贞

---

① 参见陈永胜：《敦煌吐鲁番法制文书研究》，甘肃人民出版社2000年版。
② 参见刘俊文：《敦煌吐鲁番唐代法制文书考释》，中华书局1989年版。
③ 参见刘俊文：《唐代法制研究》，文津出版有限公司1999年版。
④ 参见宋家钰：《唐朝户籍法与均田制研究》，中州古籍出版社1988年版。
⑤ 参见汪潜编注：《唐代司法制度——〈唐六典〉选注》，法律出版社1985年版。
⑥ 参见胡宝华：《唐代监察制度研究》，商务印书馆2005年版。
⑦ 参见刘晓林：《唐律"七杀"研究》，商务印书馆2012年版。
⑧ 参见刘晓林：《唐律立法语言、立法技术及法典体例研究》，商务印书馆2020年版。
⑨ 参见刘晓林：《秦汉律与唐律杀人罪立法比较研究》，商务印书馆2021年版。
⑩ 参见张中秋：《阅读唐律：由法制而文化》，中国政法大学出版社2022年版。
⑪ 参见王斐弘：《敦煌契约文书研究》，商务印书馆2021年版。
⑫ 参见张春海：《唐律、高丽律比较研究》，法律出版社2016年版。
⑬ 参见刘俊文：《论唐后期法制的变化》，载《北京大学学报》（哲学社会科学版），1986年第2期。
⑭ 参见蒲坚：《释唐律"出入得古今之平"》，载《政法论坛》，2001年第4期。
⑮ 参见马小红：《"格"的演变及其意义》，载《北京大学学报》（哲学社会科学版），1987年第3期。

观时期，在"安人宁国"思想指导下，产生了留司格，留司格减少了皇帝对司法的干涉，便于法律的统一实施。高宗至玄宗时期，散颁格的确立标志着唐格的完备和成熟。晚唐时期，格发生了两个变化：一是格演变为敕，成为法律的主要形式；二是格的内容多偏于刑狱。这些变化与晚唐混乱的政治局势有密切的关系。格对后代法律的发展产生了深远的影响，格的这种变化是封建法制走向衰败的一个重要标志。霍存福的《论礼令关系与唐令的复原——〈唐令拾遗〉编译墨余录》[1]对唐礼和唐令关系的复杂性和重要性进行了细致分析，指出就关系的复杂性而言，两者内容相同或者相通，就重要性而论，礼令关系的研究程度决定了散佚唐令与五礼相关内容的复原情况。

此外，还有一些研究《唐六典》是否为行政法典的论文，如钱大群和李玉生的《〈唐六典〉性质论》[2]、宁志新的《〈唐六典〉仅仅是一般的官修典籍吗？》[3]、钱大群的《〈唐六典〉不是行政法典——答宁志新先生》[4]等。关于唐律的研究成果还包括刘俊文的《唐律与礼的关系试析》[5]、马小红的《唐王朝的法与刑》[6]、冯卓慧的《从几件敦煌吐鲁番文书看唐代法律形式——式》[7]、周东平的《论唐代官吏的贪污罪》[8]、何勤华和张顺的《民族智慧的叠加：唐代中华法律文化的辉煌》[9]、王立民的《论唐律规定的官吏言论犯罪》[10]、刘晓林的《唐律中的"杀"与"死"》[11]和《唐律中的"人口买卖"：立法的表述、量刑及其逻辑》[12]、郑显文的《〈唐律疏议〉的释法性解释和造法性阐释》[13]等。

五、宋辽夏金元法律史研究

宋辽夏金元法律史研究成果在数量上相比于秦汉、隋唐法律史研究成果要

---

[1] 参见霍存福：《论礼令关系与唐令的复原——〈唐令拾遗〉编译墨余录》，载《法学研究》，1990年第4期。
[2] 参见钱大群、李玉生：《〈唐六典〉性质论》，载《中国社会科学》，1989年第6期。
[3] 参见宁志新：《〈唐六典〉仅仅是一般的官修典籍吗？》，载《中国社会科学》，1994年第2期。
[4] 参见钱大群：《〈唐六典〉不是行政法典——答宁志新先生》，载《中国社会科学》，1996年第6期。
[5] 参见刘俊文：《唐律与礼的关系试析》，载《北京大学学报》（哲学社会科学版），1983年第5期。
[6] 参见马小红：《唐王朝的法与刑》，载《政法论坛》，2006年第2期。
[7] 参见冯卓慧：《从几件敦煌吐鲁番文书看唐代法律形式——式》，载《法学研究》，1992年第3期。
[8] 参见周东平：《论唐代官吏的贪污罪》，载《中国社会经济史研究》，1993年第4期。
[9] 参见何勤华、张顺：《民族智慧的叠加：唐代中华法律文化的辉煌》，载《法学论坛》，2022年第1期。
[10] 参见王立民：《论唐律规定的官吏言论犯罪》，载《当代法学》，2021年第3期。
[11] 参见刘晓林：《唐律中的"杀"与"死"》，载《政法论坛》，2020年第3期。
[12] 参见刘晓林：《唐律中的"人口买卖"：立法的表述、量刑及其逻辑》，载《当代法学》，2022年第3期。
[13] 参见郑显文：《〈唐律疏议〉的释法性解释和造法性阐释》，载《法学论坛》，2022年第4期。

少，但新中国成立以来仍有大量的论著问世，其中以宋为多。内藤湖南通过对宋朝贵族政治崩溃的分析以及对君主、人民地位变化的考察，将宋朝确定为中国近世史的开端。[①] 宋朝法律史研究的学术价值不言而喻。辽夏金元皆为少数民族政权，其具有民族特色的典章律令、诉讼制度以及与中原文化的互动融合是该时期法律史研究的重点，辽夏金元法律史研究也产生了一些系统性研究成果。

（一）宋朝法律史研究

杨鹤皋的《宋元明清法律思想研究》[②] 是一本法律思想研究的断代史专著，对宋朝变法思想、两宋的理学法律思想、功利学派的法律思想以及辽金元各少数民族统治集团的法律思想进行了论述。宋元时期是中国古代政治法律思想发展的重要时期，程朱理学和功利主义思想并行发展，影响了这一时期的法制建设和司法实践。"庆历新政"中的变法思想主要包括范仲淹的变法改革思想和李觏的"通变"思想及"平土法"，他们既为"庆历新政"提供了理论基础，又成为王安石变法的思想先驱。王安石面对宋朝"积贫积弱"的危机，主张变法改革。针对保守派的阻挠，王安石提出了"天命不足畏，祖宗不足法，人言不足恤"的观点，主张"立善法"和"选良吏"。两宋时期的理学以"二程"理学和朱熹理学为主。前者的法律思想为巩固君权、父权和夫权提供了理论基础，深刻地影响了当时的立法和司法实践，其中也包含积极进步的方面，如注重礼仪教化，主张轻徭薄赋、省刑宽刑。后者以儒家的德主刑辅为理论基础，坚持"以严为本，以宽济之"，主张"恤民"。南宋时期，功利主义思想兴起，以陈亮、叶适等人为代表。辽金元时期的法律思想融合了儒家法律思想和少数民族习惯法律观念，是中原法制文化汉化的成果，如辽圣宗贵贱同法的法律思想、金世宗重用儒者与修改"八议"的主张、耶律楚材的以儒治国论等。

贾玉英的《宋代监察制度》[③] 是一本系统研究宋代监察制度的著作，该书分为上、下两编。上编为"中央监察制度"，该编通过对监察制度的历史性考察以及对中央监察机构的设置、特点和功能的分析，指出宋代中央监察制度在我国监察制度发展史上具有承上启下的作用，监察制度发生了重大的变革，例如御史制度有了新的发展，台谏合一之势形成，谏官职能由谏净皇帝扩展到宰执百官，中央监察体制呈现出多元化发展的趋势。作者对"台谏制度"和"封驳制度"进行

[①] 参见［日］内藤湖南：《中国史通论》，夏应元、钱婉约译，九州出版社2018年版。
[②] 参见杨鹤皋：《宋元明清法律思想研究》，北京大学出版社2001年版。
[③] 参见贾玉英：《宋代监察制度》，河南大学出版社1996年版。

了专题研讨，指出台谏合一的趋势有利于加强对宰执百官的监察，提高对皇帝的谏诤意识，强化社会舆论监督机制，并客观评价了台谏合一与宋朝政治之间的关系。下编"地方监察制度"对宋朝路级监察机构监司（监司又包括运转司、提点刑狱司、提举常平司等）进行了考察，采取先总后分的方式进行了论证，最后对宋朝地方监察体制的利弊进行了评价：宋代地方监察体制不仅杜绝了藩镇割据局面的再次出现，维护了地方秩序的相对稳定，缓和了社会矛盾，而且对后世央地关系的协调、官吏选任等具有重要的借鉴意义；但是该制度造成了宋朝监察和行政不分、官员内部关系网重叠交错等现象，加速了政治的腐败。

郭东旭的《宋代法制研究》[①] 一书对宋代法制的特点进行了探究，指出宋代特殊的历史条件使得宋代法制在很多方面表现为很有自身个性的"自立一王之法"。宋代法制有适时创新、度时变法的特色，这些特色主要表现为：第一，以敕代律是宋代立法的主要变化。第二，自立刑制、重典治民是宋代刑法的突出特征。第三，扭转财政困难是宋代经济法的主要任务。第四，保护私有权是宋代民法的核心内容。第五，重视证据是宋代诉讼法趋向文明的突出表现。第六，律学和讼学是宋代法律文化中的明珠。全书对宋代立法体系、行政法、犯罪与刑罚、经济法、财政法、法律主体、婚姻法、物权法、债权法、诉讼法律制度进行了系统研究，具体包括法律的表现形式、《宋刑统》的制定和发展、编敕和编例的历史演变等内容，最后指出宋代立法的经验和教训，经验在于适时通变，而教训在于立法烦苛、变法无常。该书论述宋代法制问题从整体到细节几乎无所不包，全面细致且成体系。郭东旭的《宋朝法律史论》[②] 是作者对宋朝法律史研究成果的汇编，既包括对宋朝法律文化的研究，也包括对刺配法、编管法、继承法、监督法、越诉法等的研究。例如，作者在该书《论宋代的讼学》一文中指出，讼学是宋代江南民间的一个创举，讼学之所以在江南兴起，既有其文化原因，也有着深刻的经济和社会背景。总体来说，宋代江南民间讼学的兴起对百姓学习法律知识、运用法律手段维护自身权益起到了积极的作用。

薛梅卿的《宋刑统研究》[③] 一书以专题的形式对《宋刑统》（《建隆重详定刑统》）进行了系统、全面的研究。该书共分为13个专题，系统阐述了《宋刑统》的编纂过程、内容、继承与发展、实施和影响，对《宋刑统》的颁行时间和修订刊正进行了考证，对《宋刑统》"贯彼旧章"的特点进行了全面注解，指出了中

---

① 参见郭东旭：《宋代法制研究》，河北大学出版社2000年版。
② 参见郭东旭：《宋朝法律史论》，河北大学出版社2001年版。
③ 参见薛梅卿：《宋刑统研究》，法律出版社1997年版。

华法系各法典陈陈相因、承上启下、彼此贯通的特点和规律。该书考察了《宋刑统》在刑事、户婚民事、诉讼规范等方面对《唐律疏议》的发展和完善，这些体现了《宋刑统》的变通性和严密性，很多全新的规范内容是《唐律疏议》旧章所不可及的。作者运用大量的文献史料对《宋刑统》"终宋之世用之不改"的法律效力和地位以及实施效果进行了考证，否定了有宋一代完全以敕代律而使律"无所用"的观点，并印证了沈家本的观点："刑统为有宋一代之法制，其后虽用编敕之时多，而终以刑统为本。"① 该书还对《宋刑统》研究中的相关问题，如折杖法等进行了进一步分析，提出了自己的观点，也对沈家本关于《宋刑统》的研究进行了介绍，最后对《宋刑统》不同版本中存在的点校问题进行了质疑和"再校勘"。该书观点鲜明，论据充分，对《宋刑统》进行了客观的历史评价，是宋朝法律史研究的重要成果和基础文献。

戴建国的《宋代法制初探》② 一书分为三个部分，即法源篇、刑罚篇和制度篇。法源篇涉及对宋代编敕、《宋刑统》制定、断例以及《天圣令》等相关问题的研究。关于宋代断例问题，该书指出经立法程序编修的宋代断例是一种断案通例，也是一种判例。它在常法无正条时，可以被引用断罪，从而具有法的性质和效力。断例的司法作用被限制在一定的范围之内，在司法审判中，在案情清楚无疑难、常法有正条的情况下，它不能被法官引用来裁决案件。宋代断例具有两重性，既具有判案成例的特征，又有抽象化法的性质。刑罚篇对宋代刑罚体系、从刑以及折杖法进行了探讨。例如在宋代刑罚体系研究中辨明了折杖法与编配法之间的关系，指出两宋时期始终以笞、杖、徒、流、死五刑为主刑，刑罚从未超出此五刑体系，折杖法仅仅是笞、杖、徒、流的代用刑，而编配法也仅仅是一种附加刑，而非主刑。制度篇涉及对宋代刑事审判制度、诏狱制度、狱政制度、赎刑制度、家法族规以及岳飞狱案、提点刑狱司、公证机构的论述。戴建国的《唐宋变革时期的法律与社会》③ 一书选取奴婢制度、财产继承制度和契约文书制度三个具有代表性的问题进行探讨，试图通过考察唐宋变革时期法律形式的传承演变、法典编纂体例的沿革变化、唐宋刑罚制度的演化变迁，使读者进一步认识唐宋时期的社会，对中国传统社会的发展形态形成更加直观和理性的认知。戴建国、郭东旭的《南宋法制史》④ 是一本南宋法制史研究的专著，该书分为5章，分别是南宋法律体系、南宋刑事法律制度、南宋民事法律制度、南宋司法制度、

---

① 沈家本：《历代刑法考》（律令卷），商务印书馆2017年版，第178-179页。
② 参见戴建国：《宋代法制初探》，黑龙江人民出版社2000年版。
③ 参见戴建国：《唐宋变革时期的法律与社会》，上海古籍出版社2010年版。
④ 参见戴建国、郭东旭：《南宋法制史》，人民出版社2011年版。

南宋的法制理论与实践。南宋的法律体系继承了唐、北宋的法律体系，主要由律、敕、令、格、式、例组成，律沿用了北宋的《宋刑统》，敕、令、格、式则继承了北宋元丰以后的法典形式。南宋刑事法律制度主要涉及七类主要罪名，即十恶、侵犯官私财产罪、侵犯人身安全罪、官吏职务犯罪、妨害国家管理秩序罪、危害公共安全罪、诬告罪，刑罚体系主要包括主刑、从刑和折杖法。该书最后对南宋的法制理论和实践进行了论述，介绍了南宋"好讼"之风以及情理法一体的司法特色，对《名公书判清明集》《折狱龟鉴》《洗冤集录》中的司法理论和实践进行了考察。

赵晓耕的《宋代官商及其法律调整》[①]将宋代官商这一特殊的历史现象置于具体的社会结构（宋代商品经济的发展）和文化环境（义利之辨）中进行分析，通过对两宋时期社会官僚政治结构、经济结构、法律思想和世俗观念的探讨与分析，揭示了官商在两宋的具体存在形式、社会状况及其作用和影响，揭示了中国传统法律对官商关系调整的历史价值和意义，作者最后指出"官商"是一种官本位的历史归宿。

吕志兴的《宋代法制特点研究》[②]和《宋代法律体系与中华法系》[③]都是对宋代立法和法律体系进行研究的专著类成果。前者对宋代行政法律制度、民事法律制度、刑事法律制度、经济法律制度、诉讼制度的特点进行了总结归纳，并评价了宋代法律体系特点的利弊，探讨了其成因，指出社会经济、阶级关系是其根本原因，政治法律思想及观念的变化是重要原因，有救世情怀和务实精神的士大夫起了重要的作用。后者对宋代的法律形式、立法模式和法典体例及其变化以及变化的原因进行了全面研究，最后结合两宋法律体系与中华法系的关系，指出两宋多种法律形式合编法典的普遍化，是法律法典化的最高级形态，因而是中国古代立法技术臻于成熟的表现和标志，也是中华法系臻于成熟的表现和标志之一。此外，两宋法律史研究的同类著作还包括薛梅卿和赵晓耕主编的《两宋法制通论》[④]、赵晓耕的《宋代法制研究》[⑤]、胡兴东的《宋朝立法通考》[⑥]、郭东旭的《宋代法律与社会》[⑦]、王晓龙和郭东旭等的《宋代法律文明研究》[⑧]、赵旭的《唐

---

① 参见赵晓耕：《宋代官商及其法律调整》，中国人民大学出版社2001年版。
② 参见吕志兴：《宋代法制特点研究》，四川大学出版社2001年版。
③ 参见吕志兴：《宋代法律体系与中华法系》，四川大学出版社2009年版。
④ 参见薛梅卿、赵晓耕主编：《两宋法制通论》，法律出版社2002年版。
⑤ 参见赵晓耕：《宋代法制研究》，中国政法大学出版社1994年版。
⑥ 参见胡兴东：《宋朝立法通考》，中国社会科学出版社2018年版。
⑦ 参见郭东旭：《宋代法律与社会》，人民出版社2008年版。
⑧ 参见王晓龙、郭东旭等：《宋代法律文明研究》，人民出版社2016年版。

宋法律制度研究》①、戴建国的《秩序之间：唐宋法典与制度研究》②、柳立言的《人鬼之间：宋代的巫术审判》③ 等。

在论文方面，刘笃才的《宋〈吏部条法〉考略》④ 指出，《吏部条法》是南宋一部关于官吏使用和管理的法典，该文总结了《吏部条法》的结构特点与成就，指出其已经具有了法典的性质，最后对《吏部条法》的制定年代和残缺内容进行了考证。赵晓耕的《两宋法律中的田宅细故》⑤ 考察了"田宅钱债"在中国传统法律文化中的地位，指出中国古代社会中存在着大量的民事关系，这些民事关系受到"礼"的调整，并逐渐形成了中国独特的富有成效的民事纠纷解决制度，对这种制度和规范体系是不能用"西方式的民法"观念加以理解和解释的。陈景良的《宋代司法传统的现代解读》⑥ 从三个层次展开对宋代司法理念的分析：第一，如何看待狱讼；第二，怎样选拔法官；第三，怎样才能实现司法公平，即宋人怎样思考司法权力。宋代视司法审判为国家头等大事，在法官的选拔和考察上有严格的考试程序，如诠试等；在司法审判中有了"分权制衡"的观念；具有忧患意识和人文主义批判精神的士大夫群体铸就了宋朝司法理念和司法传统的灵魂。最后作者指出，现代社会的司法改革应该采取"现代视角，传统维度"，即以现代的意识重新解读历史，从而于司法传统的叙事中挖掘可资借鉴的历史资源。王志强的《南宋司法裁判中的价值取向——南宋书判初探》⑦ 以南宋书判为研究对象，以统计分析和个案分析为主要方法，探讨南宋司法审判中的价值取向及其内涵，指出法律与伦常等其他裁判依据在书判中交互运用，构成了裁判的根本价值取向，即"情理"；并从哲学基础、思维模式、历史渊源和现实条件等方面论述了其成因，对其作用和影响进行了客观的评价。柴荣的《宋代女性的土地权利保护》⑧ 以《名公书判清明集》收录的土地诉讼案件为切入点，对宋代女性土地权利的法律保护进行了细致分析，指出宋代裁判者出于仁政、孝道等考虑，通常会制定诸多保护女性权利的体系化司法解释。该文探讨了女性土地权利保护的社会语境，主要包括三个方面：家庭、劳动地位提高扩大了女性的实际

---

① 参见赵旭：《唐宋法律制度研究》，辽宁大学出版社2006年版。
② 参见戴建国：《秩序之间：唐宋法典与制度研究》，上海人民出版社2020年版。
③ 参见柳立言：《人鬼之间：宋代的巫术审判》，中西书局2020年版。
④ 参见刘笃才：《宋〈吏部条法〉考略》，载《法学研究》，2001年第1期。
⑤ 参见赵晓耕：《两宋法律中的田宅细故》，载《法学研究》，2001年第2期。
⑥ 参见陈景良：《宋代司法传统的现代解读》，载《中国法学》，2006年第3期。
⑦ 参见王志强：《南宋司法裁判中的价值取向——南宋书判初探》，载《中国社会科学》，1998年第6期。
⑧ 参见柴荣：《宋代女性的土地权利保护》，载《中国社会科学》，2022年第7期。

权利，孝道提升了女性尊长的法律地位，理学尚未对女性土地权利产生实际约束力。该文对于现代女性土地权利立法具有重要的参考意义。此外，两宋法律史研究的论文还包括吕志兴的《宋格初探》①、《宋"式"考论——兼论唐式之性质》②和《〈折杖法〉对宋代刑罚重刑化的影响》③，童光政的《唐宋"四等官"审判制度初探》④，陈景良的《宋代"法官"、"司法"和"法理"考略——兼论宋代司法传统及其历史转型》⑤、《试论宋代士大夫的法律观念》⑥，王志强的《〈名公书判清明集〉法律思想初探》⑦，何勤华的《论宋代中国古代法学的成熟及其贡献》⑧，赵晶的《中国传统司法文化定性的宋代维度——反思日本的〈名公书判清明集〉研究》⑨，刘猛的《宋代司法的运行及其法理：以阿云案为考察对象》⑩，陈景良、王小康的《宋代司法中的事实认知与法律推理》⑪，杨晔的《宋代基层司法裁判与其社会效果研究——以〈名公书判清明集〉为中心》⑫等。

（二）辽夏金元法律史研究

武玉环的《辽制研究》⑬是一本对辽代社会制度进行系统研究的史学专著，书中设专章对辽代的法律制度进行了介绍，这对于研究辽代法律史具有重要的参考价值。该书将文献资料和考古资料相结合，史论结合，对辽建国后刑法制度建立、发展和破坏的三个阶段进行了梳理，又对辽代刑法中的番律和汉律内容分别加以介绍，指出汉律不但适用于汉族，也适用于契丹族。随着中原文化对契丹文化的渗透和影响，番律参照唐律不断修改和完善，辽代中后期，番汉两律逐渐走向了统一。辽代司法机构分为中央和地方两级，番汉分治。中央司法机构分为北

---

① 参见吕志兴：《宋格初探》，载《现代法学》，2004年第4期。
② 参见吕志兴：《宋"式"考论——兼论唐式之性质》，载《西南师范大学学报》（人文社会科学版），2006年第3期。
③ 参见吕志兴：《〈折杖法〉对宋代刑罚重刑化的影响》，载《现代法学》，2007年第5期。
④ 参见童光政：《唐宋"四等官"审判制度初探》，载《法学研究》，2001年第1期。
⑤ 参见陈景良：《宋代"法官"、"司法"和"法理"考略——兼论宋代司法传统及其历史转型》，载《法商研究》，2006年第1期。
⑥ 参见陈景良：《试论宋代士大夫的法律观念》，载《法学研究》，1998年第4期。
⑦ 参见王志强：《〈名公书判清明集〉法律思想初探》，载《法学研究》，1997年第5期。
⑧ 参见何勤华：《论宋代中国古代法学的成熟及其贡献》，载《法律科学》，2000年第1期。
⑨ 参见赵晶：《中国传统司法文化定性的宋代维度——反思日本的〈名公书判清明集〉研究》，载《学术月刊》，2018年第9期。
⑩ 参见刘猛：《宋代司法的运行及其法理：以阿云案为考察对象》，载《史林》，2019年第5期。
⑪ 参见陈景良、王小康：《宋代司法中的事实认知与法律推理》，载《学术月刊》，2020年第2期。
⑫ 参见杨晔：《宋代基层司法裁判与其社会效果研究——以〈名公书判清明集〉为中心》，载《南大法学》，2022年第4期。
⑬ 参见武玉环：《辽制研究》，吉林大学出版社2001年版。

面和南面。地方司法机构分为三个方面，分别是：第一，汉人聚居区的五京留守、府尹、县令等；第二，契丹族部落的司法长官以及秃里、楚古等长官；第三，掌管军事的判官、掌法官以及军事判官等。最后该书指出，辽代刑法制度具有番汉分治、刑法严酷以及番汉趋向融合统一的特点。

邵方的《西夏法制研究》[①]一书紧紧围绕西夏法典《天盛律令》，并结合汉文文献如"二十四史"中的相关篇目和西夏佛经、碑刻、钱币等资料，对西夏法典的制定、编纂体例和主要内容进行了考证，同时对西夏的刑事法律制度、诉讼法律制度、亲属法律制度以及西夏的厩牧法、军事法、宗教法、民族习惯法、民间契约等进行了系统梳理和研究。该书通过将《天盛律令》与《唐律疏议》、《宋刑统》等中原法典进行对比，展现了中原儒家思想对西夏法制建设的影响，以及西夏"以孝为核心"的法律观念和西夏法典"尊君孝亲""慎行德政"的儒家精神，进一步说明了儒家的伦常理论构成了西夏立法的思想基础，集中体现为"以礼入律"，这也是汉唐法典的一贯精神。

王天顺主编的《西夏天盛律令研究》[②] 共分为 8 章。其中第一章为少数民族政权的两次立法高潮以及《天盛律令》成书年代考，以说明《天盛律令》在中国法律史上的重要地位。第二章为《天盛律令》第 1～20 卷的内容概要以及《天盛律令》的编纂形式，指出其形式上的优点在于卷首置详备目录，不仅能够完整反映《天盛律令》的价值，而且有文献学方面的价值。第三章介绍了《天盛律令》产生的基本社会条件及其根本性质，指出封建农奴制是其产生的经济基础，党项宗族是其产生的社会基础，其根本目的在于维护党项族的统治地位。第四章对《天盛律令》中的刑法内容进行了详细的考证。第五、六、七章对《天盛律令》中的经济法规，如农田水利法、农业税法、役法、官牧制度等，与宗教、婚姻相关的法规以及军事行政法规进行了阐述，以展现《天盛律令》所包含的丰富内容。第八章对《天盛律令》的文献特征和价值进行了分析。该书指出，西夏《天盛律令》在文献版本价值方面，足以与涵芬楼影宋刊本《唐律疏议》和天一阁藏影宋抄本《刑统》相比肩，西夏《天盛律令》是研究中国古代法制史和西夏经学的重要资料。

姜歆的《西夏司法制度略论》[③] 一书结合西夏法律文献研究的现有成果，对西夏的司法观念和司法制度进行了研究。西夏的司法观念主要受到三个方面的影

---

① 参见邵方：《西夏法制研究》，人民出版社 2009 年版。
② 参见王天顺主编：《西夏天盛律令研究》，甘肃文化出版社 1998 年版。
③ 参见姜歆：《西夏司法制度略论》（修订版），凤凰出版社 2017 年版。

响——儒家思想、法家思想和本民族习惯法思想,其中儒家思想中旨在维护"礼治""德治"、强调"人治"的观念对西夏成文法典的影响最为突出。西夏的起诉制度、刑侦制度、审判制度、刑罚执行制度、狱政制度、法医制度以及关于司法官吏的法律责任等的规定,带有深刻的儒家法思想痕迹,体现了中原法律对少数民族法律的渗透和影响。唐宋法律制度对西夏法典的制定具有深刻的影响,该书最后分析指出,西夏大力学习唐宋法律制度并根据西夏社会的实际状况对唐宋司法进行改造,建立起一套适合自己国情的、比较完备的司法体系,这是唐宋之际文化互动和交流的法律体现。

曾代伟的《金元法制丛考》[①]将金代和元代的法律制度作为考证的对象,在"金代法制考略"部分,作者指出女真习惯法文化与中原儒家法文化双向流通、融汇而成了多元化的金代法律文化,在此基础上,对女真族传统法观念的异化、金代法制对中原法制的继承与改造以及金代法制与中华法系的关系进行了探讨,勾勒出金代法制演变的轨迹,指出金代法文化是中国传统法文化链上的重要一环。结合金代法律文化的特点和内涵,该书还对金代的职官法制、民事法制、婚姻制度中民族婚俗和礼法浸融的二元特色、刑法原则、罪名、田赋制度、禁榷制度、诉讼制度进行了介绍,并对金代"物力通检推排法"进行了辨正,指出金代的通检推排法作为金代国家定期普查、核实全国民户财力的制度,获得了良好的社会经济效益,由此建立起了固定的赋税制度,解决了财政困难。在"蒙元法制考略"部分,作者对《大元通制》、"义绝"制度、刑制进行了细致的考辨,结合窦娥冤狱对元代司法实践中的相关法律问题,如刑讯逼供、监察体制等进行了分析。

吴海航的《中国传统法制的嬗递:元代条画与断例》[②]是一本研究元代法律形式条画和断例的专著。条画和断例相当于唐宋时期皇帝颁布的敕、令,不同于历代王朝制定的成文法典,是具有最高法律效力的特别法,带有鲜明的时代特色。对元代条画和断例进行整理和分类研究,对于我们今天在司法实践中重视特殊的刑事政策以及判例的运用具有一定的指导意义。该书探究了元代条画、断例发达的原因,即主要来自蒙古人"遵循先例"的原则和司法实践中对条画、断例的需求;又分别论述了条画、断例在行政法制、民商事法律活动、婚姻制度、宗教管理、军事制度、刑事法律、社会经济秩序以及诉讼程序中的表现,进一步说明条画、断例在元代法律体系和司法实践中有着特殊的地位和重要性。

---

① 参见曾代伟:《金元法制丛考》,社会科学文献出版社 2009 年版。
② 参见吴海航:《中国传统法制的嬗递:元代条画与断例》,知识产权出版社 2009 年版。

其他同类专著、论文还包括姜歆的《西夏法律制度研究——〈天盛改旧新定律令〉初探》①、曾代伟的《金律研究》②、吴海航的《元代法文化研究》③、舒炳麟的《〈元典章〉研究》④、杜建录的《〈天盛律令〉与西夏法制研究》⑤、胡兴东的《生存范式：理性与传统——元明清时期南方民族法律变迁研究》⑥、陈永胜的《西夏法律制度研究》⑦、杨积堂的《法典中的西夏文化——西夏〈天盛改旧新定律令〉研究》⑧、于熠的《西夏法制的多元文化属性：地理和民族特性影响初探》⑨、杜建录和伊莉娜·波波娃主编的《〈天盛律令〉研究》⑩、李鸣的《从习惯断事到以法判案：辽西夏金元司法文明的历史考察》⑪、张笑峰的《黑水城出土元代律令与词讼文书整理研究》⑫、姜歆的《西夏〈天盛律令〉厩牧律考》⑬和《西夏法典〈天盛律令〉盐铁法考》⑭、于熠的《西夏法律中的儒学因素及其对中华法系的丰富》⑮、宋国华的《名废实存：元代格例法体系与中华法系之真实关系》⑯等。

六、明清法律史研究

明清时期是唐以外中国法律史研究领域另外一个热门历史时期，原因主要有两个：一是明清时期相去现今不远，有大量的法律文献、典籍、判例资料等流传至今，为法律史研究提供了坚实的资料基础。二是明清时期是中国历史上一个特殊的时期，这一时期的立法集古代社会立法之大成，也是中国古代王朝立法的总

---

① 参见姜歆：《西夏法律制度研究——〈天盛改旧新定律令〉初探》，兰州大学出版社2005年版。
② 参见曾代伟：《金律研究》，四川民族出版社1995年版。
③ 参见吴海航：《元代法文化研究》，北京师范大学出版社2000年版。
④ 参见舒炳麟：《〈元典章〉研究》，黄山书社1995年版。
⑤ 参见杜建录：《〈天盛律令〉与西夏法制研究》，宁夏人民出版社2005年版。
⑥ 参见胡兴东：《生存范式：理性与传统——元明清时期南方民族法律变迁研究》，云南大学出版社2013年版。
⑦ 参见陈永胜：《西夏法律制度研究》，民族出版社2006年版。
⑧ 参见杨积堂：《法典中的西夏文化——西夏〈天盛改旧新定律令〉研究》，法律出版社2003年版。
⑨ 参见于熠：《西夏法制的多元文化属性：地理和民族特性影响初探》，中国政法大学出版社2016年版。
⑩ 参见杜建录、伊莉娜·波波娃主编：《〈天盛律令〉研究》，上海古籍出版社2015年版。
⑪ 参见李鸣：《从习惯断事到以法判案：辽西夏金元司法文明的历史考察》，民族出版社2021年版。
⑫ 参见张笑峰：《黑水城出土元代律令与词讼文书整理研究》，中国社会科学出版社2021年版。
⑬ 参见姜歆：《西夏〈天盛律令〉厩牧律考》，载《宁夏社会科学》，2005年第1期。
⑭ 参见姜歆：《西夏法典〈天盛律令〉盐铁法考》，载《宁夏社会科学》，2007年第2期。
⑮ 参见于熠：《西夏法律中的儒学因素及其对中华法系的丰富》，载《原道》，2022年第2期。
⑯ 参见宋国华：《名废实存：元代格例法体系与中华法系之真实关系》，载《华东政法大学学报》，2021年第4期。

结之作，在形式体例上也有创新，法律部门已经相当完善，对于研究中国古代法律的发展、演变和终结具有极高的历史价值和学术价值。

(一) 明朝法律史研究

明朝法律史研究又可以分为明朝法律思想史研究和明朝法律制度史研究。

1. 明朝法律思想史研究

杨鹤皋的《宋元明清法律思想研究》[1]对明代的社会与法律思想进行了介绍，指出明初统治者为了巩固政权、维护社会稳定，一方面实行休养生息政策，恢复经济，另一方面加强法制建设，重典治国，制定了《大明律》《大诰》《大诰续编》《大诰三编》《大诰武臣》等。明太祖主张"明礼以导民，定律以绳顽"，在严惩贪赃、整治吏治方面亦有不少建树。明朝中期统治危机加深，农民起义此起彼伏，地主阶级不少有识之士开始思虑变革，挽救王朝危机，其中以海瑞、张居正和丘濬为代表。海瑞的思想主要包括惩贪抑霸和平抑冤狱，张居正的思想以整饬纪纲和"以法绳天下"为主，丘濬的法律思想比较丰富，包括德礼刑政"本末兼赅"思想、"因情"随时立法思想、"以律从事"与贤良执法论以及"听民自便"的法律观点等。明清之际的反理学斗争和启蒙思想在中国法律思想史上具有极其重要的地位，对于中国近代的社会变革和法制改良具有深远的启蒙意义。

《中国法律思想通史》明代卷[2]对明代国家法律思想和社会法律思潮进行了详细介绍。明代国家法律思想主要包括：（1）统治阶级的立法思想，如《大明律》中体现的"当适时宜"、"当计远虑"、"明礼以导民，定律以绳顽"、法贵简当稳定的法律思想；（2）明《大诰》与朱元璋的"明刑弼教"思想、《问刑条例》与明朝中后期的统治集团的立法思想；（3）明代经济立法思想，整肃纲纪、严法治吏的思想，以及司法活动中反映出的法律思想，如德刑关系理论、"便民诉讼"和"屈法申情"思想、"宽平执法"与"会审慎刑"的思想等；（4）明代维护法制、反对司法专制的思想。在社会法律思潮层面，该书介绍了明代理学对法律思想的渗透和影响，主要包括王守仁的"心学"、李贽的"以法自律，后律百姓"以及反对法外用刑的法律思想等，还对明代极为重要的思想家的法律思想进行了详细介绍，如刘基反对天罚论、主张宽刑论的思想，方孝孺以仁义之治为指导的法律思想，丘濬德主刑辅、反对"与民争利"的法律思想，唐枢在立法和司法方面的思想以及史可法的法律思想等。这些政治思想家所处的时代背景各不相同，思想各具特色。

---

[1] 参见杨鹤皋：《宋元明清法律思想研究》，北京大学出版社2001年版。
[2] 参见李光灿、张国华总主编：《中国法律思想通史》（三），山西人民出版社2001年版。

明代出现了大量的思想家,既包括理学家,如宋濂、刘基等人,也包括政治家和司法实践者,如海瑞、李善长、周桢、况钟等人,还包括明末清初的一批启蒙思想家,如黄宗羲、顾炎武、王夫之等人。关于明代思想家的研究论著颇多,如何勤华的《中国法学史》① 对有明一代的三十多位法学家进行了介绍。相关研究成果还包括耘耕的《黄宗羲"有治法而后有治人"论之再研究》②、尤韶华的《刘基法律思想探微》③、饶鑫贤的《必须"以法绳天下"——论改革家张居正的法律思想》④、何勤华的《简论丘濬的法律思想》⑤、张生的《略论朱元璋犯罪预防思想》⑥、刘小平的《儒家为何必然需要法治?——黄宗羲的"法"理论及其内在转向》⑦、秦启迪的《变与不变:论洪武法律思想的四个阶段》⑧、李驰的《近代解读黄宗羲思想的法学视角》⑨ 等。

2. 明朝法律制度史研究

杨一凡的《明〈大诰〉研究》⑩ 收录了作者对明《大诰》研究的成果,内容包括朱元璋颁布《大诰》的时间和动机、《大诰》的法律效力、诰文的条目与渊源考证、明《大诰》的实施及其历史使命、明《大诰》与明初社会以及朱元璋的治民政策等。该书指出《明实录》诸书所记《大诰》前三编的颁行时间均不准确,厘正了《明史·刑法志》《大诰》"其目十条"说之误,考证了诰文渊源,指出了《大诰》的两类法律渊源:一是据当时已颁行的、为律条所未载的一些敕令、榜文修订,二是从强化君主专制统治的需要出发、针对当时视为"犯罪"的行为设立的新的峻令。该书确认了《大诰》的法律效力,对《大诰》的三个主要特色进行了介绍:一是明刑弼教,二是律外用刑,三是重典治吏。三者融为一体,构成朱元璋重典治国方针的核心。该书揭示了《大诰》实施的真相和被废止之谜,对洪武以后讲读《大诰》《律诰》的实施与废止、史书中有关"有《大诰》

---

① 参见何勤华:《中国法学史》(第二卷·修订本),法律出版社 2006 年版。
② 参见耘耕:《黄宗羲"有治法而后有治人"论之再研究》,载《法学研究》,1992 年第 3 期。
③ 参见尤韶华:《刘基法律思想探微》,载《法学研究》,1994 年第 2 期。
④ 参见饶鑫贤:《必须"以法绳天下"——论改革家张居正的法律思想》,载《中国法学》,1988 年第 6 期。
⑤ 参见何勤华:《简论丘濬的法律思想》,载《法学论坛》,2000 年第 2 期。
⑥ 参见张生:《略论朱元璋犯罪预防思想》,载《中央政法管理干部学院学报》,2001 年第 4 期。
⑦ 参见刘小平:《儒家为何必然需要法治?——黄宗羲的"法"理论及其内在转向》,载《法制与社会发展》,2020 年第 5 期。
⑧ 参见秦启迪:《变与不变:论洪武法律思想的四个阶段》,中国政法大学出版社 2022 年版。
⑨ 参见李驰:《近代解读黄宗羲思想的法学视角》,载《宁波大学学报》(人文科学版),2022 年第 5 期。
⑩ 参见杨一凡:《明〈大诰〉研究》(修订版),社会科学文献出版社 2016 年版。(该书首版于 1988 年由江苏人民出版社出版。)

减等"的记载等进行了考察,认为宣德朝以后,随着讲读《大诰》制度的废坏,《大诰》逐渐被束之高阁,明代中后期,除"有《大诰》减等"制度曾实行外,《大诰》在司法审判中不再行用。杨一凡的《明代立法研究》① 收录了作者研究明代立法的文章,其中《洪武〈大明律〉考》《〈大诰〉考》《明代〈问刑条例〉的修订》《明代三部代表性刑事法律文献与统治集团的立法思想》《明代重要法律典籍版本考述》以明代几部重要的法律典籍为考察对象,对其法律内容以及立法思想进行了深入分析和探讨,并对以典、令、例等形式表述的50余种明代基本法律与法律汇编文献的版本进行了考述和介绍。《明代的则例》《明代榜例考》则对明代则例的种类和内容,榜例的制定、功能及其变化进行了细致考证。此外,杨一凡还整理了大量的明代法律文献资料,如《中国古代地方法律文献》(甲编)(第2~10册)②、《古代榜文告示汇存》(第1~2册)③、《历代判例判牍》(第3~5册)④、《中国珍稀法律典籍续编·明代法律文献》(第3~4册)⑤、《中国律学文献》(第1~4辑)⑥ 等。

怀效锋的《嘉靖专制政治与法制》⑦ 对明代嘉靖时期的政治法律制度进行了深入剖析,从理论和历史实际两个方面论证了专制政治和明代法制之间的相互关系和相互作用,指出在专制政治权力的支配下,嘉靖法制具有奉非法为合法、变合法为非法的特殊性质,皇帝肆意践踏并废止了正常的法制秩序。嘉靖时期的法制作为专制政治的附属,既受政治支配,又与政治相辅相成,成为明世宗实行绝对君主专制的工具。该书对明世宗强化法律专制的手段、厂卫参与司法、首辅和御史的司法职能以及对宗藩和宦官犯罪的处罚规定进行了阐释,进一步论证和深化了该书的主题。

尤韶华的《明代司法初考》⑧ 和《明代司法续考》⑨ 用翔实的史料论证了明代司法制度的演变。前者指出,明代司法大致可以分为三个时期:前期为洪武年间,建立了司法机构,制定了《大明律》,确立了基本的司法制度。中期以正统、

---

① 参见杨一凡:《明代立法研究》,中国社会科学出版社2013年版。
② 参见杨一凡、刘笃才:《中国古代地方法律文献》(全15册),社会科学文献出版社2012年版。
③ 参见杨一凡、王旭编:《古代榜文告示汇存》(全10册),社会科学文献出版社2006年版。
④ 参见杨一凡、徐立志主编:《历代判例判牍》(全12册),中国社会科学出版社2005年版。
⑤ 参见杨一凡、田涛主编:《中国珍稀法律典籍续编·明代法律文献》,黑龙江人民出版社2002年版。
⑥ 参见杨一凡编:《中国律学文献》(第1辑),黑龙江人民出版社2004年版;杨一凡编:《中国律学文献》(第2辑),黑龙江人民出版社2005年版;杨一凡编:《中国律学文献》(第3辑),黑龙江人民出版社2006年版;杨一凡编:《中国律学文献》(第4辑),社会科学文献出版社2007年版。
⑦ 参见怀效锋:《嘉靖专制政治与法制》,湖南教育出版社1989年版。
⑧ 参见尤韶华:《明代司法初考》,厦门大学出版社1998年版。
⑨ 参见尤韶华:《明代司法续考》,中国人事出版社2005年版。

天顺、成化为代表,会审制成为定制。后期从嘉靖、万历开始,大量采用充军和赎刑。明代司法中出现过许多难题,例如对越诉案件的处理,不同时期有过不同的规定。明代的司法制度与当时的社会现实存在各种矛盾,例如贪污贿赂犯罪与赎刑之间的关系形成了一种利弊兼具的矛盾现象:贪污贿赂犯罪可以使用赎刑,虽然在一定程度上提高了国家财政收入,增加了社会劳动力,但是一定程度上也鼓励了贪污贿赂犯罪。该书分为司法机关、诉讼和执行三编,对明朝司法中出现的问题及其解决办法以及明朝司法发展变化的原因进行了全面的探讨。后者在前者的基础上,在世界历史的背景下,采用实证主义的方法,考察了明代政治发展与司法走向,分析了明代十七朝政治和司法的关系,展现了明代法制对前朝既有继承又有发展的特点。该书对从洪武到崇祯的历朝刑狱一一进行了考证,直观地展现了明朝的司法运作方式以及司法和政治之间的动态关系。

柏桦的《明代州县政治体制研究》① 对明代州县的建制沿革、州县设置与政治体制、州县行政地位与运行机制、州县施政重点与环境、州县官的施政行为与心理进行了全面分析,揭示了静态的制度条文与动态的政治运作之间的关系。柏桦的《明清州县官群体》② 以明清州县官群体为研究对象,全面解读其施政行为和心理,有助于读者更加全面和深入地了解明清州县政治体制的全貌。

刘双舟的《明代监察法制研究》③ 对明代法律监督制度进行了系统的考察,揭示了明代法律监督的构成要素、本质、功能、基本内容和发展规律,总结了经验和教训,并对明代法律监督制度的历史价值和研究价值进行了总结。

明代法律制度史研究的专著还包括杨一凡的《洪武法律典籍考证》④ 和《明初重典考》⑤、怀效锋的《明清法制初探》⑥、童光政的《明代民事判牍研究》⑦、吴艳红和蒋永琳的《明朝法律》⑧、柏桦主编的《明清律例研究》⑨、朱声敏的《明代司法监察制度及其运作》⑩、孟烨的《明代州县裁判与裁判文书研究》⑪ 等。

---

① 参见柏桦:《明代州县政治体制研究》,中国社会科学出版社2003年版。
② 参见柏桦:《明清州县官群体》,天津人民出版社2003年版。
③ 参见刘双舟:《明代监察法制研究》,中国检察出版社2004年版。
④ 参见杨一凡:《洪武法律典籍考证》,法律出版社1992年版。
⑤ 参见杨一凡:《明初重典考》,湖南人民出版社1984年版。
⑥ 参见怀效锋:《明清法制初探》,法律出版社1998年版。
⑦ 参见童光政:《明代民事判牍研究》,广西师范大学出版社1999年版。
⑧ 参见吴艳红、蒋永琳:《明朝法律》,南京出版社2016年版。
⑨ 参见柏桦主编:《明清律例研究》,南开大学出版社2013年版。
⑩ 参见朱声敏:《明代司法监察制度及其运作》,凤凰出版社2022年版。
⑪ 参见孟烨:《明代州县裁判与裁判文书研究》,知识产权出版社2021年版。

明代法律制度史研究的论文主要包括怀效锋的《明初重惩官吏赃罪浅论》①，杨一凡的《明〈大诰〉的颁行时间、条目和诰文渊源考释》②、《明大诰的版本》③和《论明初的重典治吏》④，韩秀桃的《〈教民榜文〉所见明初基层里老人理讼制度》⑤，童光政的《明律"私充牙行埠头"条的创立及其适用》⑥，吕丽、游津波的《礼仪犯罪初探——以明律为中心的研究》⑦、《礼仪犯罪再论——以明律为中心的研究》⑧，陈国平的《明代监察类基本法律〈宪纲〉考论》⑨，王斌通的《明代监察法制对朝鲜王朝之影响》⑩等。

（二）清朝法律史研究

张晋藩在《清朝法制史》一书中谈到清朝法制史研究的价值时指出："清朝是中国封建社会的末代王朝，经历了267年由盛到衰的历史发展过程。在这267年间，封建的经济取得了超越前代的进步，典章制度也获得了显著的成就。清朝所处的历史地位，决定了清朝法制历史的价值。"他进一步对清朝法制史研究的价值进行了分析："第一，清朝的封建法制辗转相承，相当完备。表现在法律体系上，由刑法、民法、行政法、诉讼法、经济法等各个部门法组成了完整的法律体系……第二，……但或因年代久远，或因统治时间短暂，上述以少数民族为主的王朝（北朝和辽金元各朝）的法制史料，缺乏完整性，只有以满洲族为主体的清朝的法制，从关外一隅，发展到整个中国，史料详备，脉络清晰，是研究中国少数民族法制史的圭臬。第三，研究清朝法制史不仅可以了解封建法制历史如何终结，而且还可以认识近代法制历史怎样开端。"⑪此外，张晋藩还结合清朝法制史研究的现代价值，指出了清朝法制史研究的学术价值和现实意义。改革开放后，随着学术界"清史热"现象的出现，清朝法律史研究呈现出一种热度不减之势，研究成果涉及清朝法律思想和制度的各个方面，包括律学研究、司法制度研

---

① 参见怀效锋：《明初重惩官吏赃罪浅论》，载《中国法学》，1984年第2期。
② 参见杨一凡：《明〈大诰〉的颁行时间、条目和诰文渊源考释》，载《中国法学》，1989年第1期。
③ 参见杨一凡：《明大诰的版本》，载《法学研究》，1988年第2期。
④ 参见杨一凡：《论明初的重典治吏》，载《中国社会科学》，1983年第2期。
⑤ 参见韩秀桃：《〈教民榜文〉所见明初基层里老人理讼制度》，载《法学研究》，2000年第3期。
⑥ 参见童光政：《明律"私充牙行埠头"条的创立及其适用》，载《法学研究》，2004年第2期。
⑦ 参见吕丽、游津波：《礼仪犯罪初探——以明律为中心的研究》，载《法制与社会发展》，2008年第3期。
⑧ 参见吕丽、游津波：《礼仪犯罪再论——以明律为中心的研究》，载《法制与社会发展》，2009年第6期。
⑨ 参见陈国平：《明代监察类基本法律〈宪纲〉考论》，载《中外法学》，2022年第6期。
⑩ 参见王斌通：《明代监察法制对朝鲜王朝之影响》，载里赞、刘昕杰主编：《法律史评论》（2022年第1卷），社会科学文献出版社2022年版。
⑪ 张晋藩主编：《清朝法制史》，中华书局1998年版，"绪论"。

究、官制研究、民间法研究等内容。清朝法律史研究可以分为清末以前清朝法律史研究和清末法律史研究两部分。

1. 清末以前清朝法律史研究

张晋藩、郭成康的《清入关前国家法律制度史》[①] 一书论述了从明万历十一年（1583）建州卫努尔哈赤起兵至明崇祯十七年，即顺治元年（1644）半个多世纪的历史，对清开国之际的国家制度和法律制度进行了系统的研究。该书系统介绍了早期满族国家的建立和满族政权的演变过程，中央官制的组成，军政合一的八旗制度，外藩蒙古地区以及其他特别地区的军政制度，调整行政管理、民事经济关系以及刑事关系的法律法规，同时对清入关前的诉讼制度和司法机关的演变进行了考察。该书涉及许多对清朝法制有深远影响的富有特色的法律制度，如八旗制度、外藩蒙古的军政制度、文馆、内三院和议政王大臣会议制度等，对于全面理解整个清朝政治制度和法律制度的渊源和流变具有深远的意义。该书进而指出，研究清朝法制史，需要对明清之际汉、满、蒙三个民族以及他们之间的双向和多向关系进行综合性探索。

张晋藩的《清律研究》[②] 一书对清代法律体系及其内涵以及与之相关的法律问题进行了系统的考察。针对清代私家注律问题，作者考证了清代私家注律的分类和系统，划分了辑注本系统、考证本系统、司法应用本系统、图标本系统、歌诀本系统等五大系统，总结了私家注律活动的普遍性、阶段性、体例多样化和与注律家身份的相关性等特点，分析了私家注清律的不同方式，指出私家注律促进了清代律学的发展。该书还对清代开国时期法律的特点及其历史地位以及清代民族立法等问题进行了解析，同时对晚清修律、宪政运动、司法制度以及法律思想等进行了论述，既包含制度考察，也包含思想论述。张晋藩主编的另外一本《清朝法制史》[③] 共分为五编，分别是清入关前的法律制度，顺治、康熙时期的法律制度，雍正、乾隆时期的法律制度，嘉庆、道光时期的法律制度和晚清的法律制度。该书全面系统地对清朝不同时期的法律思想、民事经济法律、行政法律、刑事法律、民族法律、涉外法律以及司法制度进行了系统论述，对于清代法制史研究和学习具有较高的参考价值。

郑秦的《清代法律制度研究》[④] 是一本对清代立法、司法制度、审判程序和行政体制进行综合研究的专著。该书汇编了作者对清朝法律史研究的数篇论文，

---

① 参见张晋藩、郭成康：《清入关前国家法律制度史》，辽宁人民出版社1988年版。
② 参见张晋藩：《清律研究》，法律出版社1992年版。
③ 参见张晋藩主编：《清朝法制史》，法律出版社1994年版。
④ 参见郑秦：《清代法律制度研究》，中国政法大学出版社2000年版。

这些论文大致可以分为立法、司法和行政体制三个方面。立法方面的论文包括《顺治三年律考》《康熙现行则例考》《雍正三年律考》《乾隆五年律考》等，对不同时期的法律形式进行了历史考证。司法方面的论文包括《皇权与清代司法》《清代地方司法管辖制度考析》《略论清代三法司的职权与关系》《清代州县审判程序概述》等十几篇文章，对清代地方司法审判以及少数民族区域的法律措施等问题进行了解读。行政体制方面的论文主要有《论明清时期国家权力的监督机制》《古代公文制度与行政效率》《沈家本修律的历史环境及其再评论》等，揭示了清代国家权力的运作与司法制度之间的关系。

王志强的《法律多元视角下的清代国家法》[1]以法律多元的视角，以清代为中心，超越国家制定法的视野，多角度、多方位地对清王朝不同时空下的法律差异性及其成因进行分析。该书对清代的地方法规、条例中的地区性特别法、法律推理、成案制度以及丧娶、收继等法律实践进行了梳理和分析，多角度透视了法的存在状态，深刻地揭示了"国家法"存在的意义，展现了中国古代法律中存在的"异质性"。该书实际上以清代为典型对中国古代法律制度进行探索和研究，有助于深化对其理论总结和全面评价，对于法律史学更好地融入并推进中国的法学研究具有一定的积极意义。

朱勇的《清代宗族法研究》[2]考察了清代宗族法的基本内容、制定和执行，论述了宗族法与国家法之间的关系，通过对清代农村社会存在的国家法和共同体法的二元法律结构的分析，对宗族法进行法理学层面的反思，最后总结了清代宗族法的社会作用。该书指出清代宗族法是国家法律的补充形式，宗族法以维持既定的宗族秩序为直接目的，起到支持国家政权、维护封建统治的作用，与国家法律一起构成了封建的法律体系。清代宗族法具有自己的特点：在内容上由小变大，由窄变宽，囊括了维护血缘、经济、政治关系三重标准的等级身份制，调整宗法性财产关系，保护宗法性婚姻、家庭和继承制度，维持宗法性社会秩序，推行尊祖教，规定宗族机构的产生规则及其职责等内容；在文字形式上更加体系化，体现了高超的立法技术。宗族法的社会作用有三：一是促进传统农业经济的发展，阻抑资本主义萌芽。二是维持地方治安，稳定社会局势。三是宣传封建文化，禁锢异端思想。

胡祥雨的《清代法律的常规化：族群与等级》[3]对清代法律的常规化进行了

---

[1] 参见王志强：《法律多元视角下的清代国家法》，北京大学出版社2003年版。
[2] 参见朱勇：《清代宗族法研究》，法律出版社2017年版。（该书于1987年由湖南教育出版社首次出版。）
[3] 参见胡祥雨：《清代法律的常规化：族群与等级》，社会科学文献出版社2016年版。

解读，指出清代法律的常规化指的是清代法律在演变中具有这样一种趋势：它逐步缩小族群和等级之间的不平等，让来自不同族群和等级的人逐步遵循同一性的法律标准。清代法律的常规化主要表现为法律废除满洲刑罚体制，并且逐步减少甚至在某些方面废除旗人的司法特权。首先，重建五刑体制，清代旗人享有换刑特权，这是清代法律常规化的重要一步。其次，清代皇族司法特权的演变表明了清律中去等级化倾向。作者通过对清代审理刑事案件和民事案件的方式和结果的分析，进一步揭示了清代法律的常规化趋势。该书最后指出，清代法律的常规化并不意味着法律的近代化。近代化的法律会减少甚至消灭儒家关于亲属和等级的特殊规定，而清代法律的去等级化倾向却未必是儒家势微或者法律近代化的结果。

张世明的《法律、资源与时空建构：1644—1945年的中国》[①]贯穿"分则为文，合则成书"的治学方法，强调问题史学，紧紧围绕法律、资源与时空建构三者关系这一核心问题，对清朝建立以后三百年的历史从民族、经济、法律、军事等领域进行宏观建构和理论阐释。第一卷为"导论"；第二卷为"边疆民族"卷，该卷从历史学角度和国际法学角度论证了时空关系理论在中国近代国民国家形成过程中的建构与分布，对清代疆域的复杂性和特殊性进行了深入细致的考察分析，融思想史和制度史于一体；第三卷为"军事战争"卷，以18世纪至19世纪中叶的中西方军事力量的对比研究为核心，对鸦片战争中国被动挨打的历史原因进行考察，提出了与众口相传的"坚船利炮"说不一致的观点；第四卷为"司法场域"卷，该卷主体是司法场域的博弈，将资源作为一个重要的变量因素，对清代司法制度作首尾贯通考察，主张考察清代司法的内在演变逻辑；第五卷是"经济开发"卷，该卷将时间限定在19世纪中叶至20世纪中叶，研究经济资源的开发与民族国家的建构、时空观念的变迁等问题。

刘广安的《清代民族立法研究》[②]回顾了清代民族立法的发展进程，系统阐述了清代民族立法的主要内容和特点，对清代民族立法的代表作《理藩院则例》进行了全面深入的考察，对藏族、维吾尔族、青海地区少数民族以及苗疆地区民族的立法进行了介绍，深入分析了清代民族立法的发展趋势和特殊作用，总结了清代民族立法与实施的经验，揭示了清代民族立法的法学意义和历史意义。

---

① 参见张世明：《法律、资源与时空建构：1644—1945年的中国》（五卷本），广东人民出版社2012年版。

② 参见刘广安：《清代民族立法研究》（修订版），中国政法大学出版社2015年版。（该书首版为中国政法大学出版社1993年版。）

林乾的《清朝法律的重构与国家治理效能的强化》[1]一文通过考察清朝增补律例和编纂则例两种立法模式，表明清朝法律体系开始向以行政六部为核心的"部门法"演进，这一转变提升了国家治理的效能，为有效应对社会结构转型所带来的社会失序状态和保持社会稳定提供了丰富的法律资源。

同类成果还包括梁治平的《清代习惯法》[2]、郑秦的《清代司法审判制度研究》[3]、张晋藩主编的《清朝法制史》[4]和《制度、司法与变革：清代法律史专论》（三卷本）[5]、高浣月的《清代刑名幕友研究》[6]、黄宗智的《法典、习俗与司法实践：清代与民国的比较》[7]、韩秀桃的《明清徽州的民间纠纷及其解决》[8]、杜文忠的《边疆的法律：对清代治边法制的历史考察》[9]、刘广安和沈成宝的《清代法律体系辨析》[10]、方慧主编的《元明清时期国家与边疆民族地区基层社会的互动关系研究——以法律变迁为中心的考察》[11]、张仁善的《礼·法·社会——清代法律转型与社会变迁》[12]、王东平的《清代回疆法律制度研究（1759—1884）》[13]和《明清西域史与回族史论稿》[14]、沈大明的《〈大清律例〉与清代的社会控制》[15]、王千石和吴凡文的《清入关前的法文化》[16]、林乾的《治官与治民：清代律例法研究》[17]、孙家红编纂的《明清律合编》[18]、朱腾伟的《清朝广州十三行法制研究》[19]等。

2. 清末法律史研究

清末法律史研究主要集中在法制改革、宪政、晚清司法制度等方面。

---

[1] 参见林乾：《清朝法律的重构与国家治理效能的强化》，载《政法论坛》，2022年第2期。
[2] 参见梁治平：《清代习惯法》，中国政法大学出版社1996年版。
[3] 参见郑秦：《清代司法审判制度研究》，湖南教育出版社1988年版。
[4] 参见张晋藩主编：《清朝法制史》，中华书局1998年版。
[5] 参见张晋藩主编：《制度、司法与变革：清代法律史专论》（三卷本），法律出版社2015年版。
[6] 参见高浣月：《清代刑名幕友研究》，中国政法大学出版社2000年版。
[7] 参见黄宗智：《法典、习俗与司法实践：清代与民国的比较》，上海书店出版社2003年版。
[8] 参见韩秀桃：《明清徽州的民间纠纷及其解决》，安徽大学出版社2004年版。
[9] 参见杜文忠：《边疆的法律：对清代治边法制的历史考察》，人民出版社2004年版。
[10] 参见刘广安、沈成宝：《清代法律体系辨析》，中国政法大学出版社2017年版。
[11] 参见方慧主编：《元明清时期国家与边疆民族地区基层社会的互动关系研究——以法律变迁为中心的考察》，中国社会科学出版社2012年版。
[12] 参见张仁善：《礼·法·社会——清代法律转型与社会变迁》，天津古籍出版社2001年版。
[13] 参见王东平：《清代回疆法律制度研究（1759—1884）》，黑龙江教育出版社2014年版。
[14] 参见王东平：《明清西域史与回族史论稿》，商务印书馆2014年版。
[15] 参见沈大明：《〈大清律例〉与清代的社会控制》，上海人民出版社2007年版。
[16] 参见王千石、吴凡文：《清入关前的法文化》，中国政法大学出版社2015年版。
[17] 参见林乾：《治官与治民：清代律例法研究》，中国政法大学出版社2019年版。
[18] 参见孙家红编纂：《明清律合编》，社会科学文献出版社2022年版。
[19] 参见朱腾伟：《清朝广州十三行法制研究》，法律出版社2020年版。

王人博的《中国近代的宪政思潮》[1]以晚清中国变局为时代背景，对宪政在近代中国的发展历程进行了分析。鸦片战争给中国人带来的不仅是一般意义上"失败"的创痛，而且是文化上的损伤，中国传统的政治文化架构在西方文明面前受到创伤，在这个受损的传统的夹缝中诞生了中国近代宪政思想。在中西文明的对比之下，政治、经济和文化上具有高度现代化的西方使近代中国人重新恢复了想象力和创造力。一部分有识之士为中国自救和富强寻求道路，近代议员制度和民权概念引进中国。但是中国的宪政思潮由于与民族救亡图存、国家富强联系在一起，自身充满了矛盾和歧义，民主、立宪、共和等价值存在质素间的混乱和制度层面上的脱序，这使得整个文化缺失了根性和整体性。针对这一变局，不同的派别展开了论战。立宪派和革命派的主张和实践构建了中国近代通过宪政实现富强民主的图景，五四运动为中国的宪政化找到了新的伦理原则，将近代中国的宪政思潮推向了新的高潮。最后，该书从文化实用主义、宪政的中国目标以及政治激进主义三个角度，对近代中国宪政思潮的历史意义进行了总结。

殷啸虎的《近代中国宪政史》[2]结合中国近代救亡图存的历史背景，介绍了近代中国宪政运动产生的历史根源和社会背景，对立宪派和革命派的两种主张和二者的争议进行了分析，对革命派和改良派关于宪政道路的争议点进行了概括，主要围绕"国体"和"政体"等问题展开论证，又对清末的"新政"与"立宪"、民族资产阶级的宪政理论与实践、军阀政治与近代宪政、近代中国的省宪运动、南京国民政府的宪政运动以及新民主主义时期的宪政运动进行了论述，展现了近代中国探索宪政的艰难历程。

太平天国研究早在新中国成立之初就已经成为史学界研究的热点，如罗尔纲、简又文、谢兴尧等人的研究，但是法律史领域的研究成果寥寥。[3]太平天国运动作为晚清农民运动的一个典型代表，创制了丰富而极富特色的法律制度，对于研究中国近代法律史具有较高的学术价值和史料价值。改革开放之后，法律史

---

[1] 参见王人博：《中国近代的宪政思潮》，法律出版社2003年版。
[2] 参见殷啸虎：《近代中国宪政史》，上海人民出版社1997年版。
[3] 如金冲及、胡绳武：《关于天朝田亩制度的实质问题——兼评郭毅生〈略论太平天国革命的性质〉一文的若干论点》，载《学术月刊》，1957年第9期；黄廷柱：《论〈天朝田亩制度〉》，载《中学历史教学》，1958年第1期；杜德凤：《关于〈天朝田亩制度〉的几个问题》，载《历史研究》，1960年第1、2期；史一兵：《太平天国〈天朝田亩制度〉的性质及其作用》，载《江海学刊》，1961年第1期；谢兴尧：《黄鼎凤〈约法十二章〉告谕质疑》，载《人民日报》，1965年6月18日；张晋藩、邱远猷：《浅论太平天国的法律》，载《法学研究》，1979年第4期；杨一凡：《太平天国的官吏铨选升降制度》，载《学习与探索》，1979年第5期。

学界掀起了研究太平天国法律制度的热潮,如曹三明的《论太平天国法制的性质》①、陈健生的《再谈太平天国法制性质问题——兼与曹三明同志商榷》②、邹身城的《论太平天国法制并未超脱封建主义范畴》③ 等。邱远猷的《太平天国法律制度研究》④ 对零散的史料进行了整理,并对太平天国法制的建立和发展进行了阐述,指出太平天国法制发展大体经历了三个阶段:第一阶段是太平天国法制的初创阶段,从1851年金田起义到1853年太平军攻克南京。第二阶段是太平天国法制初步发展阶段,从1853年定都天京到1856年"天京变乱"。第三阶段为太平天国法制松弛最后覆灭阶段,从1856年"天京变乱"至1864年天京陷落。基于三个时期的法律特点和政治状况,该书分别从土地立法、刑事立法、婚姻立法、禁烟立法、经济立法、行政立法等六个方面对太平天国的立法体系进行了考察和分析,对太平天国的司法机关、诉讼制度以及洪仁玕的法律思想进行了分析和解读,最后总结了太平天国法制建设的经验和教训,指出其失败的主要原因在于农民阶级以及领导者的阶级局限性和历史局限性。

马作武的《清末法制变革思潮》⑤ 一书立足于清末救亡图存以及法律制度出现危机的社会历史背景,对清末法制变革思潮产生的三个方面的思想渊源,即维新思想、西方思想和"托古改制"论进行了分析,论述了清末宪政思想的两股潮流,即君主立宪思想和民主立宪思想,全面解读了清末变革旧律例思想、工商立法思想、司法改革思想,并对清末修律大臣沈家本、伍廷芳的法律思想进行了全方位、多层次的评价,全面揭示了清末法制变革思潮产生的历史必然性和精神实质,勾画和描绘了近代中国思想界和法学界的政治思想、学术思想变迁与发展的轮廓和风貌,并揭示了清末变法修律活动的社会思想根源。

林中的《中国近代法律思想史新论》⑥ 一书对中国近代法律思想的形成、发展和演变按照时间顺序进行了梳理,对制度变迁背后的思想因素进行了发掘和解读,指出中国近代思想史从一个侧面反映了中国人民反对帝国主义和封建主义的统治,为振兴中华而进行的斗争过程。从救亡图存出发要求进行法律变革,说明了法律对于改革经济与政治体制的重要作用,而法律思想则是近代法制变革的先导。该书对近代地主阶级改革派、太平天国领导集团、洋务派、改良派、晚清修律中的开明官僚、顽固派、资产阶级民主派以及五四运动前后的激进民主派的法

---

① 参见曹三明:《论太平天国法制的性质》,载《法学研究》,1983年第4期。
② 参见陈健生:《再谈太平天国法制性质问题——兼与曹三明同志商榷》,载《法学研究》,1985年第4期。
③ 参见邹身城:《论太平天国法制并未超脱封建主义范畴》,载《法学研究》,1982年第1期。
④ 参见邱远猷:《太平天国法律制度研究》,北京师范学院出版社1991年版。
⑤ 参见马作武:《清末法制变革思潮》,兰州大学出版社1997年版。
⑥ 参见林中:《中国近代法律思想史新论》,中国政法大学出版社1992年版。

律思想进行了系统论述，分析了不同时期、不同派别法律思想的特点及其产生的社会背景，这对于了解近代中国社会的深刻变局和中国法律史发展的历史性转向具有重要意义。

李启成的《晚清各级审判厅研究》[1] 以晚清时期地方各级审判厅的判决书为中心，结合相关档案资料，对清代传统地方司法审判制度、刑讯逼供以及幕吏问题进行了概述，指出清末各级审判厅设立的主要原因在于收回治外法权，以司法改良达到司法权的统一，中西方司法审判理念的冲击使得清政府开始对传统的审判模式进行反思和改良。该书对清末各级审判厅的设立及其运作以及法官考试制度进行了考察，并以判牍和判词为中心分析了各级审判厅的诉讼程序和实体审判的特点，以及各级审判厅所遭遇的种种困境，包括行政干预司法、领事裁判权的存在、经费和人才匮乏以及律师辩护和陪审制度的缺乏等。该书重现了晚清各级审判厅在"立宪"的时代背景下成立和活动的全过程，对于研究中国近代司法制度改革和变迁的动因以及特点具有较高的学术价值。

此外，同类研究成果还包括张晋藩的《中国法律的传统与近代转型》[2]、邱远猷的《中国近代法律史论》[3]、王人博的《宪政文化与近代中国》[4]、王健的《沟通两个世界的法律意义——晚清西方法的输入与法律新词初探》[5]、田涛的《国际法输入与晚清中国》[6]、高旭晨的《中国近代法律思想述论》[7]、赵明的《近代中国的自然权利观》[8]、程燎原的《清末法政人的世界》[9]、尤志安的《清末刑事司法改革研究》[10]、李青的《洋务派法律思想与实践的研究》[11]、高汉成的《签注视野下的大清刑律草案研究》[12]、邓建鹏的《清末民初法律移植的困境：以讼费法规为视角》[13]、屠凯的《舆图换稿——明清之际的中国法哲学》[14]、韩丽雯的

---

[1] 参见李启成：《晚清各级审判厅研究》，北京大学出版社2004年版。
[2] 参见张晋藩：《中国法律的传统与近代转型》，法律出版社1997年版。
[3] 参见邱远猷：《中国近代法律史论》，安徽大学出版社2003年版。
[4] 参见王人博：《宪政文化与近代中国》，法律出版社1997年版。
[5] 参见王健：《沟通两个世界的法律意义——晚清西方法的输入与法律新词初探》，中国政法大学出版社2001年版。
[6] 参见田涛：《国际法输入与晚清中国》，济南出版社2001年版。
[7] 参见高旭晨：《中国近代法律思想述论》，社会科学文献出版社2014年版。
[8] 参见赵明：《近代中国的自然权利观》，山东人民出版社2003年版。
[9] 参见程燎原：《清末法政人的世界》，法律出版社2003年版。
[10] 参见尤志安：《清末刑事司法改革研究》，中国人民公安大学出版社2004年版。
[11] 参见李青：《洋务派法律思想与实践的研究》，中国政法大学出版社2005年版。
[12] 参见高汉成：《签注视野下的大清刑律草案研究》，中国社会科学出版社2007年版。
[13] 参见邓建鹏：《清末民初法律移植的困境：以讼费法规为视角》，法律出版社2017年版。
[14] 参见屠凯：《舆图换稿——明清之际的中国法哲学》，法律出版社2020年版。

《清朝末年的法治思想》[1]、杨鸿雁的《法制变迁的痕迹：以清末民初法律文书为考察对象》[2]、侯欣一的《晚清时期国人对法院组织的认知》[3] 等。

七、民国法律史研究

新中国成立后，在政法领域废除"六法全书"并开展肃清旧法运动，民国法律史成为学术研究的禁区。针对新中国成立之初民国法律史学术研究的状况，有人曾指出："此后（1949年后——引者）数十年，中华民国法制一直被视为革命法制的对立物，也成为学术研究不可触及的禁区。过去发表的为数不多的研究民国法制的论文，基本上都局限于探索孙中山主政时期的民国初期法制。"[4] 由于民国法制是研究中国法制近代化无法绕开的一个领域，因此改革开放以后，随着学术禁区的开放，民国法律史逐渐成为法律史研究领域的热点，具有学术价值的成果不断出现，丰富和拓展了中国法律史研究的领域。

张国福的《中华民国法制简史》[5] 从清末变法修律起论，对清末立宪情况、法律制度和司法制度的变化进行了考察，重点分析了清末两部宪法性法律《钦定宪法大纲》和《重大信条十九条》，以揭示中国法律近代化的历史根源，以清末修律为切入点展开对中华民国不同历史阶段立法、司法内容和特点的论述。该书结合不同时期的政治、经济背景对资产阶级临时政府时期、北洋军阀政府时期、广州和武汉国民政府时期、南京国民党政府时期的法律制度一一进行了介绍并总结了法制建设的历史经验，力求"用马列主义、毛泽东思想的立场、观点和方法，实事求是地分析史料，阐述中华民国法律制度的发展规律"[6]。

邱远猷、张希坡的《中华民国开国法制史——辛亥革命法律制度研究》[7] 将时间跨度限定在辛亥革命至南京临时政府结束期间，又以1912年南京临时政府成立为界，划分为前后两个时期。从法律思想和法律制度建设的发展来看，前后两个时期又可各自划分为两个阶段，即四个历史阶段。第一阶段为中华民国开国法制的理论基础与立法指导思想准备时期，从1905年中国同盟会成立至1911年

---

[1] 参见韩丽雯：《清朝末年的法治思想》，当代世界出版社2021年版。
[2] 参见杨鸿雁：《法制变迁的痕迹：以清末民初法律文书为考察对象》，法律出版社2022年版。
[3] 参见侯欣一：《晚清时期国人对法院组织的认知》，载《法学研究》，2022年第4期。
[4] 中国社会科学院法学研究所法制史研究室编：《中国法律史学的新发展》，中国社会科学出版社2008年版，第21页。
[5] 参见张国福：《中华民国法制简史》，北京大学出版社1986年版。
[6] 张国福：《中华民国法制简史》，北京大学出版社1986年版，"前言"。
[7] 参见邱远猷、张希坡：《中华民国开国法制史——辛亥革命法律制度研究》，首都师范大学出版社1997年版。

武昌起义；第二阶段为各省军政府及其法制的创建时期，从 1911 年武昌起义至南京临时政府成立之前；第三阶段为中华民国建立中央政府机构、制定共和国法律制度的时期，从 1912 年 1 月 1 日中华民国南京临时政府成立至 3 月 11 日《中华民国临时约法》公布；第四阶段为南京临时政府为巩固共和国制度、维护《中国民国临时约法》而做最后奋斗的时期，从《中华民国临时约法》公布到南京临时政府结束。该书以这四个发展阶段为时间线索，分为上、下两编。上编内容主要包括辛亥革命运动发生的时代背景及其兴起，中国同盟会的成立及其革命方略，湖北军政府的成立以及《中华民国鄂州临时约法》，沪军都督府及其革命法制内容，江苏都督府的成立和《中华民国江苏军政府临时约法》及其法律体系，四川军政府的成立及其法制内容，浙、赣、黔、桂军政府的成立及其法制内容，南京临时政府的成立及《中华民国临时政府组织大纲》，《中华民国临时约法》的制定、内容、特点及其历史意义。下编主要内容为南京临时政府各部及总统府直属机构官制情况，海陆军官制以及相关军事法规，内务部、教育部、财政部、实业部、交通部、外交部、司法部等部门官制及其相关法规体系，南京参议院关于地方政权的立法，孙中山总统的解职和南北"统一政府"的建立等。该书以地方性法规和中央政府行政法规为论述的重点，对民国初年法制建设的时代背景、内容和特点进行了系统研究，推动了中国近代法制史研究的发展。

张仁善的《司法腐败与社会失控（1928—1949）》[①] 一书将南京国民政府时期（1928—1949 年）的司法腐败作全景扫描和个案分析，全面分析了这一时期司法改革的四个历史阶段，并对中央司法机构、司法行政机构、地方司法机构、军法机构和监狱机构的设置和特点进行了考察，介绍了其司法运行机制，并从司法权、司法程序、司法实体、司法执行、司法官的社会地位、司法界的社会关系以及防腐机制等多个方面分析了南京国民政府时期司法腐败的表现和原因，总结了司法腐败下社会失序的几个表现：政治经济失调，司法失去轴心；沉疴新政并存，司法改革受阻；行政体系瓦解，司法机器瘫痪；民心丧失殆尽，司法信誉出现危机；司法腐败加剧，社会失去控制。

韩秀桃的《司法独立与近代中国》[②] 是一部系统研究近代中国历史发展进程中司法独立问题的学术专著。该书采用历史叙事的手法，立足于基本的近代司法史料以及中国传统司法的特性及其近代危机，充分运用法律社会学的分析框架，对近代司法独立思想的传入及其在中国的发展变化进行了剖析。该书首先介绍了

[①] 参见张仁善：《司法腐败与社会失控（1928—1949）》，社会科学文献出版社 2005 年版。
[②] 参见韩秀桃：《司法独立与近代中国》，清华大学出版社 2003 年版。

司法独立的历史渊源以及变革社会与司法转型的互动关系；其次总结了中国传统司法的特性，从清末新政中的司法改革入手，分析了晚清司法与行政分立的改革之路及其发展历程，以此为基础，宏观探讨了民国司法独立的理论架构及与其相关的宪法性依据，分析了武汉国民政府时期的党治思想以及司法党化的政治实践；最后得出司法独立在近代中国发展变化的结论，即实现了从理想到现实、从价值理念到工具理念的司法本土化的目标。

李学智的《民国初年的法治思潮与法制建设——以国会立法活动为中心的研究》①一书，重点围绕民国初年立法的三个重要问题进行了研究：第一，民国初年的法治思潮及其主要表现。第二，辛亥革命中以及民国初年的立法机构及其立法活动情况。第三，民国初年主要法律法规的制定情况及其评价。该书最后指出，民国初年的法治思潮对国会立法产生了重要的作用，民国初年对依法治国的舆论鼓吹和国会的法制建设活动，是我国由传统人治社会向现代法治社会转型过程中的一次可贵的尝试和努力。

江照信的《中国法律"看不见中国"——居正司法时期（1932—1948）研究》②一书以居正法律思想为切入点，透视民国时期的司法状况，关注个人、法律与政治之间的联系，强调个人在具体历史情境中的行为者角色与功能，以此来理解民国时期法制建设的整体风貌以及近代中国法制发展的历史变迁。该书以居正的司法整顿期、形成期和稳定期三个时间段为线索，立足于现有研究，以司法档案、法学杂志以及各种居正文集为基础资料，探讨了近代中国在收回"治外法权"过程中因法律形式和实质关系冲突而出现的中国法律"看不见中国"的难题，从"最高法院"、"司法党化"和"中国本位新法系"三个角度对居正时期的法律思想、实践和历史情境进行了分析和探讨。该书最后指出，希望由此可以引导法律史研究更多地关注法律制度之历史情境、进程和意义，以人物为中心的法律叙述史可以为理解法律史提供更多的视角。

张希坡的《广州武汉国民政府法制改革研究》③对1917—1927年广州"护法"军政府以及广州、武汉国民政府的立法、司法状况进行了概述，是民国法律史研究中具有较高学术价值的一部著作。该书分为三个历史时期：第一个时期为广州"护法"军政府时期，该书阐明了广州"护法"军政府法制研究的价值所

---

① 参见李学智：《民国初年的法治思潮与法制建设——以国会立法活动为中心的研究》，中国社会科学出版社2004年版。

② 参见江照信：《中国法律"看不见中国"——居正司法时期（1932—1948）研究》，清华大学出版社2010年版。

③ 参见张希坡：《广州武汉国民政府法制改革研究》，中华书局2015年版。

在——这是中国近代法制史上承上启下的一个发展阶段,上承辛亥革命南京临时政府的法制建设成就,下接第一次国共合作时期广州国民政府法制的新发展,处在从旧民主主义革命法制向新民主主义革命法制演变的过渡时期,广州"护法"军政府法制研究可以弥补中国近代法制史研究的空白,对于考察辛亥革命的深远影响、全面了解中国近代法制史的发展脉络具有重要的学术价值。第二个时期为广州国民政府的法制建设时期,该书主要介绍了国民党改组与《中国国民党第一次全国代表大会宣言》以及各相关机构的法律法规、司法机关和诉讼制度等,还对共产党和国民党的工运纲领与早期劳动法规进行了史源学考证。第三个时期为武汉国民政府时期,该书对这一时期的组织法规、劳动法规、刑事法规、农政法规以及其他行政法规进行了概述,并对武汉国民政府时期的刑事立法进行了史源学考证,对1927年《湖北省惩治土豪劣绅暂行条例》版本的真伪性进行了细致考辨。

  民国法律史研究还涉及近代法律教育的发展、法制文明的转型、法律与学术之间的关系、司法制度的演变等内容,具体研究成果如王健的《中国近代的法律教育》[1]、李贵连的《近代中国法制与法学》[2]、俞江的《近代中国的法律与学术》[3]、张晋藩的《中国近代社会与法制文明》[4]、刘山鹰的《中国的宪政选择——1945年前后》[5]、张希坡的《中国近现代法制史研究——张希坡自选文集》[6]、陈新宇等的《中国近代法律史讲义》[7]、侯欣一的《创制、运行及变异:民国时期西安地方法院研究》[8]、里赞和刘昕杰等的《民国基层社会纠纷及其裁断——以新繁档案为依据》[9]、付海晏的《中国近代法律社会史研究》[10]、高汉成和宗恒的《中国近代领事裁判权问题与晚清法律改革》[11]、沈伟的《摩登法律人:近代上海法学教育研究(1901—1937年)》[12]、吴斌的《百年法治回眸:法律人群体的兴起与

---

[1] 参见王健:《中国近代的法律教育》,中国政法大学出版社2001年版。
[2] 参见李贵连:《近代中国法制与法学》,北京大学出版社2002年版。
[3] 参见俞江:《近代中国的法律与学术》,北京大学出版社2008年版。
[4] 参见张晋藩:《中国近代社会与法制文明》,中国政法大学出版社2003年版。
[5] 参见刘山鹰:《中国的宪政选择——1945年前后》,北京大学出版社2005年版。
[6] 参见张希坡:《中国近现代法制史研究——张希坡自选文集》,中共党史出版社2016年版。
[7] 参见陈新宇、陈煜、江照信:《中国近代法律史讲义》,九州出版社2016年版。
[8] 参见侯欣一:《创制、运行及变异:民国时期西安地方法院研究》,商务印书馆2017年版。
[9] 参见里赞、刘昕杰等:《民国基层社会纠纷及其裁断——以新繁档案为依据》,四川大学出版社2009年版。
[10] 参见付海晏:《中国近代法律社会史研究》,华中师范大学出版社2010年版。
[11] 参见高汉成、宗恒:《中国近代领事裁判权问题与晚清法律改革》,中国法制出版社2020年版。
[12] 参见沈伟:《摩登法律人:近代上海法学教育研究(1901—1937年)》,上海三联书店2020年版。

近代中国法制现代化的演进》①、何勤华主编的《法律文明史》(第 11 卷·近代中国法)(上、下册)② 等。

八、革命根据地及中华人民共和国法律史研究

(一) 革命根据地法律史研究

新中国成立以来，革命根据地法律史研究主要以档案资料以及根据地法律法规为基础，内容涉及立法、司法、婚姻、继承、劳动、调解、人权保护、禁毒等。

范明辛、雷晟生编著的《中国近代法制史》③ 按照鸦片战争后中国政权的演变及其性质对法律制度的变迁进行了全面考察，分章论述了清末、太平天国、南京临时政府、北洋政府、广州和武汉国民政府、南京国民党政府以及新民主主义的法律制度，论证了新民主主义法律制度的优越性，指出新民主主义法律制度是在中国共产党的领导下、以马列主义为指导创建的，反映了无产阶级领导下的反帝反封建的人们的共同利益和要求。

张希坡主编的《革命根据地法制史》④ 将革命根据地法制史分为四个历史发展阶段：第一个阶段是人民民主法制的萌芽阶段（1921—1927 年），是中国共产党成立后和大革命时期；第二个阶段是人民民主法制的初创阶段（1927—1937 年），是土地革命战争时期；第三个阶段为人民民主法制的形成阶段（1937—1945 年），是全民族抗日战争时期；第四个阶段为人民民主法制向全国发展阶段（1945—1949 年），是全国解放战争时期。该书按照这四个历史阶段分为四编，对不同时期的时代背景，革命纲领，土地、经济、行政、婚姻、刑事、财政等法律法规以及司法、狱政制度进行了系统研究，对于研究中国共产党成立后的革命根据地司法实践、司法理念和司法制度具有重要的参考和学术价值，也是研究中国特色社会主义法律制度的历史渊源与流变的基础史料。

《陕甘宁边区法制史稿》是陕甘宁边区法制史研究的系列专著，包括杨永华、方克勤的《陕甘宁边区法制史稿》(诉讼狱政篇)⑤、杨永华的《陕甘宁边区法制

---

① 参见吴斌：《百年法治回眸：法律人群体的兴起与近代中国法制现代化的演进》，光明日报出版社 2021 年版。
② 参见何勤华主编，王立民、洪佳期、李婧等著：《法律文明史》(第 11 卷·近代中国法)(上、下册)，商务印书馆 2022 年版。
③ 参见范明辛、雷晟生编著：《中国近代法制史》，陕西人民出版社 1988 年版。
④ 参见张希坡主编：《革命根据地法制史》，法律出版社 1994 年版。
⑤ 参见杨永华、方克勤：《陕甘宁边区法制史稿》(诉讼狱政篇)，法律出版社 1987 年版。

史稿》(宪法、政权组织法篇)①、韩伟和马成主编的《陕甘宁边区法制史稿》(民法篇)② 三册。《陕甘宁边区法制史稿》(诉讼狱政篇)分为"诉讼篇"和"狱政篇"两部分,其中"诉讼篇"对陕甘宁边区的诉讼立法、司法机关组织及其职权、诉讼基本原则进行了论述,重点对陕甘宁边区的诉讼制度和调解制度进行了考察。诉讼制度主要涉及审级与管辖制度、马锡五审判方式、人民陪审制度、代理辩护制度以及审判执行制度等内容。作者还对富有边区特色的军民诉讼条例进行了论述。调解制度主要涉及调解的历史发展、形式、经验和意义等。"狱政篇"主要是对陕甘宁边区的狱政思想、犯人自治组织、犯人教育及监所管理制度进行的研究,反映了边区政府丰富的人道主义狱政思想。《陕甘宁边区法制史稿》(宪法、政权组织法篇)共分为四篇,分别是"边区政府和法制概述""宪法篇""选举法篇""政权组织法篇"。该书对陕甘宁边区法制的主旨进行了总结,主要包括相信和依靠群众的法制路线、实事求是的法制精神、民主和平等的法制原则以及自力更生、艰苦奋斗的法制作风;重点对《抗日救国十大纲领》、《陕甘宁边区抗战时期施政纲领》、《陕甘宁边区施政纲领》、《陕甘宁边区保障人权财权条例》以及《陕甘宁边区宪法原则》的主要内容和特点进行了介绍,并对选举制度、边区政权组织形式以及干部管理制度进行了分析。《陕甘宁边区法制史稿》(民法篇)一书概括了陕甘宁边区民事法律的原则、特征及其根本任务,并对陕甘宁边区的物权、债权、婚姻家庭法律制度以及审判、调解中的民事法制进行了介绍。

汪世荣等的《新中国司法制度的基石——陕甘宁边区高等法院(1937—1949)》③ 以陕甘宁边区司法档案为基础,以对边区高等法院的考察为核心,透视了陕甘宁边区的司法制度和司法建设状况。该书在现有研究的基础上,清晰地梳理了陕甘宁边区司法机构的设置、历史沿革和特点,通过对边区高等法院职能和院长更迭的考察,从宏观和微观、制度和实践等视角展现了边区高等法院的外相和图景。该书以《陕甘宁边区判例汇编》为切入点,探讨了边区高等法院如何通过编制判例等方式来弥补立法的不足;通过边区高等法院刑事审判和民事审判中的个案分析,展现边区高等法院在法律原则的发展和刑事政策的调整中所扮演的角色,探讨边区高等法院如何在国家法与民间习惯、国家利益与个人利益的碰撞中作出取舍。该书最后对边区司法制度进行了重新审视,总结了边区高等法院

---

① 参见杨永华:《陕甘宁边区法制史稿》(宪法、政权组织法篇),陕西人民出版社1992年版。
② 参见韩伟、马成主编:《陕甘宁边区法制史稿》(民法篇),法律出版社2018年版。
③ 参见汪世荣等:《新中国司法制度的基石——陕甘宁边区高等法院(1937—1949)》,商务印书馆2011年版。

的司法成就。

罗惠兰、刘雪明、许静等的《中华苏维埃共和国人权建设研究》[1] 是一本研究中华苏维埃共和国人权建设问题的专著。该书对中华苏维埃共和国成立之前的人权状况进行了回顾，结合马克思主义在中国的传播历程对中国共产党对人权问题的初步探索进行了概述，以《中华苏维埃共和国宪法大纲》为切入点，论述了中华苏维埃共和国成立之初为人权保障所做的巨大努力，由此形成了人权的宪法保障机制。该书总结了《中华苏维埃共和国宪法大纲》人权保障的时代特色：第一，强调集体人权，突出国家主权的独立性；第二，尊重个人人权，突出公民生存权的重要性；第三，重视多数人的权利，具有维护工农劳苦民众利益的阶级性；第四，注重人权的实现，具有追求人权和保障人权的统一性。该书重点对中华苏维埃共和国人权建设中的立法保障、司法保障、政治和经济权利保障、教育权利保障、妇女权益保障以及社会保障进行了分析，对具有鲜明特色的中华苏维埃共和国人权法律保障体系进行了深入解读，展现了中国共产党初期为争取人权而进行的不断努力。

张希坡编著的《革命根据地法律文献选辑》[2] 丛书明确了革命根据地人民民主法制史的时间起点，即以中国共产党成立和大革命时期建立广东革命根据地为起点。该丛书以革命根据地法制发展的时间阶段为线索，对中国共产党新民主主义革命时期由革命政权制定的反帝反封建的人民民主专政的法律文献进行系统汇编。该丛书在内容上涉及范围极广，主要包括：宪法施政纲领、选举法、政权组织法、民政、外事、军事、财政金融税收、经济管理（工农商贸合作社及知识产权）、文化教育与卫生、土地法、劳动法、婚姻与继承、刑事法规、监察与公安检察、司法审判及狱政等等。该丛书共分为四辑，其中第一辑为"中国共产党成立后与第一次国内革命战争时期的法律文献（1921—1927）"，第二辑为"第二次国内革命战争时期中华苏维埃共和国的法律文献（1927—1937）"，第三辑为"抗日战争—解放战争时期老解放区的法律文献（1937—1945）"，第四辑为"解放战争时期新解放区的法律文献（1945—1949）"，每一辑根据史料多少分为不同卷本。该丛书不仅为法制史学研究创造了丰富的史料基础，而且对于政治史、经济史、文化史以及各个部门法史都具有极为重要的研究价值。

革命根据地法律史研究的成果还包括韩延龙、常兆儒编的《中国新民主主义

---

[1] 参见罗惠兰、刘雪明、许静等：《中华苏维埃共和国人权建设研究》，湖南人民出版社2007年版。
[2] 参见张希坡编著：《革命根据地法律文献选辑》，中国人民大学出版社2017年版。

革命时期根据地法制文献选编》（共四册）①、张希坡的《马锡五审判方式》②、《革命根据地法制史研究与"史源学"举隅》③，张希坡和韩延龙主编的《中国革命法制史》④，肖周录的《延安时期边区人权保障史稿》⑤，杨永华主编的《中国共产党廉政法制史研究》⑥，孙琬钟主编的《共和国法治从这里启程——华北人民政府法令研究》⑦，刘全娥的《陕甘宁边区司法改革与"政法传统"的形成》⑧，潘怀平的《陕甘宁边区司法传统的认同研究》⑨，胡永恒的《陕甘宁边区民事审判中对六法全书的援用：基于边区高等法院档案的考察》⑩，侯欣一的《从司法为民到大众司法：陕甘宁边区大众化司法制度研究（1937—1949）》⑪、《在游击和正规法制之间寻找生存空间：根据地政权法制实践的新思考》⑫和《政权更迭时谢觉哉的所思所为——以日记为中心的考察》⑬等。

（二）中华人民共和国法律史研究

中华人民共和国法律史研究是新时期社会主义法制建设的必要前提和经验基础。自20世纪80年代起，就有一批学者主张开展新中国法律史研究，陈守一曾指出："在法制建设上我们有比较长期的革命根据地经验，又有中华人民共和国成立后三十年来正反两个方面的经验，我们必须珍惜这个经验。可是迄今为止，我们还没有对革命根据地的有关资料进行系统的研究和整理，也没有对建国后的

---

① 参见韩延龙、常兆儒编：《中国新民主主义革命时期根据地法制文献选编》（共四册），中国社会科学出版社1981年版。
② 参见张希坡：《马锡五审判方式》，法律出版社1983年版。
③ 参见张希坡：《革命根据地法制史研究与"史源学"举隅》，中国人民大学出版社2011年版。
④ 参见张希坡、韩延龙主编：《中国革命法制史》，中国社会科学出版社2007年版。（该书曾于1987年、1992年分两册出版，分别为：张希坡、韩延龙主编：《中国革命法制史（1921—1949）》（上册），中国社会科学出版社1987年版；张希坡、韩延龙主编：《中国革命法制史（1921—1949）》（下册），中国社会科学出版社1992年版。）
⑤ 参见肖周录：《延安时期边区人权保障史稿》，西北大学出版社1994年版。
⑥ 参见杨永华主编：《中国共产党廉政法制史研究》，人民出版社2005年版。
⑦ 参见孙琬钟主编：《共和国法治从这里启程——华北人民政府法令研究》，知识产权出版社2015年版。
⑧ 参见刘全娥：《陕甘宁边区司法改革与"政法传统"的形成》，人民出版社2016年版。
⑨ 参见潘怀平：《陕甘宁边区司法传统的认同研究》，人民出版社2021年版。
⑩ 参见胡永恒：《陕甘宁边区民事审判中对六法全书的援用：基于边区高等法院档案的考察》，载《近代史研究》，2012年第1期。
⑪ 参见侯欣一：《从司法为民到大众司法：陕甘宁边区大众化司法制度研究（1937—1949）》，生活·读书·新知三联书店2020年版。
⑫ 参见侯欣一：《在游击和正规法制之间寻找生存空间：根据地政权法制实践的新思考》，载《政治与法律》，2022年第8期。
⑬ 参见侯欣一：《政权更迭时谢觉哉的所思所为——以日记为中心的考察》，载《清华法学》，2019年第2期。

经验进行比较系统的分析和概括。"① 蒲坚、俞建平指出:"在研究解放前中国法制史的同时,也把研究的'广角镜'伸向新中国法制史,以总结新的经验,开拓新的领域,丰富法制史研究的内容,推进社会主义法制建设。"② 20世纪90年代以后,相关的研究成果陆续问世。陈鹏生、王立民针对新中国法制史研究中的不足归纳了主客观两个方面的原因,指出新中国法制史是"21世纪一个亟待开拓的中法史研究领域",应该进一步处理好通史与部门法史、中央法制史和地方法制史、中国法制史学界和其他学术界的关系,更新研究方法和理念。③ 进入21世纪以来,新中国法制史研究成果不断涌现,在研究体例上既有以法制发展的不同阶段为经进行的论述,又有以不同部门法为划分标准进行的专题式研究,研究方法呈现多元化。

韩延龙主编的《中华人民共和国法制通史》④ 严格遵循法律史的学科内涵和原则,立足于实事求是的治史立场,将"法"作为研究对象展开历史性叙述。该书以历史发展为经,按照法制建设和发展的历史逻辑,将新中国成立以后的法制建设和发展历程分为四个阶段:第一阶段,社会主义法制建设的开端(1949年10月—1957年5月),主要内容包括新中国成立之初废除旧法统、颁布《共同纲领》,以及为稳定社会秩序而制定的一系列民事、刑事、军事法律法规;第二阶段,社会主义法制的曲折发展(1957年6月—1966年4月),主要内容包括国家机构的设置变化及其职能、对"左"倾错误的反思以及日渐丰富的民商事、刑事、军事、科教文卫等法律法规体系;第三阶段,社会主义法制的全面破坏(1966年5月—1976年10月),主要内容为法制建设遭到破坏的十年;第四阶段,社会主义法制的恢复与发展(1976年10月—1995年12月),主要内容包括改革开放后中国在政权建设以及法律制度建设方面所取得的重大进展和成就。该书既从静态上对新中国成立后40多年的法制建设成就进行了归纳和总结,又从动态上对新中国法制建设和发展的历程进行了历史分析,并进行了理性的经验总结。

郭成伟主编的《新中国法制建设50年》⑤ 收集了丰富翔实的史料,对新中国成立后50年的法制建设的历史进行总结,以学术研究的规范方法和步骤对这

---

① 陈守一:《新中国法学三十年一回顾》,载《法学研究》,1980年第1期。
② 蒲坚、俞建平:《把研究的广角镜伸向新中国法制史》,载《法学研究》,1988年第4期。
③ 参见陈鹏生、王立民:《新中国法制史:21世纪一个亟待开拓的中法史研究领域》,载《法学》,2001年第2期。
④ 参见韩延龙主编:《中华人民共和国法制通史》,中共中央党校出版社1998年版。
⑤ 参见郭成伟主编:《新中国法制建设50年》,江苏人民出版社1999年版。

些资料进行统摄和整理，分为"开创篇"、"发展篇"、"挫折篇"和"憧憬篇"四部分，与新中国法制建设和发展的不同时期相对应，最后总结了新中国成立50年来法制建设的经验教训，认为应该正确处理法的阶级性和继承性、法的统治功能和社会功能、法的阶级属性和世界联系性的关系，真正认清依法治国和建设社会主义法治国家的紧迫性和必要性，建设具有中国特色的社会主义法律体系，在价值功能上实现中国法律的现代化复兴。

陈景良主编的《当代中国法律思想史》[1] 以中国共产党法律观的发展为主线，采用历史研究的方法，阐述了当代中国法律思想发展、演变的内在规律，结合中国当代法制建设的经验和教训，得出现代社会必须实行法治的结论。该书的研究对象主要包括三方面的内容：中国共产党的法律思想、法学界从事法学教育和研究的学者的法律思想以及民主党派及无党派人士的法律思想。按照不同的历史发展阶段，该书分为5章，分别是："建国后的恢弘：健全人民民主法制的思想（1949—1957）""前进中的曲折：社会主义建设时期对社会主义法制思想的探索与失误（1957—1966）""浩劫中的灾难：'文化大革命'中的极左法律思潮（1966—1976）""历史的转折：新时期社会主义法制思想的形成（1976—1990）""世纪末的思考：当代中国法律思想的新发展（1990—）"。通过对新中国中国共产党法治观变化的梳理和考察，该书得出以下启示：第一，建设社会主义必须高度重视法制建设；第二，依法治国是历史的必然；第三，法学应该有独立的学科地位。

杨一凡、陈寒枫、张群主编的《中华人民共和国法制史》[2] 坚持实事求是的原则，对新中国成立60年来的法制建设成就进行了比较客观和全面的介绍。该书以部门法为专题，对不同法律部门的法制建设历程进行了回顾，并对法制建设的成就进行了总结。该书首先从总体上回顾了新中国成立60年来法制发展的历程，并对新中国法制建设的经验进行了系统总结；随后以分论的形式对新中国成立60年来的宪法制度、行政法律制度、刑事法律制度、民商法律制度、知识产权法律制度、经济法律制度、劳动法律制度、社会保障法律制度、科技法律制度、民族法律制度以及司法制度、地方法制和涉外法律制度进行了全面分析和论述，全方位展现了新中国成立60年来的法制发展历程和成就。

陈金全主编的《新中国法律思想史》[3] 按照马克思主义法律思想在中国发展的历程，对新中国法律思想发展史进行了阶段性划分，对不同时期的法律思潮和

---

[1] 参见陈景良主编：《当代中国法律思想史》，河南大学出版社1999年版。
[2] 参见杨一凡、陈寒枫、张群主编：《中华人民共和国法制史》，社会科学文献出版社2010年版。
[3] 参见陈金全主编：《新中国法律思想史》，人民出版社2011年版。

政治家、思想家的法律思想进行了介绍，如新中国成立初期董必武、沈钧儒、章士钊、钱端升以及梁漱溟的法律思想，探索与失误时期谢觉哉的法律思想以及反右派运动扩大化中所谓"右派"的法律观点和"文化大革命"时期法律思潮，改革开放后邓小平、彭真、张友渔、江泽民、胡锦涛的法律思想，清晰地勾勒出新中国法律思想史的基本轮廓，多层次、多角度地展现了中国共产党探索民主法治的艰辛历程。该书最后对新中国法制建设的历程进行了回顾和展望，总结了法制发展的规律：解放思想，实事求是，走中国特色社会主义法治建设之路；坚持党的领导、人民当家作主和依法治国的有机统一；整体推进法治的各个环节，实现全面、协调、可持续发展；社会主义法治要以人民的利益为出发点和归宿。该书认为，中国法律思想的发展应该更加注重马克思主义法律思想同中国传统法律思想和西方法治文明有机结合，实现21世纪中国法律思想的创造性改造和转化。

此外，新中国法律思想史研究成果还涉及对相关人物法律思想的研究，例如毛泽东、邓小平等人的法律思想[①]，董必武、彭真等人的法律思想[②]等。新中国法律史研究的成果还包括钱辉和毕建林主编的《中华人民共和国法制大事记（1949—1990）》[③]、杨一凡和陈寒枫主编的《中华人民共和国法制史》[④]、张晋藩主编的《中国法制60年（1949—2009）》[⑤]、蔡定剑的《历史与变革——新中国法制建设的历程》[⑥]、张培田主编的《新中国法制研究史料通鉴》[⑦]、蒋传光等的《新中国法治简史》[⑧]、沈春耀和许安标主编的《经国之本：中国共产党对国家制度和法律制度的百年探索》[⑨]、戴显红和侯强的《中国共产党领导科技法制建设历史经验研究》[⑩]等。

[①] 如李仲达：《毛泽东法律思想和实践》，陕西人民教育出版社1989年版；张穹、阮齐林：《毛泽东刑事法律思想初探》，中国检察出版社1991年版；侯欣一：《邓小平法律思想研究》，西北大学出版社1996年版；俞荣根：《艰难的开拓：毛泽东的法思想与法实践》，广西师范大学出版社1997年版；徐显明：《人民立宪思想探原——毛泽东早期法律观研究》，山东大学出版社1999年版；吕世伦、李瑞强、张学超：《毛泽东邓小平法律思想史》，武汉大学出版社2014年版。

[②] 如人民法院出版社出版的《董必武法学思想研究文集》，目前已经出版16辑；李海文、王燕玲编著：《世纪对话——忆新中国法制奠基人彭真》，群众出版社2002年版。

[③] 参见钱辉、毕建林主编：《中华人民共和国法制大事记（1949—1990）》，吉林人民出版社1992年版。

[④] 参见杨一凡、陈寒枫主编：《中华人民共和国法制史》，黑龙江人民出版社1997年版。

[⑤] 参见张晋藩主编：《中国法制60年（1949—2009）》，陕西人民出版社2009年版。

[⑥] 参见蔡定剑：《历史与变革——新中国法制建设的历程》，中国政法大学出版社1999年版。

[⑦] 参见张培田主编：《新中国法制研究史料通鉴》，中国政法大学出版社2003年版。

[⑧] 参见蒋传光等：《新中国法治简史》，人民出版社2011年版。

[⑨] 参见沈春耀、许安标主编：《经国之本：中国共产党对国家制度和法律制度的百年探索》，法律出版社2021年版。

[⑩] 参见戴显红、侯强：《中国共产党领导科技法制建设历史经验研究》，人民出版社2022年版。

第十一章

当代中国法律史部门法史研究现状

按照研究对象所属社会关系的领域和范畴的不同，中国法律史研究可以分为中国宪法史研究、中国民商法史研究、中国刑法史研究、中国诉讼法史研究、中国行政法史研究、中国经济法史研究和国际法史研究等部门法史研究。20世纪六七十年代，部门法史研究几乎处于停滞状态，从八九十年代开始，部门法史领域相继出现了一批有代表性的研究成果，主要集中在民商法史、刑法史和行政法史领域。进入21世纪以来，部门法史研究进一步精细化，几乎涉及全部法律部门的历史研究，研究成果的种类和数量持续增加。这对于推进中国法律史研究同部门法研究相结合并进一步发掘中国法律史研究的理论价值和实践价值具有深远的意义。本章以介绍中国宪法史研究、中国民商法史研究、中国刑法史研究、中国诉讼法史研究、中国行政法史研究、中国经济法史研究和国际法史研究中的代表性成果为主，对1949—2022年间，尤其是改革开放以来的部门法史研究的发展脉络进行梳理。

一、中国宪法史研究

在新中国成立之初，宪法学领域的研究成果多集中在新宪法的制定以及对苏联宪法的学习和对资产阶级宪法的批判等方面，中国宪法史研究尚未起步。由中央人民政府法制委员会编译室翻译的《苏维埃宪法及其发展史》[1]是这一时期具有代表性的成果，该书从苏维埃国家发展的两个主要阶段说明苏维埃宪法的发展历史，详细论述了第一阶段的1918年苏俄宪法、1924年苏联宪法和第二阶段的

---

[1] 参见[苏]杰尼索夫：《苏维埃宪法及其发展史》，中央人民政府法制委员会编译室译，人民出版社1953年版。

斯大林宪法的内容和特点。该书作为新中国成立初期苏联宪法译著之一,具有深远的历史意义:"一是普及宪法基本理论和基础知识,二是为我国宪法的制定提供理论准备"[1]。

中国宪法史研究始于改革开放之初。1979年张晋藩、曾宪义编著的《中国宪法史略》[2] 由北京出版社出版,全书共8章,20余万字。该书对中国近代以后不同时期、不同派别的宪法主张和宪法活动进行了详细介绍,以清末立宪、资产阶级宪政运动和社会主义宪法为中心内容,描述了近代三种不同的社会力量围绕建立什么样的国家而展开的激烈斗争,阐述了三种不同宪法产生和发展的历史过程,揭示了其本质和发展的规律性,总结了争取民主政治的宪政运动和宪法的历史经验,充分发掘了中国近代宪政史的理论意义和现实意义。该书还附有"中国宪法史大事记"和"宪法文件选"两部分内容,充实了全书内容,增强了该书的资料性和参考价值,是新中国成立后宪法史研究中具有代表性的一部专著。蒋碧昆编著的《中国近代宪政宪法史略》[3] 以近代的宪法问题和宪政运动为主要内容和研究对象,对中国近代宪政宪法史进行了梳理。该书首先对改良主义的变法运动进行了介绍,并作出了客观的历史评价;其次对中国近代三种不同的宪法进行了详细的介绍,主要包括从晚清皇帝、北洋军阀一直到国民党反动统治者所炮制的伪宪法,中国民族资产阶级所向往的资产阶级民主共和国的宪法,工人阶级领导的、以工农联盟为基础的人民共和国的宪法,并阐明了它们的性质、特征、发生与发展的过程及其规律性,总结了近代宪政运动的历史经验和教训。该书逻辑清晰、层次分明,以宪政运动和宪法文本为线索,揭示了近代中国为实现宪制而不断探索的艰辛历程。张国福的《民国宪法史》[4] 共11章,约40万字。该书以马列主义、毛泽东思想为指导,运用大量的史料阐明了辛亥革命时期、北洋政府时期、广州和武汉国民政府时期以及南京国民党政府时期制定宪法及宪法性文件的原因、经过,剖析了它们的内容、特点和阶级本质,从而总结出民国时期宪法的发展规律;同时还解决了一些中国宪法史中长期未搞清楚的疑难问题,纠正了过去学术界一些不切实际的论断,尤其是对孙中山五权宪法学说的研究,有了一些突破和发展。正如张国华所指出的:"张国福同志所撰《民国宪法史》,难度较大,但优点颇多。尤为可贵者,莫过于其求实精神,澄清了不少似成定论的疑点。"[5] 许

---

[1] 黄道秀主编:《俄罗斯法研究》(第1辑),中国政法大学出版社2013年版,第3页。
[2] 参见张晋藩、曾宪义:《中国宪法史略》,北京出版社1979年版。
[3] 参见蒋碧昆编著:《中国近代宪政宪法史略》,法律出版社1988年版。
[4] 参见张国福:《民国宪法史》,华文出版社1991年版。
[5] 张国福:《民国宪法史》,华文出版社1991年版,"序"第1页。

崇德的《中华人民共和国宪法史》① 是一部新中国宪法制定的实录,也是一部新中国宪法史研究的奠基之作,共24章,约70万字。该书首先对新中国成立之前的宪法概况进行了历史回顾,论述了从晚清至革命根据地时期不同阶级、不同派别立宪的探索和实践,并指出了近百年来的立宪探索对新中国立宪的历史经验和启示;然后从制宪、修宪和行宪三个角度介绍了《共同纲领》、1954年宪法、1975年宪法、1978年宪法以及1982年宪法的制定过程和基本内容,全面阐释了新中国成立后立宪工作所取得的进展和成就,也包括在宪法制定过程中所遇到的挫折,反映了社会主义革命、建设和发展的历史进程;最后对新中国立宪的历程进行整体回顾,概括了新中国立宪的特点,并总结了其历史启迪价值。其特点主要包括坚持宪法的社会主义根本性质和发展方向、坚持党的领导、依靠群众路线、正确的指导思想、实事求是以及全党遵守宪法等,其历史启迪价值在于确保宪法的基础地位、强化宪法解释、完善宪法监督机制以及全民深入学习和宣传宪法等。该书运用大量一手文献对宪法制定的过程进行了翔实而又客观的记载,并对不同时期的宪法进行了客观的历史评价,具有很高的史料价值和学术价值。韩大元主编的《新中国宪法发展史》② 通过对新中国宪法发展历史的客观描述,说明宪法发展的客观进程,挖掘宪法发展的史料,为学术界提供宪法在不同时段发展的背景材料。该书深入分析了宪法与社会生活的相互关系,解读了新中国宪法的性质和基本精神,为读者提供了丰富的宪法发展经验与认识工具,使读者能够从大量的宪法史料中感受宪法的价值。张晋藩的《中国宪法史》③ 一书以近代西学东渐和宪政思想的萌发为时代背景,介绍了从晚清至现代的中国宪法发展的历史。该书首先从中西政治法律文化的碰撞与冲突的角度入手,全面解读了近代宪法的概念以及近代议院思想,并对君主立宪的实践——戊戌变法进行了介绍和评价;其次,对从晚清至中华人民共和国的立宪文件进行了细致解读,展现了百年立宪反复和曲折的发展历程。该书最后总结了近代立宪实践中的历史经验和教训,主要包括四点:第一,限制国家权力、保障公民权利是宪法的根本;第二,宪法的价值主要在于适用,而非形式上的完美;第三,克服法律工具主义影响,树立宪法权威的观念;第四,立足国情,择善而从,理顺不利于宪法实施的各种因素。王圣诵的《中国乡村自治问题研究》④ 对我国乡村自治的历史沿革、发展变迁进行了系统而多视角的阐述,客观、立体地再现了近代以来乡村自治的整体

---

① 参见许崇德:《中华人民共和国宪法史》,福建人民出版社2005年版。
② 参见韩大元主编:《新中国宪法发展史》,河北人民出版社2000年版。
③ 参见张晋藩:《中国宪法史》,吉林人民出版社2004年版。
④ 参见王圣诵:《中国乡村自治问题研究》,人民出版社2009年版。

面貌。作者以历史的眼光观照现实,对当代中国的乡村自治问题予以特别关注,分析了乡镇政府与村民自治关系演变的本质和规律,分析了当下乡村自治中由"直接民主"向"间接民主"过渡的可行性和必要性,通过对比我国近代以来不同历史时期的立法资料,提出了符合我国国情的、与我国基层民主建设发展阶段相适应的乡村自治模式和立法建议。作者利用自己法理学和立法学研究的专长,力图完成其设计的间接民主的村民自治法律架构,使我国的农村村民自治法修改案有坚实的法理和立法学基础。徐爽的《旧王朝与新制度:清末立宪改革(1901—1911)纪事》[1] 一书回顾了清朝最后十年"新政—立宪"这一具有特殊意义的历史事实,比较清晰地展现了新制度如何在旧王朝的母体中发育、演变,并最终撑破了它所寄生的母体的过程,将事实与思想、政治与历史本身结合起来,以此破译清末中国宪政、中国社会的命运。该书最后通过考察新制度的推行与旧王朝命运的终结,总结出清末立宪的历史启示:宪政源于西方,但中国的政治有其内在规定性。正是这个内在规定性,把过去的时代和我们今天联系在了一起。中国的政治始终在"中国的轨道"上运行,永远也不可能走到"西方宪政的轨道"上去。冯江峰的《清末民初人权思想的肇始与嬗变(1840—1912)》[2] 对清末民初的人权理论和实践进行了全面的解读。该书在内容上可分为三个部分:第一部分是清末民初的人权思想,主要包括改良派、资产阶级维新派和资产阶级革命派的人权理念,这是该书的理论基础。第二部分是清末政府进行的法制变革和中华民国临时政府的立法活动,这是人权理论法律化和制度化的过程。第三部分为清末民初社会风俗的改良,既涉及女权运动,也涉及改良社会恶俗的一系列举措。该书对学术界长期争论的"民本""民权""人权"三者之间的关系进行了分析,将清末民初的法制思想和法制实践融为一体,从多个层面证实了该时期为中国人权思想肇始和初始发展的阶段,并总结出若干历史借鉴。陈晓枫主编的"中国宪法文化丛书"[3] 从不同的视角对中国的宪法文化进行了历史解读,其中陈晓枫的《中国宪法文化研究》是国内首部用法律文化学原理解读中国宪法文化的理论作品,该书梳理了西宪东入的时代语境以及宪法知识体系移植的历史进程,并从四个维度全面解析了中国近现代宪制在观念理解、制度设计以及实施运

---

[1] 参见徐爽:《旧王朝与新制度:清末立宪改革(1901—1911)纪事》,法律出版社2010年版。
[2] 参见冯江峰:《清末民初人权思想的肇始与嬗变(1840—1912)》,社会科学文献出版社2011年版。
[3] 陈晓枫主编的"中国宪法文化丛书"共六本,包括钱宁峰:《统治权类型:权力一元化法律文化观的宪法表达》,武汉大学出版社2013年版;张颖:《构建单一制国家:"单一制例外"的历史整合》,武汉大学出版社2013年版;易顶强:《舶来的宪政文化——以"五权宪法"为例》,武汉大学出版社2013年版;陈晓枫:《中国宪法文化研究》,武汉大学出版社2014年版;张烁:《中国传统合法性话语的文化研究》,武汉大学出版社2014年版;莫鹏:《国民政府时期的县自治宪法文化研究》,武汉大学出版社2014年版。

行上所表现出的文化特征,深刻揭示出"宪法是一种文化"这一理论的当代宪制意义。易顶强的《舶来的宪政文化——以"五权宪法"为例》[①] 立足于宪法文本的文化背景,对中西立宪的思维模式与传统价值观进行了解读,对"五权宪法"的权力结构进行了分析,指出中西方两种异质文化原本各自有着不同的存在领域,然而自近代西法东渐,中西方文化在中国宪法领域发生了尖锐冲突,结果是西方宪法分权的权力结构被中国传统文化重构成了一元化的集权结构。该书从文化视角反思近代立宪史,主张理性对待中西两类异质性文化,培育理性文化还需要还权于民,尊重公民的权利和自由。时亮的《民本自由说:黄宗羲法政思想再研究》[②] 试图以洛克作为思想史的外部参照,以"自由"为关节对黄宗羲的法政思想进行细致考量,进而尝试重新理解传统中国法政思想的内在丰富性及其在当下世界获得"新生转进"之可能性,并尝试重新理解黄宗羲法政思想之中国式现代特质的可能性,是一项立足于中国问题的中西比较研究。苏力的《大国宪制:历史中国的制度构成》[③] 一书从法学、社会学、历史学等多个学科的宏观视角出发,对历史中国的宪制经验进行了总体把握和深度总结,揭示了历史中国千年传承、具有强大活力的原因,并力图阐释中国在制度文明上独有的贡献。该研究从历史中国所面临的至关重要的核心政治问题出发,逐一阐释了"齐家""治国""平天下"等社会思想,并介绍了军事制度、官僚体系、经济制度等,从而重构了历史中国的制度图景。

中国宪法史研究领域的成果还包括韩大元编著的《1954年宪法与中国宪政》[④]、徐祥民等的《中国宪政史》[⑤]、穆兆勇编著的《新中国宪法史》[⑥]、王德志的《宪法概念在中国的起源》[⑦]、黄晓平的《禅让制与传统中国政权危机化解——基于宪法视角的考察》[⑧]、吴欢的《安身立命:传统中国国宪的形态与运行——宪法学视角的阐释》[⑨]、杜维明等的《儒家与宪政论集》[⑩]、聂鑫的《中国

---

① 参见易顶强:《舶来的宪政文化——以"五权宪法"为例》,武汉大学出版社2013年版。
② 参见时亮:《民本自由说:黄宗羲法政思想再研究》,中央编译出版社2015年版。
③ 参见苏力:《大国宪制:历史中国的制度构成》,北京大学出版社2018年版。
④ 参见韩大元编著:《1954年宪法与中国宪政》,武汉大学出版社2008年版。
⑤ 参见徐祥民等:《中国宪政史》,青岛海洋大学出版社2002年版。
⑥ 参见穆兆勇编著:《新中国宪法史》,广东人民出版社2004年版。
⑦ 参见王德志:《宪法概念在中国的起源》,山东人民出版社2005年版。
⑧ 参见黄晓平:《禅让制与传统中国政权危机化解——基于宪法视角的考察》,中国政法大学出版社2012年版。
⑨ 参见吴欢:《安身立命:传统中国国宪的形态与运行——宪法学视角的阐释》,中国政法大学出版社2013年版。
⑩ 参见杜维明、姚中秋、任锋等:《儒家与宪政论集》,中央编译出版社2015年版。

近代国会制度的变迁：以国会权限为中心》①、陈晓枫的《中国近代宪法史》② 等。

二、中国民商法史研究

"诸法合体，民刑不分"向来被认为是中国传统法律的主要特点，改革开放之后，随着法律史研究的不断深化，"诸法合体，民刑不分"的观点逐渐被修正，"民刑有分"的观点成为学界共识。植根于小农经济的中国古代民事法律规范内容丰富、体系庞大，对于研究中国古代社会生活和商业交往以及法律体系的特点具有重要的意义。自 20 世纪 80 年代起，中国民商法史研究就产生了一批具有较高学术价值的研究成果。21 世纪以来，中国民商法史研究由宏观研究趋向基本问题研究，主要涉及民事判牍、民事习惯、婚姻法、财产法、契约制度、土地制度等内容。

20 世纪 50 年代，中国民法史研究成果首推陈鹏③的《中国婚姻史稿》④，该书共 13 卷，50 余万字。这部书稿的撰写始于 1937 年，完成于 1957 年。由于历史原因，几经波折，该书最终于 1990 年由中华书局出版。该书以问题为纲，以时代为络，分述与婚姻制度相关的各方面的问题及其在各个历史时期的发展与变迁。全书分为总论、婚姻之形态（上下）、婚礼（上下）、定婚（上下）、结婚（上中下）、离婚、媵妾（附多夫）、赘婿与养媳共 13 卷，涉及的范围较为全面和广泛，既包括理论探讨，如婚姻之语源、婚姻之目的、婚姻之观念、婚姻政策、婚姻与政治、门第婚、重婚与世婚，也包括制度介绍，如佮婚、财婚、六礼、俗礼、主婚人、媒人、结婚、离婚、赘婿与养媳等。该书写作方式属于传统旧学，以考证见长，所引史料丰富，礼法和习俗结合，极大地丰富了该书的内容，是一部中国婚姻法律制度研究的重要著作。现将该书的"序"部分摘录如下，一是使读者对该书的写作背景有一个更为直观的认知，二是以此来表达对 20 世纪三四十年代老一辈法律史学人的敬仰和缅怀。

---

① 参见聂鑫：《中国近代国会制度的变迁：以国会权限为中心》，上海人民出版社 2015 年版。
② 参见陈晓枫：《中国近代宪法史》，商务印书馆 2019 年版。
③ 陈鹏（1910—1969），原籍福建连江，自 1946 年起在安徽大学法律系任教授。新中国成立后，在合肥师范学院和安徽师范大学任教授。他早年毕业于北平朝阳大学，1935 年东渡日本，在京都帝国大学法学部深造。1937 年日本发动全面侵华战争前夕，他毅然中断学业，返回祖国。1957 年被错划为右派，1969 年含冤去世。代表作品包括《中国婚姻史稿》（中华书局 1990 年版）、《中国法系之权利思想与现代》（载张晋藩主编：《中华法系的回顾与前瞻》，中国政法大学出版社 2007 年版）等。参见安徽省地方志编纂委员会编：《安徽省志·社会科学志》，方志出版社 1999 年版，第 224 页。
④ 参见陈鹏：《中国婚姻史稿》，中华书局 1990 年版。（该书于 2005 年出版第 2 版。）

第十一章 当代中国法律史部门法史研究现状

在大学读书期间，陈鹏就以勤奋好学、刻苦钻研为师友所称道。他结合专业，熟读经史，当时就开始酝酿要写这本书（《中国婚姻史稿》——引者）。为此，他博览群书，搜集史料，广征博引，编制卡片，为写书作准备。一九三七年春着手写作。此后，作者历尽坎坷，备尝艰辛，经过了整整二十个年头，于一九五七年完成初稿。当时，本可付印，但因作者被错划，只好搁置。

在身处逆境的情况下，陈鹏仍克服极大困难，孜孜不倦地对书稿不断修订，未稍懈息。就是在下放期间，书稿也随身携带，偶有所得，及时补充。对此，我们从贴在原稿上的许多字条（有的是写在香烟纸上），可以略见一二。他为了考证一个问题，往往不顾体弱多病，四处奔走，查阅大量文献，直到弄清为止。

"文化大革命"一开始，陈鹏再次受到冲击。经过多次抄家，大批珍藏书籍被掠一空。特别是连那本以他数十年心血浇铸而成的原稿也不知去向。对陈鹏来说，精神打击之大，莫过于此。后来，经多方寻找，煞费周折，方得物归原主。

陈鹏本想把原稿重新修订一遍，但因身体屡遭摧残，病情加剧，体力不支，未能如愿，一九六九年秋不幸含冤离开了人世。临终前，他的唯一愿望，就是将这本书稿奉献给国内外学术界和有志研究的读者。粉碎"四人帮"后，随着党的十一届三中全会路线的贯彻执行，陈鹏的冤案得到彻底平反，他的遗愿才得以实现。

陈鹏生前认为：中国是世界文明古国，中国婚姻制度不仅历史悠久，而且很有自己特点。国际学术界（如日本等国学者）和我们一样，对此十分重视，早就有人想研究这个问题，但因史料不足和其他原因而未果，他们寄希望于中国学者。因此，陈鹏认为，《中国婚姻史稿》的公开出版，不仅可为我国学术界，而且也可为国际学术界有志于研究同类问题的人们，提供进一步探讨的基础。同时还可作为法学、社会学等专业人员的参考书籍。于此可见，陈鹏所以能在极端困难的条件下，数十年如一日地坚持撰写这样一部著作，绝非偶然，而是出于一个正直的学者对整理我国传统文化的高度责任心，出于一个饱经沧桑的老一辈知识分子对祖国科学文化事业的热爱，出于一个普通的中国人要在学术上为国争光的志向。

中华书局素以整理我国古籍和文化遗产为己任。陈鹏遗稿得到书局领导的重视。他们认为，尽管限于历史条件，作者的某些观点显得有点陈旧，但书稿中搜集的有关史料较为全面系统，有学术价值，加以学术界像这样一本专门论述我国婚姻制度的著作尚不多得,所以他们决定接受并准备出版。嗣后由书局延请张茂鹏同志对原稿作技术处理,核对资料,并编了《引用书目》。书局责任编辑姚景安同志,对本书的整理提出许多宝贵意见。高承宗同志为本书题写了书名。还应指出,陈鹏的同乡好友翁独健先生,生前曾欣然允诺,待书稿整理出来后,送他审阅并为之作序。可是,万万没有想到,翁老还来不及看,就猝然仙逝。这里,我谨代表陈鹏亲属,对上述同志和其他关心本书的所有同志,表示感谢。遗憾的是,对书中难以避免的失误之处已不能由作者在出版前予以校正,更不能在出版后听取意见予以修订了。这是要特别恳请读者原谅的。

方生　一九八七年三月于中国人民大学[①]

20世纪八九十年代,李志敏的《中国古代民法》[②] 运用历史唯物主义的方法,对中国古代的民事法律制度进行了系统的考察。全书采用"总—分"体系,首先对中国古代民法的范围、渊源、体系和特点进行了分析,指出中国古代民法的范围只限于调整在宗法制度的基础上产生的一定的人身关系和宗法制度制约下的一定的财产关系。中国古代民法的渊源主要包括礼、法律、经义以及习惯等。中国古代民法的特点主要有四个:第一是从属于宗法制度,第二是重礼制及伦理,第三是诸法合体,第四是儒法结合。其次,该书依照中国古代民法的基本体系对民事主体、婚姻家庭制度、物权制度、契约制度、侵权行为制度以及时效制度进行了详细介绍,全面考察了中国古代民法的各项制度及其产生、发展的过程,对中国古代民法中的"精华"和"糟粕"进行了一一剖析,为现代民法的发展提供了有益的历史借鉴。薛军编著的《中华商法简史》[③] 根据"古为今用""以古为鉴"的原则,全面系统地论述了我国近四千年的商法发展史。该书共分为10章,专章介绍了自商、西周至明清时期的社会背景、商业政策、改革措施以及商业法律制度。商业法律制度部分为每章介绍的重点内容,主要涉及该时期的专卖制度、市场管理制度、税收制度、货币制度、外贸制度等。该书全面梳理了中国古代商业法律制度发展的历史脉络,反映了不同时期统治者不同的商业政策,是20世纪80年代研究中国古代商业社会法律制度的代表性成果之一。叶孝信主编的《中国民法史》[④] 共8章,约50万字,系统论述了中国民法史研究的

[①]　陈鹏:《中国婚姻史稿》,中华书局1990年版,"序"。
[②]　参见李志敏:《中国古代民法》,法律出版社1988年版。
[③]　参见薛军编著:《中华商法简史》,中国商业出版社1989年版。
[④]　参见叶孝信主编:《中国民法史》,上海人民出版社1993年版。

对象和现状,对中国传统民法与礼之间的关系进行了深入分析,探讨了中国传统民法的基本特点及其发展迟缓的主要原因,指出中国传统民法的基本特点主要体现为四个方面:无独立的民法典、漠视民事法律关系、家族本位以及民事法律责任和刑事责任紧密联系。该书结合不同时期的历史背景和法制概况,对所有权、物权、债权、婚姻、亲属、继承以及民事诉讼等制度进行了详细介绍,从实体法和程序法两个方面系统勾勒了中国民法发展的概貌。孔庆明、胡留元、孙季平编著的《中国民法史》① 一书以丰富的史料为基础,以扎实的研究为依托,以朝代为序,分析了中国古代民法与罗马法相比不发达的原因,集中探讨了以下几个问题:中国古代民事法律关系和民事法律制度的特色及其存在和发展的规律,中国古代民事法律制度与中国古代社会的相互关系,这种民事法律制度所反映的中国古代社会发展的特点,这种民事法律制度对中国今天和未来的社会发展以及法制建设将产生的影响,等等。该书系统揭示了中国民法发展的脉络,恢复了中国古代民法的风貌,充实了部门法史的书列,对于中国法制史研究起到了有力的推动作用。张晋藩的《清代民法综论》② 根据中国古代家族制度和个人在社会上的地位,以及以土地为主要内容的土地财产关系的发展变动情况,将中国古代民事法律的发展过程划分为三个阶段:雏形阶段(夏商周)、确立阶段(秦汉至唐)、发展阶段(宋明清)。清代民法是中国古代民法的最后形态,在中国民法史上具有承前启后、继往开来的重要地位。该书首先介绍了清代民事立法的概况,对各种民事法律渊源的相互关系及其使用情况进行了考察;其次分析了清代各阶层、阶级,主要包括农民、雇工人、工商业者、贱民、皇帝、贵族、宗室与官僚以及地主的民事法律地位;再次对清代的物权、债权与婚姻、家庭和继承制度进行了深入考证,分析了清代民法中不同的物权种类和契约种类;最后以中国近代第一部民法典《大清民律草案》制定的历史背景、制定过程、指导思想和基本内容为重点,总结了《大清民律草案》的基本特点,并结合清朝民事诉讼程序的内容,从实体和程序两个方面概述了清朝民事法律规范的本质和特征。

进入 21 世纪以来,中国民商法史研究由宏观研究趋向细化,逐渐形成了以问题为中心的学科史体系。黄宗智的《清代的法律、社会与文化:民法的表达与实践》③ 借助清代巴县档案、宝坻档案以及新竹档案等诉讼档案,对清代法律制度的实际运作与清代政府的官方表达之间的差异进行了探究,指出清代法律制度

---

① 参见孔庆明、胡留元、孙季平编著:《中国民法史》,吉林人民出版社 1996 年版。
② 参见张晋藩:《清代民法综论》,中国政法大学出版社 1998 年版。
③ 参见黄宗智:《清代的法律、社会与文化:民法的表达与实践》,上海书店出版社 2001 年版。

是由背离和矛盾的表达和实践构成的。《法典、习俗与司法实践：清代与民国的比较》[1] 一书借助档案材料对清代的民事法律作了进一步论证，对民国的民事法律作了初步分析，结合中国法律的三大传统，即清代旧法制、模仿西方的民国法制、革命根据地法制，以强调法律实践为逻辑进路，探讨了清代、民国法律与乡村习俗的相互作用，以及其间相符或者相悖的各个方面。《清代以来民事法律的表达与实践：历史、理论与现实》[2] 一书汇集了作者研究清代以来法律史的一些基本认识，作者试图指出创建具有中国主体性和符合中国社会实际的法律的方向，试图初步勾勒出其可能的图景。俞江的《近代中国民法学中的私权理论》[3] 回顾了民法学中的私权理论在中国近代（1900—1949年）的研究状况，直面当下民事立法、司法活动中诸多前沿问题，以"民法""私权""人格""人格权"为关键词梳理了私权理论发展的学术史，最后反思了"私法社会化思潮"与近代中国民法发展的关系，这是一部既具历史广度又具现实关怀的法律史著作。张生的《中国近代民法法典化研究（一九〇一至一九四九）》[4] 收集、梳理和引用了大量的史料，采用历史考证的方法，以政府、法律家、民众为主体，将清末民初民事法律秩序解构为主体和规范两个层面，揭示了清末民初民法法典化的历程。该书余论部分探讨了中国近代民法法典化的三个一般性问题：一是"法律与政府合作的造法体制"，旨在揭示中国近代法律家在造法或者进行法律解释时借助西方权威的倾向。二是"建构以民法典为核心的回应型民法体系"，旨在揭示民法法典化需要以法典为框架建构一个民法体系。三是"法律继受与社会法律秩序的生成"，旨在揭示法律规范与社会秩序之间的关系。张希坡的《中国婚姻立法史》[5] 一书采用"横""纵"结合、相互交叉的方式，探究了我国婚姻家庭立法的历史沿革及其发展规律。该书共分为六编：第一编为"中国古代的婚姻家庭制度和中国近代婚姻家庭制度的改革"，对中国古代和近代婚姻家庭立法进行了概述；第二、三编分别为"我国革命根据地的婚姻立法"和"中华人民共和国成立后的婚姻立法"，介绍了我国革命根据地和新中国成立后的婚姻立法和司法工作的成就及经验，是该书的主体部分，第四、五编为"我国婚姻制度中各种法律规范的历史演变"和"亲属、家庭关系"，对我国婚姻家庭制度中的各项专门问题进行了历史考察，是该书的重点部分；第六编为"附编——法律责任、继承法与

---

[1] 参见黄宗智：《法典、习俗与司法实践：清代与民国的比较》，上海书店出版社2003年版。
[2] 参见黄宗智：《清代以来民事法律的表达与实践：历史、理论与现实》，法律出版社2014年版。
[3] 参见俞江：《近代中国民法学中的私权理论》，北京大学出版社2003年版。
[4] 参见张生：《中国近代民法法典化研究（一九〇一至一九四九）》，中国政法大学出版社2004年版。
[5] 参见张希坡：《中国婚姻立法史》，人民出版社2004年版。

惩治侵害婚姻家庭犯罪的刑事立法",对革命根据地时期以及新中国成立后的与婚姻家庭相关的法律制度进行了介绍,更加全面地展现了中国婚姻家庭立法的发展历程和状况。郭建的《中国财产法史稿》① 结合中国古代社会经济结构的特点,论述了中国古代财产法的基本特征、主要内容和历史发展过程。该书分为两编:第一编为"财产分类及主要财产权利",将中国古代的财产分为五类,即田宅、奴婢、马牛等大牲畜、财物、禁止私人拥有的违禁物,对所有权、担保性质的财产权利、用益权性质的财产权利、有关墓田坟山的特殊权利进行了介绍。第二编为"取得财产的各种方法",包括继承、契约和损害赔偿等,全面揭示了中国古代财产法的基本内容和演变过程。李卫东的《民初民法中的民事习惯与习惯法——观念、文本和实践》② 探讨了北洋政府时期国家法与习惯法之间的互动关系,结合民法的观念、文本和实践三个层面,从理论与实践、宏观与个案、动态与静态的结合上,对民初习惯和习惯法在民事法律发展中的影响和地位、法律实践中法律与实践的双向互动关系等问题进行了系统论述,具有较高的学术价值。李倩的《民国时期契约制度研究》③ 通过对民国时期契约法的发展进行梳理,指出中国近代民事契约和商事契约发展的不同特点,总结了中国传统契约制度的利弊得失,为现代民法典的制定提供了一定的历史借鉴。武建敏、张振国的《当代法治视域下的民法实现》④ 通过分析民法实现的基础和方式,指出民法是法治社会得以实现的基础。阿风的《明清时代妇女的地位与权利——以明清契约文书、诉讼档案为中心》⑤ 以徽州文书、淡新档案等明清地方文书档案资料为中心,从法律规定与文书档案两个层面分析中国家庭的法律构造,探讨妇女的地位与权利,这不仅有助于了解传统中国妇女的地位,而且对于推动中国法制史、社会史研究均具有重要的意义。乜小红的《中国中古契券关系研究》⑥ 通过对中古时期各种契约文书的考察,从内容和形式两个方面探讨其演变的规律,以及人们在契约中的权利、义务和责任关系的变化,进而考察社会各阶层身份地位的变动,揭示出契约关系的法理基础在于维护契约秩序中的作用。吴佩林的《清代县域民事

---

① 参见郭建:《中国财产法史稿》,中国政法大学出版社2005年版。
② 参见李卫东:《民初民法中的民事习惯与习惯法——观念、文本和实践》,中国社会科学出版社2005年版。
③ 参见李倩:《民国时期契约制度研究》,北京大学出版社2005年版。
④ 参见武建敏、张振国:《当代法治视域下的民法实现》,中国检察出版社2006年版。
⑤ 参见阿风:《明清时代妇女的地位与权利——以明清契约文书、诉讼档案为中心》,社会科学文献出版社2009年版。
⑥ 参见乜小红:《中国中古契券关系研究》,中华书局2013年版。

纠纷与法律秩序考察》[1] 克服宏大叙事，从档案出发，在具体的地域情境中打通从民间到县衙的解释渠道，对民事纠纷在民间社会的产生与调解，上诉到衙门，直至县官裁决这一过程作了精细的实证研究。该书主要集中于乡村秩序、宗族组织对民事纠纷的调解、地方司法秩序、民事诉讼案件的判案依据、民间俗规与国家律典的关系以及传统司法制度与文化等六个方面的内容，帮助读者重新认识清代地方的法律与社会。冯卓慧的《商周民事经济法律制度研究——卜辞、金文、先秦文献所见》[2] 运用第一手出土资料卜辞与金文，又印证于先秦文献，使之为信史，以此为依据梳理了商朝和西周的民事、经济法律制度。该书以史实为中国民法溯源，驳斥了"中国古代无民事法律"的偏见，是一部具有开创性意义的著作。顾文斌的《中国传统民法架构二元性问题研究》[3] 将传统民法视为传统社会"礼"的制度展开，从传统民法的渊源、原则和规则角度阐释了传统民法架构独有的特征——"内外有别"二元性，这一特征既是社会政治、经济和思想综合作用的结果，也是中国人传统思维模式乃至行为模式的法律体现，还是中国传统社会司法官员追求情理法结合的法律内在根源。柴荣的《中国古代土地法律变迁研究：制度规范与实践运行》[4] 以中国历史上不同时期土地制度的变迁为研究对象，从中国古代土地法律制度的规范和实践两个层面，揭示出中国土地制度在权属问题上的运行规律，从多维角度探索中国古代社会土地法律制度的真实图景，从比较视角分析了中国古代土地权属的变迁规律及其与古罗马等古代西方国家的土地法律制度的相似性。该书从总体上对中国古代土地法律制度的价值追求与土地运行状况进行研究，试图构筑中国古代土地法律制度的多层次、立体的研究范式。

中国民商法史研究成果还包括何勤华和殷啸虎主编的《中华人民共和国民法史》[5]、童光政的《明代民事判牍研究》[6]、张中秋的《唐代经济民事法律述论》[7]、张生的《民国初期民法的近代化——以固有法与继受法的整合为中心》[8]、张晋藩主编的《中国民法通史》[9]、李显冬的《从〈大清律例〉到〈民国民法典〉

---

[1] 参见吴佩林：《清代县域民事纠纷与法律秩序考察》，中华书局2013年版。
[2] 参见冯卓慧：《商周民事经济法律制度研究——卜辞、金文、先秦文献所见》，商务印书馆2014年版。
[3] 参见顾文斌：《中国传统民法架构二元性问题研究》，社会科学文献出版社2014年版。
[4] 参见柴荣：《中国古代土地法律变迁研究：制度规范与实践运行》，中国检察出版社2017年版。
[5] 参见何勤华、殷啸虎主编：《中华人民共和国民法史》，复旦大学出版社1999年版。
[6] 参见童光政：《明代民事判牍研究》，广西师范大学出版社1999年版。
[7] 参见张中秋：《唐代经济民事法律述论》，法律出版社2002年版。
[8] 参见张生：《民国初期民法的近代化——以固有法与继受法的整合为中心》，中国政法大学出版社2002年版。
[9] 参见张晋藩主编：《中国民法通史》，福建人民出版社2003年版。

的转型——兼论中国古代固有民法的开放性体系》①、左旭初的《中国商标法律史（近现代部分）》②、眭鸿明的《清末民初民商事习惯调查之研究》③、岳纯之的《唐代民事法律制度论稿》④、胡兴东的《元代民事法律制度研究》⑤、柴荣的《中国古代物权法研究——以土地关系为研究视角》⑥、吴向红的《典之风俗与典之法律》⑦、刘云生的《中国古代契约思想史》⑧、李功国的《中国古代商法史稿》⑨、孙喆的《砧木与嫁接：中国近代公司法律制度贯通论》⑩、郑显文主编的《中国传统民事法律的近代转型和未来展望》⑪、张玲玉的《近代中国公司法制的变革与实践》⑫ 等。

三、中国刑法史研究

中国刑法史研究在20世纪80年代的代表性成果主要包括蔡枢衡⑬的《中国刑法史》⑭ 和李光灿主编的《中国刑法通史》。⑮ 蔡枢衡的《中国刑法史》运用辩证唯物主义和历史唯物主义的观点考察了中国刑法史的发展，通过对《尚书》以及

---

① 参见李显冬：《从〈大清律例〉到〈民国民法典〉的转型——兼论中国古代固有民法的开放性体系》，中国人民公安大学出版社2003年版。
② 参见左旭初：《中国商标法律史（近现代部分）》，知识产权出版社2005年版。
③ 参见眭鸿明：《清末民初民商事习惯调查之研究》，法律出版社2005年版。
④ 参见岳纯之：《唐代民事法律制度论稿》，人民出版社2006年版。
⑤ 参见胡兴东：《元代民事法律制度研究》，中国社会科学出版社2007年版。
⑥ 参见柴荣：《中国古代物权法研究——以土地关系为研究视角》，中国检察出版社2007年版。
⑦ 参见吴向红：《典之风俗与典之法律》，法律出版社2009年版。
⑧ 参见刘云生：《中国古代契约思想史》，法律出版社2012年版。
⑨ 参见李功国：《中国古代商法史稿》，中国社会科学出版社2013年版。
⑩ 参见孙喆：《砧木与嫁接：中国近代公司法律制度贯通论》，社会科学文献出版社2018年版。
⑪ 参见郑显文主编：《中国传统民事法律的近代转型和未来展望》，中国法制出版社2019年版。
⑫ 参见张玲玉：《近代中国公司法制的变革与实践》，对外经济贸易大学出版社2022年版。
⑬ 蔡枢衡（1904—1983），又名自钟，江西永修人。1927年7月自南昌省立第二中学高中毕业后，任南昌十小（今普贤寺小学）校长。1928年东渡日本，先后在东亚预备学校、明治大学专门部法律科学习。1930年考入东京中央大学法学部，毕业后转入东京帝国大学法学部研究院学习。1935年8月归国，受聘北京大学法学院法律系教授。全面抗战初期，随校南迁，任西南联合大学法学院法律系教授兼律师。抗战胜利后，随校迁回北平，代理北京大学法学系主任。1948年夏，任中正大学法学系主任。新中国成立后，返北京大学任教，兼任中央人民政府法制委员会委员。1952年北京大学法律系撤销后，任中央人民政府法制委员会专门委员，兼任中央人民政府法制委员会刑事法规委员会副主任委员、全国人大常委会办公厅法律室顾问、中国科学院哲学社会科学部法学研究室研究员等。治学严谨，精研法律，著有《中国法律之批判》（正中书局1942年版）、《刑法学》（独立出版社1943年版）、《中国刑法史》（广西人民出版社1983年版）等书。参见《江西省人物志》编纂委员会编：《江西省人物志》，方志出版社2007年版，第584页。
⑭ 参见蔡枢衡：《中国刑法史》，广西人民出版社1983年版。
⑮ 参见李光灿主编：《中国刑法通史》，辽宁大学出版社1989年版。

其他古籍的考证、训诂，另辟蹊径，得出了一些中国刑法史研究中的新观点，并纠正了某些长期以来存在的误解。该书共分为12章，条分缕析，层层递进。第一章叙述从血缘到地缘，从诸夏到中华，以及国和家。第二章叙述婚姻、姓氏、宗族和亲属。第三章叙述所有制和社会阶级的起源及发展。第四章叙述风习、制令和法令以及神权、君权和民权的发展。第五、六章分析了刑罚体系的发展和演变。第七、八章叙述刑法名实的沿革以及刑法的起源和发展。第九、十章叙述几种古老的罪名，如奸淫、盗窃、杀人、政治犯罪等及其处罚的演变。第十一章叙述犯罪概念和罪责的变化。第十二章叙述犯人身份、犯罪事实和犯人的危险性以及未遂和共犯的变化。作者一改以往按照朝代顺序叙述刑法史的体例模式，采用横切和纵剖的方式突出了刑法在上层建筑领域错综复杂的社会关系，比如婚姻、家庭、宗教、亲属、风习、制令、法令、神权、君权、民权等中的地位，这在刑法史叙述体例上是一种创新，为中国刑法史的研究提供了一种新的范式。李光灿主编的《中国刑法通史》是一套系统研究中国历史上罪、刑与法演变规律的多卷本刑法史著作，融合了刑法思想和刑法制度的论述。该书的参编者主要包括李光灿、宁汉林、杨堪、么丕祥、张梦梅等人。该书编写的指导思想包括四个方面：第一，以马克思主义为指导，研究我国刑法原则以及我国刑法制度发生、发展和演变的规律。第二，以刑法史料为主，辅之以史论。第三，古为今用。第四，百家争鸣。该书主要介绍了儒墨道法的刑法思想，以马克思主义关于罪、刑以及罪刑关系的基本理论为指导，根据世界主要法系的刑法所属国家文化的特点，论述了中国刑法发展的固有规律以及中国刑法史的特色。该书以朝代为序，分卷介绍了中国自先秦至近代的刑法发展史，全面解读了不同时期的社会经济结构、刑法指导思想、刑法文本以及罪刑关系，史料翔实，内容全面，具有较高的史料价值和学术价值。

20世纪90年代中国刑法史研究成果较之前有所增加，通史成果和断代史成果并存。通史专著主要包括张晋藩主编的《中国刑法史稿》[①]、张晋藩等的《中国刑法史新论》[②]、周密的《中国刑法史纲》[③] 以及宁汉林和魏克家的《中国刑法简史》[④] 等。断代史专著主要包括钱大群和夏锦文的《唐律与中国现行刑法比较论》[⑤]、张希坡编著的《中华人民共和国刑法史》[⑥] 等。其中张晋藩等的《中国刑

[①] 参见张晋藩主编：《中国刑法史稿》，中国政法大学出版社1991年版。
[②] 参见张晋藩、林中、王志刚：《中国刑法史新论》，人民法院出版社1992年版。
[③] 参见周密：《中国刑法史纲》，北京大学出版社1998年版。
[④] 参见宁汉林、魏克家：《中国刑法简史》，中国检察出版社1999年版。
[⑤] 参见钱大群、夏锦文：《唐律与中国现行刑法比较论》，江苏人民出版社1991年版。
[⑥] 参见张希坡编著：《中华人民共和国刑法史》，中国人民公安大学出版社1998年版。

法史新论》克服了以往中国刑法史研究在方法论上的局限,采用比较法学的方法,将中国刑法史与其他法系国家的刑法发展史进行对比研究,开阔了中国刑法史的研究视野,并以此为切入点为中国刑法史研究的进一步深化提供了一种可行的路径。该书系统介绍了中国刑法的起源、发展和刑法的体系,全面介绍了奴隶制刑法、封建刑法以及近代刑法的刑法思想、原则和执行状况,进而对中国自先秦至近代的罪名和刑罚进行了分析,制度和思想相结合,动态和静态相统一,系统勾勒出中国刑法发展的历史脉络。张希坡编著的《中华人民共和国刑法史》一书引用了大量的刑法史料,对革命根据地和中华人民共和国的刑事法律进行了历史解读。该书共分为四编:第一编为"我国革命根据地的刑事立法",第二编为"中华人民共和国成立后的刑事立法"。前两编以时间为线索,纵向剖析了我国刑事立法的历史沿革,既包括立法机关通过的刑事法律法规,也包括行政法规中规定的刑事条款。第三编为"我国刑法总则诸规范的历史演进",第四编为"我国刑法分则各种犯罪的发展变化"。后两编以刑法基本问题为线索,横向考察了刑法总则、分则中相关概念、制度的历史演进,总结了不同时期刑事立法和审判的历史经验。该书的一大特色在于搜集了大量刑事审判的统计资料和典型案例,例如刘青山、张子善贪污案,黄克功案,解放战争时期哈尔滨虐待使女致死案,新中国成立后的废娼运动和禁烟禁毒运动,以及审判日本战争罪犯和国内战争罪犯,"文化大革命"结束后对林彪、江青反革命集团的审判等。刑事立法和刑事审判相结合,更能够使读者深入理解中华人民共和国刑法的精神实质以及各种刑法规范的来龙去脉。

进入21世纪以来,中国刑法史研究成果主要包括乔伟的《乔伟文集》(卷一:先秦法制史·中国刑法史稿)[1]、高绍先的《中国刑法史精要》[2]、周密的《宋代刑法史》[3]、薛菁的《魏晋南北朝刑法体制研究》[4]、戴建国的《宋代刑法史研究》[5]、崔敏的《死刑考论——历史、现实、未来》[6]、胡兴东的《中国古代死刑制度史》[7]、周少元的《中国近代刑法的肇端——〈钦定大清刑律〉》[8]、高汉成

---

[1] 参见乔伟:《乔伟文集》(卷一:先秦法制史·中国刑法史稿),山东大学出版社2000年版。
[2] 参见高绍先:《中国刑法史精要》,法律出版社2001年版。
[3] 参见周密:《宋代刑法史》,法律出版社2002年版。
[4] 参见薛菁:《魏晋南北朝刑法体制研究》,福建人民出版社2006年版。
[5] 参见戴建国:《宋代刑法史研究》,上海人民出版社2008年版。
[6] 参见崔敏:《死刑考论——历史、现实、未来》,中国人民公安大学出版社2008年版。
[7] 参见胡兴东:《中国古代死刑制度史》,法律出版社2008年版。
[8] 参见周少元:《中国近代刑法的肇端——〈钦定大清刑律〉》,商务印书馆2012年版。

的《〈大清新刑律〉与中国近代刑法继受》[1]、王宏治的《中国刑法史讲义：先秦至清代》[2] 等专著。其中，《乔伟文集》（卷一）分为《先秦法制史》和《中国刑法史稿》两部分。《中国刑法史稿》首先对中国古代刑事立法活动进行了概述，其次依次介绍了中国古代刑法的指导思想、基本原则、刑罚制度和犯罪种类，最后介绍了中国古代刑法中的司法制度，包括司法机关的组织和沿革、诉讼制度的发展与完备以及监察机关对司法审判的监督。《中国刑法史稿》以刑事立法为主，辅之以刑事司法制度，展现了不同时期立法活动的特色和规律。高绍先的《中国刑法史精要》引入现代刑法学分类结构，以专题为经，设绪论、犯罪总论、犯罪分论、刑罚论四编，是中国刑法史研究在体例上的一次创新；在内容上注重思想史和制度史的结合，注重对传统刑事立法思想的论析，如结合儒墨道法四家的刑法思想，对中国刑法思想的儒家化、清末刑法思想，以及顺天行刑、慎刑、恤刑等思想进行论述；史论结合，既具有法学的严谨性，又具有史学的深度，是一部兼具学术性和可读性的法律史著作。周密的《宋代刑法史》以宋以及辽、金和西夏的法律制度为研究对象，以《宋刑统》为主要研究内容，兼论宋代其他刑事立法以及《宋刑统》所规定的司法制度和体现的刑法思想，对宋代刑事法律制度进行了全面而又详细的介绍，揭示出宋代刑法制度在中国刑法发展史上的地位和作用。胡兴东的《中国古代死刑制度史》对中国古代的死刑制度作了全面而细致的考察，揭示了死刑制度在中国历史上的起源、发展及其演变的规律。该书分为三编，分别是"中国古代死刑制度总论"、"中国古代死刑制度分论"和"中国古代死刑制度中的几个特殊制度"。在"总论"部分，作者论述了中国古代死刑的适用原则，分析了中国古代死刑制度的文化语境，并对中国古代的死刑分类制度、死刑的替代刑以及死刑制度中的行刑种类进行了介绍。"分论"部分按照朝代顺序对先秦、秦汉、三国两晋南北朝、隋唐、五代宋辽西夏金、元明清时期死刑的适用程序、死刑运作机制、死刑罪名进行了全面考察和研究，揭示了中国古代死刑制度的演变和发展规律，指出中国古代死刑制度受制于中国古代的法律思想和文化环境，也反映出中国古代政治权力结构和合法性的运作机制。最后一编对中国古代死刑适用中的行刑时间、秋冬行刑制度、执刑程序等特殊问题进行了研究，从文化史角度解读中国古代的死刑制度，于更深层面揭示中国古代死刑制度的复杂性和特殊性。该书综合运用历史学、法学、人类学以及统计学的方法，不仅详细梳理了法律中的死刑制度，而且重点研究了死刑制度的实践和影响死刑制

---

[1] 参见高汉成：《〈大清新刑律〉与中国近代刑法继受》，社会科学文献出版社 2015 年版。
[2] 参见王宏治：《中国刑法史讲义：先秦至清代》，商务印书馆 2019 年版。

度变迁的文化因素,是一项具有较高学术价值的知识考古型研究。周少元的《中国近代刑法的肇端——〈钦定大清刑律〉》以《钦定大清刑律》为研究视角,研究了中国社会近代转型与刑事法律变革的关系,揭示了社会转型与法律变革的普遍性。高汉成的《〈大清新刑律〉与中国近代刑法继受》运用当代刑法学分析问题的思路和方法,对《大清新刑律》的立法背景、立法基础和立法过程进行了梳理和考证,并借此对中国近代刑法继受的问题与缺憾进行了系统而全面的检讨。王宏治的《中国刑法史讲义：先秦至清代》一书分为绪论、上篇、下篇三部分。"绪论"介绍了中国古代刑法的起源。"上篇"按照朝代顺序介绍了刑事立法概况、刑名、罪名、刑法原则和刑法的特点。"下篇"以专题方式设立三讲,分别是"中古时期的刑事罪名""中国古代的刑法原则""五刑制的形成与演变"。该书引用了大量的中古史料和一手文献,具有较高的学术价值和史料价值。

四、中国诉讼法史研究

在中国诉讼法史研究成果中,张晋藩主编的《中国民事诉讼制度史》[①] 按照朝代顺序将中国民事诉讼制度的发展历史分为几个不同的时期：两周时期是古代法制发展的奠基时期,也是中国古代民事诉讼和刑事诉讼初步划分的时期；秦汉至唐是民事诉讼制度的定型时期；宋至清是中国古代民事法律以及与之相联系的民事诉讼制度的发展时期；晚清是中国民事诉讼制度的转型时期,在晚清修律过程中,分别起草了民事诉讼律和刑事诉讼律,这不仅标志着诉讼法律制度的现代化,也揭开了中国民事诉讼制度史的新篇章。该书总结了中国古代民事诉讼制度的基本特点：第一,民事诉讼与刑事诉讼分中有合,合中有分。第二,"细故"是民事诉讼的标的。第三,强调以礼解决民事争端。第四,调解发挥特殊作用。第五,等级特权原则。该书对不同时期的司法机关、民事审判管辖、起诉与受理、审理与调处、上诉制度、审判执行制度以及附带民事诉讼制度进行了详细介绍,开新中国中国民事诉讼制度史研究的先河。

李春雷的《中国近代刑事诉讼制度变革研究（1895—1928）》[②] 以翔实的史料为依据,结合现代诉讼法制原理,注重考察视角的历史连续性和文本关联性,对中国近代刑事诉讼制度的变革作了远景式、立体式的勾勒。作者在回溯和反思中国古代刑事诉讼制度的基础上,总结了中国古代刑事诉讼制度发展的四个阶段及其特征,并对中国近代刑事诉讼制度变革的背景、路径及理念进行了探析。这

---

① 参见张晋藩主编：《中国民事诉讼制度史》,巴蜀书社1999年版。
② 参见李春雷：《中国近代刑事诉讼制度变革研究（1895—1928）》,北京大学出版社2004年版。

一时期，刑事诉讼理念发生了巨大变化，无罪推定、原告被告地位对等、国家干涉以及程序法定等新型刑事诉讼法律原则被引入，推动了中国近代司法制度的发展和变革。检察制度、律师制度的引进以及刑事审判制度、裁判与执行制度的变革，极大地推动了中国刑事诉讼制度的近代化进程。作者进而指出，连续性、进步性和协调中西的融通性是中国近代刑事诉讼制度变革的主要特点。春杨的《晚清乡土社会民事纠纷调解制度研究》①以纠纷调解类契约文书为起点，结合州县地方档案、私家档案、家法族规等大量一手文献，探讨了晚清乡土社会民事纠纷调解制度。该书首先论述了中国传统乡土社会纠纷调解的社会条件和思想基础，其次分析了乡土社会民事纠纷调解的类型和机制以及依据，最后结合晚清乡土社会纠纷调解对当代农村的影响，总结了晚清乡土社会纠纷调解的特点、功能和局限性，并在此基础上提出了化解农村矛盾需要建构和完善纠纷调解机制的观点。郭成伟等的《清末民初刑诉法典化研究》②以清末民初刑事诉讼法为研究对象，研究了诉讼法发展的历史进程，考察了刑诉法典化的过程，特别考察了从古代诸法合体的法典体例到近代实体法和程序法分立的六法体系建立的过程。该书分为上、下两篇，上篇为"历史回顾"，考察了法典化的渊源时期（先秦时期）、秦汉的社会转型和法典化运动以及中国古代法典化的两次高潮；下篇为"刑诉法的近代化"，结合近代的思想转型与理论引进，指出近代刑事诉讼法典化的理论根源。通过对中国近代内忧外患局势的分析，该书考察了中国刑事诉讼法典化的动因；接下来论述了清末、南京临时政府、北洋政府以及南京国民党政府刑诉法典化的各种举措以及刑诉法典的结构和实施状况，回顾了中国近代刑事诉讼法典化的进程；最后总结概括了刑事诉讼法典化的价值和经验，指出中国近代刑诉法典化的进程是符合历史潮流的法律近代化，也是参古酌今、汇通中西的法律近代化，这次刑事司法改革确立了司法独立的刑事诉讼原则，形成了控审分离和以职权主义为基础的诉讼模式，引进了人权保障的理念，确立了"自由心证"、审判公开、陪审制以及诉讼代理等原则，建立了大陆法系的法律模式，为中国刑事诉讼法的现代化打下了坚实的基础。吴宏耀、种松志主编的《中国刑事诉讼法典百年（1906年—2012年）》③分为上、中、下三册，主要是清末修律以来中国刑事诉讼制度现代化历程中的主要刑事诉讼法典及立法史料的汇编与导读。上册包括清末修律以及中华民国时期的刑事诉讼法律法规，中册为新中国成立以来的刑事诉

---

① 参见春杨：《晚清乡土社会民事纠纷调解制度研究》，北京大学出版社2009年版。
② 参见郭成伟等：《清末民初刑诉法典化研究》，中国人民公安大学出版社2006年版。
③ 参见吴宏耀、种松志主编：《中国刑事诉讼法典百年（1906年—2012年）》，中国政法大学出版社2012年版。

讼法草案以及刑事诉讼法典的汇编与导读，下册为我国台湾地区的"刑事诉讼法"。该书资料翔实，解读全面，对于读者了解中国刑事诉讼法的近代化具有较高的参考价值。宁全红的《周秦时代狱讼制度的演变》① 以刑罚与断狱决讼的关系、裁决者、裁决依据等为主线，梳理了周秦时代狱讼制度发展演变的历史，为人们深入理解中国古代狱讼制度的成因及其本质特征提供参照，为现代司法改革提供历史资源。邓建鹏的《清末民初法律移植的困境——以讼费法规为视角》② 基于国内外近代讼费法规的比较分析，为人们深入思考清末至民国初期法律移植、移植后法律的变异、法律的实施效果及其原因提供了重要的视角，可为现代同类制度的改进提供历史渊源与解决问题的借鉴。张晋藩的《中国古代民事诉讼制度》③ 一书按照朝代顺序共分为 8 章，分别是先秦的民事诉讼制度、秦汉的民事诉讼制度、唐朝的民事诉讼制度、宋朝的民事诉讼制度、元朝的民事诉讼制度、明朝的民事诉讼制度、清朝的民事诉讼制度和晚清的民事诉讼制度，该书引用了大量的史料和案例，结合特定时代的历史背景对不同时期的司法机关、诉讼程序、诉讼法典、民事诉讼的特征等进行了梳理和总结，对于了解中国古代的民事法律和诉讼程序等具有很大的历史文化价值。此外，魏文超的《宋代证据制度研究》④、罗洪启的《清代刑事裁判司法论证研究——以刑部命案为中心的考察》⑤ 分别从证据制度和司法裁判的角度，论证了不同时期诉讼制度的内容和特点。

五、中国行政法史研究

在中国行政法史研究成果中，蒲坚的《中国古代行政立法》⑥ 以历史唯物主义为指导，引用了大量的史料，全面、系统地阐述和分析了中国古代自先秦至清末、从中央到地方以至基层的行政管理体制，包括行政、司法、监察、户籍、军事各部门的行政管理，各机构的建制、行政与职权，职官设置、品级、爵秩、考核、升迁、致仕以及官员违纪惩罚等内容。该书展现了历代行政立法方面的不同内容和特征，揭示了中国历代行政立法不断发展和完善的规律，为完善现代行政管理体制提供了借鉴。张晋藩、李铁的《中国行政法史》⑦ 的"前言"部分将中

---

① 参见宁全红：《周秦时代狱讼制度的演变》，人民出版社 2015 年版。
② 参见邓建鹏：《清末民初法律移植的困境——以讼费法规为视角》，法律出版社 2017 年版。
③ 参见张晋藩：《中国古代民事诉讼制度》，中国法制出版社 2018 年版。
④ 参见魏文超：《宋代证据制度研究》，中国政法大学出版社 2013 年版。
⑤ 参见罗洪启：《清代刑事裁判司法论证研究——以刑部命案为中心的考察》，中国政法大学出版社 2017 年版。
⑥ 参见蒲坚：《中国古代行政立法》，北京大学出版社 1990 年版。
⑦ 参见张晋藩、李铁：《中国行政法史》，中国政法大学出版社 1991 年版。

国古代行政法的发展分为三个阶段：第一个阶段为秦汉时期，这是中国古代行政法律制度的奠基时期。第二个阶段是唐朝，这是中国古代行政法律制度的发展时期。《唐六典》是中国第一部官撰的系统的具有行政法典性质的立法，对后世行政法典的制定有着深远的影响。第三个阶段为明清时期，这一时期为中国古代行政法律制度的完备阶段。明清时期的行政法律以国家会典为经，以各部院单行行政法规为纬，门类齐全，构成了中国古代饶有特色的行政法律体系。该书正文部分以朝代为序，论述了先秦至民国的行政立法，侧重于不同时期的行政法典、行政机构以及职官管理，以突出不同时期的行政立法特色，最后总结了中国古代行政法的特点以及现代借鉴意义。王士伟的《中国行政法制史》[1] 在"绪论"中探讨了中国行政法制史的研究对象、中国古代行政法制的主要特征以及研究中国行政法制史的理论意义和现实意义。该书在体例上另辟蹊径，以纪事本末体为基本架构，即以中国行政法制史所涉及的基本问题为纲，分为8章，分别是中国古代行政法律制度的渊源和根据、中国古代国家及其行政机关的建立、封建国家的中央行政机关、封建国家的地方行政机关、行政官员的管理制度、封建制国家行政管理的主要内容、封建制国家行政管理的一般程序方式以及行政管理的监察制度，每章以朝代为序对每个问题追根溯源，这种体例有利于实现历史与逻辑的统一，避免重复，可以使读者更好地把握中国古代行政法律体系的内容和特征。钱大群、艾永明的《唐代行政法律研究》[2] 和陈国平的《明代行政法研究》[3] 分别对唐代和明代的行政法律制度进行了系统性的比较研究，揭示了唐代和明代行政立法的实质与特点。蒲坚主编的《中国历代土地资源法制研究》[4] 一书以历史朝代为序，全面、系统地介绍了我国古代及民国时期的土地资源法律制度，内容主要涉及各历史时期土地资源的管理机构及其职能、土地资源立法、土地资源的所有制形式、土地资源的经营方式与管理方式、土地资源的买卖与租佃、土地资源的保护以及土地资源管理的经验与教训等。该书充分考察了我国历代土地资源法制的丰富内容，总结了土地资源法制的有益经验和失败的教训，对于完善我国现代的土地资源管理有着积极的意义。孙季萍、冯勇的《中国传统官僚政治中的权力制约机制》[5] 对中国历代权力制约机制进行了历史考察，全面解读了中国人的

---

[1] 参见王士伟：《中国行政法制史》，陕西人民出版社1993年版。
[2] 参见钱大群、艾永明：《唐代行政法律研究》，江苏人民出版社1996年版。
[3] 参见陈国平：《明代行政法研究》，法律出版社1998年版。
[4] 参见蒲坚主编：《中国历代土地资源法制研究》，北京大学出版社2006年版。（该书于2011年再版。）
[5] 参见孙季萍、冯勇：《中国传统官僚政治中的权力制约机制》，北京大学出版社2010年版。

权力制约思想,总结了其内在逻辑和理性基础,为现代权力制约提供了历史启示。鞠方安的《中国近代中央官制改革研究》[1] 一书运用历史学、社会学、政治学、行政学等学科的理论和方法,分析了清末中央官制改革的过程、改革的结果及其影响,集中论述了官制改革与集权、清政府解体之间的关系以及清末中央官制改革的意义,具有一定的参考价值。卞修全的《中国近代行政法文化研究》[2] 一书对中国近代的行政法律意识、行政组织法、行政行为法和行政救济法进行了全面而又细致的考察,可以为更好地建设现代法治政府、传承优秀的行政法律文化提供历史借鉴。

六、中国经济法史研究

在中国经济法史研究成果中,李景文主编的《中国经济法史》[3] 以社会性质为序,全面研究了从奴隶制社会到社会主义社会各种类型经济法律制度的起源、形式、内容、本质、特点、作用及其发展演变的过程,内容主要涉及历朝历代的土地法律制度、赋税法律制度、货币法律制度、手工业管理法律制度、市场管理法律制度,该书对各时期经济法律制度的特征和内容进行概括总结,既能够体现出各时期经济法律制度的特色,又能够纵向勾勒出中国经济法律制度发展演变的过程。张研、李建渝、武力的《中国经济法制史》[4] 和蒋晓伟的《中国经济法制史》[5] 均采用以朝代为序的体例结构,全面论述了中国不同历史时期的经济立法。前者内容详略得当,史料精详,贯彻古为今用的原则,紧扣中国经济法律制度形成、发展和演变的特点,对中国经济法律制度的发展进行了概述。后者结合中国经济史和中国法制史的相关史料,在广阔的时代背景中展开对经济法制的阐释,全面解读了中国经济法制的起源、性质、历史沿革、特点、意义、得失等方面的内容,具体涉及土地法、服役法、商税法、矿冶法、盐法、酒法、茶法、钱法、钞法等主要经济法律。张希坡的《革命根据地的经济立法》[6] 从断代史的视角对革命根据地时期的经济立法进行了专门研究。该书除"前言"外分为4章,分别是"中国共产党成立后和第一次国内革命战争时期工农运动中产生的早期经济法规"、"第二次国内革命战争时期工农民主政权的经济立法"、"抗日战争时期

---

[1] 参见鞠方安:《中国近代中央官制改革研究》,商务印书馆2014年版。
[2] 参见卞修全:《中国近代行政法文化研究》,中国政法大学出版社2018年版。
[3] 参见李景文主编:《中国经济法史》,辽宁大学出版社1989年版。
[4] 参见张研、李建渝、武力:《中国经济法制史》,中国审计出版社1992年版。
[5] 参见蒋晓伟:《中国经济法制史》,知识出版社1994年版。
[6] 参见张希坡:《革命根据地的经济立法》,吉林大学出版社1994年版。

抗日民主政权的经济立法"和"第三次国内革命战争时期人民民主政权经济立法的新发展",主要内容涉及不同时期的农、林、畜牧、水利、工矿交通、商贸合作社、税收征粮、财政金融、科技发明、商标广告、房地产管理以及对外经济管理等方面的经济立法。该书总结了党在新民主主义革命时期经济立法工作的宝贵经验,具有一定的学术价值和史料价值。傅光明等的《中国财政法制史》[①] 运用大量的中国古代财政法史料,论证了"中国古代存在财政法"的观点,考察了自先秦时期至清朝末年中国历代财政法的内容、特点及其发展演变规律,将财政制度和财政思想相结合进行论述,直观地展现了儒家思想对中国古代财税政策的影响,最后概括了中国财政法制史研究对社会主义市场经济条件下财政法制建设的历史意义。张廉的《中国经济法的起源与发展——民国时代经济法律的实证考察与理论分析》[②] 一书主要研究和考察了 1912—1949 年间中华民国经济法律发展的历程、动因、各种矛盾及其历史启示,揭示了中国经济法制由传统型法制向现代型法制转变的规律。石俊志的《中国铜钱法制史纲要》[③] 通过对中国古代货币形态的考察,分析了中国历史上货币政策发展和演变的过程,对于我国当前的货币管理以及制定或者实施货币政策具有重要的借鉴意义。高晋康、吴治繁主编的《新中国经济法律制度变迁》[④] 一书综合运用法律史学、经济分析法学和史学等方法,梳理和总结了新中国成立以来经济法律制度发展、变迁的历史过程,解读和分析了各类文件中的经济法律规范,重点发掘重要历史节点和经济事件,总结不同阶段经济法律制度发展的经验和教训,是研究中国经济法律制度史的代表作之一。

七、国际法史研究

在国际法史研究成果中,孙玉荣的《古代中国国际法研究》[⑤] 在对大量史料进行考证的基础上提出了中国古代存在国际法的观点,并对中国古代国际法的历史价值和现代价值进行了发掘。该书共 11 章,约 12 万字。"导论"部分批评了"中国古代无国际法"的学术观点,并用东西方的实例论证了中国古代存在国际法的观点,指出古代中国国际法有其独特的定义,特指用于调整中国版图内各分

---

① 参见傅光明等:《中国财政法制史》,经济科学出版社 2002 年版。
② 参见张廉:《中国经济法的起源与发展——民国时代经济法律的实证考察与理论分析》,中国法制出版社 2006 年版。
③ 参见石俊志:《中国铜钱法制史纲要》,中国金融出版社 2015 年版。
④ 参见高晋康、吴治繁主编:《新中国经济法律制度变迁》,西南财经大学出版社 2020 年版。
⑤ 参见孙玉荣:《古代中国国际法研究》,中国政法大学出版社 1999 年版。

立时期国家之间的关系的、有法律拘束力的原则、规则和制度的总体，古代中国国际法的渊源主要有国际习惯、国际条约、礼、义和经。该书论证了古代中国国际法的基本原则，包括国家主权平等原则、国家领土神圣不可侵犯原则、不干涉别国内政原则、和平解决国际争端原则、条约必须遵守原则等；结合现代国家的基本要素，对古代中国国际法的主体、国家领土、外交关系法、条约、国际组织、古代国际经济法、国际争端解决以及古代中国战争法进行了论述；最后总结了古代中国国际法的特点，主要包括区域性、阶段性和局限性等特点，概括了古代中国国际法的历史价值和现代价值。该书拓宽了中国法制史研究的范围，也深化了国际法学研究。怀效锋、孙玉荣编的《古代中国国际法史料》[1] 对与古代中国国际法相关的史料进行了汇编，其史料价值不言而喻，是中国法制史研究和国际法研究不可多得的参考文献。田涛的《国际法输入与晚清中国》[2] 系统研究了晚清时期国际法输入中国的历史及其对中国知识界和外交实务的影响。该书首先对欧洲主导下的国际法的发展作了简要的介绍，为近代中国国际法输入作了背景式铺垫；通过介绍《尼布楚条约》的签订过程以及《万国公法》的翻译过程，介绍了中国与国际法的早期接触；接下来考察了洋务运动时期的国际法输入、留日学生与 20 世纪初年的国际法输入，分析了这一时期国际法输入的新特点；最后论述了国际法输入对晚清知识阶层的影响以及在晚清中国外交过程中的作用和影响，对国际法输入中国的历程进行了理论性反思。杨泽伟的《宏观国际法史》[3] 以宏大的国际背景来观察国际法的起源、形成及发展，以各种国际事件为线索，兼用多种研究方法，系统阐述了国际法发展的漫长历程。该书最后一章对中国国际法自春秋时期至中华人民共和国的发展历程作了介绍，对中国国际法学的发展进行了学术史梳理，描绘出一幅世界史背景下的中国国际法发展的全景图。林学忠的《从万国公法到公法外交——晚清国际法的传入、诠释与应用》[4] 一书，从国际法传入、诠释和应用的角度重构了晚清接受国际法的史实，探寻了中国从传统王朝帝国走向现代意义的主权国家、从"中国之天下"走向"世界之中国"的历史进程，并为研究晚清中国近代史的变动过程提供了一个有效的切入点。该书分析了晚清国际法译著的刊行和流通情况，论述了晚清国际法教育的建立和发展，研究了中国人的文明观、国际秩序观和国家观的变化，检讨了晚清政府在对

---

[1] 参见怀效锋、孙玉荣编：《古代中国国际法史料》，中国政法大学出版社 2000 年版。
[2] 参见田涛：《国际法输入与晚清中国》，济南出版社 2001 年版。
[3] 参见杨泽伟：《宏观国际法史》，武汉大学出版社 2001 年版。
[4] 参见林学忠：《从万国公法到公法外交——晚清国际法的传入、诠释与应用》，上海古籍出版社 2009 年版。

外关系上应用国际法的问题，最后探讨了晚清中国如何在世界秩序框架下按照国际法的标准建构国际社会认同的"文明国"。该书对于我们思考世界进程中不同文明的发展有一定的启发作用，是一部关于在19、20世纪之交中国国际法传入与应用的原创性研究著作。赖骏楠的《国际法与晚清中国——文本、事件与政治》[1] 截取了19世纪国际政治中的某些关键性文本和事件，对19世纪的中外关系史、国际法学史以及政治观念史进行了多重视角的研究，探究所选取的文本、事件与19世纪国际政治现实之间复杂交织的关系，同时对19世纪国际法的不足以及国际法与政治之间的关系问题进行了若干思考。

此外，张劲草等的《林则徐与国际法》[2]、戚其章的《国际法视角下的甲午战争》[3]、侯放等的《新中国国际法60年》[4]、杨泽伟的《国际法史论》[5]、江河的《国际法的基本范畴与中国的实践传统》[6]、张卫明的《晚清对外交涉中的国际法运用》[7] 等专著，从不同的角度对国际法史进行了解读和探究，既丰富了部门法史研究的内容，又拓展了中国法律史研究的广度，为中国法律史研究提供了新的视角和方法论体系。

八、中国环境法史及其他部门法史研究

在中国环境法史研究领域出现了一系列具有代表性的成果，如王立的《中国环境法的新视角》[8]、常纪文的《环境法前沿问题——历史梳理与发展探究》[9]、黄莎的《儒家环境伦理观对中国环境法的影响》[10] 等。

随着法学研究的细化和深化，部门法律史研究逐渐突破了传统意义上部门法划分的结构体系，出现了军事法制史、新闻法制史、保密法制史、金融法制史等领域的研究成果，例如马光仁的《中国近代新闻法制史》[11]、周健的《中国军事法史》（四卷本）[12]、况腊生的《唐代军事交通法律制度研究——以驿

---

[1] 参见赖骏楠：《国际法与晚清中国——文本、事件与政治》，上海人民出版社2015年版。
[2] 参见张劲草、邱在钰、张敏：《林则徐与国际法》，福建教育出版社1990年版。
[3] 参见戚其章：《国际法视角下的甲午战争》，人民出版社2001年版。
[4] 参见侯放等：《新中国国际法60年》，上海社会科学院出版社2009年版。
[5] 参见杨泽伟：《国际法史论》，高等教育出版社2011年版。
[6] 参见江河：《国际法的基本范畴与中国的实践传统》，中国政法大学出版社2014年版。
[7] 参见张卫明：《晚清对外交涉中的国际法运用》，人民出版社2016年版。
[8] 参见王立：《中国环境法的新视角》，中国检察出版社2003年版。
[9] 参见常纪文：《环境法前沿问题——历史梳理与发展探究》，中国政法大学出版社2011年版。
[10] 参见黄莎：《儒家环境伦理观对中国环境法的影响》，世界图书出版广东有限公司2013年版。
[11] 参见马光仁：《中国近代新闻法制史》，上海社会科学院出版社2007年版。
[12] 参见周健：《中国军事法史》（四卷本），法律出版社2008年版。

站为例》①、倪延年的《中国新闻法制史》②、王红曼的《中国近代金融法制史研究》③、张群的《中国保密法制史研究》④、贺文洁的《明代货币法制研究》⑤、黄瑞亭和胡丙杰主编的《中国近现代法医学史》⑥ 等专著。

① 参见况腊生：《唐代军事交通法律制度研究——以驿站为例》，解放军出版社 2010 年版。
② 参见倪延年：《中国新闻法制史》，南京师范大学出版社 2013 年版。
③ 参见王红曼：《中国近代金融法制史研究》，上海人民出版社 2013 年版。
④ 参见张群：《中国保密法制史研究》，上海人民出版社 2017 年版。
⑤ 参见贺文洁：《明代货币法制研究》，中国政法大学出版社 2022 年版。
⑥ 参见黄瑞亭、胡丙杰主编：《中国近现代法医学史》，中山大学出版社 2020 年版。

第十二章

当代中国法律史教材、学术综述与论文集编写状况

新中国成立以来，中国法律史教材、学术综述与论文集编写的变化，一方面反映了中国法律史学科发展的基本规律，另一方面也体现了该学科在人才培养和教育过程中的意义和所承担职能的变化。本章通过对1949—2022年中国法律史教材、学术综述与论文集编写状况进行统计，对中国法律史教材、学术综述与论文集在不同时期的编写体例、内容特点以及种类进行分析，揭示新中国成立以来中国法律史学的发展走向，以期为中国法律史学未来的发展提供借鉴和指引。

一、1949—2022年中国法律史教材的统计分析[①]

新中国成立后中国法律史教材从无到有、不断增长，尤其是21世纪以来，教材数量更是大幅增长。本章一方面对1949—1999年间的中国法律史教材进行统计分析，使读者对新中国成立后50年间中国法律史教材的发展状况形成全面的认知；另一方面对2000—2022年间的中国法律史教材进行统计分析，更加直观地呈现世纪之交中国法律史教材发生的变化以及21世纪中国法律史教材的发

[①] 笔者以国家图书馆、北京大学图书馆、中国人民大学图书馆和中国政法大学图书馆的藏书为依托，并利用"高等学校中英文图书数字化国际合作计划"提供的全文检索系统、高等学校图书馆馆际互借系统以及中国人民大学中文学术资源发现平台，对1949—2022年间中国法制史、中国法律思想史教材和讲义进行检索、分类。纸质文献主要包括曾宪义主编：《百年回眸：法律史研究在中国》（第四卷），中国人民大学出版社2009年版；赵九燕、杨一凡编：《百年中国法律史学论文著作目录》（上、下册），社会科学文献出版社2014年版；曾宪义、范忠信编著：《中国法律思想史研究通览》，天津教育出版社1989年版；曾宪义、郑定编著：《中国法律制度史研究通览》，天津教育出版社1989年版。

展趋势。本章行文侧重于对不同时期学界公认的具有代表性的教材或者具有特殊历史意义的教材以及国家级重点教材进行论述,最后对新中国成立以来中国法律史教材发展的规律进行总结。

(一) 1949—1999年中国法律史教材的统计分析

1949—1999年中国法律史教材的建设以1979年中国法律史学会成立为界可以分为前后两个阶段。前一阶段为中国法律史教材的探索和建设时期,后一阶段为中国法律史教材的重建和发展时期。这一时期中国法律史教材在数量上呈现总体上升的趋势,这一时期共出版中国法制史教材约77部、中国法律思想史教材约29部,如表12-1所示。

表12-1 中国法律史教材出版数量统计表(1949—1999年)

时间	中国法制史				中国法律思想史			
	中国法律制度史	中国政治法律制度史	讲义	教材	中国法律思想史	中国政治法律思想史	讲义	教材
1949—1979年	1	9	9	1	0	1	1	0
1980—1999年	66	1	3	64	23	5	4	24
总计	77			77	29			29

为了更直观地展现这一时期中国法律史教材的发展变化,笔者以教材的编写内容和出版形式为分类标准,将这一时期中国法制史和中国法律思想史教材的数量用柱状图来表示,如图12-1、图12-2所示。

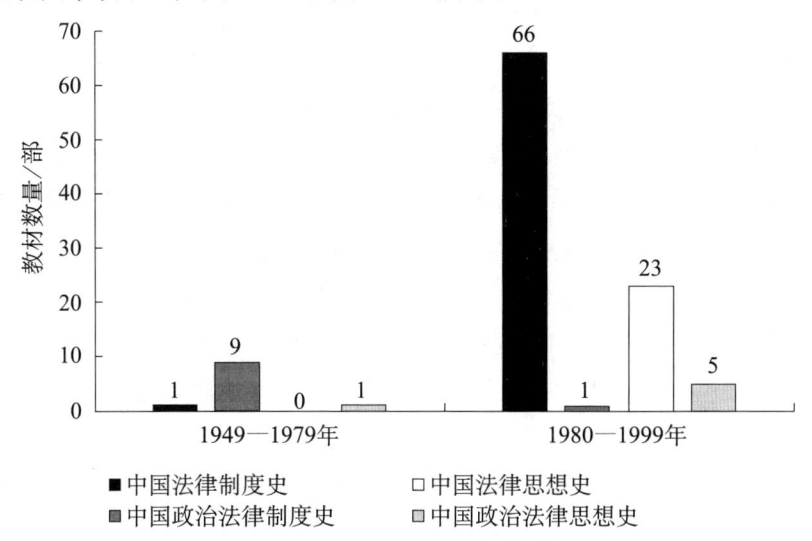

图12-1 中国法律史教材出版数量按编导内容分类统计图(1949—1999年)

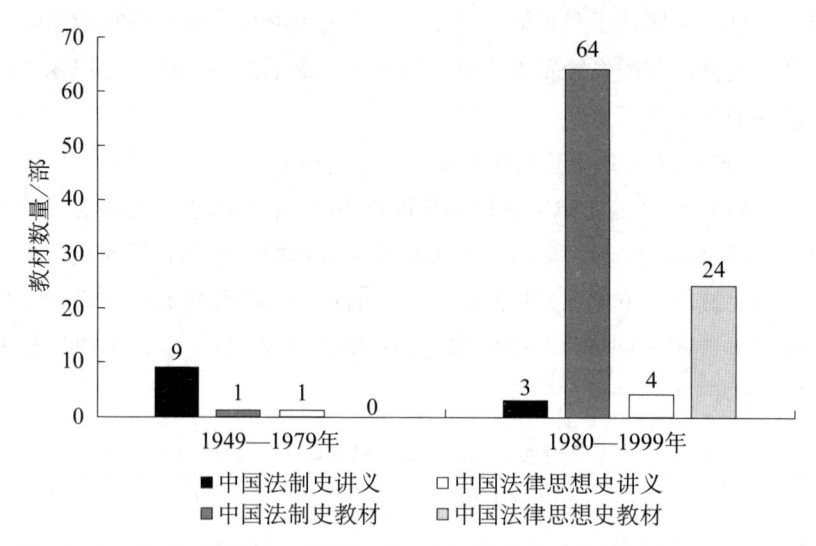

图 12-2　中国法律史教材出版数量按出版形式分类统计图（1949—1999 年）

图 12-1、图 12-2 直观地展现了新中国成立初期至 20 世纪末中国法律史教材建设和发展的情况。1949—1979 年，废除"旧法"运动和"法统"转型使得中国法律史学科在形式和实质两个方面均发生了较大变化，这也使得中国法律史教材在较长的一段时期内呈现出与以往教材不同的形式和内容，具体表现如下。

在形式方面，以苏联教材译著、讲义为主，以教学参考资料为辅；在编写方式上，以各高校教研室为责任单位进行集体编写。在 1963 年中国人民大学国家与法权历史教研室编写的《中国国家与法权历史讲义（初稿）》出版之前，中国高校尚无一本正式出版的中国法律史教材，教学资料多以各教学单位国家与法权历史教研室授课教师集体编写的讲义或者参考资料为主，其中，《苏联国家与法权历史讲授提纲》[①] 是由中国人民大学国家与法权历史教研室编译出版的较早的一本教材性质的译著。该书以"题"代"章"，共分为 16 题，上至对古俄罗斯国家社会政治制度与法权的介绍，下至对苏维埃国家政治与法权的论述，其结构和体例对于新中国国家与法权历史研究具有深远的影响。1956 年中国人民大学国家与法的历史教研室根据苏联专家格·米·瓦里赫米托夫于 1954—1955 年在中国人民大学法律系讲课用的讲义编译了《苏联国家与法的历史》（上、下册）。[②]

[①] 参见中国人民大学国家与法权历史教研室编译：《苏联国家与法权历史讲授提纲》，中国人民大学 1954 年版。

[②] 参见［苏］格·米·瓦里赫米托夫：《苏联国家与法的历史》（上、下册），中国人民大学国家与法的历史教研室译，中国人民大学出版社 1956 年版。

第十二章 当代中国法律史教材、学术综述与论文集编写状况

该书"译者说明"指出:"本书分两部分,即:俄罗斯国家与法的历史和苏维埃国家与法的历史,基本上系根据苏联专家格·米·瓦里赫米托夫同志于1954—1955年为中国人民大学国家与法的历史教研室研究生讲课时所用讲义的修订稿译出。前言、第5、7、8、9、15、16等章系根据讲课笔记整理的,如有错误,当由整理者负责。""因为专家已经回国,所以未能根据苏共第二十次代表大会决议的精神进行修改。鉴于目前我国尚缺乏苏联国家与法的历史教科书,为了满足教学的需要,我们决定将本书出版。"[①] 这反映了新中国成立初期学界在法律史教学方面为了解决教材缺乏问题所进行的探索和做出的努力,也揭示了新中国中国法律史学科的发展是在苏联国家与法的历史的基础上起步的,并以此为模板展开中国法律史教材的建设。在讲义的编写方面,20世纪60年代除中国人民大学国家与法权历史教研室编写并出版了《中国国家与法权历史讲义(初稿)》之外,中南政法学院编写了《中国国家与法的历史讲稿》,北京政法学院编写了《中国国家与法的历史讲义》(全二册),西南政法学院国家与法权历史教研室编写了《中国政治法律制度史讲义》等仅供内部使用的教材讲义。20世纪70年代北京大学法律系中国法制史组编写了《中国法制史》(上、下册),西南政法学院法制史教研室编写了四册本《中国法制史讲义》,等等。这在很大程度上改变了当时中国法律史教学资源严重匮乏的状况,初步奠定了新中国中国法律史研究的特色——将马列主义研究方法引入中国法律史研究之中,通过对国家与法权历史的研究,为新的政权架构和法律体系提供合法性论证。这一时期中国法律史教材的形式和内容深刻影响了20世纪后半叶中国法律史教材的编写体例和指导思想,直到20世纪末,在个别中国法律史教材中依然能够看到这一时期中国法律史教材的影子。这一时期还编写整理大量参考资料,少数已经出版,例如中国人民大学国家与法权(的)历史教研室编写的《中国国家和法权(的)历史参考资料》(共四辑)、华东政法学院马克思列宁主义关于国家与法的历史教研组于1956年编印的《中国国家与法的历史参考资料》(共三册)、北京政法学院历史教研室编的《中国国家与法的历史参考资料(古代史部分)》(共两册)、1959年北京大学法律系国家与法的历史教研室编的《中国国家与法的历史参考书》(第一分册)等。这些参考资料多为历史资料汇编或者是本领域学者的相关研究成果,为这一时期中国法律史研究提供了资料基础,在一定程度上也弥补了这一时期中国法律史教材建设的不足,对国家与法权历史的教学科研工作起到了一定的辅助作用。

[①] [苏]格·米·瓦里赫米托夫:《苏联国家与法的历史》(上、下册),中国人民大学国家与法的历史教研室译,中国人民大学出版社1956年版,"译者说明"。

此外，这一时期中国法制史教材的数量远远多于中国法律思想史教材的数量，这与中国法律思想史研究在新中国的发展程度紧密相关，在新中国成立之后的很长一段时期内该学科发展并未受到重视，研究者屈指可数。"六十年代前后，一些法律院系开始开设包括法律思想在内的《中国政治思想史》或《中国法律思想史》，但法律思想所占比重极小"①。究其原因，除马列理论人才缺乏外，最主要的原因在于，由于法学与政治特殊的关系，法学研究受到"左"倾思想的冲击尤甚，法律思想史研究领域更是禁区重重，中国法律思想史被纳入了政治思想史的范畴。②

在内容方面，这一时期的中国法律史讲义偏重于对政治法律制度的研究，国家制度与政治制度成为中国法制史研究的重点；在编写体例上，按照马克思主义阶级分析的方法，根据社会阶级矛盾的发展变化将中国历史上的法律划分为不同的阶级类型，以朝代的兴衰为经、以国家和政治法律制度为纬展开论述。《苏联国家与法的历史》一书对于中国法律史教材及中国法律史研究意义深远，正如该书"前言"所指出的："苏联国家与法的历史在法律高等学校的教学计划中具有重要的意义。为了进一步掌握其他法律专业，首先必须具备这门课程的知识，因为，它为法学教育打下了稳固的历史知识基础，它能帮助我们掌握马克思列宁主义关于国家与法的学说。这门课程具有深刻的党性。它是我们在反对旧的剥削阶级社会和建设社会主义、共产主义社会斗争中的思想武器。这门课程不仅有理论上、认识论上的意义，而且有实践意义。"③ 1956 年 3 月，中华人民共和国高等教育部印发的《苏联国家与法的历史教学大纲（初稿）》也指出，该课程的目的在于："不仅必须掌握具体事实，并且要站在马克思列宁主义经典作家关于国家与法的学说的立场上给予正确的解释。"这充分说明了苏联国家与法的历史在新中国的法律史教育体系中的作用，其既具有奠定新中国法学基础的功能，又担负着培养马列主义法学研究人才和提高政法工作者马列主义法律史修养的历史责任。例如，中国人民大学国家与法权历史教研室编写的《中国国家与法权历史讲义（初稿）》分为三册四编④，分别是：第一编"中国奴隶制国家与法权"，第二编"中国封建制国家与法权"，第三编"中国半殖民地半封建时期的国家与法

---

① 张国华主编：《中国法律思想史》，法律出版社 1982 年版，"导言"。
② 参见马小红：《珍惜中国传统法——中国法律史教学和研究的反思》，载《北方法学》，2007 年第 1 期。
③ ［苏］格·米·瓦里赫米托夫：《苏联国家与法的历史》（上），中国人民大学国家与法的历史教研室译，中国人民大学出版社 1956 年版，"前言"。
④ 该教材第一、二编由曾晋藩编写，第三编第 1、3、6、7、8 章由曾宪义编写，第三编第 2、4 章由范明辛编写，第三编第 5 章、第四编由张希坡编写。

权",第四编"新民主主义革命时期的人民民主政权和人民民主法制"。可见该讲义根据社会发展的不同形态,将中国历史上的法制划分为奴隶制、封建制等类型,打破了以往教材中单纯的王朝划分体系。该讲义立足于历史唯物主义的基本理论与方法,通过对生产力和生产关系以及阶级矛盾的分析,论述了中国几千年来政治法律制度同国家制度相生相伴的过程;在资料引用方面也具有一定的时代特色,主要参引了马克思、列宁、毛泽东经典著作,经、史、子、集等信史资料,对于之前出土的简牍(如居延汉简等)也有提及。例如第一分册古代史部分主要参引了《毛泽东选集》、《马克思恩格斯全集》以及《诗经》、《尚书》、《左传》、《礼记》、《国语》及《史记》、《汉书》等二十四史的资料;第二、三分册近现代史部分,大量引用了《毛泽东选集》《列宁全集》中的相关资料以及法律法令等。该讲义代表了当时教材编写的水平,具有一定首创性,也体现了教材编写的严谨性和史料性。但是对马克思、列宁、毛泽东经典著作的大量引用也在一定程度上反映了当时法律史教材"以论代史"之风的盛行,这对同时代的人才培养和专业建设产生了深远的影响,也决定了同时代产出的法律史成果的行文风格、论证逻辑以及体例编排等的时代特点。该讲义的近现代史部分增加了之前教材未涉及的一些内容,如太平天国农民革命政权与法权、辛亥革命时期的法制活动、抗日战争和解放战争时期的国家与法权以及革命根据地时期的政权和法制建设情况等。再如,1979 年由北京大学法律系中国法制史组编写的《中国法制史》(上、下册)[①] 教材基本沿袭了上述《中国国家与法权历史讲义(初稿)》的分编结构。该教材分为上、下两册共四编,分别是:第一编"中国奴隶制政治法律制度",第二编"中国封建制政治法律制度",第三编"中国半殖民地半封建时期的政治法律制度",第四编"新民主主义革命时期人民民主政权的政治法律制度"。在内容方面,论述重点由"国家制度"向"政治法律制度"倾斜,这是该教材最大的特点。该教材一改之前将"政治法律制度"纳入"国家政权"框架进行论述的风格,虽然也有国家制度的相关论述,但是侧重于对政治法律制度的阐述,并将法律制度纳入政治制度的范畴,正如该教材"前言"所指出的:"国家和法律是一定经济基础的政治上层建筑,法制史实际上是政治史的一部分。中国法制史是整个中国历史的专门史。中国法制史研究的对象是从奴隶社会到新中国成立以前,各种类型的国家和法律制度发生的历史。研究历史上的统治阶级怎样利用国家和法律维护其阶级统治,压迫和剥削劳动人民,揭示国家和法律的阶级本质,总结其发展的历史规律,从而论证马克思主义法学理论的科学性和真理性。中国

---

① 该教材由肖永清、张国华、饶鑫贤、范明辛、蒲坚、赵昆坡等人集体执笔编写而成。

法制史特别注重研究中国新民主主义革命法制的历史，因为它是社会主义法制的前身，是社会主义法制的历史渊源，对社会主义法制建设有着直接的继承关系。"[①] 在资料引用方面，该教材虽然依旧引用马克思、列宁、毛泽东经典著作，但是参引比重大大减少，而且使用了新的出土文献资料，如在秦朝法制史部分，编者使用了睡虎地云梦秦简的最新研究成果，体现了该教材的前沿性和新颖性。此外，该教材具有更强的层次性和逻辑性，论述更为详细和全面。在"结束语"部分，作者总结了研究中国法制史的意义所在，主要包括四个方面：第一，从法律与统治阶级的关系角度来看，接受历史经验，正确认识法律的作用。第二，从社会发展阶段来看，必须批判封建主义法治，肃清其流毒影响。第三，结合农民阶级和地主阶级的矛盾，必须正确评价农民革命战争的作用。第四，通过对近代所提出的"中国道路"问题的分析，得出资本主义道路在中国行不通，只有社会主义才能救中国的论断。该教材在中国古代法制和现代社会之间架构了一座桥梁，体现了中国法制史研究的社会意义和时代价值，也为中国法制史研究提供了一种新的价值导向。如果说中国人民大学国家与法权历史教研室编写的《中国国家与法权历史讲义（初稿）》在方法论方面具有开创性和代表性，那么北京大学法律系中国法制史组编写的《中国法制史》（上、下册）教材在方法论和价值观方面则具有承前启后的意义。

1979年中国法律史学会成立后，中国法制史和中国法律思想史成为两个并行的独立学科，开始了复苏和发展的进程。1980—1999年间，中国法律史学科无论是在人才队伍建设方面还是在科研成果产出方面，均成绩斐然，这一时期浓厚的学术氛围以及开放的社会文化环境合力催生了中国法律史研究的"黄金时代"。这一时期的教材建设与20世纪六七十年代相比取得了较大进展，主要表现在以下几个方面。

首先，中国法律史教材的数量迅速增加，种类出现多元化趋势。

如表12-1所示，20世纪八九十年代中国法制史教材的数量是之前的将近7倍，中国法律思想史与政治思想史逐渐分离。教材数量的激增体现了中国法律史教育对教材的巨大需求，反映了中国法律史人才培养开始出现规模化和正规化的趋势。中国法律史教材种类繁多，既包括普通高等教育教材，也包括成人教育教材、函授教材、自学考试教材、大专教材、干部培训教材、军转干教材等多个种

[①] 北京大学法律系中国法制史组：《中国法制史》（上册），1979年，"前言"。该教材后经修改分别于1981年、1982年由山西人民出版社出版，分别为肖永清主编：《中国法制史简编》（上册），山西人民出版社1981年版；肖永清主编：《中国法制史简编》（下册），山西人民出版社1982年版。

第十二章 当代中国法律史教材、学术综述与论文集编写状况

类。教材种类的多元化反映了当时整个社会对中国法律史学习的重视和积极程度，也体现了中国法律史学科在20世纪八九十年代的地位和价值。

其次，教材的编写方式经历了从各教学单位组织编写到全国统编教材出现的过程，参编者和参编单位数量增加，教材结构和体例更加合理，内容更加丰富。

1982年法学教材编辑部在司法部、教育部等有关单位和法学界的支持下，组织了一批法学领域的学者合作编写了一套高等学校法学试用教材，其中就有《中国法制史》和《中国法律思想史》。《中国法制史》是新中国首本统编中国法制史教材，由张晋藩担任主编，乔伟、游绍尹担任副主编，撰稿人包括张晋藩、张警、游绍尹、乔伟、沈国峰、方克勤、杨永华、张希坡、王绍棠，每人撰写的章节与其研究领域基本吻合，可以说该教材"集百家之长"，其学术价值和历史价值无须多言。该教材按照法律制度的性质分为四编，分别是奴隶制法律制度、封建制法律制度、半殖民地半封建社会的法律制度和新民主主义革命时期人民民主政权的法律制度。作者运用辩证唯物主义和历史唯物主义的观点，结合大量史料，系统阐述了中国法制的起源、本质、作用以及在不同时期的特点与发展演变的过程和规律。该教材的章节划分更加细致，按照朝代顺序共分为20章，每章分别对各时期的立法、司法制度以及法律内容、特点进行详细介绍。近代以后，受西方法律体系划分的影响，中国自古以来诸法合体的编纂形式被部门法划分的模式所替代，出现了根本法和部门法以及实体法和程序法，因此该教材从第三编起按照不同的法律部门进行论述。同时该教材在编写过程中将政治制度的内容从法律制度中剥离，强化了中国法制史教材的"法"的立场，"法政分离"是中国法制史研究开始走向正规化的标志之一。《中国法律思想史》同样是新中国第一本全国统编的中国法律思想史教材，由张国华担任主编，杨鹤皋、刘富起担任副主编，撰稿人包括孔庆明、刘新、刘富起、陈抗生、郑兆兰、杨鹤皋和张国华。该教材以马克思列宁主义、毛泽东思想为指导，以社会发展的不同阶段为纲，结合中国传统法律思想的发展脉络，详细论述了自先秦时期至辛亥革命时期奴隶制社会、封建制社会以及近代不同人物的法律思想和主张，涉及管仲、子产、邓析、老子、孔子、嬴政、刘恒、柳宗元、白居易等60位人物的思想主张，较为直观地展现了中国法律思想在不同时期的内容和特点。一方面，该教材以超脱于政治思想史的姿态对中国法律思想史进行全面梳理，以厘清中国法律思想自先秦至近代的发展脉络，这对于中国法律思想史这一学科的发展不无裨益；另一方面，该教材在论述不同人物的法律思想时，结合人物生活的具体时代背景、生平以及社会实践进行论述，体现人物与时代之间的相互关系，以揭示法律思想产生的社会根源和历史根源，有助于人们深入理解不同时期的法律思想。该教材总结

了中国法律思想的四个特点：第一，宗法思想渗透一切。第二，皇权至上。第三，等级特权观念浓厚。第四，重德轻刑、重义轻利。总的来看，中国法律思想"曲折地沿着由野蛮走向文明的道路前进"①。

再次，教材的编写体例、内容、指导思想和研究方法都发生了一系列的变化。

王侃主编的《中国法律制度史》②教材一方面改变了以往按照阶级观点将历史划分为奴隶社会、封建社会、半殖民地半封建社会等不同社会阶段的教材编写体例，按照朝代或者政权更迭顺序共分为11章，分别介绍夏商周、秦汉、三国两晋南北朝、隋唐、五代宋元、明朝、清朝、鸦片战争后清朝、太平天国、中华民国以及新民主主义革命时期人民民主政权的法律制度，古代法制以立法、司法制度和重要法典的介绍为主，近代法制以部门法为论述框架；另一方面，"在内容上也有增减，并补充一些新材料，提出一些新论点。对封建部分某些史实提出不同评价，对一些史料认定上提出不同的看法，还纠正了试用教材和兄弟院校教材的一些史料错误"③。但是，这一时期的中国法律史教材主要以制度史为主，并无思想史的内容，思想史和制度史界限清晰，两个学科互动甚微。张晋藩著的《中国法制史》④教材立足于中国法制史在世界法制史中的地位，指出中华法系所具有的历史意义和影响，同时结合中国历代法制史研究的传统，揭示了中国法制史研究对于建设和完善中国特色社会主义法律体系的意义，指出马克思主义为中国法律史学科提供了科学的指导思想，并强调了革命根据地法制史的研究价值。该教材以朝代为经，引用史料明显增加，20世纪五六十年代"以论代史"的研究之风在一定程度上被纠正，正如该教材"前言"所指出的："研究中国法制史，不仅要掌握运用马克思主义的理论，而且要详细地占有史料，阐明各种材料之间的内在联系，做到史论结合。"⑤钱大群主编的《中国法制史教程》⑥一书按照朝代顺序分为四编21章，上启夏商，下至新中国成立，介绍了各个时代的立法、法律、刑制以及司法制度的内容和特点，阐述其发展变化规律，所引史料进一步增加，各章附有对该时期法律制度的简短评论，便于初学者加深对于中国法制史的理解。该教材还探讨了法律制度和政治制度之间的关系，指出中国法制

---

① 法学教材编辑部《中国法律思想史》编写组：《中国法律思想史》，法律出版社1982年版，"导言"第13页。
② 参见王侃主编：《中国法律制度史》，吉林大学出版社1985年版。
③ 王侃主编：《中国法律制度史》，吉林大学出版社1985年版，"说明"。
④ 参见张晋藩：《中国法制史》，天津人民出版社1986年版。
⑤ 张晋藩：《中国法制史》，天津人民出版社1986年版，"前言"。
⑥ 参见钱大群主编：《中国法制史教程》，南京大学出版社1987年版。

第十二章　当代中国法律史教材、学术综述与论文集编写状况

史教材的编写应该服从于中国法制史教学的目的。该教材指出，对于"法律制度"的理解学界有两种主张："一种主张认为应是'法律的制度'，另一种主张认为应是'法律制度和政治制度'。二种不同的主张，结果编出了二种不同特点的教材，前者所编的教材主要是讲法律制度的历史。持后一种主张的某些同志说中国法制史是'中国法律制度与政治制度史的简称'。"① 该教材认为："从科学门类划分越来越精细的趋势看，把法律制度史与政治制度史分开是对的。事实上，政治制度史正在发展为一门独立的学科，法律制度史单独地作为一门学科对法制史研究的深入将有更大的推动作用。"② 这体现了中国法制史学科专业化、精细化的发展趋势。1987年曾宪义主编的《新编中国法制史》③ 教材出版，该教材博采众长，推陈出新，坚持"详他人之所略，略他人之所长"的原则。在编写体例上，该教材以朝代为经线，以部门法为纬络，按照历史发展的时代特征将中国法制发展史分为三个阶段：奴隶制时期法律制度、封建制时期法律制度、近代和中华民国时期法律制度。对上述各时期的法律制度分15章进行概述，每章对该时期的立法指导思想，行政、刑事、民事、经济法律体系，以及司法诉讼制度进行介绍，描述各个时期的立法、司法制度和主导法律思想，勾勒出中国法律发展的历史脉络。该教材与以往教材相比，一方面，在篇幅上增加了各时期民事、行政、经济法律制度等的比重，弥补了以往教材侧重于刑事法律法规介绍的不足，全方位展现了各个时期的法制景观；另一方面，将法律思想融入法律制度的介绍之中，每章的第一节专节对该时期的立法指导思想进行介绍，这对于深化制度研究具有重要意义。叶孝信主编的《中国法制史》④ 是经国家教育委员会同意，由全国高等教育自学考试指导委员会根据《中国法制史自学考试大纲》组织专家学者编写而成的。该教材紧扣自学考试的特点，在编写体例和内容方面力求简洁，逻辑清晰，条目分明。全书分为四编，分别是：奴隶制的法律制度、封建社会的法律制度、半殖民地半封建社会的法律制度和新民主主义革命时期人民民主政权的法律制度。该教材在古代史部分，对各时期的立法指导思想，立法、司法制度以及法律特点和刑罚制度进行了介绍；在近代史部分，重点介绍了不同时期的立法、司法制度以及法律法规等，适应了自学考试的需求。20世纪90年代后，中国法制史教材的数量激增，出现了一批国家级规划教材，教材质量和编写体例进

---

① 钱大群主编：《中国法制史教程》，南京大学出版社1987年版，"绪论"第8页。
② 钱大群主编：《中国法制史教程》，南京大学出版社1987年版，"绪论"第8页。
③ 参见曾宪义主编：《新编中国法制史》，山东人民出版社1987年版。
④ 参见叶孝信主编：《中国法制史》，北京大学出版社1989年版。

一步改善。张晋藩主编的《中国法制史》[①]为"七五"国家规划教材,撰稿人分别为李铁、蒲坚、张晋藩和张希坡。该教材在体例、观点和史料方面都有新的改进和充实。在体例方面分为六编,分别是奴隶社会法律制度的产生、演变和瓦解(夏商西周春秋),封建社会法律制度的形成与确立(战国秦汉),封建社会法律制度的发展(三国两晋南北朝隋唐五代十国),封建社会法律制度的完备(宋元明清),半殖民地半封建社会各种类型的法律制度和革命根据地的新民主主义法律制度。横向上该教材对每个时期的行政、民事、刑事、经济法律制度以及司法制度进行介绍,内容更加充实,例如在对某一时期的刑事立法进行论述时,分别会对该时期的定罪量刑原则、刑罚制度、罪名、刑事立法的指导原则以及刑律的基本特点等进行介绍。在学术观点方面,该教材提出了一些新的学术观点。例如关于中国古代法制的特点,历来被学界以"诸法合体,民刑不分"一言以蔽之,但是该教材认为这种观点不符合中国法制历史的实际,是一种片面的观点,"诸法合体,民刑不分"仅仅是法典的编纂结构,是立法者的主观经验的产物。基于古代中国社会关系的多样性,法律的内容和调整方式均是多样的,因此,"诸法合体,民刑不分"只是中国封建时代具有代表性的法典的编纂结构,而中国古代的法律体系却是"诸法并存、民刑有分"的。在史料运用方面,该教材参引了大量经书、子书、信史资料、出土简牍、法典、事例以及近代报刊资料等,史料形式更加多元,援引比重显著增加,增强了该书的专业性、学术性和可读性。薛梅卿主编的《新编中国法制史教程》[②]指出,中国法制史既是"法律学中的一门通史,又是历史学中的一门专史"。该教材运用历史唯物主义的观点、方法,阐述中国法律的起源以及不同时期法律制度的内容、类型和发展规律等,揭示中国古代法律的本质和特点。该教材在体例和内容方面均有发展,在章节划分上以朝代或者政权更迭为标准,既体现不同时期法律制度的总体特点,又展现出中国法律发展演变的总体风貌;在内容上,增加了对立法指导思想和原则、立法机关及其活动的介绍,将立法思想融入法律制度史的研究之中。为了适应改革开放时期的需要,该教材新增了民事、经济、财经等方面的法律规定以及行政管理体制的内容。此外,该教材还新增了西夏法律制度的相关内容,弥补了以往教材对少数民族政权法制史研究不足的缺陷。1998年分别由怀效锋、郑秦主编的《中国法制史》和《中国法制史教程》[③]出版,作为高等法学教育通用教材使用。在编写体

[①] 参见张晋藩主编:《中国法制史》,群众出版社1991年版。
[②] 参见薛梅卿主编:《新编中国法制史教程》,中国政法大学出版社1995年版。
[③] 参见怀效锋主编:《中国法制史》,中国政法大学出版社1998年版;郑秦主编:《中国法制史教程》,法律出版社1998年版。

第十二章 当代中国法律史教材、学术综述与论文集编写状况

例上，二者均以朝代顺序为经线，对不同时期的法律制度进行论述。前者以部门法律规范为纬络，对每一时期的立法指导思想、立法状况、行政法律、刑事法律、民商法律以及司法制度进行介绍，更能直观地展现一个历史时期不同领域的法律规范和丰富的社会实践生活；后者以历史上全国性主要政权的法律思想、立法与法律形式、法律内容与特点以及司法制度为纬络展开论述，更易于描绘出某一历史时期国家立法和司法的整体风貌。郑秦主编的《中国法制史教程》还对改革开放后出版的中国法制史教材的种种不足进行了总结和反思，主要对削足适履式的历史分期、引文不够严谨以及对新史料忽视等问题进行了反思。因此，该教材加强了对注释、引文的查证工作，力图使所述问题达到论述有理有据的要求，同时增强了引文的可读性，另外还增加了对某一时期法制的评述与总结。朱勇主编的《中国法制史》[①] 教材在历史分期方面一改之前教材按照奴隶制社会、封建制社会等社会性质分期的体例，而是根据中国法律的形成、发展、发达以及近代化四个阶段进行编目划分，更能直观地勾勒出中国法律发展的脉络和路径。该教材在对中国各个历史时期的法制状况进行阐述的同时，增加了相关问题的专题论述，如关于华夏文明与中国法律起源问题的探讨、关于儒法之争与法律儒家化问题的分析，以及从传统与变革的角度对中国法律近代化问题的讨论等，增强了教材的理论性和学术性，避免了教材编写过程中易出现的体例刻板和观点保守的问题，这与该教材"培养跨世纪高质量法律人才"的宗旨和目标相一致。[②]

这一时期的中国法制史教材还包括游绍尹、吴传太的《中国政治法律制度简史》[③]，范明辛、雷晟生编的《中国法制史教程》（上、下册）[④]，蒲坚主编的《中国法制史》[⑤]，陈鹏生、程维荣编著的《简明中国法制史》[⑥]，于逸生、孙光妍编的《中国法制史》[⑦]，张晋藩主编的《中国法律史》[⑧]，郭成伟主编的《中国法制史》[⑨]，丁凌华主编的《中国法律制度史》[⑩] 等。

总之，这一时期中国法制史教材在体例上，横向上出现了以部门法律规范为

---

① 参见朱勇主编：《中国法制史》，法律出版社1999年版。
② 参见朱勇主编：《中国法制史》，法律出版社1999年版，"说明"。
③ 参见游绍尹、吴传太：《中国政治法律制度简史》，湖北人民出版社1982年版。
④ 参见范明辛、雷晟生编：《中国法制史教程》（上、下册），中国人民大学函授学院1984年版。
⑤ 参见蒲坚主编：《中国法制史》，光明日报出版社1987年版。
⑥ 参见陈鹏生、程维荣编著：《简明中国法制史》，学林出版社1988年版。
⑦ 参见于逸生、孙光妍：《中国法制史》，黑龙江教育出版社1991年版。
⑧ 参见张晋藩主编：《中国法律史》，法律出版社1995年版。
⑨ 参见郭成伟主编：《中国法制史》，中国法制出版社1999年版。
⑩ 参见丁凌华主编：《中国法律制度史》，法律出版社1999年版。

纬络或者以立法、司法状况为纬络进行论述的体例，纵向上逐渐改变了过去按照社会性质进行分期的方式，出现了按朝代顺序或者法律发展的不同阶段进行分期的教材体例；在指导思想上，以马列主义、毛泽东思想为主，世纪之交也出现了指导思想多元化的趋势；在内容上，由单纯的制度史研究向制度史和思想史相融合的方向发展，少数民族政权法制史的内容逐渐增加，教材的专业性和可读性增强；在研究方法上，更加注重阶级分析和历史分析相结合的方法，做到实事求是。马列经典著作参引比重减少，信史资料以及新史料得到广泛重视，史料运用的客观化、多元化和普遍化纠正了以往法制史研究中"以论代史"之风，史论结合逐渐成为中国法制史教材论述的主要风格。

最后，这一时期中国法律思想史教材经历了从无到有的过程，编写体例、指导思想、内容和研究方法也发生了一系列的变化。

20世纪80年代初期，中国人民大学法律系国家与法律理论教研室、西南政法学院法制史教研室分别编写了《中国政治法律思想史讲义》（第一分册）和《中国政治法律思想史（教学提纲）》两种讲义[①]，作为中国法律思想史的教材使用。这两本讲义的内容包括中国传统的政治思想和法律思想两部分，其中以政治思想内容为主。其后栗劲等人编著的《中国法律思想史》[②]是20世纪80年代初期具有代表性的教材成果之一。该教材全书共分9章，30余万字，反思了新中国成立后将中国法律思想史与国家学说、政治学说"捆绑"研究的困境，指出这种困境实际上湮灭了法律思想史学科的独立性，中国法律思想史应该正确处理好政治思想和法律思想之间的关系。该教材以"人治"和"法治"之间的辩证关系为主线，按照奴隶社会、封建社会以及中国近代社会等不同时期的发展逻辑，采取按人物研究的方法，将人物思想放在他们各自所处的具体的历史环境之下，运用历史唯物主义和马列主义法学理论进行分析，对不同时期人物的法律理论和法律观念进行详细的论述，以厘清中国法律思想史的发展脉络，探明中国传统法律思想的本质和特征。张国华、饶鑫贤主编的《中国法律思想史纲》（上、下）[③]分为上、下两册，共五编22章，80余万字。作者在"绪论"中对中国法律思想史研究中的几个问题进行了细致、全面的探讨。首先，在中国法律思想史研究的指导思想方面，该教材指出必须以马克思列宁主义、毛泽东思想作为指导思想，坚持历史唯物主义，从客观存在的历史事实出发，做到实事求是，充分掌握有关

---

① 参见中国人民大学法律系国家与法律理论教研室编：《中国政治法律思想史讲义》（第一分册），1981年；西南政法学院法制史教研室编：《中国政治法律思想史（教学提纲）》，1982年。
② 参见栗劲、孔庆明、赵国斌、刘富起编著：《中国法律思想史》，黑龙江人民出版社1983年版。
③ 参见张国华、饶鑫贤主编：《中国法律思想史纲》（上、下），甘肃人民出版社1984年版。

第十二章 当代中国法律史教材、学术综述与论文集编写状况

的思想资料,分析其内在的联系和规律,以求得出符合历史实际的正确认识;还必须对历史事实和有关思想资料,包括各个学派及其代表人物的法律理论和观点进行阶级分析,摆脱传统观念,给予历史上各种法律理论和观点客观的评价。其次,在分析该学科研究对象的范围时,该教材对中国法律思想史与其他学科(如中国法律发展史、中国法律制度史、中国法理学史、中国思想通史、中国经济思想史、中国政治思想史、中国哲学史等学科)之间的联系和区别进行了探讨。再次,该教材对学科体系和研究方法进行了阐释。研究方法主要包括马克思主义的辩证唯物主义和历史唯物主义的科学方法。在对前人学科体系进行研究概括的基础上,作者提出一种新的综合的学科体系,也就是该教材所采用的编写体例,即根据社会形态划分为几个部分:奴隶社会时期的法律思想、奴隶社会向封建社会过渡时期的法律思想、封建社会的法律思想(秦汉—隋唐五代)、封建社会的法律思想(宋—鸦片战争)以及半殖民地半封建社会鸦片战争至辛亥革命时期的法律思想。相应地,该教材分为五编,旨在使读者了解不同时期法律思想的阶级实质和区别。在分编的基础上,该教材按照法律思想相互关联的程度和发展演变的阶段,以不同的集团、学派或者朝代为标准,划分为若干章,以勾勒出中国法律思想的发展阶段;在每一章内,对不同集团、学派或者人物的法律理论和思想进行重点介绍,以展现不同时期各个法律人物和流派的法律思想。最后,该教材"序言"指出,研究中国法律思想史应该具有一种态度,即批判继承和古为今用,要切实贯彻这一方针,除了必须坚决清除"文化大革命"期间出现的影射史学、机械类比等造成的危害及其流毒,还必须防范表现为其他形式的实用主义的出现。[1] 该教材内容丰富,逻辑清晰,极富可读性。"这部教材的出版在学界引起了广泛的影响,当时各高等院校尚未有自己编写的'中国法律思想史'教材,因此大都借用此书作为教材,而此后各院校在编写教材时也大都以此为范本。"[2] 刘新、杨鹤皋主编的《中国法律思想史简明教程》[3] 除导言外分为9章,30余万字。该教材采取以朝代兴替为序的编写体例,即借鉴传统的断代为史的方法,以朝代的历史顺序为纵线进行介绍。该教材以人物思想研究为主,对中国历史上各个时期起过重要作用并对后世有深远影响的法学代表人物和学派的法律思想进行全面论述。书中所涉人物大致分为三类:第一类是王朝统治者,如嬴政、刘恒、拓跋宏、李世民、爱新觉罗·玄烨等人;第二类是辅臣或官吏,如长孙无忌、贾

---

[1] 参见张国华、饶鑫贤主编:《中国法律思想史纲》(上),甘肃人民出版社1984年版,第24页。
[2] 马小红:《中国古代法律思想史》,法律出版社2004年版,第241页。
[3] 参见刘新、杨鹤皋主编:《中国法律思想史简明教程》,山东人民出版社1986年版。

谊、刘颂、包拯等人；第三类是思想家或改革家，如管仲、子产、老子、孔子、墨子、孟子、商鞅、董仲舒、王安石等人。这种编写体例的优点在于，将个人思想与时代背景相关联，使读者既能够更加清晰地了解一个时代法制建设的总体概况，又能够对这一时期法律思想的主要特点形成更加直观的认识，深化对中国法律制度史和思想史的理解。张国华编著的《中国法律思想史新编》[1] 一书除绪论和结束语之外分为10讲，30余万字。这本教材有以下特点：第一，是张国华从事中国法律思想史教学科研工作多年积累而成的一部著作，是新中国成立后首部个人独著的中国法律思想史教材，也是中国法律史教材的编写从"主编制"向"独著制"发展的一个重要转折点，其学术价值和历史意义由此可见一斑。第二，以"讲"代"章"，对中国历史上不同时期、不同流派和人物的法律思想和理论进行专题式论述。各讲既可独立成篇，又能够作为断代部分融入对整个中国法律史的论述之中，同其他讲贯通成为一体。这种论述方式一方面，避免了以往教材中按人物排序出现的内容重复或者冗杂繁乱的缺陷；另一方面，更易于厘清不同法律思想产生和发展的历史脉络，理出一条有规律可循的历史发展线索。此外，该书对封建社会若干具体法律问题争论的总结以及对中国传统法律文化的评估，高屋建瓴，极富见地，体现了独著教材的思想性和学术性。该教材的"新"主要体现在三个方面，正如教材"前言"所指出的：

> 本书之所以名曰"新编"，其故有三：第一，顾名思义是相对"旧编"而言。此之前，作者曾先后主编过同类性质的高等学校教材《中国法律思想史》、《中国大百科全书·法学卷·中国法律思想史分支学科》，又与另一教授共同主编过《中国法律思想史纲》上、下册。该书上册曾获1987年全国优秀教材奖，但洋洋八十万言，分量太重，学生阅读不易。其二，与第一部《中国法律思想史》比较，本书从内容到形式都有所更新，并尽可能吸收中外学者包括海峡两岸学者的较新研究成果，择善而从，还纠正了一些错讹。但限于水平和所能看到的图籍不多，挂一漏万，有不少真知灼见很可能失之交臂。人总是有倾向性的，见仁见智难以整齐划一，只能求同存异，不能强加于人。作者是主张在马克思主义指导下，百花齐放、百家争鸣的。否则，不但真理难明，学术也不可能繁荣。其三，在法律史上我们有个习以为常的传统，就是将思想史和制度史截然分开，形成两张皮，即使是联系很密切的问题也各说各的，不越雷池一步；二者共同的纵向联系、横向联系同样被人

---

[1] 参见张国华编著：《中国法律思想史新编》，北京大学出版社1991年版。

为地割裂，互不相通。近年来，不少学者已感到这种分工过细、过于机械的做法并非上策。加之各自又只是在一个平面上来谈问题，毫无立体感；只谈静态，不谈动态；只谈论点，不谈实践，殊不合理。其实，仅就中国法律史而论，也是个多方位、多层次的系统工程，不应当把思想史和法制史看成两个孤立的世袭领地。因此，有人索性主张将二者结合起来改写成法律史或法律文化史，冶上下古今、立体平面、动静诸态以及各种纵横联系于一炉。但兹事体大，又涉及到学科分类的现行体制，一时很难毕其功于一役。我们限于学力和水平只能逐步改善，小作变动。该书基本上仍以思想史为主，加进一些必要的制度史内容。至于大改大革只好俟诸来日和寄希望于后来居上的新秀。①

此外，这一时期的中国法律思想史教材还包括赵国斌主编的《中国法律思想史》②、杨景凡主编的《中国法律思想史简编》（全二册）③、汪汉卿主编的《中国法律思想史》④、马小红主编的《中国法律思想发展简史》⑤、李贵连主编的《中国法律思想史》⑥ 等。

综上，可以看出1980—1999年间，中国法律思想史教材的编写经历了一个探索和发展的过程：在编写体例上，纵向上出现了社会形态分期、朝代兴替分期和专题式论述三种形式，横向上出现了按照具体人物、思想流派和社会阶层的分类标准对中国历史上不同时期的法律思想进行论述的方式；在编写方式上，张国华的《中国法律思想史新编》的出版，标志着中国法律史教材开始由"主编制"方式向"独/合著制"方式转变；在内容上，大部分学者对以往将法律思想与政治思想、国家学说"捆绑"研究的困境进行了反思，中国法律思想史与中国政治思想史逐渐分离，教材编写出现了"去政治化"的趋势，新增了对部分近代法律思想家的法律思想的介绍，如沈家本、康有为、梁启超、严复、孙中山等人的法律思想；在研究方法上，实事求是的研究方法在中国法律思想史研究中越来越受到学界的重视，学者倾向于将不同人物、流派或阶层的法律思想放到具体的时代背景下进行历史分析，力图作出客观公正的历史评价，史料的运用更加充分、科学，从而为该学科在21世纪的突破和发展奠定了基础。

---

① 张国华编著：《中国法律思想史新编》，北京大学出版社1991年版，"前言"。
② 参见赵国斌主编：《中国法律思想史》，吉林大学出版社1985年版。
③ 参见杨景凡主编：《中国法律思想史简编》（全二册），广西师范大学出版社1988年版。
④ 参见汪汉卿主编：《中国法律思想史》，中国科学技术大学出版社1993年版。
⑤ 参见马小红主编：《中国法律思想发展简史》，中国政法大学出版社1995年版。
⑥ 参见李贵连主编：《中国法律思想史》，北京大学出版社1999年版。

(二) 2000—2022 年中国法律史教材的统计分析

笔者对 2000—2022 年中国法律史教材进行统计，将其分为中国法制史、中国法律思想史两个类别，每一类别再分别按照教材的编写方式（主编制、独/合著制）、受众对象（本科教材、研究生教材）两个标准进行二级分类，以五年为一时段（2015—2022 年单列为一时段）进行统计，如表 12-2 所示。

表 12-2　中国法律史教材出版数量统计表（2000—2022 年）

时间	中国法制史 主编制	中国法制史 独/合著制	中国法制史 本科教材	中国法制史 研究生教材	中国法律思想史 主编制	中国法律思想史 独/合著制	中国法律思想史 本科教材	中国法律思想史 研究生教材
2000—2004 年	48	16	61	3	23	5	27	1
2005—2009 年	41	12	49	4	16	3	18	1
2010—2014 年	49	11	52	8	7	3	9	1
2015—2022 年	38	4	36	6	8	8	15	1
合计	219		219		73		73	

为了更直观地展现这一时期中国法律史教材的发展变化，笔者以教材的编写方式和受众对象为分类标准，将这一时期中国法制史和中国法律思想史教材的数量用柱状图来表示，如图 12-3、图 12-4 所示。

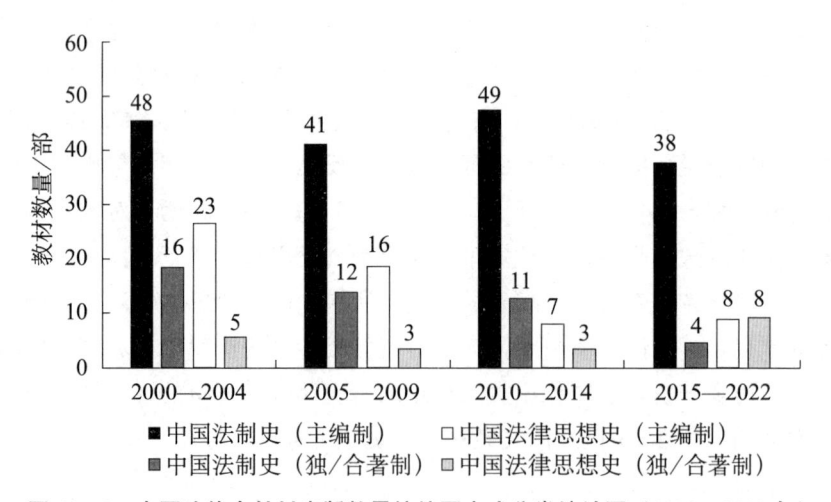

图 12-3　中国法律史教材出版数量按编写方式分类统计图（2000—2022 年）

从表 12-1、表 12-2 中可以看出，2000—2022 年中国法律史教材的数量较 1949—1999 年中国法律史教材的数量有了极大增长，其中，中国法制史教材数量约是 1949—1999 年的 2.8 倍，中国法律思想史教材数量约是 1949—1999 年的

第十二章 当代中国法律史教材、学术综述与论文集编写状况

图中数据：

年份	中国法制史（本科教材）	中国法制史（研究生教材）	中国法律思想史（本科教材）	中国法律思想史（研究生教材）
2000—2004年	61	3	27	1
2005—2009年	49	4	18	1
2010—2014年	52	8	9	1
2015—2022年	36	6	15	1

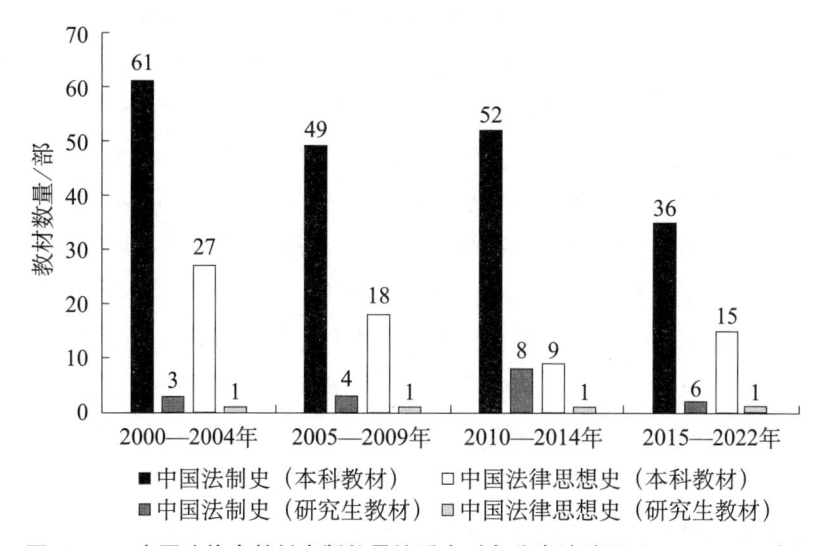

图 12-4　中国法律史教材出版数量按受众对象分类统计图（2000—2022 年）

2.5 倍。单就 2000—2022 年中国法律史教材的发展来看，中国法制史教材总量趋于稳定，而中国法律思想史教材总量呈下降趋势。在教材编写方式上，以主编制为主，同时也有一部分有分量的独著或合著教材。在受众方面，以面向普通高等学校本科学生的教材为主，同时也有专门针对法学研究生群体的教材。此外，该时期教材的编写体例、方法、内容等趋向成熟，于指导思想方面，在坚持历史唯物主义的同时，指导思想和指导原则呈现出日益多元化的特点。教材体系更加科学合理，教材风格由注重知识的统一性和结构的一致性向多样化和理论化方向发展。下面笔者通过对部分教材的介绍，进一步分析 21 世纪以来中国法律史教材变化的具体表现。

首先，在中国法制史教材建设方面，曾宪义主编的《中国法制史》[①] 是普通高等教育"九五"国家级重点教材，全书共 15 章，约 50 万字，卷首附"主题词词目表"。该教材坚持辩证唯物主义和历史唯物主义的科学原理和科学方法，按照断代史顺序系统论述了中国近五千年的法律发展史，实事求是地挖掘、整理、分析和研究中国传统法制资源，展现出历史上存在过的法律制度的本来面目，揭示中国法律制度产生、发展、演变的历史根源和规律，全面阐述中国法律史学科的基本理论和主要内容。该教材在章节设置上未将"太平天国法制"单列一章，而是将太平天国法制浓缩为一节置于"清末法律制度"章之下，在布局上更加均衡，结构上更加合理。每章基本按照立法概况、指导思想、刑事立法、民事立法

---

① 参见曾宪义主编：《中国法制史》，北京大学出版社 2000 年版。

和司法制度的顺序对各个历史时期的法制状况进行介绍。教材的编写根据中国传统法律制度的特征，以儒家法律思想的发展演变为主线，强化了对中国传统法律文化伦理性的阐释；同时，教材对中国传统法律文化所表现出的哲学、思想特征进行阐释，例如教材解释了"天道"观念在不同时期的不同表现形式：夏商两代的"天讨""天罚"，西周时期的"以德配天"，汉代的"天人感应""天人合一"，宋明理学中的"理""气""人"等观念。此外，教材注重将法律制度和社会土壤相结合，将法律制度置于一个时期的政治、经济、文化、风俗传统之中进行介绍，这对于阐释不同时期法律制度的特色及其形成原因具有重要的意义。该教材吸收了国内外法律史学研究的新成果，注重开阔学生的法律文化视野、培养学生的理论分析能力，从整体上反映了21世纪初中国法律史学研究与教材编写的最新状况。叶孝信主编的《中国法制史》[①] 共13章，40余万字，按照朝代顺序，全面介绍了中国有史以来法律制度发展演变的基本脉络和主要内容，以及不同时期法律制度的基本特色。该教材吸收了当时中国法律史学科研究的最新成果，注重对中国古代法律中民事财产制度以及司法诉讼内容的介绍和总结，如教材书第二版[②]根据张家山汉墓竹简资料以及有关研究成果，几乎全部重新编写了第五章"两汉的法制"。该教材在体例结构上设置了"本章要点"、"资料"、"解说"、"案例"、"人物"、"插图"以及"本章小结"等栏目，不只注重对教材知识的简单讲授，更注重对史料的援引、法律现象的解说、典型案例的列举和古代法官事迹的介绍。该教材的论述风格生动，内容详略得当，对重点王朝的法律制度，如西周、秦朝以及唐宋时期的法律制度重点介绍。针对以往教材在介绍法律制度时仅注重对立法和司法环节的介绍的不足，该教材增加了对执法环节的介绍，通过对具有典型意义的案例和执法者事迹的介绍，立体式展现了各个历史时期法制建设的状况。张晋藩主编的《中国法制史》[③] 是一本普通高等教育"十五"国家级规划教材，共13章，40余万字。该教材吸收了最新的考古和历史研究成果，对传统教材的体例进行了部分调整，使之更具有实用性、科学性和系统性。该教材在体例上按照编年史顺序，对各个历史时期的法律思想、法律制度和立法成就进行详细的论述。该教材结构上的另外一个特征在于取消了对"太平天国法制"的介绍，"太平天国法制"在中国法制史教材中由单独列章到单独为节再到基本被取消的地位变迁，反映了中国法制史的教材结构日趋合理化以及法史学界对太平天

[①] 参见叶孝信主编：《中国法制史》，复旦大学出版社2002年版。
[②] 参见叶孝信主编：《中国法制史》（第二版），复旦大学出版社2008年版。
[③] 参见张晋藩主编：《中国法制史》，高等教育出版社2003年版。

第十二章 当代中国法律史教材、学术综述与论文集编写状况

国政权态度的转变。该教材每章的第一节均为该时期法制发展的概述,在具体内容上既注重对各个历史时期法制共性的归纳和总结,强调对每一时期特有制度的介绍,完整勾勒出中国法律发展的线索和脉络,也注重对不同时期的法制特色的总结。该教材体系完整,结构严谨,史料翔实,是一本质量较高的中国法制史教材。曾代伟主编的《中国法制史》① 共12章,第二版增加了"中华人民共和国初期法制概略"一章,共13章,40余万字。首先,该教材采用断代为史的体例,条块结合编排内容,凸显法律史学的历史感和层次感。其次,该教材在论述方式上注重突出历代法制发展的基本线索:在先秦部分,以法制沿革为线索,着重揭示春秋法制的"破"、战国法制的"立"的规律性特点;在秦至鸦片战争时期部分,突出两千年中国法制发展的基本线索,描绘各个时期法制的基本特色,着重对中国古代法制史的一些核心命题进行深入探讨,抽象出中国古代法制发展演变的规律;在近代部分,以中国法制近代化为基本线索展开评述。此外,该教材注重吸取学术研究的最新成果,充实和运用了云梦秦简、张家山汉简、湘西里耶秦简等简牍文书以及研究的新资料、新成果,厘正了一些因史料阙如而含混的结论;增加了中华人民共和国法制史的内容,较以往教材在内容上更为充实丰满,在体系上更为系统完整。陈晓枫主编的《中国法制史新编》② 除序言以外,分为上、下两编,共11章,40余万字。该教材在编写过程中充分重视部门法史的编写体例和内容,解决了三个方面的编写问题,分别是部门法律的原则问题、部门法律的体系问题和中国古代法律的渊源问题。相较于通行的中国法制史教材,该教材更新了部门法史的编写体例和内容。其主要特色表现为:一是分为总论和分论两部分,总论部分按照历史演进的脉络采用大断代,概述了中国古代法律从起源至发展兴盛,最终衰亡嬗变的演进规律;分论部分按照部门法律的知识体例论析古代法制材料,分为中国国家基本法史、中国行政法史、中国刑法史、中国民法史以及中国司法诉讼制度史几个部分,在体例上较以往教材有了重大的突破。二是从史出论,富于创新性地概括了古代部门法律的制度特色和法律原则,给读者带来一种重审历史传统的法学视维。邓建鹏的《中国法制史》③ 一书分为三编,共12章,约50万字。作者在"前言"中对教材编写模式提出了自己的看法:"《中国法制史》的编写模式虽然要遵循起码的基本要求,但是,如果对教材编写的方方面面设定具体细则及一成不变的套路,'以八股文式的起承转合

---

① 参见曾代伟主编:《中国法制史》,法律出版社2006年版。(该书于2012年出版第二版。)
② 参见陈晓枫主编:《中国法制史新编》,武汉大学出版社2007年版。(该书于2011年出版第二版。)
③ 参见邓建鹏:《中国法制史》,北京大学出版社2011年版。

线性发展的通套之词描述中国法制史的发展路径'（张世明教授语），那一定会制造出没有生命力的教材，读之令人生厌。"① 该教材打破了单纯按照朝代或五种社会形态划分中国法制史的模式，力图按照法制自身的发展变化划分其历程。上编为"传统法制分论"，论述了法制初创期、法制公开化时期、法制儒家化时期、律典成熟期、反律典化时期以及律典衰落期的法律制度及时代特点。中编重在阐述影响及支配传统法制的四大因素：皇权政治、法家思想、伦理社会及儒家思想。下编阐述传统法制瓦解及引进西方近代法制的原因和表现，揭示了中国法律近代化的艰难历程。该教材在传授中国法制史基础知识的同时，进一步探求法制与社会之间的关系，寻找不同时期法制的联系与传承，实现知识的融会贯通。该教材为作者在长期的中国法制史研习、教学实践过程中积累而成的一部个人独著，通俗易懂，同时又不失其学术深度和广度，无论在内容方面还是在体例上都是一部具有较强创新性的教材。聂鑫的《中国法制史讲义》② 是一部独著教材，共三编17章，计40余万字。该教材在编写体例上别出心裁，打破传统的断代为史的体例，按照封建时代（夏商周）、帝制时代（秦至清）和近代的历史时段划分将全书分为三编。第一编侧重于论述中国封建社会与礼制，以周代为主。第二编为帝制中国时期的法制，各章的划分主要基于法律部门的不同，法律部门的划分标准兼顾了西方现代法律部门划分的标准与传统中国自身的特色和内在逻辑。第三编为近代中国法制部分，作者结合中国法律近代化的历史实际，将对公法与政制的论述作为该编的论述重点，兼及近代的司法体制。作者借用陈顾远"朝代兴亡不应断以为史，史所疑者不应信以为史"的观点提出了学习中国法制史的看法，指出："制度变迁是法制史研究的重点之一，所谓'变迁'，不外是关于'连续性'与'非连续性'（或者说断裂）的思考，这样一种延续或者断裂与朝代兴替并不完全同步。断代史的研究方法对于制度变迁的研究可能是不合时宜的"；又指出："中国历史悠久，古籍汗牛充栋，其中传说与推测显然不足为实据。加之古人又喜'祖述尧舜、宪章文武'作'伪书'、'托古改制'，学术与现实政治、与当下相连接过于紧密，滋生出一种后代对史料加以裁剪的史官文化。所以对史料一定要小心，'尽信书则不如无书'。"③ 该教材最后附有"参考书目"，具有较强的学术性和新颖性。

这一时期具有代表性的中国法制史教材还包括曾宪义主编的《中国法制

---

① 邓建鹏：《中国法制史》，北京大学出版社2011年版，"前言"。
② 参见聂鑫：《中国法制史讲义》，北京大学出版社2014年版。
③ 聂鑫：《中国法制史讲义》，北京大学出版社2014年版，第4页。

史》[1]、郭建等的《中国法制史》[2]、徐祥民和胡世凯主编的《中国法制史》[3]、杨和钰主编的《中国法制史教程》[4]、宋四辈和张汉昌主编的《中国法制史教程》[5]、王菲的《中国法制史》[6]、陈涛的《中国法制史》[7]、赵昆坡编著的《中国法制史》[8]、蒲坚主编的《新编中国法制史教程》[9]、王立民主编的《中国法制史》[10]、马作武主编的《中国法制史》[11]、段秋关和王立民主编的《中国法制史》[12]、周子良主编的《中国法制史》[13]、周东平主编的《中国法制史》[14]、刘广安的《中国法制史》[15]、陈晓枫和柳正权的《中国法制史》[16]、郑显文编著的《中国法制史》[17]、赵晓耕主编的《中国法律史》[18]、孙光妍和邓齐滨主编的《中国法制史》[19]、李交发主编的《中国法律史》[20]等。

其次，在中国法律思想史教材建设方面，俞荣根主编的《中国法律思想史》[21]是司法部法学教材编辑部编审的一部教材，共六编，30余万字。该教材在编写体例上按照法律思想自身相对独立发展的规律，将中国法律思想的发展分为起源时期、争鸣时期、整合时期、定型时期和变革时期五个时期，相应地各自成编，各编之下并未严格按照朝代进行分期，而是主要采取专题式的论述方式，对各思想流派、阶级集团的法律思想或者思潮进行论述，以阐释各种法律思想之间的因革关系，揭示中国法律思想发展的脉络和沿革。第六编为"综论"部分，分专题论述了中国法律思想的历史发展和特点，对儒家伦理法的内在精神从天理、

---

[1] 参见曾宪义主编：《中国法制史》，中国人民大学出版社2000年版。
[2] 参见郭建、姚荣涛、王志强：《中国法制史》，上海人民出版社2000年版。
[3] 参见徐祥民、胡世凯主编：《中国法制史》，山东人民出版社2000年版。
[4] 参见杨和钰主编：《中国法制史教程》，中国政法大学出版社2000年版。
[5] 参见宋四辈、张汉昌主编：《中国法制史教程》，中国民主法制出版社2001年版。
[6] 参见王菲：《中国法制史》，中国检察出版社2001年版。
[7] 参见陈涛：《中国法制史》，陕西人民出版社2001年版。
[8] 参见赵昆坡编著：《中国法制史》，北京大学出版社2002年版。
[9] 参见蒲坚主编：《新编中国法制史教程》，高等教育出版社2003年版。
[10] 参见王立民主编：《中国法制史》，上海人民出版社2003年版。
[11] 参见马作武主编：《中国法制史》，中国人民大学出版社2004年版。
[12] 参见段秋关、王立民主编：《中国法制史》，北京大学出版社2005年版。
[13] 参见周子良主编：《中国法制史》，法律出版社2006年版。
[14] 参见周东平主编：《中国法制史》，厦门大学出版社2007年版。
[15] 参见刘广安：《中国法制史》，高等教育出版社2008年版。
[16] 参见陈晓枫、柳正权：《中国法制史》，武汉大学出版社2012年版。
[17] 参见郑显文编著：《中国法制史》，中国法制出版社2017年版。
[18] 参见赵晓耕主编：《中国法律史》，高等教育出版社2019年版。
[19] 参见孙光妍、邓齐滨主编：《中国法制史》，中国政法大学出版社2021年版。
[20] 参见李交发主编：《中国法律史》，湘潭大学出版社2020年版。
[21] 参见俞荣根主编：《中国法律思想史》，法律出版社2000年版。

国法和人情三个视角进行深入解读,起到了知识整合和理论升华的作用。该教材最后附有"中国法律思想史著述简目",梳理了20世纪中国法律思想史研究最具代表性的成果。该教材在论述方式和编写体例上的改进对于本学科的长远发展无疑是一次有益的尝试,是21世纪初中国法律思想史教材中最具代表性的成果之一。马小红的《中国古代法律思想史》[①] 是一本研究生教材,分为上、下两编,除了导言部分,共15章,30余万字。该教材的编写兼顾了教材的普遍性和受众对象的特殊性,采用了基本知识点叙述与专题研究相结合的方式。上编为"中国古代法律思想发展概览",首章为综述部分,对先秦法律思想和秦至清的法律思想的主要内容和大致状况进行综述,统领全编;接下来对先秦神权法与礼治思想、儒家与法家思想的内容和特点进行论述,自秦汉起以正统法律思想的发展为主线,全面论述了自秦至清,中国正统法律思想的形成、发展、完善、僵化和衰败的过程。下编为"中国古代法律思想专题研究",对专业研究的基本方法、专业研究的发展与成果、专业研究的基本问题与今后的发展趋势进行了专题探讨。下编首章对中国法律思想史学科的设置与发展状况以及资料的使用和研究方法进行了概述;接下来对《吕刑》的史料价值和法律思想进行探讨,展现史料的真实性对法史研究的意义;对中华法系、中国传统社会道德的法律化、中国古代社会的人治与法治问题、法制与法治观以及中国传统法律的启示进行了深入探讨,具有一定的理论深度和较高的学术价值,与上编相互照应,具有使基础知识和学术理论融会贯通的作用。此外,该教材附有"中国古代王朝兴替年表"和"先秦诸子表",并附有主要参考书目、重要人名索引和重要名词索引三部分内容,还配有八幅插图。该教材的编写既符合教材传授基本知识的基本特征,内容丰富,图文并茂,又具有理论深度,史论结合,能够开阔学生的学术视野,培养学生独立思考的能力,在体例和内容上对以后的研究生教材的编写具有一定的参考和借鉴价值。武树臣的《中国法律思想史》[②] 一书为普通高等教育"十一五"国家级规划教材,分为"绪论"和"本论"两部分,其中"绪论"1章、"本论"4章,共5章,50万字。"绪论"部分为中国法律思想的基本理论问题,包括中国古代社会的基本特点、中国法律思想史的学科地位与学术特征、中国古代法律思想史的学术概念和命题、中国古代法律思想的哲学基础、中国法律思想历史发展概况以及学习中国法律思想史的意义与研究方法。"本论"部分并没有完全以朝代或者人物为线索,而是依据中国法律思想历史发展在不同时期的表现形式和本质特

---

① 参见马小红:《中国古代法律思想史》,法律出版社2004年版。
② 参见武树臣:《中国法律思想史》,法律出版社2004年版。(该书于2017年出版第二版。)

征，分为四个时期，分别是：中国法律思想的原生形态、中国法律思想的多元形态、中国法律思想的正统形态和中国法律思想的嬗变形态。第一个时期中国法律思想的原生形态，探讨了中国法律文明的起源和古代"法"字的文化内涵，分析了"廌"这一古老图腾的意义和内涵，论述了夏商周三代的法律思想和法律文化，尤其是对早期法律文化和官方学术的形成进行了深入分析。第二个时期中国法律思想的多元形态，主要结合春秋战国时期的社会状况和法制改革，介绍了"百家争鸣"的学术盛况，结合地域文化研究的框架，系统研究了鲁国文化与儒墨法律思想、晋秦文化与法家法律思想、楚国文化与道家的法律思想、齐国文化与齐国学者的法律思想，进一步分析了儒法两家法律思想的对立性和重叠性。第三个时期中国法律思想的正统形态，对中国正统法律思想的形成、社会化、哲理化、局部深化以及衰落等不同时期的内容和特征进行了论述，并对这一时期的宗教神学禁忌观念和非正统法律思想进行了介绍。第四个时期中国法律思想的嬗变形态，结合西法东渐的时代背景，叙述了近代不同流派、不同阶级代表人物的法律思想。该教材在编写体例上以法律思想自身的发展规律为关注点，采取不同的分类标准，在教材编写体例上是一次成功的突破性尝试，在内容上兼具教材的基础性和专著的学术性，是 21 世纪初一部具有较高编写水平的中国法律思想史教材。姜晓敏的《中国法律思想史》[①] 共 8 章，约 30 万字。该教材为适应本科教学的特点，在体例上采取朝代排序的方式，精选了学科传统而稳定的教学内容，主要介绍中国自古以来不同历史时期出现的重要学派及其代表人物的法律理论和法律观点，系统介绍了夏商西周时期、先秦诸子、秦汉时期、魏晋南北朝时期、隋唐时期、宋明时期、明末清初时期以及近代的法律思想，每章的"小结"部分起到总括全章、领起后文的作用，全书结构合理，衔接流畅，叙述风格平实简洁，通俗易懂。马小红、姜晓敏的《中国法律思想史》[②] 为"十二五"普通高等教育本科国家级规划教材，全书共三篇 10 章，约 40 万字。上篇"先秦法律思想"，主要包括古代国家与法律的起源、夏商西周的法律思想和春秋战国的法律思想。中篇"秦朝至清的法律思想"，主要包括秦汉时期的法律思想、魏晋南北朝的律学、隋唐时期的法律思想、宋明时期的法律思想和明末清初时期的法律思想。下篇"近代的法律思想"，包括清末和民国时期的法律思想。全书纵向上按照历史发展的逻辑，横向上按照学派（如儒家、墨家等诸子学派）、阶级（如资产阶级改良派和革命派）以及人物（如王安石、朱熹、王守仁、丘濬等人）的标准进行

[①] 参见姜晓敏：《中国法律思想史》，高等教育出版社 2009 年版。（该书于 2015 年出版第二版。）
[②] 参见马小红、姜晓敏：《中国法律思想史》，中国人民大学出版社 2010 年版。（该书于 2013 年、2015 年、2019 年分别出版第二、第三、第四版。）

划分，纵横交错的条块式编写体例全面展现了不同时代、不同社会背景下中国法律思想的表现形式和特征。该教材以"简明扼要、中心突出、概念准确、条理清晰"为编写指导思想，将重点放在"介绍专业基础知识和观点"上，以与学术专著相区别。该教材配有大量插图，使叙述更为直观、生动，体现了教材的文化性和可读性，是一本具有代表性的本科教材。江山的《中国法思想讲义》① 是作者根据授课内容整理的一本讲义，共七讲，约56万字。该讲义对以往中国法律思想史教材或专著的"强设分期、乱断朝代、孤立人头"的编写体例进行了反思，采用了大框架、大结构，或者说宏大叙事的方式，论述有详有略，不求面面俱到，对重要时代重要人物思想进行详细论述，主要是考虑到这些历史时代和人物对中国历史、文化、制度、伦理、意识形态、社群根养等有着至关重要的贡献和价值。按照以上逻辑，作者对中国法思想及其成因、法自然之自然法观念、法人则圣的礼法思想、诸子百家面面观、道德理想主义的仁法体系、王道大一统的法观念以及天人合一的理法体系进行了全面论述，说明中国秩序观念的内质和体质表征，力图彰显中国法文化的积极价值和深层理念。该讲义保持了讲课的风貌、风格，叙述生动，内容丰富，在编写体例和叙述风格上与其他教材讲义迥然不同，是一部中国法律思想史教材中的精品之作。

此外，21世纪以来具有代表性的中国法律思想史教材还包括刘新主编的《中国法律思想史》②、陈金全主编的《中国法律思想史》③、徐祥民等编的《中国法律思想史》④、崔永东主编的《中国法律思想史》⑤、杨鹤皋主编的《中国法律思想史》⑥、侯欣一主编的《中国法律思想史》⑦ 和《新编中国法律思想史》⑧、李贵连和李启成的《中华法史三千年：法律思想简史》⑨、杨鹤皋的《新编中国法律思想史》⑩ 等。

最后，中国法律史教材在内容方面，出现了思想史和制度史日趋融合的趋势，甚至不少教材以"中国法律史"命名，在编写体例和内容上真正实现了思想

---

① 参见江山：《中国法思想讲义》，中国经济出版社2014年版。
② 参见刘新主编：《中国法律思想史》，中国人民大学出版社2000年版。（该书于2005年、2008年、2013年、2017年分别出版第二、第三、第四、第五版，自第四版起，主编增加王振东。）
③ 参见陈金全主编：《中国法律思想史》，法律出版社2001年版。
④ 参见徐祥民、刘笃才、马建红编：《中国法律思想史》，北京大学出版社2004年版。
⑤ 参见崔永东主编：《中国法律思想史》，北京大学出版社2004年版。
⑥ 参见杨鹤皋主编：《中国法律思想史》，北京大学出版社2005年版。
⑦ 参见侯欣一主编：《中国法律思想史》，中国政法大学出版社2008年版。
⑧ 参见侯欣一主编：《新编中国法律思想史》，高等教育出版社2022年版。
⑨ 参见李贵连、李启成：《中华法史三千年：法律思想简史》，中国民主法制出版社2016年版。
⑩ 参见杨鹤皋：《新编中国法律思想史》，中国政法大学出版社2020年版。

史和制度史的一体化。武树臣、李力编著的《中国法律史》[①] 共三编 13 章，20 余万字。该教材按照中华法系孕育、形成和完备、发展与解体的顺序，将中国法律史的发展分为四个时期：夏、商、西周、春秋战国时期是中华法系的孕育时期，秦汉至隋唐是中华法系的形成、完备时期，宋元明清是中华法系的发展时期，清末是中华法系的解体时期，线索清晰，内容精练，重点突出。该教材的每一章对不同时期的法律思想和法律制度分别进行阐述，实现了制度史和思想史的融合，这种合编体例在一定程度上可以改变以往制度史和思想史研究"两张皮"的现象，在编写体例上有了重大的突破和改进。李启成的《中国法律史讲义》[②]是普通高等教育"十二五"规划教材，除"导论"和"结语"外，共两编 16 讲，约 60 万字。该教材以中国历史上的法为脉络，以"治吏"思想为视角和宗旨，专题式地描述了传统中国贵族法制、帝制法制的不同形态和内容，以及近代中国法制向民主法治转型的艰难探索历程。上编为"传统中国法制"，论述了帝制中国时期法制演变的历程和规律，对帝制中国的立法制度、司法制度、法律教育、家事法律以及家法族规、乡约等进行了系统阐述。下编为"向民主法治迈进的近代中国法制"，深入分析了近代中国法制转型的动因，对中国近代有关宪政的探索和实践、刑事法制的近代变迁、司法制度的近代变革以及近代中国的私法特点进行了阐释，揭示了中国法制近代化的曲折历程。该教材紧密围绕着"治吏"宗旨，将思想与制度紧密结合，从历史深处全面审视中国传统法律。此外，该教材配有大量的史料图片，每一讲最后设有余英时、钱穆、沈家本等人的"参考阅读材料"，结构完善，体系齐全，是一部综合性的中国法律史讲义。马小红等著的《中国法律史教程》[③] 汇集了中国法律史领域多位学者的教学科研经验，将基础的教学知识同专业的研究内容相结合、将法制史和法律思想史有机结合，力求使读者"通过对教程的阅读能够明了制度与思想的关系"[④]。该教材按照专题共分为 6 章：第一章是"皇帝制度"，指出了皇权"有限性"是中古法文明的显著特征；第二章是"官制官规"，梳理了中国古代官制官规的学术史，阐释了中国古代官制官规的相关理念和官制架构，并且详细论述了中国古代官员的选任、考课和监察制度；第三章、第四章、第五章分别介绍了中国古代民事、刑事和诉讼法律制度的内容和特征；第六章是"近代中国法律的转型"，梳理了宪法、行政法、民商法、刑法及诉讼法等各部门法在近代发展变迁的脉络，在中西法律文化对比

---

① 参见武树臣、李力编著：《中国法律史》，中共中央党校出版社 2000 年版。
② 参见李启成：《中国法律史讲义》，北京大学出版社 2018 年版。
③ 参见马小红等：《中国法律史教程》，商务印书馆 2020 年版。
④ 马小红等：《中国法律史教程》，商务印书馆 2020 年版，"前言"第 1 页。

的视角之下探索出中国法律现代化的基本路径。该教材趣味性和学术性并重,既注重基础知识,又具有浓厚的学术色彩,是21世纪以来"合著制"及"制度思想相结合"的代表教材之一。

通过对1949—2022年中国法制史和中国法律思想史教材的统计分析,我们可以一窥中国法律史学科自新中国成立以来发展变化的规律以及该学科在中国法学教育体系中的地位,进而可以给未来中国法律史教材建设提供有益的借鉴。

在指导思想上,中国法律史教材经历了这样一个过程:指导思想从政治性向学术性过渡,但是历史唯物主义始终是中国法律史教材最基本的指导思想。在编写体例上,中国法律史教材的结构在70多年的时间里发生了巨大的变化。中国法制史教材逐渐改变了以往效仿苏联教材按社会性质分期的单一方式,出现了依照朝代序列、历史分期、法律自身发展的规律以及部门法体系进行章节划分的教材结构和体例。中国法律思想史教材经历了逐渐从政治思想史中独立出来的从无到有的过程,教材体例、结构也从最初的以朝代、人物、学派的法律思想为线索,发展到以中国法律思想自身发展的历史规律或者以正统法律思想的演进为线索进行论述。由章节式论述向专题式论述的发展是中国法律史教材出现的一个新趋势,教材结构更加科学,体系更加完善。在内容上,中国法律史教材更加注重论述内容的"详略得当",这与以往教材在内容方面所注重的"面面俱到"有所不同。"详略得当"的论述方式更有利于勾勒出中国法律发展的历史脉络,描绘出中国几千年来法律发展和变迁的宏大图景。教材的叙述风格更加灵活,内容更为丰富,呈现出基础性和理论性的双重特点。在编写方式上,由"主编制"向"独/合著制"发展是中国法律史教材最明显的发展趋势之一,"独/合著制"教材的优点在于论述的体系化和结构的一体化,法律制度或法律思想历史变迁的脉络更为突出,这种编写方式也为制度史和思想史的融合提供了可能,便于全面解读中国法律发展史背后的社会因素和文化因素。

此外,不容忽视的一点是,这一时期中国法律史教材的数量总体上呈现上升趋势,但是仍以中国法制史教材为主,在受众对象上以本科教材为主,中国法律思想史教材的数量呈现下降的趋势,研究生教材的数量较少。这种现象与中国法律思想史学科在当下法学教育体系中"选修课程"的地位有一定的关联,当然,这也折射出了当下中国法律史教材在建设过程中所面临的一系列问题。这些问题主要表现在以下两个方面:一是现有学术评价体系对教材的忽视。正如有学者指出的:"长期以来,在我们的评价体系中,教材并没有获得应有的注重,对学术成果的形式优先考虑的往往是专著而非教材。在不少人的观念中,教材与创新、与学术精品甚至与学术无缘。其实,要真正写出一部好的教材,其难度之大、工作之艰辛、影响之深远，绝不低于一部优秀的专著，它甚至可以成为在几百年甚至更长的时间内发挥作用的传世之作。"[1] 二是中国法律史教材还未完全消除制度史和思想史"两张皮"的现象。中国法律制度史和思想史发展的不均衡，势必会造成本学科发展的"短板劣势"，从而影响整个学科的发展。中国法律史教材的数量虽然较以前有很大的增长，但是鲜见质量上乘或者具有传世价值的教材，教材质量参差不齐，有的甚至几无特色。所有这些问题，既是当下每一位法律史学者应该思考的，也是每一位法律史同人在治学实践中应当改变的。

二、1949—2022 年中国法律史学术综述的编写状况

"学术的发展必假以时间方能判断其趋势，但经常地对学科的研究状况及成果进行总结，并通过这种的总结，对学科发展的趋势和动向加以分析则是提高学科研究水平的阶梯，也是学科学术史形成的必要条件。"[2] 学术史研究是中国法律史研究中必不可少的一个领域，中国法律史学术综述作品的出现是学科自我反思和建构的结果，也是学科发展到一定阶段必然出现的一种内部整合。一方面，通过这种内部整合进行学科的自我沉淀，将本学科在一定时期的研究成果进行整理归类，可以提炼出具有新颖性或者突破性的学术观点，将具有代表性或者传世价值的作品积淀下来，以增加本学科研究的深度和厚度；另一方面，通过对既有作品的整合，我们可以总结出该领域研究的学术热点和发展趋势，为本学科的发展提供正确的方向指引。

20 世纪 80 年代以后，一系列中国法律史学术史研究的论著相继问世，其中有一些是具有代表性的综述类作品，如 1989 年天津教育出版社出版的曾宪义、郑定编著的《中国法律制度史研究通览》[3] 与曾宪义、范忠信编著的《中国法律思想史研究通览》[4] 这两部学术史专著。其中《中国法律制度史研究通览》一书分为三编。"前言"部分对该书的编写作了三点说明，也指出了学术史研究应该遵循的原则。现将原文摘录于下。

> 第一，对中国法制史学科形成以来的科学研究进行系统总结和回顾，是本书编写的主要目的。中国法制史学科形成以来，特别是最近八九年来，中国法制史的研究成果异常丰富，在学科研究的深度和广度上都取得了引人注

---

[1] 朱景文主编：《法理学》，中国人民大学出版社 2015 年版，"序言"第 6 页。
[2] 曾宪义、马小红：《中国法律史学术研究成果之分析》，载《法学家》，2007 年第 1 期。
[3] 参见曾宪义、郑定编著：《中国法律制度史研究通览》，天津教育出版社 1989 年版。
[4] 参见曾宪义、范忠信编著：《中国法律思想史研究通览》，天津教育出版社 1989 年版。

目的成就，从法的起源到新中国三十年的法制建设，从学科的宏观重要理论问题到一些具体细微的法律制度，都不断有新的研究成果出现。在学科不断发展、研究不断深入之际，对本学科作一全面的回顾和总结，在宏观上了解学科研究成果，发现亟待改进和发展的问题，无疑是十分必要的。因此，本书将用相当的篇幅，力图站在比较高的角度对中国法制史研究中的各种问题，如学科发展、各时期法律制度及各部门法律制度的研究状况、主要研究成果、主要争论问题以及有待更深入研究的问题等等进行比较系统的总结，以期勾画出本学科在科研广度和深度上现已达到的程度，发现存在的问题，找出重点和难点，以利学科更进一步的发展。

第二，在对本学科进行总结和回顾的过程中，力图集中保存汇集本学科研究过程中的一些重要资料。本书在总结断代和专题研究过程中，将保存收录该问题研究中具有代表性科研成果（编著和论文）的主要观点和主要论据，寓史料性于学术性之中，以期使本书成为史料性较强的学术著作。

第三，为方便对本学科研究成果的检阅，促进科学研究的深度和广度，本书将本学科论著目录作为一部分内容。计有一九〇五年至一九八七年五月中国法制史论文索引，一九〇五年至一九八七年中国法制史著作目录，并附我们编译的日本一九六五年至一九八〇年研究中国法制史论文目录，以及日本研究中国法制史著作目录。[①]

该书第一编为"学科概论"，探讨了中国法制史学科的研究对象和研究方法，界定了中国法制史研究与历史学和法学研究之间的关系，指出从学科研究内容、研究方法以及其他一些技术性角度来看，中国法制史的历史特征更为明显，从学科研究内容本身的特性以及学科研究的目的等方面来看，中国法制史则偏重于法学属性；并结合历史、文化与法律对中国法制史研究的目的和意义进行了论述，对中国法制史学科的发展进行了历史回顾。作者将中国法制史的发展分为三个阶段：第一阶段为"前学科时代"的中国法制史研究，时间范围包括从夏代至清末，这一时期的中国法制史是传统史学的组成部分，在几千年的发展过程中，为现代中国法制史的形成和发展奠定了基础。第二阶段为近代中国法制史学科的初步形成与发展，时间范围是1900年至1949年间，这一时期中国法制史的学科体系初步形成，研究内容、对象和方法基本确定，本学科基础理论研究趋于成熟。第三阶段是新中国中国法制史学的曲折与中兴，这一时期以马克思主义为指导的

---

① 曾宪义、郑定编著：《中国法律制度史研究通览》，天津教育出版社1989年版，"前言"第6—7页。

中国法制史学正式形成，中国法制史学经历了曲折发展和中兴的过程。作者从研究范围、研究方法和研究深度三个方面对中国法制史学的发展趋势与未来进行了探讨，指出研究范围的拓展、方法的更新和深度的精进是中国法制史学科发展的必然趋势。此外，作者还对建树学科里程碑的浩大工程——《中国法制通史》（多卷本）编写的筹备情况作了介绍。第二编为中国法制史研究综述部分，对新中国成立初期至20世纪80年代中国法制史研究的总体状况进行了介绍。在通论研究部分，作者对法的继承性问题，中国法制史学科的研究对象、范围及方法问题，中华法系问题以及部门法史研究问题等的研究状况进行了梳理。接下来，该书以断代史为序，论述了先秦法制史、秦汉法制史、魏晋隋唐法制史、宋元明清法制史以及近代、民国时期法制研究的研究状况，宏观展现了新中国成立以来中国法制史研究的总体面貌。第三编为"论著类编"，主要介绍了20世纪初至80年代中国法制史著作、史籍、法典、资料、案例、论文的状况，体现了该书的学术性、工具性和资料性，以供学人参考、查询和备览。

《中国法律思想史研究通览》一书采取与《中国法律制度史研究通览》类似的体例对中国法律思想史的研究状况进行了概述，总体上主要围绕以下几个问题展开讨论："该学科是在怎样的动力下产生的？是在怎样的环境下得到长足发展的？又是什么因素曾阻碍过它的发展？人们对该学科中的哪些问题争论较大？这些争论久而未决的症结何在？该学科研究迄今为止尚有哪些漏洞？其未来发展趋势如何？它有史以来产生了多少论著？该学科教学和研究队伍现状如何？……"[①] 该书第一编为"中国法律思想史学科体系及研究方法"，界定了本学科的研究对象和学科体系，区分了中国法律思想史和中国政治思想史两个学科，概括了本学科的研究方法：阶级分析与历史分析相结合、定性分析与定量分析相结合、社会调查与史籍调查相结合。第二编为"中国法律思想史学科的过去、现在与未来"，分为学科溯源阶段、萌芽阶段、确立阶段、萧条阶段和复兴阶段五个阶段，论述了中国法律思想史学科的发展历程，并介绍了中国法律思想史学科发展的"新路标"——《中国法律思想通史》（多卷本）编写的指导思想、原则、要求以及编写方案和计划安排，并对该丛书编写的组织领导及写作情况进行了简要介绍。该书详细介绍了中国法律思想史学科的重点问题及其讨论状况，主要围绕以下九个关键问题进行：第一，关于儒家及孔、孟、荀的法律思想。第二，关于法家及管、商、韩、慎的法律思想。第三，关于道家及老庄的法律思想。第四，关于墨家及墨子的法律思想。第五，关于历史上的"法治主义"与

[①] 曾宪义、范忠信编著：《中国法律思想史研究通览》，天津教育出版社1989年版，"前言"第4页。

"人治主义"。第六，关于中国古代"自然法"思想。第七，关于中国古代的"民主"思想。第八，关于近代法制西化运动中的"礼教派"与"法治派"思想。第九，中国法律思想史分期及学派划分。作者从史料利用、研究方法和学科体系内容三个方面，分析了中国法律思想史学科亟待解决的问题及未来发展的趋势。第三编为"学科研究资料"，分类整理了中国法律思想史研究的相关成果，主要包括基本史料及工具书、科学研究成果（学术专著和学术论文）等。附录为日本学者研究中国法律思想史的部分著述索引，以及英国、美国、法国、日本有关中国思想文化史的部分著述的索引介绍，并简要介绍了国内的学术动态。该书对中国法律思想史学科进行了全面系统的梳理，对相关学术问题和热点进行了总结，对于该学科今后的发展具有重要的指引作用。

张晋藩主编的《中国法制史研究综述（1949—1989）》[①]一书介绍了新中国成立后40年间（1949—1989年）中国法制史发展的研究概况，包括"研究概述总述、对同一问题的不同观点、某些在法史学界已得到普遍认同的结论、各方面研究所存在的不足、亟须研究并加以解决的理论课题等等"[②]。该书第一章为"总论"，对中华法系研究、中国法制史的研究对象和中国古代法制的历史借鉴三个问题的研究状况进行了综述。关于中华法系研究，作者主要集中于中华法系的特点、中华法系的历史断限和中华法系的地域范围等三个方面。关于中国法制史的研究对象，作者对20世纪五六十年代学科大讨论中的观点进行了总结，并概括了中国法制史研究应该重点讨论的七大问题："第一，法律制度的产生，历史上不同类型国家法律制度的历史演变和动因，不同类型法的各种形式，不同形式法的效力和相互关系，立法原则、内容、特点、技术方面的问题和本质；第二，历史上不同类型国家的执法原则、执法机关及其活动的特点和规律；第三，历史上不同类型社会中的各个阶级对各项法律制度采取的态度及其变化；第四，在历史上不同类型的社会里，统治阶级的政策、道德、政治措施，以及社会上各类代表人物的政治法律思想、活动对于法律制度的形成、实施、发展、变化所造成的影响；第五，历史上不同类型社会的各项法律制度在该社会不同的历史阶段上对社会生产力发展所起的推动或阻碍作用，不同类型的法律制度对经济基础和上层建筑其他部分所起的作用；第六，封建社会农民起义中建立的政权所颁布的具有法律效力的口号、檄文、教义等；第七，中国共产党领导下的革命法制建设。"[③]

---

① 参见张晋藩主编：《中国法制史研究综述（1949—1989）》，中国人民公安大学出版社1990年版。
② 张晋藩主编：《中国法制史研究综述（1949—1989）》，中国人民公安大学出版社1990年版，"说明"。
③ 张晋藩主编：《中国法制史研究综述（1949—1989）》，中国人民公安大学出版社1990年版，第8-9页。

关于如何借鉴古代法制的问题，该书主要总结了张晋藩、陈国礼等人的学术观点，然后纵向上分别对夏、商、西周、春秋法律制度，战国时期法律制度，秦代法律制度，汉代法律制度，魏晋南北朝法律制度，隋唐五代法律制度，宋代法律制度，辽金元法律制度，明代法律制度，清代法律制度，清末法律制度，南京临时政府法律制度，北洋政府法律制度，广州、武汉国民政府法律制度，国民党政府法律制度，革命根据地时期法律制度的研究状况进行了学科综述，横向上以各个时期的部门法律制度、研究的主要命题、重大的立法事件等为纬，详细介绍了中国法制史研究在 1949—1989 年间的发展状况和进度，同时对各个历史时期研究的不足进行了总结，并提出了未来研究的方向。

何勤华的《中国法学史》（三卷本）是系统论述中国法学发展史的综述性成果。该书第一卷对汉语中"法学"一词在中国的起源和流变进行了考证，并对"中国古代无法学论"进行了质疑，提出了"中国古代不仅存在法学，而且也还是一种比较发达的法学形态"的观点，进而对中国法学史在中国学术史中的地位进行了评述："中国法学史是中国学术史研究一个不可或缺的重要方面，中国法学史研究的开展，也将进一步完善中国学术史的研究体系，促进中国学术史的发展与繁荣。"[①] 此外，该卷对中国古代法学的发展进行了历史分期，对中国古代法学的萌芽时期（春秋战国）、诞生时期（秦汉）、发展时期（魏晋南北朝）和昌盛时期（隋唐）进行了阐述，同时对不同时期的法学思想、法学著作以及代表性法学家进行了详细介绍，总结了不同时期中国古代法学发展的阶段性特征。第二卷重点对中国古代法学的成熟时期（宋元）和衰落时期（明清）两个阶段进行了考察，侧重于法学世界观的变化、立法的发展，以及法学教育与科举制度、官吏选拔制度之间的关系等内容。该卷对法学研究及其作品、判例法学、法医学的发展进行了综述，并且将前述两个时期的 108 位法学家的列传列于书中，全面展示了中国古代法学成熟时期和衰落时期的不同特征。第三卷主要介绍了中国近代法学的成长历程，这一时期是中国近代法学的定型时期，包括自 19 世纪 30 年代至 1949 年中华人民共和国成立约 120 年，侧重于自清末变法修律至 20 世纪 30 年代的法学发展状况。该卷在研究方法和内容上与前两卷既有相似之处，又有所不同，正如该卷所指出的："（本卷）采用了理论探索与史料整理并重的方式，即将全书分为三个部分，第一部分为本书的前五节，以论为主，主要阐述西方法学观在近代中国的传播，以及外国人、法科留学生、中国法律教育在中国近代法学的诞生与成长中的作用；第二部分是第六节至第十四节，以史料为主，展现中国近

[①] 何勤华：《中国法学史》（第一卷），法律出版社 2000 年版，第 49 页。

代法学之各个学科的形成和发展过程;第三部分是本书第十五节,为近代法学家列传,对100位在近代法学产生过程中做出突出贡献的法学家进行了介绍与评述"①。《中国法学史》(三卷本)对中国古代法学萌芽、诞生、发展、昌盛、成熟和衰落的历史演变过程以及近代法学的产生进行了系统考察,总结了不同时期法学发展的特征,从法学发展史的角度对中国古代法律文化遗产进行整理,并提出了一些有价值的观点,对中国现代法学发展具有一定的理论参考价值和借鉴意义。

俞荣根、龙大轩、吕志兴编著的《中国传统法学述论——基于国学视角》②是一部以国学的体例、方法来叙述中国传统法学的作品。该书以专题论述的体例,将中国传统法学研究纳入国学的框架之中,对中国传统法学研究的状况进行综合论述。该书按照中华法系学、礼法学、刑名学、律学、唐律学、刑幕学、宋(慈)学、沈(家本)学八个命题的研究分为8章,对每个命题均按照产生、不同历史阶段的研究状况、港台和国外的研究状况的顺序进行叙述,勾勒出不同学术命题在中国历史上的发展轨迹。附录对中国简牍学的发展进行了综述和展望,将中国简牍学的发展分为七个历史时期,分别为前简牍学时期(西汉至清末)、创立期(20世纪初)、奠基期(20世纪30、40年代)、发展期之一(20世纪50年代至70年代)、发展期之二(20世纪70年代)、兴盛期(20世纪80年代)、繁荣期(20世纪90年代以来)。作者对中国简牍学未来的发展进行了展望,指出:"地下简牍确实很厚爱新世纪初的学术界,它们的纷至沓来为我们奉献了如此量多质高的古代文献。借助于它们,同时辅之以严格的学术研究规范和健全的学术研究机制,可以预期,21世纪前期,我国学术界可望对礼乐文明、六经诸子,乃至秦汉魏晋六朝礼法制度、律令典章之属的系统研究作出前所未有的突破,改写古代学术史、思想史、政治和法律制度史,使之更加接近真实地重现中华古老文明,从而将这些宝贵的思想文化资源转化为我们民族陶养现代心灵、繁荣现代学术和文化的活水源头,并进一步推进我们宏伟的现代文明进程。"③

刘广安、高浣月、李建渝等编著的《中国法制史学的发展》④ 一书由十个专题构成,分别为法制通史、刑法史、民法史、宪法史、司法制度史、家族法史、

---

① 何勤华:《中国法学史》(第三卷),法律出版社2006年版,"序"第3页。
② 参见俞荣根、龙大轩、吕志兴编著:《中国传统法学述论——基于国学视角》,北京大学出版社2005年版。
③ 俞荣根、龙大轩、吕志兴编著:《中国传统法学述论——基于国学视角》,北京大学出版社2005年版,第383页。
④ 参见刘广安、高浣月、李建渝等编著:《中国法制史学的发展》,中国政法大学出版社2007年版。

民族法史、中华法系专题、中国法律儒家化专题和中国法律近代化专题。该书总结了每个专题的研究特点和状况，并对每个专题之下的对中国法制史学的发展具有重要影响的学术成果按人物进行了概括，总结了这一成果的学术价值和历史意义。附录部分对1920—1979年间中国法制史学的论文进行了整理汇编，以备研究者查阅和参考。该书从整体上展现了中国法制史学在20世纪发展的历史进程，反映了中国法制史学科在20世纪的发展面貌，具有学术性、导读性和工具性价值。

中国社会科学院法学研究所法制史研究室编写的《中国法律史学的新发展》[①]一书重点论述了1996—2006年十年间中国法律史学的发展状况。第一章"总述"对十年间中国法律史学的发展进行了概述，阐明了学科体系、研究方法和法律文献整理研究的新进展，作者指出十年间中国法律史学取得了五个方面的进步与突破："第一，走出认识上的误区，重新认识中国法律史；第二，发扬注重史料、扎实治学的优良学风，法律文献整理和法史考证取得重大进展；第三，不断扩充研究领域，法律通史、断代史和部门法史成果累累；第四，法文化研究受到普遍重视，学术水平有了较大提高；第五，破除学术禁区，近现代法律史研究空前繁荣。"[②] 第二章"热点问题研究"对十年间中国法律史学研究的热点问题进行了总结，主要包括三个方面，即民族法史研究、中华法文化研究和中国古代民法问题研究。该书的主体部分按照断代史的顺序，将中国法律史研究分为先秦法律史研究、秦汉法律史研究、魏晋南北朝法律史研究、隋唐五代法律史研究、宋辽西夏金元法律史研究、明清法律史研究、近代法律史研究和革命根据地及中华人民共和国法律史研究八个部分，每个部分按照制度史和思想史进行划分，对十年间中国法律史领域的出版专著和发表论文情况进行了分类简介，并对相关学术争鸣进行了归纳总结，侧重于对十年间中国法律史学科发展之"新"进行阐释，突出了学科发展的新进展、新方法和新面貌。

高汉成主编的《中国法律史学的新发展》[③] 一书系统盘点和评述了2000—2011年十年间中国法律史学领域的研究成果，对中国法律史学未来的发展进行展望，以"辨章学术、考镜源流"为目的，展开对中国法律史学术史的书写。该书分为导论、古代法律史研究、近代法律史研究、中华人民共和国法律史研究四个部分。导论部分对中国法律史学的研究力量、研究机构和学术活动进行了介

[①] 参见中国社会科学院法学研究所法制史研究室编：《中国法律史学的新发展》，中国社会科学出版社2008年版。

[②] 中国社会科学院法学研究所法制史研究室编：《中国法律史学的新发展》，中国社会科学出版社2008年版，第1—18页。

[③] 参见高汉成主编：《中国法律史学的新发展》，中国社会科学出版社2013年版。

绍，从学科建设理论、法律文献整理、断代法律史研究、专门法律史和法文化研究五个方面对中国法律史研究的成果进行了叙述，并对中国法律史学未来的发展趋势进行了讨论。该书以断代为经，以学术问题为纬，系统论述了中国法律史研究的全貌。附录部分包括关键词索引，2000—2011年中国法律史论文选录、中国法律史著作选录，为学界同人进行研究以及为其他领域读者查阅资料提供了便利。

王立民、洪佳期、高珣主编的《中国法制史研究70年》[1] 一书以新中国成立至2019年之间的中国法制史学为研究对象，从课程设置、研究群体、研究方法、主要研究成果等方面细致勾勒了中国法制史学科的发展脉络，总结了新中国成立以来中国法制史研究的特点和成就。该书分为上、下两编：上编以时间为经，将新中国成立以来中国法制史学的发展分为四个历史阶段，即新中国成立后30年、20世纪80年代、20世纪90年代和21世纪初20年。该编纵向考察了中国法制史学在不同阶段的成果、特征以及学界关于相关问题的研究争论等。下编以专题为纬，横向考察了新中国成立以来中国法制史领域不同主题的研究的进展情况。该编主要包括楚简法律文献研究、中国唐律研究、革命根据地时期法制研究、中国刑罚史研究、中国地方法制史研究、中国租界法制研究和中国租界审判机关研究七个专题，涵盖了新中国成立以来中国法制史研究的大部分领域，全面、系统地重现了新中国成立70年以来中国法制史研究的整体面貌。

徐世虹主编、中国政法大学法律古籍整理研究所编的《中国古代法律文献概论》[2] 是一部法学和历史学交叉的综述性作品。该书对金文法律文献、出土简牍法律文献、石刻法律文献、唐至清代的立法文献、正史"刑法志"、古代判牍文献、古代司法档案文献、古代契约文献、古代律学文献、古代文学中的法律资料进行了考证和梳理，并对不同领域的研究状况进行了总结和展望，极大地拓宽了中国法律史研究的学科视野，对于中国法律史教学和研究具有极高的史料价值。

中国法律年鉴社出版的历年《中国法律年鉴》[3] 对上一年度中国法制史学、中国法律思想史学、外国法制史学学科的发展状况，按照不同的主题进行编写，梳理每一年度该学科领域的学术热点问题和学术争鸣，反映该学科发展的年度学术动态。相比于其他类型的学科综述，法律年鉴在更加微观的层面记录和总结了

---

[1] 参见王立民、洪佳期、高珣主编：《中国法制史研究70年》，上海人民出版社2019年版。
[2] 参见徐世虹主编，中国政法大学法律古籍整理研究所编：《中国古代法律文献概论》，上海古籍出版社2019年版。
[3] 《中国法律年鉴》自1987年起每年出版1卷，内容主要包括：特载；专文；国家立法、司法和仲裁工作概况；中华人民共和国法律；中华人民共和国行政法规；司法解释选载；中国对外缔结条约和履约概况；中国法学会工作；中央国家机关各部门法治建设；地方法治建设；法学各学科发展概况；法学教育和法律图书目录；案例选编；统计资料；中国法治建设大事记；附录。

第十二章 当代中国法律史教材、学术综述与论文集编写状况

每一年度中国法律史学科发展的动态,具有极高的史料价值。

中国法律史领域还出版了一系列有分量的索引类工具书,既有检索作用,又有"综述"的作用。曾宪义主编的《百年回眸:法律史研究在中国》(四卷本)是教育部哲学社会科学研究重大课题攻关项目"中国传统法律文化研究"的配套项目。该书第二卷《当代大陆卷》分为上、下两册,集中将当代中国大陆中国法律史领域最具有代表性的研究成果汇编成书,客观展现不同阶段中国法律史研究的学术风貌。将不同时期的学术成果进行汇编,对本学科当代发展进行"综述",能够为当下中国法律史学的发展提供参考和借鉴。① 该书第四卷为《目录索引卷》,分为上、下两篇,收录了19世纪末至2006年6月一百余年来公开发表和出版的法史论文和著作的目录,共计16 900余条。上篇分为"总论""中国古代法制史""中国近现代法制史""中国古代法律思想史""中国近现代法律思想史""中国少数民族法律史""文献版本研究、著述评介和学术动态""博士和硕士论文""法史图书"九个部分,目录索引共计12 500余条,各部分以朝代为序。下篇分为"外国法制史论文""西方法律思想史论文""博士和硕士论文""外国法制史著作""西方法律思想史著作"五个部分。②《目录索引卷》的意义正如该书编写的初衷:"一是为了及时了解法史研究的动态和新的见解,二是期望经过有计划的编写和多年积累,形成一部反映法史成果、方便读者查阅的工具书。"③ 赵九燕、杨一凡编写的《百年中国法律史学论文著作目录》④ 分为上、下两册,其中上册为近百年来法史领域公开发表的论文目录索引,分为"通论""中国古代法制史""中国近现代法制史"三个部分;下册包括"中国古代法律思想史""中国近现代法律思想史""中国少数民族法律史""博士和硕士论文""法律文献、著述评介",此外还有图书目录,包括"著作译著""教材""法律文献及整理成果""工具书、案例选编"等几个部分。该书的编写虽一波三折⑤,但最终成书,是中国法律史学术史研究中必不可少的索引资料。

---

① 参见曾宪义主编:《百年回眸:法律史研究在中国》(第二卷)(上、下),中国人民大学出版社2009年版。

② 参见曾宪义主编:《百年回眸:法律史研究在中国》(第四卷),中国人民大学出版社2009年版。该卷收录了赵九燕、杨一凡于1987年即已着手整理的《百年中国法律史学论文著作目录》的阶段性成果,该成果后经当时就读于中国社会科学院研究生院的博士研究生才媛整理补编完成。参见该书"后记"。

③ 曾宪义主编:《百年回眸:法律史研究在中国》(第四卷),中国人民大学出版社2009年版,"后记"。

④ 参见赵九燕、杨一凡编:《百年中国法律史学论文著作目录》(上、下册),社会科学文献出版社2014年版。

⑤ 参见赵九燕、杨一凡编:《百年中国法律史学论文著作目录》(下册),社会科学文献出版社2014年版,第1097-1101页。

三、1949—2022 年中国法律史论文集的编写状况

中国法律史研究成果以不同的形式呈现出来，主要包括专著、教材、论文集等。其中中国法律史研究领域的论文集多依附于高校、科研院所或学会等机构，多以"以书代刊"的形式公开出版。论文集相较于学术期刊的特点在于：体量大，论文集"以书代刊"的形式决定了论文集刊发的论文数量会远远多于注重"版面限制"的期刊的论文数量；专题性，纵观现有的中国法律史论文集可以发现，所刊论文选题较为集中，且论文集多以某一专题命名；内容广，非专题性论文集的论文内容涉及中国法律史领域的方方面面，即使是专题性论文集，其内容也会围绕某一专题展开多角度论述。

新中国成立后，以马克思主义为指导的中国法律史学开始建立，这一时期中国法律史领域的著作以参考资料、讲义为主，鲜见论文集形式的中国法律史著作。北京政法学院历史教研室于1961年和1962年编写的《中国国家与法的历史参考资料》是一部具有鲜明时代特征的论文集，共四册，分别为《中国国家与法的历史参考资料（导言部分）》（一）[以下简称《导言部分》（一）]、《中国国家与法的历史参考资料（古代史部分）》（一）[以下简称《古代史部分》（一）]、《中国国家与法的历史参考资料（古代史部分）》（二）[以下简称《古代史部分》（二）]以及《中国国家与法的历史参考资料·近代史部分》（一）[以下简称《近代史部分》（一）]。① 其中《导言部分》（一）节选了马列主义经典作家关于历史唯物主义的一些基本原理的论述，马克思、恩格斯、列宁、斯大林关于研究现状和历史的一些言论，《毛泽东同志论调查研究》以及《人民日报》社论《先摸情况，后作结论》，同时收录了相关讲话稿和理论研究文章，如陈伯达的《批判的继承和新的探索》、郭沫若的《关于目前历史研究中的几个问题》、范文澜的《历史研究中的几个问题》、吕振羽的《怎样学习历史》、邓拓的《毛泽东思想开辟了中国历史科学发展的道路》、黎澍的《毛泽东同志的〈改造我们的学习〉和中国历史科学》、嵇文甫的《在历史研究中抓特点、抓新东西》、白寿彝的《历史学科基本训练有关的几个问题》和吴传启的《材料和观点》。《古代史部分》（一）主要包括束世澂的《夏代和商代的奴隶制》、永深的《简述春秋至战国前期东方各国的变法》、杨宽的《商鞅变法》、翦伯赞的《两汉的尚书台与宫廷政治》、王毓铨的《汉代"亭"与"乡""里"不同性质不同行政系统说》、唐长孺的《魏周府兵制度辨疑》和《九品中正制度试释》。《古代史部分》（二）选取了韩国磐的

---

① 该著作为内部参考，未公开出版发行。

第十二章　当代中国法律史教材、学术综述与论文集编写状况

《略论隋朝的法律》和《略述科举制度》、唐长孺的《唐代军事制度之演变》、王永兴的《关于唐朝法律的几个问题》、季子涯的《赵匡胤和赵宋专制主义中央集权制度的发展》、陈鸣钟的《略论洪武年间的中央集权政策》和《明代的厂卫》、邓之诚的《谈军机处》、郑天挺的《清代的八旗兵和绿营兵》。《近代史部分》（一）主要包括刘大年的《我们要熟悉中国近代史》、王邦佐的《试论1901年—1905年清政府的"新政"》、陈旭麓和劳绍华的《清末的新军与辛亥革命》、《人民日报》社论《纪念太平天国革命百周年》、董必武的《在辛亥革命50周年纪念大会上的讲话》、平心的《旧中国的"宪政运动"与"宪法"》。该论文集所选文章除少量与中国法律史有关外，其余多为历史学和政论性文章，这正反映了当时中国法律史研究"政法结合"和"政史结合"的时代特色。

改革开放后，法律史研究领域第一个连续出版的论文集被认为是中国法律史学会主办的《法律史论丛》。1979年中国法律史学会学术研讨会在长春顺利召开，会议决定创办《法律史论丛》作为法史研究的阵地。据张晋藩回忆，"这次大会（长春会议——引者）还确定出版《法律史论丛》，作为以书代刊的出版物。由我担任主编，法学所高恒担任副主编，从1980年至1982年共出版三期。这本论丛在当时是法制史学的唯一园地，它给法制史学界提供了一个发表学术见解的平台，因而受到广泛的支持，新老学者都争先在论丛发表文章。1982年因出版困难，《法律史论丛》的编写出版中辍"①。邱远猷在其《八十春秋》一书中也对《法律史论丛》的创办和发展进行了回顾："会议决定在理事会领导下成立《法律史论丛》编辑委员会，编辑出版有关法律史的学术讨论会文集。聘请邱远猷、张观发（第1辑后退出）、张晋藩、赵国彬、饶鑫贤、高恒（按姓氏笔画为序）为编委，张晋藩任主编。在1981年、1982年、1983年，分别由中国社科出版社、法律出版社，出版了第一、二、三辑，每辑二十几万至三十几万字不等。这是当时法律史学界唯一的学术园地，深得大家的欢迎和支持。第四、五辑，虽然编就，但由于经费困难等原因，未能正式出版。1983年8月在西安召开了'中国法律史学会首届年会'，论文由中国法律史学会委托西北政法学院科研处编汇成册，定名为《法史研究文集》（上、中、下三册）。后来，学会改行执行会长制，哪个单位承办年会研讨会，由其执行会长主编论文集。从1996年南京年会起，复用《法律史论丛》名称，为第四辑，直至2003年济南年会《法律史论丛》第十辑为止。之后的年会论文集未见到冠以《法律史论丛》第几辑名称了。"② 可

---

① 张晋藩：《镜鉴心语：法史研究中的古与今》，厦门大学出版社2012年版，第310页。
② 邱远猷：《八十春秋》，首都师范大学出版社2012年版，第158页。

见《法律史论丛》在当时法律史学界的"阵地"意义，它为中国法律史研究提供了一个坚实的学术平台，也刊发了一批有分量的学术成果。现将1981年《法律史论丛》第一辑的"目录"摘编如下，以展现中国法律史学科在改革开放之初所关注的重点问题以及亟待解决的问题。

韩延龙、刘海年：《关于法制史的研究对象和方法问题》；张晋藩：《编写〈中国法制史〉（多卷本）的初步设想》；张国华：《从历史上谈法制的两个问题》；刘富起、孔庆明、乔伟：《法制的历史考察》；栗劲：《刑讯考》；乔木青：《族刑连坐法的初步探讨》；陈光中、薛梅卿、沈国峰：《试论我国封建法制的专制主义特征》；王忠：《封建婚姻家庭制度剖析》；林剑鸣：《秦代法律制度初探》；高恒：《汉律篇名新笺》；肖永清：《论两汉刑法的基本原则》；叶孝信：《试论〈唐律疏议〉》；王侃：《明朝内阁制度初探》；杨一凡：《太平天国的官吏铨选升降制度》；刘海年、常兆儒：《革命法制保障人民权利的传统及历史经验》；张希坡：《"废止肉刑"是我国新民主主义革命的一项重要任务》；李忠芳、陈航：《中国婚姻制度大革命的开端——重温〈中华苏维埃共和国婚姻条例〉》；饶鑫贤：《〈中国法律思想史〉研究对象商榷》；李光灿：《研究、编写〈中国法律思想史〉（多卷本）规划初拟》；饶鑫贤：《从"贞观之治"看李世民的政治法律思想》；张晋藩：《清初进步思想家的政治法律思想》；杨堪：《评谭嗣同反封建的政治法律思想》；徐尚清：《略论汉穆拉比法典》；由嵘：《试论罗马法对英国法的影响》；潘华仿：《略论美国最高法院的宪法解释权》；张观发：《略论孟德斯鸠的政治法律思想》。附录为邱远猷辑：《中国法制史论文资料索引（1949—1979年）》；《我国法律史学界的空前盛会——中国法律史学会成立纪实》》[①]

通过上述"目录"可以看出，《法律史论丛》第一辑刊发的论文主要围绕法律史学科体系建设、研究对象、研究方法，法律制度史和思想史多卷本通史的编写，重大的历史事件，不同历史时期基本的法律制度，人物思想，以及对外国的法律制度、法律思想的研究而展开。这体现了中国法律史学科在恢复阶段对自身科学性和体系性的关注，而法律制度史和思想史多卷本通史的编写，作为20世纪中国法律史领域的一项具有里程碑意义的成果，既是当时的学术热点，也为以后法律史的发展奠定了基础。论文集中的考证类文章，体现了法律史学科的严谨性，同时也具有对本学科相关问题"拨乱反正"的意味。1996年中国法律史学

[①] 中国法律史学会编：《法律史论丛》（第一辑），中国社会科学出版社1981年版。

第十二章 当代中国法律史教材、学术综述与论文集编写状况

会学术年会在南京召开，会议论文汇编成集以《法律史论丛》（第四辑）为名由江西高校出版社正式出版，钱大群等人担任主编。其后每辑以年会论文集为依托，冠以《法律史论丛》之名。第五辑由侯欣一主编，中国华侨出版社出版；第六辑由徐显明主编，山东大学出版社出版；第七辑由陈金全、李鸣、杨玲主编，重庆出版社出版；第八辑由汪汉卿、王源扩、王继忠主编，法律出版社出版；第九辑由陈鹏生、王立民、丁凌华主编，上海社会科学院出版社出版；第十辑由林明、马建红主编，山东大学出版社出版。① 自中国法律史学会2004年年会开始，会议论文集不再冠以《法律史论丛》的名称。可以说《法律史论丛》见证了中国法律史学科恢复和发展的整个过程。

1998年中国法律史学会决定创办《法律史论集》②，作为法律史研究的新园地，韩延龙担任主编，马小红、高旭晨担任副主编。"《法律史论集》每年一卷，它坚持正确的学术方向，倡导不同的学术风格，广纳百家之言，主要发表研究论文，同时开辟若干学术专栏，加强学术交流。《法律史论集》也负有培养法史新秀的任务，选登博士研究生和硕士研究生的学位论文。"③《法律史论集》第1卷主要设有"法制史专题研究"、"法律思想史专题研究"、"文献研究"、"法制现代化专题研究"、"法史新资料"和"学者专访"等栏目。该论集于1998年、1999年、2001年、2002年、2004年、2006年分别出版了第1卷、第2卷、第3卷、第4卷、第5卷和第6卷。六卷《法律史论集》共发表论文160余篇，涵盖了老中青三代法律史学人的论文，内容包括中西法律制度史和思想史，选题灵活，形式多样，对于法律史学领域的学术争鸣和人才发现起到了重要的推动作用。此后《法律史论集》改名为《法史学刊》，由社会科学文献出版社于2007年出版第1卷，固定栏目初步设立"法史前沿"、"法律文化学苑"、"评论与介绍"和"史料解读与文献研究"四个，"始终秉承百花齐放、百家争鸣的宗旨，以遵守学术规

---

① 参见中国法律史学会编：《法律史论丛》（第四辑），江西高校出版社1998年版；侯欣一主编：《法律史论丛》（第五辑），中国华侨出版社1998年版；徐显明主编：《法律史论丛》（第六辑），山东大学出版社1999年版；陈金全、李鸣、杨玲主编：《法律史论丛》（第七辑·中国传统法律文化与现代法治），重庆出版社2000年版；汪汉卿、王源扩、王继忠主编：《法律史论丛》（第八辑·继承与创新——中国法律史学的世纪回顾与展望），法律出版社2001年版；陈鹏生、王立民、丁凌华主编：《法律史论丛》（第九辑·走向二十一世纪的中国法文化），上海社会科学院出版社2002年版；林明、马建红主编：《法律史论丛》（第十辑·中国历史上的法律制度变迁与社会进步），山东大学出版社2004年版。

② 韩延龙指出："长期以来，特别是近年来，我国一些法学刊物虽然不时刊登法史文章，终因篇幅所限，难能发表万字以上的作品，而且数量也极为有限。在这种情况下，经反复研究，我们认为很有必要开辟一块新的法史园地，定名为《法律史论集》，希望通过这块园地促进法律史学的繁荣，也有助于整个法学研究和法学教育的发展。"韩延龙主编：《法律史论集》（第1卷），法律出版社1998年版，"卷首语"。

③ 韩延龙主编：《法律史论集》（第1卷），法律出版社1998年版，"卷首语"。

范、维护学术道德、增进学术交流、追求学术创新为原则"①，旨在推进学术交流，体现法史研究多元化，反映学术动态，弘扬中国传统法律文化。截至2022年，该刊已出版2019年总第14卷、2020年总第15卷、2021年总第16卷、2022年总第17卷，共4卷。中国法律史学会于2016年创办《中国法律史研究》，以弥补《法律史论丛》《法律史论集》《法史学刊》断档的遗憾，《中国法律史研究》主编为吴玉章，该刊"以中国法律史研究为主线，涉及思想史及制度史等法律史学科的各个分支，间或旁及法理学、部门法学、宗教学、人类学、社会学与法律史学相互交叉的学科领域，涵盖了从先秦到民国几千年的历史"，为中国法律史学人提供了一个"沟通信息、抒发心得、切磋学问、阐扬良知"的学术园地。②

在陈鹏生的倡议下，中国儒学与法律文化研究会于1990年成立，成为中国法律史学会的下设机构。中国儒学与法律文化研究会自成立至今，出版多部会议论文集，主要包括《儒学与法律文化》《〈论语〉的现代法文化价值》《儒家义利观与市场经济》《儒家思想与现代道德和法治》《走向二十一世纪的中国法文化》《全球化背景下的儒家法文化》《儒家法文化与和谐社会》《现代化与中国传统法文化》《传统法文化的反思与传承》等③，对于研究儒家法律文化与推进法制现代化建设具有重要的学术意义。

曾宪义主编的《法律文化研究》（年刊）创刊于2006年，执行主编为马小红。编者借晋人杜预《春秋左氏传序》中的"其微显阐幽、裁成义类者，皆据旧例而发义，指行事以正褒贬"来阐述本刊宗旨，即"发掘、弘扬传统法文化的优秀精神，并代代相传"。编者在介绍本刊的特色时指出："第一，我们研究的对象是宽阔的，不只局限于'法律史'，从文化的角度，我们要探讨的甚至也不仅仅是'法'或者'法律'。我们的研究对象包括法的本身与产生出不同模式的法的社会环境两个方面。因此，我们在考察法律的同时，要通过法律观察社会；在考察社会时，要体悟出不同国家和地区的法律特色之所在，以及这些特色形成的

---

① 中国法律史学会编：《法史学刊》（第一卷·2006），社会科学文献出版社2007年版，"编者寄语"。
② 参见吴玉章主编：《中国法律史研究》（2016年卷），社会科学文献出版社2016年版，"封底"。
③ 参见中国儒学与法律文化研究会编：《儒学与法律文化》，复旦大学出版社1992年版；陈鹏生主编：《〈论语〉的现代法文化价值》，上海交通大学出版社1995年版；陈鹏生、反町胜夫主编：《儒家义利观与市场经济》，上海社会科学院出版社1996年版；陈鹏生、反町胜夫主编：《儒家思想与现代道德和法治》，吉林人民出版社1998年版；陈鹏生等主编：《走向二十一世纪的中国法文化》，上海社会科学院出版社2002年版；陈鹏生、徐永康主编：《全球化背景下的儒家法文化》，吉林人民出版社2006年版；陈鹏生、徐永康主编：《儒家法文化与和谐社会》，吉林人民出版社2008年版；陈鹏生、徐永康主编：《现代化与中国传统法文化》，吉林人民出版社2010年版；陈鹏生、徐永康主编：《传统法文化的反思与传承》，吉林人民出版社2012年版。

'所以然'。第二，在人类的历史长河中，传统文化的传承、不同文化间的交流与融合，构成了人类文明不断发展的主旋律。一个民族和国家的传统往往是文化的标志，'法律文化'研究的重点是研究不同民族和国家的不同法律传统及这些传统的传承；研究不同法律文化间的相同、相通、相异之处，以及法律文化的融合、发展规律。"总之，本刊的特色在于"发掘传统，利导传统，从传统中寻找力量"[1]。本刊第一辑分为"明德法律文化论坛""古代法制史专题研究""近代宪政专题研究""近代司法专题研究""英美法律文化专题研究""亚非法律文化专题研究""立法技术专题研究""资料研究""学子园地""学术动态"等部分，刊发论文以中青年学者的论文为主，既包括学术论坛综述和法律史学术动态，也包括中外法律史研究和资料研究，真正体现了该刊"推进法学研究，培养法学后进"的目的。《法律文化研究》自 2006 年至 2011 年共出版 6 辑。自 2014 年《法律文化研究》第七辑起，该刊正式改版，由马小红担任总主编，由中国人民大学法律文化研究中心和北京市法学会中国法律文化研究会主办，曾宪义法学教育与法律文化基金会资助。"自此以后，每辑以专题研究的形式出版，围绕法律文化研究中的一个重要专题进行学术史的整理，收录相关专题研究中有重大学术贡献的论著，并由主编在导读中进行评介，展现问题研究的缘起、沿革、发展与意义。每辑主编的导读不少于 3 万字。"[2] 自改版至 2022 年，《法律文化研究》已出版至第十五辑，其中第七辑为中华法系专题，主编为马小红、刘婷婷[3]；第八辑为澳门法律文化专题，主编为邱少晖[4]；第九辑为香港法律文化专题，主编为何志辉[5]；第十辑为古代法律碑刻专题，主编为李雪梅[6]；第十一辑为非洲法律文化专题，主编为夏新华[7]；第十二辑为家户法律传统专题，主编为李伟[8]；第十三辑为敦煌、吐鲁番汉文法律文献专题，主编为赵晶[9]；第十四辑为英国法律文

---

[1] 曾宪义：《从传统中寻找力量——〈法律文化研究〉（年刊）卷首语》，载曾宪义主编：《法律文化研究》（第一辑·2005），中国人民大学出版社 2006 年版。
[2] 马小红、刘婷婷主编：《法律文化研究》（第七辑·中华法系专题），社会科学文献出版社 2014 年版，"封底"。
[3] 参见马小红、刘婷婷主编：《法律文化研究》（第七辑·中华法系专题），社会科学文献出版社 2014 年版。
[4] 参见邱少晖主编：《法律文化研究》（第八辑·澳门法律文化专题），社会科学文献出版社 2015 年版。
[5] 参见何志辉主编：《法律文化研究》（第九辑·香港法律文化专题），社会科学文献出版社 2016 年版。
[6] 参见李雪梅主编：《法律文化研究》（第十辑·古代法律碑刻专题），社会科学文献出版社 2017 年版。
[7] 参见夏新华主编：《法律文化研究》（第十一辑·非洲法律文化专题），社会科学文献出版社 2018 年版。
[8] 参见李伟主编：《法律文化研究》（第十二辑·家户法律传统专题），社会科学文献出版社 2019 年版。
[9] 参见赵晶主编：《法律文化研究》（第十三辑·敦煌、吐鲁番汉文法律文献专题），社会科学文献出版社 2019 年版。

化专题，主编为洪荞①；第十五辑为中国传统死刑专题，主编为姜晓敏。②《法律文化研究》自创刊以来，其宗旨和特色始终如一，但是在体例和内容上取得了一定的突破和进展。对法律文化进行专题式的研究，既能够将法律文化进行解构，将其分割成更为细微的单元，使研究者能够洞悉法律文化的方方面面；又能够对各个专题进行重新整合，提升法律文化研究的体系性和科学性，推动法史研究的传承和创新。

中国政法大学法律古籍整理研究所于1999年6月创办了《中国古代法律文献研究》，第一辑是为了纪念中国政法大学法律古籍整理研究所成立15周年而撰写的学术文集。《中国古代法律文献研究》是"建国以来第一部专门以古代法律文献为研究对象的文集，以志纪念。文集采用古籍整理研究的方式，对我国古代传世文献及出土文献中的法律史料进行了发掘、考证、诠释、订正，类别为正史律典、甲骨金文、秦汉简牍、敦煌契卷、判词文牍、历代碑刻、未刻书籍，内容涉及律典、律令、律学、刑制、判牍乃至立法语言诸方面，年代自先秦至明清"③。《中国古代法律文献研究》第二辑于2004年由中国政法大学出版社出版，以纪念中国政法大学法律古籍整理研究所成立20周年，本辑共收录了国内外学者的文章22篇，研究文献涉及甲骨金文、秦汉简牍、唐格残卷、敦煌吐鲁番法律文书、明清典籍等。第三辑于2007年由中国政法大学出版社出版。《中国古代法律文献研究》自2010年第四辑起，由徐世虹担任主编，由法律出版社出版。自2012年第五辑起，该刊正式定为年刊，由社会科学文献出版社出版，截至2022年已出版至第十五辑。《中国古代法律文献研究》体现了国内外在法律古籍整理和研究方面的水平和现状，也是推进法律古籍整理研究和法学繁荣的重要阵地。2004年中国政法大学法律史学研究中心创办了《法律史学研究》，主编为林乾，借此给法律史学的研究工作者提供一个交流心得、切磋学问的园地，以推动法律史学繁荣发展，扶植中青年法律史学者。该刊于2004年由中国法制出版社出版第一辑④，后停刊。《中华法系》由中国政法大学法律史学研究院于2010年创刊，主编为朱勇，该集刊的创办目的是"弘扬中华法律文化，探讨现代中国法制；比较中外法律传统，构建新型中华法系"，其宗旨为"坚持学术自由，鼓励

---

① 参见洪荞主编：《法律文化研究》（第十四辑·英国法律文化专题），社会科学文献出版社2021年版。
② 参见姜晓敏主编：《法律文化研究》（第十五辑·中国传统死刑专题），社会科学文献出版社2022年版。
③ 中国政法大学法律古籍整理研究所编：《中国古代法律文献研究》（第一辑），巴蜀书社1999年版，"序言"。
④ 参见林乾主编：《法律史学研究》（第一辑），中国法制出版社2004年版。

学术创新；守护学术经典，培育学术新人"①，致力于培养学术新人、重建中华法系并努力推进中国特色社会主义法制建设。该刊设学术研究、学术聚焦、法治人物、经典案例、学术新人、学术动态六个栏目。至2022年，《中华法系》已由法律出版社出版至第十四卷。

华东政法大学法律史研究中心主办的《法律史研究》创刊于2004年，主编为何勤华、王立民，主要刊发华东政法大学法律史专业教师以及博士生和硕士生的论文，同时也刊登全国各地学子关于法律史研究的最新成果。第1辑主要分为"中国法制史研究"、"外国法制史研究"、"法学著作选评"和"资料库"四个部分，既包括学生的毕业论文，也包括书评和学术史资料整理，兼具学术性和工具性。《法律史研究》第1~3辑由中国方正出版社出版，第4~5辑由法律出版社出版，其中第4辑为"法律文明的互动与变迁专号"，执行主编为姚远、于明。本辑共选取了日本、英国、德国等国学者的10篇文章，内容包括法律文化、敦煌文书梁户考、英国教会法等中外法律史问题。第5辑为"欧美学者研究中国法律史论文选译专号"，执行主编为杨焯、方强。本辑主要翻译了近一二十年发表在西方重要法律和历史学报上的有关中国法律史的论文，全面反映了近年来海外中国法律史学者研究的最新成果，主要包括顾立雅的《周代的实体法和程序法》，高道蕴的《早期中国国家概念中的战争、惩罚与自然法》，欧内斯特·康佩里的《社会变革与早期中国法律思想中的成文法》，马若斐的《孝与唐之前的法律》《传统中国法惩治强盗的研究》，方强的《烫手山芋——1898年以前的中国上访制度》，安守廉的《法律，法律，什么法律？——西方学者何以对中国法无话可说》，方强、戴福士的《权大于法？——中国法治理论古今谈》，姜永琳的《以太祖之名——〈明太祖实录〉对朱元璋法哲学与中国文化认同的建构》，多米尼克·德尔波特的《明代中国（1368—1644年）的条例与婚约解除——对〈皇明条法事类纂〉卷一三的深度解读》，步德茂的《清代的宽宥与法律推理理论》，盖博坚的《中国的人治和法治——清代政府对地方官员的惩处》，胡宗绮的《清代法的"长臂"——清代杀人罪规范在民国法院中的影响》，卡塞尔的《发掘治外法权——作为上海会审公廨之原型的理事同知》，苏成捷的《晚期中华帝国的堕落——例行节育还是危机处置？》，以及欧中坦、吉尔马丁的《国家、主权与人民——中国与印度的"法治"比较》共16篇域外文章，这些文章从另一个角度反映了中国古代法律史中存在的问题和现象，有助于促进中西法律史学者的交流和对话。何

---

① 朱勇：《创新、传承与山水之间——〈中华法系〉发刊辞》，载朱勇主编：《中华法系》（第一卷），法律出版社2010年版。

勤华主编的《法律文化史研究》是法律文化史研究领域的系列丛书,每年一刊,由商务印书馆出版,主要刊登法律文化史领域中青年学者的原创性论文,主要是与中国法制史、外国法制史、比较法文化、法律学说史等有关的论文、案例、书评等。《法律文化史研究》自2004年创刊至今共出版五卷,其中第五卷出版于2011年。华东政法大学法律古籍整理研究所主办的《出土文献与法律史研究》创刊于2012年,分别由上海人民出版社(第1～4辑)和法律出版社(第5～11辑)出版。第1辑刊发的主要是2011年华东政法大学法律古籍整理研究所组织召开的"出土文献与法律史学术研讨会"的会议论文以及会议纪要,包括关于清华简、殷墟甲骨文、岳麓简、张家山汉简、包山楚简、玉门花海《晋律注》的研究等。截至2022年,《出土文献与法律史研究》共出版11辑,其中第6辑、第9辑的主编为王捷,第7辑的主编为姚远,其余各辑的主编均为王沛。华东政法大学法律文明史研究院主办的《法律文明史研究》(第一辑·创刊号)于2018年出版,何勤华担任主编,本刊主要面向法史学界年轻的读者和作者,刊发的文章包括专家赐稿以及硕士、博士论文,致力于打造成为法史学界的"萌芽",以示培育后进之决心。"本刊主要分三大领域,一是主题论文,主要对与法律文明史相关的观念、制度、文献等进行考证;二是评论(争鸣)栏目,主要对学术界既有的研究成果、结论、观点等进行检视和探讨;三是对法律文明史中的人物与思想(作品)进行考证和评述。"[①]自创刊至2022年,《法律文明史研究》共出版3辑。

中南财经政法大学法律史研究所主办的《中西法律传统》创刊于2001年,先后由中国政法大学出版社、北京大学出版社出版。第1卷由中南财经政法大学法律史研究所编,主编为范忠信、陈景良。本刊的宗旨为:"整理中华法律传统,解释中华法律传统,发现中华法律传统与世界上各大法律传统之间的不谋而合之处,阐述中华法律文明中的共通性、永恒性价值,沟通传统与现代。同时,重新认识西方法律传统,认识中西法律传统之间的真正相异、相通之处。争取在中国法律的现代化与西方化这一纠缠不清的关系问题上获得更清晰的认识。"[②]《中西法律传统》自创刊至2020年,共出版15卷。该刊于2021年正式改版为期刊,至2022年共公开刊发8期,已成为中西法律比较研究的一个重要的学术阵地。

《中国法律近代化论集》创刊于2001年。本刊由朱勇发起,依托于中国政法

[①] 何勤华主编:《法律文明史研究》(第一辑·创刊号),科学出版社2018年版,"发刊词"。
[②] 中南财经政法大学法律史研究所编:《中西法律传统》(第1卷),中国政法大学出版社2001年版,"发刊词"。

大学中国近代法律研究中心①，后转移至中国社会科学院法学研究所，由张生担任主编。"本论集旨在进一步推动近代法律研究，为法律近代化的学术讨论提供交流的平台，以期望不断细化和深化具体法律制度和理论在近代的发展与变革的研究，探索中西法律的异同与在近代的交汇碰撞，厘清社会变革时期法律变迁的一般规律，为当代法律发展提供历史的借鉴。"本刊自创刊至2022年，由中国政法大学出版社共出版四卷，是国内"第一本专门以近代法史为研究领域的连续出版物"②。

侯欣一主编的《南开法律史论集》于2007年出版③，是以出版南开大学法史学科同人的作品为主的一本学术年刊，其目的是记录南开大学法史学科的成长和发展历程。2007年卷分为"历史篇"、"现实篇"和"未来篇"三部分，其中"历史篇"主要刊发的是已经退休的南开法史前辈学者的作品，如李光灿、冯潇、尹序庭、杨恩翰、陈淑珍、吕世伦等人的作品；"现实篇"主要刊发的是南开在岗法史同人的作品，如胡世凯、刘敏、岳纯之、胡宝华、柏桦、张思、王洪兵、邓丽兰、王红霞、侯欣一、于语和、黄宇昕、韩铁、宋华琳、李卓、宋志勇等人的作品；"未来篇"主要是南开法史专业研究生的作品，以此来展现南开法史老中青三代的科研力量和实力。2008年卷首发的高质量文章的比例有所提高，研究方法更加多样，并增加了南开校友的作品，以增进彼此之间的学术联系。《南开法律史论集》2009—2010年卷为合刊，设"南开法史探赜"、"南开校友论坛"和"南开学子之声"三个栏目，共收录了23篇文章，集中体现了2009—2010年间南开法史学科的科研现状和发展程度。

四川大学近代法文化研究所主办的《法律史评论》创刊于2008年，由里赞担任主编，先后由法律出版社、社会科学文献出版社出版。该刊最初定名为《近代法评论》，计划每年出版1卷。《近代法评论》分别于2008年、2009年出版第1卷、第2卷，主要收录有关近代法律制度、法律思想和文化以及近代法律文献资料整理的论文、评论等，"目的在于使从事本学科研究及关注、爱好本领域的学者团结起来，为大家提供一个学术争鸣的平台，并助益于学人之间的切磋、琢磨，不断将法律史研究引向深入"④。2012年《近代法评论》更名为《法律史评论》，旨在扩大刊物的涵盖面，打破学科内部分割，增益中国法律史研究"充实

---

① 参见张生：《探寻中国法律传统的近代意义——〈中国法律近代化论集〉主题评述》，载《法制史研究》（台湾），2001年12月第2期。
② 张生主编：《中国法律近代化论集》（第四卷），中国政法大学出版社2017年版，"稿约"。
③ 参见侯欣一主编：《南开法律史论集》（2007），南开大学出版社2007年版。
④ 里赞主编：《法律史评论》（2012年卷），法律出版社2013年版，"编者的话"。

而有光辉"的学术形象。2019年起该刊改为半年刊,每年春秋两季出版。截至2022年,《法律史评论》已经出版至第18卷,在推进中国法律史学科建设、弘扬中国传统法律文化方面起到了重要的作用。

周东平、朱腾主编的《法律史译评》创刊于2013年,该刊翻译、收录了大量日本、欧美以及我国台湾地区的法律史研究的最新成果,致力于增进对域外中国法律史研究的了解,促进法律史学交流,推动中国法律史学科的发展和繁荣。《法律史译评》自创刊至2022年,先后由北京大学出版社、中国政法大学出版社、中西书局公开出版10卷,在引介域外中国法律史研究成果方面做出了较大的学术贡献。

沈阳师范大学主办的《法律文化论丛》创刊于2013年6月,由沈阳师范大学法律文化研究中心承办,由霍存福担任主编,计划每年出版两辑。"本论丛收录法律文化研究成果。凡有关法律方面的物质文化、精神文化研究作品皆在收载范围内,尤以精神文化中的制度文化、观念文化为主。鉴于我国目前已建成具有中国特色的社会主义法律体系,故在一定时期内,有关法律的观念文化方面的研究成果将是本论丛采稿的重点,但有关制度建构的研究成果也将酌情收载。"① 该论丛主要设立了法律文化学、传统法文化、比较法文化、部门法文化、法律与逻辑、法律与语言、法律与文化、法律与故事、品读堂、法律史料、法律博物馆、学术通信、译林等栏目。自创刊至2022年,《法律文化论丛》共出版12辑,先后由法律出版社、知识产权出版社出版。所载文章具有较强的学术性,能较好地反映法律文化研究的学术前沿和动态。

吴佩林、蔡东洲主编的《地方档案与文献研究》创刊于2014年,该刊顺应了21世纪以来文史研究"史料与方法多元化"的趋势,初衷在于"倡导将档案与其他文献置于同一平台进行交流,立足扎实的文献资料,鼓励跨学科研究,并致力于拓展相关研究领域的科际整合"②。自2014年至2022年,《地方档案与文献研究》各辑分别聚焦于不同主题,共出版五辑③,提升了我国地方文献档案利

---

① 霍存福主编:《法律文化论丛》(第1辑),法律出版社2013年版,"前言"。
② 吴佩林、蔡东洲主编:《地方档案与文献研究》(第1辑),社会科学文献出版社2014年版,"前言"第1-2页。
③ 各辑分别为:吴佩林、蔡东洲主编:《地方档案与文献研究》(第1辑),社会科学文献出版社2014年版;吴佩林、蔡东洲主编:《地方档案与文献研究》(第2辑),社会科学文献出版社2016年版,本辑主要聚焦于清史档案研究;吴佩林主编:《地方档案与文献研究》(第3辑),国家图书馆出版社2017年版,本辑为"学术史与方法论"专号;吴佩林主编:《地方档案与文献研究》(第4辑),国家图书馆出版社2020年版,本辑主要聚焦于中国法律史档案文献研究;吴佩林主编:《地方档案与文献研究》(第5辑),国家图书馆出版社2021年版,本辑为2019年"明清以来的地方档案与文献"研究生暑期学校纪念专辑。

用、整理和研究的整体水平，为中国法律史学研究开阔了视野。

西南民族大学法学院主办的《西南法学》系综合性法学集刊，杜文忠担任主编。该刊创刊于2018年，系年刊。"本集刊立足西南，面向主流，旨在推动法学学术争鸣，繁荣法学研究，集刊内容涵盖法学理论、法律文化、民族法学、民法学、刑法学、诉讼法学等各个领域。以刊发学术论文为主，也设有书评、名家访谈、重要学术会议综述等栏目。"[1] 自创刊至2022年，《西南法学》共出版2期。先后由甘肃省法官学院甘南分院民族法制文化研究所、甘肃省民族法制文化研究所编的《民族法制文化研究》汇集了相关专家学者有关民族法制文化的研究成果，展现了民族法制文化的丰富和多元，旨在为准确把握国家法律在民族地区运行的实际状况、为国家法律在民族地区的正确贯彻实施提供理论依据。该刊自2014年创刊至2022年，由民族出版社共出版6辑。

纵观这些年来中国法律史领域出版的论文集，可以看出其种类繁多，既包括法律文化研究、古代法律文献研究、法律文明研究、中华法系研究、近代法制研究、比较法史研究、民族法制研究等专题性论文集，也包括中外法律史论文集，从注重刊发老一辈法律史学人的作品逐渐向重视中青年研究者的作品转变。20世纪80年代以来，法律史论文集的数量迅速增加，但是总体数量相较于其他部门法学的论文集仍不容乐观，有较大的提升空间。随着法律史学科理论体系的逐渐完善、方法论的不断创新以及新史料的发现，论文集所刊发论文的质量明显提高。但是一部分"速生速死"的论文集以及未能连续出刊而断档的论文集，使笔者在感到惋惜的同时，更对中国法律史学科在当下的生存状况有更多的反思。总体而言，法律史论文集在这些年的发展，清晰地勾勒出了中国法律史学恢复、发展、繁荣和新拓展的历史脉络，也反映了当下该学科发展所面临的诸多问题，这既有助于我们对老一辈法律史学人研究成果的回顾和继承，也让我们看到新一代法律史学者正在以一种新的姿态成长。无疑，这些人构成了中国法律史学科的历史、当下和未来。

---

[1] 杜文忠主编：《西南法学》（第1辑），社会科学文献出版社2018年版，"封底"。

图书在版编目（CIP）数据

中国法律史学学说史/马小红，张岩涛，庞朝骥著.--北京：中国人民大学出版社，2025.2. -- （中国法学学术史丛书）. -- ISBN 978-7-300-33474-5

Ⅰ. D929

中国国家版本馆 CIP 数据核字第 202506GQ82 号

国家出版基金项目
中国法学学术史丛书
中国法律史学学说史
马小红　张岩涛　庞朝骥　著
Zhongguo Falüshixue Xueshuo Shi

出版发行	中国人民大学出版社		
社　　址	北京中关村大街 31 号	邮政编码	100080
电　　话	010 - 62511242（总编室）	010 - 62511770（质管部）	
	010 - 82501766（邮购部）	010 - 62514148（门市部）	
	010 - 62515195（发行公司）	010 - 62515275（盗版举报）	
网　　址	http://www.crup.com.cn		
经　　销	新华书店		
印　　刷	涿州市星河印刷有限公司		
开　　本	720 mm×1000 mm　1/16	版　次	2025 年 2 月第 1 版
印　　张	26 插页 3	印　次	2025 年 2 月第 1 次印刷
字　　数	479 000	定　价	168.00 元

版权所有　　侵权必究　　印装差错　　负责调换